KB079378

한국현대정치론 I

—제1공화국의 국가형성, 정치과정, 정책—

【개정증보판】

한국현대정치론 I

—제1공화국의 국가형성, 정치과정, 정책—

한 배 호 (편)

오재완 · 구종서 · 김용욱
전용헌 · 이병석 · 김경순
한용원 · 윤용희 · 김태일
고성국 · 유숙란 · 박종철
원호식

[rev. and enl. ed.]

On Modern Korean Politics

Edited by

HAHN Bae-ho

ORUEM Publishing House

Seoul, Korea

2000

◈ Abstract: p. 527

서 문

한국 정치체제의 본질규명과 정치과정에 대한 동태적인 분석은 한국의 정치학도의 주요 관심사의 하나이다. 해방 이후의 격동기를 거쳐 남북분단의 고착화에 의해 수립된 대한민국의 정치체제가 겪어온 변화의 동인을 규명하고 정치과정을 형성하는 데 관련된 제 세력 간의 관계를 파악·설명하는 일은 정치학도가 도전해볼 만한 중요한 학문적 과제라고 생각된다.

이 책은 문제의식을 공유한 필자들의 공동노력의 산물이다. 한국 정치연구에 관심을 둔 필자들이 세미나 형식의 토론모임을 여러 차례 갖다가 책을 출판하기로 계획을 세워 본격적으로 집필계획을 추진하고 10차례의 세미나를 가졌다. 이 책은 그러한 공동연구와 토론의 결과이다.

이 책의 주요 대상은 제1공화국 시기의 정치이다. 즉 1950년대의 한국정치형성기로서 한국 정치체제에 대한 다각적인 분석이 주내용을 이룬다. 단독정부안이 관철되어 제1공화국이 수립되기까지의 국제정치적 요인과 국내정치세력에 대한 고찰에서 시작해서 권위주의화한 지배세력의 구성체로서의 정치연합세력의 분석, 자유당과 민주당 양 보수세력 간의 정치적 갈등과 대결, 그 틈바구니 속에서 좌절을 겪은 진보당의 분석, 그리고 제1공화국의 권력지배세력이 사용했던 정책수단에 대한 검토가 주내용을 이루고 있다.

필자들의 시각이나 분석양식이 다양한 면을 지니고 있지만 그러면서도 초점이 권위주의 지배양식으로 나타났던 1950년대의 정치질서의 기원과 그것의 유지조건, 그리고 그 지배양식의 붕괴에 맞추어지고 있다고 본다. 그리고 한국 정치체제의 기본틀을 형성한 1950년대의 정치를 포괄적으로 다루어봄으로써 그 이후에 전개된 정치체제 연구를 위한 분석틀을 모색하는 데 역점을 두고 있다고 본다.

이 책이 1950년대의 한국정치를 이론적 시각에서 총체적으로 조망했으며, 더 나아가 한국정치를 체계적으로 분석할 수 있는 이론적 틀을 제공한다는 점에서 이 책이 출판된 이후 많은 사람들이 관심을 보여주었다. 필자들은 학계 및 전문가의 관심에 힘입어 그동안 일부 내용을 수정·보완하여 개정판을 내게 되었다.

특히 이 책이 출판된 이후 필자들은 이 책에서 다듬어진 이론틀에 근거하여 1960년대 제3공화국의 정치경제를 분석하여 『한국현대정치론 II』를 출판하였다. 이런 점에서 『한국현대정치론 I』과 『한국현대정치론 II』는 분단 후 1960년대에 이르기까지 한국정치에 대한 통합적 시리즈이다.

이 책이 정치학도들에게 조금이라도 자극제가 되고 활발한 논의의 소재가 될 수 있다면 집필가들로서는 그 나름의 목적을 다한 셈이 되는 것이며 더이상의 기쁨이 없을 것이다. 이 기회를 빌려 이 책이 나오기까지 수고한 여러분과 특히 출판을 맡아 애써주신 도서출판 오름의 부성옥 사장에게 감사의 뜻을 표하고자 한다.

2000년 4월

집필자 일동

차 례

제2부 정책과정: 관료, 군부, 정당

제3부 정책: 산업화와 노동, 농민

서 론

제1공화국의 정치체제:
체제의 형성과 변질

한 배 호

1. 머리말

제1공화국(1948-1960) 기간의 정치가 한국정치연구에서 차지하는 비중은 매우 크다. 그 기간에 국가기구의 골격이 짜여졌을 뿐만 아니라 일정한 제도와 절차의 테두리 속에서 구속을 받고 동시에 제도와 절차에 영향을 주는 상호작용을 통해 전개되어온 한국 특유의 정치체제와 정치과정의 원형(prototype)이 형성되었기 때문이다.

그후 한국의 정치체제는 수 차례의 격변을 거치면서 국가기구의 규모나 정치과정의 성격이 대폭적인 수정을 겪었으나 제1공화국 시기에 짜여진 기본골격에서 완전히 벗어나거나 그 테두리를 와해시킬 정도의 대폭적 변화는 아니었다. 사회에 대해 광범한 통제력을 행사하는 국가기구, 집행부의 상대적 우위를 보장하는 대통령제, 그리고 중앙집권적 권력구조는 계속 역대 정권의 국가기구, 정치체제, 그리고 국가·사회관계의 기본성격을 형성하는 결정적 요인이었다.

이처럼 한국 정치체제의 골격을 마련했다고 할 수 있는 제1공화국 시대의 중요성에도 불구하고 이 기간에 대한 체계적인 정치학 연구는 아직 초기단계에 머물러 있는 실정이다. 제1공화국 시기는 정치사적 고찰의 대상으로뿐만 아니라 과거 40여년 간의 한국정치를 통해서 반복되고 되풀이되어 나타난 한국 정치상황의 특징의 하나인 정치적 갈등의 본질을 이해하는 데 도움이 될 풍부한 사례를 제공해 준다. 동시에 그후로 이어진 역대 정권의 생성과 소멸을 가져온 정치변화에 대한 이론적 접근을 가능케 할 경험적 기반도 제공해 준다.

이처럼 한국 정치체제의 형성에 있어서 중요한 위치를 점한 제1공화국 기간의 정치를 국가 형성과정, 국가의 성격, 정치구조와 정치행태 사이의 부단한 상호작용 속에서 주조·정형화되어온 정치과정의 본질 등을 중심으로 고찰함으로써 한국 정체(正體)의 원형으로서나 정치변화 분석의 사례연구 대상으로 제1공화국 시기를 규명하는 일은 매우 뜻있는 작업이라 하겠다.

크게 나누어 세 개의 질문군을 중심으로 제1공화국 시기의 한국 정치질서에 대한 연구를 시도해 볼 수 있다. 첫째로 제1공화국의 기원(origin)에 대한 질문이다. 제1공화국이 남북분단의 소산임은 상식에 속한다. 한민족이 바랐던 자주독립 국가수립의 염원은 미·소 양대진영으로 갈라진 제2차 대전 후의 세계냉전체제의 등장으로 무산되고 남북한에는 양국의 비호와 통제 아래 각기 체제를 달리하는 두 개의 국가가 수립되었다. 왜 이러한 비극적인 결과가 나타났으며 그러한 결과를 가져오게 한 요인들은 무엇인가가 규명되어야 할 것이다.

둘째로 제1공화국의 정치체제적 성격 또는 유형(type)에 대한 질문이다. 형식면에서 제1공화국은 대통령중심제의 민주헌법을 기초로 한 의회민주정치체제였다. 그것은 또한 자본주의 경제체제를 근간으로 한 자본주의적 국가이기도 했다. 모든 정치체제가 그렇지만 정치에 있어서 소수로 구성되는 정치엘리트의 역할과 기능은 매우 중요한 것이다. 국가기구를 장악한 엘리트이든 그 밖에서 권력장악을 위한 경합을 벌이는 엘리트이든 간에 정치엘리트는 한 정치체제의 유지와 와해에 직접 책임을 져야 할 위치에 있기 때문이다. 하물며 신생 제1공화국의 경우 정치엘리트가 정치과정에서 차지한 비중은 거의 절대적이었다고 할 수 있다.

그러한 정치엘리트의 위치와 역할에 비추어 보아 그들이 어떠한 사회적 배경에서 충원되었고 어떠한 이익을 대표하였으며 어떠한 태도·신념·사고방식에 의해 정치체제를 운영·형성해 갔느냐는 질문은 매우 중요한 것이다. 뿐만 아니라 제1공화국이 형식상 의회민주체제였던 만큼 그것을 뒷받침해야 할 일정한 제도와 절차가 필요하며 그러한 제도 가운데 가장 중요한 것이 선거제도였다고 할 수 있다. 민주정체에 있어서 체제의 정당성 기반을 제공해 주는 것이 선거이기 때문이다.

셋째로 제1공화국이 추구하고 실현하고자 한 정책들이 어떠한 성과나 결과를 이룩했느냐는 질문이다. 이것은 정치체제의 수행력(performance)을 평가하는 것이며 국가·사회관계의 맥락에서 본다면 국가의 가동력(capacity)에 대한 질문이기도 하다. 세번째의 질문은 앞에 논한 두번째의 질문과도 밀접한 연관을 맺고 있다. 즉 국가로서의 제1공화국의 성격, 그것이 국가·사회관계에 있어서 확보한 자율성의 범위, 사회변화에 대응하는 국가전략 엘리트의 능동적 역할 등의 문제가 국가의 수행력 또는 가동력을 결정하는 요인이 되는 것이다.

2. 제1공화국의 기원에 대한 가설

제1공화국의 기원을 논할 때 가장 기본적인 질문은 "왜 단독정부안이 실현되었나?" "왜 미·소 양국과 북한의 정치지도층은 단일의 독립국가를 수립하지 못했나?"라는 의문이다. 이 의문을 각도를 달리해서 본다면 "왜 남한에서 좌우를 제외한 중간세력에 의한 독립국가 수립이 이루어지지 못했나?"라는 의문이 되기도 한다.

제1공화국의 기원에 대한 해명은 이미 발생한 과거에 대한(expostfacto) 설명이기 때문에 인과적 설명을 하기가 매우 어렵다. 과거에 대한 역사연구이기 때문에 역사가는 다루고자 하는 사회의 변화현상에서 무엇이 중요했고 진정한 것이었나를 판단하기 위해 활용할 일련의 가정(assumptions)을 명시해야 하고, 무엇이 일어났느냐를 밝혀줄 충분한 사실과 자료를 갖추어야 하고, 그것을 토대로 가정을 적용하여 복잡하고 무질서한 현상으로부터 사실이나 사건 사이의 관계를 체계적으로 설명해 주어야 한다.

근래에 와서 해방 직후의 정국에 대한 것과 미·소냉전의 원인에 대한 관심이 고조되면서 많은 연구결과가 나오고 있다. 이전에도 제한된 범위의 자료를 바탕으로 남북분단의 원인과 제1공화국의 수립과정에 대한 연구가 있었으나 1970년대에 와서 25년이 경과한 연도에 관한 정부문서 공개를 실시하는 미국정부 방침에 따라 많은 비공개 문서가 개방되면서 미국측 자료를 활용한 역사연구가 활기를 띠고 있다.

그 중에는 음모이론적 내용의 연구도 있는데, 미국정부 수뇌부의 동기(motive)를 중시하고 그것으로 남북분단과 그후의 정치적 전개과정을 설명하기도 한다. 그러나 음모이론의 약점은 그것을 입증하거나 반증하기 어렵다는 데 있다. 또한 미국이나 소련 수뇌부의 동기만으로 남북분단을 설명하는 것은 지나치게 단순하다는 결함을 지닌다.

물론 미·소 양국의 수뇌부와 남북한에 진주한 미·소 점령군부 내에서 음모가 없었다고 단정할 수는 없다. 사실 그러한 음모에 의해 해방 후의 한반도문제가 다루어졌을 가능성도 있다. 그러나 음모만이 분단 후의 상황을 좌우했다고는 볼 수 없다. 오히려 문제는 그러한 음모가 있었다면 남북의 정치지도층이 그것을 어떻게 이해했고, 또한 그러한 음모가 있는 것으로 믿게끔 만든 것이 무엇이냐 하는 것이다. 따라서 음모이론만으로 분단원인과 남북한의 정치상황에 대한 해석을 한다면 당시의 복잡한 현상을 너무 단순화시킬 위험이 있다.

해방 직후의 한반도는 복잡다난했던 역사적 유산을 물려받았다. 근 40년 간의 혹독한 일제식민통치를 겪었고 더 거슬러 올라가 수세기에 걸친 전제왕권정치도 겪었다. 그 역사적 유제(遺制)는 해방 후의 한반도 정국에 직접·간접으로 지대한 영향을 미쳤다. 그 중에서 제1공화국의 수립과 관련해서 직접적이고 가장 가깝게 연관된 역사는 해방 직후부터 단독정부가 수립되기까지의 3년 간이었다.

이 기간은 '이익'과 '가치'에 있어서 명확한 차이가 있었음에도 2차대전 동안 편의상 '우방관계'를 맺었다가 종전이 가까워오면서 보다 뚜렷한 갈등을 노정하기 시작한 미·소 양국이 유럽의 전후처리 문제에서 심각한 대립을 드러냈고 한반도와 아시아(특히 중국)에 있어서도 극심한 갈등을 보이기 시작했던 냉전 초기단계였다. 38도선을 분계선으로 한반도 남북에 각각 진주한 미·소 점령군에 의해 군정이 실시되는 동안 미·소 양국은 유럽지역에서 냉전상태의 악화를 초래하는 일련의 갈등을 겪고 있었으며 그러한 미·소관계의 전개가 한반도 문제에도 자연히 투영될 수밖에 없었다.

따라서 해방정국을 논할 경우 한반도 문제에 결정적인 영향력을 행사한 미·소 양국의 정책결정과 그것이 미친 결과를 판단하는 일련의 가정을 세워야 하며, 이 기간의 미·소 양 정부의 의도가 무엇이었으며 양국이 취한 구체적 행동은 무엇이었느냐를 밝혀내야 한다. 지금까지 미국측의 자료는 공개된 반면 소련측의 자료는 베일에 싸여 있기 때문에 그 당시의 진실을 밝히는 데 커다란 갭이 가로놓여 있는 실정이다.

연구대상을 해방 직후의 남한에 국한하더라도 역사 해석자의 가정은 매우 중요하다. 해방 직후의 남한 현실을 정치·경제·사회 모든 면에서 혁명이 가능한 단계에 있었던 사회로 가정하느냐 또는 무정부 상태에 가까운 권력공백에서 온 대혼란 상태로 보느냐 하는 판단이 앞서야 한다. 만일 해방 직후 남한의 절대다수 인구가 기존의 경제사회 구조의 전복 위에서 새로운 정치질서를 창출할 것을 요망했다는 가정이 충분한 사실에 의해 견지될 수 있다면 그 가정을 토대로 제1공화국의 수립과정과 인과성을 규명할 수 있어야 할 것이다.

너무나 당연한 이야기이지만 역사란 사실의 나열은 아니다. 역사가는 역사를 찾아내는 것이 아니라 그것을 창조하는 것이다. 과거의 혼란으로부터 의미있는 역사과정의 통합을 창조해 내는 일이다. 이 과정에서 역사가의 가치판단은 과거에 대한 그의 판단에 크게 작용할 수 있는 것이다. 우리가 역사연구 결과를 읽을 때 해석자의 해석 밑에 깔려 있는 가정(underlying assumptions)이 무엇인가를 주목하는 이유도 여기에 있다. 사회의 본질이나 사회변화의 다이내믹스를 어떠한 가정 아래 설명하느냐가 해석의 내용을 좌우하기 때문이다.

본론에서 약간 이탈한 감은 있지만 역사연구에 있어서 해석자의 가정과 가치관의 중요성을 누차 강조한 것은 그것이 제1공화국의 기원에 대한 다양한 해석에도 반영되고 있기 때문이다. 왜 한반도에서 민족주의자로 구성된 중간세력에 의한 정부수립이 실현되지 못했나 하는 질문을 놓고 여러 가지 가설을 세워볼 수 있을 것이다. 그리고 그 가설의 전제가 되는 것에도 당시의 한반도나 남한사회에 대한 일련의 가정이 묵시적이든 명시적이든 내포되어 있게 마련이다.

한반도 분단이 미·소 양국의 힘의 정치가 가져온 산물임을 부인하는 사람은 없다. 정통론자나 수정론자가 다같이 한반도 분단의 책임을 미·소 양국에 돌리고 있다. 분단에 있어서 강대국 외세의 작용이 직·간접으로 나타난 중국, 월남, 한반도의 경우를 포함한 넓은 비교맥락에서 보아도 분단지역에 대해 기득권을 행사하거나 분단을 통해 자국의 국가이익을 충족·신장시키려는 강대국의 역할은 매우 결정적인 것이었다. 미·소 양국 가운데 어느 한쪽도 한반도에서 완전히 중립적이거나 기득권을 상대방에게 양보할 의도를 전혀 갖고 있지 않았다.

따라서 남한에 국한해서 단독정부가 수립되게 된 원인의 규명에 있어서는 크게 보아 두 개의 가설이 맞서고 있다 하겠다. 하나는 공산주의 세력의 위협을 강조하는 정통론의 가설이고 또 하나는 수정론이다.

정통론자가 내세우는 기본 가정은 소련의 팽창주의와 한반도 적화야욕이다. 소련은 김일성을 내세워 점령 초기부터 공산정권 수립과정을 신속히 진행시켰고 적당한 시기에 남한의 공산혁명을 통한 한반도 적화를 기본목표로 세웠다는 주장이다. 그러한 가정 아래 남한에서 공산주의에 대해 가장 위협을 느꼈던 정치세력인 보수세력이 공산주의자와 이에 동조하는 중간세력을 강권력에 의존하여 거세시키고 단독정부를 수립했다는 설명이다.[1] 이러한 정통론에 바탕을 둔 설명의 밑바닥에는 반공산주의에 대한 서약(commitment)이 있음을 인정해야 한다.

정통론을 비판하고 나온 세련된 수정론자로서 브루스 커밍스를 꼽을 수 있다. 그 외에도 수많은 수정론이 1970년대 이후 제기되었다.[2] 그러나 미·소 냉전의 원인에 대한 수정론이 주류를 이루는 속에서 남한을 중심으로 풍부한 자료를 제시하면서 세련된 역사해석을 시도한 것은 커밍스라고 볼 수 있다.

다른 수정론자처럼 커밍스도 미·소 대립과 갈등의 중요성을 인

---

1) 남한에서 단독정부가 수립되기까지의 과정을 정통론의 입장에서 다룬 대표적인 저서로 Geroge McCune의 *Korea Today*(Cambridge: Harvard University Press, 1950)를 들 수 있다. 그 외의 저서·논문에 대한 문헌은 김학준, 『韓國政治論』(서울: 한길사, 1983), pp. 118-123을 참고할 것.

2) 남한에서 미국이 근본적으로 소련과 타협에 의한 해결책을 추구하지 않았다고 보는 수정론으로 Joyce and Gabriel Kolko, *The Limits of Power: The World and United States Foreign Policy, 1945~1954* (New York: Harper and Row, 1972), pp. 285-292; 그 외에도 John Lewis Gaddis, *Strategies of Containment: A Critical Appraisal of Postwar American National Security Policy* (New York: Oxford University Press, 1982); Bruce Cumings, *The Origins of The Korean War* (Princeton: Princeton University Press, 1981); 朴己出, 『韓國政治史』(東京: 社會評論社, 1977) 등을 들 수 있다.

정한다. 그리고 미·소냉전 상승의 책임을 소련측뿐만 아니라 미국측에게도 분담시키고 있다. 묵시적으로 미국도 남북분단에 적극적으로 기여했으며 특히 남한 현지의 군정책임자로서의 하지의 반공주의와 보수주의적 사고와 판단이 분단을 조장한 요인이 된 것으로 보고 있다. 따라서 커밍스의 수정론에 의한 제1공화국의 기원에 대한 가설은 남한의 단독정부 수립은 실제보다 공산주의 위협을 확대인식한 미군정 당국이 개혁지향적이고 진보적이었던 건준중심 세력의 집권을 방지하려던 친일보수 세력과의 결탁 속에서 조작된 일대실패작이라는 것이다. 이러한 견해는 그의 책 결론에서 명시적으로 제시되고 있다.

커밍스의 가설 뒤에는 건준중심의 정치세력만이 당시 남한 국민의 전폭적인 지지를 받았고 남한 내의 공산혁명의 위협은 과장된 것이었으며 전국에 조직된 건준과 그 지지세력이 미군정 당국이 초기에 판단한 것처럼 친공산주의 세력이 아닌 진정한 민족주의자 집단이었다는 가정이 전제된다.

이 두 개의 가설에 있어서 핵심이 되는 것은 당시 남한사회의 실정에 대한 정확한 판단이다. 정통론의 가설에 대항한 수정론의 가설이 틀리다면, 또는 그 주장이 반증(falsify)되면 정통론의 가설은 입증되었다기보다 그 주장의 근거가 무너지지 않았다고 주장할 수 있다. 문제는 당시의 남한사회가 이미 공산화된 북한으로부터의 직·간접적인 위협 속에서 공산주의적 혁명이 불가능할 정도로 안정된 사회였느냐는 점이다. 당시의 상황은 한 마디로 '카오스'였고 분단이 조성한 극심한 불안상태(insecurity)와 경제·사회·정치적 혼란이 지배하는 상황이었다. 그 속에서 좌우세력 간에 생사를 건 치열한 권력투쟁이 전개되었던 것은 의심의 여지가 없다. 정치지도층은 갈기갈기 찢어져 분열되었지만 일반대중도 방향감각 없이 대세에 휩쓸려 분열과 쟁투를 벌이고 있었던 시기이다. 제1공화국은 그러한 극도의 혼란 속에서 조급하게 형성된 매우 불안정한 정치체제였다.

3. 제1공화국의 정치체제적 성격

제1공화국 기간을 호칭할 때 때로는 '이 정권'이라고 하고 또 어떤 때는 '자유당 정권'이라고도 한다. 프랑스 혁명 후 두 개의 제국과 세 개의 공화국이 수립되기까지 많은 정변을 겪은 프랑스 헌정사에서 시사를 받은 것인지 몰라도 한국 학계와 언론도 공화국과 정권을 통용해 왔다. 미국처럼 정권의 성격이 바뀌지 않은 채 정부만이 교체되는 나라에서는 대통령의 이름을 따서 '트루먼 행정부'라는 호칭을 쓰고 있다. 영국이나 유럽의 의원내각제 국가들 역시 아무개 정부라는 호칭을 사용하고 있다. 그러나 프랑스처럼 정권의 성격이 바뀌면서 공화국의 호칭을 달리한 나라에서는 나치 치하의 '비시 정권'이나 5공화국을 형성하는 데 주역을 한 드골의 이름을 붙여 '드골 정권'이라는 표현을 쓰고 있다.

한국의 경우도 프랑스와 유사한 면을 지니고 있다. 1에서 5공화국에 이르는 변화과정이 정권의 내용과 성격의 변화도 수반한 것이었고 다섯 개의 공화국이 수립되는 과정이 공통적으로 정상적이고 평화적 교체에 의한 것이 아니라 기존의 정부를 힘과 폭력으로 와해시키면서 이루어졌다. 그리고 공화국이 바뀔 때마다 통치권을 행사한 국가나 정부수반도 공화국과 운명을 같이했다는 사실 때문에 우리의 경우 공화국과 정권은 거의 동의어의 의미를 지니고 있는 것이다.

정치학 문헌에 있어서 정권(regime)이라는 용어는 널리 통용되지 않는 개념이다. 전통주의적 정치학의 관심이 국가(state)에만 쏠렸던 반면에 현대정치학은 정치시스템을 기본 개념으로 취급해 왔기 때문에 정권이라는 개념은 극히 일반적(generic)인 개념으로만 사용되어 왔다.

그러나 국가, 정권, 정치체계 또는 정치체제 등의 용어가 혼용되는 경우가 많기 때문에 이 개념구별을 해둘 필요가 있다. 다만 먼저 밝혀두어야 할 것은 정치학이 쓰는 개념이란 다른 사회과학 분야의 학문처럼 외연적(denotative)인 개념정의보다 내포적(connotative) 정의에 의존할 수밖에 없다는 점이다. 특히 국가·정권·정치제제와 같이 포괄적인 현상을 추상화해서 지칭할 경우 외연적 정의를 내리기란 용이한 일이 아니다.

그래서 조작주의철학(operationalism)의 영향을 받은 1960년대의 미국 정치학은 국가라는 개념을 정치시스템 개념으로는 대치하여 정치현상을 경험적 차원에서 규명하려는 시도를 취한 바 있었다. 근래에 와서 정치와 경제의 연관성과 정부의 능동적 역할을 강조하려는 정치경제적 접근이 나오면서 전통적 정치학에서 사용한 서술적·정태적 국가개념과 구별되는 '국가론'이 제기되고 있다.

전통주의 정치학의 기본개념이었던 국가개념(그것을 규범적·철학적 국가론이라고도 한다)에 대한 총괄적인 비판을 제기한 이스턴(Easton)은 정치현상을 "한 사회전반에 걸쳐 가치의 분배를 권위적으로 내리는 활동"으로 규정하면서 기능주의적 관점에서 정치과정을 구성하는 명확히 분리될 수 있는 부분과 그 부분들 사이의 상호작용에 대한 연구를 정치학의 기본과제로 제의한 바 있었다.[3] 그는 그러한 상호작용이 하나의 시스템(그것을 체계라고 번역해 왔다)을 이루는 것으로 가정하고 있다.

그러한 정치시스템의 구성요소를 개념화하는 데 있어서 이스턴은 "정치적 분업에 의해 묶여 있는 인간들의 집단으로 자신을 간주하는 구성원"으로 형성된 정치공동체, 그러한 구성원의 정치적 관계(달리 말하면 지배와 복종관계)를 규정하는 방법(절차)이나 규범을 내포한 정치적 질서(가령 헌법질서)로서의 정권(regime), 그리고 일상적으로

---

3) David Easton, *Political System: An Inquiry into the State of Political Science* (New York: Alfred A. Knopt, 1953), pp. 129-134.

권위적인 결정을 집행하는 조직으로서의 정부(government)라는 세 개의 구성요소를 지적하고 있다.[4)]

복합적이고 광범한 정치현상을 경험적 차원으로 끌어내려 분석의 대상으로 삼기 위한 시도로 제시된 이스턴의 정치체계적 접근과 이론적 시각은 예상과는 달리 정치현상 규명에 큰 도움을 주지 못했다. 그의 이론적 접근이 너무 번잡하고 고도로 추상적이기 때문에 그것을 경험적 조사에 적용하여 검증하기 어렵다는 문제가 있다. 또한 이스턴의 정치에 대한 개념규정이 그가 맹렬히 비판했던 전통주의 정치학의 국가개념의 테두리를 벗어나지 못했다는 비판도 있다. 사회전체에 영향을 주는 권위적 결정만을 정치현상으로 간주하고 있고 이것은 결국 국가조직을 정치구조로 보는 경우로서 통상적 의미의 '정부'에 대한 연구와 다를 바가 없고 그의 정치체계적 접근은 낡은 것을 새로운 술어로 표현한 데 지나지 않았다는 비판도 있다.[5)]

정치체계론에 대한 또다른 시각에서의 비판이 이른바 '신국가론'자에 의해서 제기된 바 있다. 제3세계의 정치경제연구에 관심을 갖는 학자들이 정치체계론의 기능주의와 조작주의적 가정에 의문을 제기하면서 노드링거의 표현대로 "국가를 진지하게 다루는" 경향을 보이고 있다. 흔히 그것을 사회중심(society-centered)의 시각으로부터 국가중심(state-centered) 시각으로의 전환으로 성격짓기도 한다.

정치의 본질, 또는 정치에 대한 개념구상이 다양하게 나타나고 있는 것이 오늘의 정치학 연구동향이지만 우리의 관심사인 제1공화국의 정치체제와 정치구조의 성격을 규명하는 데 있어서는 지나치게 어느 한 시각에 편중하거나 집착할 필요는 없다고 본다. 제1공화국에 대한 연구현황이나 진행단계로 보아 오히려 포괄적인 개념과 절충적인 접

4) David Easton, *A Systems Analysis of Political Life* (New York: John Wiley, 1965), chapter 11, pp. 171-219.

5) Harry Eckstein, "A Note on Easton's Conception of the Political System," *Patterns of Authority* (New York: John Wiley, 1975), pp. 33-35 참조.

근에 의존하는 것이 보다 생산적일 수 있다는 생각이 든다.

우리는 제1공화국의 정치체제적 성격을 파악하기 위한 기초적 개념으로 정치체제라는 용어를 쓰기로 한다. 이때의 정치체제란 영어의 'Polity'의 의미와 같은 것으로 간주한다. 이스턴의 시스템적 접근이 내세우는 가정이나 주요개념을 전제로 한 것이 아니라 '일정한 정치적 기능을 수행하기 위한 일정의 구조를 갖춘' 정치단위체(單位體)로서 정치체제라는 용어를 사용하려는 것이다. 이 개념도 매우 추상적인 것이지만 그런대로 한 나라에서 나타나는 정치현상이 일정한 구조적 테두리 안에서 일정한 기능수행을 중심으로 일어나고 있다는 사실을 강조하기에 충분하다고 본다.

또한 정치체제라는 개념을 사용함으로써 정치현상이 비정치현상과 어떻게 다르며 그것과의 상관 또는 상호의존관계를 논할 수도 있지만 우리의 경우처럼 정치질서(하나의 정치적 단위로서)는 존속하면서도 여러번 있었던 정권적 변화에 비추어 정치체제와 정권의 개념구별을 보다 명확하게 해줄 수 있다는 이점이 있다.

우리는 이스턴이나 라스웰, 캐플란의 시사를 받아 정치체제(polity)가 정권과 지배(rule)를 내포한다고 보고자 한다. 여기서 정권은 이스턴의 정의를 따른다면 (1) 가치(목표와 원리), (2) 규범, (3) 권위구조(structure of authority)로 구성되며 그것은 정치행동의 한계를 정해주고 정당성을 규정하면서 정치적 상호작용의 맥락을 제공해 준다.[6] 표현은 다르지만 맥리디스나 라스웰, 캐플란의 정의도 이와 비슷하다.[7] 이들은 정권을 '정치형태의 패턴'이라 규정한다. 정권은 형식적 또는 공식적 권력의 분배를 규정하고 권위행사를 위한 제도적 패

---

6) Easton, *A Systems Analysis*, p. 193.

7) Roy C. Macridis, *Modern Political Regimes: Patterns and Institutions* (Boston: Little, Brown and Company, 1986), p. 3; Harold D. Lasswell and Abraham Kaplan, *Power and Society: A Framework for Political Inquiry* (New Haven: Yale University Press, 1950), p. 214.

턴을 갖추고 있다. 정권의 공식적 권력을 규정하는 것이 헌법이기 때문에 그것을 헌법질서(constitutional order)라고 볼 수도 있다.

그런데 라스웰, 캐플란의 정치체제 개념에 있어서 흥미를 끄는 점은 이들이 정권과는 별도로 지배라는 개념을 강조하고 있는 점이다. 이들에게 지배는 공식적 권력이 아니라 실질적·효율적 권력의 분배와 구성을 의미하며 많은 경우 정치체제의 성격을 형성하는 요소가 공식적 권력의 패턴이 아니라 실효적 권력패턴이라고 보고 있다. 즉 정치체제 내에서 통제가 어떻게 분배되고 행사되고 있느냐가 더 중요하다는 것이다. 그리고 일반적으로 정권과 지배가 단순한 일치성을 갖지 않기 때문에 양자를 구별해야 한다는 주장이다.[8)]

이처럼 지배라는 개념을 중요시할 때 그것을 이해하는 데 필요한 것은 엘리트의 구성과 그 속성을 파악하는 일이다. 공식적이든 실효적이든 권력행사의 패턴을 결정하는 것이 지배엘리트(ruling elite)라고 볼 수 있기 때문이다.

정권과 지배를 개념적으로 구별해서 다루는 것은 우리의 관심인 제1공화국의 정치체계적 성격에 대한 논의를 전개하는 데도 도움이 된다. 사실상 제1공화국 전체 기간에 나타난 두드러진 현상은 공식적 권력의 패턴으로서의 정권(형식적으로 민주적 헌법질서)과 실효적 권력, 통제패턴으로서의 지배양식 사이의 현저한 격차였다고 할 수 있다. 정치적 상호작용의 맥락을 제공해 주는 가치·규범·권위구조로서의 정권의 패턴은 민주적 성격을 지녔으나 지배엘리트의 통제력 행사와 실효적 권력의 행사패턴은 정권이 제시한 가치·규범·권위구조에서 일탈된 매우 자의적(恣意的)인 것이었다. 그것은 민주적이라 볼 수 없는 권위주의적 통제와 지배형태였다.

지배양식이 권위주의적일 때 정권과의 불일치가 따른다. 또한 정치체제의 특징을 결정하는 것이 형식적·공식적 권력패턴이 아니라

8) Lasswell and Kaplan, *op. cit.*, pp. 208, 216.

지배패턴이기 때문에 정치체제도 권위주의적 체제의 특징을 갖게 될 수밖에 없다. 그렇다고 정권개념이 전혀 중요성을 지니지 않는 것은 아니다. 아무리 지배엘리트가 정권이 규정한 정치형태 패턴에서 일탈해서 통제력을 행사하려고 해도 정권이 규정해 놓은 공식적 권력의 분배와 일정한 정치제도와 과정을 완전히 벗어날 수 없다. 그런 의미에서 헌법질서의 외형화(externalization)라고 할 수 있는 정권은 정치과정에 있어서 강권의 요소를 어느 정도 제한시켜 주는 기능을 한다.

권위주의적 성격이 뚜렷했던 제1공화국이었지만 지배엘리트는 정권(동시에 정부)의 정당성을 유지하기 위해서도 선거를 비교적 정규적으로 실시해야 했고 여야 간의 갈등과 권력투쟁도 국회라는 정치제도와 입법과정을 중심으로 전개하지 않을 수 없었다. 그러나 간혹 이러한 정치적 상호작용의 맥락을 떠나서 노골적으로 강권과 탄압에 의한 야당활동의 제약을 꾀하기도 했다. 또한 선거를 치르는 과정에서도 관권과 모든 가용자원을 동원해서 야당이 집권할 수 있는 가능성을 원천적으로 봉쇄하는 데 주력한 바 있었다.

그렇게 볼 때 여기에서 제기되는 의문은 왜 그처럼 제1공화국 기간에 정권과 지배 사이에 격심한 일탈이 생기게 되었는가 하는 것이다. 제1공화국의 정권이 규정한 권력의 분리와 권력 상호 간의 균형원칙과는 정반대로 실효적 권력패턴(통제구조)은 강력한 행정부 중심의 중앙집권적 통제의 방향으로 강화되었다. 이 과정에서 관료조직의 중추세력을 형성한 것은 일제하에서 식민통치기구의 관료를 지낸 세력이었다. 그 중에는 특히 경찰관료의 역할이 컸으며 경찰관료 조직의 간부직을 점유한 세력도 일제하에서 일본경찰의 중견 또는 고위직을 지냈던 사람이 상당수를 이루었다.[9)]

---

9) Gregory Henderson, *Korea: The Politics of the Vortex* (Cambridge, Mass: Harvard University Press, 1968), p. 160; 임종국, "제1공화국과 친일인맥", 『解放前後史의 認識』 2 (서울: 한길사), pp. 143-205.

정권의 규범과 가치는 정당 간의 공정한 경쟁을 강조하고 여야 간의 평화적 정권교체를 기본원칙으로 강조했다. 그러나 통제기구를 장악한 정치엘리트는 관료조직의 지원과 광범한 지배엘리트를 구성한 기업가, 지식인, 의사, 종교지도자, 기타 이익단체와 임의 단체장들을 흡수한 여당으로 자유당을 형성하고 마치 대만의 국민당이 차지한 절대적인 위치를 방불케 하는 우위적 정당체제를 이룩했다. 그리고 야당의 지지세력이 신장하여 심각한 도전을 제기할 기미가 보일 때마다 제반 법규를 자기 편에 유리하게 개정하면서 정치권력의 연장목적을 달성해 갔다. 권력투쟁의 게임규칙을 일방적으로 자기 편에 유리하게 바꾸어 나간 것이다.

제1공화국 기간을 초기와 한국전쟁을 겪은 후의 중반기로 나누어 볼 때 초기에 있어서는 정권과 지배패턴, 즉 공식적 권력패턴과 실효적 권력패턴 사이에 큰 격차가 없었다. 이승만을 정점으로 하는 국무위원과 정부관료 조직의 고위정책 결정자가 공식적 권력과 실효적 통제를 장악하고 있었다. 그러나 중반기에 들어서서 자유당을 장악한 과두지배세력의 통제력이 강화·증대되면서 권위주의적 지배성격도 보다 농후해졌고 정권과 지배 간의 일탈이 보다 두드러지게 나타났다.[10)]

제1공화국의 이러한 특징은 그 당시의 정치체제적 성격을 민주적이기 보다는 권위주의적인 것으로 파악하게 만든다. 모든 현대 권위주의 정치구조의 공통점이라고 할 수 있는 국가통제, 중앙집권화 그리고 상하 위계질서를 갖춘 관료조직을 제1공화국의 정치체제가 공유했기 때문이다. 권위주의 정치구조의 전형은 군부권위주의체제이다. 군부엘

---

10) Henderson에 의하면 이러한 현상은 정부수립 초기부터 드러나기 시작했다는 것이다. 그의 책, pp. 158-159 참조. 1952년의 부산 정치파동을 거쳐 발췌개헌안이 국회에서 강제 통과되었고 직선제에 의해 당선된 이승만의 대통령중심체제가 강화되면서 1954년의 헌법개헌으로 초대대통령에 한해 종신제를 가능케 하는 조치가 취해진 것은 이러한 일탈현상을 극명하게 보여준 예이다.

리트가 민간엘리트를 호선하여 이들과 결탁하여 국가를 관장하고 그 조직을 운영하며 국가정책을 집행하고 자원을 동원한다. 그런 의미에서 제1공화국의 정치체제는 완숙(full-fledged)한 권위주의 정치체제는 못되었다. 그것은 오히려 보수적 성향을 지닌 과두지배엘리트에 의해 통제되었던 권위주의체제였다고 보는 것이 온당하다.

그러나 앞서 제기한 대로 의문으로 남는 것은 왜 제1공화국이 민주적 정권으로 출발했으면서도 점차 민주적 정권이 규정했던 가치, 규범, 권위구조에서 벗어나 정치체제의 실질적 지배양식이 권위주의화했느냐 하는 문제이다. 이 의문에 대한 가설은 여러 가지가 있을 수 있다. 그것을 우리 역사와 정치적 전통의 내용에 비추어서 한국인의 정치문화 속에 내재하는 반민주적 태도와 결부시켜 설명할 수 있다. 또한 계급이론적 시각에서 제1공화국하에 부를 축적한 자본가 계급이 보수적 과두지배엘리트의 장기집권을 원하고 이들을 적극 지원했기 때문으로 볼 수도 있다. 물론 당시의 보수적 지배엘리트는 반자유(anti-liberal), 반민주(anti-democratic)적 태도를 공유했던 일제 식민관료들이 다수를 이루고 있었기 때문에 그들의 정치성향 자체가 권위주의적이었다는 점도 강조해야 한다.

우리는 제1공화국의 정치체제의 권위주의화를 설명하는 데 있어서 "제1공화국에는 이미 병영국가화할 잠재적 여건과 가능성이 내재되어 있다"는 가설을 내세워보고자 한다. 이것은 라스웰의 'Garrison State' 가설을 원용하려는 것이다. 단순화해서 말하면 라스웰은 한 국가가 심각한 불안상태에 놓여 있어 국가안전을 최우선의 목표로 간주할수록 폭력의 전문가와 관료진이 권력엘리트로 등장할 가능성이 높다고 보고 있다.[11)]

---

11) Harold Lasswell, "The Garrison State," *American Journal of Sociology*, Vol. XLVI, No. 4(January, 1941); *Power and Society*, p. 213, footnote에서 인용. 그는 철저하게 군사화와 관료화가 이루어진 정치체제를 Garrison State로

이 가설을 1948년의 제1공화국 수립 당시의 상황에 적용해 볼 때 분단상황 속에서 많은 반대를 무릅쓰고 단독정부안을 강행 실시해서 형성한 허약한 국가의 최대과제는 반대세력을 진압하고 국내적 통일성을 확보하는 일이었다. 따라서 강력한 중앙집권적 통제와 반대세력 억제를 위한 탄압장치도 필요했다. 즉 권위주의적 통치가 필요한 환경이었다.

그러나 제1공화국이 물려받은 역사적 유제(legacies)는 어느 면에서 이율배반적인 것이기도 했다. 일제의 식민통치가 남겨놓은 유제는 전제정치적 성격의 것이었다. 세계에서 가장 잔인한 식민통치였다는 평을 받을 정도로 가혹했던 일제 식민통치는 민주정치와 정반대의 전제정치였고 직접통치를 행했던 일제는 서구 식민통치처럼 식민지의 인재를 양성하여 통치경험을 갖게 하지 않았고 국내의 독립운동 세력을 철저하게 분쇄하였으며 끝까지 반일운동을 전개하다 투옥되거나 지하에 들어간 독립운동가를 제외한 국내의 지도층 인사를 친일세력으로 만드는 데 방법을 가리지 않았다. 2차대전에 돌입하면서 일제는 이들 지도적 인사를 앞세워 식민지 조선의 대중을 일본제국의 구성원으로 동화시키는 작업을 전개하기도 했다.

제1공화국이 물려받은 경제적 유산도 민주정치를 뒷받침할 물적 기반으로 전혀 기여할 수 없는 것이었다. 일제는 식민통치 기간에 조선의 경제를 완전히 일본경제에 예속시키고 전쟁수행의 목적으로 추진된 공업화 과정에서 건설한 산업시설도 주로 이북 지역에 집중되어 있었기 때문에 분단 이후의 남한경제는 전적으로 미국의 원조에 의존하지 않을 수 없는 상태였다.

그러나 3년간의 미군정 기간이 끝나고 미국이 남한에서 철수하면

보고 있다. 그는 Virocracy와 bureaucracy를 합친 것이 Garrison state이며 Virocracy란 힘, 무용(武勇), 활력을 장기로 하는 엘리트가 지배세력을 형성하는 지배양식이라고 규정한다. Lasswell의 Garrison state 개념은 그후 Praetorianism state라는 용어로 발전・활용되어 왔다고 할 수 있다.

서 남겨놓은 정치적 유산은 대의민주정치제도였으며, 그것도 미국의 민주정치제도를 준거점으로 한 소박한 발상을 반영한 것이었다.[12] 미군정청의 정책결정자들은 한편 한국인의 자치능력에 회의적이면서도 철수 후의 한국의 정치제도를 구상할 때 대의민주주의 외에 다른 제도를 생각할 수 없었을 것이다. 또 어느면에서는 미국에서 성공을 거둔 정치제도인 만큼 시간이 지나면 어느 곳에서든 성공할 수 있는 보편타당성을 지닌 것이 미국식 민주정치제도라는 소박한 생각이 적용됐을 것으로 볼 수 있다.

그러나 남한의 현실은 그렇지 않았다. 혼란과 좌우정치세력 간의 격렬한 대립과 투쟁을 거쳐 거의 무정부상태에 가까운 정치, 경제 및 사회적 환경 속에서 건국한 제1공화국은 정부수립 직후부터 심각한 도전을 받았다. 국회에 진출한 세력은 일제하에 외국에서 독립운동에 가담했던 사람과 국내에서 일제의 친일세력 포섭의 대상이 되기에는 아직 지명도가 낮았던 사람으로 친일파의 낙인이 찍히지 않은 사람들, 언론계와 학계의 지식인, 그리고 지주로서 지방에 기반을 가지고 있었던 보수주의 세력 등 잡다한 출신배경을 가진 세력이었다. 이들은 당시의 제헌헌법이 부여한 국회의 막강한 권한을 의식하고 국회에서 선출한 대통령의 권한행사를 충분히 견제할 수 있는 것으로 행동했다.

그러나 이승만의 강한 개성과 오랜 망명생활에서 이미 보여준 그의 유아독존적인 정치스타일에 비추어 볼 때 이승만과 국회 사이의 대립과 갈등은 필연적이었다. 이승만의 친일파 옹호와 심지어 일본경찰 출신이나 일본헌병 출신의 친일분자의 기용은 독립운동가 출신은 물론 일부 보수적 지주출신의 국회의원까지 이승만에게 반기를 들게 하였고, 이승만이 고전적인 통치수법인 분리와 지배(divide and rule)의

12) 미군정청이 실시한 첫 선거는 1946년에 과도입법의원 수립을 위한 것이었다. 유권자는 제한되었고 간접선거방식을 취했으나 대의기관으로서의 역할을 할 입법의원을 모체로 하나의 과도정부를 형성하려는 시도였다고 볼 수 있다.

통치스타일을 답습하게 되면서 건국 초기의 정치상황은 이승만과 그 주변의 아부세력과 국회의 반이승만세력 간의 갈등으로 점철되었다.

이것이 공식적이고 형식적인 권력의 분배와 정치형태의 패턴으로서의 '정권'과 실질적 권력의 패턴을 의미하는 '지배' 사이의 불일치 또는 이탈현상의 첫 신호였다고 본다. 제헌헌법의 내용이 의도한 대로 국회와 이승만으로 대표되는 행정부 사이의 관계가 균형을 유지할 수 없었으며 통제구조로의 '지배' 패턴이 이승만 중심의 실효적 권력패턴 쪽에 집중하기 시작한 첫단계였다는 것이다. 그러한 상황 속에서 제1공화국은 동족상잔의 비극을 가져온 한국전쟁을 맞이한 것이다.

한국전쟁이 발발하면서 거의 와해상태에 빠졌던 제1공화국은 유엔깃발 하의 미국의 참전으로 붕괴위기를 모면했다. 전선(戰線)이 안정되고 임시수도 부산에서 정부기능이 재개되면서 국회와 이승만 사이의 갈등은 재연되었으며 양자간의 대립은 부산 정치파동을 거친 후 이승만의 승리로 해결되었을 뿐만 아니라 보다 중요한 것은 제헌국회가 설정했던 공식적 권력패턴으로서의 정권, 정치적 상호작용의 맥락을 제공해 주는 정권의 패턴에도 변화를 가져온 것이다. 다시 말하면 직선제에 의해 강력한 권한행사가 가능한 실질적인 대통령 중심제로의 전면적 변화가 이룩된 것이다.

이러한 변화의 모든 과정에서 이승만의 위치와 의도 그리고 결정이 가장 중요했다고 보기 때문에 제1공화국의 정치체제적 성격을 논할 때 그것을 주조해낸 주역으로서의 이승만의 역할을 중요시하지 않을 수 없다. 그래서 아주 느슨한(loose) 의미에서 이승만을 '카리스마적' 지도자로 호칭하는 것도 이해가 된다. 그러나 실제로 그를 '카리스마'적 자질을 가진 지도자로 볼 수 있느냐 하는 점에 대한 이론적 논란의 여지는 많다.[13]

---

13) 카리스마적 지도자에 대한 정의적 특징(defining characteristics)에 대한 세련된 연구로 Ann Willner, "Charismatic Political Leadership: A Theory,"

여하튼 이승만의 정치적 성향과 태도, 통치형태, 그가 직접·간접으로 작용해서 설치한 정치적 제도, 그가 주도해서 만든 자유당의 역할, 그리고 국회와 야당을 상대로 한 그의 권력행사 패턴이 제1공화국의 정치체제적 성격을 주조하는 데 크게 작용한 사실을 부인할 수 없다. 그런 의미에서 제1공화국을 '이 정권'이라고 호칭한다면 그 뜻은 이해할 수 있다. 그러나 정치체제의 성격을 밝혀주기 위해서는 실효적 권력패턴으로서의 지배양식, 그리고 정권보다 통제구조로서의 지배의 성격과 내용이 중요하다. 그리고 그 성격과 내용을 중심으로 제1공화국의 정치체제의 성격을 규정하다면 그것은 이승만 중심의, 이승만의 장기집권을 보장하고 그럼으로써 그의 주변에 있었던 과두지배세력의 지위와 이익을 계속 충족하기 위한 목적으로 자의적이고 권위주의적인 방법으로 지배력을 행사했던 권위주의체제였다고 보아야 할 것이다. 그리고 권위주의적 정치체제를 정당화하는 데 있어서 북한의 위협과 국가안보를 수없이 강조해온 점에서 병영국가 가설이 말하는 폭력의 전문가와 관료 또는 관료 출신의 정치엘리트가 지배패턴을 좌우하고 통제구조의 핵심을 장악할 수 있는 여건을 갖춘 체제였다고 하겠다.

Research Monograph No. 32 (Center of International Studies, Princeton University, May, 1968)를 들 수 있다. 베버의 개념을 바탕으로 Willner는 카리스마적 지도자를 일정한 상황의 맥락 속에서 목표를 향한 지도자와 추종자 간의 상호작용을 내포한 관계현상으로 규정한다. 그리고 지도자의 "무엇"이 아니라 그의 추종자가 그를 "어떻게" 인식·감지하느냐가 카리스마 개념의 적용타당성을 결정한다고 본다. 특히 감정적 차원의 중요성을 강조하면서 추종자가 카리스마적 지도자에게 충성, 헌신, 경외의 감정을 갖는 것이 중요하지만 무엇보다 그에 대한 盲信(blind faith)을 갖도록 하는 것이 카리스마적 지도자의 특성이라 본다.

4. 제1공화국의 지배양식과 수행능력

권위주의적 지배양식(authoritarian rule)은 그것이 자행되는 국가(즉, 정치체제)의 역사적 경험, 사회경제구조, 정치문화적 성향과 연관을 맺기 때문에 국가마다 특이한 양상을 나타낸다. 중남미와 남유럽(스페인·포르투갈·희랍 등)의 국가에서 나타난 권위주의적 지배양식과 2차대전 전의 일본, 대만, 그리고 동남아와 한국에서 나타나는 지배양식 사이에 차이가 있다면 그것은 역사적·사회경제적·문화적 조건이 다른 데서 기인한다. 정치학 연구에서 아직도 권위주의적 정치체제에 대한 유형론(類型論)이 정립되지 못하고 있는 이유도 이러한 광범한 범위와 차원의 요인들을 체계적으로 정리하고 적절히 활용하여 많은 체제들을 분류하기가 용이하지 않기 때문일 것이다.

권위주의적 지배는 원시사회나 전근대적 상태에서 벗어나지 못한 국가에서가 아니라 근대화 과정을 겪었거나 겪고 있는 국가의 현상이다. 그래서 근대적 권위주의적 지배양식의 성격을 규정하는 그 나라의 독특한 역사적 경험과 배경, 산업화 단계에 따라 달라지는 사회경제구조, 그리고 그 나라의 국민 간에 널리 공유되고 있는 정치에 대한 태도, 가치관, 그리고 사고방식 등을 포함한 정치문화 내용이 중요한 파라미터(parameter)로 작용한다.

권위주의 지배의 스타일이나 형태는 각각 다르지만 하나의 전형으로서의 현대 권위주의 지배의 공통점은 과두정치엘리트, 즉 소수의 정치엘리트가 배타적이고 중앙집권적인 정치조직을 장악하고 지배한다는 점이다. 그러한 권위주의체제의 기능을 펄뮤터는 다음과 같이 서술한다.

권위주의 국가 또는 정권의 기능은 문화, 사회, 지적 자원을 희생하면서 사회를 정치화하고 관료화하는 일이다. 그것은 수직적 및 수평적 지배를 추구한다. 권위주의체제의 관료의 최대관심은 정보수집, 정치의 지배와 통제, 자율적인 사회활동을 금지시키기 위한 수단과 관행, 통제된 사회활동을 정치화하는 일, 사회와 정치구조의 관료화, 행정 및 징벌수단의 창출, 문화의 규제와 감독, 그리고 그들 자체의 탄압수단을 감시하는 일 등을 가능케 하고 수행하는 데 유리한 제도를 확립시키는 데 집중된다.[14]

이렇게 권위주의체제를 규정하는 펄뮤터는 단일정당, 관료군부 복합체(코포라티즘체제), 평행적 또는 보조적 정치구조 등을 기준으로 권위주의 유형을 설정하는 시도를 보이고 있다. 이와 달리 후안 린쯔의 경우는 정치적 다원주의(political pluralism)의 정도와 정치적 동원의 성격과 규모라는 기준을 적용한 유형론을 주장한 바 있다.[15]

정치학이 권위주의 지배양식에 대해 관심을 두고 비교연구를 하게 된 것은 제3세계에 있어서 군부집권 현상이 확대되어간 1960년대 이후이기 때문에 군부중심의 권위주의 지배를 그 원형(prototype)으로 보는 경향이 있었다. 물론 대만의 장개석이나 필리핀의 마르코스 치하의 권위주의 지배도 있었으나 거의 대부분의 권위주의 정권은 군부의 쿠데타에 의해 수립된 정권이었다고 해도 과언이 아니었다.

그러나 제1공화국은 군부권위주의 지배하의 국가는 아니었고 과두정치엘리트를 구성한 것도 관료와 당 중심의 과두지배세력이었다. 오히려 제1공화국의 지배양식에서 나타난 권위주의적 특징은 장개석 치하의 대만이나 디엠 치하의 월남에서 나타난 성격과 비교될 수 있

---

14) Amos Perlmutter, *Modern Authoritarianism* (New Haven: Yale University Press, 1981), p. 8.

15) Juan Linz, "Totalitarian and Authoritarian Regimes," in F. Greenstein and Nelson Polsby, eds., *Handbook of Political Science* (Reading Mass: Addison-Wesley, 1975), Vol. 3, pp. 278-279.

다. 그 중 대만은 국민당의 오랜 일당독재 지배양식을 바탕으로 한 반면, 디엠의 월남은 정당보다 탄압수단으로서의 정보기관을 기반으로 한 권위주의 지배였다.

제1공화국 하의 권위주의 지배는 주로 관료(경찰을 포함)조직에 의존한 관료-당(자유당) 과두지배세력이 배타적이고 중앙집권적 정치조직을 장악하여 사회를 통제한 경우로 볼 수 있을 것 같다. 이러한 제1공화국의 권위주의적 지배의 성격을 파악하는 데 있어서 다음과 같은 의문들을 생각해 볼 만하다.

첫째로 제1공화국의 권위주의 지배의 기간이다. 그 기간은 정부수립 후 12년이지만 한국전쟁 후부터 계산한다면 10년이 못되는 비교적 짧은 기간이다. 이 기간은 제1공화국의 과두지배세력이 대중의 정치적 태도에 큰 변화를 일으켜 그 정권에 대한 확고한 충성심과 지지를 조성하기 위한 사회화과정, 교화작용, 충원과정을 성공적으로 달성하기에 매우 짧은 기간이었다.

둘째로 제1공화국의 정치권력의 바탕이 되었던 사회적 기반의 성격이다. 여기에서의 의문은 제1공화국의 권위주의적 지배가 사회집단들의 구조나 위계질서에 어느 정도 깊숙히 침투하였으며 권위주의적 지배를 지원한 사회세력이 '제도적'(가령 특정 종교단체) 성격의 사회집단이었는가 하는 점이다.

셋째로 군의 역할이다. 한국전쟁을 겪은 후 한국 군부는 아시아에서 손꼽힐 정도의 막강한 대군으로 성장했다. 제1공화국 내의 제도적 집단 가운데 조직력으로나 물리적 힘으로나 군을 따를 수 있는 세력은 없었다. 따라서 군에 대한 정치적 통제는 가장 심각하고 예민한 과제였다고 할 수 있다. 창군시기와 전쟁기간을 통해서 한국군의 성격형성에 결정적으로 작용한 미국군의 영향을 받아 한국군은 원칙상 민간인 통제(civilian control)와 정치적 중립의 기본원칙을 받아들였으며 부산 정치파동 당시 이승만이 군을 정치적 목적으로 이용하려 했을 때 그의 지시를 정면으로 거부했던 선례도 가지고 있었다.

이승만은 군수뇌부급의 장성들을 중심으로 정치적 조작과 감시를 통해 군에 대한 통제를 유지할 수 있었으며 전형적인 수법인 포상(진급)과 징벌에 의존하여 자신에 대한 충성과 지지를 확보했다. 그런 면에서 군은 제1공화국의 권위주의적 지배에 있어서 주역이 될 수 없었고 일부 정치화된 장성만이 조역의 역할을 했다고 볼 수 있다.

넷째로 탄압의 수준과 성격이다. 권위주의적 지배에 있어서 탄압과 억압의 성격은 정치적 반대세력과 밀접한 연관을 갖는다. 그리고 양자간에는 일종의 함수관계가 있다. 반대세력의 저항능력이 강할수록 억압과 탄압의 수준과 강도 그리고 성격도 달라진다. 특히 저항세력이 철저한 이념으로 무장된 비밀결사적 성격과 폭력수단에 의존해서 권위주의 지배를 전복시키려는 의도와 능력을 갖추고 있을 경우 탄압의 성격도 포악해진다.

제1공화국의 권위주의적 지배하에서 나타난 탄압은 주로 야당을 대상으로 한 것이었다. 당시의 한국은 공산주의자들에 의한 정부 전복운동이 있을 수 없는 상황이었다. 전쟁 전에 이미 남한의 공산당 조직은 와해되었고 전쟁을 겪는 과정이나 그후에 있어서 공산주의자나 이에 동조하는 세력은 남한내에서 철저하게 제거되었다고 해도 과언이 아니다.

따라서 권위주의적 지배에 도전한 세력은 민주주의를 명분으로 내세운 보수야당이었고 그것을 지지 추종하는 지식인 세력이었다. 다만 조봉암이 이끄는 진보당처럼 반보수주의적 이념을 내세운 소수의 진보세력이 전통야당과는 다른 이념지향적인 도전을 시도하기도 했으나 바로 그러한 특징 때문에 권위주의적 지배세력의 진보당에 대한 탄압도 보다 강도 높게 나타났던 것이다.

제1공화국의 권위주의적 지배양식의 특징은 이러한 네 가지 요소의 배합이 빚어낸 결과로 볼 수 있다. 그 특징은 남미에서 나타난 이른바 '관료적 권위주의'(BA model)에서 묘사되는 특징들과 판이하게 다르다. 우선 군부의 역할은 큰 의미를 갖지 않았다. 지배세력이 포상과 징벌수단을 활용해서 군에 대한 정치적 통제를 조종하기만 했을 뿐 군이 정치에 직접 개입할 수 없었다.

제1공화국의 기간도 국민을 철저한 정치적 교화나 사회화 과정을 통해 정치적 편제 속에 통합하기에는 짧은 기간이었다. 더구나 그러한 정치적 편제 달성에 절대적 조건이 될 이념체계를 갖고 있지 않았다. 오직 '반공'이라는 심벌을 내세워 북한 공산정권에 대한 적대감을 고취시키는 데 주력했다. 그러면서 한편으로 공식 교육내용에 있어서는 민주정치의 우월성을 강조하는 교육을 실시했다. 이것은 "반공이 곧 민주주의"라는 등식을 강조하기 위한 것이었지만 적어도 고등교육을 받은 지식층에게는 설득력을 지닐 수 없었다.

이승만의 집권이 헌법조작과 선거조정으로 연장되어서 야당을 중심으로 한 반대세력의 저항도 증대해 갔으나 권위주의적 지배세력의 반대세력에 대한 탄압은 광대(廣大)하지 않았고 반대세력을 근멸하지도 않았다. 잠재적이거나 실제적인 반대세력에 대한 감시, 통제를 위주로 하면서 위협적인 인물이나 세력은 극단적인 경우 반공법을 적용하거나 국가보안법을 이용해서 '용공'이니 '친공'이니 하는 낙인을 찍어 제거하는 수법을 썼다. 이러한 탄압과정에 있어서 주요 탄압행위자의 역할을 맡은 것은 관료조직의 일부로 볼 수 있는 경찰이었다.

제1공화국의 권위주의 지배세력의 권력을 뒷받침한 사회적 기반도 매우 산만한 성격의 것이었다. 제1공화국은 선거와 국회라는 정치제도를 정권적 제도체재(體裁, institutional format)로 이용한 만큼 정기적으로 선거를 치르기 위한 정치자금을 확보하는 것이 권위주의 지배세력의 가장 중요한 과제였다. 따라서 미국원조하에서 실시되는 경제부흥계획으로부터의 이권과 이에 대한 반대급부를 둘러싸고 자본가와 권위주의적 지배세력 간의 유착관계가 형성되었다. 그리고 권위주의 지배세력이 이렇게 조성된 정치자금을 독점했을 뿐 아니라 그것을 야당 분열과 약화의 수단으로 사용하기도 했다.

이처럼 자본가가 권위주의 지배세력의 권력을 뒷받침한 가장 중요한 물적 기반 제공세력 이였지만, 그것만으로 권위적의적 지배를 유지하기는 어려웠다. 왜냐하면 선거라는 제도적 체재(體裁)에 의존해서 정권의 정당성이 유지되어야 했기 때문이다. 선거에서 승리를 보장받기 위해서는 관료의 동원이 불가결한 요소였다. 상징적으로나 실질적으로 권위주의적 지배세력의 통제를 받았고 경우에 따라 그 세력과 일체감마저 가졌던 관료의 역할은 사회를 정치화하고 관료화함으로써 수직적 및 수평적 지배를 가능케 하는 것이었다. 그러기 위해서 자율적인 사회활동을 제약하는 한편 인구의 다수를 구성하는 농민과 노동자를 대표한다는 명목 하에 관료적 통제를 받는 노동단체와 농민단체를 권위주의적 지배의 지지세력으로 활용했다.

이것을 시각을 달리해서 요즘에 사용되는 '국가-사회관계' (state-society relations)라는 관점에서 본다면 제1공화국 시기에 국가기구를 장악한 과두지배세력과 그 통제기구를 장악한 과두지배세력, 그리고 그 통제하에 있었던 관료집단과 사회와의 관계는 혼합적 성격을 지닌 것이었다고 볼 수 있다. 우선 국가에 의한 사회통제가 의도적이고 계획적이기 보다 관행에 의존한 것이었다. 이것은 우리의 오랜 역사적·정치전통적 배경에 의해서만 설명될 수 있을 것이다. 그러한 국가(보다 구체적으로는 관료)에 의한 사회통제에 대해 조직적이고 위협적인 저항이 없었기 때문에 권위주의적 지배의 성격도 비교적 온화(benign)한 것이 될 수 있었다고 할 수 있다.

그러나 관행에 의존한 국가의 사회통제였기 때문에 국가기구와 권력의 침투력과 사회집단의 조직화 수준도 제한된 것이었다. 뿐만 아니라 과두지배세력 통제하의 관료들의 응집력이나 자질도 높은 것이 아니었다. 다양한 사회세력의 이익을 취합하여 정책과정에 반영할 수 있는 광범하고 포괄적인 이익대변 구조를 갖추지 못한 상황 속에서 관료들은 자의적이거나 사적 이익 위주의 결정을 내릴 여지가 많았다.

이것은 제1공화국 시기의 국가의 가동력 또는 능력(capacity)이 매우 제한된 것이었음을 의미한다. 국가의 능력이란 정확하게 문제를 파악한 바탕위에서 합리적인 정책을 수립할 뿐만 아니라 그 정책이 의도하는 결과를 달성할 수 있도록 이를 집행하는 수행능력이다. 그러한 국가능력이 사회 내의 특정계급의 저항이나 방해에 의해 제약될 수도 있고 다수의 사회구성원의 무관심과 거부감 때문에 제약될 수도 있다. 국가의 정책수행이 특정계급의 이익만 충족하고 다수를 소외시키는 경우도 있다. 또한 잡다한 사회집단의 사적 이익추구가 관료의 정책수립에 있어서 객관성과 합리성을 제약시킴으로써 국가능력을 약화시킬 수도 있다.

뿐만 아니라 국가는 내부적으로 사회와 관계를 가질 뿐 아니라 외부적으로 국가군(群)과의 복합적인 관계를 아울러 지니는 이중적 관계를 바탕으로 한다. 제1공화국의 국가는 배타적으로 미국이라는 거대한 중심부에 의존했던 준주변 국가의 성격을 지니고 있기도 했다. 경제적으로나 군사적으로 미국에 의존한 국가로서 경제정책이나 안보정책에 있어서 제1공화국의 국가가 독자적으로 결정을 내릴 수 있는 범위는 매우 좁았다고 할 수 있다. 국가의 능력이 높았다고 보기는 매우 어렵다.

앞서 제1공화국의 국가·사회관계가 복합적 성격의 것이었다고 한이유도 바로 여기에 있는 것이다. 역사적·정치전통적 차원에서 볼 때 관행에 의해 사회에 대한 확고한 우위를 차지한 제1공화국의 국가였지만 국가의 대사회 통제력은 산만한 것이었다. 국가의 능력이 제한된 것은 자본가 계급에 의존했기 때문이라기 보다는 국가기구를 장악한 과두지배세력과 관료의 무능과 이들 내부의 갈등, 그리고 국가의 독자적 결정을 제약하는 외부 의존관계에서 기인한 것이었다고 볼 수 있다. 역설적으로 표현해서 강한 것 같으면서 매우 허약한 국가가 제1공화국의 국가였다고 할 수 있다.

그러한 국가기구를 장악한 과두적-권위주의적 지배세력은 국가능력을 제약하는 내부와 외부조건을 제거하거나 극복하려는 의지와 능력을 갖추지 못했다. 이들의 다수가 오랜 관료생활에 젖었던 관료출신이었다는 것도 하나의 이유가 될 수 있을 것이다. 극도로 노쇠한 이승만이나 그의 후계자를 자처한 이기붕의 허약한 정치적 개성으로 볼 때 과두지배세력에 의한 과감한 개혁조치의 실천은 불가능한 것이었다. 이들의 최대관심은 이승만 사후에 과두적 권위주의 지배를 어떻게 해서든지 계속 유지하는 길을 찾는 것이 고작이었다.

그러나 이미 야당은 물론 도시를 중심으로 한 지식인들과 비판적인 정치의식을 가진 사회집단 구성원 사이에 과두적 지배세력의 정당성에 도전하는 움직임이 가속화되어가고 있었으며 군 내부의 일각에서도 빈곤의 악순환에서 벗어나기 위한 과감한 경제발전을 추진하기 위해서는 과두적 권위주의 지배세력을 새로운 지배세력으로 대체해야 한다는 주장을 내세우는 움직임이 나타났다. 모두가 과두지배세력의 수행력, 이들이 장악하고 있는 국가기구의 능력과 수행력에 대한 심각한 의문 또는 거부감을 나타낸 것이라고 하겠다.

이처럼 날로 거세가는 도전세력과 보다 심각해지는 정당성 약화에 대응하려는 과두권위주의적 지배세력은 내각책임제라는 정권적 차원의 수정을 통해서 야당을 수용한 새로운 지배양식을 형성해 보려는 일부의 지배층과 그것을 배격하는 강경론 사이의 내분을 겪기도 했으나 결국은 과두지배세력이 의존해온 관료조직을 이용해서 장애물을 극복하려는 전형적인 권위주의 방식을 택하게 된 것이다. 관료출신으로 구성된 과두적 지배세력의 속성에 걸맞은 방식을 따라 정치적 위기를 해소하려는 기도(企圖)가 권위주의적 지배의 파탄을 자초하게 된 것이다.

5. 맺음말

제1공화국 시기의 정치체제적 성격을 논할 때 우리는 약간의 당혹과 혼돈을 느끼기 쉽다. 그 시기의 정치체제가 민주적인 체제였다고 보는 사람은 없다. 그러나 군부가 집권한 후의 정치체제 성격과 비교하는 경우 후자에서 볼 수 있는 보다 뚜렷한 권위주의적 성격을 지닌 것처럼 보이지는 않는다. 그래서 제1공화국 시기의 정치를 '사이비 민주적'으로 보는 견해도 있다.

이러한 혼란을 가져오게 하는 이유는 제1공화국의 정치가 형식적으로 '민주적' 정치제도의 체재(體裁)로서의 선거와 국회의 기능을 중요시했다는 데서 생기는 것 같다. 즉 정치체제를 정권과 지배라는 서로 일치될 수도 있고 상치 또는 격차를 나타낼 수 있는 두 개의 패턴으로 구성된 것으로 본다면 공식적인 헌법이 구성하는 형식적 권력패턴으로서의 정권의 차원에서 볼 때 제1공화국의 정치체제는 사이비 민주적 성격을 지녔다고 할 수 있다.[16] 선거제도와 국회기능을 유지시킨 제도적 체재면에서도 사이비 민주적이라 볼 수 있을 것이다.

그러나 지배는 실제권력을 행사하는 지배자들의 실천패턴을 의미하며 정치적 통제의 행사방식과 분배형태를 의미한다. 정권과 지배가 동일하게 일치되는 경우도 있겠으나 그렇지 않는 경우가 많다. 특히 격변을 겪는 사회, 혁명적 상황이 전개되는 혼란기일수록 양자간에 격차가 생기기 쉽다. 그리고 한 정치체제나 국가의 정치적 성격을 형성하는 것은 정권이라는 형식적 권력패턴이 아니라 지배자의 실효적인 권력행사 패턴으로서의 지배양식이다.

제1공화국 시기에 나타난 정치현상은 정권과 지배 간의 넓은 격차를 반영한 것이었을 뿐만 아니라 지배세력을 형성했던 과두적 지배층의 권위주의적 통제를 바탕으로 한 여와 야 사이의 정치적 갈등으로 점철된 것이었다. 한편에서는 단독정부 수립안을 관철시켜 건국 초기부터 감히 도전할 수 없는 최고지도자로 국가최고직에 오른 이승만

---

16) 이정복, "남북한의 정치체제와 남북한 관계의 회고", 『한국과 국제정치』 제5권 2호 (1989 가을), pp. 128-129. 이정복 교수는 제1공화국의 정치체제를 "외양적 민주주의"(facade democracy)라는 표현으로 성격규정을 하고 있다.

에 대한 대중적 지지를 바탕으로 국가기구 내의 방대한 중앙집권적 관료체제의 지원을 받으면서 수차에 걸친 선거에서 다수를 확보한 관료-자유당의 과두지배세력이 존재한 반면, 다른 한편에는 과두지배세력의 권위주의적 통제와 탄압에 맞서 이에 도전하는 소수로서의 야당이 민주주의의 옹호라는 대의명분을 내세워 정치적 투쟁과 불공정한 여건하에 정치적 경쟁을 벌이고 있었다. 그리고 이러한 정치적 갈등은 대체로 엘리트 수준에 국한된 것이기도 했다.

제1공화국 기간의 권위주의적 지배의 성격은 비교적 온화한 것이었다고 볼 수 있다. 그렇기 때문에 이 기간의 정치를 놓고 혼돈이 야기되는 것이다. 그러나 그 지배양식이 민주적인 것이 아니었음은 명백하다. 다만 권위주의적 지배양식이 온화할 수 있었던 중요한 요인은 반대세력과 저항세력의 성격 때문이다. 또한 그 지배세력이 권위주의적 지배를 영구 또는 장기적으로 확립시키기 위한 체계적이고 집단적인 정치적 편제를 시도하지 못했다는 데도 이유가 있다. 과두지배세력이 군부가 아닌 관료출신 배경을 지닌 당-관료 지배층이었다는 것도 권위주의적 지배양식의 성격을 결정한 요인이었다고 볼 수 있다. 그럼에도 불구하고 제1공화국 시기에 나타난 지배양식은 기본적으로 경찰을 포함한 관료조직을 동원·이용하여 사회세력의 자율적 활동을 제약하고 반대세력을 의도적으로 억압하면서 정치권력을 자의적으로 행사했던 권위주의적 지배양식이었음을 부인할 수 없을 것이다.

제1부

국가형성: 국제환경과 국내적 조건

제1장

국제적 냉전체제와 분단정권의 수립

오 재 완

1. 머리말

제1공화국의 대외적 환경으로서 아시아 냉전 및 한반도 냉전은 자신의 고유한 배경을 가지고 있었지만, 그것은 또한 유럽지역에서 발생한 사태와 밀접히 연계되어 전개되었다. 이와같이 한 지역에서의 사태발전이 다른 지역에서 발생한 사태와 밀접히 연계되어 전개되었다는 사실은 전후 냉전의 가장 중요한 특징의 하나였다.[1] 그러므로 제1공화국 수립을 전후로 한 국제적 환경에 대한 분석은, 전세계적인 냉전대결의 기본적 패턴을 창출시킨 동유럽의 장래 문제를 둘러싼 연합

1) Ito Takayuki, "The Genesis of the Cold War, Confrontation over Poland 1941~1944," in Yonosuke Nagai and Akira Iriye, eds., *The Origins of the Cold War in Asia* (Tokyo: University of Tokyo Press, 1977), p. 147.

국 간의 분쟁과정과 그 결과에 대한 연구를 출발점으로 하며, 구체적으로 미국의 대한정책의 세계정치적 맥락과 한반도 정치적 맥락에 대한 연구를 그 종결점으로 하고 있다. 이러한 접근방법은 먼저 전후 국제체제의 기원과 그 형성과정을 분석한 다음에 제1공화국 수립의 국제적 배경을 총체적으로 밝혀보자는 것이다.

전후 국가간 체계는 미·소관계의 상태에 따라 다음과 같은 몇 단계의 국면전환을 거치면서 형성되었다.[2)]

(1) 전시외교시기(1941-1945)

미국, 영국, 소련을 중심으로 하여 전개되었던 연합국의 전시외교를 주도했던 주역은 프랭클린 D. 루스벨트 미국대통령이었다. 루스벨트 미국대통령은 주축국 군사력의 완전파괴에 의한 무조건 항복 접수를 전쟁의 1차적 목표로 설정하는 동시에, 미·소 등 연합국을 지도적 회원국으로 하는 국제기구를 창설함으로써 미·소의 전후 고립주의로의 복귀 가능성을 예방하면서 전후 세계질서를 유지한다는 전후 구상을 추진했다. 즉 루스벨트의 전시외교는 무조건항복 요구의 관철과 새로운 국제기구의 창설노력으로 요약될 수 있다.

이러한 루스벨트의 전시외교는 미·소·영에 의한 삼두정치 또는 공동관리의 제도화에 다름 아니었다. 이러한 문맥에서 연합국의 전시회담의 내용과 성격이 파악되며, 또 최초로 한국독립을 언급한 카이로 선언의 정치적 의미가 분석될 수 있을 것이다.

(2) 결정적 시기(1945-1947)

포츠담회담 이후 트루먼독트린의 선언 또는 마셜플랜 예비회담으

---

2) Raymond Aron, translated by Frank Jellinek, *The Imperial Republic, The United States and the World, 1945~1973* (Cambridge: Winthrop Publishers, Inc., 1974), pp. 4-6.

로부터의 소련대표의 철수까지의 기간은 연합국의 전시 동맹관계가 점진적으로 불화관계로 이행하는 시기였다. 구체적으로 미·소 양 강대국은 주축국이라는 공동의 적이 사라지자 전후문제 처리를 놓고 협력과 대결 중 양자택일을 해야만 했던 '결단의 시기'이기도 했다.

특히 동유럽의 장래문제를 둘러싸고 표출되기 시작한 미·소갈등은 독일문제로 인하여 더욱 악화되어, 급기야는 유럽의 분할, 즉 동서냉전을 불가피하게 만들었다. 이처럼 유럽분할의 전개과정에 다름 아닌 전후 동서냉전의 전개과정은 아시아냉전, 그리고 한반도냉전의 국제적 환경을 형성하게 되었다. 이 점에서 이 기간은 전후 한반도 정치과정의 기본성격을 규정했던 '결정적 시기'였다.

(3) 냉전시기(1947-1953)

이 시기는 진정한 의미에서 냉전시대였다. 소련군에 의해 점령된 동유럽국가들은 이 시기에 급속히 소비에트화되어 소련의 세력권으로 편입되었으며, 이에 맞서 미국은 트루먼독트린과 마셜플랜으로 대응하였다. 트루먼독트린과 마셜플랜은 유럽의 분할, 즉 독일의 분할을 의미하는 구체적인 정책결정으로 발전되었다. 즉 미국은 영국 및 프랑스의 점령지역을 통합하여 독일연방공화국(서독)을 창설하기 위한 일련의 조치를 취했다. 소련은 이러한 서방측의 조치에 항의하여 베를린봉쇄를 단행하는 한편, 독일민주공화국(동독)을 창설하는 대응조치를 취했다. 베를린 봉쇄사태는 통상적인 조약형태의 대서양동맹체제를 군사적 동맹체제로 강화시키는 계기가 되었다. 이 점에서 베를린 사태는 유럽의 분할, 다시 말해 유럽의 냉전을 완성시키는 역사적 전환점이었으며, 또한 유럽의 냉전을 아시아지역으로 급속히 확대시키는 계기이기도 했다.

이 기간은 또 위기의 시기였다. 베를린 봉쇄사태, 소련의 핵실험 성공 그리고 중공정권의 수립 등으로 고조된 국제적 위기는 한국전쟁으로 그 절정에 도달하게 되었다. 한국전쟁은 전후 최초의 열전이었으며, 세계적인 냉전체제를 완성시키는 역사적 계기였다. 한국전쟁 후의 국제정치는 전세계적인 냉전과 국지적인 열전의 혼재로 특징지워지게 되었다.

이 시기의 국가간 체계는 전통적인 국가간 체계에서는 그 유례를 찾아볼 수 없는 "전쟁도 교제도 아닌" 제3의 선택과 같은 특징을 보였다. 그러므로 이 시기의 독특한 국제정세는 냉전이라는 특수한 개념으로 분석되고 있다.[3] 제1공화국은 바로 이러한 독특한 국제환경 속에서 형성, 발전되었던 것이다.

(4) 한국전 후 시기(1953-1960)

스탈린의 사망은 동서해빙과 외부세계에 대한 소련지도층의 새로운 접근방식과 태도변화를 초래했다. 그것은 구체적으로 한국휴전(1953년), 인도차이나휴전(1954년), 그리고 제네바회담(1955년) 등으로 나타났으며, 동서냉전을 어느 정도 완화시켰다. 이러한 동서해빙의 조짐에도 불구하고 유럽에서의 군사블록화 과정은 계속 진행되었으며, 서독의 공식적인 NATO 가입(1955년)으로 그 완결을 보게 되었다. 이로써 전후 유럽의 냉전체제는 정치, 경제, 군사 등 전영역에 걸쳐 자기완결성을 갖춘 하나의 국제체제로 정착되었다. 그래서 스탈린의 후계자들은 유럽 이외의 지역으로 관심을 돌리게 되었으며, 결국 동서대결의 장은 전세계적인 규모로 확대되었다.

헝가리봉기와 영·불의 수에즈원정 등 1956년의 일련의 위기사태는 전세계적인 동서대결의 역학구조와 성격에 커다란 변화를 초래했다. 그럼에도 불구하고 이 시기에 미국의 권력은 그 절정에 도달하여 세계유일의 초강대국으로 군림하게 되었다.[4] 다시 말해 미국은 이 시기에 명실상부한 미제국(Imperium Americanum)을 건설하였던 것이다.

---

3) *Ibid*, p. 299.
4) *Ibid*, p. 6.

전후 냉전은 이처럼 몇 단계의 국면전환을 거치면서 전후국가간 체제의 지배적인 질서로 형성되었다. 제1공화국은 바로 이러한 단계적인 세계질서 형성과정 속에서 형성, 발전, 붕괴되었다. 그러므로 제1공화국의 성격은 냉전과 전후국가간 체계의 기원과 그 전개과정에 대한 분석을 통해서만 규명될 수 있을 것이다. 이런 맥락에서 다음에서는 제1공화국의 국제적 환경을 위와같이 4시기로 나누어 미·소관계를 중심으로 해서 살펴보고자 한다.

여기서 한반도냉전의 국제정치적 환경을 미·소관계를 중심으로 해서 분석하는 이유는 다음 세 가지로 요약될 수 있다.

1. 전후 미·소 권력경쟁은 전후 국제관계의 정치적 패턴을 규정했다.
2. 전후 국제정치의 향방에 대한 미·소 양국의 영향력은 결정적이었다.[5]
3. 특히 미국은 2차대전 후 한반도문제에 관한 정책입안 및 수립에 있어서 가장 선도적인 역할을 수행했다.[6]

2. 연합국 전시외교와 신탁통치안

주지하다시피 연합국의 전시동맹체제는 독일, 일본, 이탈리아 파시스트 세력이라는 공동의 적에 대항하기 위해 결성되었다. 그것은 자본주의와 사회주의라는 이념과 체제의 차이를 넘어서서 형성되었다는 점에서 문자 그대로 대동맹(great alliance)이었다.

---

5) Norman A. Graebner, *Cold War Diplomacy: American Foreign Policy, 1945~1950* (New York: Van Nostrand Reinhold, 1962), p. 123.
6) 양성철, "분단이론의 정립", 양성철 편, 『남북통일 이론의 새로운 전개』(서울: 경남대학교 극동문제연구소, 1989), p. 23.

그러나 연합국 각 나라는 서로 다른 성격의 전후평화를 기대하면서 서로 다른 의미의 전쟁을 수행했으며, 또한 전후 세계질서에 대해 서로 다른 구상을 추진하였다.[7] 이와같이 연합국은 전쟁과 평화의 기본적 문제에 관한 상반된 입장을 견지한 채 편의적인 전시동맹체제를 유지했던 것이다. 이런 까닭에 전시동맹체제는 흔히 정략결혼에 비유된다.

그래서 연합국은 원활한 전쟁수행을 위해 절대적으로 필요했던 연합국 간의 협조를 강화시키는 한편, 연합국 안의 이견을 조정·타협시키기 위한 목적으로 일련의 전시회담을 개최하였다. 그러나 연합국들은 전시회담을 통해 자신이 원하는 방향으로 동맹체제를 운영하기 위해 서로 주도권을 경쟁하였다. 따라서 연합국 전시외교는 협력과 경쟁이라는 야누스적 성격을 지니게 되었다. 이러한 맥락에서 일부 냉전 연구가들은 전후 냉전의 기원을 전시동맹체제를 주도했던 연합국의 전시외교에서 찾고 있다.

연합국의 전시외교는 ① 전후세계의 성격과 고전적인 이권분할문제, ② 전후세계에서 공산주의의 위상과 자본주의와의 관계문제, ③ 식민지문제 등 3대 쟁점을 중심으로 하여 전개되었다.[8]

제2차 세계대전은 전후의 국제적 역할에 대한 미 지도부의 사고방식에 혁명적인 변화를 일으켰다. 특히 진주만 피습의 교훈은 기존의 고립주의 외교정책이 더이상 미국의 안전을 보장시켜 주지 못하며, 오히려 국가안전을 위태롭게 할 것이라는 인식을 강화시켰다. 다시 말해 "미국의 안전은 적극적인 개입에 의해서만 보장될 수 있다. 또 전체적

---

7) Robert L. Messer, "World War II and the Coming of the Cold War," in John M. Carroll and George C. Herring, *Modern American Diplomacy* (Wilmington: Scholarly Resources Inc., 1986), pp. 107-108.

8) Richard W. Mansbach and John A. Vasquez, *In Search of Theory, a New Paradigm for Global Politics* (New York: Columbia University Press, 1981), pp. 400-404.

인 국가간 관계체계가 개혁되어야만 새로운 전쟁을 막을 수 있다. 그리고 미국만이 국제체제 개혁의 과제를 달성할 수 있다." 이러한 인식 전환이 미국의 전후 구상과 전시외교를 지배하게 되었다.[9)]

먼저 루스벨트 행정부의 전시외교는 선(先) 주축국의 무조건항복, 후(後) 전후문제 처리라는 기본원칙 아래 전개됐다. 무조건항복 공식은 '선 무력에 의한 승리, 후 전후문제의 정치적 해결'이라는 미국의 전통적인 전쟁관을 반영하는 것이었으며, 또한 '제2전선문제'를 둘러싼 소련의 의구심을 불식시키겠다는 의지의 표명이기도 했다. 그러나 이 공식은 결과적으로 중부유럽과 동아시아 지역에 힘의 공백상태를 초래했으며, 이 지역을 미·소의 세력팽창을 위한 각축장으로 만들었다.[10)] 이런 맥락에서 전후 냉전의 기원은 '제2전선문제'와 '무조건항복 공식'의 함수관계와 그 결과에서 분석되고 있다.

한마디로 미국의 전후 구상은 전후 고립주의로의 복귀와 소련의 독자적인 행동을 예방하면서 연합국 특히 미·소의 협력을 기초로 하는 개방된 국제질서를 수립한다는 것으로 요약될 수 있다. 그것은 구체적으로 새로운 국제기구의 창설노력으로 나타났다.[11)]

---

9) James I. Matray, *The Reluctant Crusade: American Foreign Policy in Korea, 1941~1950* (Honolulu: University of Hawaii Press, 1985), pp. 1-2. 셔먼(Franz Schurmann)은 루스벨트의 전후 구상은 Pax Americana 하에서 최상층의 미국, 중간층의 선진공업국, 그리고 최하층의 미국보호 하의 제3세계국가들로 구성되는 일종의 3층구조로서 세계를 통합시켜 美帝國(Imperium Americanum)을 건설하겠다는 원대한 계획이었다고 설명하고 있다. Franz Schurmann, *The Logic of World Power* (New York Pantheon Books, 1974), pp. 68-78.

10) Ronald J. Stupak, *American Foreign Policy* (New York: Harper & Row Publishers, 1976), p. 97.

11) Aron, *op. cit.*, pp. 17-19, G. Kolko는 세계자본주의 체제의 유지와 개혁이 미국의 전시외교와 전후 외교정책의 목표라고 전제하고 있다. 이런 기본전제 위에서 그는 좌익세력을 억압하는 미국의 전후 개입주의 정책의 반동적인 성격을 지적하고 있다. 여기서 Kolko는 좌익을 역사의 본질인 심대한

한편 1941년 6월 독일의 러시아침공은 소련이 궁극적으로 세계최강국이 될 수 있는 기회를 제공했으며, 또한 소련의 전후 제국주의를 정당화시키는 역사적 계기가 되었다.[12] 전전의 소련은 볼셰비키 혁명의 보존과 국가안보가 최대의 관심사였던 중간급 강대국에 불과했다. 그러나 대독전(對獨戰)의 성공적 수행과 스탈린이 거둔 전시외교의 성과는 러시아의 권력부족을 보충시켜 주었을 뿐만 아니라, 전후 힘의 공백지역에 러시아세력을 팽창시킬 수 있는 디딤돌이 되었다.

이처럼 새로운 세계적 초강대국으로 부상한 소련의 전후 구상은 이념적 차이뿐만 아니라 러시아의 특수한 역사적 경험 때문에 미국의 전후구도와는 커다란 차이를 보였다. 러시아는 20세기에만 두 차례에 걸쳐 독일의 침공을 당했다. 이런 경험 때문에 서방측으로부터 제3의 침략을 방지해야 한다는 안전제일주의 원칙이 소련의 전시외교를 지배했다. 다시 말해 소련의 국가적 우선순위는 세계혁명이 아니라 러시아의 안전과 스탈린이 지배하는 볼셰비키 정권의 유지에 있었다.

이런 까닭에 소련은 집단안보, 관세장벽의 축소 그리고 국제통화체제의 개혁 등 '통합과 개방'을 기본골자로 하는 루스벨트의 전후계획에 별다른 관심을 보이지 않았다. 스탈린은 소련의 전후평화는 러시아의 강력화와 독일의 약화에 달려있다고 확신하여 소련은 독일의 약화와 동유럽의 친소화를 전후정책의 기본노선으로 설정했다.[13] 여기서 동유럽의 친소화정책은 세력권 형성을 의미했으며, 소련은 세력권 형성을 통해 국가안전을 보장하고자 했다. 그러므로 소련의 세력권 형성

변화를 구현하는 담당세력으로 규정하고 있다. Ernst Nolte, *Marxism, Fascism, Cold War* (Atlantic Highlands: Humanities Press, 1982), p. 232.

12) Vojtech Mastny, *Russia's Road to the Cold War, Diplomacy, Warfare and the Politics of Communism, 1941~1945* (New York: Columbia University Press, 1979), p. 307.

13) John L. Gaddis, *The United States and the Origins of the Cold War, 1941~1947* (New York: Columbia University Press, 1972), pp. 353-354.

노력은 비판적 맥락에서 평가하더라도 미제국에 대항하는 소비에트 제국의 건설에 다름 아니었다.

이처럼 전후 구상의 차이에 의한 동서갈등은 두체제에 확고히 걸려있는 두개의 보다 근본적인 쟁점, 즉 가치와 이익문제로부터 기인하였다. 그것은 또 제2차 대전과 그 이후의 상황에 바탕을 두고 전개되었던 것이다.[14)]

여기서 전후 냉전의 주요원인은 앞에서도 지적했듯이 독일과 일본의 완전파괴와 힘의 공백초래를 의미하는 무조건항복 공식과 힘의 진공상태에 놓인 유럽과 아시아지역에서의 러시아세력 팽창의 저지 간의 모순에서 찾아질 수 있다. 이러한 모순은 이미 예측되었던 결과였다. 루스벨트 대통령은 이 모순을 해결하기 위해 그 보안책으로 '4경찰관' 개념을 제시했다. 여기서 4경찰관은 미·소·영·중을 가리키며, 그 정치적 함의는 이들 4강대국의 협력을 통해 전후세계의 안정을 도모한다는 것이었다. 이 개념은 구체적으로 전후세계의 개방화원칙과 동유럽지역에 대한 소련의 배타적 요구 간의 딜레머를 해결하기 위한 대안이었다.[15)] 여기에서 나타난 루스벨트의 전후구도는 소련을 강대국 협력의 국제체제 속으로 끌어들임으로써 소련세력의 팽창을 제도적으로 봉쇄시키겠다는 것이었다.[16)]

미국의 대아시아정책은 미국의 경제적·전략적 이익을 반영하는 안정된 자본주의 질서의 구축을 그 목표로 설정했다. 이것은 미국의 무역과 투자를 위한 아시아지역의 문호개방을 의미했다. 그러나 전쟁은 아시아를 지배했던 유럽제국을 약화시켰으며, 또한 식민지배의 부활에 저항하는 민족해방운동의 출현을 촉진시켰다. 그래서 루스벨트

---

14) Johan Galtung, *There are Alternatives! Four Roads to Peace and Security* (Spokesman, 1984), p. 55.

15) Walter LaFeber, *America, Russia, and the Cold War, 1945~1975* (New York: John Wiley and Sons, Inc., 1976), pp. 30-31.

16) Messer, *op. cit.*, p. 124.

행정부는 아시아 식민지 인민들의 자결요구를 만족시키는 동시에, 미국의 이익을 손상하지 않는 범위 내에서 소련에게 일정한 역할을 허용하는 전후체제를 모색하게 되었다. 다시 말해 미국은 소련세력과 아시아의 급진민족주의를 동시에 봉쇄하는 전후체제에 대한 협정을 모색하였다. 요컨대 미국의 전후 구상은 소련세력과 급진민족주의를 미국이 지배하는 국제질서 속에 편입시켜 통제(control)하자는 것이었다.

이러한 전후 아시아구도에서 핵심적인 역할이 부여된 나라는 4경찰관의 하나로서의 중국이었다. 미국에 의해 개조된 중국은 소련에 대한 균형뿐 아니라 자치를 모색하는 전식민지 인민들에게 모델을 제공하는 것이었다. 그것은 안정되고 통일된 강력한 중국의 출현을 의미했다. 이러한 목적을 추구하는 데 있어 최대의 걸림돌은 국공내전의 재개였다. 국공내전을 방지하기 위해 루스벨트 행정부는 연립정부를 수립하여 공산주의 세력을 포섭하며, 또한 정치·경제적 개혁을 단행하여 공산주의자의 호소력을 잠식시키려고 시도했다. 그것은 장개석 국민당 정권의 강화와 모택동 공산당 세력의 약화로 요약될 수 있다. 그것은 또 반동도 공산주의도 아닌 이념적 유대와 이해관계에 의해 미국과 연결된 제3세력의 출현을 의미하기도 했다.

이러한 미국의 구도가 바로 얄타협정의 배경을 이루었다. 주지하다시피 얄타회담은 소련의 대일전 참전을 둘러싼 여러 현안들을 최종적으로 타결짓기 위한 회담이었지만, 이 회담은 중국문제 해결을 위한 루스벨트의 정치적 대전략의 시험무대였다. 루스벨트 전략은 한마디로 국민당 정권을 적극 지지하는 한편 공산당 세력을 소련으로부터 절연시켜 고립시키자는 것이었다. 회담 결과 미국은 국민당 정권과의 외교교섭 약속을 소련으로부터 얻어내게 되었다.[17] 이처럼 루스벨트는 미국이익의 견지에서 고안된 중국문제의 정치적 해결에 대한 소련의 지

17) Callum A. MacDonald, *Korea: the War before Vietnam* (New York: Free Press, 1986), pp. 5-7.

지를 약속받는 대가로 소련의 제한된 이권획득을 인정했다. 이런 맥락에서, 얄타체제(Yalta System)는 소련의 일방적 행동을 방지하고, 또 미국이 통제하는 체제 속으로 소련을 끌어들여 봉쇄시키겠다는 루스벨트 구도의 외교적 산물이었다. 이러한 얄타체제는 미·소협력과 미·소의 중국에서의 사태통제능력을 전제로 하는 것이었다. 그러나 이 전제들이 종전 직후 허구로 판명되자 얄타체제는 곧 붕괴되고 말았다.

그리고 루스벨트의 '4경찰관' 개념 자체도 개방된 하나의 세계라는 이상과 양립할 수 없었다. 그 이유는 한 경찰관에 의해 순찰되는 지역은 한 강대국에 의해 통제되는 폐쇄적인 세력권이 될 가능성이 현실적으로 매우 높았기 때문이었다. 그래서 루스벨트는 자신의 전후 구상을 일부 수정하기 시작했으며, 종전을 앞둔 일련의 전시회담에서 지연전략을 구사하게 되었다. 그 결과 전시회담에서 처리됐어야 할 많은 정치적 쟁점 및 결정들이 종전 후로 유보되었다.[18)]

이런 맥락에서 루스벨트 신탁통치안의 성안(成案)과정과 변화과정, 그리고 그 정치적 함의가 파악될 수 있을 것이다. 루스벨트 대통령은 한반도의 지정학적 가치를 인식하여 한반도가 주변열강의 경쟁지역이기 보다는 연합국협력 특히 미·소 협조의 모범지역으로 될 수 있는 방안을 모색하였다. 그는 또 전식민지의 처리에 대한 그 자신의 구상을 과시하기 위해 한국문제를 이용하기를 원했다. 그래서 그는 강대국 이익과 민족주의적 열망을 조정하기 위한 하나의 정책대안으로 신탁개념을 개발하게 되었다.[19)]

이러한 신탁통치 개념이 비록 추상적인 용어로 표현되기는 했지

---

18) LaFeber, *op. cit.*, pp. 9-18, Joseph L. Nogee and Robert H. Donaldson, *Soviet Foreign Policy since World War II* (New York: Pergamon Press, 1981), p. 56.

19) MacDonald, *op. cit.*, pp. 6-7.

만, 최초로 반영된 국제협정은 바로 카이로선언이었다. 즉 그것은 "3대 동맹(美·英·中)은 한국 인민의 노예상태에 유의하여 적당한 시기에 (in due course) 한국을 자주독립케 할 것을 결정한다"는 것이었다. 이 선언은 전후 한국의 지위에 대한 연합국 최초의 공약이었으며, 또한 미국의 대한정책의 전환을 의미하는 것이었다.[20)]

여기서 주목할 것은 카이로선언의 "in due course" 조항이 루스벨트의 4경찰관 개념이라는 맥락에서 4대국에 의한 한국신탁통치안의 원형으로 파악될 수 있다는 점이다. 다시 말해 미국의 한국신탁통치 구상은 루스벨트의 '4경찰관' 구도가 지정학적 인식과 밀접히 연계되어 전개되었다는 것이다. 따라서 신탁통치안은 위에서 지적된 '4경찰관' 개념의 근본적 문제점들을 동시에 내포하고 있었다.

주지하다시피 신탁통치안은 전전(戰前) 식민지처리를 위한 일반전략으로 루스벨트 대통령에 의해 제시, 주도되었다. 그것은 전전의 식민주의체제를 국제적 신탁통치체제로 대체시켜 무력을 사용하지 않고 식민지국가들에 대한 미국의 세력과 통제를 확대시키고 공고히하기 위한 방안이었다. 이 점에서 신탁통치안은 반식민주의와 민족자결주의로 분식(粉飾)되어 자유주의적 제국주의를 관철시키기 위한 미국식 전략이었다.[21)] 그것은 또 전전 식민지에 대한 연합국의 세력권 확대욕구를 서로 견제, 감시하여 이 지역의 문호개방을 보장하기 위한 것이었다. 즉 그것은 철저한 세력균형정책에 입각한 문호개방 정책의 연장이었다.[22)] 따라서 루스벨트의 신탁구상은 세력균형 정책과 자유주의적 제국주의 정책의 루스벨트적 종합이었다고 볼 수 있다.[23)] 미국의

---

20) Matray, *op. cit.*, p. 2.

21) Bruce Cumings, *The Origins of the Korean War* (Princeton: Princeton University Press, 1981), pp. 101-110.

22) 鄭鎔碩, 『美國의 對韓政策, 1845~1980』(서울: 一潮閣, 1982), pp. 112-125.

23) 오재완, "美國의 對韓政策, 1945~1948: 현실주의적 관점과 수정주의적 관점", 『한국과 국제정치』 제3권 1호(경남대학교 극동문제연구소, 1987 봄), p. 42.

한국신탁통치 구상도 식민지의 전후처리에 대한 이러한 일반적 사고의 맥락 속에서 부각되었던 것이다.

이러한 미국의 신탁전략은 본질적으로 아시아 민족주의에 대한 무지와 거부를 의미하는 것이었다. 제2차 세계대전을 계기로 급격히 고조된 아시아 민족주의의 열기는 유럽의 아시아 지배의 종식을 예고했다. 또 2차대전 자체의 결과, 유럽국가들의 약화로 인하여 유럽중심의 구(舊)국가 간 체계의 붕괴는 불가피하게 되었다. 그러므로 신탁통치안에 나타난 연합국 특히 미국의 아시아 민족주의에 대한 무관심과 거부는 전후 아시아냉전 그리고 한반도냉전의 한 차원을 규정하게 되었다.[24]

3. 전후 초기 냉전과 미국의 초기 대한정책

1) 전후 초기 냉전

연합국 지도자들은 전후 국제질서에 대해 어떠한 합의도 하지 못했을 뿐 아니라, 전후에 벌어질 세계적인 변화도 전혀 예상하지 못한 채 종전을 맞이했다. 주축국의 패배는 전전의 국제질서를 완전히 해체하였으며 일시적으로 세계적인 정치적 공백을 초래했다. 이러한 종전 직후의 상황은 미국과 소련에게 권력확대를 위한 기회를 제공했을 뿐 아니라, 동시에 미·소 대결의 위험성을 내포하고 있었다.[25]

주지하다시피 전후 국제정치의 특징적인 2요소는 핵무기 출현과 미·소 경쟁이었다. 여기서 미·소관계는 작용과 반작용 또는 도전과

24) Carol M. Petillo, "The Cold War in Asia," in John M. Carrol and George C. Herring, *Modern American Diplomacy*, p. 128.

25) Nogee, *op. cit.*, p. 4.

응전이라는 전형적인 강대국 경쟁의 양태로 전개되었다.[26]

미국은 우월한 힘을 사용하여 자신이 원하는 국제질서를 형성하고자 노력했다. 미국의 힘은 핵, 생산설비 그리고 기술 등에 있어서의 독점적 지위에 바탕을 두고 있었다. 미국은 이러한 힘을 수단으로 해서 전후 평화계획에 대한 소련의 동조를 유도하고자 했을 뿐 아니라, 소련의 동유럽정책까지 변경시키고자 시도했다.

한편 소련은 전시중 국민총생산이 미국의 절반에 불과했으며, 또 전쟁으로 경제적 기반이 거의 파괴된 상태에 있었다. 이러한 힘의 열세로 인하여 소련은 무제한적인 팽창노선을 추구할 입장에 있지 못했다. 그러나 소련은 미국을 제외한 다른 강대국의 약화와 전쟁염증 그리고 무엇보다도 미국의 뿌리깊은 핵사용 혐오로 인하여 대미열세를 상쇄시킬 수 있었다.[27] 그래서 소련은 외교적 양보를 대가로 하는 미국의 차관제의를 거부하는 한편, 전후재건에 필요한 물자를 독일의 배상에서 조달하고자 시도할 수 있었다. 소련은 또 미국의 핵에 의한 압력행사에도 완강히 저항할 수 있었다. 요컨대 소련은 미국의 외교적 압력을 거부하면서 자신의 독자적인 외교노선을 추구했다.

이러한 소련의 전후 외교정책은 서투르며, 난폭하고, 또 때로는 혼란스러웠지만 전체적으로 볼 때 신중하며 실용적인 외교노선을 추구했다. 다시 말해 소련은 러시아의 전통적인 팽창노선에 따라 제국의 확장에 여념이 없었으며, 세력권 · 비밀조약 · 강대국 차관단 및 여타 '구외교'의 방법과 관습을 구사하는 전통적인 강대국처럼 처신했다.[28]

그럼에도 불구하고 소련의 전후 전략에 대한 미국조야의 인식체계는 두 가지로 대립되었다. 즉 하나는 소련은 세계지배를 추구하는

---

26) Peter Calvocoressi, *World Politics since 1945* (London: Longman, 1977), p. 3; Aron, *op. cit.*, pp. 35-36.

27) Calvocoressi, *op. cit.*, p. 4.

28) Daniel Yergin, *Shattered Peace, The Origins of the Cold War and the National Security State* (New York: Penguin Books, 1977), p. 12.

세계혁명국가에 다름 아니라는 것이며, 또 다른 하나는 소련은 기존의 국제체제 안에서 전통적인 강대국처럼 행동한다는 것이다. 다니엘 여진(D. Yergin)은 그의 저서 『부서진 평화』(*Shattered Peace*)에서 전자를 리가공리(Riga axioms), 후자를 얄타공리(Yalta axioms)로 명명하고 그 특징을 설명하고 있다. 이러한 대립적인 일반화 체계 또는 해석구조(interpretative structure)는 외교정책 결정과정에서 서로 주도권을 경쟁하게 되었으며, 전후 미국 외교정책은 이러한 경쟁과 대립 속에서 형성되었다.[29] 따라서 미국의 전후 외교정책은 이런 맥락에서 파악될 수 있다.

소련의 동유럽 팽창은 공산주의의 세계정복이라는 서구의 신화를 부활시켜 리가공리가 미국의 외교정책계에서 승리하여 반공주의적 합의를 창출시키는 여건을 제공했다. 더 나아가 리가공리에 의해 지배된 미 지도자들은 소련의 도전이 미치는 범위와 정도, 그리고 목표의 성격을 확대해석하게 되었다. 한마디로 미 지도자는 소련이 직접적인 군사적 위협을 미국에 가하고 있다고 믿게 되었다. 이러한 대소 위기의식은 '국가안보'라는 새로운 교리에 의해 더욱 증폭되었다. 국가안보 교리는 미국의 안보적 필요에 대한 해석을 확대시킨 반면에 외교와 조정의 가능성을 평가절하시켰다.[30] 이런 과정을 거쳐 전후 국제정치는 냉전국면으로 이행되었다. 이 점에서 전후 냉전은 미 지도부의 대소인식 체계가 얄타공리에서 리가공리로 이행되면서 전개되었다고 볼 수도 있다.

그러나 소련의 동유럽 정책은 적군 점령지역의 즉각적인 소비에트화를 의미하는 것은 아니었다. 당시 소련은 자신의 통제권을 벗어난 지역에서의 공산당 활동을 후원할 의사와 능력이 거의 없었다. 이 점에서 소련의 전후목표는 제한적인 성격을 지녔다고 볼 수 있다. 그럼

29) *Ibid.*, p. 11.
30) *Ibid.*, pp. 12-13.

에도 불구하고 소련군의 동유럽 진공(進攻)과 적군(赤軍) 점령지역의 정치사태는 서방세계를 오랫동안 지배해 왔던 '승전후 세계혁명'이라는 과거의 망령을 재현시켰다. 서유럽국가 특히 미국은 동유럽 사태를 공산주의 확산의 새로운 노력이라고 판단했다. 이것은 소련이 동유럽 정책의 제한적 성격을 서방세계에게 명백히 납득시키는 데 실패한 결과이기도 했다.[31] 어쨌든 동유럽 사태를 둘러싼 연합국의 갈등은 종전이 임박하면서 급속히 분출되었다. 여기서 연합국의 갈등은 전후 세계적 권력배분을 자신에게 유리하게 관철시키겠다는 전형적인 강대국 권력투쟁의 재현에 다름 아니었다. 이것이 전후 냉전을 초래한 실제적인 배경을 구성했던 것이다.

미국과 소련의 전후 대외정책을 어떻게 평가하든지간에 미·소 모두는 권력 확대를 위해, 더 나아가 제국의 건설을 위해 헤게모니 경쟁을 전개했다는 점에서 동일했다. 미·소 간의 헤게모니 경쟁은 동유럽 특히 독일을 중심으로 하여 전개되었으며, 그것은 결국 독일의 분할, 유럽의 분할 그리고 세계의 분할을 초래했다.[32] 이러한 세계의 분할은 미제국과 소비에트 제국의 탄생을 의미했으며, 전후 냉전은 이 사실을 호도하는 베일에 다름 아니었다.

2) 미국의 초기 대한정책

연합국 안의 분열조짐이 유럽지역에서 나타나기 시작하는 가운데 대일전쟁의 급속한 종결이라는 새로운 사태발전에 따라 신탁통치방식에 의한 한반도문제 해결방안이 유보된 채 한반도는 미·소군에 의해 분할점령되었다. 한반도 분할점령 결정과정과 그 기원에 대한 현실주의적 견해와 수정주의적 견해를 비교 종합해 보면, 38도선 획정결정은

31) Gaddis, *op. cit.*, pp. 354-355.

32) Aron, *op. cit.*, pp. 35-36.

미국무성의 기본적인 대한정책 구상과 미군부의 군사력의 한계에 대한 현실적 고려를 조정하여 이루어진 타협의 산물이었다. 다시 말해 미국무성은 한반도의 보다 확실한 통제를 위해 신탁통치정책의 보완책으로서 한국 점령계획을 수립했으며, 미군부는 국무성의 점령계획을 군사기술적 차원에서 재조정하여 38도선 획정을 결정했던 것이다.[33]

전시중 미국무성의 대한정책 구상은 한반도문제의 미국에 의한 통제라는 미국의 기본목표를 달성하기 위해 ①(점령후) 군사정부의 수립, ②신탁통치, ③유엔의 활용이라는 순차적인 3단계 정책으로 구성되었다. 따라서 미국의 38도선 분할결정은 "한반도는 미국의 태평양 안보에 긴요한 지역이므로 적절한 통제가 필요하다"는 인식하에 입안된 국무성의 전시 대한정책 구상의 논리적 귀결이었다.[34]

앞서 지적했듯이 미국의 신탁통치 방식은 한반도에 대한 중국과 소련의 경쟁, 특히 소련의 독점적 지배를 견제하기 위해 고안된 것이었다. 그리고 군사적인 분할점령과 군사정부의 수립은 이러한 신탁통치 계획의 보완장치로서 계획되었다. 이런 맥락에서 미국의 한반도 분할점령은 최초의 공식적인 대소 봉쇄행위로서 파악될 수 있을 것이다.[35]

한반도 분할점령 이후 미·소는 모두 자신의 점령지역에서 자신에 가까운 정권을 수립하고자 노력했다는 점에서 동일한 방식으로 행동했다.[36] 그래서 전후 한반도는 해방된 나라라기보다는 냉전의 전략과 야심의 인질로 부각되었다.[37]

---

33) 오재완, "해방후 3년사의 재조명", 김재선 외, 『자본주의 사회와 국가』(서울: 한울, 1987), p. 294.

34) Cumings, *op. cit.*, pp. 113-122.

35) MacDonald, *op. cit.*, p. 10.

36) Aron, *op. cit.*, pp. 25-26.

37) Frank Boldwin, "Introduction," in Frank Boldwin, ed., *Without Parallel: The American Korean Relationship since 1945* (New York: Pantheon Books, 1974), p. 3.

미군정의 초기 점령정책은 그 기본목적이 소련의 한국지배를 저지하고 남한의 공산화를 초래할 혁명세력의 확산을 저지하는 것이었다. 이런 점령정책의 목표를 달성하기 위해 하지 사령관과 그의 정치고문들은 보수적인 정치노선에 따라 남한의 정계를 재편하는 일관된 정책을 추진했다.

그것은 구체적으로 ①총독부 관료체제의 부활과 친일관리의 재임용, ②일제하 국립경찰기구의 온존·강화와 친일경찰의 복귀, ③남한만의 국방경비대의 창설, ④인공(人共)의 불법화와 인민위원회의 강제해산, ⑤한민당과의 협력강화 등으로 나타났다.

더욱이 미군정은 소련의 한국지배와 공산화를 방지하면서 자본주의체제를 수립하기 위해 한국정부 수립계획을 일방적으로 추진했다. 이 계획은 먼저 하지의 정치고문인 베닝호프에 의해 건의되었으며, 랭던(Langdon)에 의해 더욱 구체화되었다. 랭던은 신탁통치안의 폐기를 전제하면서 중경임시정부를 간판으로 하는 보수세력 중심의 친미정권을 수립할 것을 계획했다. 이러한 랭던계획은 대소협상에 방해가 된다고 생각한 국무성의 반대에도 불구하고, 그 후 미군정 점령정책의 기초가 되었다. 이 계획에 따라 1946년 2월 '남조선 대한국민대표 민주의원'이 구성되었다.

커밍스는 이러한 미군정의 초기 점령정책이 한국문제의 해결을 불가능하게 만들었다고 주장한다. 그는 특히 랭던의 정무위원회 계획은 소련과의 타협 가능성이 거의 없었다는 점을 감안할 때 분단정권의 수립을 의미했다고 분석한다. 따라서 커밍스는 미군정의 이런 초기 정책이 남북한에 분단국가의 기본구조를 형성시켰으며, 결국 한국전쟁의 씨앗을 뿌렸다고 단언한다.[38)]

이러한 커밍스의 주장은 미국의 대한정책을 지나치게 단선적으로 해석하는 오류를 범하고 있다. 사실 독립정부가 정식으로 출범하기까

---

38) Cumings, *op. cit.*, pp. 135-137.

지 중경임시정부를 과도정부로 활용하자는 베닝호프의 건의나 랭던의 정무위원회 계획은 점령정책의 1차적인 목표인 한국정치상황의 통제를 위한 것이었다고 볼 수 있다. 그것은 구체적으로 소련의 한반도 지배와 소련이 고무하는 혁명적 좌익세력에 의한 남한의 공산화를 저지하기 위한 대항세력의 육성책이었다. 따라서 미군정의 초기정책은 미군정의 통제력을 강화하기 위해 미군정에 우호적이라고 판단되는 우익세력을 강화하려고 했던 것이지 처음부터 미국정부가 남한에 단독정부를 수립하려고 했던 것은 아니었다. 그러므로 베닝호프와 랭던의 계획은 남한의 정치상황에 대한 통제력을 강화하여 앞으로 있을 미·소 협상에서 미국의 입장을 유리하게 만들 뿐 아니라 미·소 협상에 의한 문제해결이 불가능할 경우에도 대비하자는 이중적 성격의 정책이었다.[39)]

한마디로 미국의 대한정책은 남한공산화의 저지라는 기본노선을 일관되게 유지했으며, 또 이 기본노선은 대소관계의 진전 그리고 한국내 좌우세력의 역학관계 여하에 따라 여러 가지 변용을 보이면서 전개되었으며, 여기서 지배적인 요인은 바로 미국의 대소전략상의 고려였다고 요약될 수 있다.[40)]

상이한 체제를 대표하는 미·소군의 한반도 분할점령 후 미·소관계의 악화와 점령정책의 차이로 인하여 남북한은 점차 분리된 실체로 기능하게 되었다. 이에 미국의 삼성조정위원회 극동소위(極東小委)는 분할점령 문제의 악화가 중앙집권적 신탁통치에 장애가 된다고 판단하여 신탁문제의 조기해결을 권고했다. 극동소위원회는 분할점령에 따른 정치적 불안정을 해소하고, 한반도에서의 열강의 경쟁을 방지하기 위해 국무성의 기본구상인 한국의 정치발전계획(군정→신탁통치→독립)의 신속한 수행을 촉구했다. 이에 따라 한국의 신탁문제는 모스

39) 오재완, "해방후 3년사의 재조명", pp. 300-301.

40) 최상용, "미군정의 초기 점령정책", 『高大文化』 제22집(1983), pp. 120-128.

크바 3상회의의 중요한 주제가 되었으며, 미·영·소 3국은 한국에 관한 4개조의 결정이 포함된 이른바 모스크바협정을 체결하게 되었다.

모스크바협정 그 자체는 신탁통치안의 본질문제를 거의 해결하지 못한 편의적인 타협안에 불과했다. 그렇게 된 이유는 미·소 양국이 핵문제, 동유럽문제와 같은 핵심적인 쟁점에 몰두하여 한반도 문제와 같은 주변적인 문제를 가지고 모험하려고 하지 않았기 때문이었다. 또 이 협정은 미국의 일방적인 일본점령 정책을 시정하려는 목적으로 소련이 한반도 문제에 관한 미국측 입장에 타협적인 태도를 취했기 때문에 가능했다.[41] 요컨대 모스크바협정의 한국조항은 미·소의 연기전략의 산물이었다.[42]

어쨌든 모스크바협정은 한국정치사상 그 전례를 찾아볼 수 없는 대논쟁(great debate)을 일으켰다. 이 논쟁은 정권투쟁과 정책대결이라는 양면성을 띠고 전개되어 한국 정치문제를 더욱 어렵고 복잡하게 만들었다.[43] 즉 탁치논쟁은 미·소관계, 점령당국과 한국 정치세력 간의 관계, 그리고 한국 정치 세력들 간의 관계에 커다란 변화를 초래했다. 결과적으로 탁치논쟁은 한국의 정치세력들을 찬탁세력과 반탁세력으로 양극화시켜 좌우대립을 격화시켰으며, 반탁우익세력과 미군정 간의 갈등과 대립을 고조시켰다. 이 과정에서 미군정은 남한의 정치상황에 대한 통제력을 급속히 상실했을 뿐 아니라 북한에서의 소련입장에 비해 상대적으로 허약하다는 자신의 약점을 노출시켰다. 이처럼 격렬한 신탁논쟁에 의한 미군정의 남한에 대한 통제력 약화는 미국으로 하여금 모스크바협정에 입각한 한국문제 해결방식의 전략적 유용성에

---

41) Petillo, *op. cit.*, p. 131.

42) William, W. Stueck, Jr., *The Road to Confrontation, American Policy toward China and Korea, 1947~1950* (Chapel Hill: The University of North Carolina Press, 1981), p. 24.

43) 李昊宰, 『韓國外交政策의 理想과 現實』(서울: 法文社, 제5판, 1986), pp. 152-177 참조.

대해 의심하도록 만든 내재적 요인이 되었다.

모스크바협정에 따라 한국의 신탁통치와 임시정부 수립을 논의하기 위해 소집된 1차 미소공동위원회는 협의대상자 선정문제로 곧 교착상태에 빠졌다. 여기서 공위실패의 기본적인 요인은 세계적 차원에서의 미·소관계의 악화나 모스크바협정에 대한 미·소 간의 해석차이라기 보다는 협상위치와 능력에 대한 미국 자신의 불안과 소련에 대한 상대적인 위축감에서 찾아질 수 있을 것이다.[44)]

따라서 미국은 공위결렬 직후 소련이 한국을 소비에트화하는 것을 반대한다는 확고한 결의와 공약을 과시하는 한편, 온건세력의 지위를 강화시켜 민주정당의 연합세력을 형성하기 위해 군정의 한국화작업과 좌우합작운동을 추진하게 되었다. 이것은 미·소협상의 공통기반을 마련하는 동시에, 협상에서 소련측의 양보를 끌어내려는 대소압력의 수단이었다. 이는 또한 미국의 대한 정책에 대한 한국민의 지지를 확보하려는 정책이기도 했다. 더 나아가 미국의 좌우합작정책은 최악의 경우에 남한만의 좌우연립정부를 수립한다는 의도도 내포하고 있었다.

그러나 미국의 좌우합작정책은 미군정의 초기 점령정책의 실패에 의한 미군정과 한국민 간의 갈등과 불신의 심화, 한국정치의 양극화, 그리고 정책 자체의 시의성문제(이미 늦었다)로 인하여 실패하고 말았다. 좌우합작운동의 실패는 미소공위를 통한 통일정부 수립의 가능성을 더욱 희박하게 만들었다.[45)]

공위결렬과 좌우합작운동의 실패에 따라 트루먼 행정부는 대소협상을 실질적으로 연기하고, 한국문제를 타개하기 위한 새로운 대안을 모색하게 되었다. 새로운 대안은 케난의 봉쇄정책을 한국문제에 적용한다는 것이었다. 이미 케난의 봉쇄공식, 특히 그의 모스크바 외교전

---

44) 오재완, "미국의 대한정책", p. 51.
45) 위의 글, p. 54.

문(外交電文)은 트루먼 행정부의 대외인식과 외교정책을 크게 변화시켰다.[46] 그것은 바로 트루먼독트린으로 표출되었다.

4. 미국의 냉전정책과 '두 개의 한국' 정책

1) 트루먼독트린과 마셜플랜

1947년 2월 영국은 전후 경제사정의 악화로 그리스에 대한 경제원조를 중단하고 주둔군을 철수하기로 결정했다. 영국은 이 사실을 미국에 통고하면서 이 지역의 안정을 유지하기 위해 미국이 개입할 것을 요청했다. 미국은 영국의 요청을 받아들여 그리스뿐 아니라 터키에 대규모의 군사원조와 재정지원을 제공할 것을 결정했다. 이러한 미국의 개입결정은 동유럽에서의 영향력 상실을 보상하고 서유럽에서의 영향력 강화를 보장하기 위해서는 유럽의 일부이며 동시에 그 외곽지역인 그리스-터키 지역의 보전이 절실하다는 판단에 따른 것이었다.

트루먼 행정부의 그리스-터키 지원결정은 의회의 승인과 더불어 원조재원 조달에 대한 의회의 협조를 필요로 했다. 그래서 트루먼 행정부는 이 결정의 불가피성과 정당성을 의회와 국민대중에게 설득하기 위해 새로운 정책독트린을 마련했다.[47] 그것이 바로 트루먼독트린으로 불리는 그리스와 터키 원조계획을 설명하기 위한 트루먼 대통령의 1947년 3월 12일 의회연설이었다.

트루먼 연설은 안정된 세계질서가 민족자결권과 미국안전을 동시에 보장시켜 주기 때문에 미국은 이의 형성과 유지를 위해 힘과 지도

46) Aron, *op. cit.*, pp. 297-298.

47) Seyom Brown, *The Faces of Power, Constancy and Change in United States Foreign Policy from Truman to Reagan* (New York: Columbia University Press, 1983), pp. 38-39.

력을 발휘해야 한다고 선언했다. 이 선언은 또 '강력한 상황'(situation of strength)의 조성을 소련의 팽창위협에 대항할 수 있는 유일한 선택이라고 강조했다. 여기서 세계질서라는 정책목표의 실질적 의미는 공산주의 팽창에 대한 반대였다. 이로써 반공주의와 봉쇄는 동일시되었다.[48]

미국의 트루먼독트린 이전의 초기 봉쇄정책은 전통적 개념의 안전을 1차적 목표로 설정했으며, 또 그 성격은 세력균형 정책과 유사한 것이었다. 이 점에서 트루먼독트린은 초기 봉쇄정책이 겨냥한 협의의 안전목표를 세계질서라는 광의의 목표로 확대시켰던 것이다. 이러한 변화, 즉 봉쇄에서 세계질서로의 슬로건 변화는 정책목표의 변화와 국제환경의 변화를 동시에 반영하는 것이었다. 다시 말해 이것은 초기 봉쇄정책의 성공과 그에 따른 국가이익의 확대를 반영하는 것이었다. 그것은 또 국가이익에 대한 소련의 위협이 다양화되어가는 경향에 대응하기 위한 것이기도 했다.[49]

트루먼독트린은 본질적으로 방어적 성격의 대소 봉쇄전략에 다름 아니었다. 트루먼독트린의 1차적 대상인 그리스와 터키는 유럽의 일부였으며, 또 미국의 개입은 영국의 요청에 따라 섬 강대국으로서 영국이 수행했던 전통적 역할을 대행하는 것이었기 때문이다.[50] 이런 맥락에서 트루먼독트린의 정책목표는 유럽에서의 대소 세력균형의 회복이라고 볼 수 있다. 즉 트루먼독트린은 현실주의적 봉쇄정책을 수행하기 위한 전략독트린의 공식적 선언에 다름 아니었다. 그러나 트루먼독트린은 슬로건과 레토릭의 변화, 그리고 그 자체의 관성 때문에

48) Stupak, *op. cit.*, pp. 119-120, Paul Y. Hammond, *Cold War and Détente, The American Foreign Policy Process since 1945* (New York: Harcourt Brace Jovanovich, Inc., 1975), p. 78.

49) Robert W. Tucker, *Nation or Empire? the Debate over American Foreign Policy* (Baltimore: The Johns Hopkins Press, 1968), pp. 146-147.

50) Aron, *op. cit.*, p. 44.

그리스와 터키를 원조한다는 특수한 정책결정으로 제한되기보다는 개입을 위한 세계주의적 정책으로 확장되었다. 이 점에서 외교사가들은 트루먼독트린을 미국 외교정책의 역사적 전환(분수령)이라고 평가하고 있다.

이러한 역사적 평가에도 불구하고 미국의 군사적 능력은 트루먼독트린의 세계주의적 수사(修辭)와 조화되지 못했다. 즉 트루먼독트린의 포괄적인 수사에도 불구하고 미국은 당시(1947-1950) 전세계를 지도할 의사도 능력도 없었다. 따라서 미국이 모든 곳에서 공산주의를 봉쇄하겠다는 실질적인 공약은 한국전쟁을 둘러싼 일련의 사태에서 실천되었던 것이다.[51]

그러나 트루먼독투린은 그리스와 터키에 대한 원조를 정당화하기 위해 구사된 도덕적 레토릭에 의해 왜곡되었다. 즉 트루먼의 연설은 ① 양집단 간의 이념적 적대, ② 국제체제의 양극화, ③ 소련의 적화의도 등을 그 핵심내용으로 하여 구성되었다. 그것은 바로 냉전의 중심전제였다.[52] 이처럼 트루먼독트린은 공산진영을 단일주적인(monolithic) 이념구조로 파악했기 때문에 무차별적인 반공주의를 초래했다. 그것은 미·소 냉전의 악화를 유발시켰다.

이 점에서 트루먼독트린은 대소 봉쇄정책의 공식적 시작, 즉 냉전의 선언을 의미했다. 뒤이은 주다노프선언은 트루먼독트린에 대한 소련의 대항 독트린에 다름 아니었다. 트루먼독트린은 또 스탈린의 양대진영론과 더불어 전후 이권분할문제를 처리하기 위한 비무력적 메커니즘의 실질적 포기를 의미했다. 따라서 현안에 대한 제안은 타협을 위한 진지한 것이라기보다는 상대방을 혼란시키거나 견해차이를 부각시키기 위한 외교적 공세에 불과했다.[53] 여기서 주목할 것은 트루먼독

---

51) John L. Gaddis, "Was the Truman Doctrine a Real Turning Point?" *Foreign Affairs*, Vol. LII (January, 1974), pp. 386-402.

52) Brown, *op. cit.*, pp. 39-40.

트린의 정책적 함의(含意)였다. 그것은 소련진영에 대항하여 유럽의 세력균형을 유지하고 소련세력의 확대를 막기 위해 대항세력을 육성한다는 것이었다.

트루먼독트린의 후속조치로 계획된 마셜플랜의 표면적 이유는 유럽경제의 부흥은 확대된 미국경제가 요청하는 세계무역을 위한 전제조건이라는 것이었지만, 마셜플랜의 전략적 목표는 소련에 대항하여 유럽의 세력균형을 회복시킨다는 것이었다. 트루먼독트린과 마셜플랜으로 결합된 미국의 대소정책의 핵심요소는 러시아 팽창주의에 대한 봉쇄였다. 그리고 그것은 장기적으로 끈기를 가지고, 단호하게 방심하지 않으면서 추구되어야 한다는 것이었다. 이러한 봉쇄정책은 소련의 정책변화에 신축성있게 대응할 수 있는 대항세력을 필요로 했다. 그래서 트루먼 행정부는 마셜플랜과 나토(NATO)로 대표되는 경제원조와 군사동맹의 결합을 통해 서유럽을 대소 대항세력으로 육성하고자 했다.[54] 즉 트루먼 행정부는 자유세계의 약점을 제거하기 위해서 정치적, 군사적, 경제적 수단을 총동원하는 총체적 외교(total diplomacy)를 표방했다.[55]

이런 맥락에서 마셜플랜과 트루먼독트린은 '호두껍질의 양쪽'처럼 대소 봉쇄정책의 양면이었다. 여기서 마셜플랜은 봉쇄정책의 실천적 적용이라는 점에서 트루먼 행정부의 대유럽정책의 실질적인 전환점이었다. 즉 마셜플랜은 보수적인 정권을 원조함으로써 서유럽 국가

---

53) Richard W. Mansbach and John A. Vasquez, *In Search of Theory, A New Paradigm for Global Politics* (New York: Columbia University Press, 1981), p. 451.

54) Calvocoressi, *op. cit.*, pp. 16-17; Robert O. Keohane, *After Hegemony, Cooperation and Discord in the World Political Economy* (Princeton: Princeton University Press, 1984), p. 143.

55) Lloyd C. Gardner, Walter F. LaFeber and Thomas J. McCormick, *Creation of the American Empire: Volume 2: U.S. Diplomatic History since 1893* (Chicago: Rand McNally College Publishing Company, 1976), p. 463.

에서의 사회주의적 실험을 수정시켰다. 따라서 마셜플랜은 보수주의적 색채를 보다 노골적으로 띠게 되었으며 그 결과 유럽의 체제분할을 촉진시켰다.[56)]

소련은 마셜플랜의 이러한 배후동기를 간파하고 이에 대한 참가를 거부했다. 소련은 또 당시의 동유럽 지배가 매우 불안정했기 때문에 마셜플랜이 내포하고 있는 동서교류의 정치적 위험을 받아들일 수 없었다. 그래서 몰로토프 소련 외상은 마셜플랜을 논의하기 위해 소집된 파리회의에서 철수했다. 이로써 미·소 협조의 마지막 기회는 유실되었으며, 그 결과 미·소 간의 최종적인 불화가 초래되었다. 이후 미국은 어떠한 형태의 대소타협도 유화로 간주했으며, 소련도 서방측과의 협력을 배제하는 독자적 외교노선을 추진했다.

여기서 주목할 것은 마셜플랜의 중심 부분은 서독의 복위였으며, 또 소련의 참가거부는 예상되었다는 것이다. 따라서 이 계획의 성공적 수행은 실제로 독일분할, 더 나아가 유럽의 항구적 분할을 의미했다. 이런 맥락에서 동서냉전이 실제로 시작되었던 것은 트루먼독트린이 마셜플랜으로 구체화되면서부터였다고 말할 수 있다. 그러므로 1947년 봄부터 시작된 격렬한 냉전시대는 유럽분할에 대한 도전이기 보다는 유럽분할과 동시에 진행되었다고 볼 수 있다. 이 점에서 전후 냉전은 미국이 '하나의 세계'(one world)를 만들자는 세계주의적 이상으로부터 세력권이라는 현실로 전향하는 것을 감추는 데 기여했다고 볼 수 있다.[57)]

트루먼 행정부는 아시아정책 목표도 유럽에서와 같이 세력균형 회복과 대항세력 육성에 두었다. 그러나 그 기본가정 또는 신념은 유럽 제일주의와 연계되어 제한적인 것이었다. 즉 "중국내전은 그리스내전과 질적으로 다른 성격의 것이며, 또 미국은 아시아에서의 육전(陸

---

56) *Ibid.*, pp. 456-459; LaFeber, *op. cit.*, pp. 63-74.

57) Stupak, *op. cit.*, pp. 91-92; Aron, *op. cit.*, p. 40.

戰)을 피해야 하며, 미국의 아시아개입 확대는 유럽에서 소련의 모험주의를 격려할 위험이 있다는 것이다." 이런 기본인식에 입각하여 미국은 중국내전에 직접적으로 개입하는 실질적인 군사적 조치를 자제했다.[58)]

이 점에서 트루먼독트린은 미국의 극동정책에 중요한 의미를 갖는 것이었다. 즉 트루먼독트린은 기존공약의 재조정이었지 결코 새로운 부담의 추가는 아니었다. 그것은 제한된 경제적 자원을 감안한 선택적 봉쇄를 공약한 것에 불과한 것으로 지역과 이해관계의 차별화를 의미했다. 따라서 트루먼독트린은 유럽을 제1우선지역으로 상정하고 있다는 사실을 재확인하는 것에 다름 아니었다.

2) 제1공화국 수립

이처럼 유럽 제일주의 노선에 따라 미국의 아시아정책이 제한되었음에도 불구하고, 트루먼 행정부는 케난의 봉쇄정책과 트루먼독트린을 한국에 적용하였다. 그 일환으로 미국무성은 1947년 봄 그리스원조에 필적하는 한국원조계획을 입안했다. 이 계획의 정책적 목적은 대규모 기술원조의 공여로 남한의 정치적·경제적 자립화를 촉진하고, 동시에 소련과의 교섭에서 유형·무형의 압력을 가한다는 것이었다. 또한 그 이전부터 미국이 남한에서 중도파 세력의 연합을 적극적으로 지원하고, 한국인의 점령행정에의 참가를 목적으로 하는 입법기관 설립의 구상을 촉진했던 것도 같은 이유에서 기인한 것이었다. 그러나 미국의 남한에 대한 원조계획은 공화당의 예산보수주의라는 장애에 부딪혀 성공적으로 실현되지 못했다.[59)]

---

58) Petillo, *op. cit.*, p. 132.

59) 小此木政夫 著, 現代史硏究室 譯, 『韓國戰爭: 美國의 介入過程』(서울: 청계연구소, 1986), p. 15-16.

그럼에도 불구하고 미국의 한국원조 계획은 미국의 대한정책 목표가 당시의 일반적 관측보다는 훨씬 웅대했다는 것을 보여주는 증거였다. 미국의 대한정책 목표는 물론 대소 봉쇄였으며, 그것은 또 민족자결주의의 결정적 승리를 과시하기 위한 것이었다. 즉 트루먼 행정부는 한국에서의 봉쇄가 '해방의 동력'[60]으로 작용하기를 기대했던 것이다. 이 점에서 트루먼 행정부는 한국을 미국의 아시아정책의 시험사례로 취급했던 것이다.

앞에서도 지적했듯이 트루먼 행정부의 대한원조 계획은 한국에서의 미국입지의 강화와 소련의 외교적 후퇴를 겨냥하는 것이었다. 그러나 소련이 후퇴하지 않자, 트루먼 행정부는 신탁정책을 완전히 포기하게 되었다. 이미 루스벨트의 신탁공식은 한반도의 혁명적인 현실과 고조된 냉전분위기 때문에 한반도문제를 해결하기 위한 대안으로서의 유효성을 거의 상실하였었다.

신탁공식의 최종적인 실패에 따라 미국은 그 대안으로서 남한만의 분단정권 수립을 의미하는 단정(單政)전략을 독자적으로 추진하게 되었다. 이 전략은 불가피한 미군철수의 악영향을 최소화하면서 동시에 남한국가와 이승만 정권을 봉쇄의 도구로 활용하자는 것이었다.[61]

여기서 주목할 것은 미국의 대한정책의 전환과정(신탁정책→단정수립정책)에서 한국원조 계획은 유럽에서 마셜플랜의 정치적 함의와 동일한 결과를 초래했다는 점이다. 즉 양 계획은 유럽에서 독일의 분할을, 아시아에서 한반도의 분할을 의미했다는 것이다. 양 지역에서의 분단정권의 수립은 미·소의 이해관계와 그들이 동원할 수 있었던 세력을 반영하는 것에 다름 아니었다.

결론적으로 트루먼 행정부의 한국정책은 동유럽에서 정착된 행위패턴을 그대로 반영했다고 볼 수 있다. 다시 말해 미국은 소련의 비타

60) Matray, *op. cit.*, p. 3.
61) MacDonald, *op. cit.*, p. 13.

협적인 태도를 거부할 수는 있었지만, 자신의 선택을 강요할 수 있는 충분한 힘과 의지를 결여했던 것이다.[62] 따라서 미국의 대한정책은 대독정책에서와 같이 분단정권의 수립으로 귀결되었다. 이런 맥락에서 서독의 수립과정에 대한 비교와 이해는 제1공화국 수립의 국제정치적 환경을 이해하는 데 커다란 도움이 될 것이다.

3) '두 개의 독일' 정책과 베를린사태

포츠담협정은 미·소·영·불 4대국 사령관으로 구성된 연합국통제위원회(ACC)를 설치하여 독일점령의 최고권한을 부여하는 한편, 독일의 공동행정을 위한 일반원칙을 수립했다. 이 점에서 포츠담협정은 독일문제를 4대국의 협의와 조정에 따라 처리하겠다는 전시 대동맹의 산물이었다.

이러한 연합국 간의 외교적 균형에도 불구하고 피점령국 독일의 국가구조와 경제정책에 관한 연합국 내의 이견은 전후불화의 근원이 되었으며, 포츠담협정에 대한 4점령국 간의 해석차이와 이견조정 실패는 전(全)독일의 공동행정을 불가능하게 만들었다. 더욱이 소련 점령지역과 서방측 점령지역 간의 이질적인 정치발전은 양 지역의 분할을 불가피하게 만들었다. 독일문제를 둘러싼 동서대결 구도 속에서 미국이 취할 수 있는 유일한 선택은 서부독일을 포함한 서유럽의 조속한 경제적 복구정책이었다. 이미 수립된 마셜플랜이나 나토 구상에서도 서부독일의 참여가 그 중심부분을 이루고 있었다. 이러한 상황 속에서 1949년 독일연방공화국(서독)이 수립되었다. 레이몽 아롱은 서독 수립을 당시 상황에 의해 강요된 현실가능한 최선의 결정이었다고 평가하고 있다.[63]

---

62) Matray, *op. cit.*, pp. 2-3.
63) Aron, *op. cit.*, pp. 29-32.

한편 소련은 미국의 '두 개의 독일' 정책에 대항하여 1948년 3월 연합국 통제위원회로부터 철수했으며, 서독창설계획을 최종적으로 확인하는 런던 의정서 체결(1948년)에 맞서 동독정권 수립을 추진했다. 그리고 소련은 미국측의 서독수립 조치를 좌절시키기 위해 베를린 봉쇄를 단행했다. 소련의 베를린 봉쇄조치는 미국의 역봉쇄조치를 초래했다. 베를린 사태는 독일문제를 둘러싼 미·소 간의 최종적인 불화를 의미했다. 그것은 4대국 협력과 조정의 신화를 깨뜨렸을 뿐 아니라, 독일분할, 유럽분할, 그리고 부분적으로 세계분할을 최종적으로 각인시켰다.[64)]

베를린 봉쇄사태는 동유럽의 소비에트화 사태와 더불어 미국의 개입없이는 서유럽도 방어할 수 없다는 서방세계의 우려를 강화시켰다. 또 베를린 사태는 반소진영의 결집을 강화시켰지만 서유럽의 군사력한계 문제를 심각히 제기하였다. 이러한 상황 속에서 나토(NATO)가 창설되었다. 그후 미국은 복합적 지역동맹체계를 전세계에 걸쳐 조직했다. 여기서 주목할 것은 나토 창설과 미군의 유럽주둔은 유럽의 요청에 의한 것이었지만, 후자는 미국의 일방적 성격이 보다 강했다는 점이다. 따라서 미군주둔은 미국의 전통적인 고립주의로부터의 완전한 역전을 의미했다.[65)]

나토 창설은 유럽분할의 심화와 미·소 대결의 군사화를 초래했지만, 결과적으로 국제관계의 현실적 논리에 의해 유럽지역에 균형과 어느 정도의 안정을 가져오기도 했다. 특히 베를린 봉쇄사태에서 보여준 미·소 간의 상호작용 패턴은 미·소 대결의 불확실성을 어느 정도 해소시켰다.

따라서 베를린사태 이후 유럽중심으로 전개된 미·소 간의 체제경쟁은 구식민제국에서 해방된 신생독립국가들의 지지와 충성을 획득

---

64) Stupak, *op. cit.*, p. 98.
65) *Ibid.*, pp. 92-97.

하려는 전세계적인 투쟁으로 전환되었다. 즉 미국과 소련의 패권경쟁은 새로운 변방, 이른바 아시아·아프리카의 제3세계 지역으로 확산되었다. 여기서 미국과 소련은 ① 군사·경제원조, ② 강압적 외교, ③ 공작원 침투와 전복활동 등을 구사하면서 제3세계 지역에서의 영향력 확대와 냉전에서의 궁극적 승리를 추구했다.[66] 이로써 일차적으로 유럽의 대결이었던 냉전은 세계적 차원의 대결이라는 새로운 성격을 띠면서 발전되었다.

5. NSC-68과 한국전쟁

1) NSC-68과 NSC-48/2

1949년 말 세계적인 위기의식이 극적으로 증대되었다. 그것은 소련의 핵실험 성공과 중공정권의 수립에 의해 야기됐다. 소련의 핵실험 성공은 미국의 핵독점체제를 붕괴시켰으며, 미국의 대소 전략적 이점을 상실시켰다. 이로써 미·소 간의 세력균형체제는 핵에 의한 '공포의 균형' 체제로 변질되었다.[67] 즉 미·소 간의 핵공유 시대가 전개되었다. 이에 따라 트루먼 행정부는 수폭개발계획의 추진과 외교·국방정책에 대한 전면적인 재검토에 착수했다. 그 결과는 이른바 NSC-68이라는 보고서로 나타나게 되었다.

이 보고서는 소련의 불가피한 호전성과 소련과의 공존 불가능성을 강조하면서 미국의 국방예산 증대와 서유럽의 군비증강을 역설했다. 이것은 당시 미 지도부의 냉전적 세계관을 반영하는 것이었다. 다시 말해 이 보고서는 다음과 같은 요소에 대한 미 지도부의 공식적

66) Mansbach & Vasquez, *op. cit.*, pp. 434-435.
67) Yergin, *op. cit.*, pp. 400-401.

합의를 반영했다. 즉 ①미국판 양대진영론, ②냉전의 결과는 열전의 결과와 동일하다, ③압도적인 지역적 소련세력, ④연도별 방위계획, ⑤미래에 대한 장기적인 희망[68] 등이다.

이 보고서는 케난 등의 이견에도 불구하고 국가안전보장회의에 의해 공식 승인되었다. 이로써 트루먼 행정부의 포괄적인 군사력 증강계획이 시간계획의 기초 위에서 수립되었다. 그러나 이 계획은 의회의 예산보수주의라는 벽에 부딪혀 필요한 예산을 확보하지 못하고 계류된 채 한국전쟁을 맞이했다. 따라서 한국전쟁 이전까지 미국은 NSC-68 비밀문서에 따른 군사력 증강계획과 예산절약에 의한 소규모의 재무장이라는 이중적인 방위정책을 추구할 수밖에 없었다.[69]

중국사태의 악화에 따라 미국은 새로운 동아시아 질서를 모색하게 되었다. 즉 미국은 일본을 극동지역의 유일한 잠재적 강대국으로 평가하고, 일본중심의 새로운 극동정책을 수립하기 시작했다. 그것은 중국사태의 악화로 교란된 아시아 지역의 세력균형을 회복시키기 위해 이 지역의 새로운 안정화 세력으로 일본을 상정하는 것이었다. 미국의 새로운 동아시아 정책수립은 또한 우월한 전략공군력으로 아시아 본토 밖의 미군기지와 거점을 방어한다는 도서(島嶼)방어전략 개념에 입각한 방어적 봉쇄전략과 연계되어 진행되었다.[70]

이 과정에서 미국은 1949년 말부터 소련을 배제한 채 미국의 전략적 이익만을 반영하는 대일강화조약의 조기체결을 고려하기 시작했다. 마침내 일본과의 단독평화조약 조기체결 방침은 1950년 5월 트루먼 행정부의 확고한 정책으로 결정되었다. 이러한 미·일 평화조약 체결은 한반도와 만주지역의 전(前)제국주의 세력이었던 일본의 공식적

68) Peter R. Beckman, *World Politics in the Twentieth Century* (Englewood Cliffs: Prentice-Hall, Inc., 1984), p. 214.

69) Stupak, *op. cit.*, pp. 103-104.

70) 韓培浩, "50년대 전후의 미 극동전략", 『高大文化』 제22집(1983), pp. 129-133.

인 부활을 의미했다.[71]

중공정권의 수립은 극동지역에서 미국의 영향력을 크게 상실시켰으며, 또 극동 지역의 세력균형을 미국에 불리하게 전개시켰다. 그래서 트루먼 행정부는 중국공산화의 여타 아시아 지역으로의 파급효과를 최소화하고 세력균형을 회복시켜야 한다는 견지에서 아시아 정세를 재평가하게 되었다. 그 결과 NSC-48/2라는 보고서가 작성·승인되었다. 이 보고서는 공산주의 세력의 확대를 저지하기 위해 비공산 토착세력을 적극 지원하겠다는 전반적인 공약선언이었다. 이 점에서 그것은 봉쇄정책과 트루먼독트린을 아시아 지역으로 확대시키는 공식적인 정책결정이었다고 볼 수 있다.[72]

여기서 중요한 것은 미행정부가 중국의 공산화와 그후의 아시아 사태를 전세계적인 반공투쟁, 즉 미·소 대결의 견지에서 파악했다는 점이다. 그 결과 미국은 아시아 사태의 국지적 성격이나 아시아 민족주의의 변혁적 성격을 외면하게 되었다.[73]

어떻든 이 보고서의 구체적인 실천은 상호방위원조계획 법안의 하원통과로 가능하게 되었다. 이 법안의 통과에 따라 미행정부는 전세계에 걸쳐 무기, 군사장비 그리고 군사훈련을 제공할 수 있게 되었다. 그래서 트루먼 행정부는 1950년 5월 1일 베트남의 비공산 토착세력과 프랑스의 베트남 군사작전을 지원하기 위한 군사원조를 제공했다. 이 군사원조는 1,000만 달러에 불과한 작은 조치였지만, 미국의 인도차이나 개입의 첫 단계를 의미하는 중대한 결정이었다.[74] 이로써 아시아의 냉전은 본격적으로 시작되었다.

한편 미국은 이미 서독수립에 1년 앞서 친미적인 남한만의 분단

---

71) MacDonald, *op. cit.*, pp. 8-9.

72) Yergin, *op. cit.*, pp. 404-405.

73) *Ibid.*, pp. 406-407.

74) 그후 미국은 1954년까지 인도차이나에 거의 30억 달러 상당의 군사원조를 제공했다. *Ibid.*, pp. 405-406.

정권을 수립하는 데 성공했다. 이 단정전략의 성공은 주한미군의 철수를 가능하게 했다. 그러나 주한미군의 철수에도 불구하고 미행정부는 한국에게 경제·군사원조를 계속해서 제공했다. 이것은 남한정부의 존속에 대한 트루먼 행정부의 의지를 반영하는 것이었다. 미국의 남한원조는 트루먼 행정부가 남한을 아시아판 봉쇄의 시험장으로 취급했기 때문이다. 더욱이 트루먼 행정부는 남한의 생존문제를 두 가지 국내정치적 문제를 해결하는 데 활용하고자 했다. 그것은 첫째 중국의 상실을 만회하고 외교정책에 대한 공화당의 비난을 완화시키는 것이며, 둘째 군사력에 의존하지 않고서도 소련의 아시아 팽창을 저지할 수 있다는 점을 증명하는 것이었다. 이 점에서 트루먼 행정부의 한국정책은 비교적 낮은 비용으로 공산세력의 팽창과 동시에 외교정책에 대한 국내의 비판을 봉쇄할 것을 기대했다.[75] 그래서 트루먼 행정부는 이승만 정권의 취약성에도 불구하고 남한생존에 대한 공약을 계속 유지했다. 이런 맥락에서 NSC-48/2보고서는 한국정부에게 정치적 지원과 경제·기술·군사원조를 계속 제공할 것을 권고했다.

그러나 경제원조를 그 주요수단으로 하는 미국의 봉쇄정책은 북한의 남침으로 인하여 결국 부적절한 선택으로 판명되었다. 그것은 한국전쟁에서 보듯이 공산주의 세력의 일차적 위협은 경제적이기보다는 군사적 성격의 것이었기 때문이다.[76]

한국전쟁을 전후로 한 국제정세에서 또 다른 중요한 변수는 소련의 한반도 정책이었다. 소련의 전후외교는 자국의 사활적인 안보이익을 보호하고 유럽에서의 영향력을 확대시키는 데 주력했다. 그래서 소련은 한국전쟁 이전에는 아시아지역 문제에 커다란 관심을 두지 않았다. 더욱이 소련은 아시아 민족주의와 혁명의 조류를 이용하려다 실패한 과거의 경험 때문에 아시아 지역의 민족해방 운동에 대해서도 소

75) Matray, *op. cit.*, p. 254.
76) *Ibid.*, pp. 254-255.

극적이거나 모호한 태도를 취했다. 이 점에서 소련의 아시아정책 특히 한반도정책의 목표는 소극적이고 제한적인 것이었다.[77)]

그러나 소련의 한반도 이해관계는 한반도의 공산화통일 이상의 것이었다. 소련의 보다 중대한 이해관계는 대일관계에 달려있었다. 그러므로 소련의 한반도정책은 대일정책 또는 극동전략과 밀접히 연계되어 전개되었다고 볼 수 있다.

소련의 극동전략은 그 목표에 있어 유럽에서의 전략 목표와 동일한 것이었다. 그것은 바로 안전보장이었다. 이를 위해 소련은 잠재적 적대세력인 일본을 약화시키는 동시에 일본을 거점으로 한 미국의 극동진출을 저지하고자 했다. 그래서 소련은 일본의 약화는 일본의 비군사화를 통해, 미국의 일본진출 저지는 일본의 중립화를 통해 달성하고자 했다. 요컨대 소련의 대일정책은 일본이 미국의 세력권으로 편입되어 자국에 적대적인 세력으로 되는 것을 저지하는 데 있었다. 이런 이유로 소련은 미·일 간의 단독평화조약체결 움직임을 저지하고자 했다.

이런 맥락에서 한국전쟁은 미·일 간의 일본조약을 포함한 단독평화조약체결 움직임에 대한 소련측의 반응으로 추론되고 있다. 다시 말해 북한의 남침은 소련이 일본의 미국세력권으로의 편입과 군사동맹관계로의 발전을 저지하기 위해 계획됐다는 것이다.[78)] 반면에 레이몽 아롱은 한국전쟁을 소련의 마스터 플랜의 일부가 아니라 우연한 사고(accident)에 불과했다고 설명하고 있다.[79)] 여기서 중요한 점은 이러한 추론들의 타당성 여부가 아니라 한국전쟁의 결과 또는 그 영향일 것이다.

---

77) Nogee, *op. cit.*, pp. 71-73.

78) *Ibid.*, p. 75; Stupak, *op. cit.*, pp. 100-101; Petillo, *op. cit.*, p. 138; LaFeber, *op. cit.*, pp. 102-103; MacDonald, *op. cit.*, pp. 8-9.

79) Aron, *op. cit.*, p. 48.

2) 한국전쟁의 영향과 냉전체제의 완성

한국전쟁이 미친 영향 가운데 첫번째로 지적될 수 있는 것은 미국의 대외정책을 180도로 완전히 전환시켰다는 점이다. 앞서 지적했듯이 한국전쟁전 미행정부는 케난의 봉쇄개념에 부합되는 한국전쟁을 추구했다. 케난의 봉쇄공식은 비군사적인 정치·경제적 조치를 일차적인 정책수단으로 하며, 또 서유럽과 일본의 방위에 일차적인 우선순위를 부여했다. 즉 그것은 선택적인 봉쇄정책에 다름 아니었다.[80] 이런 맥락에서 미국은 자제되고 제한된 개입정책으로 한반도에서 소련 영향력의 팽창을 저지하고자 했다.

그러나 북한의 남침은 공약의 제한과 봉쇄의 선택적 적용을 기조로 하는 미국의 선택적 봉쇄외교정책의 이론적 기반을 분쇄시켰다. 그것은 북한의 남침에서 보듯이 공산주의 세력의 도전이 군사적 성격이었기 때문이다. 또 한국전쟁에서 노정된 남한군의 자위능력 결여는 케난의 선택적 봉쇄정책의 실효성을 크게 상실시켰다. 그래서 미국은 공산주의 세력의 팽창을 저지하기 위해 적극적인 군사적 보장조치를 취해야만 했다. 이 점에서 트루먼 행정부의 한국전 개입결정은 군사적 방법으로 세계평화와 안정을 유지하고자 했던 전후 최초의 '마지못한 십자군원정'에 다름 아니었다.[81]

이런 미국의 한국전 개입은 한국이 지닌 내재적 또는 지리적 가치보다는 공산주의 팽창성공이 미치는 파급효과와 위험을 차단해야 한다는 맥락에서 결정되었다. 즉 미국의 한국전 개입은 일본의 안전과

---

80) Paul Seabury, "Reinspecting Containment" in Aaron Wildavsky, ed., *Beyond Containment, Alternative American Policies toward the Soviet Union* (San Francisco: ICS Press, 1983), p. 52.

81) Matray, *op. cit.*, pp. 257-258. 반면 Ronald J. Stupak은 미국의 한국전 개입을 십자군원정이 아니라, 그 목표는 보수적·현상유지적인 것이라고 보고 있다. Stupak, *op. cit.*, pp. 99-100.

극동안정이라는 일차적 이해관계 때문에 결정되었다는 것이다. 그것은 또 유럽에서의 미국 행동과 아시아에서의 미국 행동 간의 정치적·심리적 상관관계로서 정당화되었다. 즉 미국은 한국전쟁을 소련의 지시에 따른 단일의 모험이라고 판단했으며, 그 결과는 미국-서유럽동맹관계, 특히 서독의 장래에 직접적인 영향을 미칠 것이라고 우려했다. 이처럼 미국은 한국전쟁을 세계적인 지정학적 대칭성(global geopolitical symmetries)이라는 견지에서 파악했다.[82] 이런 맥락에서 미국은 한국전 발발 48시간 내에 한국전 개입, 제7함대의 대만해협 파견, 그리고 인도차이나사절단 파견 및 프랑스의 베트남작전 지원 등 일련의 상호연관된 중대한 정책결정을 내렸다. 이러한 정책결정들은 전형적인 봉쇄행위로서 그후 20여년 동안 미국의 아시아정책을 구속하게 되었다.[83]

특히 한국전쟁에 미 지상군을 투입하기로 한 트루먼 행정부의 결정은 전후 미국 외교정책의 근본적 변화, 즉 제한된 간섭(restrained involvement)에서 전세계적인 개입(global interventionism)으로의 변환과정에서 그 절정을 이루는 것이다.[84]

한국전쟁이 미친 두번째 영향은 미·중관계에서 찾아볼 수 있다. 인천상륙 작전의 성공에 뒤이은 트루먼의 북진결정은 중국의 한국전 참전을 초래했으며, 중국개입은 한국전쟁을 미·중 전쟁의 양상으로 확대시켰다. 비록 1951년 4월 맥아더 사령관의 해임으로 미·중 대결의 확대는 제한되었지만, 양국의 군사적 대결은 정전 후에도 양국관계의 불화를 심화·장기화시켰다. 즉 한국전쟁 후 미국은 중국을 공산주의 물결의 새로운 원천이라고 판단하여 중국 불승인 및 고립화정책을 더욱 단호하게 고수하게 되었다. 따라서 아시아지역에서의 미·소 대

82) Aron, pp. 300-301.

83) Franz Schurmann, *The Logic of World Power* (New York: Pantheon Book, 1974), p. 240; Aron. *op. cit.*, p. 152.

84) Matray, *op. cit.*, p. 1.

결양상은 미·중 대결구조로 전환되었다.

그러나 역설적으로 한국전쟁에서의 미·중 대결경험은 양국관계의 궁극적인 관계정상화를 위한 강력한 교정기능을 수행했다. 그것은 중국의 효율적인 한국전 개입이 중국을 지역적 강대국으로 부각시켰으며, 또 미국의 전통적인 보모적(保姆的) 중국관을 분쇄시켰기 때문이다. 다시 말해 한국전쟁 후 중국은 비단 한반도문제뿐 아니라 아시아지역 문제에 관해 강력한 발언권을 행사하게 되었으며, 또 미국은 중국을 아시아지역의 주요 강대국으로 재평가하게 되었다. 그러므로 미·중 양국은 한반도를 두 개의 세력권으로 분할시키는 데 만족할 수 있었다. 그것은 또 극동의 세력균형을 현실적으로 반영하는 것이기도 했다. 이처럼 한국전쟁의 결과 미국과 중·소는 상대방의 존재와 세력권을 서로 확인·존중하게 되었다.[85] 이로써 베를린사태 이후의 유럽에서처럼 극동지역에서도 세력균형과 어느 정도의 안정이 정착되게 되었다.

한편 한국전쟁 직후 일본은 미국과 단독평화조약을 체결하여 미국의 군사동맹체제 속으로 편입되었다. 이로써 일본의 중립화 또는 비군사화에 대한 미·소 협력의 가능성은 완전히 사라지게 되었다.

한국전쟁은 또 트루먼 행정부에게 군사력 증강을 촉진시킬 수 있는 분위기를 제공했다. 트루먼 행정부는 이 기회를 최대로 활용해서 NSC-68계획의 소요예산을 확보하게 되었다. 이로써 NSC-68은 군사력 증강계획의 개념틀로 제도화되었다. 그래서 한국전 휴전직전에 이미 미국의 방위비지출은 연간 500억 달러로 증액되었으며, 육·해·공군력도 약 2배로 증강되었다. 이런 사실은 미국역사상 초유의 평화시 거대한 군사력 보유와 대규모 국방예산의 신시대를 예고하는 것이었다.[86]

---

85) John G. Stoessinger, *Why Nations Go to War* (New York: St. Martin's Press, 1974), pp. 99-100; 한스 J. 모겐소 저, 李昊宰 譯, 『現代國際政治論』 (서울: 法文社, 1987), pp. 550-553.

86) Matray, *op. cit.*, p. 257; Aron, *op. cit.*, p. 44; Brown, *op. cit.*, pp. 52-53.

국방예산의 확대는 미국의 방위산업을 2차 대전중의 최고수준으로 회복시켜 평화시임에도 불구하고 전시 군산복합체를 소생시켰다. 이로써 미국의 국가안보국가(National Security State) 구조의 물적 토대가 마련되었다. 미국의 국가안보국가구조는 이미 국가안전법(1947년)과 그 수정법(1949년)에 의해 추진된 군부개편과 국방개혁 과정에서 그 제도적 틀이 완성되었다. 즉 미국의 국가안보기구는 국방성, 국가안보회의(NSC), 중앙정보부(CIA) 및 합참회의(JCS) 등의 창설로 완비되었다. 따라서 NSC-68 계획의 예산집행은 국가안보기구의 창설과 군부개편으로 그 제도적 틀이 마련된 국가안보국가를 정식으로 출범시키는 것이었다. 이로써 국가안보국가는 재원·제도·이데올로기·이익·공약·가용력·화력 등을 고루 갖춘 합성체로 성장하게 되었으며, 또 자생력을 획득하게 되었다.[87]

한국전쟁은 또 미국의 유럽 제일주의적 세계전략관을 재확립시키는 계기였다. 이것은 다음과 같은 상호연관된 일련의 추론적 결론에 근거하고 있었다. 즉 "한국전쟁은 국지적·자발적 성격의 전쟁이 아니다. 또 미국의 주적(主敵)은 중국이 아니라 소련이다. 그리고 소련의 세계지배 계획의 중심은 유럽이다. 따라서 서유럽국가들은 소련의 침략을 저지하기 위해 대규모의 상설 재래식 군사력을 보유해야만 한다."[88]

이러한 유럽 제일주의적 결론은 미행정부의 군사외교정책을 재조정시켰다. 그것은 먼저 나토체제의 확대개편으로 나타났다. 즉 나토체제는 초기의 안전보장조약체제에서 국제적인 지역전역군체제로 변경되었으며, 나토의 군사전략도 전진방어전략으로 전환되었다. 그에 따라 국제적인 지역전역군은 서독 등지의 중부 유럽전선에 집중 배치되었으며, 서독이 그 군대의 대부분을 제공하게 되었다. 여기서 미군은

87) Yergin, *op. cit.*, p. 408.
88) Brown, *op. cit.*, pp. 53-55.

중부유럽을 방위하기 위한 전진방어기구의 해외파견군으로 주둔하게 되었다. 미지상군의 해외주둔은 핵보복 의지를 소련에게 확신시키기 위한 인계철선(tripwire)으로서 기능했다.[89]

나토체제의 확대개편은 서독을 포함하는 서유럽국가의 재무장을 의미했다. 그에 따라 이른바 마셜플랜으로 불리우는 유럽부흥계획(ERP)도 재조정되어 군사안보적 고려에 일차적 우선순위를 두고 집행되었다.[90]

한편 유럽 제일주의 세계전략의 확립은 미국의 아시아전략에도 영향을 미쳤다. 즉 미국은 일본방위를 아시아정책의 일차적 우선순위로 설정하고, 필리핀 특히 대만 등의 도서국가들을 태평양에서의 작전수행을 위한 전진기지로서 재평가하게 되었다. 이러한 전략개념은 태평양 도서국가들의 전방거점으로서의 전략적 상호의존성을 강조하는 것인 동시에 유럽 제일주의 전략을 아시아에 적용하는 것이었다.[91]

그러나 이러한 전략개념과 유사한 이전의 맥아더의 '도서공군력전략'은 한국전쟁 수행과정에서 노정된 핵사용 가능성의 배제로 인하여 그 실효성을 상실하게 되었다. 그래서 미국은 그 보완책으로 대만 등을 지역방위체제 속에 편입시키는 군사동맹조약을 체결하는 한편, 아시아대륙의 일각인 남한에 미지상군을 주둔시켰다.[92] 여기서도 주한미군은 유럽주둔 미군처럼 공산침략을 억제시키는 인계철선의 역할을 수행하는 것이었다.

결론적으로 한국전쟁은 본질적으로 유럽에 초점을 둔 미행정부의 봉쇄정책을 실질적인 공약과 수사 모두에 걸쳐 전세계적인 정책으로 전환시켰다. 또 한국전쟁은 미·소 경쟁의 세계화, 유럽의 군사블록화,

---

89) *Ibid.*, pp. 56-57; Mansbach & Vasquez, *op. cit.*, p. 435.

90) Brown, *op. cit.*, p. 57.

91) *Ibid.*, pp. 55-56.

92) 韓培浩, 앞의 글, p. 135.

미·중 대결과 중공의 격리 등을 초래했다. 요약하면 한국전쟁은 전후 냉전을 세계화·군사화시키면서 하나의 국제체제로 완성시켰다.

6. 맺음말

해방 후 한국전쟁까지 약 8년간의 민족갈등기는 통일된 민족자주 국가의 수립이라는 민족해방의 과제가 좌절되면서 분단국가가 형성, 완성되는 시기였다. 다시 말하면, 해방 후 3년 간이 유약한 친미·반공적인 분단국가가 형성되는 시기였다면, 그후 한국전쟁을 거쳐 1950년대 초반은 국가안보국가(National Security State)의 체제를 갖춘 반공이데올로기로 무장한 강력한 분단국가로 완성되는 시기였다.[93]

이 과정에서 한국전쟁은 제1공화국의 체제성격을 확고하게 결정한 역사적 계기였다. 한국전쟁은 매우 불안정하고 유약한 반공국가를 나라의 규모와 경제력에 걸맞지 않게 증강된 군사력으로 뒷받침된 강력하고 안정된 안보관료국가체제와 이에 기반을 둔 권위주의 정치체제로 강화시켰다.

가장 극적인 변화는 한국군의 규모가 전전시기에 단지 6,500명이었던 것이 3년 뒤 휴전시에는 무려 100배 이상인 70만 대군으로 팽창했다는 사실이다. 이렇게 급격한 군사력의 팽창은 미국원조라는 외생적 경제기반 위에서 가능했다. 이처럼 안보관료기구를 포함한 국가기구의 팽창은 우리 사회의 내생적 발전에 그 기반을 둔 것이 아니었기 때문에, 미국의 전략적 이해와 원조라는 외생적 기반에 더욱 의존하도록 만들었다.[94]

---

93) 오재완, "해방 후 3년사의 재조명", pp. 316-317.

94) 崔章集, "과대성장국가의 형성과 정치균열의 구조", 『한국사회연구 3』(한길사, 1983), p. 193.

2차 대전 후 특히 한국전쟁 후 미국은 자신의 선택을 강요할 수 있는 수많은 유인동기를 제공하면서 패권적 지도전략을 추구했다. 미국의 패권주의적 지도전략은 ①강력한 달러, ②값싼 에너지와 자본, ③경제력, ④압도적인 핵우위, ⑤강력한 동맹체제, ⑥막강한 대통령의 권한 등을 바탕으로 하여 전후 20여년 간 추구되었다. 요컨대 전후 미국 패권주의의 근원은 산업과 금융지배력, 정치력, 그리고 군사력의 총체적 결합에서 찾아질 수 있다.[95)]

미국은 이러한 패권적 지도력을 행사하여 전후세계의 운명을 좌우했다. 여기서 미국의 패권주의를 정당화시킨 것은 바로 냉전 그 자체였다. 이런 까닭에 미국은 전후 패권주의를 정당화시키기 위해 냉전체제를 강화시킬 필요가 있었다. 그래서 미국은 스탈린 사후 동서해빙과 데탕트 조짐에도 불구하고 유럽을 두 개의 군사진영(NATO 대 WTO)으로 분리, 결정화(結晶化)시켰으며, 또한 아시아에서의 미·중 대결구조를 강화시켰다.[96)]

이런 맥락에서 한국전쟁은 미국의 냉전동맹체제를 완성시키는 역사적 계기였다.[97)] 한국도 1953년 10월 1일 한·미 상호방위조약 체결에 따라 미국의 냉전동맹체제 속으로 편입되었다. 그 결과 한국은 냉전기의 피라미드형 동서 갈등조직에서 최하층을 구성하게 되었다. 동서갈등의 위계적 구조화라는 점에서 한국전쟁은 동서진영 모두에게 동일한 지정학적·정치적 기능(geopolitical and political functions)으로 작용하는 공동자산이 되었다.[98)]

한국전쟁 후 미국의 대외정책은 봉쇄를 기조로 하면서도 유럽에

---

95) LaFeber, *op. cit.*, pp. 285-290; Keohane, *op. cit.*, p. 177.

96) Aron, *op. cit.*, p. 53.

97) Paul Y. Hammond, *Cold War and Détente, the American Foreign Policy Process scince 1945* (New York: Harcourt Brace Jovanovich, Inc., 1975), pp. 13-15.

98) Galtung, *op. cit.*, pp. 57-60.

서는 평화공존정책을, 아시아에서는 롤백정책을 결합시켜 추진되었다. 봉쇄와 롤백정책이 결합된 미국의 아시아정책은 반공우익정권의 지원을 그 핵심으로 하게 되었다.[99] 이러한 미국의 정책은 특히 '위기의 1956년' 후 이른바 제3세계 지역이 동서냉전의 초점으로 부각되자 더욱 강화되었다.

이 정책의 대표적인 수혜자는 대만의 장개석 정권, 월남의 고 딘 디엠 정권, 그리고 남한의 이승만 정권이었다. 이들은 모두 미국의 적극적인 후원과 조정에 의해 수립되었으며, 또 미국의 대대적인 원조에 의해서만 생존이 가능했던 종속적인 분단정권이었다.

이들 분단우익정권의 지배체제는 군대·정당·비밀경찰의 3자연합으로 구성되었으며, 그것은 또 1인독재자에 의해 지배되었다. 여기서 이들 정권의 원심적 붕괴를 막아주는 유일한 이데올로기적 공통분모는 반공주의였다. 반공이데올로기는 분단정권의 정치적 통합뿐 아니라 정권유지에 절대적인 미국의 원조를 확보하는 데 도움이 되는 일석이조의 효과를 가지는 것이었다. 더욱이 반공이데올로기는 용공조작을 통해 국내의 정치적 반대세력을 탄압·제거하는 데 매우 효과적인 정권유지의 수단으로 동원되기도 했다.[100]

결론적으로 제1공화국은 한국전쟁을 계기로 하여 대미종속국가의 성격을 강화시켰다. 그것은 정치·경제·군사 및 이념 등 모든 면에 걸친 총체적인 종속성을 특징으로 했다. 즉 정치적으로 미국의 국가안보국가체제에 따라 국가기구가 개편되었으며, 군사적으로는 한·미 상호방위조약에 따라 미국의 군사동맹체제 속으로 편입되었다. 또 미국의 군사·경제원조에 맞추어 경제구조가 재편되었다. 여기서 반공이데올로기는 이러한 정치·경제·군사체제의 유지와 강화를 위한 매개역할을 하게 되었다. 이처럼 이승만 정권은 대미의존적인 국가기구

---

99) Schurmann, *op. cit.*, p. 198.

100) 프란츠 셔먼 저, 장을병 역, 『現代國際政治論 III』(일월서각, 1987), pp. 9-30.

를 창으로 하고, 반공이데올로기를 방패로 하면서 개인독재체제를 강화시켰다.

그러나 이승만 독재체제의 외형적 강화에도 불구하고 반외세 민족자주와 반봉건 민주주의 혁명의 제반과제들을 수행함으로써 분단체제를 극복하고 통일된 민족자주국가를 수립하여 진정한 해방을 성취하려는 노력은 계속되었다. 이러한 노력은 이승만 독재체제 안팎의 위기상황과 마주치면서 이 정권을 무너뜨리는 4·19혁명으로 분출되었다.

제2장

보수우익세력의 형성과정

구 종 서

해방 3년의 남한정치는 정치지도자들의 건국방략과 권력투쟁, 미국의 영향력 등의 상호작용이 엮어낸 남한 보수우익세력의 단독정부 수립 과정이라 할수 있다.

이같은 건국과정은 3단계를 거쳐 전개되었다. 제1단계는 진보세력을 대표한 여운형의 '인공중심론'과 보수세력을 대표한 송진우의 '임정봉대론'의 대립이었다. 이것은 국내 우익과 좌익의 정치논쟁이자 권력투쟁이었다. 제2단계는 모스크바 3상회의 이후 '신탁통치론'과 '탁치반대론'의 대결이었다. 탁치론은 미·영·소 등 연합국 외세에 의해 제창되고 후에 좌익세력이 동조했다. 민족자결론으로 나타난 탁치반대론은 처음에는 공산당을 포함한 모든 세력이 동조했으나 곧 좌익이 이탈하면서 우익만의 건국방략이 됐다. 제3단계는 제1차 미소공위 실패 후 이승만의 '단독정부론'과 김구의 '통일정부론' 내지 '남북협상론'의 대결로 나타났다. 이것은 우익 내의 국제적 현실주의와 만족적 이상주의의 싸움이었다. 이 대결은 국제정치감각이 우월하고 미국의 지원을 받은 이승만과 한민당의 승리로 끝났다. 좌익과 우익의 냉담 속에 진행된 중도파의 좌우합작운동은 성격상 김구의 통일정부론에 이르는 하나의 과도적인 형태로 볼 수 있다.

당시 남한의 정치지도자들은 대체로 이승만·김구·한민당으로 구성된 '우익'과 박헌영을 중심으로 한 '좌익', 그리고 여운형, 김규식을 핵으로 하는 '중도'의 3개 세력으로 구분될 수 있다. 중도파 가운데서도 여운형은 중도좌파, 김규식은 중도우파로 분류된다. 이상의 국내제 세력을 좌·우익으로 단순화하면 우익과 중도우익을 통틀어 '범우익', 좌익과 중도좌익을 묶어 '범좌익'으로 볼 수 있다(〈표 1〉 참조).

우익세력 가운데 보수적 토착세력을 대표한 한민당이 '국내파 우익'이라면 외국에서 독립운동을 벌인 이승만과 김구는 '해외파 우익'이다. 우익은 반탁과 반공에서 일치했으나 공산주의와의 관계설정과 정부수립 방식, 건국 주도권 등을 둘러싸고 견해가 갈렸었다.

이승만(1875-1965)의 정치적 성향은 '권위주의적 현실주의'로 표현될 수 있다. 미국에서 한인 기독교세력을 바탕으로하여 독립운동을 벌인 그의 항일투쟁노선을 '외교론'이었다. 이승만은 독립쟁취의 수단은 무력투쟁보다는 외교교섭이어야 한다는 입장이었다. 이 때문에 그는 미국에서 군대를 양성하여 무력투쟁할 것을 주장하던 박용만(1881-1928)의 급진론에 대립되는 점진론의 주창자가 됐다. 귀국 후

〈표 1〉 해방정국 지도자의 정치성향

<table>
<tr><td>좌익</td><td colspan="2">중도</td><td>우익</td></tr>
<tr><td rowspan="2">박헌영
(김일성)
(김두봉)</td><td>좌파</td><td>우파</td><td rowspan="2">이승만
김구
한민당</td></tr>
<tr><td>여운형</td><td>김규식</td></tr>
<tr><td colspan="2">범좌익</td><td colspan="2">범우익</td></tr>
</table>

이승만은 반탁·반공을 고수, 공산주의와의 타협을 거부함으로써 범좌익과 대결했고 단독정부론을 주도하여 김구·김규식의 임정계와도 결별했다.

김구(1876-1949)의 정치적 성향은 '이상주의적 민족주의'라고 할 수 있다. 일본과 교전 중인 중국에서 독립운동을 벌인 그의 투쟁노선은 외교와 무투의 '병행론'이었다. 김구는 반탁·반공에서 이승만과 일치했다. 그러나 공산주의자와의 협상을 포기하지 않았고 단정론에 반대하여 통일정부론을 제시하고 남북협상을 시도함으로써 이승만과 대립했다.

한민당의 정치성향은 '실리주의적 보수주의'라고 할 수 있다. 한민당은 일제식민통치체제 안에서 소극적인 독립운동에 참여했던 사람들로 구성됐다. 따라서 그들의 독립운동노선은 '문화주의'의 테두리를 벗어날 수 없었다. 한민당의 정치행위는 전반적으로 이승만의 그것과 일치했다. 즉 반공·반탁을 추구하여 공산주의와의 타협을 거부했고, 정부수립에서 단정론을 지지했다. 유산계급 정당이었던 한민당의 형태는 특정 이데올로기보다는 우월한 세력에 의존하면서 기득권 보호에 더 큰 관심을 보여 실리위주의 행동을 취했다. 그때문에 사대주의·기회주의의 측면이 강했다.

1. 우익세력의 조직화: '인공중심론'과 '임정봉대론'의 투쟁

해방 직후 여운형의 인공중심론과 송진우의 임정봉대론이 대결할 때의 권력투쟁은 이 두 사람으로 대표되는 좌익과 우익의 싸움으로 전개됐다. 그것은 여운형(1885-1947)이 건국준비위원회(건준)와 인민공화국(인공)을 수립하여 정치적 선제를 장악한 데 대한 우익의 대응이었다. 당시의 우익은 해외파 지도자들이 귀국하지 않은 상태였기 때문에 국내파의 송진우·김성수 중심의 한민당에 의해 대표되고 있었다.

임정봉대론과 인공중심론은 독립운동 주체역량의 인식에서 이념적 차이를 보였다. 송진우(1889-1945)는 대한민국임시정부(임정)가 민족독립에 끼친 공헌이 절대적이라는 인식 하에 "임정이 중핵이 되어 영도력을 발휘해서 자주독립 능력을 국외에 선양하고 연합국의 승인을 얻어야 한다"고 주장했다. 이에 대해 여운형은 "일제의 탄압 아래서 직접 싸워온 거대한 세력은 국외에 있는 것이 아니고 국내에 있는 3천만 민중"이라고 반박하면서 임정봉대론에 반대했다. 여운형은 임정이 해외에 30년간 머물러 있었기 때문에 이렇다할 업적이 없고, 국내에 인민적 토대를 갖지 못하기 때문에 민주주의 정부로 군림할 수 없으며, 임정은 많은 해외독립단체가 만든 정부 가운데 하나일 뿐이라는 이유로 임정봉대에 반대했다.[1)]

송진우의 국내파 우익은 중경 임시정부 입국과 연합국 진주환영 국민대회 준비회를 중심으로 여운형의 인공을 견제해 나갔다. 그러나 임정이 한민당을 친일세력, 인공을 좌익세력으로 규정하고 임정의 법통만을 고집하는 한편, 미국은 임정과 인공의 정통성을 모두 부인함으로써 건국의 방략과 주체를 둘러싼 이론투쟁과 권력싸움은 모두 무의미하게 되었다.

1) 한민당의 결성—토착우익의 통합

한민당은 소련군의 서울진주설이 나도는 가운데 여운형이 중도좌익과 공산세력을 포섭하여 건준과 인공을 결성함으로써 범좌익이 조직화되자 이에 충격을 받아 결성된 우익보수정당이다. 그것은 남한의 우익 제파의 연합체였다. "한민당은 해방 수개월 만에 우익진영의 중추가 됐고 미국 점령기 전체를 통해 유일 최강의 우익정당으로 존속했다."[2)]

---

1) 李基炯, 『몽양 여운형』(서울: 실천문학사, 1986, 재판), pp. 204-205.

여운형은 일제로부터 행정·치안권을 이양받기로 하고 중요 우익의 불참리에 중도와 좌익만을 규합하여 1945년 8월 16일 건준을 결성하여 해방정국의 기선을 잡았다. 공산당은 이영·최익한·정백 등이 중심이 되어 같은 날 서울의 장안빌딩에서 조선공산당 재건 발족식을 가졌다. 이것이 '장안파 공산당'이다. 그러나 지하에서 활동하던 박헌영이 8월 20일 공산당 재건의 주도권을 장악하여 그 조직을 확대해 나가고 있었다. 이것이 '재건파 공산당'이다. 이들 공산주의자들은 여운형 영도 하의 건국세력으로 합류했다.

이처럼 좌익의 조직화가 활발히 이뤄지고 있을 때 국내 우익은 김구와 이승만의 귀국을 기다리고 있었다. 그러나 임정은 이범석 등 일단의 선발대를 8월 18일 여의도 공항에 착륙시켜 입국을 시도했으나 일본군의 저지로 실패한 후 귀국이 늦어지고 있었다. 미국의 이승만도 미 국무성의 방해로 귀국이 지연됐다. 이렇게 된 상황에서 여러 갈래의 국내 우익세력들은 각자 조직을 서두르게 됐다.

그 최초의 형태가 '고려민주당'이다. 이것은 1945년 8월 18일 원세훈의 발기로 조직된 우익세력 최초의 정당이었다. 그러나 당의 정강에는 사회주의적 요소가 포함돼 있었다. 한편 김병로·백관수 등도 정당결성을 준비하고 있었다. 원세훈은 이들과 합작하여 8월 28일 고려민주당을 해체하고 새로 '조선민족당'을 결성했다. 당 위원장은 원세훈이 맡았다. 조선민족당에는 원세훈계의 사회민주주의, 김병로 중심의 우익과 이인계의 우익(조병옥·함상훈), 홍명희계의 신간회 좌파, 김약수계와 전향파 공산주의 등이 참여했다. 송진우계는 9월 1일부터 대한민국 임시정부 환영회와 연합군 환영준비회를 결성하여 세력을 규합해 나갔다. 한편 백남훈·허정·장덕수·김도연·윤보선 등 해외유학파 인텔리들이 중심이 되어 9월 4일 '한국국민당'을 발기했다. 우

---

2) Bruce Cumings, *The Origins of the Korean War* (New Jersey: Princeton University Press, 1981), p. 93.

익의 조직화가 이처럼 분산적으로 이뤄지자 원세훈·김병로·조병옥·이인·백남훈 등은 통합적인 우익정당의 필요성을 논의한 끝에 1945년 9월 6일 통합신당의 발기총회를 갖고 당명을 '한국민주당'(한민당)으로 합의했다.[3] 건준도 이날 조선인민공화국으로 전환하고 다음날 스스로 해체하자 우익진영은 송진우가 중심이 되어 9월 7일 동아일보사에서 임정환국환영 국민대회준비회의 모임을 가졌다. 한편 한민당 발기회는 9월 8일 결의문을 발표하여 "우리는 독립운동의 결정체요 현하 주체적으로 승인된 대한민국임시정부 외에 이른바 정권을 참칭하는 일체의 단체 및 그 행동은 여하한 종류를 불문하고 단호히 이를 배격함"이라고 선언했다.[4] 이것은 임정지지·인공배격에 대한 국내우익의 태도표명이었다.

인공이 1945년 9월 14일 조각명단을 발표하자 우익진영은 단일정당 결성을 서둘러 9월 16일 한국민주당을 정식으로 창당했다. 이것은 그동안 조직된 조선민족당·한국국민당·국민대회준비회 등 국내 우익세력의 집결체였다. 한민당은 이승만·김구·이시형·문창범·서재필·권동진·오세창 등 7명을 영수로 추대하고 그 밑에 총무단을 두어 수석총무를 송진우가 맡았다. 그러나 이승만과 김구는 귀국후 한민당 영수취임을 거부하고 독자적인 정치활동에 나섰다. 한민당은 민족진영의 지식인과 내외 독립운동가, 온건한 민주사회주의자들로 구성됐다.[5] 한민당은 서구식 자유민주주의와 자유자본주의를 채택하고 서방국가들과의 국제적 제휴를 추구했다. 한민당의 행동은 인공의 부인, 이승만 지지, 탁치반대, 군정과의 협력으로 나타났다.

한민당은 좌우로부터의 공격에 직면했다. 임정계로부터는 적극적으로 항일투쟁을 하지 않은 것이 공격의 대상이었고 범좌익으로부터

---

3) 국사편찬위원회, 『資料大韓國民史 1』(서울: 탐구당, 1970), p. 54.
4) 위의 책, pp. 56-60.
5) 文昌周, 『韓國政治論』(서울: 一潮閣, 1970), pp. 183-184.

는 지배계급적 속성이 있다고 비판됐다. 항일경력이 약한 한민당은 막강한 세력을 규합하고 있던 여운형을 상대로 경쟁하면서 좌익만 아니면 누구나 받아들여 친일세력까지 포섭했다.[6] 그 때문에 민족정기와 정치적 선명성에 하자가 있었다. 한민당은 건준에 대해 임정만이 정통성이 있다고 주장하면서 건준을 해체하고 임정을 지지하라고 요구했다. 그러나 임정은 오히려 한민당의 지지를 외면하고 한민당에 대해 당내의 친일세력을 제거하라고 요구했다. 여기서 한민당은 임정과 결별하고 이승만 체제로 들어갔다. 이것은 임정과 건준에 부담을 안고 있으면서 국내기반이 없는 이승만의 이익과도 일치했다. 여기서 이승만의 권위와 한민당의 실력이 결합될 계기가 마련된 것이다. 한민당은 해방 자체가 미·소 권능의 결과이고 한국독립은 그 양국의 영향을 받는다고 인식했다. 38도선의 확정, 북한의 인민위원회 수립은 유산계급 정당인 한민당 우파에게 대미접근을 더욱 촉진시켰다.[7]

한민당은 한국 헌정사에서 민주세력으로서의 야당의 원류가 됐지만 그들의 노력을 중앙에만 집중하고 지방을 소홀히 하여 농촌에 대중적 기반을 갖지 못했다.[8] 그 때문에 더 대중과 유리됐고 대중을 두려워하는 명사들의 정당이 되어 민주정당으로서는 스스로 한계가 있었다. 또 "군정과의 밀착으로 사대주의라는 비판을 받기도 했으며, 농지개혁법 심의과정에서는 지주층의 대변자라는 소리를 듣기도 했고 반민처리법 과정에서의 미온적 태도와 친일파 영입으로 친일집단이라는 비난을 받기도"[9] 했던 것처럼 하자와 오류도 많은 정당이었다.

---

6) 韓太壽, 『韓國政黨史』(서울: 신태양사, 1961), p. 13.
7) 陣德奎, "解放直後 左·右勢力의 性格", 『現代韓國政治論』(서울: 法文社, 1986), pp. 90-100.
8) Bruce Comings, *op. cit.*, p. 99.
9) 沈之淵, 『韓國民主黨研究 I』 (서울: 풀빛, 1982), p. 123.

2) 이승만과 독립촉성중앙협의회

이승만은 1945년 10월 16일 출국 33년만에 귀국했다. 그의 귀국은 미국 국무성의 비협조로 늦어졌다. 국무성 관리들은 이승만의 완고한 개성과 반공태도를 알고 있었기 때문에 그의 귀국이 군정정책 수행에 방해될 것이라고 믿고 있었다. 그러나 하지는 이승만 귀국을 환영하고 예우와 협조를 다해 친근감을 보였다. 당시 하지는 남한사회를 안정시키고 좌익에 대항할 지도자를 필요로 하고 있었다.[10] 하지는 이승만이 적임자라고 판단했다. 하지는 우선 자신이 묵고 있는 조선호텔 특실 3개와 순종이 탔던 승용차를 이승만에게 주어 쓰게 했다.[11] 그는 이승만에게 군정청 회의실에거 국내외 기자회견을 마련해 주고 하지 자신도 배석했다. 이것은 여운형이나 나중에 귀국한 김구에 대한 군정당국의 태도에 비할 때 특별한 호의였다.

이승만은 귀국한 그날부터 국내 각계 지도자들과의 접촉을 개시했다. 접촉대상은 우익은 물론 여운형·박헌영·허헌·이강국·최용달·이여송 등 좌익들까지 망라된 국내 지도자 대부분이었다. 박헌영도 이승만에게 공산당 영수취임을 요청했다. 다만 임정은 아직 귀국하지 않고 있어 이승만과의 관계가 구체화되지 않고 있었다. 이승만은 당초 좌우를 초월한 민족의 단합을 강조하면서 하나의 정치단체를 조직할 구상을 가지고 있었다. 그 첫 조치로서 이승만은 국내 지도자들을 한 차례 만난 다음 1945년 10월 23일 조선호텔에서 각 정당대표 2명씩 200여명을 소집했다. 여기서는 각 정당을 규합한 기구로서 '독립촉성중앙협의회'(독촉중협)를 결성키로 하고 회장에 이승만을 추대했다. 이 조직의 운영과 간부인선도 이승만에 일임했다.[12] 다음날 송진우의 국민대회

10) Gregory Henderson, *Korea: The Politics of Vortex*(Massachussets: Harvard University Press, 1968), p. 128.

11) 서울신문사, 『駐韓美軍 30年』(서울: 杏林출판사, 1979), p. 57.

준비회 주선으로 한민당 · 국민당 · 공산당(장안파) 3당은 임정지지와 독촉중협에 대한 협력을 선언하는 공동성명을 발표했다. 이리하여 독촉은 당초 범국민단체의 성격을 띠게 됐다.

독촉중협은 1945년 11월 2일 그 결성준비를 위해 정당 · 단체 대표자회의를 이승만 주재로 열었다. 여기서는 조선의 즉시 독립, 38도선 철폐, 탁치반대 등을 결의하고 집행부 구성을 이승만에 일임하되 민족반역자는 제외하라는 단서를 달았다. 이 날의 결의안 문안수정 5인 위원회에는 이승만 · 여운형 · 안재홍 · 이갑성 · 박헌영 등이 선임되어 친일세력을 제외한 국내 모든 세력 대표자들이 참여했다.[13] 그러나 이승만의 통일기구 결성은 곧 난항하기 시작했다.

공산당의 박헌영은 다음날(11월 3일)의 결의문 수정회의에 불참함으로써 이승만과 독촉중협에 대한 공산당의 부정적 태도를 표면화하기 시작했다. 재건파 공산당은 2일의 결의문에 공산당의 의견이 반영되지 않았다고 비판했다.[14] 이승만은 11월 5일 돈암장에서 기자회견을 갖고 전체가 찬성하여 가결한 것을 뒤로 돌아서서 반대하는 것은 옳지 못하다고 말하고 박헌영이 수정위원인 만큼 불만이 있으면 수정회의에 나와서 당당히 의견을 말하라고 요구했다.[15] 공산당은 한달 후인 12월 5일 독촉중협이 친일반역세력을 제외하고 대중적 기초 위에서 통일전선을 결성하라는 공산당 요구에 성의가 없다고 비난하고 독촉중협에서 탈퇴했다.[16]

이승만과 여운형과의 관계도 결렬되기 시작했다. 1945년 11월 7일 이승만은 중앙방송은 통해 자신은 임정의 일원이기 때문에 임정과의 협의없이는 아무 단체에도 관계할 수 없다고 선언, 여운형의 인공 주

---

12) 宋南憲, 『解放三年史 I』(서울: 까치, 1985), pp. 230-231.
13) 국사편찬위원회, 앞의 책, pp. 349-340(『自由新聞』, 1945. 11. 3).
14) 앞의 책, pp. 356-358(『每日新聞』, 1946. 11. 4).
15) 앞의 책, pp. 365-367(『每日新聞』, 1945. 11. 6).
16) 앞의 책, pp. 525-527(『서울신문』, 1945. 12. 6).

석취임 요청을 거부했다.[17] 인공중앙위는 이를 받아 11월 10일 담화에서 이승만을 초당파적 지도자로 취급하지 않겠다고 선언했다.[18]

이로써 이승만은 모든 좌익세력과 결별했다. 그 결과 독촉중협은 순수한 우익조직의 모습을 갖추게 됐다. 1945년 12월 23일 임정계와 좌익계가 불참한 가운데 독촉중협 발기대회가 개최됐다. 이로써 이승만의 초기 국내세력 통합운동은 실패로 끝났다. 그러나 당시 이승만은 제1의 민족지도자로서 확고한 위치를 인정받고 있었다. 한민당계가 운영한 한국여론협회가 1946년 7월 서울중심가의 통행인 6천 671명을 상대로 '초대대통령을 누가 해야 하는가'라는 설문으로 여론조사를 실시했다. 그 결과는 이승만 29%, 김구 11%, 김규식 10%, 여운형 10%, 박헌영 1%로 나타났다.[19] 이것은 우익 40%, 중도 10%, 좌익 1%의 비율로 우익이 절대 우세하며 그 중에서도 이승만이 압도적임을 의미했다.

3) 김구의 특별정치위원회

임정요원들은 개인자격 입국만 허용됨에 따라 그들의 귀국과 함께 임정은 사실상 사라졌다. 그들은 중경을 떠날 때 마침 국공협상 대표로 그곳에 와 있던 주은래·동필무 등 중국공산당 대표단과 장개석 부부 등 중국국민당으로부터 각각 송별연을 받았다.[20] 임정요원의 제1진은 1945년 11월 23일 김포공항에 도착했다. 여기엔 김구·김규식·이시영·김상덕·유동열·엄항섭 등 우익인사들이 포함됐다. 좌익인

---

17) 앞의 책, pp. 373-374(『自由新聞』. 1946. 11. 8).

18) 앞의 책, pp. 338-389(『自由新聞』, 1946. 11. 10).

19) 林建彦 저, 최현 역, 『韓國現代史』(서울: 三民社, 1986), p. 45 및 沈之淵, 『韓國現代政黨論』(서울: 創作과 批評社, 1984), p. 170 (『東亞日報』, 1946. 7. 23) 참조.

20) 金九, 『백범일지』 (서울: 일신서적공사, 1986), pp. 242-243.

김원봉·장건상 등은 제2진으로 12월 2일 군산공항에 도착했다. 이것은 우익이 먼저 귀국하여 유리한 위치를 점해야 한다는 하지 장군의 배려에 따른 것이라 한다.[21] 임정요원들에 대한 공항에서의 귀국환영 행사는 이승만의 그것에 비래 초라했다.

귀국 직후 이승만의 방문을 받은 김구는 다음날 송진우·정인보·김병로·안재홍·권동진·김창숙을 접견하고 돈암장으로 가서 이승만을 답방했다. 이어 이승만과 함께 군정청에 들러 하지 중장과 아놀드 소장을 만나고 경교장에 돌아와 기자회견을 가졌다. 군정청에서 하지의 배석 하에 있었던 이승만의 기자회견에 비하면 몹시 간소했다. 김구는 회견에서 임정요원의 귀국이 "대외적으로는 개인자격이 될 것이나 한국사람의 입장에서 보면 임시정부가 귀국한 것"이라고 말했다. 김구는 1945년 11월 27일 김규식과 함께 국민당수 안재홍, 한민당 수석총무 송진우, 인민당수 여운형, 인공총리 허헌과 차례로 만났다. 12월 1일에는 서울운동장에서 열린 임정환국 봉영회에 참석했다. 이 모임에는 서울시민 3만 명이 운집했다.[22] 12월 3일 임정 국무회의가 김구 주재로 열렸다. 이승만도 주미외교위원장 자격으로 참석했다. 이날 국무회의는 특별한 안건심의 없이 간담형식으로 끝났다.[23] 김구의 정치활동은 처음에 비교적 소극적이었다. 그것은 군정당국의 비협력, 기존세력 조직들의 분열, 이승만의 독선, 임정의 국내기반 결여 등에 기인한다.

김구는 한민당이 항일투쟁 경력이 없다는 이유로 한민당의 영수 추대를 거절했다. 한편 좌익과 결별한 이승만은 김구에게 공산주의 고립화에 공동으로 대처하자고 제의했다. 그러나 김구는 모든 민족지도자와 항일애국자를 이념에 관계없이 모두 정부에 포함시켜야 한다는 이유로 이승만의 제의를 거부했다.[24] 좌익배척에 대해 임정 혁신파(좌

---

21) 宋南憲, 앞의 책, p. 239.

22) 국사편찬위원회, 앞의 책, p. 503 (『自由新聞』, 1946. 12. 2).

23) 한국사학회, 『現代韓國人物論 II』 (서울: 을유문화사, 1987), pp. 26-27.

파)는 물론 인민당·신한민족당·재미한족연합회도 민족통일에 유해하다는 견해를 표명했다. 이리하여 김구는 이승만·한민당 등 민족주의 보수우파와의 협력에 한계를 느끼고 있었다. 박헌영의 공산당이 이승만에 대한 지지를 철회하고 김구를 지지하고 나선 것은 이때였다. 그것은 공산당의 독촉중협 탈퇴로 나타났다.

김구와 임정의 건국노선은 1945년 9월 3일 중경에서 발표된 '임시정부 당면정책' 14개항 가운데 제6, 7, 8항에 제시되었다.[25] 김구는 1946년 1월 4일 성명에서 이를 더욱 구체화했다. 그 내용은 다음과 같다.[26]

〈임정의 건국방침〉

(1) 과도정부를 수립키 위해 국내외 각계 각층, 각 혁명당파, 각 종교집단, 각 지방대표와 저명한 민주주의 영수들로 즉시 '비상정치회의'를 소집한다.

(2) 비상정치회의는 민주주의 의사로 우리 전 민족의 운명을 결정하고 전 민족 의사에 의한 과도정부를 수립한다.

(3) 과도정부가 수립되기까지의 정부기능은 임정이 맡는다. 그러나 현재의 임정이 독선적으로 해서는 안되기 때문에 각계 영수를 망라하여 임정을 확대 강화한다. 비상정치회의에서 과도정부가 수립되면 임정은 해체한다.

(4) 과도정부 수립후 절대적인 민주정신 위에서 '국민대표대회'(의회)를 소집한다. 여기서 독립국가, 균등사회의 원칙을 골자로 하는 새 헌장(헌법)을 만든다.

---

24) 金正源, 『分斷韓國史』(서울: 동녁, 1985), pp. 156-157.

25) 金鍾範·金東雲, 『해방전후의 조선진상』(서울: 돌베개, 1984), pp. 48-50.

26) 국사편찬위원회, 앞의 책, pp. 764-766(『서울신문』 1946. 1. 5) 및 宋南憲, 『解放三年史 II』(서울: 까치, 1985), pp. 263-265.

(5) 새 헌법에 의해 정식 정부를 구성하고 신탁통치 문제는 새 정부가 처리한다.

임정의 계획은 건국방략을 실천함으로써 탁치를 배격하고 국내의 모든 정치세력을 임정의 틀 안에 통합하여 임정을 모태로 정부를 수립하여 독립국가를 세운다는 것이었다. 1945년 12월 19일 임정환영대회 답사에서 김구는 "임정은 결코 어느 한 계급이나 정파의 정부가 아니라 전 민족, 각 계급, 각 당파의 공동한 이해에 입각한 민족단결의 정부"라고 강조했다.[27]

이승만의 독촉중협이 국내 정치세력통합에 실패하자 임정계는 김구 주도로 국내통합에 나섰다. 그것은 1945년 12월 23일 임정 중앙위원과 국내 독립투사를 망라한 '특별정치위원회'의 결성으로 나타났다. 이것은 독촉중협과는 별도의 기구였다. 그러나 김구는 이승만과는 공산주의 고립화 문제로, 한민당과는 국내인사 친일론으로, 인공과는 임정법통의 고수로 사이가 벌어져 통합운동은 처음부터 실패의 요인을 안고 있었다.

4) 우익과 미국 군사정부의 연결

미국은 남한에 군대를 진주시키기 이전부터 정치적 영향력을 미치고 있었다. 여운형이 인공수립을 서둔 것은 미군이 도착하기 전에 정권을 수립해야 한다고 판단했기 때문이었다.[28] 또 한민당 결성이 촉진된 것도 우익세력으로서의 미군의 진주가 확실해진 데서 용기를 얻었기 때문에 가능했다.[29] 8월 말까지도 소련군 남하설이 강하여 우익

---

27) 국사편찬위원회, 앞의 책, p. 624.
28) Bruce Cumings, *op. cit.*, p. 84.
29) *Ibid.*, p. 98.

인사들의 행동은 심리적 제약을 받고 있었다.

미군은 남한에 진주하여 군정을 펴면서 정치적 정통성과 합법성을 독점했다. 임정과 인공 등 기존 권위는 부인되고 이승만·김구 등 해외지도자들은 개인자격으로서만 입국이 허용됐다. 이같은 미군정의 방침은 한민당에 유리했다. 일본 식민체제 안에서 성장해온 한민당 세력은 독립투쟁의 실적이 거의 없어 건국세력으로서의 대의명분이 약하고 내세울 만한 상징적 지도자가 없는 데다 친일세력까지 영입하여 임정과 좌익으로부터 비판을 받고 있었기 때문이다.

한민당은 1945년 10월 20일 중앙청 앞 광장에서 연합군 환영대회를 개최함으로써 자연스럽게 군정당국과 연계됐다. 하지를 자주 만날 수 있었던 송진우와 장덕수는 좌익의 인공을 부인해 줄 것을 건의했다.[30] 군정이 한국에는 오직 군사정부가 있을 뿐이며 인공은 권위와 세력·실재가 존재하지 않는다고 성명을 발표하고 인공에 대해 정치활동의 중지를 공식으로 명령한 것은 그때였다.[31]

군정이 일본인관리를 유임시킨 결정을 둘러싸고 한민당은 미군정에 대한 협력여부에 대해 의견이 대립됐다. 총무 원세훈, 조직부장 김약수 등 한민당 좌파는 비협력을, 김병로·조병옥 등 한민당 우파는 협력을 주장했다. 이 토론 끝에 우파의 협력노선이 채택되었다. 이것은 군정이 독립의 과도적 존재이기 때문에 군정과 협력하여 미군철수 후에 대비해야 한다는 협력론의 승리였다. 이에 따라 수석총무 송진우는 수시로, 정치부장 장덕수는 거의 매일 하지를 만났다.

군정도 국내의 모든 정치세력 가운데 한민당을 선호했다. 그것은 첫째, 한국의 민족주의·사회주의 세력이 모두 과격한 데 비해 한민당은 온건한 세력이라는 일본정부의 분석, 둘째는 한민당에 미국유학 출신이 많아 민주정치이론에 밝고 미국지향적이라는 점, 셋째는 한국사

---

30) 한국사학회 편, 『現代韓國人物論 I』(서울: 을유문화사, 1987), p. 117.
31) 沈之淵, 『韓國民主黨硏究 I』(서울: 풀빛, 1982), pp. 76-77.

정에 어두운 미국은 국내사정에 정통한 토착 정치세력이 필요했고, 넷째는 교양과 재산이 있는 계층이 중심이 된 한민당이 미국식 부르주아 민주주의 체제를 유지해 나가는 데 유리하다는 계산이 작용했기 때문이다. 현실적응력이 강했던 한민당 지도자들은 당시의 상황을 국제관계 속에서 파악하여 미소관계의 냉전화를 예상하고 일찍부터 반공적인 미국에 의도적으로 접근했다. 임정과 인공이 한민당을 비판한 것도 한민당과 군정을 밀착시킨 요인이었다. 이 때문에 한민당은 군정의 여당처럼 됐다.

한민당은 한인들로 중앙위원회를 조직하여 행정·인사에 자문케 할 것을 군정에 건의했다. 군정은 이를 수락하여 1946년 10월 5일 11명의 행정고문을 임명했다. 그중 조만식과 여운형을 제외한 9명이 한민당계였다. 당시 평양에서 연금상태에 있던 조만식은 취임이 불가능했고 여운형은 9대 1의 세력에 밀려 일을 할 수 없다는 이유로 군정고문을 사절했다.[32] 그 결과 한민당의 중심인물인 송진우·김성수 등이 군정장관의 고문으로 군정에 강력한 영향을 미쳤고 정일형(인사행정처장), 조병옥(경무부장) 등이 군정에 관여했다. 군정은 각 부서에도 한민당계 인사를 등용했다.

한민당과 군정의 결속은 '통역정치'를 통해 더욱 강화됐다. 한민당은 미국 유학생들을 대거 영입하여 군정청 통역관으로 추천했다. 통역관들은 군정에 관여하고 영향을 미치면서 한민당·군정청·미국을 연결시켰다. 통역은 단순한 영어번역의 역할을 넘어 자문관·대변인의 기능까지 수행했다.

반면 이승만은 권위주의적 성격으로 인해, 김구는 민족주의적 태도로 인해, 좌익은 이데올로기적인 이유로 각각 군정당국과 가까워질 수 없는 부담스러운 존재들이었다. 그러나 미소관계의 변화와 미국의 대한정책 변화에 따라 국내세력과 군정청과의 관계도 바뀌어 나갔다.

---

32) 한국사학회, 앞의 책 (II), p. 119.

2. 우익의 통합운동: '신탁통치론'과 '탁치반대론'의 투쟁

이승만이 정파통합에 실패하고 김구의 통합운동이 난항에 직면했을 때 신탁통치설이 나돌기 시작했다. 김구 중심의 임정계는 국민 사이에 합의가 이루어진 반탁을 구심점으로 하여 정파통합운동을 새로이 개시했다.

탁치설이 처음 등장한 것은 김국가 귀국하기 전인 1945년 10월 20일이었다. AP통신은 미 국무성 극동부장 존 빈센트가 "미·소점령에 의한 한반도의 분단상태는 신탁통치 실시로 지양될 것"이라고 말한 것으로 보도했다. 그러나 미 국무성과 군정당국이 이를 공식 부인하여 그것은 설로만 남게 됐다.[33] 당시 미국은 만주에 대해서도 5개국(미·영·불·중·소) 신탁통치를 구상하고 있었다. 동북아에서의 미국의 신탁통치 구상은 제2차 대전후 이 지역으로 확장하기 시작한 소련 세력을 막기 위한 완충지대를 구축키 위한 것이었다.[34] 그해 12월 21일부터 1주일간 모스크바에서 열린 미·영·소 3국 외상회의는 미국의 제안과 이와 유사한 소련 제안을 절충하여 한반도의 4개국 신탁통치안을 결정했다. 이로써 빈센트 발언은 현실화됐다. 3상회의의 합의내용은 다음과 같다.

〈모스크바 3상회의 신탁통치안〉

(1) 조선의 민주적 임시정부 수립을 원조한다.

(2) 임시정부 수립을 위해 미소공동위원회를 설치하여 한국의 민

33) 국사편찬위원회, 앞의 책, pp. 278-279(『每日新聞』, 1945. 10. 23).

34) 林建彦, 앞의 책, p. 52.

주적인 정당·단체와 협의한다.

(3) 4개국(미·영·중·소)은 조선에 대해 5년간 신탁통치를 실시한다.

모스크바 3상회의 결정이 전해지자 1945년 12월 29일 임정을 중심으로 '신탁통치반대 국민총동원위원회'(반탁총동위)가 결성됐다. 위원장은 권동진(신한민족당), 부위원장은 안재홍(국민당), 김준연(한민당)이었다. 이 반탁총동위는 결성성명서를 발표하고 임정주석 김구 명의로 4개국에 신탁통치 절대반대의 전문을 보냈다.

신탁통치는 일본 한 나라의 식민통치를 4개 전승국의 지배체제로 바꾼 다국적 식민지통치일 뿐이다. 따라서 민족주의자로서는 받아들일 수 없는 국가적 모독이었다. 실제로 탁치반대론은 신탁통치는 민족적인 모욕이며 연합국의 국제공약을 스스로 배반한 것이라고 주장했다. 당초 우익과 함께 신탁통치에 반대했던 좌익들은 소련과 북한의 지시에 따라 찬탁으로 선회하면서 탁치결정은 조선문제 해결을 위한 진보적인 결정이라는 명분을 내걸었다. 좌우익 모두 찬탁·반탁에 관한 명분을 설득력있는 이론으로 정립하지는 못했다. 탁치문제로 좌우가 대립하자 그것은 곧 국내 좌우익 간의 권력투쟁의 성격을 띠고 가열됐다. 이런 투쟁은 남북한에서 함께 벌어져 북한에서는 조선민주당의 조만식이 탁치에 반대하다 연금됐다.

남한의 반탁운동은 과격한 민족주의 운동으로 나타났다. 국제적 현실주의에 입각하여 탁치의 유익성을 인정하고 있던 송진우는 12월 29일 밤 김구를 찾아가 조선은 민주주의 경험이 없다는 이유로 5년 훈정의 필요성을 내걸고 탁치의 정당성을 강조했으나 김구를 설득시키지 못했다. 다음날 송진우는 자택에서 암살됐다. 범인 한진우는 여운형·박헌영도 살해할 계획이었다고 진술했다. 한진우의 배후인물은 김구라는 추측이 돌았다.

임정은 내무부장 신익희의 포고로 12월 31일 군정산하의 모든 경찰과 한인 직원 및 전국 행정기관을 임정 지휘하에 둔다고 선언했다. 반탁총동위는 전국파업령을 내렸다. 이날부터 군정청의 한인직원들은 총사직·총파업에 들어갔다. 서울에서 철시와 시위가 잇달아 일어나고 이것은 곧 전국적으로 확산되었다.[35] 이것은 김구에 의한 쿠데타로 해석되고 있다. 그러나 한국민에 대한 임정의 권위와 동원능력에 새삼 놀란 군정의 압력으로 임정의 군정접수 포고는 다음날 취소됐다.

인공은 1946년 1월 1일 임정에 대해 인공과 임정의 해체를 전제로 50 대 50의 비율로 통일정부를 수립하고 이를 주축으로 미소공위에 대처하자는 1945년 11월 말의 제의를 다시 제기했다. 인공중앙위는 임정에 보낸 공문에서 "두 정부의 통일이 민족통일의 유일 최선의 방법"이라고 밝혔다.[36] 그러나 임정의 배타적 정통성을 고집하고 있는 임정은 인공공문의 접수를 거부하고 반송했다. 인공은 1월 5일 인공과 임정의 통일포섭이 "임정의 독선적·군림적·관료적인 태도로" 결렬됐다고 비난하고 "임정은 민족분열의 최고책임자"라고 공격했다.[37] 이때 인공이 이미 찬탁으로 돌아섰기 때문에 임정은 더욱 인공을 증오하고 있었다.

전날(1월 4일) 임정은 "비상정치회의 소집을 통일공작의 방법으로 삼는다"는 김구 주석 명의의 성명을 발표하여 건국방략에 대한 임정의 종전의 기본 태도를 재확인하고[38] '임시정부 당면정책'(1945. 9. 3)의 기본방침에 따라 좌우익 정당 및 각계 인사들을 상대로 합작공작을 전개해 나갔다. 그 하나로 1946년 1월 4일 김약산·김성숙·조소앙·조완구·장건상 등 5명의 교섭위원이 선정됐다.[39]

한편 1946년 1월 6일부터 한민당·국민당·인민당·공산당이 제1

---

35) 국사편찬위원회, 앞의 책, pp. 718-723.

36) 국사편찬위원회, 앞의 책, p. 742(『朝鮮日報』, 1946. 1. 1).

37) 앞의 책, p. 774(『서울신문』, 1946. 1. 6).

38) 앞의 책, pp. 704-766(『서울신문』, 1946. 1. 5).

39) 宋南憲, 앞의 책 (II), p. 265.

차 미소공위 소집을 앞두고 신탁통치와 공위에 대한 공동대책을 협의했고 1월 8일에는 신한민족당이 추가되어 5당회의가 여러 차례 열렸다. 그러나 좌우익의 의견대립으로 진전이 없었다. 우익은 5당회의를 임정주도의 비상정치회의 예비회담으로 끌어가려 했으나 좌익은 좌우합작을 위한 정당회의로 간주했기 때문이다. 이 회담에서 공산당은 3상회담의 탁치안을 지지하고 우익 3당은 반대했다. 중도의 인민당이 “3상회담의 조선자주독립지원 부분은 지지하나 신탁통치 부분은 반대한다”는 절충안을 냈으나 효과는 없었다.[40]

공산당의 박헌영은 1946년 1월 8일 외신기자 회견에서 조선에 대한 소련의 1국 신탁통치를 지지하며 앞으로 20년 안에 조선이 소련의 한 연방으로 편입되기를 희망한다고 말한 것이 『뉴욕타임스』(*NYT*)에 보도되어 물의를 일으켰다.[41] 1월 16일에 소집된 5당회의에서는 중재적 역할을 해온 인민당이 불참한 가운데 박헌영 회견발언에 대한 우익의 집중성토가 있었다. 결국 정당회의는 이날로 결렬됐다. 박헌영은 ‘민족통일전선과 망명정부에 대하여’라는 성명에서 “임정요원들은 왕가적·전제적·군주적 생활의 분위기에서 해탈하고 나와서 조선인민, 특히 근로대중과 필히 접촉하여 조선인의 새로운 공기를 호흡할 필요가 있다. 과거 수십년 간 망명생활중에 조선과 분리된 생활을 계속하던 사람들이 다시 국내에 와서도 그런 비민중적 생활의 노예가 되어 장래 조선의 지배자를 꿈꾸고 있는 것은 차마 못 볼 기현상”이라고 규탄했다.[42] 이것은 임정에 대한 공산당의 정식도전이었다.

5당회의가 결렬되자 임정은 1946년 1월 17일 비상국무회의를 열고 임정의 기본 방침대로 비상정치회의를 소집키로 의결했다. 이 결정에 따라 1월 20일 각계 대표 1명씩 21명을 소집하여 비상정치회의소집

---

40) 위의 책, p. 266.

41) 국사편찬위원회, 앞의 책, p. 799(『東亞日報』, 1946. 1. 17).

42) 한국사학회, 앞의 책 (II), p. 21.

을 위한 제1차 주비회를 열었다. 인민당과 공산당은 소집에 불응했다. 제3일자 회의(1월 23일)에서 임정계 좌파 김약산(김원봉)과 민족혁명당(성주식)·민족해방동맹(김성숙) 등 좌익계가 좌우대립에서 엄정중립을 지켜야 할 임정이 너무나 '우익편향화'됐다고 비난하는 성명을 내고 비상정치회의에서 탈퇴했다.[43]

그러나 한민당의 거중조정으로 김구의 비상정치회의와 이승만의 독촉중협이 협동하여 기존방침대로 '비상국민회의'를 소집키로 했다.[44] 비상국민회의에는 지도자 8명(이승만·김구·김규식·권동진·오세창·김창숙·조만식·홍명희)과 임정 의정원의원 14명(이시형·조성환·조소앙·장건상 등), 비상국민회의 준비위원 18명, 주요 정당대표 12명(공산당·인민당 포함), 종교단체 11명, 교육문화단체 7명, 13개 도대표 13명, 기타 사회단체 49명 등이 초청됐다. 그러나 1월 29일에는 공산당과 그 산하단체 전부, 2월 3일에는 장건상 등 좌파가 탈퇴했다.[45] 이리하여 비상국민회의에는 우익만이 남게 됐다.

비상국민회의는 1946년 2월 1일 명동 성당에서 초청대표 201명 중 우익인사 169명이 참석한 가운데 안재홍 사회로 진행됐다. 여기서는 과도정부 수립과 기타 필요한 긴급조치를 위해 최고정무위원회를 구성키고 하고 그 인선을 이승만·김구에 일임했다. 이승만과 김구는 각계 지도자와 정파대표 28명을 정무위원으로 선임했다.[46] 2월 8일에는 이승만의 독촉중협과 김구의 반탁총동위가 합쳐 '대한독립촉성국민회'(독촉국민회)를 결성했다.[47] 이처럼 이승만과 김구가 그들의 단체를 통합한 것은 두 우익영수의 결합일 뿐 아니라 남한 우익민족진영의 대동단

---

43) 국사편찬위원회, 앞의 책, pp. 896-898(『東亞日報』, 1946. 1. 24).
44) 宋南憲, 앞의 책 (II), p. 273.
45) 위의 책, p. 275.
46) 국사편찬위원회, 『資料大韓民國史 2』(서울: 탐구당, 1969), pp. 3-7(『朝鮮日報』, 1946. 2. 1-3).
47) 위의 책, p. 41(『朝鮮日報』, 1946. 2. 8).

결이었다. 이로써 우익은 잠정적이긴 하지만 일단 통합에 성공했다.

비상국민회 최고정무위원회는 1946년 2월 14일 미군정사령관 자문기관인 '남조선 대한민국대표 민주의원'(민주의원)으로 개편되어 군정의 입법기관 기능을 맡게 되었다. 민주의원의 의장은 이승만, 부의장은 김구, 김규식이었다.[48] 민주의원은 결의기관이 아니고 자문기관에 그침으로써 그 성격과 활동에 한계가 있었다.[49] 더구나 좌파가 전적으로 배제되고 중도파의 여운형·황남진이 사퇴하여 민주의원도 우익기구가 됐다. 이로써 남한의 총체적인 우익세력과 군정이 민주의원을 매개로 결합됐다.

그러나 우익과 군정의 관계가 순조롭지는 못했다. 임정측은 민주의원이 자문기관으로 격하된 것이 불만이었다. 공위를 앞두고 하지로부터 사퇴압력을 받아온 이승만이 제1차 공위가 개막된 1946년 3월 20일 의장직에서 물러나자 민주의원의 권위는 크게 약화됐다. 이승만 사퇴후 부의장 김규식이 민주의원 의장직을 대행했다.

임정의 통일전선운동이 실패하고 비상국민회와 독촉국민회가 우익의 대동단결을 가져오자 좌익이 그 대항조직으로 '민주주의 민족전선'(민민전)을 결성했다. 1946년 1월 19일 인민당과 공산당의 공동주최로 좌익의 26개 정당·단체대표자 60명이 참석하여 민민전 발기준비회의를 갖고 2월 15일 정식 발족했다. 이것은 처음에 여운형·허헌·박헌영·김약수·백남운 등 좌익지도자들에 의해 영도됐다.[50] 이로써 남한의 정치세력은 중간세력이 없는 좌우 두 세력으로 양극화됐다. 이런 분열은 1946년 3·1절 행사에서 여실히 드러났다. 이날 우익집회에는 10만, 좌익집회에는 1만 5,000이 집결하여 시가행진 끝에 유혈충돌을 빚었다.

---

48) 위의 책, p. 75(『東亞日報』, 1946. 2. 15).
49) 위의 책 (I), p. 281.
50) 위의 책, pp. 81-85(『서울신문』, 1946. 2. 15; 『朝鮮日報』, 1946. 2. 16-17).

3. 우익의 재분열: '단독정부론'과 '통일정부론'의 대립

제1차 미소공위(1946. 3. 20-1946. 5. 8)가 결렬된 후 남한에는 4개의 노선이 대립해 있었다. 그것은 이승만의 남한 단독정부론, 김구의 남북통일정부론, 중도파(여운형·김규식)의 좌우합작론, 공산당의 미국축출론 등이다.

김구는 당초부터 군정과 대립관계에 있었다. 이승만은 처음엔 군정과 우호관계에 있었으나 반탁운동을 계기로 사이가 벌어지다가 공위를 계기로 반목하기 시작하여 공위실패 후에는 노골적인 대립관계에 들어갔다. 당시 임정계와 중도파가 같은 통일정부를 구상하고 있었으나 김구는 민족지도자 간의 협상을 통한 자주적 통일을 주장하고, 중도파는 미소가 구상한 3상회의 모델의 통일정부를 추구했다. 이러한 상황에서 군정은 중도파의 편에 서서 좌우합작운동을 지원했다.

1) 이승만의 단독정부운동

제1차 미소공위가 지지부진하던 1946년 4월 6일 AP는 서울발 기사로 "미소공위가 진척되지 않을 경우 남쪽만이라도 단독정부를 수립할 계획이 군정 청안에서 검토되고 있다"고 보도했다.[51] 5월 8일 공위가 결렬되자 이승만은 중단했던 지방순회를 재개하여 6월 3일 정읍에서 그의 단독정부 구상을 밝혔다. 그는 연설에서 "우리는 남한만이라도 임시정부 혹은 위원회를 조직하여 38도선 이북에서 소련이 철퇴하도록 세계공론에 호소해야 될 것"이라고 말했다.[52]

---

51) 林建彦, 앞의 책, p. 68.

이승만의 단정론이 표면화되자 중도파는 좌우합작운동을 더욱 적극화했다. 이 운동은 1946년 5월 25일 우익의 민주의원을 대표하는 임정계의 김규식과 좌익의 민민전을 대표하는 인공계의 여운형 사이에 시작되어 하지의 지원 하에 추진되었다. 이승만의 단정운동은 한민당·조민당 등 보수우익을 기반으로 추진돼 나가면서 군정과 정면 대립했다. 이것은 이승만과 하지의 감정대립으로 발전됐다. 신임 미군정장관 러치 소장은 1946년 6월 11일 이승만의 단정론에 대해 미국은 이를 반대한다는 입장을 밝혔다.[53] 그러나 이때 이미 워싱턴에서는 미국의 세계정책이 전환되면서 미국의 기존 한국정책도 재고되기 시작했다.[54]

이승만은 6월 29일 독촉중협을 기초로 '민족통일총본부'(민통)를 결성했다. 민통의 총재는 이승만, 부총재는 김구가 맡고 우익지도자 대부분이 요직에 앉았다.[55] 민통 결성에 따라 독촉중협은 9월 7일 해체됐다. 이것은 단정운동의 단일화조치였다.

이때 하지는 합작운동을 지원하고 미소는 공위재개를 논의하고 있었다. 이승만은 이같은 일은 서울의 군정보다는 워싱턴의 국무성에 잠입해 있는 좌익분자의 획책 때문이라고 믿고 그 진원지를 분쇄해야 한다고 생각했다.[56] 이승만의 도미외교는 이런 불만 속에서 구상됐다. 이승만은 하지를 통해서는 단정수립이 불가능하다고 믿고 워싱턴에 가서 미국정부와 세계여론에 직접 호소하기로 했다. 이승만의 도미목표는 조선통일문제를 유엔에서 토의토록 하고 단독정부 수립을 승인토록 미국정부에 요청하는 데 있었다.[57]

---

52) 국사편찬위원회, 앞의 책 (2), p. 705(『서울신문』, 1946. 6. 4).
53) 위의 책, p. 740(『서울신문』, 1946. 6. 11).
54) 文昌周, 앞의 책, p. 259.
55) 국사편찬위원회, 앞의 책 (2), pp. 829-830(『서울신문』, 1946. 6. 30).
56) 韓太壽, 앞의 책, p. 84.
57) 宋南憲, 앞의 책, p. 340.

2) 김구의 반탁운동 재개

이승만이 도미하여 국내에 없고 제2차 공위가 열리려 하자 김구 중심의 우익세력은 반탁운동을 재개하여 통일정부운동의 세력강화를 서둘렀다. 1947년 1월 13일 민주의원·독촉국민회·민족통일총본부 등 우익단체 대표들은 김구의 경교장에서 신탁통치제도의 취소를 5대국(미·영·불·중·소) 정부에 요망하고 탁치실시를 준비하는 어떠한 기구와도 타협치 않을 것이라는 공동성명을 채택했다.[58] 1월 16일에는 다시 35개 우익단체 대표들이 공위참가 서명을 취소한다고 선언하고 좌우합작위원회가 민족분열을 유도한다는 이유로 이를 해체하라고 결의했다.[59]

반탁의 기세가 다시 전국적으로 확대되자 이에 대한 견제의 반작용도 강화됐다. 하지는 같은 날(47. 1. 16) "지나친 외세배격으로 독립을 지연시켜서는 안 된다"고 성명을 발표하고 "조선독립의 호기를 상실할 조선인들의 불온한 시위와 행동"을 자제하라고 요구했다.[60] 미국에 있는 이승만도 자기 부재중에 김구의 영향하에 우익의 단결이 강화되자 반탁시위를 중지하라고 요청하는 전문을 1월 16일 민주의원 앞으로 보냈다.[61]

그러나 반탁운동은 계속 확대돼 나갔다. 민주의원·독촉국민회·한민당 등에서도 계속 성명과 집회를 통해 반탁을 강조했다. 1947년 1월 24일에는 임정계 중심으로 우익세력의 '반탁투쟁위원회'(반탁투위)가 결성됐다. 이것은 한독당·한민당이 주축이 되고 민족통일총본부·독촉국민회·대한국민회가 참여한 조직이다. 반탁투위 고문엔 이

58) 위의 책, p. 342.
59) 국사편찬위원회, 『資料大韓民國史 3』(서울: 탐구당, 1971), pp. 80-84.
60) 위의 책, pp. 86-87(『京鄉新聞』, 1947. 1. 17).
61) 위의 책, p. 87.

승만, 위원장에 김구, 부위원장에 조성환·조소앙·김성수가 지명되는 등 김구의 임정계가 주력을 이루었다.[62]

다음날(1월 25일) 이승만은 미국에서 다시 단독정부론을 거론하여 "남조선 단독정부 구성이야말로 조선에 관한 국제문제, 특히 대소 관계를 귀국의 원조없이 해결하고 조선독립을 달성할 수 있는 길"이라고 설명했다. 2월 8일 독촉국민회는 1주년 기념식을 갖고 "우리는 대한민국 임시정부를 진정한 우리 정부로서 절대 지지한다"고 결의, 이승만의 단정론에 반대했다.[63] 민주의원은 1947년 2월 17일 김구의 제안으로 민족통일총본부·독촉국민회·비상국민회 등 3개 우익단체를 통합키로 하고 그 명칭을 '국민의회'로 결정했다.[64] 국민의회는 3월 3일 임정봉대를 결의하는 한편 임정을 확대 개편토록 건의했다. 이에 따라 임시정부 주석에 이승만, 부주석에 김구가 추대되고 국무위원을 교체한 다음 각 부장(장관) 선임을 주석단에 위임했다.[65] 국민의회는 9월 5일 제43차 임시회의를 끝내면서 남한 단독선거 반대를 결의했다.[66]

김구의 반탁운동이 지나치게 극우화·과격화하자 내분이 일기 시작했다. 독립노동당 대의원 일동을 포함하여 국민의회 일부 의원들은 한독당의 독주를 비난하고 탈퇴했다. 미국서 귀국한 이승만도 9월 6일 "임정주석 책임에 추대된 본인은 이를 감당치 못할 형편이므로 이를 사임하며 남한만이라도 총선거를 실시하여 국제적으로 발언권을 취득하자"는 성명을 발표하고 임정과 결별했다. 이시형(1869-1953)도 국민

---

62) 위의 책, pp. 121-122(『東亞』·『朝鮮』, 1947. 1. 26).

63) 宋南憲, 앞의 책 (II), p. 364.

64) 국사편찬위원회, 앞의 책, p. 281(『東亞』·『朝鮮』·『경향』·『서울』, 1947. 2. 18).

65) 국사편찬위원회, 앞의 책 (3), p. 364 (『東亞』·『朝鮮』, 1947. 3. 5) 및 宋南憲, 앞의 책, (I), p. 279.

66) 위의 책, pp. 323-324.

의회 43차회의(47. 9. 1-49. 9. 5) 결정에 불만을 품고 임정 국무위원과 의정원 의원직을 사퇴했다. 그래서 김구의 정파통합도 실패의 길을 걷게 됐다.

4. 이승만의 집권: 반탁단정론의 승리

방미외교를 마친 이승만은 상해를 거쳐 1947년 4월 21일 김포공항에 도착, 귀국했다. 그의 부재중에 임정봉대운동을 벌인 김구와 좌우합작의 김규식 등 정치적 경쟁자들도 출영했다. 이승만은 9월 23일의 귀국담화와 4월 27일의 귀국환영대회 연설에서 다음 세 가지를 밝혔다.[67)]

〈이승만의 도미외교 귀국연설 내용〉

(1) 트루먼의 연설(트루먼톡트린)로 미국의 한국정책은 변했다. 미국과 중국(장개석) 정부가 가능지역만의 선거(단정론)를 지지하고 있다.

(2) 따라서 김구의 임정법통론은 잠시 접어두고 남한에서만이라도 새로운 독립정부를 세워야 한다.

(3) 김규식의 좌우합작도 이미 의미를 잃었다.

이승만은 5월 8일에도 연설을 통해 "김구 등이 주장하는 임정추대론에 미혹되지 말고 나를 따라오기 바란다"고 말했다. 이같은 이승만의 두 차례 귀국연설을 통해 이승만은 김구와의 결별, 김규식에 대한 도전을 명백히 했다. 이것은 해방정국의 권력경쟁에서 이승만의 단정론이 중도파의 좌우합작론과 임정파 중심의 임정봉대론을 포

67) 林建彦, 앞의 책, p. 87 및 宋南建, 앞의 책 (II), pp. 350-351.

함한 모든 노선과 세력을 누르고 우월적 지위를 확보해 가고 있었음을 의미한다.

1) 미국정책의 변화

국내에서 좌우합작과 제2차 공위(47. 5. 27-47. 10. 20)가 실패하자 미국은 한국문제를 유엔을 통해 해결할 것을 고려하기 시작했다. 제2차 공위가 정체상태에서 들어가 미소협력을 통한 한국문제 해결을 기대할 수 없게 되자 미국은 1947년 8월 26일 미·영·중·소 4개국회의를 모스크바에서 열자고 제의했다. 중국과 영국은 이를 수락했으나 소련은 9월 4일 이를 거부했다. 거부 이유는 공위를 통한 해결 가능성이 전혀 없는 것이 아니고, 4개국회의는 모스크바 3상회의 협정에 없는 사항이며, 미국제안은 한반도를 영구히 분단하는 것이기 때문이라는 것이었다.[68]

이에 미국은 1947년 9월 17일 한국문제를 유엔에 제출했다. 유엔 일반위원회는 9월 21일 12대 2로 미국의 제안을 받아들이기로 결정했다.[69] 유엔소총회는 9월 23일 전체회의에서 일반위원회의 결의를 41대 6, 기권 6으로 가결하고 이 문제를 제1위원회에 보내 토의케 했다. 전체회의 결의내용은 다음과 같다.[70]

〈유엔 소총회 전체회의 결의〉

(1) 유엔 감시하에 남북한 총선거를 실시하여 정부를 수립한다.

---

68) 국사편찬위원회, 『資料大韓民國史 5』(서울: 탐구당, 1972), pp. 335-338(런던 8일발 UP朝鮮, 모스크바 8일발 AP합동, 모스크바 8일발 共立).

69) UN조선위원단 저, 林命三 역, 『UN조선위원단 보고서』(서울: 돌베개, 1984), pp. 15-16.

70) 국사편찬위원회, 앞의 책 (5), pp. 907-909(플러싱 24일발 UP조선·뉴욕 24일발 AP합동).

(2) 미국과 소련은 군대를 철수시킨다.

(3) 정부수립과 군대철수를 감시할 협의체로서 유엔 한국임시위원단을 설치한다.

제1위원회에서 소련은 먼저 미국과 소련이 군대를 철수하고 정부수립은 남북한 국민 자신이 해야한다는 내용의 반대결의안을 제출했다. 그러나 미국은 소련의 반대를 물리치고 원안에 약간의 수정을 거쳐 46 대 0, 기권 4로 제1위원회 통과에 성공했다. 총회 전체회의는 1947년 11월 13-14일 이틀간의 토의 끝에 제1위 결의안(미국안)을 가결했다.[71)]

유엔 임시한국위원단(한위)은 11개국으로 구성키로 했으나 우크라이나 등이 불참하여 8개국만이 참여했다.[72)] 한위는 1948년 1월 8일 서울에 도착했다. 임정계와 범좌익은 한위를 반대했다. 민족진영의 유엔개입 반대파들은 정당협의회를 구성하고 유엔결의 반대, 남북 정치지도자회의 개최를 제의했다. 그러나 우익 172개 정당·단체로 구성된 이승만의 독촉중협은 유엔결의를 지지했다. 한위는 1948년 1월 12일 덕수궁에 사무실을 설치하고 인도대표 메논을 임시의장으로 뽑았다. 그들은 미·소 군사령관 방문을 요청했으나 평양의 소련군 당국이 이를 거절하여 북한 입북은 이루어지지 않았다. 한위는 1월 26일부터 남한 지도자들의 의견을 차례로 청취하기 시작했다.

김구는 1948년 1월 26일 한독당을 대표하여 한위에 출두, 유엔결의가 한국의 자주권행사를 명시하지 않았다는 이유로 반대한다고 밝히고 다음 사항의 이행을 요구했다.[73)]

---

71) UN조선위원단, 앞의 책, pp. 16-23.

72) 한위 8개국은 필리핀·프랑스·인도·중국·시리아·엘살바도르·캐나다·오스트레일리아이다.

73) 국사편찬위원회, 앞의 책 (5), pp. 176-178(『서울신문』, 1948. 1. 29).

〈유엔 한위에 대한 김구의 요구사항〉

(1) 미국과 소련 진주군에 의한 군정의 종식과 동시철수, 양군철수 후 진공상태의 치안책임을 유엔이 맡고 남북의 군대·단체의 무장을 해체할 것.

(2) 남북 요인의 협의회를 개최하여 한국문제를 한인들 끼리 민족자결주의원칙에 따라 해결케 할 것.

(3) 남북협상 후 인민의 절대 자유의사에 의한 남북총선거를 실시하여 통일정부를 구성할 것.

(4) 통일정부 수립 후 국방군을 조직하고 조직이 끝나는 대로 유엔의 치안책임을 해제할 것.

김구는 유엔결의가 한국인의 자주권에 대한 침해일 뿐 아니라 소련의 동의를 얻지 못했기 때문에 남북이 분열될 위험이 있고, 유엔한위의 정부수립 간여는 한국에 대한 내정간섭이라고 비판했다.

김규식은 남북총선 실시에는 시간이 걸린다는 인식하에 유엔한위의 입북이 어려우면 모스크바에서라도 평양당국과 접촉해야 한다고 주장했다. 그는 한위가 단독선거를 해서는 안 되고 38도선 제거는 유엔이 아니라 미·소가 할 일이라고 보았다. 김규식은 단독선거는 북한을 영원히 소련의 위성국으로 만들어 그 영향이 남한에도 미친다고 생각했다. 그는 한국문제는 남북의 한인들이 자주적으로 결정해야 한다고 믿고 있었다. 김규식은 철군도 지지했지만 철군에 앞서 국군이 있어야 한다고 주장, '선 창군, 후 철군'을 강조했다.[74]

한위를 구성한 8개국은 조선에서의 정부수립에 관해 의견이 나뉘어 있었다. 중국·필리핀·엘살바도르는 미·소 조정가능성이 희박하다는 이유로 단정론을 지지했다. 프랑스도 여기에 소극적으로 동조했다. 오스트레일리아·캐나다·인도·시리아 4개국은 미·소를 조정하

74) 위의 책 (9), pp. 163-165 (『東亞』·『朝鮮』·『京鄕』·『서울』, 1948. 1. 28).

는 것이 한위의 임무이고 조선의 영구분할을 막아야 한다는 이유로 단정론에 반대했다.[75] 그러나 한위는 김일성과 소련이 한위의 북한활동을 거부하여 단정 이외의 다른 선택이 없다는 결론에 도달하여 메논보고서에 합의했다. 그 결과는 남한 단독정부 수립으로 귀착됐다. 한위는 1948년 2월 19일 메논 보고서를 유엔소총회에 제출했다. 소총회는 2월 26일 메논보고서의 가능지역 총선실시 여부를 한위에 위임했다. 한위는 1948년 3월 1일 남한의 단독정부수립을 위한 총선거를 5월 10일 실시키로 했다.[76] 입법의원도 2월 19일 가능지역만의 총선실시 결의안을 채택하여 단정쪽으로 기울어져 있었다.[77] 이로써 김구의 통일정부론은 내외의 대세에 밀려났다. 이것은 해방정국의 권력투쟁·건국방략에서 이승만이 미국의 지원하에 민족주의와 중도파를 누르고 이기고 있었음을 의미했다.

2) 임정계의 남북협상 실패

냉전이 심화되면서 미소대립이 격화되자 양국의 화해를 전제로 한 신탁통치는 불가능해졌다. 그것은 유엔에서의 가능지역 총선거실시 결정으로 나타났다. 이에 따라 같은 임정계인 김구와 김규식의 노선갈등도 해소됐다. 그들은 단독선거 반대, 남북협상 추진, 유엔활동 중지를 내걸고 김일성·김두봉 등 북한요인들과 서신교환을 시작했다. 그 결과 1948년 4월 19일 평양에서 열리는 남북정치요인 회담에 김구와 김규식이 참석키로 했다.

이승만은 김구와 김규식의 평양방문을 반대하는 입장이었다. 그러

75) 林建彦, 앞의 책, pp. 106-109.
76) 국사편찬위원회, 앞의 책, pp. 339-356(『東亞』·『朝鮮』·『京鄕』·『서울』, 1948. 2. 1).
77) 위의 책, pp. 326-328(立議 속기록 209호, 1948. 2. 19).

나 중국대사가 중국대사관에 마련한 3자회담 석상에서 이승만은 김구와 김규식의 요청을 받아들여 반대를 표면화하지 않기로 했다. 군정당국은 특히 김규식의 북행을 만류했다. 하지가 김규식을 신정부의 대통령으로 내정하고 있었기 때문이다. 그러나 김규식은 통일정부가 아니면 정계에서 은퇴하겠다고 선언하고 김구·조소앙·조완구의 뒤를 따라 평양으로 갔다.

그러나 이 회담이 실패하자 협상파는 분열되고 여론은 이승만의 단정론과 총선론으로 급선회했다. 그후 김구와 김규식은 정계에서 은퇴했다. 김규식은 5·10선거에 대해 '불반대·불참가'의 입장을 취했다. 이리하여 임정계와 협상파는 건국논쟁과 권력투쟁에서 탈락됐다. 그것은 곧 이승만과 그를 추종한 한민당의 승리를 의미했다.

3) 남한 단독정부의 수립

1948년 2월 26일의 유엔소총회 결의와 3월17일의 미군정법령 제17호 '국회의원 선거법'에 의해 유엔한위 감시 하에 가능지역 총선이 5월 10일 실시됐다. 5·10총선에서는 이승만의 독촉국민회 55명, 한민당 29명, 대동청년단 12명, 조선민주청년단 6명, 기타 정당·단체 13명, 무소속 85명 등이 당선되었다. 이같은 제헌국회 구성은 이승만의 단정론을 지지해온 친미우익세력이 남한의 정부수립에서 주도권을 잡게 됐음을 의미한다. 국회에서 이승만이 대통령, 이시형이 부통령에 당선되고 민족청년단(족청)의 이범석이 국무총리로 선임됐다.

미국은 김규식을 집권케 하려는 기존 방향대로 그를 5·10선거에 참여시키려 했으나 김규식의 불응으로 실패, 이승만의 집권을 묵인할 수밖에 없었다.[78]

내각구성에서 이승만은 한민당의 천거를 외면하고 한민당에서 재

78) 宋南憲, 앞의 책 (II), p. 564.

무장관 김도연, 법무장관 이인만을 임명했다. 이승만을 충실히 지지해 온 한민당은 이승만과 결별키로 하고 1949년 2월10일 신익희·지청천이 지도하던 '대한민국당'과 합당하여 '민주국민당'(민국당)으로 발족, 야당의 길을 걷기로 했다.

해방 3년은 남한의 정치적 운명을 결정한 시기다. 이 기간중 우익은 반탁·단정 등 남한의 정치문제 결정에 주도적인 역할을 했다. 해방정국에서 가장 큰 정치적 결정권을 가진 세력은 미국이었다. 이 권력은 군정과 국무성을 통해 행사됐다. 군정은 중도파의 인공중심론과 한민당의 임정봉대론을 모두 거부하고 정치적 권위를 독점했다. 미국은 좌우익의 대결에서는 우익을 지원했고 정부수립 과정에서는 한때 김규식의 좌우합작에 의한 모스크바 3상회의 구상과 통일정부론을 지지했으나 결국 이승만의 단독정부론으로 선회했다. 그 결과 이승만 중심의 친미 우익세력에 의한 남한 단독정부수립으로 귀착됐다. 이로써 이승만은 건국방략과 권력투쟁에서 최후의 승자가 됐다. 이승만의 승리는 그의 현실주의적인 정세판단과 강력한 국내기반을 가진 토착우익세력 한민당의 지원, 독립운동 과정에서 축조된 그의 카리스마적인 권위, 그리고 미국의 세계정책 전환에 따른 미국정부의 지원으로 가능했다.

이승만의 보수우익 승리는 세 가지 점에서 한국정치에서 중요한 의미를 갖는다. 첫째는 남북협상의 포기와 분단의 고착이고, 둘째는 분단후 남한에서 친미우익노선의 단독정부가 수립된 점, 셋째 남한을 세계자본주의 체제에 편입시킴으로써 국제 우익의 일원이 되게 한 점이다. 이승만의 동맹세력이었던 한민당은 민족자본가 세력으로 자본주의를 추구했고 미국은 자본주의의 중심세력이었다. 이 두 세력은 군정을 통해 매개되는 이승만을 통해 결합되어 건국 후 한국을 세계자본주의 체제에 접합시켰다.

당시로서는 남북통일정부 구성이 현실적으로 어려운 과제이기는 했지만 전혀 불가능한 것도 아니었다. 당초 소련이 신탁통치와 미소공위에 동의한 것은 분단을 막을 개연성이 있었음을 의미한다. 남한에서보다는 북한의 김일성이 단독정부 구성을 앞질러 서둔 것은 사실이나 이승만과 한민당은 좌우합작·남북협상에 최선을 다하지 않았고 분단을 전제로 한 단정론을 너무나 노골적으로 추구했다. 이것은 분단책임을 면할 수 없다는 비판을 자초했다. 그들은 국가건설 과정에서의 권력투쟁과 단정관철 과정에서 미국의 지원에 너무나 의존하여 건국 후에도 미국의 영향력을 벗어날 수 없었기 때문에 자주성 확보에 문제가 있었다는 것도 간과될 수 없다.

제3장

미군정과 중도 민족세력의 좌우통합운동

김 용 욱

1945년 8월 연합국에 대한 일본의 항복으로 일본의 식민통치가 한반도에서 끝나고 이에 대신해서 한반도의 북위 38도선 이남에 진주한 미군에 의하여 48년 8월까지 3년 간의 점령통치가 실시되었다. 이 기간에 한국인들은 미군정의 규제를 받으면서 정치활동을 전개하였는데 당시 좌와 우의 정당 정치세력 간의 정치적 갈등과 소용돌이 속에서 좌우를 탕평하고 접근시켜 통일정부를 세우려는 노력이 이른바 중도세력에 의해 경주되었다. 이 중도세력의 위상과 역할이 어떠했는가를 설명하고자 하는 것이 이글의 목적이다. 이러한 문제에 대한 접근방법에는 여러 차원이 있겠으나 필자는 먼저 중도세력을 포함한 모든 정당의 활동을 규제했던 미군정의 성격, 그리고 군정하에서 각축을 벌였던 주요 정당세력의 활동과 그들 지도자들의 이데올로기 성향을 당시의 정치적 이슈와 관련해서 살펴보고 특히 좌우대결의 양극적 상황 속에서 전개된 좌우합작운동을 재조명하고자 한다.

1. 미·소 간의 민족분할과 미군정의 성격

미군정에 대한 논의는 그러한 군정이 들어서기까지의 민족공동체의 분할(한반도의 분단)에 대한 미·소 양국의 정책에 대한 인식에서 출발해야 할 것이다.

한민족공동체에 대한 분할 내지 분단에 대한 논의는 2차 대전 중에 미·소가 처음 논의한 것이 아니라 한반도의 대륙과 해양 간의 육교적인 위치 때문에 인접국가 간에 세력균형적 차원에서 역사적으로 자주 있어왔다.

최초의 분할논의는 1593년 임진전쟁 때 일본의 풍신수길(豊臣秀吉)이 明의 화평사절 사용재(謝用梓)와 서일귀(徐一貫) 일행을 맞이하여 제안한 화평안의 7개 항목 중에서 그 제4항목에 해당되는 것으로, 그것은 조선의 8도(道) 중에서 한강 이북의 4도는 조선왕에게 반환해 주고 그 이남은 일본이 지배한다는 내용이다.[1] 또 조선조 말에 와서 청일전쟁이 일어나기 직전에 1894년 영국의 킴벌리(Kimberley) 외상은 이 지역에서의 자국의 무역의 안전을 위해 중재안으로 청일 양측에 평양 이남북을 경계로 한반도 분할을 제기한 바도 있다. 또 1896년 일본의 야마카타(山縣有朋)가 러시아의 로바노프(Lobanov) 외상에게 제의한 대동강과 원산을 잇는 북위 39도선에 의한 분할요구나, 1903년 주일 러시아공사 로젠(Rosen)이 일본에게 만주는 러시아의 배타적 세력범위로 하고 북위 39도선 이북의 한반도지역은 중립(中立)지대로 설정하며, 그대신 39도선 이남은 일본의 정치적·경제적 우월권을 인정해 준다는 제의는 각기 상대국의 거부로 좌절되었지만 이러

1) 盧啓鉉, "韓國分割案에 관한 歷史的 考察", 『대한국제법학회 논총』 13호(1963), pp. 7-18.

한 내용들은 명백한 분할시도의 사례들이다.[2)]

이와 같이 인접강대국에 의한 한민족공동체에 대한 분할논의는 역사성이 있지만 그것이 하나의 현실로 한민족에게 굴레로 씌어진 것은 일제식민통치로부터 벗어난 전후 한민족 자신의 의지와는 상관없이 미·소에 의하여 주도되었다. 종래 학계에서 한반도 분할을 논의할 때, 국제권력정치의 패권주의나 제국주의적 행태에 관대한 입장에서는 분할이 대일전을 수행하기 위한 미·소 간의 군사작전상의 필요에 의한 것이라고 단정하고[3)] 1945년 8월 15일 태평양지역 연합군 최고사령관 맥아더(Douglas MacArthur)가 일반명령 제1호로 발표한 바 있는 38도선 이북은 소련군이, 그 이남은 미군이 각기 일본군의 항복을 접수하기로 했다는 내용을 내세우고 있다. 이러한 작전상의 분할에 대한 미·소 간의 사전협의는 1945년 7월 포츠담회담에서 소련이 대일참전을 전제로 해서 미·소의 해군과 공군의 작전범위를 일본의 동북부로부터 한반도의 북단(北端)을 연결하는 선에서 서로 분담할 것을 협의한 사실이 국방관계 막료 간에 있었다는 것도 사실이며 또 당시 미 육군참모총장 마셜(George C. Marshall)이 그의 작전국장 헐(John E. Hull) 중장과 러스크 대령의 권고를 받아 분할 이남지역에 인천항과 부산항을 포함시키는 서울 북방의 지대를 분할선으로 고려했다는 견해도 있다.[4)]

---

2) 辛容淑, "韓國獨立을 圍繞한 美國外交政策硏究", 『대한국제법학회 논총』 제9호(1959), pp. 29-30.

문희수, "청일전쟁과 한국의 북방관계", 『韓國北方關係의 政治外交史的再照明』 (서울: 평민사, 1990), pp. 110-111.

이창훈, "청일전쟁 후 한국문제를 둘러싼 국제관계(1895-1898)", 한국정치외교사학회 편, 『한국외교사 I』 (서울: 집문당, 1995), pp. 275-276.

신용하, "한반도에서의 열강의 이권획득외교", 위의 책, p. 318.

3) 盧啓鉉, 앞의 논문, pp. 19-21.

김학준, "해방과 분단", 이우진·김성주 공편, 『현대한국정치론』 (서울: 사회비평사, 1996), pp. 32-39.

4) 鄭鎔碩, 『美國의 對韓政策』(서울: 일조각, 1976), pp. 131-133.

또 그 뒤 1945년 8월 8일 소련의 대일참전이 이루어지자 미국무성 및 육·해군 합동조정위원회(State-War-Navy Coordinating Committee)가 한반도의 북위 38도선을 경계로 미·소 양군이 군사작전을 분담할 것을 확정했다는 주장도 있다.[5] 그러나 엄격히 따지고 보면, 분할은 단순한 군사작전상의 차원이 아니라 미국의 국가이익을 고려한 최고결정권자인 트루먼 대통령의 프래그머틱한 정치적 결단이며 소련과의 바게인의 산물이다. 당시 미국무성은 가능한 한 한반도의 더 북쪽에서 일본군의 항복접수를 희망했고 모스크바에 있던 소련주재 미국대사 해리만(Averell Harriman)과 미특사 폴리(Edwin W. Pauley)는 소련의 전후 이 지역에 대한 야심을 탐지하고 트루먼에게 한반도 전역과 만주지역을 미국이 먼저 점령할 것을 타전했지만 당시 미군의 주력부대가 필리핀 지역에서 북상중에 있었으므로 그러한 요구에 응하기가 어려웠다. 그리고 보다 결정적인 분할점령의 동기는 트루먼 대통령이 회고록에서 밝혔듯이 소련의 협력(참전)을 받아 전쟁을 속히 종결시켜, 미국측의 인적·물적 희생을 경감시키려는 정치적 의지에 있었다고 본다.[6] 이러한 논리에 선다면 적어도 트루먼이 전후 이 지역에 대한 소련의 권익을 암암리에 어느 정도 사전에 보장해 주었거나 아니면 그러한 요구를 예상하면서 분할결정에 임했을 것이다.

더욱이 한반도 분할이 단순한 군사작전상의 분할이 아니었음은 트루먼의 전임자 루스벨트의 의도에서 찾아볼 수 있다. 그는 1945년 2월 얄타회담에서 한반도를 미·소·영·중 4개국이 20년 내지 30년간을 신탁통치하자고 스탈린과 처칠에게 제안했다. 여기에서 미국이 종전 후 한민족에게 독립을 부여하지 않고 강대국끼리 공동지배하거나 상황에 따라서 분할해서 지배하려는 의도를 가지고 있었음을 인지할

---

5) 鄭基東, "韓半島分斷의 史的 背景과 그 過程", 『統一問題論文集』제3집(원광대학교 통일문제연구소, 1984), pp. 51-72.

6) Harry S. Truman, *Memoirs: Years of Decisions*, Vol. I (Garden City, 1956), pp. 383, 433.

수 있다. 특히 신탁통치문제는 얄타회담이 있기 2년 전 1943년 3월 루스벨트와 영국외상 '이든' 간의 워싱턴회담에서도 논의된 바 있었고 동년 11월 27일 루스벨트 · 스탈린 · 장개석 간의 카이로선언에서 "한국인에게 적절한 시기에"(*in due course*) 독립을 허용한다는 내용에도 함축되어 있는 것이다.[7] 또 이러한 일관된 미국의 정책은 미군정이 실시된 3개월 후인 1945년 12월 미 · 영 · 소 3개국의 모스크바 외상회의에서 5년간의 한반도 신탁통치(Trusteeship)를 결정함으로써 거듭 확인되었다. 이와 같이 한국의 미독립(未獨立), 강대국의 점령을 의미하는 미군정의 예정은 미국의 전중 · 전후의 일관성있는 미국의 한반도 정책의 필연적인 산물이다.

미국의 전중 · 전후 정책이 한반도분단의 요인이었다는 입장과는 달리, 분단의 주된 요인이 소련의 한반도정책이라는 논의도 있다. 제2차 대전중이나 전후에 소련이 한반도를 동유럽지역과 동일하게 이념적으로나 지정학적(地政學的)으로 중요지역으로 평가하여, 이 지역을 추축국(樞軸國)으로부터 해방시킨 후 공산당이 이끄는 사회주의 위성국으로 만드는 계획을 적극적이고 체계적으로 실천에 옮겼다는 주장이다.[8]

한편 소련측의 홋카이도(北海道) 북쪽지역에서의 일본영토의 분할점령요구를 미국이 거절하고 그 대신 한반도 분할을 배려해 주었다는 주장도 있다.[9] 이러한 여러 주장과 입장을 평가할 때, 한반도의 분단이 단지 군사적 편의주의에 기인한 것이 아니며, 미국의 일관된 의도와 미 · 소 양국의 정치적 이해관계의 타협의 결과로 인지된다.

---

7) Harry S. Truman, *Memoirs: Year of Trial and Hope*, Vol. II (New York: Doubleday Company, Inc., 1956), p. 360.

8) 이우진, "미국의 한국점령정책", 이우진 · 김성주 공편, 『현대 한국정치론』, pp. 93, 94.

9) 李東炫, "연합국의 전시외교와 한국", 한국정치외교사학회 편, 『한국외교사 II』(서울: 집문당, 1995), pp. 267, 268.
Paul C., MaGrath, "U. S. Army in Korea Conflict," Manuscript, RG 407 NA.

이상의 논의가 미군정이 남한지역에 들어서게 된 미국의 정책배경이고 미군정의 성격은 점령통치의 실시과정에서 잘 드러났다.

남한에 진주한 미 24군단장 '하지' 중장은 1945년 9월 2일 군정실시를 포고한 뒤 한국인의 민족감정이나 열망은 전혀 의식하지 않고 지배의 편의상 일본식민통지의 잔재를 그대로 계승하려 했다. 예컨대 조선총독부의 일인(日人) 고위관리를 고문으로 임명하고 조선총독부의 한국인 관리를 대거 기용하였다. 9월 14일 하지 중장 휘하의 아놀드 군정장관은 일인 경찰관을 포함한 조선총독부의 경찰관으로 하여금 전국의 치안을 담당케 한다는 성명을 냈으며 해방직후 자원해서 치안임무를 맡았던 건국준비위원회 치안대의 존재를 인정하지 않았다. 뿐만 아니라 미군정청은 그들이 "인민의 인민을 위한 인민에 의한 민주주의 정부를 건설하기까지의 과도기간에 있어서의 38도선 이남의 한국전역을 통치·지도·지배하는 연합국사령관 아래에서 미군이 설립한 임시정부"라고 선언하면서, 이미 여운형 등의 국내의 진보적 민족세력이 주도해서 만든 건국준비위원회(建準으로 약칭)를 "막간극을 연출하는 괴뢰집단"으로 몰아붙이고 상해임시정부의 정부자격도 인정치 않았을 뿐만 아니라 임정요인의 귀국도 몇 패로 나누어 개인자격으로 귀국케 하여 일본의 식민통치가 철거된 후의 한국인의 정치적 통합과 네이션빌딩의 형성을 가로막았다.

거기다가 미군정당국은 한국인 셋만 모이면 정당을 만들 수 있는 정당법을 만들어 실시했으며[10] 전투적이고 혁명적인 극좌세력까지도 정치활동을 허용하여 해방 이후의 정국을 정치열풍이 휘몰아치는 만인 대 만인의 투쟁상태로 만들었다. 또한 해방 후 민(民)의 요구와 배분적 정의가 치열하게 강조되는 시절에 미군정은 일제가 남기고 간

---

10) 美軍政法令 제55호(1946. 2. 23): 政黨에 관한 規則 第1條, 정당의 등록에 관한 내용. 吳蘇白, 『韓國 100年史, 1880-1983』(서울: 韓國弘報硏究所, 1983), pp. 614-615.

적산(敵産)의 처분 등 각종 경제적 특혜를 그들을 추종하는 과거 친일부역계층에게 주어 일제식민지 압제에 시달렸던 한국인들에게 실망과 분노를 안겨주었다.

미군정은 그 초기의 무능과 실정을 타개하기 위해서 후반기에는 미군정장관제(美軍政長官制) 이외에 행정책임을 떠맡는 한국인 민정장관제를 두었고 남조선 과도정부의 입법의원을 창설하여[11] 한국인의 의사를 수렴한다는 정책을 표방하였지만 기실 그것은 군정의 정치적 입지를 강화하기 위한 수단에 불과했다. 입법의원의 구성에 있어서도 그 구성원 90명 중에서도 반은 도별로 제한된 유산층에 의한 간접선거에 의해 선출했고, 그 나머지 반은 하지 중장이 지명한 관선의원이었다. 입법의원의 결의도 그 효력이 군정장관의 동의가 있어야만 했다는 사실은 입법의원이 한국인의 잠재적인 통합구심점으로 역할을 하기에는 대표성이 결여되었음을 증거하는 것이다.

남한에 진주한 미군의 행정능력을 보면, 전후 일본의 점령통치를 담당했던 미군과 비교할 때 매우 수준이 낮았다. 군행정요원의 대부분이 행정을 해본 경험이 없는 하급장교였으며 군정청의 국장급으로 보직된 장교의 계급이 대위, 소령 정도였으며 실무책임자인 과장급은 중위 정도였다. 더욱이 이들 가운데는 정규사관학교를 나왔거나 정규대학을 졸업한 자가 드물었고 전시에 급히 동원된 예비역 장교들이었다.[12] 이는 미국이 종전을 앞두고 일본의 점령통치에 대비하여 군정요원을 엄선해서 양성한 것과는 대조적이다. 따라서 미군정의 실질적인 행정실무는 전직 조선총독부 하급관리가 재기용되어 담당했으며 군정당국은 이들을 통해서 대민(對民) 정보도 수집했다.

또한 미군정은 미군행정요원의 대민관계 업무의 편의상 통역관제

---

11) 美軍政法令 제118호(1946. 10. 20); "朝鮮過渡立去議院의 創設", 『韓國100年史』, pp. 634-635.

12) 陳德奎, "美軍政의 政治史的 인식", 『解放前後史의 認識』(서울: 한길사, 1980), p. 45.

도를 두었는데, 이들 통역관 중에는 미국유학을 한 유능한 사람들도 있었으나 대부분이 종교나 사업관계로 미국인들과 접촉을 가졌던 사람들이었고 하위직 통역관의 대부분은 자질이 부족하여 지위상승의 가능성이 없었던 처지였으므로 이권에 몰두하여 부정부패에 쉽사리 연루되었고 이른바 통역정치가 미군정기의 큰 정치적·사회적 문제로 대두되었다.[13)]

한편 미군정기간에 고위행정책임자로 발탁된 한국인의 경우에 있어서도 그 대부분이 미국유학자나 기독교인들로서, 친일적이었거나 일제식민통치에 적극적으로 저항하지 않았던 계층출신이었으므로 일제유산의 과감한 청산이나 급진적인 사회개혁에는 부정적이었고 기득권에 안주하는 보수성향을 드러냈다. 이것이 폭력을 통해 사회변혁과 체제전복을 기도하는 극좌 공산당과는 물론 평화적이고 점진적인 사회개혁을 바라는 중도 민족세력이나 진보세력과 갈등하는 요인이 되었다. 이러한 갈등 속에서 미군정은 후기에 와서는 무계획한 자유방임적 '백가제방적'(百家濟放的) 정치상황을 계속 방치할 수 없었으며 자체유지를 위해서 친일보수세력과 더욱 밀착해 갔다. 당시 점령군사령관 하지 중장은 우익지도자 이승만과 외견상 갈등관계에 있었던 것처럼 보였으나, 군정 말기에 이승만이 벌였던 남한만의 단독정부 수립운동이 성공할 수 있었던 것은 기존 친일보수세력과 군정당국이 이승만에 대한 지지로 돌아섰기 때문에 가능했다.

2. 군정하의 주요 정당의 노선

미군정청에 신고된 남한 내 정당이 1945년 10월 현재 54개, 1946년 6월에 107개, 1년 후에는 344개로 증가될 정도로 정당이 난립했으

13) 陳德奎, 앞의 글, p. 46.

나[14] 미군정 3년 동안 중요한 정치적 이슈나 사건과 관련해서 정국에 큰 변수로 작용한 정당·정파는 6개 정도로 파악되며 그들 정치노선, 즉 이데올로기 성향은 중요한 정치이슈와 사건에서 보여준 정책에서 드러났으며 정당 상호 간의 관계 및 미군정과의 관계에서 그들의 정치적 위상과 이데올로기상의 스펙트럼이 형성되었다. 극우에서 극좌에 이르기까지 분류될 수 있는 정당들은 극우의 한국민주당(韓國民主黨), 온건우파의 한국독립당(韓國獨立黨), 온건좌파의 조선인민당(朝鮮人民黨: 근로인민당으로 개편), 극좌파의 공산당(共産黨: 후에 남조선노동당으로 개칭) 등 4개의 정당이며[15] 여기에 정당 간의 갈등을 중재하기 위하여 등장했던 좌우합작세력의 주축이 된 정당·사회단체의 연합체적 성격을 지닌 민족자주연맹(民族自主聯盟) 그리고 이들보다는 훨씬 이전에 결성되었던 이승만이 주도한 대한독립촉성국민회(大韓獨立促成國民會)가 상호견제와 갈등관계에 있었다.

해방 직후 정국에서 최초의 정치적 이니셔티브를 취한 정치세력은 온건좌파의 여운형이 주도한 건국준비위원회(建國準備委員會: 이하 '건준'으로 약칭)이었다. 여운형은 종전 1년여 전부터 일본의 패색을 관망하면서 그의 추종세력들과 건국동맹(建國同盟)이라는 지하조직을 결성하고 있다가 조선총독부 정무총감 엔도 류사쿠(遠藤柳作)의 정권인수 교섭을 받고 건국동맹을 기반으로 하여 '건준'을 구성했다. 건준은 선언문(1945. 8. 17)에서 국내의 "진보적 민주주의 세력을 집결하기 위하여 각계 각층에 완전히 개방된 통일기관"이며 "모든 반민주주의적 반동세력에 대한 대중적 투쟁"이 요청됨을 강조하면서 "조선 전민족의 총의를 대표"하는 새 정권을 확립하기 위한 산파적 사명을

---

14) Grand E. Meade, *American Military Government in Korea* (New York: King's Crown Press. 1951), p. 54.

15) Yong-Dae Jung, *Partein und Politische Entwicklung Süd Koreas* (Peter Lang Frankfurt am Main, 1988), p. 388.

자임하였다.[16] 건준의 중심세력은 건국동맹이었지만 여기에는 안재홍을 중심으로 한 진보적 민족주의세력, 이영·최익한·강진 등의 '장안파' 공산주의 세력과 박헌영·이강국 등의 재건파 공산주의 세력까지도 참여하여, 중도민족세력과 좌파세력의 연합전선적 성격을 띠었다. 건준이 여운형에 의하여 주도되었지만 그 내부에서 좌파세력이 큰 비중을 차지했으므로 우파의 눈에는 건준이 "좌파가 독주"하는 집단으로 비쳐져 건준을 배척하였다. 그러나 한때 건준 결성 직후 김병로·백관수·이인 등의 일부 우익 인사들이 건준부위원장 안재홍 등과 협의하여 건준을 전국민의 총의를 대변하는 조직으로 확대시킬 것을 계획했으나 건준 내의 좌파계열의 반대로 좌절되었다. 또 건준 서울지부 결성시에 일부 좌파계열의 간부들이 여운형 위원장 등과 사전협의를 거치지 않고 추진한 것이 건준의 내분을 일으켜 당시 안재홍 등의 민족계열이 탈퇴하여 이후 건준의 정치력은 위축되었다.

건준은 1945년 9월 6일 여운형계 건준세력과 박헌영을 중심으로 한 공산주의자들이 주도하여 이른바 조선인민공화국(朝鮮人民共和國: 이하 '인공'으로 약칭)을 수립함으로써 다음날 발전적으로 해체되었다. 인공의 실세는 박헌영을 중심으로 한 공산주의자들로서, 이들은 그들의 '간판스타'로 여운형을 부주석으로 내세웠다. 이들이 인공을 급조한 것은 1945년 9월 8일 미군이 인천에 상륙한다는 정부를 입수하고서 미군진주 이후 한국의 자생적인 정부로써 인정받기 위한 의도에서였고 그것이 여의치 않을 경우, 그 조직과 명분을 갖고 과감한 정치투쟁을 벌일 수 있다는 계산이 작용하였다. 여운형 자신도 "비상한 때에는 비상한 인물들이 비상한 방법으로 일을 하지 않으면 안 된다."[17] "혁명가는

16) 中央選擧管理委員會, 『大韓民國政黨史』(서울: 寶晋齊, 1968), p. 108.
17) 심지연, "해방정국에서의 주도권 논쟁", 『해방정국논쟁사 I』(한울총서 57, 1986), p. 28.
民戰事務局 編, 『朝鮮解放年報』(文友印書館, 1946), p. 86.

먼저 정부를 조직하고 그 뒤에 가서 인민의 승인을 받을 수 있다. 급격한 변화가 있을 과도기에 비상조치로 생긴 것이 인민공화국이다"라는 소신발언으로 인공의 급조와 일방적인 정부수립을 정당화하려 했다.[18] 여운형은 자신의 정치적 역량을 과신하여 공산주의자들과 연합하여 결국 우익으로부터의 격렬한 반대를 초래했고 한편으로는 공산당의 정략에 휘말려 이후 여운형의 정치적 입지는 큰 타격을 입었다.

특히 인공이 급조한 조각(組閣)명단을 보면, 당시의 상황을 짐작할 수 있다. 인공의 주석에 이승만(李承晩), 내무에 김구(金九), 외무에 김규식(金奎植), 재무에 조만식, 문교에 김성수 하는 식으로, 국내외의 저명 지도자들을 거명하였지만, 그들 가운데는 아직 해외에서 귀국하지 않은 인사도 있었고 그들의 수락도 받지 않은 경우도 있었으며 부주석에 여운형(呂運亨), 국무총리에 허헌(許憲), 서기장에 이강국(李康國), 법제국장에 최익한, 기획부장에 정백 등으로 구성하여 실권을 장악했다. 특히 내각의 모든 부서는 '대리'(副相)라는 명칭으로 극좌익인사들을 임명하였던 것은 바로 조각의 당파성과 허구성을 드러낸 것이다.[19] 인공의 이러한 움직임에 대해서 10월 10일 미군정장관 아놀드 소장은 "고관대작을 잠칭하는 자들"의 "흥행가치조차 의심할 만한 괴뢰극"이라고 규정하고 38도선 이남의 조선땅에는 미군정부가 있을 뿐이라고 성명하였다. 10월 16일에는 하지 미점령군사령관도 인공을 공식적으로 부인했다.

당시 인공에 가장 극렬하게 반대했던 정당은 한국민주당이었다. 한민당은 인공이 선포되는 날 인공에 대항하기 위하여 우익세력이 중심되어 당 발기회를 갖고 즉각 인공타도를 결의할 정도로 반(反)인공적이었다. 그것은 당 지도층의 대부분이 일제때 친일한 대지주, 기업

---

18) 李東華, "8·15를 전후한 呂運亨의 政治活動", 『해방전후사의 인식』(서울: 한길사, 1980), p. 355.

19) Gregory Henderson, *Korea: The Politics of Vortex* (Cambridge: Harvard University Press, 1968), p. 119.

인, 조선총독부의 관리나 사회유지로서 이른바 기득권을 유지하면서 급진적이고 혁명적인 사회변혁을 혐오하는 친일 부르주아 세력이었기 때문이다.[20] 특히 이들의 지도자인 송진우, 김성수 등은 인공배격과 동시에 상해임시정부의 정통성을 주장하고 그 옹립을 선언하였다. 이들의 깊은 의도는 8·15 이전의 그들의 일제와의 타협적인 행적과 과거의 이미지를 임정의 항일독립투쟁의 이미지로 희석시키고 임정에 편승 의존해 보려는 데 있었던 것으로 생각된다. 실제, 한민당계의 김준연, 서상일, 강병순, 장택상 등이 주동이 되어 국민대회준비회를 결성하고서, 한민당(송진우·김병로·원세훈 등), 국민당(안재홍·백홍균 등)과 심지어는 장안파 공산당(이영·최익한·황욱 등)까지 끌어들여 3당이 1945년 11월 24일 동아일보사에서 연석회의를 갖고 임정지지를 결의했으며, 동년 12월 19일에는 한민당은 임정정부요인을 위해 '환국지사후원회'를 만들어 재정적으로 뒷받침했고, '임시정부개선 전국환영대회'를 개최할 정도로 임정에 밀착했다.[21]

그러나 그후 미군정이 '인공'은 물론 '임정'의 정통성도 인정치 않자, 한민당은 애초의 태도를 바꾸어 기득권을 유지하기 위해 군정에 적극 참여하여 일제나 일인이 남기고 간 토지, 건물, 공장 등을 불하받는 각종 특혜를 누렸으며 미군정 후반에 좌우갈등이 격화되자 이번에는 이승만 등의 우익주도의 남한만의 단독정부 수립운동에 나설 정도로 정치적으로 기회포착과 굴절에 능한 한국의 보수세력이었다.

한국민주당의 우익노선에 맹렬하게 대항했던 극좌노선은 앞서 논의한 인공을 주도했던 조선공산당이었다. 조선공산당은 1925년 4월 창립 이후 오랜 기간 반제항일투쟁을 전개했다. 1927년에는 국내에서 일

---

20) 金玟河, 『韓國政黨政治論』(서울: 大旺社, 1983), p. 49.

21) 심지연, "해방정국에서의 주도권 논쟁", 김영국 외 『한국정치사상』(서울: 박영사), 1991. pp. 334, 335.
仁村紀念會, 『仁村 金性洙 傳』(인촌기념회, 1976), p. 485.

시 민족진영과 합동해서 '신간회'를 결성했으며 일제 때 그들의 항일 지하투쟁은 소련공산당의 지원과 연안의 독립동맹의 연계 속에서 이루어졌다. 그러나 전쟁 말기에 일제의 극심한 탄압에 의하여 조선공산당은 거의 해체상태에 있었다가 해방 이후 1945년 9월 12일 박헌영에 의하여 재결성되었다. 이들은 해방정국에서 노동자, 농민, 도시빈민 인텔리겐챠의 정치적·경제적·사회적 이익을 위한 급진적 개혁을 표방하면서 이른바 '혁명적 민주주의적 인민정부', 즉 공산정권의 수립을 획책하였다.[22] 이후 이들 지도자 박헌영은 1946년 7월 29일 북한지역의 북조선노동당 결성에 보조를 맞추기 위해, 동년 11월 23일 온건좌파인 조선인민당을 해체하였으며 신민당을 흡수하여 조선공산당을 남조선노동당(약칭 '南勞黨')으로 개칭하였다. 이후 남로당이 남한의 각계 각층에 침투하여 군정과 우익노선에 반대하고 폭동과 파업을 조장·선동하자 미군정은 당간부를 체포하고 당을 불법화시켰다. 미군정 말기에는 남한에서의 지하투쟁이 더이상 불가능하게 되자 박헌영, 이강국 등 일부 간부들은 38도선을 넘어 북조선노동당에 합류하였다.

극좌의 남로당과 극우의 한민당이 대립갈등하는 양극적 갈등정국 속에서 어떠한 국제권력과도 연대하지 않고 순수한 민족세력으로 위상을 견지했던 정치세력은 한국독립당이었다. 한독당은 이데올로기에 집착하기보다는 일종의 항일지사적 신조에 충실했던 온건우파 정당이었다. 당의 주축은 김구를 중심으로 한 상해임정세력이었다. 이들은 오랜 항일투쟁 과정에서 반외세와 자주정신이 체질화되었다. 미군정이 임정의 정통성을 부인하자 그러한 반외세지향성이 더욱 강화되었다.[23]

---

22) 中央選擧管理委員會, 앞의 책, p. 122.

23) 미군정의 임시정부 정통성 부인은 미국정부의 기본정책이었다. 예상과는 다르게 빨리 일본이 패망하여 임정의 참전준비가 허사로 돌아가자 장래 한반도문제에 대한 국제적 협상에서 자신들의 발언권이 약해질 것을 우려한 김구(金九)는 귀국에 앞서 1945년 9월 26일 중국 국민당정부의 장개석(蔣介石)을 만나, 최소한 '비공식 혁명과도정권' 자격으로라도 환국할 수

이러한 그들의 체질과 신조 때문에 한독당은 미·소 간의 국제권력정치의 격량 속에서 어느 쪽에도 편승하지 않았다. 한독당은 미·소 양국이 모스크바 3상회의에서 결의했던 신탁통치에 반대할 때 한민당 등의 우익과 연합해서 찬탁하는 좌익과 대결했으며, 그후 이승만 등의 우익이 단독정부 수립운동을 벌였을 때에는, 좌익과 연합해서 우익에 맞섰다. 또 미군정 말기에는 김구 등 그들 한독당 지도자들은 남북분단의 고착화를 저지하고 남북한 통일정부를 수립하기 위하여 남북협상차 북행을 결행하기도 하였다.[24] 그들의 북행이 공산주의자 집단이나 그들 이데올로기에 대한 동조를 의미하는 것은 결코 아니었다. 그들은 진정한 민족의 독립과 번영을 위해서는 어떠한 이데올로기도 수용할 수 있으며 이데올로기적 장벽은 보다 상위의 민족적 열망이나 민족주의로 극복할 수 있다고 보았다.

한국독립당의 정치 이데올로기 지향은 당 정강정책의 기초자이며 당 중진인 조소앙(趙素昻)의 '삼균주의'(三均主義)에 기반을 둔 것이었다.[25] 삼균주의란 정치적 균등, 경제적 균등 그리고 교육기회의 균등을 요체로 하는 일종의 평등사상이다. 그것은 이데올로기 스펙트럼에 비추어 볼 때 일종의 온건사회주의 노선이라고 생각된다.

한국독립당과 같이 중간세력을 표방했지만, 실제로는 온건좌파 노선인 조선인민당이 또한 해방정국의 주요 정당의 하나로 활동하였다.

있도록 미국정부와 협의해 줄 것을 요청했으나, 국민당정부는 임정지도자들의 파당성과 국내 기반의 미비를 이유로 보류하였다. 한때 미군정은 한국인들의 여론을 의식해서 임정을 한민족의 정치적 구심체로 이용할 것을 본국 정부에 건의한 바 있었다.

심지연, 앞의 글, pp. 333, 334; 鮮于鎭, "임시정부귀국 2", 『朝鮮日報』 1981년 1월 7일; U.S. Department of States, *Foreign Relation of the United States, 1945*, Vol. VI (Washington D.C.: USGPO, 1969), pp. 1019-1020, 1131-1132.

24) 金玟河, 앞의 책, p. 67.

25) 姜萬吉, "趙素昻", 『近代思想家選集』(서울: 한길사, 1982), pp. 237-240.

조선인민당은 여운형이 주도한 건준이 미군정의 인정을 받지 못하자 그 세력들이 1945년 11월 12일 정당형태로 발족된 것이다. 당의 조직은 여운형을 중심으로 한 건국동맹을 모체로 하여, 고려국민동맹, 인민동지회, 일오회(一五會) 등을 흡수하여 결성되었다. 여운형은 조선인민당의 창당연설에서 당이 노동자, 농민, 소시민, 자본가, 지주까지도 포함한 인민을 대표하는 대중정당이며 좌우익 간의 중간당을 표방하였다. 그러나 조선인민당의 노선은 넓은 의미에서의 민주적 사회주의였다. 한민당과 공산당이 각기 계급정당적 성격을 드러내고 극렬하게 대립하자 여운형의 명망 때문에 그의 휘하에 모여들었던 좌익과 우익 분자들이 개별적으로 당에서 이탈했으며 특히 조선인민당 내에 잠임했던 공산주의자들이 조직적인 반란을 일으켜 조선인민당을 통채로 공산당에 흡수시키는 결의를 하자 여운형은 그의 추종세력을 중심으로 근로인민당을 다시 창당하는 사태에까지 이르렀다.[26]

여운형은 그가 주도한 건준과 인공이 미군정에 의하여 배척·매도당했지만 미군정과 극단적인 갈등관계를 형성하지 않았으며 또한 사상적으로 경직된 공산주의자들까지도 당내에 받아들일 정도로 정치적으로 자신을 과신하였다. 또 일제시에는 일본의 척식국장 후루카(古賀廉造)의 초청을 받아 일본 동경에서 당시 일본육군대신 다나카(田中義一) 등 일본의 고위층과 한국의 독립과 자치를 논의하였다고 해서 상해임정과 항일무장운동 단체로부터 규탄당할 정도로 실용주의적이고 현실정치가적 면모를 지녔다.[27] 그의 이러한 정치적 행적 때문에 한편에서는 그를 기국(器局)이 큰 정치인으로 보는가 하면 다른 한편에서는 기회주의자로 매도할 정도로 그에 대한 정치적 평가는 엇갈린다. 그는 군정 후반기에 김규식과 좌우합작운동을 벌이다가 우익 테러리스트에 의하여 암살당하였다. 그가 죽은 뒤 근로인민당의 당세는 유

---

26) 李萬珪,『呂運亨先生鬪爭史』(서울: 民主文化社, 1947), pp. 167-171.

27) 李基炯,『몽양 여운형』(서울: 실천문학사, 1986), pp. 44-56.

명무실하게 되어 일부는 이승만의 단독정부수립에 반대하다가 북한의 공산정권에 참여했거나 일부는 남한에 잔류하여 혁신세력으로 편입되었다.

중간좌파의 여운형과 함께 좌우합작운동을 벌였던 중간우파의 정치세력은 김규식을 추종하는 민족자주연맹이었다. 이들은 군정 후반기에 주요 정치세력으로 역할하였다. '민자련'(民自聯)은 김규식의 중간노선을 따르는 진보적인 각종 정당·사회단체의 연합체였다. 그 주요세력은 원세훈의 민중동맹, 홍명희, 김병로, 박용희, 오하영 등이 이끄는 민주독립당, 이극로의 건민회(建民會), 한독당의 민주파, 근로인민당의 우파 등으로, 여기에는 다른 정당들과는 달리, 문인 학자 등 다수의 지식인들이 참여하였다. 이들은 지식인 일반이 그러하듯이 이념이나 이상에 충실했을 뿐, 대중조직에 대한 관심과 경험이 비교적 적었다.[28] 한때 미군정 당국은 장래 한국의 지도자로서 이승만보다 김규식에 더 기대를 걸었으나, 그러한 기대에 김규식 자신이 부합하지 않았다. 물론 김규식은 군정 당국의 권고에 의하여 좌우합작운동도 벌였고 그 실패 후에도 미군정의 자문기관인 과도입법의원의 의장자격으로 군정에 협력했지만, 미군정과의 협력관계는 그의 정치적 체질과 신념때문에 일정한 한계가 그어졌다.[29]

김규식은 일찍이 미국 버지니아의 로녹대학(Roanoke College)에 유학하여 서구적 교육을 받았고 귀국 후 기독교 장로와 조선 YMCA 총무로 선교활동을 했으며 일제의 탄압으로 상해에 망명하여 임정의 부주석으로 해방을 맞이했다. 망명시절 그는 임정을 대표해서 제1차 세계대전을 결산하는 1919년 파리강화회의에 파송되기도 했고 1922년 1월 '모스크바' 극동피압박민족회의에 수석대표로 참석하는 등 체제와 이념을 넘어서서 강대국을 상대로 독립외교를 벌였다.[30] 그때마다

---

28) 李庭植, 『金奎植의 生涯』(서울: 신구문화사, 1974), pp. 171-176.
29) 金容郁, 『國際環境과 韓國政治』(서울: 法文社, 1986), p. 372.

김규식은 강대국의 국가이익의 벽에 부딪혀 그의 노력이 수포로 돌아간 허다한 경험을 했다. 또한 그는 이러한 경험을 통하여 국제권력정치의 속성을 파악하는 데 탁월한 현실감각을 지녔지만 그의 민족주의적 이상과 신념이 외세와의 야합을 허락치 않았다. 그는 군정 말기에 이승만이 미국조야를 설득하고 여론을 조작하면서 단독정부 수립운동을 벌이는 것을 결연히 반대하고 통일정부수립을 위하여 김구와 함께 북행을 서둘러 남북협상에 임하였다. 그의 이러한 행동은 어떠한 상황 속에서도 꺾이지 않는 애국애족과 독립정신 때문이었다. 이러한 김규식의 신념이 북한공산주의자들의 이른바 '남북한정당·사회단체연석회의'라는 정치공작에 의하여 왜곡·좌절되었지만,[31] 극우파들이 매도하듯이 그는 친공주의자는 아니었으며 체질적으로 공산주의자들과는 합동할 수 없는 진보적 민족주의자였다. 한때 김규식은 여운형과 함께 1922년 제1차 '모스크바'극동피압박민족회의에 참석하여 소련공산당과 코민테른의 식민지해방전략에 기대를 걸고 소련의 지도자 레닌을 비롯한 지노비에프, 트로츠키 등을 만나 한국의 독립운동에 대한 지원을 요청하였다. 이는 3·1운동과 윌슨의 민족자결주의 선언 이후 서구열강으로부터 기대했던 독립운동에 대한 지원이 없었던 것에 대한 실망이 깔려 있었던 것으로 생각된다.[32]

1935년 7월 김규식이 주도해서 중국 남경에서 결성한 '민족혁명당'의 강령을 통해서 그의 정치적 신조를 확인할 수 있다. 그 강령의 주요내용으로는 (1) 일제의 타도와 한국의 독립, (2) 봉건적 반혁명세력의 숙청과 민주정권의 수립, (3) 군(郡)자치제, (4) 평등선거 및 피선거권의 확립, (5) 언론·집회·출판·조직 및 종교의 자유, (6) 대기업

30) 서대숙 저, 현대사회연구소 역, 『한국공산주의 운동사 연구』(서울: 이론과 실천, 1989), pp. 48-50.

31) 吳蘇白 外 81人 編, 『解放22年史』(서울: 文學社, 1967), pp. 225-226.

32) 金在洪, 『한국정당과 정치지도자들』, (서울: 나남, 1992), pp. 116, 117.

체와 독점기업체의 국유화, (7)국가적 경제계획제도, (8)의무교육 등이 제시되었다.[33] 이 강령에는 국권회복과 민주정부의 수립, 지방(郡)자치제의 실시는 물론 강력한 사회개혁 의지와 그 구도가 담겨져 있었다. 1930년대의 김규식의 신조는 해방 이후 군정당국에게 주요 산업의 국유화와 농지개혁을 강력히 주장한 데서 거듭 확인할 수 있다.[34] 그의 이데올로기 성향은 민족주의와 민중주의에 기반을 둔 민주사회주의로 평가될 수 있다.

민족자주연맹과 같이 비정당적 형태였지만 미군정기에 우파연합체격인 대한독립촉성국민회가 그 당시 상당한 정치적 역할을 수행했다. 대한독립촉성국민회는 민족자주연맹에 비해 비이념적이며 기득권지향적이며 이승만을 추종하는 정치세력이다. 1945년 10월 16일 이승만이 미국에서 귀국하자, 그가 과거 상해임정의 대통령을 역임했고 항일투쟁과 독립외교를 전개했다는 명성 때문에 많은 정당·사회단체가 제각기 그를 당수로 추대하려 했으며 심지어는 좌익세력까지도 그를 인공의 주석으로 내세우기까지 했다.[35] 그러나 그는 자신을 국민적 영도

---

33) 李庭植, 앞의 책, p. 120.

34) 위의 책, p. 139.

35) 이승만에 대한 평가는 사람에 따라 상해임정 이후 찬반이 엇갈린다. 그를 현실파악과 상황을 주도하는 카리스마형 지도자로 보기도 하고, 아니면 자기주장이 강한 독선적 지도자로 인식하기도 한다.

1920년 9월, 안창호(安昌浩)의 주도로 상해, 한성, 노령(露領) 등의 3개 임시정부가 상해임시정부로 통합될 때 한성(漢城)임시정부의 집정관총재(執政官總裁)인 이승만(李承晩)이 대통령으로 선임되었다. 그가 미국 윌슨 대통령에 대한 한국의 위임통치청원 문제와 상해에 체류하지 않고 대통령 직무수행을 소홀히 한다고 임정 의정원(議政院)으로부터 탄핵당할 때까지 재임 6년 동안에 6개월(1920. 12-1921. 5)밖에 상해에 체류하지 않았으며, 해방될 때까지 줄곧 미국에서 강대국을 상대로 한 독립외교에 매달렸다. 특히 이승만은 노령을 근거로 모스크바의 지원을 받은 군사무장 투쟁론자인 국무총리 이동휘(李東輝)와 심하게 갈등했으며, 이승만의 탄핵 후, 2대 대통령으로 박은식(朴殷植)이 선임되었다. 이후 임정은 민족주의자와 공

자로 부각시키기 위해서 이들의 요구를 모두 거절하고 귀국 직후에 좌우를 망라한 200여 개의 정당·사회단체를 규합하여 대한독립촉성중앙협의회를 구성하려 했지만 여기에 초청을 받은 박헌영을 비롯한 좌익계 정당·사회단체가 친일파 민족반역자를 협의체에서 제거할 것을 주장하여 좌절되었다. 그러나 후에 우익 정당·사회단체만으로 대한독립촉성국민회가 조직되었다. 대한독립촉성국민회는 정당과 같은 일상적인 역할보다는 정치적 이슈가 제기될 때마다 이승만의 노선을 지지하는 동원체계로 기능했으며 그 산하에 행동단체인 서북청년회, 대동청년단, 전국학생연맹 등의 반공조직이 있어 전위적 역할을 담당했다.

3. 중도노선의 좌우합작운동

해방 직후(미군정기) 좌우는 몇몇 정치적 사건과 이슈를 중심으로 갈등하게 되었다. 그 쟁점들은 대체로 첫째, 건국준비위원회의 존재와 역할에 대한 시비, 상해임시정부와 조선인민공화국의 정통성 인정문제, 둘째, 모스크바 3상회의의 신탁통치결정에 대한 찬반문제, 셋째, 친일부일 민족반역세력에 대한 처리 및 토지개혁문제 등이었다.

좌익과 우익 간에는 이러한 문제들에 대한 기본적 시각과 입장이 서로 달랐다. 일반적으로 우익은 일제가 남긴 사회체제에 대해서 현상유지적이고 기득권 유지적이었으며 설령 어떠한 수정이 불가피하더라

산주의자, 독립외교파, 군사무장투쟁파, 실력배양파, 그리고 미국·소련·중국 등의 후광을 배경으로 분열되었다.

또한 이러한 임정지도층의 갈등이 정부형태의 빈번한 변경(개헌)을 가져왔다[임정의 정부형태는 대통령책임제에서 시작해서—국무령(대통령과 국무총리를 통합한 직명) 중심의 내각책임제—국무위원제(정부의 집단지도체제와 일당제 채택)—주석제(통제적 의원내각제)로 변천했음].

김재홍, 앞의 책, pp. 113-115; 허재일·정차근, 『해방전후사의 바른 이해』, (서울: 평민사, 1991), pp. 26-44.

도 그것을 점진적으로 단행하며 소폭에 국한시키려는 경향을 지니고 있었다. 이와는 반대로 좌익은 현상타파적이며 개혁적이었으며 소외계층의 생존권과 욕구를 기득계층의 희생 위에서 관철시키려는 의지를 지녔었다. 또한 극좌나 극우는 모두 현실문제 해결에 있어서 폭력적이고 비합법적 방법을 사용하는 것을 주저하지 않았으며 국제권력에 의존·기생하려는 해바라기 성향을 지니고 있었다. 그들이 문제해결에 있어서 폭력을 선호했다는 점에 있어서는 반민주적이며 국제관계에 있어서 사대적이었다는 점에 있어서는 반민족이었다고 평가할 수 있다. 해방 이후 빈발한 정치테러와 암살은 극좌세력과 극우세력에 의해 각기 자행되었으며 그들은 자신들의 행동을 '애국'·'애족'·'민중'·'정의'라는 이름으로 항상 합리화하려 했다.

해방정국의 정치적 쟁점 중에서 우익을 가장 수세에 몰리게 한 것은 친일 반민족세력의 처벌문제와 토지개혁문제였다. 일본제국주의의 침략과정에서 피해자였던 대부분의 피지배 민중은 이러한 문제는 어떠한 형태로든지 반드시 해결해야 할 문제로 소망했으나 보수우익 특히 한국민주당세력은 친일파 처벌문제가 그들의 신상과 관련되었었고 또한 토지개혁이 그들의 경제적 기반에 결정적인 타격을 주는 것이었으므로 어떻게 해서든지 이를 저지하거나 그들의 희생을 최소화하려 했다. 한민당의 이러한 노선은 분명히 반민중적이고 반민족적인 것으로 평가될 수 있다.

한편 좌익을 수세에 몰리게 한 이슈는 그들이 인공을 급조한 허구성과, 상해임정의 정통성을 부인한 데 있었다. 그리고 보다 결정적인 것은 그들의 찬탁노선이었다. 1945년 12월 27일 모스크바 3상회의에서 한국에 대한 5년간의 신탁통치가 결정되자 처음에는 좌우할 것 없이 전민족이 반탁노선으로 총궐기하였으나 조선공산당은 반탁성명을 낸 지 하루만에 모스크바의 지령에 따라 찬탁으로 돌변하여 이들의 비주체적·반민족성을 드러냈다. 극우인 송진우(宋鎭禹), 장덕수(張德秀) 등이 찬탁을 한 것은 결코 우연이라고만 할 수 없는 극좌와 극우의 공통된 속성이었다. 이들 송진우 · 장덕수 양인의 의견이 당론으로 채택되지는 않았으나 이것이 그들이 암살당한 실마리가 됐다는 사실은 음미해 볼 일이다. 어쨌든 반탁이라는 정치적 이슈를 계기로 친일 · 토지개혁 문제로 궁지에 몰렸던 우익이 활로를 찾아 공세적 입장에 서게 되었다.[36)]

이러한 좌익과 우익의 공방과 격돌의 와중에서 이를 극복하기 위하여 중도노선의 김규식, 여운형 두 지도자가 미군정의 후원을 받아 좌우합작운동을 벌이게 된 것이다.[37)]

1946년 6월 6일과 12일 두 차례의 회합을 통해 김규식, 원세훈(民主議院側)과 여운형, 허헌(民主主義民族戰線側) 등 4인은 좌우합작협의 3원칙에 합의하였다. 그 내용은 첫째 대내문제로서 부르주아 민주주의공화국의 수립, 둘째 대외문제로서 선린우호정책의 수립, 셋째 합작에 참가하는 대상으로 좌익과 우익을 막론하고 진정한 애국자나 혁명가는 제외시키지 않는다는 것 등이었다.[38)]

7월 21일에는 좌우합작기구가 정식으로 발족되어, 우측대표로 김규식(金奎植: 民主議院 부의장), 원세훈(元世勳: 民主議院 대변인), 안재홍(安在鴻: 國民黨), 최동오(崔東旿: 조선혁명당 · 비상국민회의 부의장), 김명준(金明濬: 조선혁명당) 등이, 좌측대표로는 여운형(呂運亨: 民戰의장단), 허헌(許憲: 民戰의장단), 성주식(成周寔: 조선혁명당-인민공화당), 정노식(鄭魯湜: 신민당), 이강국(李康國: 공산당) 등 각각 5인으로 구성되어 7월 25일 김규식의 사회로 협의를 시작했으며, 7월 27일과 29일 양일에는 각기 좌측의 합작 5원칙과 우측의 합작 8원칙이 상정되어 절충을 벌였다.[39)]

좌측이 제의한 이른바 좌우합작에 의한 5원칙은 (1) 조선의 민주

---

36) 심지연, “해방정국에서의 주도권논쟁”, 『해방정국논쟁사 I』(서울: 한울총서 57), pp. 61-63.

37) Henderson, *op. cit.*, p. 133.

38) 李東華, 앞의 글, p. 360.

39) 吳蘇白 외 4人編, 『韓國 100年史, 1880-1983』(서울: 한국홍보연구소, 1983), p. 636.

독립을 보장하는 3상회의 결정을 전면적으로 지지함으로써 미소공동위원회의 속개운동을 전개하여 남북통일 민주주의 임시정부 수립에 매진하되 북조선 민주주의 민족전선과 직접 회담하여 행동통일을 기할 것, (2) 토지개혁(무상몰수 · 무상분배)과 중요산업을 국유화할 것, (3) 친일파 민족반역자, 친파쇼 반동거두를 완전히 배제하고 투옥된 민주주의 애국지사를 석방할 것, (4) 남조선에서도 정권을 군정으로부터 인민의 자치기관인 인민위원회에 이양할 것, (5) 군정의 고문기관 혹은 입법기관의 창설을 반대한다는 것 등이었다.

한편 우측이 제기한 합작 8원칙으로는 (1) 남북을 통한 좌우합작으로 민주주의 임시정부 수립에 노력할 것, (2) 미소공동위원회 재개를 요청하는 공동성명서를 발할 것, (3) 신탁통치문제는 임시정부 수립 후 동 정부가 미소공위와 자주독립정신에 기하여 해결할 것, (4) 임정수립 후 6개월 이내에 보통선거에 의한 전국민대표회의 소집, (5) 국민대표회의 성립 후 3개월 이내에 정식정부를 수립할 것, (6) 언론 · 집회 · 결사 · 출판 · 교통 · 투표의 자유보장, (7) 정치 · 경제 · 교육의 모든 제도법령은 균등사회 건설을 목표로 하여 국민대표회의에서 의정할 것, (8) 친일파 민족반역자를 징치(懲治)하되 임정 수립 후 즉시 특별법정을 구성하여 이를 처리할 것 등이 제시되었다.

좌우 양측 안을 비교할 때 각기 표현의 뉘앙스는 다르지만, 남북의 좌우합작이나 임시정부 수립에는 뜻을 같이 하였다. 다만 좌측 안 제4항에서 예시했듯이 남한에서도 북한에서 수립된 인민위원회 패턴을 따를 것을 주장하였다. 또 친일파 민족반역자 처리문제에 대해서는 좌측 안에서는 이들을 임시정부 수립과정에서부터 완전히 배제해야 한다고 주장했으나 우측 안에서는 임시정부 수립 이후로 미루고 있다. 특히 좌측 안은 체제의 성격을 근본적으로 변혁시킬 것을 시도하여 토지개혁과 국유화를 강력히 주장했으나, 우측 안은 이점에 대해 아무런 대안을 제시하지 않았다.

이러한 좌우 간의 합작대안을 토론하고 결정하는 과정에서 그 쟁점들이 좌우정당 정파에 큰 충격을 주어 내분이 야기되었다. 한민당 내에서는 토지개혁에 찬성한 당내 진보세력인 원세훈(元世勳), 박명환(朴明煥), 송남헌(宋南憲) 등의 고려민주당계의 간부 16명이 탈당했으며 이어서 김약수(金若水), 이순택(李順澤), 김병로(金炳魯) 등 당 중진을 비롯하여 270명이 대거 당을 떠났다.[40] 한편 공산당 내에서도 합작문제로 내분이 일어나 강진(姜進), 김철수(金綴洙), 이정윤(李廷允), 서중석(徐重錫), 문갑송(文甲松) 등의 중앙위원이 출당했고 이에 동조한 40여 명이 당에서 제명될 정도로 진통을 겪었다.

결국 좌우합작위원회는 극좌와 극우의 반대와 백안시 속에서 중도노선이 주도해서 다음과 같은 합작 7원칙을 확정·발표하였다.[41]

(1) 조선의 민주독립을 보장한 3상회의 결정에 의하여 남북을 통한 좌우합작으로 민주주의 임시정부를 수립할 것.
(2) 미소공동위원회 속개를 요청하는 공동성명을 발표할 것.
(3) 토지개혁에 있어서 몰수, 유조건몰수, 체감매상 등으로 토지를 농민에게 무상으로 분여하여 시가지의 기지 및 대건물을 적정 처리하며, 중요 산업을 국유화하여 사회노동법령 및 정치적 자유를 기본으로 지방자치제의 확립을 속히 실시하며, 통화 및 민생문제 등을 급속히 처리하여 민주주의 건국과업 완수에 매진할 것.
(4) 친일파 민족반역자를 처리할 조례를 본 합작위원회에서 입법기구에 제안하여 입법기구로 하여금 심의 결정하여 실시케 할 것.
(5) 남북을 통하여 현 정권하에 검거된 정치운동자의 석방에 노력하고 아울러 남북·좌우의 테러적 행동을 일체 즉시로 제지토록 할 것.
(6) 입법기구에 있어서 일체 그 권능과 구성방법, 운영을 본 합작위원회에서 작성하여 적극적으로 실행을 기도할 것.

40) 李東華, 앞의 글, pp. 360-362.
41) 中央選擧管理委員會, 앞의 책, p. 161.

(7) 전국적으로 언론·집회·출판·교통·투표 등 자유가 절대 보장되도록 노력할 것.

—1946년 10월 7일 좌우합작위원회

이상의 좌우합작 7원칙은 좌우합작위원회가 합의하여 공표하기 이전에, 김규식이 이끄는 민주의원과 여운형이 주도하는 인민당확대위원회의 사정승인을 거쳤다. 당시 대부분의 중도노선을 지향하는 정당 사회단체들은 지지성명을 냈지만 극우나 극좌세력은 맹렬히 반대하였다. 특히 극우의 한민당과 이승만 추종단체들은 중도노선이 정국을 주도하는 것이 근본적으로 싫었으며 합작원칙 제3항의 토지개혁과 4항의 친일파 숙청문제는 그들 자신의 경제적 기반과 정치생명을 위협하는 내용이었으므로 합작 7원칙에 반대하고 이승만의 단독정부 수립운동으로 더욱 기울어졌다. 한편 극좌세력 역시 미군정이 뒷받침하는 장래의 임시정부 수립이 그들이 기도하는 혁명적 정권이 될 수 없다고 판단하였기 때문에 극력 반대했다. 실로 당시는 전후 미·소 간의 전지구적 냉전적 대결이 굳혀져가는 상황이었으므로 이러한 국제적 환경에서 극우와 극좌는 각기 미국과 소련에 연계하여 그들의 기득권유지나 미래의 권력장악에 부심하고 있었다.

중도노선의 좌우합작운동을 배후에서 적극 지원했던 미군정의 의도가 어디에 있었는가에 대해서는 여러 가지로 추론해 볼 수 있다. 그 첫째의 시각은 미군정이 비록 신탁통치를 전제로 한 것이지만 남북한을 포괄하는 좌파와 우파 간의 통일정부를 세우는 것을 진정으로 원했다는 주장이 있다. 이동화는 당시 하지 중장의 정치고문인 하버드 출신의 변호사 전력을 가진 '레나드 버치' 중위가 하지를 설득해서 좌우합작을 적극 전개한 점을 높이 평가하면서 그러한 주장에 동조한 바 있다.[42] 그러나 아무리 정치적 현실감각이 무딘 직업군인이라지만

42) 李東華, 앞의 글, p. 367.

하지가 북한지역에 소련의 지원을 받아 남한을 혁명적 방법으로 전복시키려는 공산정권이 엄존해 있고 남북한에 각기 주둔하고 있는 미·소 점령군의 대표회담인 '미소공동위원회'가 신탁통치의 협의단체 선정문제로 대립하고 있는 상황 속에서 좌우합작의 성사를 과연 낙관하면서 기대했겠는가는 의문시 된다.

둘째로 미군정이 극우와 극좌가 서로 격돌과 테러로 대결하는 정치적 혼란을 중도세력의 조정을 통해서 수습하고 종래 너무 우익에 편향해서 특혜를 주었던 군정당국의 정책전환을 가져오기 위한 사전 정지작업이 아니었나 하는 관점도 있다. 미군정 당국은 좌우합작운동을 벌이고 있는 당시에 남한지역에서의 입법의원의 설치를 서두르고 있었으며 또 좌우합작운동이 별 진전이 없이 실패했을 때 입법의원의 반이 되는 임명직 의원의 대부분을 좌우합작위원회의 천거를 받아 하지 중장이 임명했다는 사실이 이러한 견해를 뒷받침해 준다.

셋째로, 하지의 미군정이 자국 정부의 정책이 이승만의 단독정부 수립운동을 현실적으로 인정하고 지원해주지 않을 수 없을 것이라는 판단을 하면서도 한국민의 여론을 의식하고 중도세력에 대한 체면유지 때문에 성사시킬 수 없는 일을 후원하는 체하였다는 시각도 있다. 어느 의미에서는 좌우합작운동은 중도세력의 이상주의적 열망을 그 운동과정에서 여과시켜 식혀주고, 극좌와 극우를 자극하여 그들의 방해를 유도하여 이승만의 단독정부 수립운동이 가능하도록 분위기와 조건을 성숙시키기 위한 미군정측의 원모(遠謀)가 아니었을까 하는 논의도 있다. 이러한 논의를 하는 사람들은[43] 그러한 증거로 합작운동을 전후해서 좌익의 파괴활동에 대한 군정당국의 규제와 검거가 더욱 심해졌으며 결국 이것이 좌익을 더 자극했고 당시 우익의 테러활동도 만만치 않았다는 사실과, 또 하지 중장이 공산주의자들이 참여하지 않

43) 金道鉉, "李承晩路線의 재검토", 『解放前後史의 認識』(서울: 한길사, 1980), pp. 316, 317.

는 과도정부의 성립가능성을 내비친 바도 있으며, '미소공위'의 개최에 앞서 하지 중장이 이승만과 장시간 협의했으며 동경에 있는 맥아더 사령관을 방문했다는 점을 중시하였다. 더욱이 당시 이승만이 전국 각처의 지방유세를 통하여 단독정부수립의 긴급성을 외치고 다니는 것을 미군정이 방치했음을 상기할 때 좌우합작운동은 결국 중도노선이 미군정과 이승만의 각본에 의해 기만당한 것이 아닌가 하는 시각도 있다.[44)]

좌우합작운동은 1946년 6월에 본격화되어 남한지역의 중도좌우 대표들이 빈번히 만나 협의했고 여운형이 2차에 걸쳐 평양을 다녀오는 등 모든 노력을 다 기울였지만 성과없이 실패로 끝났으며 특히 좌익 3당통합(共産黨·朝鮮人民黨·新民黨)에 실패한 여운형은 자신의 정치역량 부족을 자책하고 좌측산파역을 포기함으로써 불완전한 것이었지만 그나마 존재했던 좌측채널이 봉쇄되어 좌우합작운동은 시작한지 5개월 만에(1946. 6. 6-12. 4) 사실상 좌절되었다.

4. 결 론

해방 이후 중도노선의 실체는 미군정이라는 기본적 틀 속에서 활동했던 중도좌파의 여운형과 중도우파의 김규식 두 지도자를 중심으로 형성된 좌우합작 추진세력이며 그들의 이데올로기 성향은 타정파의 위상과 관련해서 여러 가지로 달리 평가되기도 하지만, 대체로 민주사회주의였다고 말해도 틀린 말이 아니다.

이러한 정치세력은 미군정 초부터 뚜렷한 중도적·중간적 위상을 가지고 출발한 것이 아니고 날로 격화되는 좌익과 우익의 정치세력

44) 金玟河, 『現代社會와 韓國政治』(白民 김민하박사 화갑기념논문집), 1994, pp. 240-247. 단독정부 수립운동을 詳論하고 있음.

간의 극한적 갈등과 혼돈을 극복하기 위하여 기존 좌우세력권의 지도층 일부가 미군정의 종용에 의하여 이른바 좌우합작위원회라는 기치 아래 연합한 것이다. 그러므로 중도노선 내지 그 세력의 응집력은 약했다. 어느 면에서는 중도노선의 지휘부인 합작위원회 자체의 구성부터도 좌측과 우측이 반반이어서 각기 좌익진영과 우익진영을 대표하여 상호간의 입장을 절충한다는 성격을 지녔다.

실로 중도우파의 주역 김규식은 미군정의 자문기관이며 사실상 우익의 집합체인 민주의원을 대표하였으며 중도좌파의 주역 여운형 역시 좌익의 연합체인 민주주의민족전선을 대표해서 출석했으며, 양측의 타위원들도 각기 좌익과 우익을 대표했다. 따라서 합작원칙을 논의하는 데 있어서도 당초부터 좌측과 우측이 각기 다른 대안을 들고 나와 절충했으며 최종적으로 합의한 합작 7원칙도 발표하기 전에 우측은 민주의원의, 좌측은 인민당 확대간부회의의 승인을 거칠 정도였다. 그러므로 좌우합작위원회는 중도노선의 합의체나 주체적 공동체가 아니라 좌우 간의 협상의 창구로서 역할했다고 생각된다.

여운형은 거의 반년에 걸쳐 심혈을 기울여 벌인 합작운동이 아무런 성과도 없이 공전하자 좌측대표직을 사퇴하는 이른바 '자기비판문'에서[45] 좌익 3당합의의 실패와 좌익진영의 분열, 그리고 좌익인사의 거개가 투옥되는 현실에 대해서 책임을 통감하고 좌우합작을 단념한다는 것을 성명했음을 볼 때, 그가 좌우합작위원회의 공동대표가 아니라 좌익의 대표라는 것을 더 확고하게 의식했음을 증거한다. 이러한 여운형의 태도와는 달리 김규식은 합작실패 후 미군정이 만든 임명케이스 의원직(90명 정원 중에서 그 반을 하지가 임명했음)을 수락하고 그 의장에 취임했음을 상기할 때 그가 합작운동을 벌이기 이전에 이미 좌우합작운동의 역할과 한계를 인식하고 있었던 것 같다. 입법의원

---

45) 吳蘇白 外 4人編, 앞의 책에 수록된 "左右合作案 左側代表 呂運亨 自己批判文"(1946. 12. 4).

이 설치되기 2개월 전 좌우합작원칙을 합의할 때 좌측이 합작대안으로 제시한 이른바 '5원칙'의 제5항에서 입법의원의 창설을 반대하였으나 결국 좌우 양측이 '좌우합작 7원칙'의 제6항에 남조선과도입법의원(南朝鮮過渡立法議院) 구성에 합의하였다. 그 구체적인 내용은 '하지 중장에 대한 좌우합작위원회 요망'(1946. 10. 7: 좌우합작원칙 발표 일자와 동일)이라는 형식으로 밝혀졌다. 거기에는 입법기관의 성격(입법기구의 결의안은 군정장관의 결재를 경(經)하여 발표 실시케 할 것), 정원수, 의원자격, 선거방법 등이 제시되었다. 이는 결국 우측이 좌측을 설득하여 군정당국의 입법의원 설치의도를 좌우합작위원회의 이름으로 정당화시켜준 것이다.

당시 좌우합작위원회에 참여한 지도자들이나 전 한국인이 반신반의하면서도 기대했던 남북좌우합작을 통한 통일정부의 수립은 미군정이 애초부터 의도했던 바가 아니었다고 본다. 다만 미군정은 좌우합작위원회와 그 활동을 이후 미군정하에 둘 입법의원 창설의 명분확립과 정통성부여 및 의원을 주도할 온건한 중간세력을 규합하는 방편으로 이용하려 했던 것 같다. 좌우합작 시도를 부정적 시각에서 보는 입장에서는 여운형과 김규식을 비롯한 좌우합작세력들은 미군정이 내세운 정치적 피에로였다는 것이다. 그들 양인 중에서 여운형은 그의 정치적 과신, 야심과 낙관주의적 사고 때문에 처음에는 피에로라는 것을 미처 의식하지 못했지만 김규식의 경우는 자신이 그렇게 될 가능성을 예상하고 있었던 것으로 생각된다. 예컨대 이승만이 자신은 좌우합작에 참여하기를 거부하면서 김규식에게 참여를 권유할 때 김규식은 "지금 당신이 나를 나무 위에 올려놓고 뒤에는 떨어뜨릴 것이며 또 짓밟을 것을 알지만 나는 나의 모든 것을 희생하겠다. 내가 희생된 다음에 당신이 올라 서시오"라고 대꾸했다는 말에 모든 것이 함축되어 있다.[46)]

김규식의 말 속에서 좌우합작의 실패 후에 이승만의 단정운동 논

---

46) 金道鉉, 앞의 글, p. 317.

리가 필연적으로 등장할 것을 김규식이 예견하고 있었음을 감지할 수 있다.

당시 좌우합작운동을 도운 미군정의 기본적인 정책은 물론 그 상위의 미국의 대한반도정책은 강대국 공동의 신탁통치를, 그렇지 않으면 미국의 국가이익을 지키는 데 효과적이고 충실한 남한지역만의 우익단정수립을 예정하고 있었다고 생각된다.

좌우합작운동의 실패요인은 이와 같이 결정적인 외부조건이 주요 변수인 것은 틀림없지만, 합작운동을 추진한 중도노선 자체에도 문제가 있었다고 본다.

첫째, 중도노선세력이 공동의 단일목표를 추구하는 정당이나 연합체가 아니라 각기 이해를 달리하는 통일을 희원하는 혁명가, 문인, 교원, 지식인들의 혼합군상이었다는 점이다. 비유해서 말하면 이들은 "시멘트도 섞지 않은 자갈무더기 같은 것"이었다. 다시 말하면 중도세력은 이데올로기적 일체성이 없기 때문에 그 하부에 이러한 합작운동을 뒷받침할 만한 굳건한 대중조직을 가지지 못했다. 중도 좌파인 여운형에게는 조직과 동원능력이 다소 있었으나 그것이 공산당조직과 경쟁해서 이길 만큼 견고하지 못했을 뿐만 아니라 그가 해방 전에 구축해 놓은 조직이 극좌의 공산당에 의해서 분해되거나 붕괴되어가는 실정이었고 극좌와 극우가 대결하는 극한 정치상황 속에서 온건한 중도입장은 현실적으로 대중에게 크게 호소력을 상실하게 되었다. 또한 중도노선의 지지계층은 일반적으로 중소기업인, 자영 소농, 상인, 소시민 등으로 구성되는데, 해방 직후의 천민자본주의 체제하에서는 사회계층 분화가 봉건적 지주 및 권력에 기생하는 매판세력과, 대다수의 노동자, 소작농민, 도시빈민으로 양극화되어 전자가 한민당 등의 극우의 지지기반이 되었고 후자가 극우공산당의 선동선전의 온상이 되었으므로 중간노선의 계층적 지지기반이 매우 취약했다.

좌우합작운동이 실패한 또 하나의 요인은 중도노선 지도자들의 이데올로기적 미숙과 무원칙에도 있었다. 그들 지도자들의 이데올로기

성향은 일반적으로 민주사회주의적이었다고 생각된다. 그렇지만 중도좌파지도자 여운형의 정치편력은 원칙보다는 상황에 따라서 문제해결을 시도하는 편의주의적 노선으로 특징지어진다. 그는 조선인민당의 창당선언에서 당이 계급정당이 아니고 대중정당임을 강조했으며 또 좌우합작협의를 위한 4인(김규식, 여운형, 원세훈, 허헌)이 결정한 좌우합작 3원칙에서도 당시를 부르주아 민주주의 건설단계라고 규정했다. 그럼에도 불구하고 좌우합작에 반대하는 프롤레타리아 혁명정당을 자임하는 조선공산당(후에 남로당)과 합당·접목하려고 온갖 노력을 다 쏟은 것은 이데올로기의 본질과 그 투쟁의 속성을 바로 보지 못한 소치이다.

한편 중도우파인 김규식의 경우 그의 정치적 사고는 민족주의적 민주사회주의적이라고 규정할 만큼 확실했지만 그의 정치적 실천이 그의 논리에 충실치 못하였다. 그 증거로 그가 주도하여 만들어낸 '좌우합작 7원칙'의 제1항에서 밝힌 바와 같이, 이후 추진할 좌우합작 임시정부가 신탁통치찬성을 전제로 한 것은 분명히 민족감정에 배치된 것이었다. 그 반작용으로 반탁을 주장하는 친일·친미 사대세력인 극우가 오히려 열혈민족주의자들인 양 대중에게 어필되어 우익의 단정운동에 유리한 분위기가 조성되었다. 김규식과 여운형이 좌우합작 7원칙의 제1항에서 '모스크바 3상결정에 의하여' 민주주의 임시정부를 수립한다고 내세운 것은 그것이 설령 미군정의 협력을 얻어 장래 통일정부를 수립하기 위한 전술적 방편이었다고 하더라도 그것은 명분상은 물론 현실적으로도 오류였다.

미군정기의 중도노선의 실패는 오늘의 한국정치상황을 지켜볼 때 시사해주는 바가 많다. 그때나 지금이나 남북분단의 상황은 지속되고 있으며 남한지역에서는 미군정을 대신하여 보수우익정부가 들어선 이래 몇 차례에 걸친 변칙적 정권변동(5·16, 10월 유신, 5·17 등)을 경험하였다. 이러한 역대정권이 체제를 폭력으로 전복하려는 극좌 공산주의자들을 정치과정에서 배제하고 있음은 분단의 현실 때문에 불가피했다고 생각되나, 체제개혁적이고 진보적인 중도노선조차도 용공시하고 규제해 왔기 때문에 이들 중도노선이 대변해야 할 중산층과 기층민의 이익이 소외되어 왔음을 부인할 수 없다. 그러나 이제는 이러한 소외된 민중을 대변하며 보수우익정권의 권위주의적 독재의 악순환과 거기에서 빚어지는 부패와 사회적 모순을 견제하는 비판세력으로 진보적 민주세력이 체제 내에 정당의 형태로 안착할 때라고 생각된다.

영국, 프랑스, 독일 등의 서유럽 정치현실에서 보여주듯이 중도노선으로 민주사회주의적 정당이 유력한 위치를 점유할 때 공산당이 대중적 기반을 가질 수 없게 된다. 장래 어느 시점에 가서 남북한이 교류와 평화적 정치투쟁을 전개할 때 중도노선은 극좌와 극우를 탕평하는 역할을 하게 될 것이다. 이러한 진보적 중도노선(그것을 민주사회주의 노선이나 보수개혁노선과 같은 개념으로 생각할 수 있음)에 기대를 걸 수 있을 만큼 그 잠재적 기반이 우리 체제 내에 확대되어가고 있는 것도 사실이다. 그것은 1980년대 후반 이후 한국사회의 고도산업사회에로의 진입과 자본주의 체제의 성숙과, 무엇보다도 고등교육의 양적 확대로 인하여 참여의 확대와 공정한 분배를 의식하고 체제 내의 '지분'(持分)을 요구하는 산업근로자, 자영농민, 각종 관리직, 전문직 그리고 교원, 지식인 등을 포함한 중산계층이 각종 직능적 집단으로 조직화되어가고 있기 때문이다. 이러한 중도노선과 그 계층에 기반을 둔 정당 정파가 체제를 주도할 때 우리가 이상시하는 자유민주주의가 더 이상 권위주의적 보수독재세력에 휘둘리지 않고, 이후 남북 양체제가 교류·경쟁할 때 북한의 교조적인 독재체제와 비교해서 남한의 자유민주체제의 우위성을 북한주민에게 확실히 인식시켜, 북한주민의 체제이반(體制離反)과 이탈을 가속화시켜, 독일통일과 같은 민주적 통일을 앞당길 수 있을 것이다.

제4장

해방 이후 좌파세력의 정치조직과 정치노선

전 용 헌

1. 문제제기

8·15해방은 민족의 주체적 역량과 자주적 힘에 의한 민족해방이라기보다는 외부의 강대국 정치에 의하여 이루어진 민족해방이었다고 볼 수 있다.[1] 우리 민족의 해방은 조선인의, 조선인민에 의한, 조선인을 위한 안으로부터의 민족해방이라기보다는 미·소 강대국의 힘의 논리에 의하여 이루어진 밖으로부터의 타민족에 의한 해방의 성격이 더욱 강하다고 볼 수 있다. 이러한 민족해방의 성격은 해방 이후 나타난 다양한 정치이데올로기와 정치적 성향을 가진 정치지도자들과 정

1) 이러한 민족해방의 성격은 김남식, 『남로당 연구 II』(서울: 돌베개, 1988), pp. 20-22; 민주주의 민족전선 편, 『해방조선 I: 자주적 통일민족국가 수립 투쟁』(서울: 과학과 사상, 1988, 재발행), p. 72; 송남헌, 『한국현대정치사』 제1권, '건국전야', pp. 15-22 등 참조.

치세력들의 출현을 가져오게 하였다. 따라서 해방 이후 자주적이지 못하고 주체적이지 못한 힘의 공백상태에서 미・소 강대국의 힘의 정치와 정치이데올로기에 의한 민족해방은 극좌에서 극우에 이르는 다양한 형태의 정치이데올로기를 표출하게 되었다. 어느 사회에 있어서나 사회혁명기나 정치적 변혁기에는 다양한 형태의 정치적 태도의 스펙트럼이 형성되어 다양한 정치세력으로 조직화된다.[2)]

해방 후 한국사회에서 형성된 정치지도자들과 정치세력들은 그들의 정치적 가치와 태도, 이데올로기적 성향, 정치적 헤게모니와 이해관계, 그리고 해방 후 그들이 건설하려는 정치체제와 국가건설의 형태 등에 따라서 다양한 정치이데올로기와 정치노선을 제시하였다. 특히 해방정국 3년 동안 한국사회를 지배하고 있던 정치세력은 대체로 두 범주로 구분될 수 있다. 즉 정치세력을 이루고 있는 집단구성원들의 정치적 성향과 정치노선에 따라 진보주의적 내지 급진주의적인 성향을 가진 좌파세력[3)]과 온건주의적 내지 보수주의적 성향을 가진 우파

---

2) L.P. 바라다트는 진보적 변화와 퇴보적 변화의 개념을 이용하여 급진주의자・진보주의자・온건주의자・보수주의자・반동주의자 등으로 구분하여 정치적 스펙트럼을 설명하고 있다. Leon P. Baradat, *Political ideologies: Their Origins and Impact* (Engle Wood Cliffs, N.J.: Prentice-Hall, Inc., 1979), pp. 1-29 참조.

3) 대표적 좌파세력들은 그들의 진보주의적 성향의 정도에 따라 크게 두 그룹으로 분류될 수 있다. ①비교적 중도파세력을 들 수 있다. 이 세력으로는 백남운이 중심이 되어 연합성 신민주주의론을 제기한 조선신민당과 여운형이 중심이 되어 조직한 조선인민당 내지 근로인민당을 들 수 있다. ② 급진좌파세력을 들 수 있다. 이 세력에는 이영, 정백 등이 중심이 되어 조직한 조선공산당 재건파와 박헌영이 중심이 되어 조직한 조선공산당 장안파 등이 포함된다.

4) 우파세력은 보수주의적 성향의 정도에 따라 크게 두 그룹으로 구분될 수 있다. ①비교적 중도우파세력을 들 수 있다. 이 세력은 김병로, 이인, 백관수 등의 인물들로 건준의 안재홍과 합작하여 건준을 개조하고 민족진영 인사들이 건준에 대거 참여하여 국내유일의 민족대표기관으로서 건국대책을 수립하자는 입장을 지녔었다. ②비교적 우파 쪽으로 기울어진 인물들로 송

세력[4])으로 크게 구분될 수 있다. 특히 좌파세력와 우파세력은 정치적 성향과 정치노선, 그리고 계급성이 다른 대립관계를 갖고 있었다. 좌파세력은 주로 노동자와 농민계급을 정치세력의 중심으로 인식하고, 사회구조의 전반적인 변화와 개혁을 원하고 있었다. 반면 우파세력은 주로 지주와 자본가 계급이 정치세력의 중심이 되는 정치사회의 건설을 통하여 기존의 지위와 권리를 더욱 강화하고자 하였다.

이와같이 해방 후 한국사회는 극좌에서 극우에 이르기까지 다양한 정치세력들의 이데올로기적 대립과 갈등이 극명하게 나타난 국가권력의 공백상태였다. 특히 해방 후 한국사회는 앞으로의 국가건설과 정치체제 문제, 정치이데올로기 문제, 계급문제 등에 이르기까지 전체 사회구성원들의 합의를 도출해 내지 못하고 극한 대립상태를 낳게 하였다. 정치세력들 간의 대립적 상황은 미·소 강대국 정치의 힘의 논리와 정치이데올로기, 그리고 그들의 국가이익에 이용당하는 계기가 되었다. 따라서 이러한 국내외적인 상황은 한국사회의 분단구조를 가져다 주는 주요 요인이 되었다. 더구나 해방 후 남한사회에서의 국가건설과 정치체제 건설을 위한 국민적 합의를 이끌어내지 못하고 정치세력들 간의 극한 대립은 일부 정치세력에 의한 정부수립을 만들게 하였다. 이와같이 전체 사회구성원과 정치세력들의 참여와 가치의 합의없이 이루어진 정치체제는 오늘날까지 정치적·사회적·계급적 갈등의 요인이 되어 정치를 불안정하게 하고 있다.

따라서 이 연구는 해방 후 한국사회의 국가건설과정을 좌파세력의 정치지도자들이 중심이 되었던 정치조직과 정치노선을 중심으로 해서 분석하고자 한다. 특히 이 연구는 해방 후 최초의 정치조직이었던 건국준비위원회와 조선인민공화국의 인적 구성에 관한 분석을 통하여 그들의 조직성격과 이념적 성향을 밝히고자 한다. 또한 당시의

진우, 김성수 등을 들 수 있다. 이 세력은 건준과의 협조를 거부하고 국민대회준비위원회를 구성하자는 입장을 지녔었다.

중앙단위의 정치조직과 지방단위 정치조직의 분석을 통하여 이들간 상호관계 여부를 밝히고자 한다.

다음으로 이 연구는 해방 후 한국 최초의 좌파정당이라고 할 수 있는 조선공산당, 조선인민당, 그리고 남조선신민당의 조직구성과 그들이 내세우고 있는 정치노선을 비교분석하여 당시 한국의 정치행태를 동태적으로 파악하고자 한다.

2. 해방 후 정치단위조직 구성과 정치노선

1) 중앙정치조직

(1) 건국준비위원회

① 조직과정과 성격

해방 후 한국사회에서 최초로 발족된 중앙단위의 정치조직은 조선건국준비위원회(건준으로 약칭)[5]이다. 건준은 1945년 8월 15일 조선총독부 정부총감 엔도류우사쿠(遠藤柳作)와 여운형과의 접촉에서 조직의 착수가 이루어졌다.[6] 여운형은 조선총독부와의 교섭과정에서 일

---

5) 건국준비위원회는 조선건국동맹을 중심으로 조직이 이루어졌다. 조선건국동맹은 1944년 8월 10일 여운형이 주동이 되어 조동우・현우현・황운・이석구・김진우 등 국내의 노장파 독립운동가와 사회주의자 일파들이 제2차 세계대전의 종전을 예견하고 서울 시내 경운동 삼광의원에 비밀리에 집합하여 일본의 패망과 이에 따른 조국해방에 대비하여 조직하였다. 송남헌, 앞의 책, pp. 41-53; 이동화, "8・15를 전후한 여운형의 정치활동", 송건호 외,『해방전후사의 인식』(서울: 한길사, 1980), pp. 335-336 및 p. 347.

6) 당시 조선총독부 당국이 여운형에게 치안유지를 부탁한 이유는 여운형이 당시 청년과 학생들로부터 존경을 받고 있었기 때문인 것으로 추측된다. 특히 여운형의 진보주의적인 정치적 성향이 존경을 받게 된 주요 요인 중의 하나가 된다고 본다. 여운형이 존경받는 요인에 관한 자료로는 송건호,『한국현대인물사론』(서울: 한길사, 1984), p. 104; 송남헌, 앞의 책, p. 41; 이현

본항복 이후 조선 내의 치안유지의 부탁을 수락하는 과정에서 그 전제조건으로 5가지 사항[7]을 제시하였다. 조선 총독부가 여운형의 전제조건을 승락함으로써 건준의 조직이 본격적으로 착수되었다.

민족해방운동의 통일된 지도력이 결여된 상태에서 해방을 맞이한 조선은 주체적인 역량강화를 필요로 하였고, 국가건설 과정에서 거국정부의 통일전선체적 결성의 필요성을 인식하게 되었다.[8] 해방 후 20여 일 동안의 해방정국은 국가건설 과정에서 다양한 정치세력들이 정치적 주도권과 헤게모니를 먼저 장악하기 위하여 극한적인 대립상태에 놓이게 되었다.

여운형은 조선의 자주적이고 자위적인 주권국가를 확립하기 위한 거국정부를 수립한다는 계획 아래 당시의 다양한 정치세력들과의 연합전선을 시도하였다. 특히 여운형은 거국정부의 연합전선체적 성격을

구, "여운형 씨의 정치견해", 『백민』 제3권 제5호(1947. 8), p. 8; 류광열, "여운형론", 『백광』(백광사), p. 26; 정상윤, "건국천하 20일", 『중앙』 제1권 제 5호(1968. 8), p. 113.

7) 여운형의 5가지 전제조건들은 자료출처에 따라 내용상 약간의 차이가 있다. 송남헌의 자료에 의하면 ,
① 전국을 통하여 정치범, 경제범을 즉시 석방할 것.
② 8월, 9월, 10월, 3개월 간의 식량을 보장할 것.
③ 치안유지와 건국을 위한 정치활동에 대하여 절대로 간섭하지 말 것.
④ 청년과 학생을 조직 훈련하는 데 대하여 절대로 간섭하지 말 것.
⑤ 근로자와 농민을 건국사업에 조직 동원하는 데 대하여 절대로 간섭하지 말 것 등을 들고 있다. 송남헌, 앞의 책, pp. 34-35.
이동화의 자료에 의하면, 이동화는 송남헌의 5가지 항목 중에서 ①·②·④항은 내용상 서로 일치하고 있지만 ③항과 ⑤항은 약간의 차이를 보여주고 있다. 그 내용을 보면 다음과 같다.
③항: 치안유지와 건설사업에 아무런 간섭도 하지 말 것.
⑤항: 조선대 각 사업장에 있는 일본 노무자들을 우리의 건설사업에 협력시킬 것. 이동화, 앞의 책, p. 343.

8) 서울대학교 인문대학 한국현대사회연구회, 『해방정국과 민족통일전선』(서울: 세계, 1987), p. 30.

갖기 위해 당시 민족주의 우파세력의 대표적 지도자 송진우에게 건준에의 참여를 제의하였으나 거절당하였다.[9] 따라서 건준은 민족주의 우파세력을 배제시킨 가운데 공산주의 계열의 좌파세력, 비공산주의적 사회주의 계열의 중도좌파세력, 그리고 민족주의 계열의 중도우파세력 등과 연합전선을 형성하게 되었다.

이와같이 건준은 발족 당시 조선총독부로부터 이양받은 치안유지의 기능과 더불어 거국정부가 수립될 때까지 국가건설을 위한 잠정적이며 과도기적인 성격을 갖고 출발한 연합전선체적 내지 통일전선체적 성격을 가진 해방 후 최초의 정치기구였다고 볼 수 있다. 더구나 건준은 중앙정치기구로서 중앙행정기능을 담당하였을 뿐만 아니라, 지방행정기구로 건준지부를 조직하여 지방행정기능을 담당케 하였다. 건준의 이러한 통일전선체적 중앙정치기구로서의 성격은 건준의 선언문과 강령의 내용에서 더욱 분명히 나타나 있다.

그러나 건준은 완전한 정부형태의 중앙정치기구로서 정치적 기능을 담당한 것이 아니라, 임시적 중앙정치기구로서 정치적 기능을 수행했기 때문에 한계성을 갖게 되었다. 또한 건준은 민족연합전선체에서 민족주의적 우파세력을 배제한 좌파세력 중심의 제한된 형태의 연합전선체적 성격을 갖고 있었기 때문에 중앙정치기구로서 정치적 기능

---

9) 송남헌의 자료에 의하면 송진우가 여운형과의 연합을 거절한 이유를 다음과 같이 들고 있다. ①송진우는 자존심이 지나치게 강한 사람으로서 여운형이 이미 주도권을 잡고 있는 건준에 들어간다 해도 그는 한갓 보조역할을 하게 될 것이며, 더욱이 좌익계열이 많이 참가해 있던 만큼 그로서는 발언권조차 별로 크지 못하리하고 생각하였으리라는 점, ②송진우는 초연한 입장에 서 있다가 중경 임시정부와 해외세력이 들어오면 그들과 합작하는 한편 건준의 약점을 잡아 이를 공격하면서 신정부 수립에 있어서 그 자신이 주도적 역할을 해보려는 속셈, ③김성수를 중심으로 이루어진 동아일보, 보성전문학교, 중앙학교, 경성방직 등 여러 기관 업체의 인사들을 총망라한다면 재정적으로나 인재로나 다른 어떤 세력에도 대항할 수 있으리라는 그의 자신감 등이다.

을 수행하는 데 제한성을 갖게 되었다. 또한 좌파세력 중심의 연합전선체적 성격을 갖고 있었다고 하지만 실제적으로 여운형 계열의 중도좌파세력과 조선공산당 계열의 좌파세력 간의 정치적 성향과 정치노선의 차이, 그리고 정치적 패권을 위한 경쟁이 심화되어 통일된 정치적 기능을 수행하기가 어려웠다.

건준은 해방 후 최초로 다양한 정치세력의 통일체로서 거국정부를 자주적으로 조직한 연합전선체였다는 점에서 긍정적 의미를 지녔다. 그러나 건준의 연합전선체적 정치조직이 다양한 정치세력들의 집합체로 이루어졌고, 이념적 성향과 인적 구성의 잡다성과 모호성으로 인하여 발족 초기부터 조직갈등적 요인이 내재하고 있었다. 더욱이 건준의 주도권을 잡고 있던 중도파세력이 명확한 이념성과 계급성을 갖고 있지 않았기 때문에 스스로의 한계를 갖고 있었다. 건준의 연합전선체적 조직의 한계로 인해 3차례에 걸쳐 조직개편이 이루어지는 과정에서 주로 조선공산당계열의 좌파중심으로 확충됨에 따라 좌우파 간에, 그리고 건준 지도부 간에 주도권을 놓고 갈등이 심화되었다. 당시 중도우파의 안재홍은 우파계열로부터 건준에 우파세력의 인물을 많이 참가시킬 것을 강요받았다. 이때 여운형이 8월 18일 테러를 당하여 안재홍이 위원장 직무대리를 수행하면서 송진우 측의 건준 확대요구를 받아들여 우파계열에 편중된 확대위원 135인을 여운형과 상의 없이 발표했다.[10] 한편 강낙원과 유억겸 등 우파인사들이 보안대를 조

10) 1945년 8월 25일 발표된 건준 확대위원회의 위원수는 135명이 아니라 134명으로 이들의 명단은 다음과 같다.
오세창, 권동진, 여운형, 허헌, 안재홍, 조만식, 김성수, 백관수, 김항규, 권태석, 이인, 정백, 조병옥, 이두열, 이증림 최규동, 김병로, 김도연, 이극로, 최현배, 조동우, 이영, 정재달, 최선익, 윤홍렬, 조한용, 도유호, 이만규, 김중화, 김병숙, 원세훈, 박찬희, 오윤선, 이유필, 이강국, 최용달, 구자옥, 김교영, 이영학, 김철수, 방응모, 유억겸, 손재기, 이규갑, 김준연, 이여성, 정인보, 백남운, 최익한, 서세충, 최익환, 이선, 이승복, 유석현, 함명찬, 채익수, 김약수, 정구충, 함상훈, 정열모, 윤형식, 이용설, 고경흠, 홍증식, 양주

직하여 건국치안대와 합류할 것을 요구했을 때 안재홍은 이를 승락했다. 이에 대하여 여운형은 장권이 이끄는 치안대와의 충돌을 이유로 이를 거절하였다.[11] 안재홍과 여운형 간의 의견충돌과 건준 지도부의 갈등은 조직의 갈등을 가져왔다.

마침내 여운형은 8월 31일 밤 건준 조직을 현상태로 이끌고 나갈 것인지, 아니면 확대개편할 것인지를 결정하기 위하여 집행위원회를 소집하고 위원장직 사의를 표명하였다. 이에 따라 건준 간부 전원이 사직을 함으로써 9월 4일 건준의 확대개편이 이루어졌다.[12] 여운형과 안재홍이 정·부위원장으로 유임되었으나 안재홍은 자신의 확대개편안이 좌절되자 건준을 탈퇴하였다. 따라서 건준은 3차에 걸쳐 확대개편이 이루어졌지만 안재홍을 비롯한 중도우파세력이 탈퇴함으로써 좌파중심의 정치기구로 변모하게 되었다. 더구나 좌파중심으로 제3차 확대개편으로 이루어진 지 2일 후인 9월 6일 박헌영 계열의 좌파세력이 중심이 되어 건준을 해산하고 조선인민공화국을 조직하였다.[13] 따라서

삼, 홍영건, 이관구, 김량하, 서광설, 이의식, 박문규, 김관식, 강기덕, 정세용, 정운영, 현동완, 이원혁, 도영호, 박명환, 김진국, 권태휘, 김광진, 최근우, 장준, 오하영, 최용복, 이규봉, 정운해, 박형병, 홍남표, 김성도, 오덕연, 김영택, 김법린, 이림수, 윤병호, 이종익, 김세용, 이병학, 정의식, 장권, 정진용, 이관술, 김태준, 김병환, 이선근, 김이용, 최윤동, 백남훈, 김석황, 김량수, 박의양, 주의국, 이우식, 이승, 정일형, 서상일, 구여순, 이봉수, 채규항, 고지영, 주종의, 김홍진, 박래원, 한림, 김성엄, 한설야, 최성환, 이상숙, 이동화, 정화준, 양재하, 홍기문 등이다.

심지연 편, 『해방정국논쟁사 I』(서울: 한울, 1986), pp. 23-24.

11) 위의 책, p. 24; 송남헌, 앞의 책, p. 74.

12) 종전 간부 35명만이 참가한 집행위원회에서 정·부위원장의 사표수리가 18:17로 부결됨으로써 여운형과 안재홍은 유임되었다. 송남헌, 앞의 책, p. 74; 심지연, 앞의 책, pp. 24-25.

13) 건준의 정식적인 해체는 건준의 잔무처리 문제, 지방과의 연락관계, 위원장의 신병 등으로 지연되어 오다가 1945년 10월 17일 서울 옥인동에 위치한 인민공화국 사무실에서 건준 중앙집행위원회를 개최하고 여운형, 허헌 등 33명 위원 중 25명이 참석한 가운데 해산을 결의하였다. 송남헌, 앞의 책, p. 76.

건준은 9월 7일 해산됨으로써 해방정국 20여일 동안 최초의 민족연합 전선체적 중앙정치기구로서의 정치적 기능이 끝나게 되었다.

② 조직구성

해방 후의 정치과정과 정치행태는 건준의 조직구성의 변화과정, 즉 인적 구성과 조직부서의 변화과정을 통하여 비교적 동태적으로 파악될 수 있다. 특히 조직부서와 인적 구성의 변화과정에서 사회적 배경과 이데올로기적 성격을 변수로 사용하여 볼 때 건준의 정치행태를 좀더 구체적으로 이해할 수 있다.

건준은 중앙정치조직과 지방정치조직이라는 정치기구를 통하여 정치적 기능을 담당하였다. 중앙정치조직은 3차에 걸쳐서 확대개편되었는데 제1차 조직은 1945년 8월 17일에, 제2차 확대개편은 8월 22일에, 그리고 제3차 확대개편은 9월 4일에 이루어졌다. 여기서 중앙정치조직의 조직부서의 변화과정을 보면 제1차 조직에서는 7개 부서(위원장, 부위원장, 총무부, 재정부, 조직부, 선전부, 무경부)에 각각 1인의 위원이 위임되었다. 제1차 조직은 주로 조직, 재정, 선전, 그리고 치안 등의 매우 한정된 정치기능의 수행을 의미했으므로 중앙정치조직으로서 불완전하고 미비한 체제의 성격을 가졌다고 볼 수 있다. 한편 제2차, 제3차 확대개편에서 8개 부서(식량부, 문화부, 교통부, 건설부, 기획부, 후생부, 조사부, 서기국)가 신설됨으로써 어느 정도 중앙정치기구로서 조직체계를 갖추었다고 본다.

건준 중앙조직의 인적 구성의 변화과정을 분석해 보면 3차에 걸쳐 71개의 조직부서에 48명의 인원이 신임, 유임, 그리고 경질되었다.

제1차 조직은 여운형이 조선총독부에 제시한 5가지 조건을 수행하기 위하여 필요한 조직부서를 우선적으로 다음과 같이 발표했다.

부 서:	위 원 장 : 여운형	부위원장 : 안재홍
	총 무 부 : 최근우	조 직 부 : 정백
	선 전 부 : 조동우, 최용달	무 경 부 : 권태석

재정부 : 이규갑

여기서 제1차 조직구성의 개인적 배경[14]를 보면 평균연령은 55세로서 출신지역은 대체로 서울과 경기지역 중심의 중부지역이다. 학력을 보면 해외에서 유학을 한 대졸 이상이 4명(여운형 · 안재홍 · 최근우 · 조동우)으로 전체의 66퍼센트를 점하고 있다. 한편 확인되지 않은 권태석을 제외한 2명(이규갑 · 정백)도 비교적 학력이 높은 편으로 국내에서 고등학교를 졸업했다. 이처럼 제1차 조직 중앙간부들은 당시 최고 학력을 가진 인텔리계층으로 구성되었음을 알 수 있다.

한편 건준 제1조직 중앙간부들의 해방 이전의 사회적 활동을 계열화하면 세 가지 그룹으로 분류할 수 있다. 제1계열은 건국동맹에 참여했던 인물들로 여운형 · 조동우 · 최근우[15] 등을 들 수 있고, 제2계열

14) 이들의 개인적 배경을 보면 다음과 같다.

이름	연령	출생지	학 력
여운형	59	경기도 양평	중국 금릉대
안재홍	64	경기도 평택	일본 와세다대 정경학부 졸
최근우	49	경기도 개성	독일 베를린대 졸
정백	49	강원도 철원	양정고보 졸
조동우	59	서울	상해유학
최용달	43	강원도 양양	경성제대 졸
이규갑	55	충남 아산	협성신학교 졸
권태석	50	서울	?

15) 건국동맹은 1944년 8월 10일 여운형이 주동이 되어 국내 노장파 민족주의자들과 사회주의자 일파 등을 중심으로 해서 제2차 대전의 종전시 일본의 패망과 민족해방을 준비하여 만든 조직체였다.

건국동맹 구성원을 보면, 여운형, 조동우, 현우현, 황운, 이석구, 김진우, 이여성, 박승환, 김문갑, 이상백, 허규, 이만규, 이수목, 정재철, 전영애, 이영선, 김희순, 최주봉, 최근우, 김기용, 김순자, 김명시, 김용기, 여운혁, 김강, 이정구, 이옥경, 김사옥, 최현국, 변재철, 이인규, 김종계, 문규영, 조윤환, 서재필, 여용구, 홍성철, 조흥환, 성기원, 김동호, 장권, 최원택, 정재달,

로는 신간회 활동에 참여했던 인물들로 안재홍·이규갑·권태석 등이다. 또한 제3계열로는 조선공산당에서 활동했던 정백을 들 수 있다. 따라서 건준 중앙간부들은 건국동맹 출신과 신간회 출신의 인물들로 구성되었다. 한편 이데올로기적 성향은 그들의 사회적 배경으로 보아 좌파적 성향을 가진 인물들(정백·조동우·최용달·권태석)과 중도좌파적 성향을 가진 인물들(여운형·최근우) 그리고 우파적 성향을 가진 인물들(안재홍·이규갑))로 이루어져 있다. 특히 조직의 가장 핵심적인 부서인 조직부와 선전부, 그리고 무경부는 조선공산당 계열의 좌파적 인물들이 장악하고 있었다. 따라서 건준의 제1차 조직은 겉으로 보기엔 좌우 정치세력의 연합전선체적 성격을 띠고 있지만 실제로는 조직 초기부터 좌파세력 중심의 연합체였다고 볼 수 있다.[16)]

건준의 제2차 조직은 8월 22일 15개 부서에 33명으로 확대개편되었는데 각 조직부서의 명단을 보면 다음과 같다.

위 원 장 : 여운형(유임)
부위원장 : 안재홍(유임)
총 무 부 : 최근우(유임)
조 직 부 : 정백(유임), 윤형식(신임)

이승엽, 최용달, 이강국, 박문규 등이다.

한편 건국동맹의 성격을 나타내는 3대 강령은 다음과 같다.

강령: (1) 각인각파를 대동단결하여 거국일치로 일본제국주의 제세력을 구축하고 조선민족의 자유와 독립을 회복할 것.

(2) 반구축제국과 협력하여 대일 연합전선을 형성하고 조선의 완전한 독립을 저해하는 일체 반동세력을 박멸할 것.

(3) 건설부면에 있어서 일제 시정(施政)을 민주주의 원칙에 의거하고 특히 노동 대중의 해방에 치중할 것.

이만규, 『여운형선생 투쟁사』, pp. 168-178; 송남헌, 앞의 책, pp. 42-43; 홍인숙, "건국준비위원회의 조직과 활동", 『해방전후사의 인식 2』(서울:한길사, 1985), p. 74.

16) 김남식, 앞의 책, p. 40.

선 전 부 : 권태석(유임), 홍기문(신임)
재 정 부 : 이규갑(유임), 정순용(신임)
식 량 부 : 김교영(신임), 이광(신임)
문 화 부 : 이여성(신임), 함상훈(신임)
치 안 부 : 최용달(유임), 유석현(신임), 이병학(신임),
장권(신임), 정의식(신임)
교 통 부 : 이승복(신임), 권태휘(신임)
건 설 부 : 이강국(신임), 양재하(신임)
기 획 부 : 김준연(신임), 박문규(신임)
후 생 부 : 이용설(신임), 이의식(신임)
조 사 부 : 최익한(신임), 김약수(신임)
서 기 국 : 고경흠(신임), 이동화(신임), 이상도(신임),
최성환(신임), 정화준(신임)

건준 제2차 조직의 인적 구성의 변화과정을 보면 제1차 조직의 중앙간부 8명 가운데 7명(여운형, 안재홍, 최근우, 정백, 이규갑, 최용달, 권태석)이 유임되고 26명(윤형식, 홍기문, 정순용, 김교영, 이광, 이여성, 함상훈, 유석현, 이병학, 장권, 정의식, 이승복, 권태휘, 이강국, 양재하, 김준연, 박문규, 이용설, 이의식, 최익한, 김약수, 고경흠, 이동화, 이상도, 최성환, 정화준)은 새로 선임되었고, 조동우만이 탈락되었다. 2차 조직부서의 변화과정에서 나타난 특징을 보면 무경부가 치안부로 명칭이 바뀌면서 확대개편되었고 다른 부서보다도 더 많은 인원이 충원되었다. 여기서 치안부서의 조직강화는 해방 후 치안행정이 무엇보다도 가장 중요함을 의미한다고 볼 수 있다. 또한 1차 조직에는 없었던 서기국을 신설하여 인원을 5명으로 선임한 것은 건준 중앙조직에서 가장 중요한 부서임을 입증하는 근거가 된다. 이처럼 건준 2차 조직의 확대개편은 건준의 실질적인 활동과 행정기능을 비교적 체계적으로 담당하는 조직을 갖추고 있었음을 의미한다.

한편 건준 2차 조직의 개인적 배경[17]을 분석해 보면 평균연령은 확인되지 않은 11명[18]을 제외한 21명을 볼 때 약 46세이다. 1차 조직보

17) 건준 제2차 조직 구성에 새로 선임된 인물들의 개인적 배경을 보면 다음과 같다.

이름	연령	출생지	학력
윤형식	?	서울	모스크바에서 마르크시즘연구
홍기문	?	충북 괴산	어학박사
정순용	?	?	?
김교영	?	경남	
이광	42	경기도	?
이여성	45	경북 대구	일본 다오시대 졸
함상훈	42	황해도 송화	일본 와세다대 졸
유석현	45	충북 충주	중국 북경대 졸
이병학	47	평남 평양	일본체전 졸
장권	?	?	?
정의식	?	?	?
이승복	?	서울	?
권태휘	?	?	?
이강국	40	경기도 양주	경성제대 및 독일 베를린대 졸
양재하	39	경북 문경	?
김준연	50	전북 영암	일본 동경제대 졸
박문규	39	경북	경성제대 졸
이용설	46	평남 평양	미국 노스웨스턴(North Western)대 졸
이의식	?	?	?
최익한	49	강원도 울진	일본 와세다대 졸
김약수	53	경남 동래	일본 일본대 졸
고경흠	36	서울	일본유학
이동화	36	평남 강동	일본 동경제대 졸
이상도	36	경북	?
최성환	?	전북 남원	?
정화준	?	?	?

18) 연령이 확인되지 않는 11명의 명단을 보면 권태석, 윤형식, 홍기문, 정순용, 장권, 정의식, 이승복, 권태휘, 이의식, 최성환, 정화준 등이다.

다 평균연령이 9년 정도 낮아졌다. 이것은 2차 조직에는 비교적 활동력이 강한 젊은층이 많이 선임되어 건준의 영향력이 젊은층으로 넘어가고 있음을 의미한다고 볼 수 있다. 학력을 분석하여 보면 확인되지 않은 11명[19]과 이상도[20]를 제외한 20명이 대학을 졸업한 최고의 지식인 계층이었다. 따라서 건준 2차 조직부서도 최고의 학력을 가진 지식인 계층 중심으로 구성되었음을 알 수 있다. 한편 이들의 출신지역을 보면 확인되지 않은 7명[21] 제외한 25명 중에서 22명이 이남 출신이고, 3명만[22]이 이북 출신이다. 지역별로는 서울·경기·충청도 지방의 중부지역 출신이 11명으로 전체의 34%를 차지하고 있다. 다음은 경상도 출신이 6명, 전라도 출신 2명, 강원도 출신 2명 등이다. 따라서 건준 조직구성원의 지역별 분포는 1차 조직에 이어 2차 조직에서도 서울·경기 중심의 중부지역 출신이 중심이 되었고, 이북, 경상도, 전라도, 강원도 등의 출신인물들이 부분적으로 건준조직에 참여하게 되었다.

한편 건준 제2차 조직 중앙간부들의 해방 이전의 사회적 활동을 계열화해 보면 네 가지 그룹으로 분류할 수 있다. 제1계열은 건국동맹 계열로 여운형, 최근우, 이여성, 최용달, 장권, 이강국, 양재하, 박문규, 이동화, 이상도 등으로 건준이 건국동맹원이 중심이 되어 구성되었음을 알 수 있다. 제2계열은 신간회 계열로 안재홍, 이규갑, 권태석, 홍기문, 이승복, 권태휘, 김준연 등을 들 수 있다. 또한 제3계열은 조선공산당 계열로 이광, 최익한, 김약수, 고경흠, 정의식 등이고, 제4계열은 사회운동 및 청년운동 출신으로 유석현, 이용설, 이의식, 함상훈, 윤형식, 김교영 등이다. 건준 제2차 조직구성원의 계열별 분포에서 나타난 바

---

19) 권태석, 윤형석, 홍기문, 정순용, 장권, 정의식, 이승복, 권태휘, 이의식, 최성환, 정화준 등이다. 이들 중에서 윤형식은 당시 모스크바에서 마르크시즘을 연구한 경험이 있고, 홍기문은 어학박사 출신인 것으로 보아 당시 최고의 지식층이라고 볼 수 있다.

20) 고보출신이다.

21) 홍기문, 정순용, 장권, 정의식, 권태휘, 이의식, 정화준 등.

22) 함성훈, 이용설, 이동화 등.

와 같이 건준이 형식적으로는 해방 후 당시의 다양한 사회적·정치적 세력들의 연합전선체적 성격을 갖고 있었음을 보여주고 있다.

한편 건준 제2차 조직간부들의 이데올로기적 성향은 제1차 조직에서 나타난 현상과 유사하다고 볼 수 있다. 즉 건준은 조선공산당 활동을 중심으로 한 좌파적 성향의 인물들과 중도좌파적 인물들, 그리고 중도우파적인 인물들로 구성된 이데올로기적 성향을 갖고 있다. 특히 건준 제2차 조직에는 제1차 조직보다도 좌파중심의 인물들이 더 많이 충원되었다. 또한 건준의 조직부서 가운데에서 조직부, 선전부, 치안부, 건설부, 조사부, 서기국, 기획부, 식량부 등의 주요 부서는 조선공산당 출신이 주로 담당하였다. 더욱이 건준 제2차 조직의 이데올로기적 성향은 8월 28일 발표된 건준의 선언문[23]에 잘 나타나 있다.

이와같이 건준의 성격은 제2차 조직구성원의 사회적 배경과 이데올로기적 성향에서 더욱 분명해지고 있다. 건준의 성격이 초기에는 형식적으로 좌우 연합전선체적 성격을 띠고 있었지만 실제적으로는 우파세력을 배제시킨 좌파세력 중심의 연합전선체적인 조직체로 더욱 강화되어 가고 있음을 보여주고 있다.

---

23) 건준 선언문의 내용 중에서 이데올로기적 성향이 다음과 같이 잘 나타나 있다. … 봉건적 잔재를 일소하고, 자유발전의 길을 열기 위한 모든 진보적 투쟁은 전면적으로 전개되고 있으며, 국내의 진보적이고 민주주의적인 여러 세력은 통일전선의 결성을 갈망하고 있으니 이러한 사회적 요구에 의하여 우리 건국준비위원회는 결성된 것이다. 그러므로 본 준비위원회는 우리 민족을 진정한 민주주의 정권으로 재조직하기 위한 새 국가건설의 준비기관이다. 동시에 모든 진보적이고 민주주의적인 제 세력을 집결하기 위하여 각계각층에 완전히 개방된 통일기관이지 결코 혼잡한 협동기관이 아니다. 왜 그런가 하면 여기에는 모든 반민주주의적 반공세력에 대한 대중적 투쟁이 요청되는 까닭이다. 과거에 있어서 그들은 일본 제국주의와 결탁하여 반민족적 죄악을 범하였고 금후에도 그들은 해방조선을 그 건설도중에서 방해할 가능성이 있나니, 이러한 반동세력 즉 반민주주의 세력과 싸워 이것을 극복 배제하고 진정한 민주주의의 실현을 위해서는 강력한 민주주의 정권이 수립되어야 할것이다.… 민주주의 민족 전선 편, 앞의 책, p. 90.

또한 건준은 제2차 조직과정에서 좀더 체계화된 정치기구로 발전되었음을 보여주고 있다. 그러나 건준 제2차 조직은 좌우파 간의 갈등과 대립, 전국유지자 대회에 대한 여운형과 안재홍의 갈등과 의견불일치, 조직간부들의 독단적인 행동 등으로 인하여 건준조직 내부의 갈등과 분열이 심화되었다. 따라서 건준 제2차 조직은 안재홍을 비롯한 조직간부들의 사퇴로 인하여 제3차 조직개편이 이루어지게 되었다.

건준의 제3차 조직은 9월 4일 15개 부서에 32명으로 개편되었다. 각 조직부서의 명단을 보면 다음과 같다.

위 원 장 : 여운형(유임)
부위원장 : 허헌(신임)
총 무 부 : 최근우(유임), 김규홍(신임)
조 직 부 : 이강국(유임), 이상도(유임)
선 전 부 : 이여성(유임), 양재하(유임)
치 안 부 : 최용달(유임), 유석현(유임), 정의식(유임),
장권(유임), 이병학(유임),
문 화 부 : 함병업(신임), 이종수(신임)
건 설 부 : 윤형식(유임), 박용칠(신임)
조 사 부 : 최익한(유임), 고경흠(유임)
양 정 부 : 이광(유임), 이정구(신임)
후 생 부 : 정구충(신임), 이경봉(신임)
재 정 부 : 김세용(신임), 오재일(신임)
교 통 부 : 김형선(신임), 권태휘(유임)
기 획 부 : 박문규(유임), 이순근(신임)
서 기 국 : 최성환(유임), 정처묵(신임), 정화준(유임)

건준 제3차 조직간부의 인적 구성의 변화과정을 보면 제2차 조직의 중앙 간부 33명 중에서 14명[24]이 사퇴하여 19명(여운형, 최근우, 이강국, 이상도, 이여성, 양재하, 최용달, 유석현, 정의식, 장권, 이병학, 윤형식, 최익한, 고경흠, 이광, 권태휘, 박문규, 최성환, 정화준)이 유임되었고, 13명(허헌, 김규홍, 함병업, 이종수, 이정구, 정구충, 이경봉, 박용칠, 김세용, 오재일, 김형선, 이순근, 정처묵)이 새로 선임되었다. 건준 제3차 조직개편 과정에서 나타난 특징을 보면 부위원장에 비교적 좌파적 성향을 갖고 있던 신간회 출신의 허헌이 선임되었고, 2차 조직부서의 식량부가 양정부로 그 명칭이 바뀌었다. 건준 3차 조직의 변화는 중앙간부의 인적 구성의 변화는 있었지만 조직부서의 신설이나 폐지는 없었던 것으로 보아 제3차 조직의 각 부서는 제2차 조직부서의 행정적 기능을 그대로 담당하고 있었음을 알 수 있다.

한편 건준 제3차 조직의 중앙간부들의 개인적 배경[25]을 분석하여 보면, 평균연령은 확인되지 않은 11명[26]을 제외한 21명을 볼 때 약 44

---

24) 안재홍, 정백, 권태석, 홍기문, 이규갑, 정순용, 김교영, 함상훈, 이승복, 이용설, 이의식, 김약수, 이동화, 김준연 등.

25) 건준 제3조직에 새로 선임된 인물들의 개인적 배경을 보면 다음과 같다.

이름	연령	출 생 지	학 력
허헌	60	함북 명천	일본 메이지대 졸
김규홍	39	평남	미국 로요라대 졸
함병업	46	평북 영변	일본 동경제대 졸
이종수	39	평남 평양	일본 경성제대 졸
박용칠	?	?	일본 메이지대 졸
이정구	?	?	일본 농대 졸
정구충	51	서울	일본 오사카 의대 졸
이경봉	43	경기도	경성 약전 졸
김세용	42	경북 대구	모스크바에서 연구
오재일	?	경남	일본 중앙대 졸
김형선	42	경남 마산	마산공립보통학교 졸, 마산간이농업학교 1년 중퇴
이순근	?	함남	?
정처묵	?	?	?

세이다. 2차 조직보다 평균연령이 2세 정도 낮아졌지만 별 차이가 없다. 따라서 건준이 40대의 젊은층에 의해서 실질적으로 영향력이 행사되고 있었음을 알 수 있다. 학력을 분석해 보면 확인되지 않은 9명을 제외한 대부분의 간부들이 대학을 졸업한 출신이었다. 따라서 건준 3차 조직도 2차 조직과 마찬가지로 당시 한국사회에서 최고의 학력을 가진 지식인 계층을 중심으로 구성되었음을 이해할 수 있다. 한편 이들의 출신지역을 보면 확인되지 않은 9명을 제외한 23명 중에서 18명이 이남 출신이고 5명이 이북 출신이다. 지역별로는 서울・경기 출신이 7명, 경상도 출신 7명으로 각각 전체의 30%를 점하고 있다. 다음은 전라도 출신 2명, 강원도 출신 2명, 평안도 출신 4명, 함경도 출신 1명 등이다.

건준 제3차 조직 중앙간부들의 해방 이전의 사회적 활동을 계열화해 보면 건국동맹 계열, 신간회 계열, 조선공산당 계열, 기타 계열로 나눌 수 있다. 건국동맹 계열로는 여운형, 최근우, 이여성, 최용달, 장권, 이강국, 양재하, 박문규, 이상도, 이정구, 김세용, 오재길 등으로 건준 제1차 조직 이래로 다수를 차지하고 있다. 이것은 건준이 건국동맹원 출신을 중심으로 조직되었음을 의미한다. 다음은 신간회 계열은 권태휘, 허헌 등으로 제2차 조직에 비하여 신간회 출신의 세력이 약화되었다. 이것은 제2차 조직에 참여했던 신간회 출신들이 안재홍의 사퇴에 따라 대부분이 사퇴함으로써 나타난 현상이다. 따라서 건준 조직구성에서 신간회 계열은 건국동맹 계열이나 조선공산당 계열에 비하여 매우 약세에 놓이게 되었다. 한편 조선공산당 계열로는 형식적으로는 이광, 최익한, 고경흠, 정의식, 김형선, 이순근 등을 들 수 있지만 실제적으로는 건국동맹 계열의 이강국, 최용달, 박문규, 최성환 등을 포함시키면 건준 조직 내에서 가장 강력하고 영향력있는 정치세력으로 부상하였다. 또한 조선공산당 계열의 인물들이 조직부, 치안부, 기획부,

26) 윤형식, 장권, 정의식, 권태휘, 최성환, 정화준, 박용칠, 이정구, 오재일, 이순근, 정처묵 등.

서기국 등의 주요한 부서를 차지하여 건준을 사실상 장악하게 되었다.

따라서 건준의 제3차 조직개편에서 나타난 바와 같이 건준의 성격이 제1차 조직구성과 비교할 때 매우 빠른 속도로 변화하였음을 알 수 있다. 건준은 설립 초기에 해방 후 당시 한국 각 사회세력들이 거의 참여한 민족연합전선체적인 중앙정치기구로서의 성격이 비교적 강했다고 볼 수 있다. 그러나 두 차례에 걸친 조직 개편 과정을 통하여 건준의 성격이 매우 변화되었다. 특히 건준의 중앙조직 간부들이 조선공산당 계열의 인물들로 충원됨으로써 건준의 성격이 좌경적 성향으로 기울게 되었다고 본다. 더욱이 건준 제3차 조직 간부들의 인적 구성에는 제2차 조직구성보다 좌파적 성향을 가진 인물들이 많이 선임되었다. 상대적으로 우파 내지 중도우파적인 인물들은 제3차 조직개편 과정에서 그 세력이 매우 약화되었다. 따라서 건준의 인적 구성을 객관적으로 분석해 볼 때 건준의 이데올로기적 성향은 비교적 좌파적 성향으로 기울었다고 볼 수 있다.

(2) 조선인민공화국

① 조직 과정과 성격

건준은 해방 후 치안유지의 행정기능을 담당한 최초의 정치기구였지만 한계성을 갖고 있었다. 따라서 건준은 제3차 조직개편과 더불어 앞으로 정부수립을 위한 정권기관을 조직하기 위하여 1945년 9월 6일 경기여고 강당에서 최초의 전국인민대표자대회를 개최하였다.[27] 이

---

27) 9월 6일 전국인민대표자 대회가 개최된 것을 박헌영 일파의 공작에 의한 것이라고 보는 입장이 있다.

① 김남식에 의하면, 건준 3차 개편과 동시에 인민공화국 수립을 모의한 것은 박헌영 일파의 공작에 의한 것으로, 9월 4일 여운형, 박헌영, 허헌, 정백 등이 중심이 되어 경성의전 병원의 허헌 병실에서 인민공화국 창건과 구성인물 선정문제 등을 협의하였다는 것이다. 김남식, 앞의 책, p. 46.

② 이동화에 의하면, 전국인민대표자 대회는 여운형이 진심으로 마음내키는 일이 아니었는데 박헌영을 중심으로 하는 일부 공산주의자들이 꾸

대회는 전국에서 약 1천여 명[28]이 참석하여 임시의장에 여운형, 부의장에 허헌을 각각 선출하였다. 이 대회에서 임시의장에 선출된 여운형의 인사말이 있었고, 곧이어 정부를 즉시 수립할 것을 결의하고 국호를 조선인민공화국[29]으로 결정하였으며, 허헌의 경과보고에 이어 조선인민공화국 임시조직법안[30]이 상정되어 일부 수정을 거친 후 통과되었다. 다음으로는 중앙인민위원과 고문의 선거는 전형위원[31]에게 위임되어 인민위원 55명, 후보위원 20명, 그리고 고문 12명 등을 선출하여 발표하였다. 한편 인민공화국(인공으로 약칭)은 9월 8일 인민공화국 정부를 운영할 중앙인민위원회 부서를 결정하기 위하여 중앙인민위원회가 건국준비위원회 본부 회의실에서 개최되었다. 이 회의에는 허헌, 이강국, 최용달, 이만규, 정태식 등 27명의 위원이 참석하여 이강국의 사회로 개최되어 선거방법, 정강발표, 각 기관접수, 임시위원 선거 등의 안건을 토의하고 인공의 부서결정을 정·부위원장에게 일임하고 9

며낸 일종의 정치극이라고 표현하고 있다. 이동화, 앞의 글, pp. 354-335.

28) 전국대표자 대회에 참석한 인원의 수는 자료에 따라 차이가 있다.
  ① 민주주의 민족전선이 편집한 『해방 조선 I』에 의하면 일천 수백 명으로 표현되어 있다. 민주주의 민족전선 편, 앞의 책, p. 93.
  ② 김남식은 약 500-600명으로 보고 있다.
  ③ 『매일신보』와 『조선해방 1년사』 등에 의하면 1,000명 이상으로 나타나 있다.
  ④ 송남헌은 천수백명으로 표현함. 송남헌, 『해방 3년사 I』(서울: 까치, 1985), p. 49.

29) 국호로 조선인민공화국이라는 명칭을 결정한 것은 대회 주최측의 원래 복안이 아니라는 설이 있다. 이동화에 의하면, 대회 주최측의 복안은 조선민주공화국으로 되어 있었는데 이 대회에 다수의 좌익계열이 참여한 회의상태에서 어떤 대의원이 인민공화국이라는 명칭의 타당성을 제안하자, 이를 찬성, 지지하는 의견이 회의 분위기를 지배하였기 때문에 통과되었다는 것이다. 이동화, 앞의 글, pp. 354-355.

30) 조선인민공화국 임시조직법안은 허헌과 최용달에 의하여 기초되었다는 것이다. 이 법안은 인민공화국 자본주의 국가의 민주주의 헌법을 참고하였다는 것이다. 따라서 국호를 인민공화국이 하닌 민주공화국으로 칭하려는 의도가 내포되었음을 의미한다는 것이다. 위의 글, p. 355.

31) 전형위원은 여운형, 허헌 등을 포함한 5인이었다고 한다.

월 14일에 발표하기로 결정하였다.

이와같이 인공은 건준의 해체와 거의 동시에 조직되었다. 인공이 이처럼 급속도로 조직되게 된 데에는 다음과 같은 몇 가지 요인이 있었다고 본다.

첫째, 미군정 실시를 앞둔 여운형과 박헌영을 비롯한 정치지도자들이 해방정국에서의 주도권을 장악하기 위한 필요성에서였다. 특히 좌파세력은 형식적이더라도 국내 각계각층의 사회세력들이 참여하는 정치조직을 만들어 미군정으로부터 정통성을 인정받고, 주도권을 장악하여 세력을 확장하려는 의도를 갖고 있었다. 즉 미군정을 이용하여 좌파세력을 강화할 수 있는 기회를 갖고자 하였다.

둘째, 중경의 임시정부와 맞설 수 있는 정치조직을 만들 필요성을 갖고 있었다.[32] 당시 해방정국에서 중경의 임시정부가 민중으로부터 지지를 받고 있었고, 어느 정도 정통성을 지니고 있었다고 볼 수 있다. 따라서 당시 이승만을 인공의 주석으로 추대한 것도 당시 민중과 미군정으로부터 어느 정도 확고한 지지를 받을 수 있을 것이라는 가정과 동시에 중경의 임시정부보다 우월한 지지를 확보하여 먼저 해방정국의 주도권을 장악하기 위한 조치였다고 볼 수 있다.

한편 인공의 이념적 성격은 인공 중앙인민위원회가 발표한 선언문과 강령, 그리고 정책노선이라고 할 수 있는 시정방침 등에서 나타나고 있는데 대체로 좌파지향적 성격을 갖고 있었다. 먼저 인공의 선언문에서 인공의 기본방향이 제시되었다. 선언문은 인민대중의 기본적 요구에 응하여 일본 제국주의의 잔존세력을 완전히 제거하는 동시에 자주독립을 방해하는 외래세력과 반민주주의적·반동적 모든 세력에 대한 철저한 투쟁을 통하여 완전한 독립국가를 건설하여 진정한 민주주의 사회의 실현을 강조했다.[33] 또한 인공의 국제 정치노선은 소련,

---

32) 김남식, 앞의 책, p. 49.

33) 민주주의 민족전선 편, 앞의 책, pp. 95-96.

미국, 중국, 영국 등을 비롯한 평화를 사랑하는 모든 민주주의 국가와 제휴하여 세계평화의 확립에 노력한다는 입장을 밝히고 있다. 인공의 정강내용은 완전한 자주독립국가의 건설, 일제와 봉건적 잔재세력의 일소, 노동자·농민의 생활향상, 그리고 세계 민주주의 국가와의 국제평화주의 등을 내세우고 있다.[34] 이처럼 인공의 선언문과 강령에서 좌파지향적인 노선을 내세우고 있으면서 국제 정치노선에 미국을 비롯한 자본주의 국가를 포함시키고 있는 것은 일시적인 국제통일전선이라고 볼 수 있다. 특히 미국과의 관계에 있어서 협력관계를 유지하려고 하는 것은 인공의 영향력과 주도권을 장악하기 위한 일시적인 위장전술이라고 볼 수 있다. 특히 인공의 시정방침에서 일제와 민족반역자의 토지와 광산, 철도, 항만, 공장, 선박, 통신기관, 금융기관 및 기타 일체 시설을 몰수하여 국유화한다는 것은 인공의 조직성격과 조직노선이 좌파지향적이라는 것을 입증해 주고 있다.

② 조직구성

인공은 국가의 최고지도기관으로 중앙인민위원회를 조직하였는데, 9월 14일 20개의 정부부서와 각 부서의 책임자와 대리를 포함하여 50명으로 구성되었다. 인공 중앙조직부서의 인적 구성을 보면 〈표 1〉과 같다.

〈표 1〉에서 볼 수 있는 바와 같이 인공의 중앙조직은 50명의 간부 중에서 39명이 좌파지향적인 이념적 성향을 갖고 있다. 따라서 인공 중앙조직의 성격과 조직노선이 좌파지향적이었다는 것을 알 수 있다. 한편 인공 중앙조직의 특성은 해외세력이라고 볼 수 있는 이승만(주석), 김구(내정부장), 김규식(외교부장), 무정(보안부장 대리)등이 본인의 의사와는 관계없이 간부로 선출되었다는 점이다. 이와같이 해외세력을 인공 중앙조직의 간부로 선출하고, 인공의 중앙조직 부서에 다양한 사회세력을 참여시킨 것은 위로부터의 통일전선 형태라고 볼 수 있다. 이것은 인공의 정치조직이 건준과 마찬가지로 연합전선체적

34) 위의 책, 같은 페이지.

성격을 갖고 있다는 것을 보여준다.

인공의 정치조직이 좌파중심적이라는 사실은 〈표 2〉에서 볼 수

〈표 1〉 조선인민공화국 중앙조직 부서와 인적 구성

조직부서	인적 구성 및 이념적 성향
주석	이승만(우파)
부주석	여운형(중도좌파)
국무총리	허헌(좌파)
내무부장	김구(우파)(임시대리: 허헌)
대리	조동우(좌파), 김계림(좌파)
외무부장	김규식(우파)
대리	최근우(중도좌파), 강진(좌파)
재무부장	조만식(우파)
대리	박문규(좌파), 강병도(좌파)
군사부장	김원봉(임시대리: 김세용)
대리	김세용(좌파), 장기욱(좌파)
경제부장	하필원(좌파)
대리	김형선(좌파), 정태식(좌파)
농림부장	강기덕(?)
대리	유축운(좌파), 이광(좌파)
보건부장	이만규(중도좌파)
대리	이정윤(좌파), 김점권(좌파)
교통부장	홍남표(좌파)
대리	이순근(좌파), 정종근(좌파)
보안부장	최용달(좌파)
대리	무정(좌파), 이기석(좌파)
사법부장	김병로(우파)(임시대리: 허헌)
대리	이승엽(좌파), 정진태(좌파)
문교부장	김성수(우파)
대리	김태준(좌파), 김기전(?)
선전부장	이관술(좌파)
대리	이여성(중도좌파), 서중석(좌파)
체신부장	신익희(우파)(임시대리: 이강국)
대리	김철수(좌파), 조두원(좌파)

조직부서	인적 구성 및 이념적 성향
노동부장	이주상(좌파)
대리	김상혁(좌파), 이순금(좌파)
서기장	이강국(좌파)
대리	최성환(좌파)
법제국장	최익환(좌파)
대리	김용암(좌파)
기획부장	정백(좌파)
대리	안기성(좌파)

〈표 2〉 조선인민공화국 중앙인민위원회의 조직부서

조직부서	인적 구성 및 이념적 성향
중앙인민위원	이승만(우파), 여운형(중도좌파), 김규식(우파), 이관술(좌파), 김성수(우파), 김원봉(?), 이용설(우파), 홍남표(좌파), 김병로(우파), 신익희(우파), 안재홍(우파), 이주상(좌파), 김용암(좌파), 강진(좌파), 이주하(좌파), 하필원(좌파), 김계림(좌파), 박낙종(좌파), 김태준(좌파), 이만규(중도좌파), 이여성(중도좌파), 김일성(좌파), 정백(좌파), 김형선(좌파), 이정윤(좌파), 김점권(좌파), 한명찬(?), 유축운(좌파), 이승엽(좌파), 강기덕(?), 조두원(좌파), 이기석(좌파), 김철수(좌파), 김상혁(좌파), 정태식(좌파), 정종근(좌파), 조동우(좌파), 서중석(좌파), 박문규(좌파), 박광희(좌파), 김세용(좌파), 강병로(좌파), 이순금(좌파), 무정(좌파), 장기욱(좌파), 정진태(좌파), 이순근(좌파), 이상훈(?)
후보위원	최창익(좌파), 황태성(좌파), 홍덕유(좌파), 이청원(좌파), 최근우(중도좌파), 김준연(우파), 한빈(좌파), 양명(좌파), 최원택(좌파), 안기성(좌파), 정재달(좌파), 김오성(좌파), 권오직(좌파), 김두수(?), 장순명(좌파), 이광(좌파), 최성환(좌파), 이임수(?), 현준혁(좌파), 김덕영(?)
고문	오세창(우파), 권동진(우파), 김창숙(우파), 정운영(?), 이시영(우파), 홍명희(?), 김항규(?), 김상은(?), 장도빈(?), 김용기(우파), 김관식(?), 이영(좌파)

있는 바와 같이 인공 중앙인민위원회의 인적 구성에서도 실증적으로 나타나고 있다.

2) 지방단위 정치조직

해방 이후 지방정치 과정에서 제한적이지만 정치적 역할과 기능을 담당했던 정치조직으로는 건준지부와 인공 인민위원회를 대표적으로 들 수 있다. 따라서 해방 이후 짧은 기간동안 지방정치 과정에서 좌파세력의 활동에 관한 연구는 건준지부와 인민위원회를 중심으로해서 연구할 수밖에 없다고 볼 수 있다.

(1) 건준지부

8월 15일 해방과 더불어 중앙 정치조직의 건준이 조직되면서 거의 동시에 건준지부들이 전국적으로 확산되어 창립되었다. 지금까지 건준지부들의 조직에 관한 연구에 의하면 대체적으로 건준지부들은 해방 이후 전국적 수준에서 자연발생적으로 조직되었던 대중조직과 단체들이 중심이 되어 결성되었다.[35]

각 지방의 건준지부는 매우 빠른 속도로 결성되어 13개 도마다 도단위의 지부가 조직되었고, 8월 15일 이후 3개월 간에 가장 작은 마을에 이르기까지 지방단위의 지부가 조직되었다. 8월 말에 이르러서는 전국에 걸쳐 건준지부가 145개에 달하게 되었다.[36] 이렇게 건준지부가 전국적으로 빠르게 조직될 수 있었던 요인은 각 지역에 따라 차이점이 있겠지만 일반적으로 일본 식민체제하에서 억압받고 소외받았던 민중계층의 정치참여가 높아짐으로써 나타난 정치현상이었다고 볼 수

---

35) 당시 대표적인 대중조직으로는 농민동맹 · 노동조합 · 치안대 · 학생단체 · 청년단체 · 여성단체 등을 들 수 있다.

36) 브루스 커밍스, 앞의 책, p. 348; 김정원, "해방이후 한국의 정치과정(1945-1948)", 이정식 외, 『한국현대사의 재조명』(서울: 돌베개, 1982), p. 148.

있다. 따라서 건준지부는 민중들의 자발적인 정치참여에 의해서 이루어진 제한적 의미에서의 지방자치정부의 성격을 갖고 있었다.

건준지부의 조직구성은 지역의 특성에 따라 약간의 차이는 있겠지만 대체로 당시 각 지방 사회세력들이 연합한 형태의 통일전선체적 성격을 띠고 있었다. 일반적으로 건준지부에 참여한 사람들은 민족주의적 성향에서부터 사회주의적 성향, 공산주의적 성향에 이르기까지 다양한 이념적 성향을 갖고 있었다. 또한 건준지부의 이념적 스펙트럼은 극단적 보수주의에서 극단적 진보주의에 이르기까지 다양한 형태를 총망라하였다. 건준지부 조직구성원들의 직업도 언론인, 변호사, 목사, 지주, 농민, 노동자, 학생 등 다양한 형태였다.

이와같이 건준지부는 이념적으로나 직업별로나 다양한 사회세력들이 결합된 통일전선체적 성격을 갖고 해방 후 지방단위에서 최초로 조직된 지방행정기관이었다. 일반적으로 건준지부의 조직성격이 건준초기에서 말기에 이르면서 변화되었다. 초기에는 중앙조직과 마찬가지로 다양한 사회세력들의 통일전선체로서 중도좌파에 의해서 주도되었으나, 말기에 가서는 좌파세력이 주도권을 장악하여 좌파중심세력이 결합된 통일전선체적 성격으로 변하였다.[37] 더욱이 좌파세력이 건준

---

37) 건준지부의 조직성격의 변화는 건국준비 경상북도 치안유지회와 건국준비 전라남도 지부에서 그 예를 찾아볼 수 있다.

① 해방 직후 8월 16일 건준 대구·경북지부는 김관제를 중심으로 한 좌파적 성향의 인사들이 중심이 되어 결성되었다. 한편 8월 17일 서상일을 중심으로 한 우파적 성향의 인사들이 모여 경북 치안유지회를 결성하였다. 그러나 8월 말에 가서 양 조직이 결합하여 좌우익 연합체적 성격을 가진 건국준비 경상북도 치안유지회를 결성하였다. 정영진, "대구격동시대"9, 『매일신문』(1989년 10월 3일자), 경상북도사 편찬위원회 편, 『경상북도사』 중권(1983), pp. 514-515; 정해구, "해방직후 대구지방정치의 전재과정", 역사문제연구소 편, 『역사비평』 제1집, 1988년 봄호(서울: 형성사, 1987), pp. 82-83.

② 건준 전라남도 지부는 8월 17일 국기열, 최홍종을 중심으로 하여 결성되었다. 건준 전남도지부의 최초의 지도부는 3·1운동에 가담했던

중앙조직의 주도권을 장악함으로써 건준지부의 조직과정에서도 좌파세력의 영향력이 확대되었으리라고 생각된다. 하지만 건준중앙조직과 건준지부의 조직과정의 차이로 보아 건준중앙조직은 건준지부에 대하여 직접적인 영향력을 행사하지는 못 했다고 볼 수 있다. 따라서 건준지부는 지방행정을 담당하는 체계화되지 못한 지방자치정부의 성격을 갖고 있었다. 즉 건준지부는 중앙조직으로부터 지시와 명령, 감독을 받는 행정체계를 갖추지 못한 상태에서 해방 후 지방행정과 치안을 담당하는 제한적인 임시적 내지 과도기적 지방정부기관이었다. 한편 건준지부는 중앙조직과 유사한 조직부서[38]를 갖고 지방 행정기능을 담당한 해방후 최초의 지방자치정부 내지 지방행정기관이었다는 데서 역사적 의미를 찾을 수 있을 것이다.

건준지부는 건준 중앙조직과 마찬가지로 9월 6일 인민공화국의

민족주의자로부터 공산주의자, 다소의 사회주의적 의식을 지니고 있었던 언론인, 변호사, 그리고 2명의 대지주까지 포함한 연합체적 성격을 갖고 있었다. 돌베개 편집부 편,『해방전후회고』광주부, 현대사자료집5(서울: 돌베개, 1984), p. 18; 김창진, "8·15직후 광주지방에서의 정치투쟁", 역사문제연구소,『역사비평』제1집, 1988년 봄호(서울: 형성사, 1987), pp. 109-110.

38) 건준지부 조직부서와 중앙조직 간의 유사성은 건준 전남도지부의 조직부서에서 그 예를 찾아볼 수 있다. 대부분의 건준지부들은 총무부, 조직부, 선전부, 치안부, 재정부 등을 갖추고 있다.

건국준비 전라남도지부의 조직부서

건준 전라남도지부

위원장: 최홍종

부위원장: 김시중, 강해석

총무부	치안부	조직부	선전부	산업부	재정부	학무부
부장: 국기열	부장: 이덕우	부장: 신순언	부장: 최인식	부장: 한길상	부장: 고광표	부장: 김범수

브루스 커밍스,『한국전쟁의 기원』(서울: 일월서각, 1986), p. 348; 김창진, 위의 논문, pp. 109-113.

성립과 더불어 건준의 정치적 기능이 인공에 흡수됨으로써 인공의 지방인민위원회로 개편되게 되었다. 따라서 인공 지방인민위원회는 건준지부의 기능을 이어받아 좀더 체계적인 조직하에 건준지부보다는 발전적인 지방행정기관의 역할을 담당하게 되었다.

(2) 지방인민위원회

지방단위의 인민위원회는 건준의 해체 및 인공의 성립과 더불어 거의 전국적으로 조직되었다. 1945년과 1946년에 걸쳐 한반도 전역은 도, 시, 군 및 단위마을에 이르기까지 지방단위의 인민위원회가 매우 빠른 속도로 결성되었다.[39] 브루스 커밍스에 의하면 8월 말경에 지방인민위원회의 수가 145개에 달했다는 것이다.[40] 당시 지방인민위원회의 전

39) 당시 좌파세력들은 지방인민위원회의 조직상황을 다음과 같이 말하고 있다.
① '민주주의 민족전선' 측의 자료: "조선인민공화국 중앙인민위원회의 성립을 전후하여 남조선 각 지방에서도 군에는 군인민위원회, 면에는 면인민위원회, 도에는 도인민위원회가 주권을 찾으려는 인민의 열의를 기반으로 급속한 기간 내에 민주주의적 방법에 의하여 인민의 총의로 선거, 조직되었으며, 10월까지는 남조선 일대에 종래의 행정체계를 따라서 7도 12시 131군에 걸쳐서 빠짐 없이 골고루 정비되었던 것이다.…" 민주주의 민족전선 편, 앞의 책, p. 99.
② 이강국 측의 자료: 이강국은 1945년 12월경 지방인민위원회의 조직상황을 13개 도인민위원회, 31개 시인민위원회, 220개의 군인민위원회, 그리고 2,282개 단위마을 인민위원회 등으로 밝히고 있다. 브루스 커밍스, 앞의 책, p. 352
③ '조선인민보' 측의 자료: 조선인민보 지방인민위원회가 전라남도의 모든 군, 경상남도 22개 군 중 15개 군, 경상북도 및 충청남도의 대부분, 충청북도 및 강원도의 일부분을 지배했다고 보도하였다. 『조선인민보』 1946년 2월 11일에 실린 김계림의 기고; 브루스 커밍스, 앞의 책, p. 352에서 재인용.
브루스 커밍스, 앞의 책, p. 349; 서울대학교 인문대학 한국현대사연구회 편, 위의 책, p. 94.

40) 당시 지방인민위원회의 전국적 조직상황이나 조직분포에 대한 정확하고 구체적인 숫자는 밝혀지지 않고 있다. 브루스 커밍스, 위의 책, p. 348.

국적인 조직분포 상황을 좀더 구체적으로 정리해 보면 〈표 3〉과 같다.

〈표 3〉에서 알 수 있는 바와 같이 남한의 전 지방단위 군(郡) 가운데서 11개 군(옹진, 팽성, 연백, 광주, 인제, 정선, 서천, 음성, 진천, 괴산, 남해)을 제외한 모든 지방단위의 군(郡)에서 인민위원회가 조직되어 지방행정기능을 담당하였다.[41] 이처럼 해방 후 지방인민위원회가 지방정치조직으로 비교적 쉽게, 그리고 매우 빠르게 전국적으로 조직될 수 있었던 요인은 크게 둘로 나누어볼 수 있다. 첫번째 가장 큰 요인은 해방 전후 한국사회의 계급적 성격과 급진적 성향의 사회적 상

〈표 3〉 지방인민위원회 조직상황

통치기능정도 / 지방인민위원회	고(高)	저(低)	미조직
경기도	포천, 용인, 시흥, 수원, 평택, 고양 (6개 군)	개풍, 장안, 연천 파주, 강화, 양주, 김포, 부천, 가평, 양평, 여주, 이천, 안성(13개 군)	옹진, 팽성, 연백, 광주(4개 군)
강원도	원주, 삼척, 강릉, 양양(4개 군)	춘천, 홍천, 횡성, 평창, 울진, 영월 (6개 군)	인제, 정선(2개 군)
충청남도	당진, 서산, 홍성, 예산, 보령, 공주, 천안, 부여, 대덕 (9개 군)	아산, 연기, 청양, 논산(4개 군)	서천(1개 군)

41) 전국에서 인민위원회의 행정기능이 가장 강했던 지역은 경남, 경북, 전남, 제주도 등을 들 수 있고, 가장 약했던 지역은 충북과 강원도 등을 들 수 있다. 지방인민위원회가 지배적이지 못한 지역에서는 인민위원회의 행정기능이 매우 제한적이었다고 볼 수 있다. 브루스 커밍스, "미군정 하의 지방정치 연구", 이정식 외, 『한국현대사의 재조명』(서울: 돌베개, 1982), p. 30; 지방인민위원회의 행정기능에 관해서는 Carl Fredrich et al., *American Experience in Military Government in World War II* (N.Y: Rinehart & Co., 1948), p. 369 참조.

통치기능정도 / 지방인민위원회	고(高)	저(低)	미조직
충청북도	제천, 옥천, 영동 (3개 군)	충주, 단양, 청원, 보은(4개 군)	음성, 진천, 괴산 (3개 군)
전라남도	영광, 광산, 함평, 곡성, 부안, 나주, 화순, 광양, 영암, 장흥, 보성, 진도, 해남, 완도(14개 군)	장성, 담양, 구례, 순천, 강진, 여수, 고흥(7개 군)	없음
전라북도	옥구, 익산, 김제, 무주, 임실, 순창, 남원(7개 군)	금산, 완주, 진안, 부안, 정읍, 장수, 고창(7개 군)	없음
경상남도	거창, 함양, 산청 합천, 창녕, 하동, 진양, 함안, 고성, 창원, 김해, 양산, 의령, 동래, 통영 (15개 군)	밀양, 울산, 사천 (3개 군)	남해(1개 군)
경상북도	봉화, 문경, 상주, 영양, 선산, 영덕, 칠곡, 경주(8개 군)	영주, 예천, 안동, 의성, 청송, 군위, 김천, 성주, 영천, 영일, 고령, 달성, 경산, 청도(14개 군)	없음
제주도	제주(1개 군)		

황을 들 수 있다. 해방 후 한국사회에서는 일제식민지하에 형성되었던 계급적 모순과 계급적 사회구조를 타파하려는 다수의 사회세력, 즉 농민, 노동자, 학생, 지식인, 종교인, 정치인 등이 사회구조의 전면적인 변혁을 요구하고 있었다. 이러한 사회적 상황은 건준의 해체와 더불어 인공수립 이후 지방인민위원회가 전국적으로 결성되는 데 촉매제의 역할을 하였고 또한 지방인민위원회의 성격을 규정하는 데 주요한 요인이 되기도 하였다. 한편 지방인민위원회가 전국적으로 빠른 속도로 지방정치조직으로 뿌리를 내릴 수 있었던 두번째 요인으로 건준지부

의 기존 조직과 기능을 들 수 있다. 인공의 지방정치조직은 건준지부의 기존의 조직과 기능을 그대로 이어받아 결성되었기 때문에 거의 동시에 전국적으로 지방 인민위원회가 조직되게 되었고, 또한 지방인민위원회가 건준지부보다 좀더 체계적이고 조직화된 유일한 지방정부로서 발전하게 되었다.

대체로 지방인민위원회는 해방후 유일한 지방정부기관으로서 행정기능을 담당하였다. 지방인민위원회의 조직부서와 인적 구성의 성격은 대체로 중앙조직과 유사하다고 볼 수 있다.[42] 일반적으로 지방인민

42) 지방인민위원회의 조직부서의 예를 전라남도 인민위원회와 경상남도 통영군 인민위원회에서 중앙조직과의 유사성을 찾아볼 수 있다.

전라남도 인민위원회 조직부서

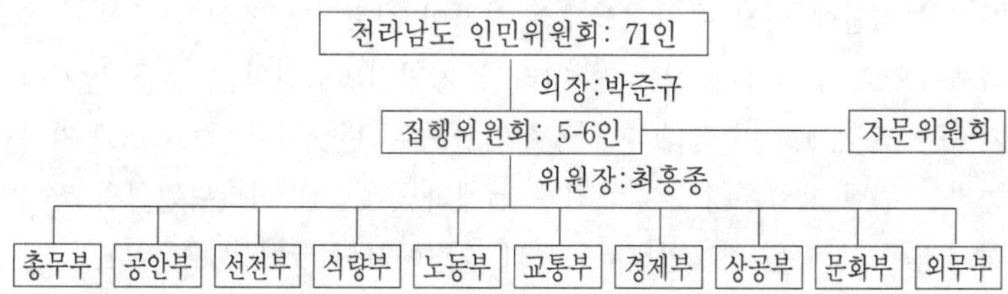

1945년 10월 10일 전라남도 인민대표자대회에서 전라남도 건준지부가 전라남도 인민위원회로 개칭되었다. 서울대학교 인문대학 한국현대사연구회 편, 앞의 책, p. 92; 김창진, 앞의 글, pp. 115-116.

경상남도 통영군 인민위원회 조직부서

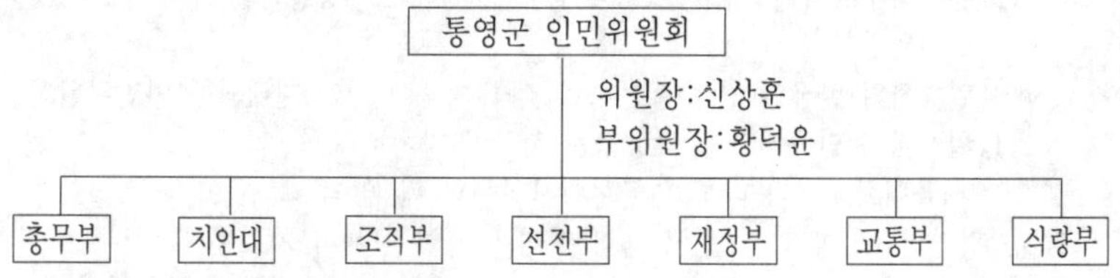

브루스 커밍스, 앞의 책, p. 349; 서울대학교 인문대학 한국현대사 연구회 편, 앞의 책, p. 94.

위원회의 조직부서는 조직부, 선전부, 치안부, 식량관리 및 재정부 등으로 조직되어 치안유지, 물자의 확보, 교통의 복구, 식량공급, 그리고 일제 잔재의 척결 등 구체제의 해체와 새로운 체제의 구축이라는 혁명적 지향성을 띠고 있었다. 한편 지방인민위원회는 농민을 중심으로 노동자, 학생, 제대군인, 지방엘리트, 종교인, 언론인 등 지방의 모든 세력들이 자발적으로 직접 정치에 참여한, 민중에 의한 최초의 지방정부의 성격을 갖고 있었다고 볼 수 있다. 특히 지방인민위원회의 조직성격은 각 지역에 따라 약간의 차이는 있지만[43] 인적 구성으로 보아 민족주의세력, 사회주의세력, 그리고 공산주의세력 등 사회의 보수세력과 급진·진보세력이 연합한 통일전선체적 성격을 갖고 있었다.[44]

일반적으로 지방인민위원회의 인적 구성을 보면 초기에는 중도좌파 내지 온건좌파가 중심이 되어 지방인민위원회를 주도해 나갔으나 시간이 흐름에 따라 통일전선체적 성격이 쇠퇴하고 조직의 중심이 좌파세력으로 넘어가게 되었다. 따라서 지방인민위원회는 인공 말기에 가서는 좌파세력 중심의 지방정부기관으로 변모되어 주로 노동자와 농민을 위한 계급투쟁을 강력하게 전개하였다. 지방인민위원회의 좌파적 이념적 성향은 지방인민위원회의 강령에서도 찾아볼 수 있다.

---

43) 지방인민위원회의 조직성격은 인적 구성에 따라 다음의 네 가지로 유형화 될 수 있다.
(1) 좌익에 의하여 지배되는 노동헤게모니하에 다른 계층을 포함하고 있는 인민위원회.
(2) 중도좌우세력이 지도하고 좌익이 부분적으로 영향력을 행사하고 있는 인민위원회.
(3) 일제하의 한국인 관료 혹은 친일적 대지주에 의해 지배되는 인민위원회.
(4) 일시적 치안유지만을 담당하는 촌락적 자치조직.
서울대학교 인문대학 한국현대사연구회 편, 앞의 책, p. 91.

44) 지방인민위원회의 통일전선체적 성격에 관한 구체적 자료는 (1) 브루스 커밍스, 앞의 책, pp. 345-437 참조; (2) 서울대학교 인문대학 한국현대사연구회, 앞의 책, pp. 84-96 참조; (3) 정해구, 앞의 글, pp. 82-86; (4) 김창진, 앞의 글, pp. 108-117.

대부분의 지방인민위원회를 좌파세력이 지배하게 된 요인[45]은 여러 가지가 있겠지만 그 중에서도 당시의 사회적 상황과 사회사상을 들 수 있다. 대체로 당시의 사회적 상황은 민족해방이라는 계급적 상황에서 새로운 사회가 건설되고 있었으므로 대부분의 민중들은 구지배세력에 의한 현상유지보다는 새로운 지배세력에 의해 지배질서를 타파해야 된다는 현상타파적인 혁명적 사회사상을 지니고 있었다. 특히 일제식민체제하에서 억압받고 소외당하던 노동자, 농민을 비롯한 소외계층들은 민족해방을 새로운 사회건설의 혁명적 상황으로 인식하였다. 좌파세력은 해방 후의 이러한 사회적 상황을 이용하여 민중적 지지와 협력을 토대로 하여 지방인민위원회를 좌파중심의 정치조직으로 강화시켜 나갔다. 더욱이 지방인민위원회가 내세우는 개혁안이나 정치적 슬로건은 민중적 지지를 받을 수 있는 계급투쟁적인 내용들로 구성되어 있었다.

해방 후 인공의 중앙조직과 지방인민위원회 간의 정치적 상호관계에 관한 구체적 자료는 거의 존재하지 않는다. 그러나 지방인민위원회는 앞에서 언급한 바와 같이 건준지부의 조직을 이어받아 건준이 인공으로 바뀜에 따라 거의 자동적으로 인공의 지방정치조직으로 편입되었을 것이라고 추측할 수 있다. 하지만 건준 중앙조직과 건준지부의 관계와 마찬가지로 인공의 중앙조직과 지방인민위원회 간의 관계는 어느 정도 간접적인 상호작용을 하였으리라고 본다. 인공의 중앙조직과 지방인민위원회 간의 간접적인 상호관계의 증거로는 인공 창립대회인 전국인민대표자 대회의 지방대표 참석,[46] 지방인민위원회 조직과정, 인공 중앙조직과 지방인민위원회 조직부서의 조직성격 및 조직부서의 유사성을 들 수 있다. 그러나 당시의 지방인민위원회가 인공의 중앙조직

45) 좌파세력이 지방인민위원회를 지배하게 된 요인에 관해서는 서울대학교 인문대학 한국현대사연구회, 앞의 책, pp. 86-87 참조.

46) 민주주의 민족전선 편, 앞의 책, p. 93, p. 100 참조.

으로부터 직접적인 지시나 명령을 받은 지방정부로서의 성격을 갖고 있었다고는 볼 수 없다. 지방인민위원회는 중앙조직에 의해 체계적인 정치조직으로 이루어졌다기보다는 해방후 자연발생적으로 조직되었기 때문에 중앙조직과의 관계가 매우 제한적이었다고 볼 수 있다.

3. 좌파정당의 조직구성과 정치노선

이미 앞에서 해방 이후 최초의 정치조직이었던 건준과 인공을 중심으로 하여 그들의 조직구성, 조직성격, 그리고 이념적 성향 등을 분석하였다. 해방 이후 정치과정을 이해하는 데에는 건준 및 인공과 더불어 특히 좌파정당들의 조직구성과 정치노선에 관한 분석이 절대적으로 필요하다고 본다. 해방 후 대표적인 좌파정당으로는 조선공산당 내지 남조선노동당, 조선신민당, 그리고 조선인민당 등을 들 수 있다. 따라서 이 장에서는 해방 후 좌파정당들의 조직구성과 정치노선을 분석하고자 한다.

1) 좌파정당의 조직구성

(1) 조선공산당과 남조선노동당

해방 직후 공산주의 세력은 다른 어떤 정치세력보다도 정치활동을 조직화하는 데 가장 유리한 위치에 놓여 있었다. 하지만 당시 공산주의 세력 간에도 당의 주도권을 놓고 분열되어 있었다. 특히 공산주의 세력 가운데는 해방 후 조선공산당을 재건하고 당의 주도권을 장악하기 위하여 장안파 공산당과 재건파 공산당이 각각 조직되었다.

장안파 공산당은 해방과 더불어 서울계의 이영·정백, 경성대학 그룹의 최용달, 화요회계의 이승엽·조동우·조두원, 상해파의 서중석 등이 중심이 되어 8월 15일 밤 서울 종로의 장안빌딩에 모여 조선공산당의 재건을 협의하여 다음날 16일 아침에 조선공산당을 재조직하게 되었다. 이를 일명 장안파 공산당이라고 부르기도 한다.

한편 장안파 공산당이 결성되던 날 다른 한 공산주의 세력인 엠엘(ML)계의 최익한·이우적·하필원 등이 서울 동대문에서 공산당을 조직하기로 하고 공산당 서울시 당부를 조직하였다. 이들은 해방 후 조선공산당의 주도권을 장악하기 위하여 조선공산당 서울시 당부를 조직하였지만 콤그룹계에 대항하기 위하여 장안파 공산당과 연합전선을 취하지 않을 수 없게 되었다. 따라서 조선공산당 서울시 당부는 장안파 공산당의 하부조직으로 편입되어 장안파 공산당은 서울계, 화요회계, 엠엘계 등 공산주의 세력의 연합체적 성격을 갖고[47] 출발한 해방 후 최초로 조직된 공산당이었다.

한편 장안파 공산당과는 별개로 조선공산당의 재건작업을 해오던 박헌영을 비롯한 경성콤그룹계와 화요회계 출신의 인물들이 중심이 되어 8월 20일 조선공산당 재건준비위원회를 결성하였다.[48] 따라서 이들 조선공산당 재건준비위원회를 장안파 공산당과 구분하여 일명 재건파 공산당, 재건파 또는 재건당 등으로 부르고 있다.

이와같이 해방 직후 다양한 공산주의 세력들이 해방정국의 소용돌이 속에서 조선공산당의 정통성과 주도권을 장악하기 위하여 파벌을 형성하였다. 그러나 8월 20일 박헌영이 중심이 되어 조선공산당 재건준비위원회를 결성하고 이 자리에서 '현정세와 우리의 임무'라는 세칭 '8월테제'를 정식으로 제기하여 잠정적인 정치노선으로 통과시

---

47) 이외에도 장안파 공산당에 참여한 인물들을 보면 고경흠, 정재달, 최성환, 안기성, 홍증식, 최원택, 홍덕유, 권오직, 이청원, 이정윤, 정종근, 김상혁, 강병도, 문갑송 등을 들 수 있다. 김남식, 앞의 책, pp. 17-18; 이기하 외, 『한국의 정당』(서울: 한국일보사 출판국, 1987), p. 59.

48) 박헌영은 조선공산당의 주도권과 정통성을 장악하기 위하여 1925년 4월에 창당되어 1928년에 해체된 조선공산당을 재조직하겠다는 의도를 나타낸 것이다.

켰다. 조선공산당 재건준비위원회가 결성되어 조선공산당의 재건을 주장하고, 조선공산당의 정치노선인 '8월테제'가 발표되자 당의 통일이 이루어져야 한다는 공산주의 세력 내의 여론이 지배적이자 장안파 공산당 내부는 크게 동요하게 되었다.

결국 장안파 공산당은 8월 24일 중앙집행위원회를 소집하여 당의 해체를 결의하고, 사후대책을 협의하기 위한 열성자대회를 소집하기로 결의하였다. 따라서 9월 8일 장안파 공산당의 주재로 열성자대회가 개최되어 당의 진로가 협의되었지만 박헌영의 당의 통일에 관한 강력한 주장과 박헌영파의 장안파 공산당 내의 침투와 와해공작, 그리고 당내의 분위기 등으로 인하여 장안파 공산당의 완전해체와 당재건의 모든 권한을 조선공산당 재건준비위원회에 일임할 것이 결의되었다.

따라서 9월 11일 장안파 공산당은 재건파 공산당으로 흡수됨으로써 해방 후 조선공산당의 주도권 싸움에서 패배하게 되었다. 한편 장안파 공산당과 재건파 공산당의 통합으로 조선공산당의 재건이 선포되어 형식적으로는 재건파 공산당이 장안파 공산당을 흡수하여 조선공산당의 통일된 조직체로 형성된 것 같이 보이지만 실제적으로는 조선공산당의 조직체계가 박헌영을 중심으로 이루어졌다는 것을 의미한다.[49] 이러한 사실은 다음과 같은 조선공산당의 조직체계와 당지도부의 인적 구성에서 구체적으로 나타나 있다.[50]

〈표 4〉에서 볼 수 있는 바와 같이 조선공산당의 조직체계에서 나타난 특징을 보면 장안파 공산당 출신인물들이 당지도부에서 완전히

---

49) 김남식·심지연 편, 『박헌영 노선비판』(서울: 세계, 1986), pp. 29-30; 여헌덕, "8·15직후 민주주의 논쟁", 박현채 외, 『해방전후사의 인식 3』(서울: 한길사, 1987), p. 36.

50) 장복성, 『조선공산당 파쟁사』(대륙출판사, 1949/복간, 돌베개, 1983), p. 54. 조선공산당 조직부서에 관해서는 다른 견해가 있다. 중앙위원회 위원장: 박헌영, 중앙당 책임비서: 박헌영, 제2비서: 이승엽, 제3비서: 이주하, 제4비서: 강진 등이다. 이기하 외, 『한국의 정당』 p. 61.

탈락되고 박헌영계의 콤그룹계 출신인물들과 화요회계 출신인물들이 당지도부를 거의 장악함으로써 조선공산당의 조직체계가 박헌영 중심 체제로 구성되었음을 알 수 있다.

한편 조선공산당은 당지도부에 김일성, 무정, 최창익 등 해외공산주의 세력을 형식적으로 참여시킴으로써 당이 범공산주의 세력의 연합전선체적 성격을 갖고 있다는 것을 형식적으로 나타냄으로써 조선공산당의 합법성과 정당성, 그리고 정통성을 내세우려 하고 있다. 따라서 조선공산당의 재건은 형식적으로는 공산주의 세력들의 연합전선체적 성격을 갖고 있지만 실제적으로는 장안파 공산당을 비롯한 다른 공산주의 세력들을 배제시킨 박헌영계 중심의 정당조직의 성격 때문에 당재건 초기부터 조직의 한계성을 갖고 출발하였다고 볼 수 있다. 특히 당재건 초기부터 공산주의 세력들 간의 당 주도권 장악으로 인하여 이데올로기 갈등과 대립이 심화되었다. 조선공산당은 장안파와 합당함으로써 정당의 강령과 규약, 정당조직, 정치노선 등이 어느 정도 체계를 갖추게 되었지만 장안파 세력과 재건파 세력 간에 갈등이 내재해 있었다.

그러나 1946년 조선공산당의 간부파, 조선인민당의 47인파, 그리고 남조선 신민당의 합당추진파 등 3당이 합당하여 남조선노동당(남로당)을 조직함으로써 해방 후 좌파정치세력들이 하나로 통일되었다.

〈표 4〉 조선공산당 조직부서와 인적 구성

조직부서	인적 구성
총비서	박헌영(화요회계·콤그룹계)
정치국	박헌영, 김일성, 이주하, 무정, 강진(ML계), 최창익(서울계, 연안독립동맹계), 이승엽(화요회계), 권오직(화요회계)
조직국	박헌영, 이현상(콤그룹계), 김상룡(콤그룹계), 김형선(화요회계)
서기국	이주하, 허성택(콤그룹계), 김태준(콤그룹계, 연안독립동맹계), 이구훈(콤그룹계), 이순금(콤그룹계), 강문석(콤그룹계)

남조선노동당의 합당대회는 1946년 11월 23일과 24일 양일간에 걸쳐 서울 시내 견지동 시천교당에서 합당 반대세력을 배제한 가운데 개최되었다. 3당 합당대회는 허헌의 개회사에 이어 14명의 임시의장을 선출하고, 당의 강령과 규약을 만장일치로 통과시킨 후 당 중앙위원 및 중앙감찰위원회 선출은 허헌을 비롯한 임시의장단에 일임하기로 결정하였다.

남로당은 1946년 12월 10일 3당 합동준비위원 연석회의를 개최하여 중앙위원 29명, 중앙감찰위원 11명을 선출하고, 위원장에 허헌, 부위원장에 박헌영·이기석을 선출하였다. 남로당의 조직부서와 인적 구성은 〈표 5〉에 나타나 있다. 이들의 출신당을 분석해 보면 남로당 조직체계의 특성과 조직의 성격을 이해할 수 있다.

〈표 5〉에서 볼 수 있는 바와 같이 남로당의 중앙조직은 조선공산당 내 박헌영파와 조선인민당과 조선신민당 내의 공산주의자들이 중심이 되어 구성되었다. 남로당의 조직구조는 공산당의 전형적인 조직구조를 거의 그대로 적용하였다. 당 중앙위원회는 당대회에서 선출된

〈표 5〉 남로당 중앙조직 부서와 인적 구성

조직부서	인적 구성
위원장	허헌(신민당)
부위원장	박헌영(공산당), 이기석(인민당)
중앙위원(29)	박헌영(공산당), 허헌(신민당), 이기석(인민당), 이승엽(공산당), 구재수(신민당), 김삼룡(공산당) 김용암(인민당), 강문석(공산당), 유영준(공산당), 이현상(공산당), 고찬보(신민당), 김오성(인민당), 송을수(인민당), 윤경철(인민당), 이재우(미확인), 김상혁(공산당), 김영재(미확인), 김계림(공산당), 김광수(공산당), 정노식(신민당), 성유경(인민당), 정윤(인민당), 김진국(인민당), 현우현(인민당), 홍남표(공산당), 박문규(공산당), 이주하(공산당), 김태준(공산당), 허성택(공산당)

조 직 부 서	인적 구성
중앙감찰위원(11명)	최원택(위원장: 공산당), 김형선(부위원장: 공산당), 이석구(부위원장: 인민당), 윤일주(미확인), 홍덕유(공산당), 오영(미확인), 이영욱(미확인), 홍성우(미확인), 이정모(미확인), 한영욱(미확인), 남경훈(미확인)
정치위원회	허헌(신민당), 이승엽(공산당), 이주하(공산당), 이기석(인민당), 김삼룡(공산당), 구재수(신민당), 김용암(인민당)
중앙상임위원회	김삼룡(공산당), 이승엽(공산당), 이주하(공산당), 이현상(공산당), 강문석(공산당) 외 6인
조직부	김삼룡(공산당)
당간부부	구재수(신민당)
선전선동부	강문석(공산당)
노동부	이현상(공산당)
농민부	송을수(인민당)
청년부	고찬보(신민당)
부녀부	김상혁(공산당)
구조부	김용암(인민당)
재정부	이천진, 성유경(인민당)
연락부	정노식(신민당), 박경수
문화부	김태준(공산당)
조사부	정태식(공산당)
총무부	김광수(공산당)

* 김남식의 자료를 중심으로 함.

중앙위원으로 구성되어 적어도 3개월에 한 번씩 회의를 갖도록 되어 있었지만 당에 대한 제재조치들 때문에 소집되지 못했다. 중앙위원회의 기능은 중앙상임위원회에서 담당하였다. 중앙상임위원회는 정치위원회에서 결정된 사항을 집행하는 기관으로 그 밑에 조직·선전·재정에서부터 노동자·농민·청년·부녀 등 직능단체에 이르기까지 당의 실질적인 업무를 담당하는 약 13개의 조직부서들이 구성되어 있었다.[51] 또한 중앙감찰위원회가 조직되어 당의 결정사항의 시행 및 반당행위를 감독하였다.

한편 남로당 중앙조직 밑에는 당의 하부조직으로 지방단위의 지방위원회와 지역위원회가 조직되었다. 그리고 당의 기본적 전위조직으로 외곽단체가 조직되었는데, 이것은 해방 후 주로 공산주의자나 또는 조선공산당의 조종에 의하여 만들어져 남로당의 외곽단체로 기능하였다. 남로당의 대표적인 외곽단체로는 민주주의 민족전선을 들 수 있는데 이외에도 노동자·농민·청년·여성·문화인 등을 연결하는 전국적 규모의 단체들이 조직되어 있었다.

이와같이 남로당은 다른 사회세력들을 배제시킨 가운데 공산주의자들이 중심이 되었고, 특히 조선공산당 내의 박헌영파가 당의 주도권을 장악하였다. 남로당은 사회의 여러 세력들을 배제시킨 가운데 조직되었으므로 대중정당으로 기능을 다하지 못하고 일부 공산주의 세력을 위한 정당으로 기능할 수밖에 없었다. 이로 인하여 남로당에 대한 대중적 지지가 점점 약화되어 갔다. 남로당은 3당 합당으로 겉으로 보기에는 조직체계가 확대된 것 같이 보이지만, 조선공산당과 조선인민당, 그리고 남조선신민당 내의 박헌영 반대세력을 배제시킨 가운데 조직되었으므로 실제적으로는 공산주의 세력의 분열과 약화만을 가져오게 되었다. 더구나 남한의 민족주의 세력이 미군정의 후원하에서 그들의 조직과 세력을 확대하여 가고, 북한의 새로운 공산주의자들이 소련점령군의 조종하에서 그들의 조직과 대중적 지지기반을 강화시켜가는 동안 남한의 토착공산주의 세력인 남로당은 1946년 초 '정판사사건'을 계기로 미군정의 탄압을 받을 뿐만 아니라 대중적 지지가 더욱 약

51) 이정식·스칼라피노, "미군정기의 한국공산주의", 김정원 외, 앞의 책, p. 278.

화되었다.

(2) 조선인민당

조선인민당은 1945년 11월 12일 여운형을 중심으로 하는 건국동맹세력이 고려국민동맹, 인민동지회 등 군소정치단체들을 흡수하여 발족하였다. 조선인민당의 조직부서는 〈표 6〉에서 볼 수 있는 바와 같이 5국 18부로 조직되어 다음과 같은 인적 구성을 이루고 있다. 조선인민당은 여운형을 비롯한 중도좌파세력, 좌파세력, 우파세력 등으로 구성되어 있었다. 각 파별의 세력분포에서 좌파세력이 다수를 차지하고 있었기 때문에 조선인민당은 조선공산당 노선에 동조하면서 중도좌파적인 노선을 지향하였다.

조선인민당의 이러한 인적 구성으로 인해 3당 합당문제가 대두되자 중앙조직의 지도부가 좌파·우파 세력으로 대립되었다. 좌파는 무조건 합당론을 제기하였고, 우파는 조건부합당론 내지 합당신중론을 제기하였다. 조선인민당은 1946년 8월 16일 99명의 대표자가 참석한 가운데 중앙확대위원회를 개최하여 합당문제를 논의하였는데 합당찬성론자가 47명, 반대자가 31명으로 나타나 좌파세력의 안이 유리하게 되었다.[52] 따라서 조선인민당은 47명의 합당찬성파가 3당 합당과정에 참여하게 되고, 여운형을 비롯한 31명의 합당반대파가 중심이 되어 근로인민당 창당과정에 참여함으로써 해체되게 되었다.

---

52) 조선인민당의 좌우파 대립현상을 가리켜 47파 대 31파, 또는 47인파 대 31인파로 부르고 있다. 각파의 대표적인 인물들을 보면 다음과 같다.

① 47인파: 이기석, 김오성, 김용암, 윤경철, 이천진, 성유경, 정윤, 이석구, 신철, 김세용, 도유호, 김진국, 송을수, 현우현, 오처윤, 한일, 염정권 등.

② 31인파: 여운형, 이만규, 조한용, 이여성, 이림수, 이정구, 이영선, 이상백, 장건상, 황진남, 김양하, 김일출, 강명종, 손길상, 홍순엽 등.

장복성, 앞의 책, p. 67; 김남식, 앞의 책, p. 254; 송남헌, 『한국현대 정치사』 제1권, p. 159.

〈표 6〉 조선인민당의 조직부서와 인적 구성

조직부서		인적 구성
위원장		여운형
부위원장		장건상
서기장		이만규, 조한용(차장)
사무국	국장	이임수
	문서부	윤혁, 성기원, 이만길
	당무부	이영선, 이우재, 이제황
	재정부	이임수, 최병철, 김학배
정치국	국장	이여성
	정치부	이정구, 최희범
	외교부	도유호
	정보부	신기언, 김진기
조직국	국장	김세용
	중앙부	한일, 오처윤, 김기섭
	지방부	윤경철, 김상철, 박상우
	노동부	김진국, 염근용, 조훈석
	청년부	정윤, 김형국, 권용호
	부녀부	김은, 채규복
선전국	국장	김오성
	선전부	김기림, 김명진
	교양부	이천진, 이기만
	출판부	성유경, 신응식
기획국	국장	송을수
	법제부	김용암, 홍순엽
	경제부	강시종, 김재홍, 손길상
	문화부	함봉석, 김일출
	사회부	염정권, 이영조
중앙정치위원		여운형, 이만규, 조한용, 황진남, 이사백, 신철, 이기석, 김양하, 장건상, 이여성, 이임수, 김세용, 송을수, 이석구, 현우현

(3) 남조선신민당

조선신민당은 중국의 화북·화남 등지에서 항일무장투쟁을 벌이던 독립동맹 출신들이 중심이 되어 해방 후 북한과 남한에서 결성된 정당이다. 독립동맹은 1946년 1월 15일 '조선동포에 고함'이라는 귀국 성명을 발표함과 동시에 평양에 독립동맹본부를 설치하고 우선 북한 지방을 중심으로 하여 조직사업에 착수하였다. 한편 남한에서의 독립동맹의 활동은 1946년 2월 3일 독립동맹 경성특별위원회가 결성됨으로써 비롯되었다.

이와같이 남·북한에서 적극적인 정치활동을 하던 독립동맹은 급변하는 국내외 정세에 부응하고, 민중적 지지를 얻어 보다 강력한 정치조직체로 건국의 대업을 완수하기 위하여 정당의 이름으로 명칭개편할 필요성을 느끼게 되었다.[53] 그리하여 1946년 2월 16일 독립연맹을 조선신민당으로 개칭하고 6월 30일 평양에서 개최된 제1차 대표대회에서 조선신민당 경성특별위원회를 남조선신민당 중앙위원회로 개칭하기로 결의하고, 남한에서 당의 조직확대와 강화에 힘쓰기로 하였다. 이에 따라 7월 14일 경성특별위원회는 남조선신민당 중앙위원회로 개칭 발족하여 당의 조직을 확대해 나가게 되었다.

남조선신민당의 조직구조를 이해하기 위하여 남조선신민당의 조직부서와 중앙지도부의 인적 구성을 보면 〈표 7〉과 같다.

〈표 7〉에서 볼 수 있는 바와 같이 남조선신민당은 조직부·선전부·비서부 등 북조선신민당의 조직구조를 그대로 적용하였다. 따라서 이러한 당의 소규모 조직구조를 가지고는 다양한 정책을 제시하고 실현하는 데 매우 한계가 있었다고 본다. 남조선신민당은 결성 당시부터 남한 내에서 자생적으로, 그리고 독립적으로 조직된 정당이 아니고, 북한 조선신민당의 지시와 명령에 의하여 조직된 정당이기 때문에 조직강화와 민중적 지지를 얻는 데 더욱 한계가 있었다. 더구나 3당 합

53) 민주주의 민족전선 편, 앞의 책, p. 179.

〈표 7〉 북조선신민당과 남조선신민당의 조직부서와 간부

조직부서	북조선신민당	남조선신민당
주석 또는 위원장	김두봉	백남운
부주석 또는 부위원장	최창익 · 한빈	정노식
조직부장	이유민	심운
선전부장	김민산	고찬모
비서처장	변동윤	구재수
총무처장	장철	

당으로 인하여 합당추진파와 반대파 간의 대립이 노골화되어 당이 해체되게 되었다.

2) 좌파정당의 정치노선

(1) 조선공산당과 남로당의 부르주아 민주주의 혁명론

조선공산당의 정치노선은 1945년 8월 20일 박헌영이 조선공산당 재건준비위원회, 즉 재건파 공산당을 조직하면서 발표한 '현정세와 우리의 임무'라는 제하의 '8월테제'에서 찾을 수 있다. 재건파 공산당은 장안파 공산당을 흡수하여 조선공산당이 재건된 후 약간의 내용을 수정하고 보완해서 9월 25일 당중앙위원회에서 이것을 잠정적인 정치노선으로 채택하였다. 한편 장안파 공산당은 조선공산당이 재건된 후에도 '8월테제'를 비판하고, 9월 15일 '현단계의 정세와 우리의 임무'라는 팸플릿을 통하여 박헌영의 정치노선을 비난하였다. 따라서 조선공산당의 정치노선은 재건파 공산당과 장안파 공산당의 혁명노선의 비교분석을 통해서 이해될 수 있다.

조선공산당과 남로당의 혁명노선은 재건파 공산당의 혁명노선인 부르주아 민주주의 혁명론을 이어받고 있다. 재건파 공산당은 '8월테

제' 속에서 당시의 조선혁명 단계를 부르주아 민주주의 혁명단계로 규정하고 있다. 여기서 부르주아 민주주의 혁명론은 재건파 공산당의 국내외 정세에 관한 인식에 바탕을 두고 있다. 먼저 국제정세에 관한 인식을 보면 조선해방이 민족의 자주적이고 주체적인 역량에 의해서 이루어졌다기 보다 미·영·중·소 등 진보적 민주주의 국가인 연합국 세력에 의해서 이루어졌다는 것이다. 즉 국제적 혁명정세가 조선해방을 유리한 조건으로 만들어 주었다는 것이다.

재건파 공산당의 국제정세에 관한 인식에서 조선해방의 성격이 연합국 세력에 의해서 이루어졌다는 사실은 대체로 부정할 수 없다. 그러나 진보적 민주주의 국가로 사회주의 국가인 소련뿐만 아니라 영·미·중 등을 포함시키고 있는 것은 프롤레타리아 국제주의와 세계혁명을 추구하는 공산주의자의 입장에서 잘못된 표현이라고 볼 수 있다.[54] 재건파 공산당의 이러한 표현은 당시 남한에 주둔하고 있는 미군정에게 호의적인 입장을 취하기 위한 태도로 해석될 수도 있지만, 엄밀한 의미에서 마르크스·레닌주의에 대한 이해의 부족에서 비롯되었다고 본다. 오히려 북한의 표현에서와 같이 소련은 사회주의 국가로 표현하고, 영·미는 자본주의 국가로 표현하고, 중국은 포함시키지 않는 것이 사회주의를 지향하는 입장의 올바른 표현방법이었다고 볼 수 있다.[55]

재건파 공산당은 이러한 국제정세관에 입각해서 조선민족의 완전한 독립국가의 실현문제는 결정적으로 외세의 영향을 받지 않을 수 없고, 앞으로도 조선민족의 완전독립은 특히 미·소의 협조관계 속에서 이루어질 수밖에 없다는 것이다. 특히 조선 내에 공산주의 혁명세력이 미약하므로 조선실정에 맞는 혁명노선인 부르주아 민주주의 혁명론을 제기한 것은 국내 세력뿐 아니라 미군정과의 우호적인 관계를 통하여 공산주의 세력을 확장하기 위한 전술이었다고 볼 수 있다.

---

54) 김남식·심지연 편, 앞의 책, p. 13.
55) 위의 책, p. 13.

다음으로 재건파 공산당의 국내정세에 관한 인식은 토지개혁노선, 대중노선, 혁명세력의 동력 및 통일전선 등에서 구체적으로 나타나고 있다. 토지개혁노선에 있어서 토지문제의 혁명적 해결을 내세우고 있다. 즉 토지문제의 혁명적 해결이란 토지소유관계에 있어 봉건적 잔재를 깨끗이 일소하고, 일본제국주의자와 민족반역자, 대지주의 토지를 무상·몰수하여 이것을 농민에게 분배하고, 전토지를 국유화하되, 국유화 이전에는 농민위원회와 인민위원회가 토지를 관리한다는 내용이다. 토지개혁노선에서 재건파 공산당이 토지문제의 혁명적 해결을 기본과업으로 설정한 것은 당시의 정치경제적 내지 사회경제적 요구인 자주독립국가의 건설과 봉건적 토지소유관계의 철폐라는 기본적인 문제를 정확하게 파악하였다고 볼 수 있다. 그러나 전토지의 국유화를 주장한 것은 부르주아 민주주의 혁명의 다음 단계에서 이루어질 수 있는 과업으로서 극좌적 과오를 범했다고 지적할 수 있다. 또한 무상몰수한 토지를 농민에게 분배한다고 하면서 농민위원회와 인민위원회가 관리한다고 한 것은 논리상의 모순이라고 지적할 수 있다.

그리고 토지개혁노선은 부르주아 민주주의 혁명단계에서 실현되기보다는 반제반봉건 민주주의 혁명 내지 인민민주주의 혁명단계에서 실현되는 것이 타당하다고 본다. 왜냐하면 공산주의 이론에서 인민민주주의 혁명이란 식민지 및 반식민지 국가에서 노동계급의 영도 밑에 외국제국주의 침략세력과 그 앞잡이인 국내반동세력의 통치제도를 철폐하고 민족의 독립을 달성하여 봉건적 착취관계를 청산하고 나라의 민주주의적이고 자주적인 발전을 실현하는 혁명으로 규정되고 있기 때문에 토지개혁은 부르주아 민주주의 혁명단계에서가 아니라 반제반봉건 민주주의 혁명단계에서 실시되는 것이 타당하다.[56]

재건파 공산당의 부르주아 민주주의 혁명론에서 대중노선과 혁명세력의 동력은 중요한 의미를 갖고 있다. 대중노선에 있어서 가장 중

56) 위의 책, pp. 36-37.

요한 과업은 조선공산당을 건설하여 조선의 혁명적 공산주의자들의 모든 힘을 집결시키는 것이다. 그리고 조직의 분파성을 극복하고 조직된 군중과 미조직 노동자를 연결하고 대중을 동원하기 위하여 대중적 투쟁을 전개해야 한다는 것이다. 특히 근로대중의 이익을 대표할 만한 당면의 표어와 요구조건을 일반적 정치적 요구조건과 연결하여 대중적 집회시위운동을 전개함으로써 대중을 동원하며 미조직 대중을 조직화하는 데 노력해야 한다는 것이다. 그리고 공산주의자들은 노동자와 농민대중에게 접근하여 새로운 군중을 각성시키고 그들을 당과 당의 외곽단체 내지 보조단체에 끌어들이며 민족개량주의의 영향으로부터 일반대중을 그들의 편으로 유도하고 토지와 완전독립을 위한 전국적 투쟁에 동원해야 한다는 것이다. 이와같이 재건파 공산당은 부르주아 민주주의 혁명단계에서 근로대중을 당과 당의 외곽단체와 연결하여 정치투쟁과 경제투쟁에 동원할 것을 강조하고 있다. 재건파 공산당의 대중노선은 근로대중 속에서 투쟁하고 선동하며 계급의식을 넣어주며 조직하고, 정치적 의식수준을 높여줘야 한다는 것이다.

한편 재건파 공산당은 혁명의 주체세력 내지 영도자를 프롤레타리아 계급으로 보고, 토지혁명을 통해서 혁명의 동맹세력인 농민계급과 연합해야 한다는 것이다. 이처럼 혁명세력으로 노동자·농민·도시소시민·인텔리겐치아 등을 포함시키고 있다. 이러한 혁명세력 배치논리에 따라 민족통일전선노선을 전개하고 있다. 즉 인민정부에서는 노동자·농민이 중심이 되고, 도시소시민과 인텔리겐치아의 대표와 기타 진보적 세력은 정견·계급·단체 등을 막론하고 모두 참가하여야 한다는 것이다.

이와같이 재건파 공산당은 부르주아 민주주의 혁명단계에서 지주와 친일적 매판자본가는 물론이고 민족부르주아를 통일전선에서 배제시키고 있다. 재건파 공산당은 조선에서 양심적 또는 진보적 민족부르주아가 존재하지 않는다고 보았다. 이들은 부르주아가 이미 일제하의 민족해방운동 과정에서 이탈하여 민족을 배신하고 친일매판적 성격을

갖고 있다고 보았다.[57)]

재건파 공산당이 부르주아 민주주의 혁명단계에서 노동자·농민·도시소시민·인텔리겐치아 등을 혁명세력 내지 통일전선에 포함시키고 있는 것은 조선혁명 과정에서 올바른 인식이라고 본다. 그러나 혁명세력과 통일전선에서 민족부르주아를 배제시킨 것은 논리상의 모순이라고 본다. 왜냐하면 조선혁명단계를 부르주아 민주주의 혁명단계로 설정했다면 논리상 생산수단의 사적 소유를 전제로 한 혁명론이므로 민족부르주아도 당연히 혁명세력 내지 통일전선세력에 포함시켰어야 하기 때문이다.[58)]

이상에서 분석해 본 바와 같이 재건파 공산당의 혁명노선인 부르주아 민주주의 혁명노선은 당시의 국내외 정세, 즉 국제정치노선, 토지개혁노선, 대중노선, 통일전선노선 등에 구체적으로 나타나 있다. 여기서 부르주아 민주주의 혁명노선은 당시 조선의 정치·경제·사회 등 객관적 정세에 맞춰 프롤레타리아 혁명단계로 넘어가기 이전의 혁명의 과도기단계라고 볼 수 있다. 이러한 혁명노선은 장안파 공산당의 프롤레타리아 혁명론보다 상대적으로 조선사회를 올바르게 파악했다고 볼 수 있다. 하지만 이 혁명노선은 당시 동유럽과 중국에서 나타났던 인민민주주의 혁명노선과 유사하다고 볼 수 있다. 당시 박헌영은 1946년 4월 20일 시천교당에서 개최된 민전중앙위원회에서 조선에서의 민주주의는 영·미식의 민주주의도 아니고, 소련식 프롤레타리아 민주주의도 아닌 동유럽의 인민민주주의가 해방된 조선에서도 가장 적당하다고 표현하였다.[59)] 따라서 재건파 공산당 내지 조선공산당 그

57) 양동주, "해방후 좌익운동과 민주주의 민족전선", 박현채 외, 앞의 책, p. 80.

58) 심지연, 『조선혁명론 연구: 해방정국사2』(서울: 실천문학사, 1987), p. 51; 김남식·심지연 편, 앞의 책, p. 37.

59) 『조선일보사』 1946년 4월 21일자; 『조선인민보』 1946년 4월 26일자; 양동주, 앞의 글, pp. 80-81에서 재인용.

리고 남로당의 정치노선은 동유럽 인민민주주의 혁명노선에 입각한 부르주아 민주주의 혁명노선이라고 규정할 수 있다.

다음으로 재건파 공산당과 대립상태에 있었던 장안파 공산당의 정치노선은 프롤레타리아 혁명론과 이중혁명론을 제시한 '조선의 독립과 공산주의자의 긴급임무'라는 테제와 '현단계의 정세와 우리의 임무'라는 테제 속에 잘 표현되어 있다. 이들 테제 속에서 장안파 공산당은 조선혁명이 부르주아 민주주의 혁명으로부터 프롤레타리아 민주주의 혁명으로 단계적으로 나가는 것이 아니라 두 개의 혁명이 동시에 수행되면서 부르주아 민주주의 혁명이 프롤레타리아 혁명의 한 부분으로서 전개되어나가야 한다는 이중혁명론 내지 동시혁명론을 제시하고 있다. 한편 장안파 공산당은 부르주아 민주주의 혁명으로부터 프롤레타리아 혁명으로 발전하는 과정이 점진적인 방법을 통해서가 아니라 비약적인 방법을 통해서 발전할 수 있다는 혁명노선을 내세우고 있다.

장안파 공산당의 프롤레타리아 혁명론이란 2단계 혁명론을 의미한다. 장안파 공산당은 당시 조선사회가 8·15 해방과 더불어 일제로부터 독립되었기 때문에 혁명의 1단계에서 2단계로 진입했다고 보았다. 혁명 1단계에서는 일제의 식민지 상태에 놓여 있기 때문에 투쟁대상은 일본제국주의이고 고립대상은 자유주의적 민족부르주아 계급인 지주 및 부농이고, 동맹대상은 중소농민계급과 도시의 중소상공인계급, 청년학생·지식인 계급 등으로 제시되었다. 또한 혁명 2단계에서는 일제로부터 해방된 상태이기 때문에 혁명의 투쟁대상은 자유주의적 민족부르주아 계급이고, 고립대상은 농촌의 중소농민계급, 도시의 중소상공인계급이고, 동맹대상은 농업프롤레타리아 계급과 빈농출신의 반프롤레타리아 계급 등으로 분류하고 있다. 이를 혁명 1단계와 2단계로 나누어 도식화하면 〈표 8〉과 같다.

이와같이 장안파 공산당의 혁명노선은 조선혁명이 부르주아 민주주의 혁명에서 프롤레타리아 혁명으로 단계적으로 나가는 것이 아니

〈표 8〉 장안파 공산당의 프롤레타리아 혁명론의 혁명세력배치

혁명세력배치 / 혁명단계	투쟁대상	고립대상	동맹대상	혁명주체세력
혁명 1단계	일본제국주의	자유주의적 부르주아 지주 및 부농	·중소농민계급 ·도시중소상공인계급 ·청년학생 지식인계급	프롤레타리아 계급
혁명 2단계	자유주의적 민족부르주아	·중소농민계급 ·도시중소상공인계급	·농업프롤레타리아 계급 ·반(半)프롤레타리아 계급	프롤레타리아 계급

라 두 개의 혁명이 동시적으로 수행될 수 있다는 이중혁명론 내지 프롤레타리아 혁명론에 기초하고 있다. 그러나 일제하에서 자본주의적 성장을 하였다 하더라도 해방 후 국가건설이 이루어지지 않고, 일제하의 봉건적이고 제국주의적 요소가 완전히 해소되지 않은 상태에서 장안파 공산당이 단계적 혁명론을 부정하고 프롤레타리아 혁명을 주장한 것은 당시의 현실을 지나치게 기계적으로 해석한 극좌적 혁명노선이었다고 볼 수 있다.

한편 장안파 공산당의 혁명노선은 국내외 정세에 관한 인식에 있어서도 그대로 적용되고 있지만 몇 가지 문제가 있었다고 할 수 있다. 먼저 이들의 국제정치관에 의하면 조선해방과 독립은 미·소·영·중의 연합국에 의해서 이루어졌다고 보고, 앞으로 독자적인 견해와 비판을 갖고 능동적이고 우호적으로 연합국과 협력해야 독립을 빨리 이룩할 수 있다고 보았다.[60] 이처럼 장안파 공산당의 국제정치노선은 재건파 공산당과 같은 입장이었다고 볼 수 있다. 특히 남한에 주둔한 미군

60) 심지연, 앞의 책, p. 141.

정에 대해서도 우호적인 입장을 취하면서 남한사회에서 프롤레타리아 사회주의 혁명을 이룩하겠다는 것은 장안파 공산당의 혁명노선의 논리적 모순이었다고 할 수 있다.

또한 장안파 공산당의 토지개혁노선을 보면 토지혁명의 주체가 부르주아 계급이 아니라 프롤레타리아 계급과 농민계급이며 토지혁명의 대상은 일본인 대회사나 대지주라는 것이다.[61] 이들은 토지혁명으로 인한 조선민족 내부의 분열과 저항의 가능성이 적다고 보고, 민족반역자의 토지나 재산의 몰수는 진보적 민족자본가의 요구와도 일치되므로 별 문제가 되지 않는다는 낙관론을 펴고 있다. 해방이후 일제식민통치의 잔재가 완전히 청산되지 않은 상태에서 이들이 프롤레타리아 혁명론을 바탕으로 해서 토지혁명을 수행하려한 것은 당시 조선사회의 계급적 성격을 잘못 이해한 데서 나온 결과라고 볼 수 있다.

이와같이 장안파 공산당의 프롤레타리아 혁명노선은 당시의 국내외 정세를 올바르게 인식하지 못한 상태에서 비롯된 극좌적 모험주의의 한 형태라고 할 수 있다. 재건파 공산당의 부르주아 민주주의 혁명론이 점차적으로 좌익진영의 공식적인 정치노선으로 인정되어 감에 따라 재건파 공산당과 장안파 공산당 간의 노선투쟁은 재건파 공산당의 승리로 귀결되었다.

(2) 조선인민당의 민주주의 내지 부르주아 민주주의 혁명론

조선인민당의 정치노선은 분명하게 밝혀지지는 않지만 당의 선언문과 강령에 표현되어 있다. 특히 당시 조선인민당의 선전국장인 김오성이 1946년 1월 『개벽』지에 실은 "조선인민당의 성격"에 조선인민당의 정치노선이 명확하게 나타나 있다. 조선인민당의 정치노선은 민주주의 혁명 내지 부르주아 민주주의 혁명을 지향하고 있는 것 같다. 먼저 당의 선언문에서 조선인민당은 근로대중을 중심으로 하여 전민족

61) 위의 책, p. 143.

의 완전한 해방을 그 기본이념으로 하여 조선의 완전독립과 민주주의 국가의 실현을 현실적 과제로 설정하면서, 각계 각층의 인민대중을 포섭, 조직하여 완전한 통일전선을 전개하고 관념적 또는 반동적 경향을 극복하여 민주주의 혁명을 이룩하고자 한다[62]고 밝히고 있다. 또한 당의 강령에서 첫째, 조선민족주의 총역량을 집결하여 진정한 민주주의 국가의 건설을 기하고 둘째, 계획경제제도를 확립하여 완전해방을 기하고 셋째, 진보적 민족문화를 건설하고 전인류문화 향상의 공헌을 기한다[63] 등으로 표현되어 있다.

이와같이 조선인민당의 선언문과 강령에서 조선의 완전독립을 위한 민주주의 혁명이 제시되고 있다. 그러나 민주주의 혁명의 개념과 성격, 그리고 혁명세력의 배치 등이 전혀 언급되지 않음으로써 조선인민당의 정치노선을 확실하게 파악하기가 어렵다. 반면 조선인민당의 정치노선은 김오성의 논문에서 명확하게 나타나고 있다. 김오성은 당시 조선사회의 성격을 기형적인 반봉건적인 자본주의로 규정하고 부르주아 민주주의 혁명노선을 제시하였다.[64] 그는 당시 조선사회의 단계는 사회주의 경제를 수립하기 위한 전단계로서 토지문제의 해결과 산업의 재편성을 주요내용으로 하는 부르주아 민주주의 혁명을 필요로 하고 있다고 보았다.[65] 이와같이 조선인민당의 정치노선은 김오성이 제시하고 있는 부르주아 민주주의 혁명노선을 지향하고 있었다. 이러한 조선인민당의 정치노선은 국제정치노선, 토지개혁노선, 통일전선노선 등에 적용되고 있다. 먼저 조선인민당의 국제정치노선은 미·소와 가까운 관계를 유지하는 태도를 보였다. 특히 여운형은 미군정과의 협력관계를 유지하려 하였다. 조선인민당은 미군정과 우호적인 협력관

62) 송남헌, 『해방3년사 I』(서울:까치, 1985), p. 178.

63) 위의 책, p. 178.

64) 김오성, "인민당의 노선", 신문화연구소 출판부 편, 『조선인민당지』(1946년 4월), pp. 20-33; 양동주, 앞의 글, p. 82.

65) 위의 글, p. 82.

계를 통하여 과도임시정부를 수립하는 데 주도적인 역할을 담당하려 하였다.

조선인민당의 토지개혁노선을 보면 당 강령에서 조선 내의 일본 재산 및 민족반역자의 재산을 몰수하여 국유화하고, 몰수한 토지는 국영 또는 농민에게 적절하게 분배하고, 농민을 본위로 한 농지의 재편성 및 경작제도의 수립 등을 제시하였다. 조선인민당의 이러한 토지개혁노선은 조선공산당과 비교해 볼 때 몰수할 대상토지의 범위가 매우 축소되었고, 유무상분배 방법을 언급하지 않았다. 따라서 조선인민당의 토지개혁노선은 불분명하고 모호한 태도를 보였다.

조선인민당의 통일전선노선은 반동분자만을 제외한 노동자, 농민, 소시민, 자본가, 지주까지도 포함시키고, 민주주의 민족결성에 있어서도 좌익계열뿐만 아니라 전민족의 민주주의 세력의 총 응집체로 규정하고 있다.[66] 또한 김오성은 민족의 완전독립을 실현시키기 위해서는 조선인민당은 좌익정당은 물론 우익정당과도 공동전선을 취할 수 있다는 좌우합작론을 제시했다.

이상에서 살펴본 바와 같이 조선인민당의 정치노선은 국내외 정책에 있어서 좌우중간노선을 취하면서 비교적 중도좌파적인 노선을 갖고 있었다고 볼 수 있다. 특히 조선인민당은 모스크바 3상회의의 결정(1945년 12월 27일), 민주주의 민족전선(1946년 2월 15일), 미소공동위원회(1차) 등에 대해서 조선공산당과 같은 태도를 보였다.[67] 조선인민당의 부르주아 민주주의 혁명론에 입각한 좌우중간노선은 정당으로서의 계급적 성향도 모호하게 하였으며, 이러한 성향은 당의 정강정책에서도 그대로 나타날 수밖에 없었다.

---

66) 민주주의 민족전선 편, 앞의 책, p. 169.

67) 위의 책, p. 181.

(3) 남조선신민당의 연합성 신민주주의론

남조선신민당의 정치노선은 당시 위원장이었던 백남운이 1946년 7월 15일 발표한 '조선민족의 진로' 중 연합성 신민주주의론에서 찾아볼 수 있다. 백남운은 조선민족의 국내정치노선을 규정하는 척도를 조선사회경제의 발전적 현단계로 보고, 국제정치노선은 세계사적 입장에서 하나의 지침이 될지 모르지만 척도는 아니라고 밝히고 있다. 따라서 우리가 입각하고 있는 경제사회의 성격과 발전정도를 판정하는데 있어서 규정의 척도는 외부로부터 수입할 것이 아니라 내부에서 정해야 된다는 것이었다.[68] 이러한 인식에서 조선사회의 혁명노선은 프랑스혁명 모델이나 러시아혁명 모델에서 찾을 수 없다는 것이다. 즉 백남운은 프랑스의 자유민주주의 혁명모델과 러시아와 소련의 부르주아 민주주의 혁명모델과 프롤레타리아 민주주의 혁명모델을 조선사회에 그대로 적용할 수 없다는 이유를 밝히고 있다.[69]

첫째, 프랑스혁명노선과 비교하면 조선사회경제의 구조는 토지자본이 민족자본을 대표한 것인 동시에 봉건잔존세력의 물적 기초가 되는 것이며, 조선의 자본가 중에는 지주도 포함된다는 것이다. 그러므로 봉건세력의 대표자인 지주와 시민 대표자인 자본가가 프랑스에서와 같이 대립적이 아니고 동맹적인 까닭에 조선의 지주 및 자본가는 프랑스의 부르주아가 담당하였던 역사적 혁명성을 갖지 못하였고 혁명의 대상도 없다고 주장한다. 그점에 있어서 현상유지의 보수적 성격을 그 속성으로 볼 수밖에 없다는 것이다. 이와같이 프랑스혁명 당시와 조선사회와는 발전의 내용과 역사발전의 특수성이 다르므로 자유민주주의를 조선사회에 그대로 적용할 수 없다고 보았다. 왜냐하면 자유민주주의는 유산계층의 민주주의이기 때문이라는 것이었다.

---

68) 백남운, "조선민족의 진로", 심지연, 『조선신민당연구』(서울: 동녘, 1988), pp. 293-295.

69) 위의 책, pp. 293-294.

둘째, 러시아의 부르주아 민주주의 혁명노선과 비교해 볼 때 조선사회는 20세기 초의 러시아의 사회적 상황과 사회발전 단계가 다를 뿐 아니라 부르주아의 혁명성 문제에 있어서도 크게 차이가 있다고 지적한다. 즉 러시아는 제국주의 국가였기 때문에 부르주아는 혁명성을 갖지 못한 침략자로서 국내의 무산계급과는 완전히 대립되는 반면, 조선은 일제의 식민지였던 만큼 일부의 유산계급은 혁명성을 지니고 있어 무산계급과 민족독립을 위한 동맹군을 결성할 가능성이 있다는 것이다. 그러므로 연합군의 전승으로 인하여 조선의 민족혁명이 대행되었다 할지라도 아직 완전독립이 실현되지 못한 정치적 단계에서 일부의 자산가가 아직도 그 혁명성을 내포하고 있다는 점을 무산층도 충분히 이해할 임무를 가졌다는 것이다. 바로 이러한 점이 러시아와는 전혀 다르다는 것이다. 또 다른 차이점으로 부르주아 민주주의 혁명은 민주주의의 역사적 발전단계 중의 하나로서 이것은 자유민주주의 발전형태에 대한 비관적 규정이라고 지적했다. 조선사회는 일부의 유산계급과 전 무산계급이 연합할 가능성이 있기 때문에 유산계급을 배제하려는 부르주아 혁명이 부적합하다는 것이다. 따라서 현단계는 연합성 신민주주의를 적용해야 된다는 것이다.

셋째, 소련의 프롤레타리아 민주주의 혁명노선과 비교할 때 당시의 조선사회는 모든 사정이 혁명 당시의 러시아와 다르다는 점을 지적했다. 프롤레타리아 혁명론은 사회발전의 역사적 성격을 검토하지도 않고, 주체적 조건과 객관적 정세를 과학적으로 판단하기도 전에 프롤레타리아 독재체제를 만들려는 것이라고 주장하였다. 한편 이것은 과학성의 혁명사업이라기보다는 무책임한 허영의 발작으로 기계적 공산주의가 아니면 블랑키주의라고 비판했다.

이와같이 백남운은 자유민주주의의 혁명모델, 부르주아 민주주의 혁명모델 그리고 프롤레타리아 민주주의 혁명모델 등이 조선사회에 그대로 적용될 수 없다고 보았다. 그는 조선민족에게 부과된 정치적 사명은 민족해방과 사회해방이라는 두 가지 측면에서 보았다.[70] 그는 조선과 같이 식민지·반식민지국가는 그 사회의 혁명세력이 민족해방을 위한 연합성을 띠게 되고, 사회해방은 주로 무산계급이 담당해야 한다는 것이다. 즉 조선은 과거 일제식민지국가였으므로 자본주의 독립국가들과는 달리 이중의 혁명대상을 갖게 되었다는 것이다. 따라서 이러한 상황에서 역사발전의 법칙성으로 보아 조선민족의 혁명세력은 양심적인 일부 자산가와 전 무자산층이 연합해야 한다는 것이다.[71] 즉 민족해방의 적인 일본제국주의가 해소되었다는 이유로 일부 유산계급이 자주독립과 민족해방을 위한 혁명세력이 될 수 있는 점을 무시하거나 경시해서는 안 되며 무산계급은 민족해방을 위한 혁명세력인 동시에 사회해방을 위한 혁명세력의 담당자로 보았다. 백남운은 이러한 논리에 따라 조선사회의 혁명적 세력의 역사성에 의거한 좌우익의 정치적 연합의 가능성을 규정한 연합성 신민주주의를 주장하게 되었다.[72] 그가 말하는 연합성 신민주주의란 민족적 민주주의를 의미하는 것이다. 그는 계급적 민주주의보다는 과도형태로서의 민족적인 연합성 신민주주의만이 민주적 통일과 자주독립을 수행할 수 있다고 보았고, 민주정치와 민주경제를 동시에 해결할 수 있다고 보았다.

이상에서 살펴본 백남운의 연합성 신민주주의론은 모택동의 중국 혁명모델의 영향을 받아 이것을 당시 한국사회에 창조적으로 적용시켜 보려고 한 혁명모델이라는 점에서 긍정적 평가를 할 수 있다. 그러나 엄밀한 의미에서 당시의 중국사회와 한국사회는 어느 정도 차이점이 있었다고 본다. 즉 당시의 한국사회는 일제식민통치를 경험하였지만, 중국은 일제식민통치하에서 완전히 주권을 상실한 것이 아니고 일본군이 일부지역을 점령하여 국민당 정부군과 전쟁을 수행하고 있었다는 점을 지적할 수 있다. 따라서 모택동의 혁명모델인 신민주주의론

---

70) 위의 책, p. 295.
71) 위의 책, p. 295.
72) 위의 책, p. 297.

을 한국사회에 그대로 적용한다는 것은 무리가 있다고 본다. 하지만 혁명모델을 어느 정도 창조적으로 한국사회에 적용하였다는 점에 대해서는 긍정적인 의미를 부여할 수 있다.

4. 결 론

이 연구는 두 부분으로 나누어 분석되었다. 첫번째 부분에서는 해방 후 최초의 중앙단위 정치조직이었던 건준과 인공의 조직과정과 성격, 조직의 인적 구성 등과 지방단위의 정치조직인 건준지부와 지방인민위원회를 중심으로 하여 분석하였다. 건준과 인공이 해방 이후 최초의 중앙정부기구로서 다양한 사회세력들이 참여한 가운데 연합전선체적 성격을 갖고 정치적 기능을 담당하였다는 데에는 긍정적 의미를 부여했다. 마찬가지로 건준지부와 지방인민위원회가 해방 이후 최초의 지방정치조직으로서 연합전선체적 성격을 갖고 지방정치기능을 담당하였다는 것도 긍정적으로 평가할 수 있다. 건준과 인공, 건준지부와 지방인민위원회는 처음에는 좌파세력, 중도좌파세력, 우파세력 등 다양한 사회세력 등이 참여한 연합전선체적 성격을 갖고 있어 민중적 지지와 협력을 받을 수 있었다. 그러나 시간이 흐름에 따라 박헌영파를 중심으로 한 조선공산당의 좌파세력이 건준과 인공의 주도권을 장악하게 되었다. 따라서 건준과 인공의 연합전선체적 성격은 좌파 중심의 연합체적 성격으로 변질되어 중앙정치기구로서 기능하는 데 한계성을 갖게 되었다. 한편 중앙단위의 정치조직과 지방단위의 정치조직 간에는 제한된 의미에서 상호관계가 이루어졌다고 볼 수 있다.

두번째 부분은 해방 후 최초의 좌파정당이라 할 수 있는 조선공산당과 남로당, 조선인민당, 남조선인민당 등의 조직구성과 정치노선을 중심으로 하여 분석하였다. 좌파정당들은 해방정국의 주도권을 놓고 정치노선을 통하여 이념투쟁을 전개하였다. 박헌영파가 중심이 된 재건파 공산당이 부르주아 민주주의 혁명노선을 내걸고 장안파 공산당을 흡수하여 조선공산당의 주도권을 장악하게 되었다. 박헌영의 조선공산당은 조선인민당의 47인파, 남조선신민당의 합당추진파 등과 연합하여 3당 합작을 이루어 남로당을 결성하였다. 따라서 사실상 박헌영파가 남로당의 주도권을 장악하게 되었다. 특히 조선공산당, 조선인민당, 그리고 남조선신민당은 당시 조선사회의 현단계와 조선사회의 성격을 바탕으로 해서 그들의 정치노선을 전개시켜 나갔다. 또한 그들은 러시아와 중국의 혁명모델을 도입하여 당시의 조선사회에 적용하고자 하였다. 그러나 당시의 조선사회가 1910년의 러시아 상황이나 1940년대의 중국 상황과 일치했다고 볼 수 없다. 더구나 일제의 식민지통치하에 있었던 조선사회의 완전독립은 부르주아 민주주의 혁명모델이나 프롤레타리아 민주주의 혁명모델, 그리고 연합성 신민주주의 혁명모델 등을 그대로 적용하는 데 한계성을 지니고 있었다. 자본주의 발전을 이루지 못한 러시아와 중국의 혁명모델을 조선에 도입하는 것이 어느정도 의미가 있는지 모르지만, 조선이 식민통치를 받은 경험을 무시하고 러시아와 중국의 혁명모델을 도입하는 것은 본질적으로 문제가 있다고 본다. 이처럼 러시아혁명모델과 중국의 혁명모델이 조선혁명을 위한 이론적 틀이 되었지만 실제적으로 역사적 경험과 사회적 상황의 차이로 당시 조선사회에는 적합하지 않았다고 본다.

이와같이 중앙정치조직인 건준과 인공, 그리고 좌파정당들의 조직 등 거의 모든 정치조직이 설립 초기에는 다양한 사회세력과 민족세력을 포함한 연합전선체적 성격을 갖고 출발하였지만 점차적으로 박헌영파 중심의 공산주의자들이 주도권을 장악하게 되었다. 이처럼 해방 후 민족연합전선체적 성격을 갖고 출발했던 모든 정치조직들이 시간이 흐름에 따라 좌파 중심의 배타적이고 폐쇄적인 정치집단으로 전락되어 민중적 지지를 잃게 되어 조직의 약화를 가져오게 되었다.

제 5 장

미군정기 토지개혁의 입법화 시도

이 병 석

1. 과도 입법의원의 설치 배경

1946년 여름, 미군정 당국은 남한에서의 좌우합작을 목표로 한국인 정치지도자들의 협의를 주선해서 그해 가을에 이르러 과도 입법의원 선거를 실시했다. 이 두 가지 사실은 남한에서의 새로운 미군정 정책을 예고하고 있었다. 1946년 2월 28일 미 국무성은 다음과 같은 전문을 보냈다.

> 이것이 현재로서는 어렵다는 것이 이해되지만 우리의 지역에서 김구집단이나 소련지배집단에 연관되어 있지 않으며… 한인들의 절대 다수에게 호소력을 지닐 4대 자유와 기본적인 토지 및 금융개혁을 강조하게 될… 진보적 강령을 제시할 수 있는 지도자들을 찾아내도록 모든 노력을 기울여야 할 것이다.… 이러한 진보적 강령

은 공산주의 강령이 그들에게 가장 큰 희망을 주고 있는 것으로 믿고 있는 인민들을 끌어들이는 것을 목표로 하는 것이다.[1)]

이에 따라 미군정은 이제까지의 극우파들과의 유대를 완화시키고 온건파 내지는 비교적 진보적인 한국인들과의 유대강화를 시도할 것을 결정하고 그 임무를 당시 미군정 사령관 하지의 정치고문이었던 버치(Leonard Bertsch) 중위에게 일임하였다.[2)] 당시 미국이 좌우 두 집단의 온건파로 연합체를 구성하려는 구상의 배경에는 남한의 정계가 신탁통치를 둘러싸고 우익은 비상국민회의, 좌익은 민전(民戰)이라는 형태로 완전히 양분되어 있었기 때문이었다.

버치는 좌우합작을 추진할 인물로서 온건 우파의 김규식을 선택했고 나중에 가서 김규식과 여운형은 좌우합작을 추진하기로 합의하게 되었다. 두 대표가 사적으로 합의사항에 도달하기까지는 미군정의 버치 중위의 중재가 주효했음은 물론이다.

드디어 1946년 7월 22일 좌우합작위원회가 첫 회의를 열었다. 우파의 대표로는 김규식 · 원세훈 · 최동오 · 안재홍 · 김원봉 · 정노식 등이 참석했으며[3)] 당시의 좌파에는 공산당도 포함되었다. 7월 25일 제1차 정식회담이 시작되어 7월 29일 제2차 회담까지 좌파 5개항과 우파 8개항의 합작원칙이 제시되었다. 그러나 이후 좌파는 합작회담에 소극적이 되어 10월 초순까지 정식회담은 중단되었다. 좌파가 소극적이었던 이유는 좌우합작공작이 개시된 것과 때를 같이 하여 미군정이 사회혼란의 책임을 물어 좌파, 특히 조선공산당과 그 산하에 있는 단체

---

1) Bruce Cumings, *The Origins of the Korean War: Liberation and the Emergence of Separate Regimes 1945~1947*(Princeton, New Jersey: Princeton Univ. Press, 1981), p. 253.

2) 사꾸라이 히로시, "한국 농지개혁의 재조명", 서대숙 · 이정식 외, 『한국현대사의 재조명』(서울: 돌베개, 1982), p. 406.

3) *HUSAFIK* 제2권, 제2장, p. 110.

에 대해 제재를 강화한 것과 관련되어 있었다고 생각된다.

이를테면 1946년 5월경부터 공산당계열 기자의 체포·구속과 신문의 정간 및 폐간조치 그리고 5월 18일에는 공산당의 기관지 인쇄소인 정판사 위조지폐사건에 따른 공산당원 일제 검거와 기관지 해방일보의 폐간조치 등이 그것이다. 이 때문에 조선공산당은 일시적으로 질식상태에 빠져 당조직 사업이 일대 난관에 봉착했다고 말할 정도로 큰 타격을 받았다.[4] 이러한 관점에서 볼 때, 미군정의 좌우합작공작은 공산당을 고립시키면서 좌파로부터 벗어나온 온건 좌파와 우파를 결합시키려는 좌우합작이었던 것이다. 이것은 미군정이 하지의 정치고문 버치 중위에게 좌우합작과 함께 공산당의 분열공작 임무를 함께 부여했던 사실로도 뒷받침된다.[5]

한편 이러한 미군정의 정책에 대해 공산당을 중심으로 한 좌파는 '10월폭동'이라고 불리는 이른바 추수봉기를 일으켰다. 이에 따라 좌우합작위원회는 폭동이 한창이던 10월 7일에 회의를 개최하여 '좌우합작 7대 원칙'에 합의함과 동시에 미군정 사령관 하지에게 입법기관 설치에 대한 7개항의 요구를 건의하기로 했다. 이에 미군정은 좌우합작위원회의 이러한 요청을 받아들이는 형식으로 곧 입법기관의 설치에 착수하게 되었다.

다만 여기에서 특기할 만한 사항은 좌우합작과정과 관련해서 토지개혁에 대한 각파의 논점을 살펴보면, 7월에 좌파가 제시한 5원칙 중에는 토지개혁에 관해 무상몰수·무상분배라고 하는 엄격한 제안이 포함되어 있었고 우파측의 8원칙 중에는 토지개혁에 대한 언급이 전혀 없었으나 그후 10월 7일 이러한 좌파 5원칙과 우파 8원칙이 절충적으로 합의된 합작 7원칙 3항에서는 다음과 같이 토지개혁에 있어서

---

4) 이기하 외, 『한국의 정당』(서울: 한국일보사, 1987), p. 138.

5) Mark *Gayn, Japan Diary* (New York: Willian Sloane Associates, 1948), p. 95.

몰수, 조건부 몰수, 체감매상(遞減賣上) 등의 방법으로 농민에게 토지를 분배한다는 것이다.[6]

그러나 한민당은 토지개혁의 합의사항에 대해 강력하게 반대했다. 그 이유로는 첫째, 사들인 토지를 무상으로 분배한다는 것은 국가재정의 파탄을 가져오고 둘째, 무상분배는 경작권만을 돌려주는 것으로 농민을 기만하는 것이며 셋째, 사유재산제도를 지키지 않으면 안 된다는 점 등을 들었다.[7]

이상과 같이 좌우합작에 있어서도 토지개혁문제는 매우 중요한 이슈로 작용했음에도 불구하고 문서상으로 합의한 좌우합작은 단지 입법의원의 구성만을 성과로 남긴 채 막을 내리고 말았다. 이후 미군정은 토지개혁법을 입법의원이 취급할 문제라 하여 입법의원에 대해 적극적인 토지개혁 법령을 작성하도록 재촉하기에 이른다.

2. 입법의원의 구성과 내용

관료체제에 대한 우파의 지배는 1945년 10월의 과도 입법의원 선거에서도 뚜렷이 나타났다. 과도 입법의원은 미군정과 하지 사령관에게 순응하면서도 점령 당국의 조치에 대해 합법성을 부여하려는 상징적 냄새를 풍기는 기구로서 미군정 1년 동안 고문회의, 민주의원, 좌우합작위원회에 이어서 나온 네번째 산물이다.

하지는 미국의 상원과 같은 비교적 작은 규모로의 과도 입법의원을 구상했다. 그는 90인의 구성원 중에서 반수에 해당하는 숫자를 임명하는 권한과 그 결정에 대한 절대적인 거부권을 보유하고자 했다.[8] 마침내 미군정은 좌우합작위원회의 요청을 받아들이는 형식으로 1946

---

6) 이호재, 『한국 외교정책의 이상과 현실』(서울: 법문사, 1986), p. 234.

7) 사꾸라이 히로시, 앞의 글, pp. 408-409.

년 8월 24일 조선 과도 입법의원의 창설에 관한 미군정 법령 제11호를 공표한 데 따라 동년 10월 중순부터 과도 입법의원의 선출에 착수했다. 이 창설 법령에 따르면 입법의원 의원수는 90명이고 그 중 45명은 도 단위에서 선출되며 나머지 45명은 군정장관에 의한 임명제로 되어 있었다. 각 도별 선출의원수 및 정당·사회단체별 의석분포는 〈표 1〉, 〈표 2〉, 〈표 3〉과 같다.[9)]

그러나 선거가 이루어졌을 때는 그 절차가 일본인들이 중추원 참의를 선출하는 제도와 별다른 차이가 없었다. 선거계획에 참여했던 미국인에 의하면, 당시 여전히 발효 중이던 일본의 선거법이 규정한 대로 많은 지방에서는 납세자와 지주만이 투표를 했다고 한다.[10)]

〈표 1〉 도(시)별 민선의원 정수

서울 3	충북 3	강원 3	전남 6	경남 6
경기 6	충남 5	전남 4	경북 7	제주 2

출처: 김혁동, 『미군정하의 입법의원』(서울: 범우사, 1970).

〈표 2〉 입법의원의 정치적 소속 정당별 분포(1946년 12월)

소속정당	당선의원	지명의원	합 계
좌파 및 온건파	0	31	31
한민당	21	2	23
독촉국민회	13	3	16
한독당	6	4	10
무소속·친우파	5	5	10
합 계	45	45	90

출처: John E. McMahon, "Antecedents, Character, and Outcome of the Korean Elections of 1948" (MA Thesis, Berkeley Univ. of California, 1954), pp. 42-43.

---

8) Bruce Cumings, *op. cit.*, pp. 260-261.

9) 김동혁, 『미군정하의 입법의원』(서울: 범우사, 1970), p. 48.

〈표 3〉 입법의원의 정당·사회단체별 분포상황 총람

정당 및 단체명	의원수		
	관선	민선	계
한국민주당	4	15	19
독립촉성국민회	2	17	19
한국독립당	5	4	9
독촉애국부인회	2		2
여자기독청년회연합회	1		1
기독교회	1		1
천주교회	1		1
불교중앙총무원	1		1
천도교회	1		1
여자국민당	1		1
민중동맹	7		7
신진당	4		4
독립운동자동맹	1		1
근로대중당	2		2
사회민주당	2		2
민족혁명당	1		1
천도교청우당	1		1
민족해방동맹	1		1
사회노동당	4		4
무소속	6	14	20
계	48	50	98

출처: 김혁동, 『미군정하의 입법의원』, p. 48.

더구나 이 기간은 노동자 파업에서 시작된, 이른바 '10월폭동'이 진행되어 대대적인 검거선풍과 투옥이 행해지고 있는 상태였기 때문에 정상적인 입법의원 선거는 기대하기 어려웠던 것이다. 11월 상순까

10) John E. McMahon, "Antecedents, Character, and Outcome of the Korean Elections cf 1948"(MA Thesis, Berkeley, Univ. of Califomia, 1954), pp. 42-43.

지 선거는 종료되었고 계속해서 관선의원의 임명이 뒤따랐다.

선거 후 입법의원은 1946년 12월 12일 개원했으나 서울시와 강원도의 부정선거가 커다란 문제로 부각되어 지연되었다. 왜냐하면 미군정이 서울에서 한민당 후보로 출마해서 당선된 김성수·장덕수·김도연 등 세 사람의 당선을 무효화시키고 재선거를 실시할 것을 조치한데 대해 한민당이 반박하고 나섰기 때문이다. 군정 당국은 선거에 부정이 있었다는 좌우합작위원회의 건의를 받아들여 재선거 실시를 결정했으며, 한민당측은 이에 반발하여 한민당 출신 입법의원 당선자 20여 명이 집단으로 등원을 거부하는 사태로 확대되었다.[11]

한민당의 등원거부로 원(院)구성이 어렵게 되자 미군정 사령관 하지는 입법의원의 정족수를 종래의 3/4에서 1/2로 고쳐 개원을 강행했다. 그러나 서울의 입후보자 10명 중에서 여운형을 제외한 나머지는 전부 한민당과 독립촉성국민회(이승만 계열) 소속이었고, 여운형마저 낙선해 결국 서울 대표단의 김성수·장덕수·김도연 등으로 이어지는 지주 출신의 초기 한민당 지도자들이 그대로 입법의원의 주도권을 잡았기 때문에 미군정이 심의를 재촉한 토지개혁의 입법화 과정에 대한 전도는 지극히 불투명하게 되었다.

그러나 미군정의 입법의원 선거 실패의 보다 근본적인 문제점은 군정의 행정관리들과 그들을 선발하고 그들의 임무를 결정한 미군정의 정책에 있었다. 1947년에 남조선 과도정부의 고위관리 115명을 무작위 추출한 결과 70여 명이 일제 총독부에서 관직에 있었으며, 23명은 식민지하에서 공공 및 개인기업의 소유자였거나 지배인 혹은 경영자 출신이었다. 표본 속의 경찰관 10명 중에서 7명이 일제 때의 경찰 출신으로서 그 중에서 3명은 북한에서 그리고 1명은 만주에서 일경에 종사했으며, 법무부 관리 4명 중에는 3명이 식민지 경찰 혹은 사법기관에 종사했다. 표본 속의 군수 9명 중에서는 8명이 일본 치하에서 군

11) 이기하·심지연 외, 『한국의 정당』, p. 174.

수를 지냈으며 약간이나마 항일활동 경력을 가진 사람은 겨우 1명뿐이었다.[12] 이처럼 우파 및 일본에 충성한 한인들이 우위를 점유했던 것은 우연이 아니라 미군정 정책의 결과였던 것이다.

3. 입법의원의 토지개혁안 심의

1) 토지개혁안의 작성과정

1947년 2월 상순, 과도 입법의원이 개원되자 곧 군정장관 러취는 입법의원 의장인 김규식에게 서한을 보내 입법계획 중에서 토지개혁 법안을 우선적으로 취급해 주도록 요청했다. 그래서 입법의원과 군정청 사이에서 토지개혁에 관한 예비회담이 행해져서 회담은 1947년 5월까지 계속되었다. 이때 미 국무성으로부터 파견되었던 번스(Bunce), 앤더슨(Anderson), 킨니(Kinney) 등은 입법의원에 대해 토지개혁안을 기초할 것을 역설해서 5월 이후에는 비공식적이었지만 한·미 소위원회를 구성하여 토지개혁안의 기초에 착수하게 되었으나, 지지부진하여 성안을 볼 수조차 없는 상태가 계속되었다.[13]

그러자 미군정청은 1947년 9월 미측이 단독 작성한 토지개혁안을 입법의원에 제시하고, 이를 중심으로 입법의원의 산업노동위원회의 안을 참고하여 4차에 걸친 수정 끝에 본회의 상정준비를 마쳤으나 결국 지주출신 의원을 중심으로 한 입법의원 대다수의 반대에 부딪혔다.[14] 대다수 입법의원이 이 법안을 상정하는 데 반대한 명분은 토지개혁과

---

12) 주한미군정청, *Who's who in the South Korean Interim Government*, 제1-2권 참조.

13) 한국산업은행, 『산업경제 10년사』(1956), p. 53.

14) 농지개혁사 편찬위원회, 『농지개혁사』 상권 (1970) p. 358.

같은 중대한 문제는 한국정부 수립 후에 실시되어야 한다는 것이었다. 그러나, 그 진정한 반대이유는 그들의 이익에 반하는 토지개혁을 저지하고 지연시키기 위한 것이었음은 물론이다. 당시 경제연합 단체인 조선상공인회의소도 입법의원의 토지개혁법 제정에 대하여 동일한 논거로 반대건의를 했는데, 이것은 조선상공인회의소 구성원들 상당수가 지주적 성격을 동시에 가지고 있었기 때문이다.

이렇게 되자 미측은 다시 '토지매매법'이라는 법안형식으로 입법의원에 제안하고 한국인 지주계층이 전반적인 토지개혁에 반대할 경우 구일본인 소유만이라도 분배한다는 강경한 태도를 보였다. 이에 입법의원측은 미측의 번의를 촉구하고 미측이 제안한 토지매매법안을 다소 수정하여 남한의 토지개혁안을 작성하였다. 미군정 당국과 미 국무성의 본회의 상정 촉구에 1947년 12월 23일 토지개혁법안은 입법의원에 상정되었다. 그러나 입법의원 내 대다수 보수세력의 사보타주, 보이콧 등 각종 지연·유회·회피전술에 의해 법안심의는 아무런 진전이 없었으며, 결국 1948년 3월 입법의원의 와해와 함께 토지개혁법안은 사실상 완전히 유산되고 말았다.[15]

당시 과도 입법의원의 토지개혁법안의 주된 내용은 다음과 같다.[16]

①중앙 토지개혁행정처를 설치하여 동 기관에서 토지의 취득·처분, 농업관계 자본의 융자, 토지개혁위원회의 설치, 토지금고의 관리 등을 담당한다. ②유상 몰수하는 토지는 농가가 아닌 지주의 토지 5정보 이상의 토지소유 농가의 토지로서 그 이상 초과 부문의 토지로 한다. ③매상가격은 연평균 생산고의 3배 이내로 하고 지주에게는 지가로 표현한 증권을 교부하여 농산물 공정가격의 1/15을 연부로 상환한다. ④분배순위는 당해 토지의 소작인 농가, 자작 겸 소작농가, 농업노

---

15) 황한식, "미군정하 농업과 토지개혁 정책", 강만길 외, 『해방전후사의 인식 2』(서울: 한길사, 1985), p. 274.
16) 사꾸라이 히로시, 앞의 글, p. 414.

동자, 해외에서 귀국한 농민으로 한다. ⑤분배면적은 3정보 이내에서 가족수·연령·노동력 등의 점수에 의한다. ⑥분배된 토지의 대금은 당해 농지의 그 해 생산량의 2할씩을 15년 간 현물로 납입한다는 내용 등이다.

이 법안은 한국인 지주의 소유지를 포함한 전 소작지가 개혁의 대상으로 되어 있지만 미군정청이 처음에 생각했던 것은 구일본인 소유지만의 분배였다. 그것은 미 국무성의 경제사절단이 1946년 2월에 기초한 동 초안이 북위 38도선 이남의 일본인 소유토지처분법령 초안(Proposed Ordinance for Sale of Japanese Agriculture Property South of 38° North Latitude)임을 보더라도 알 수 있을 것이다.

이처럼 미군정이 초기의 토지개혁정책안을 변경했던 이유는 1946년 봄 북한에서 이른바 전면적인 토지개혁이 실시되었고 1947년 5월 통일임시정부 수립을 위한 미소공위가 재개되기 직전 소련의 몰로토프 외상이 미국 외상에게 보낸 서한에서 북한의 토지개혁을 칭찬하고 있었던 것 등이 그 요인으로 작용하였다고 생각된다.[17] 따라서 입법의원의 토지개혁 심의과정을 좀더 구체적으로 살펴볼 필요가 있다.

본 회의에 토지개혁법안이 상정된 직후 입법의원은 연말연시로 휴회에 들어갔다. 다음 해인 1948년 1월 19일에 입법의원이 재개되었으나 본회의 법안심의에는 재적의원 2/3 이상의 출석이 필요하고 법안을 가결하는 데는 출석의원 과반수의 찬성이 필요했다.

1948년 1월과 2월 당시의 재적의원수, 출석의원수, 법안심의에 필요한 의원수, 법안가결에 필요한 의원수 등은 〈표 4〉와 같다.

이 표에 따르면 1월 19일의 제192차 회의 이후 2월 2일의 제200차 회의까지는 어쨌든 법안심의에 필요한 최저의 의원수 55-56명을 웃

---

17) Shannon McCune, "Land Redistribution in Korea," *Far Eastern Survey*, Vol. XVII, No. 2(January 28, 1948).

도는 의원의 사보타주, 보이콧에 의해 연일 회의는 유회에 봉착하는 상태에서 토지개혁법안의 심의는 전혀 진전되지 못하고 있었다.[18]

미군정이 1946년 12월 입법의원의 개설 직후 토지를 분배하기 위해 한국인 지주의 토지를 몰수하는 것이 아니라 미군정 치하에서도

〈표 4〉 입법의원의 재적의원 · 출석의원수

(단위: 명)

회의별	회의일자	재적의원	출석의원	법안심의 필요수	법가결 필요수
제188차 회의	1948. 1. 12	85	57	57	29
189	1. 13	〃	46	〃	〃
190	1. 15	〃	51	〃	〃
191	1. 16	〃	50	〃	〃
192	1. 19	83	58	56	28
193	1. 20	〃	59	〃	〃
194	1. 22	〃	62	〃	〃
195	1. 23	〃	56	〃	〃
196	1. 26	〃	60	〃	〃
197	1. 27	〃	59	〃	〃
198	1. 29	〃	58	〃	〃
199	1. 30	〃	-	〃	〃
200	2. 2	〃	58	〃	〃
201	2. 3	82	52	55	〃
202	2. 5	〃	50	〃	〃
203	2. 6	〃	52	〃	〃
204	2. 17	81	56	54	27
205	2. 19	〃	52	〃	〃
206	2. 23	82	61	55	28
제208차 회의	1948. 3. 2	78	43		
제211차 회의	1948. 3. 16	47	43		

출처: 김혁동, 『미군정하의 입법의원』, p. 76.

18) 조선은행 조사부, 『조선경제연감』(1949), p. 21.

적당한 보상을 할 것을 약속한 것은 진술한 대로다. 또 1947년 5월에 재개된 미소공위가 벽에 부딪히고 한국 문제가 유엔으로 옮겨짐에 따라 남한만의 단독선거, 단독정부 수립의 움직임이 우익세력 쪽에서 강화되고 있었다. 미 국무성과 미군정청의 수차에 걸친 토지개혁 입법에 대한 권고를 받아 1947년 12월 23일 정식으로 토지개혁법안이 입법의원의 본회의에 상정되었으나, 1948년에 들어서면서부터 우익측에서는 어차피 단정으로 가는 상황에서 입법의원에서 토지개혁법안의 입법을 지연시키기만 하면 미군정하에서의 토지개혁을 회피할 수 있다는 확신을 가지게 되었던 것이다. 이같은 정황 아래 2월 19일 서상일 의원 외 42명이 연서로 '가능지역 총선실시를 유엔 조선위원단에 촉구하는 긴급 결의안'을 제출하였다. 이 결의안은 유엔 한국위원단 앞으로 보낸 것으로 남한만이라도 총선거를 실시하여 단독정부를 수립하기 위해 동 위원단의 신속한 임무완수를 간청하는 내용이었다.

입법의원 내부에서는 이 결의안의 찬반을 둘러싸고 격렬히 대립하게 되어 결의안 반대파인 김규식・최동오 두 정・부의장은 3월 2일 의원직을 사임했고, 또 3월 16일에는 재적의원이 47명(정원 90명)으로 감소했다.[19)]

유엔 한국위원단에 보내는 결의안이 상정된 이래 입법의원은 대량의 반대의원들을 제명하면서도 정상적인 운영은 거의 불가능하게 되고 말았다. 그래서 입법의원은 형식상으로는 5월 19일까지 존속했지만 이미 그 기능이 사실상 마비되고 말았다. 이리하여 군정장관의 토지개혁안은 심의조차 되지 않은 채 폐기되어버렸고 입법의원의 이 같은 사태에 직면한 미군정은 구 일본인 소유 토지만이라도 분리하여 분배한다는 1946년 당시의 방침으로 되돌아갔던 것이다.

---

19) 사꾸라이 히로시, 앞의 글, pp. 420-421.

2) 토지개혁안과 지주층의 저항

앞에서 고찰한 대로 미군정의 방침에서나 사회단체의 요구에서 볼 때 토지개혁은 하나의 기정사실로 받아들여지게 되었다. 그러면 지주계층은 이러한 상황에 직면하여 어떻게 대항했는가? 그들은 결코 방관하지 않았으며 그들 지주계층의 경제적 기반을 유지하기 위해 모든 방법을 다 활용하였다. 그리고 이러한 지주계층의 반발은 토지를 농민에게 돌려준다는 토지개혁 본래의 기본 정신과 취지에 정면으로 배치되는 것이며, 지주계층의 기득권 유지를 위한 이러한 저항이 길면 길수록 토지개혁의 효과는 감소되고 더 나아가서는 토지개혁의 기본 목표 그 자체도 상실될 수 있는 것이었다.[20]

지주들의 구체적인 저항 사례로는 첫째, 막연히 토지개혁을 반대하는 방법을 취하거나, 둘째, 토지개혁 논의가 장기화하는 과정에서 그들의 토지를 방매함으로써 토지개혁으로 인한 사실상의 피해를 모면하고자 하거나, 셋째로는 토지개혁 입법과정에서 법률심의를 지연하거나 시간을 끌어 기회가 나는 대로 법률규정을 삽입해서 사실상의 토지개혁을 무의미한 휴지조각으로 만드는 일 등이다. 이를테면 당시의 『서울신문』에 게재된 "시대를 역행하는 군상, 지주 권익옹호 토지개혁을 반대"라는 제하의 다음과 같은 보도기사를 보면 실감이 날 것이다.[21]

> 마산 시내의 권모씨를 비롯한 지주 수명은 정부에서 추진하고 있는 토지개혁법안을 반대할 목적으로 작년 1월 말경 대한민국 지주권익옹호동맹을 조직하는 한편, 정부의 동법안을 반대하는 반박 선전문을 작성하여 비밀리에 일반 지주들에게 배부하는 동시에 고

20) 유인호, "해방후 농지개혁의 전개과정과 성격", 송건호 외, 『해방전후사의 인식』(서울: 한길사, 1980), p. 391.

21) 『서울신문』, 1949년 1월 23일자.

성·통영·대구 등지에까지 유세대를 파견하여 각 지방의 지주들로 하여금 동 단체에 합류할 것을 선동하여 오던 것이 탄로났다.[22]

무엇보다도 지주계층은 토지개혁에 대한 논의가 토지개혁을 하는 것이 아니고 그러한 논의가 입법화되어야만 토지에 대한 개혁이 실시되는 것에 착안하여 미군정 당국으로 하여금 입법을 못하게 하는 데 총력을 기울였던 것이다.

예를 들어 미군정 장관의 직속기관인 '토지개혁법안 기초위원회'가 번스(Bunce)안으로 제시한(1947년 5월) 것뿐만 아니라 미군정 당국의 독촉하에서 남조선 과도 입법의원 산업노동위원회를 통과한(1947년 12월 19일) '남조선토지개혁안' 마저도 12월 23일에 본회의에 상정되자 입법의원의 중추세력을 이루고 있던 지주계층 출신 의원들의 "토지개혁은 중요한 문제이므로 정부 수립 이후에 실시하는 것이 정당하다"는 등의 반대에 부딪혔을 뿐 아니라 갖가지 술책에 의한 심의 지연으로 말미암아 입법화되지 못했던 것이다.[23] 더욱이 미군정 당국자의 몇 차례에 걸친 독촉에도 불구하고 토지개혁법의 제정문제는 대한민국 정부 수립 이후로 미루어졌다. 이러한 지주계층의 토지개혁에 대한 저항이나 지연책의 사례에 대해 『한국농정 20년』은 다음과 같이 기록하고 있다.

…남한에 있어서의 토지개혁은 거의 불가피했으며 그 필요성은 절실하였다는 데 대해서는 별반 이론이 있을 수 없었지만, 그러나 현실적으로나 실제면에 있어서는 다기다난한 많은 문제점이 내포되어 있었음은 숨길 수 없었다. 그러한 문제점 가운데 가장 우리의 주목을 끄는 것은 첫째, 토지개혁사업에 대한 일부의 반대의견

22) 유인호, 앞의 글, p. 392.
23) 농협중앙회, 『한국농정 20년』(1965), p. 9.

> 과 방해공작 또는 신중론이 의식적이건 무의식적이건 간에 토지개혁의 단행을 한동안 저지하는 결과를 초래하였으며 둘째, 토지개혁사업의 구체적 실천방법에 있어서도 사상적 배경이 상치할 뿐만 아니라 법안내용 및 각개 조항에 대한 견해차는 법제상 분분한 이견을 빚어내었던 것이다.[24)]

이것은 다름 아닌 지주계층에 의한 의식적인 방해공작의 일환이며 설사 토지개혁이 이루어진다 하더라도 사실상 무의미하게 만드는 결과를 초래하였다. 그래서 대한민국 정부 수립 후에도 토지개혁의 문제는 국회에서의 중심세력인 지주 이익을 옹호하려는 집단에 의해 지연을 거듭하였을 뿐 아니라 정작 입법화된 토지개혁법도 그 핵심이 왜곡된 형식적인 것에 그치고 말았다.

토지개혁에 대한 지주들의 반작용 중에서 또 하나 주목되는 사실은 그들의 '소작지 강매'현상이라 하겠다. 지주계층은 조만간 실시될 것이 분명한 토지개혁에 대비하는 지름길로서 토지개혁의 실시를 지연시키는 한편 소작지 강매쪽에 열을 올리고 있었다.[25)]

그 결과 소작지의 많은 면적이 매도됨으로써 대지주의 소유면적은 크게 줄어들었는데 〈표 5〉에서 이를 구체적으로 알 수 있다. 다시 말해 연간 500석 이상의 소작료를 징수하는 대지주가 1943년 6월 말 현재 1,630명이고 추수량에 있어서는 210만 6,842석이던 것이 1946년 말 현재 각각 1,084명과 130만 6,500석으로 줄어들고 있다. 이것은 사람 수에 있어서 33.5%, 추수량에 있어서 34.2%의 감소를 뜻한다. 면적에 있어서는 논과 밭의 합계인 17만 2,732정보의 33.4%가 감소된 11만 4,945정보나 된다.

아무튼 지주계층의 토지개혁에 대한 조직적인 방해공장과 지연책

---

24) 유인호, 앞의 글, p. 394.

25) 위의 글, pp. 394-395.

〈표 5〉 500석 추수 이상 대지주 도별 조사표

도별	지주수			추수량(석)			면적(정보)		
	1943. 6	1946. 12	감소인원	1943. 6	1946. 12	감소량	1943. 6	1946. 12	감소면적
경기	244	206	38	363,567	282,342	81,225	31,479	3,611	7,886
충북	30	13	17	28,612	15,170	13,442	2,531	1,780	851
충남	288	90	198	314,674	95,509	219,165	24,774	9,297	15,279
전북	333	270	63	476,327	303,191	173,136	35,136	21,983	13,153
전남	271	220	51	354,919	253,880	101,039	31,660	20,667	10,993
경북	178	125	53	208,309	178,365	29,944	20,490	18,603	1,888
경남	244	151	93	327,004	171,270	155,734	23,870	17,606	6,264
강원	42	9	33	33,430	6,780	26,650	2,773	1,398	1,375
계	1,630	1,084	546	2,106,842	1,306,507	800,335	172,731	114,945	57,689

출처: 『조선경제통계요람』(1949); 농림부, 『우리나라 농지제도』(1962), p. 31.

은 성공하여 남한에 있어서의 토지개혁은 해방 후 약 5년의 세월을 넘긴 후에야 제정될 수 있었다. 그후 민족적 비극인 6·25로 말미암아 대혼란에 휩쓸려 수많은 난관을 거친 후, 1968년 3월 '토지개혁사업 정리에 관한 특별조치법'의 공포로서 토지개혁사업은 일단 종결을 보게 된다.

이상에서 살펴본 입법의원하에서의 토지개혁법안의 심의 및 유산 과정에서 다음과 같이 몇 가지 특징이 도출될 수 있을 것으로 보인다.

첫째, 토지개혁법안을 다룰 과도 입법의원이 지주 또는 그 대표자들을 중심으로 한 보수정당 및 그 단체 출신 의원들 위주로 구성되었다는 점이다.[26] 이러한 의원 구성이 미군정의 의도를 반영한 것은 자명한 일이다. 더구나 이 입법의원은 미군정의 한 기관으로서 설치된 것으로 지극히 제한된 권력만을 가진 미군정 정령(政令)제정의 자문기관의 성격을 가진 데 불과하였다. 이러한 입법의원의 구성과 성격은

26) McCune, *op. cit.*

기본적으로 토지개혁법안의 성립과 유산의 전반적 과정에서 지속적으로 작용하였다. 먼저 입법의원 내 지주 보수세력의 일방적 지배는 아래의 조건들과 결합되면서 입법의원에서 토지개혁법안의 지연 및 유산을 가져온 기본 요인이 되었던 것이다.[27)]

①미국이 남한에서 민주적 개혁의 실시라는 외형을 취하고자 하는 한 토지개혁 실시에 대한 입법의원의 동의를 얻을 필요가 있다는 점, ②미군정 당국은 입법의원 개원 직후 토지개혁은 입법의원의 법제정에 근거하고, 유상몰수·유상분배를 원칙으로 약속하였다는 점, ③1948년에 이르면 미국과 국내 보수진영을 중심으로 한 남한 단독선거와 단독정부 수립의 움직임이 강화되고 이에 따라 지주 입장에서는 입법의원의 법안 성립을 얼마 동안만 저지시키면 미군정하에서의 토지개혁은 회피할 수 있다는 전망을 가능케 해준 점 등이다.

입법의원의 토지개혁 법안이 유산된 또 하나의 원인은 당시 지배적 경제역할 담당자인 지주세력의 견고한 저항과 입법의원의 지배, 그리고 미군정이 한국인 지주의 토지를 포함하는 전반적인 토지개혁에 대한 적극적인 의지를 갖고 있지 못했다는 점에 있었다고 볼 수 있다.[28)] 그 결과 미군정은 대내외 정세 속에서 위기에 선 지주들의 반봉건적 토지소유의 청산보다는 그 잔명을 연장시켜주는 결과를 초래했고, 미군정 통치의 사회적 중추로서 지주층에 대한 보호, 친미적 지주세력의 확보라는 일면을 낳았음을 부인할 수 없다.

마지막으로 특기할 사항은 이미 살펴본 대로 미군정 엘리트와 지주 출신 한민당계열 양자간의 견고한 정치적 이익동맹체제가 형성됨으로써 토지개혁사업의 전 과정에서 명백한 수혜대상자인 농민계층이 철저히 배제되는 결과를 가져왔음을 확인할 수 있다는 점이다.

---

27) 황한식, 앞의 글, p. 275.

28) 이종훈, "한국자본주의 형성의 특수성", 김병태·박현채 외, 『한국경제의 전개과정』(서울: 돌베개, 1981), p. 104 참조.

다시 말해, 해방 직후부터 토지개혁의 문제가 불합리한 봉건적 농업생산의 토대를 개혁하고자 하는 농민의 욕구와 절규로 시작되었다는 점을 감안하면 토지개혁사업 추진이 농민계층에 의해서만 이루어질 수는 없다 하더라도 최소한 그들이 개혁추진 주체의 한 세력으로서 중요한 위치를 차지해야만 했다.[29] 그러나 미군정의 인공 부정과 지방 인민위원회 해산과정에서 동 위원회에 속해 있던 여러 가지 자생적인 농민조직이 파괴되었다. 동시에 입법의원의 토지개혁법안심의의 지연과 유회전술을 일삼는 지주세력에 대항할 만한 농민대표가 입법의원에 진출하지 못함으로써 토지개혁 문제에 있어서 농민은 가장 민감한 계층임에도 불구하고 가장 철저히 소외되어야 했던 계층이 되었다.

이상의 논의를 통해 우리는 미군정하 정치엘리트들이 토지개혁의 원칙들을 흔쾌히 받아들이지 못했음을 알 수 있다. 거기에는 그만큼 토지개혁 실시에 강하게 반대하는 조직된 지주계층과 관료집단들이 있었음을 반증해 준다. 토지개혁의 원칙과 대의명분에 대한 어느 정도의 공감을 표시했음에도 불구하고 미군정 관리들의 소극적인 개혁추진 의지와 당시의 미군정을 도와 사실상의 여당 구실을 자임하면서 정책결정을 독점해 온 한민당의 노선은 권력구조와 정책의 두 가지 방면에 걸쳐 농민 대중에 대한 무관심과 철저한 배제를 여실히 반영했던 것이다.

미군정의 본질적으로 보수적인 사회정책들은 해방 직후 농민 대중을 배제하고 구성된 미군정 엘리트와 지주들의 집합체인 한민당계열 간에 맺어진 권력연립체제에 내재한 이익동맹체의 특성에 기인하고 있음이 명백하다. 이것은 토지개혁에 있어서 그것을 완벽하게 실시하기 위한 정치엘리트의 개혁의지와 정치적 각오가 얼마나 중요한 요건인가를 시사해 준다.

---

29) 유인호, 앞의 글, pp. 437-444.

제2부

정책과정: 관료, 군부, 정당

제6장

관료기구의 형성과 정치적 역할

김 경 순

1. 머리말

'국가'에 대한 논의는 '국가와 사회와의 관계', 즉 지배와 피지배 관계를 설정하는 지배구조의 형성과 그러한 지배구조의 성격규명을 촉구하고 있다. 우리의 경우 그러한 논의는 학문적 의미를 가질 뿐 아니라 지배구조의 왜곡현상을 수정한다는 면에서도 매우 중요하다고 생각된다.

지배구조로서 국가는 일반적인 구조와 성격을 지니는 한편 각국의 고유한 역사적·사회적 특수성에 의한 독특성을 지니게 된다. 한국이라는 특정한 사회구성체의 산물로서의 국가 역시 일반적 국가성격과 더불어 역사·문화적 특수성을 전제로 한다. 그 역사·문화적 특수성은 유교중심의 조선시대의 관료적 지배문화, 제3세계 신생독립국이 일반적으로 경험하였듯이 식민지 체험에 의한 강권적이고 억압적인 국가기구의 발전, 그리고 냉전구조에 의해 영향받은 분단체제의 성립과 일방적인 대미의존적 주변부 국가체제의 형성을 내용으로 한다. 멀리 조선시대의 전통을 찾지 않더라도 한국은 강한 국가구조를 이룰 수밖에 없었다. 일반적으로 식민지 체험을 지닌 국가형성이 내생적인 사회·정치적 변화에서 비롯되지 못하고 식민지 본국의 통치구조와 형식을 이전받게 되듯이[1] 한국도 일본 식민지시대의 '과도하게 팽창된' 지배구조를 그대로 물려받았던 것이다. 더욱이 그 이후 한국전으로 귀결되었던 동서냉전과 미군정의 통치는 한국 내의 사회발전을 저해하는 외압으로 작용하였다.

이러한 역사적 특수성 속에서 탄생한 제1공화국의 사회·정치제도는 사회에 대한 국가부문의 과도한 발전, 즉 사회를 통제하는 관료부문이 보다 팽창된 형태를 지니게 되었다. 따라서 관료체제는 사회분화나 경제적 이해관계의 상충을 조절하는 메커니즘으로서가 아닌 사회통제와 권력유지기구로 성립, 강화되어 갔다. 이러한 성격을 가진 제1공화국의 관료제는 그 이후 상당한 정치적 변화를 겪었음에도 불구하고 중앙집권적이고 권위주의적인 정치구조와 형태를 형성하는 기본골격을 이루었다.

해방 이후 전통적인 사회상태가 지속되었던 제1공화국의 사회·정치체제는 한편으로는 국민의 요구가 파상적으로 표출되고 있는 원자화된(atomistic) 사회와 다른 한편에는 정치권력을 독점하고 있는 관료제가 병존하는 구조를 지니고 있었다. 그에 따라 국가와 사회부문은 명백히 구분되었지만 그 사이를 연계시켜줄 조정구조는 매우 빈약한 상태였다. 이러한 상황에서 지배구조로서 가장 중요한 역할을 담당했던 관료제의 탐색은 지배와 피지배의 갈등구조 속에서 이해관계의 조정 및 사회통제의 성격을 드러내주는 것이며, 궁극적으로는 국가구조

1) 함자 알리비, "과대성장국가론: 파키스탄과 방글라데시", 임영일·이성형 편역, 『국가란 무엇인가』(서울: 까치, 1985), pp. 344-373.

와 정치체제의 전반적 성격을 파악하는 준비작업의 일환으로 필요하리라 생각된다.

2. 관료기구의 형성과 시민사회

식민지적 유산과 분단이라는 구조 속에서 탄생된 제1공화국은 출범시부터 사회적 발전과는 궤를 달리한 지배구조를 확립시켰다. 사회구조의 반영으로 국가가 등장한 서구의 국가들과는 달리 제1공화국은 일본 식민시대 지배구조의 성격과 인적 구성을 그대로 물려받았으며 미군정을 거치면서 시민사회를 통제함에 있어 보다 자율적인 국가구조를 성립시켰다.

근대적 국가가 일찍이 출현한 서구에서는 일반적으로 사회구조가 복잡해지면서 발생하는 여러 가지 문제의 해결과정에서 국가기구가 등장하였다. 즉 사회가 분화됨에 따라 내부질서를 유지하는 판결기구, 대외침략으로부터 영토를 보존하는 군사기구, 생산과 분배를 통제하는 경제관리기구 및 의식의 진화에 따른 신화와 종교·이념을 구분짓는 문화적 기구들이 중앙조직화됨으로써 국가가 등장하게 되었다.[2] 이렇듯 서구에서는 사회 내적 필요성에 의해 국가기구가 출현하였다. 더욱이 이러한 국가기구는 서구에서 봉건제가 위기에 직면한 시기에 등장하면서 왕과 시민사회의 타협메커니즘 역할을 담당하였다. 서구사회에서 이 시기에 이미 시민사회가 국가와의 관계에서 자신들의 입장을 대변할 강력한 대표제도를 형성할 수 있는 시간과 힘을 가지고 조직화되어 있었다. 따라서 시민들은 사적 영역에서 공적 영역을 분화시키

---

2) Stein Rokkan, "Dimension of State Formation and Nation Building: A Possible Paradigm for Research on Variations within Europe," Charles Tilly, ed., *The Formation of National State in Western Europe* (Princeton Univ. Press, 1975), pp. 563-567.

고 스스로의 자율성을 확대하려 했으며, 군주나 특수한 이익집단들의 통제에서 벗어나기 위해 국가기구의 핵심인 관료제를 발전시켰다. 그러므로 관료제의 발달은 시민사회의 일반적인 이익을 대변하는 것이었으며, 국가의 발전 그 자체를 의미할 수 있었다. 베버가 지배형태로서의 봉건주의를 폭력수단의 사적 소유 및 행정수단의 분산된 사용(私用)이라는 특색을 지닌 정권으로 본 데 반해, 근대국가란 그를 극복하고 '합법적' 지배형태에 기반하는 관료제의 수립으로 등장했다고 보고 있듯이 관료제의 발달은 곧 근대화를 의미하는 것으로 귀착되었다.[3] 그러나 이와 같은 전통사회와 근대화의 대조를 관료제의 발달로 구분짓는 베버의 단순화된 가정은 서구문명의 우월성과 관료적 행정부에 대한 우수성을 과신한 것임이 명백하다.[4] 사실 관료제가 공적 이익에 근거한 것이 아니라면 관료제의 발달은 재평가되어야 한다. 즉 서구에서의 관료제 형성이 곧 근대국가의 출발이며 국가의 발전이 합법적 관료제의 발달과 일치한다는 일반적 가설은 특수한 사회적·역사적 구조에서는 적용이 불가능하다고 볼 수 있다.

더욱이 베버는 관료가 정치적 영역에서의 행위자로서 권력투쟁에 참여하는 정도를 평가하는 데 실패했다. 그는 관료를 자신의 목적을 위해 권력투쟁을 하지 않는 것으로 보고 그들은 비인격적이고 무형적 기구로 활동하며 다른 행위자들의 가치와 이익을 위해 봉사하는 도구로 파악하였다.[5] 그러나 관료는 정치적일 뿐 아니라 경제적인 면을 포함한 다양한 이해관계영역에서 자신의 이익을 추구하고, 뜻대로 행위할 수 있는 확실한 도구인 것이다.

실제적으로 2차 대전 이후에 국가가 수립된 사회의 역사발전패턴

---

3) 바디 비른봄, "국가사회학", 최장집·정해구 편역, 『국가형성론의 역사』(서울: 열음사, 1987), pp. 34-43.

4) L. I. Rudolph & S. H. Rudolph, "Authority and Power in Bureaucratic and Patrimonial Administration," *World Politics*, Vol. 31, No. 2(1979), p. 226.

5) *Ibid.*, p. 211.

은 서구사회와는 매우 상이하다. 서구의 국가가 시민사회의 반영으로 그 사회의 법과 생산양식을 규제하는 틀로 등장했던 것과 달리 특정한 역사환경을 지닌 전후 신생독립국의 경우에는 관료제를 중심으로 하는 내적 구조를 발전시키게 되고, 이렇듯 사회와 극도로 괴리된 관료제의 발달구조에서는 관료기구가 시민사회에 대치된 국가의 통제기구로 이용되기도 한다. 마르크스에 있어서 국가의 자율성 역시 거대한 관료 및 군사조직의 국가기구를 이용한 시민사회에 대한 국가권력의 통제를 의미한다.[6] 더욱이 이러한 구조하에서 관료는 공공의 목적을 추구하기보다는 정책이나 자원분배에 영향력을 미치거나 통제할 수 있는 힘을 자신에게 유리하게 이용하기 위해서 외부세력과 결탁하는 성향을 보여준다.

그와 같은 관료제의 통제구조적인 성격은 식민지관계에 의해 규정된 국가에서 명백히 드러난다. 식민지 지배국가는 강력한 군사·관료기구와, 그들의 활동을 통해 자국의 사회계급들을 종속시킬 수 있는 정부의 메커니즘을 갖추고 있다. 따라서 이러한 국가에 의해 지배되었던 탈식민사회도 식민지 모국과 같이 과대성장된 국가기구와 자생적 사회계급들의 활동을 규제하고 통제할 수 있는 제도화된 관례들을 물려받게 된다. 독립시 자생적 민족부르주아지가 취약한 상황에서 군사·관료를 중심으로 한 국가기구의 최상부에 있는 자들이 국가권력을 독차지하고, 관료적 통치를 통해 지배적인 권력을 유지·확대시킨다[7]는 탈식민국가구조가 드러나게 되는 것이다.

식민지를 경험한 국가의 국가구조와 성격은 식민지 모국의 지배양태와 그 이후에 전개되는 역사적 상황에 따라 나라마다 각기 다르다. 그러므로 제1공화국 국가기구의 주요한 구조인 관료제의 성격을

---

6) 카를 마르크스, "루이보나빠르트의 브뤼메르 18일", 태백 편집부 역, 『프랑스 혁명연구 II』(서울: 태백, 1987), pp. 114-115.

7) 함자 알라비, 앞의 글, p. 347.

이해하기 위해서는 일본 식민통치기의 지배구조, 독립 후 재구성시기로서의 미군정과 단독정부의 수립과정 및 그 성격을 살펴보아야 한다.

식민지 지배국가로서 일본이 조선에서 추구하였던 이해관계는 한국경제를 일본경제의 한 부분으로 편입·종속시켜 일본의 정치·경제적인 요구에 따라 여러 가지 형태의 이윤을 수탈하는 것이었다. 더욱이 1930년대에 이르러 일본에서는 자국 내에서의 경제위기를 타개하기 위해 독점자본들이 군국주의 세력과 결탁해서 도모한 만주침공에 있어서 조선을 전쟁준비기지로 만들고자 하였다. 그에 따라 조선의 경제는 자생력을 상실하고, 식량과 원료의 공급지이며 일본상품의 소비시장이고, 노동력을 비롯한 인적 자원의 제공처라는 역할을 담당해야 했다.[8)]

이러한 목적을 지닌 일본은 조선으로부터 자원을 추출하기 위해 전국적인 수탈조직망을 구축했으며, 식민지민의 저항을 억압하기 위한 경찰력을 대규모로 형성시켰다.[9)] 이렇듯 강력한 중앙집권적 행정조직과 강권조직을 갖춘 일본 통치집단은 경제잉여를 과도하게 수탈하여 조선의 민족자본을 소멸시키고, 민족적 경제기반을 와해시켰다. 결국 경제는 자생력을 상실하고, 총독부를 중심으로 한 통치체제에 예속되었다. 또한 일본 식민통치자들은 조선의 소수 친일 지주계급과 결탁하여 이들로 하여금 일본 식민체제의 정당성을 홍보·선전하는 역할을 담당하게 하였다. 이러한 친일계급의 형성과 그들의 일본 지배집단과의 보완적 관계는 한국 관료제에 상당한 영향을 미쳤다. 일본의 식민지통치에 얼마간의 기여를 담당했던 친일계급집단은 한편으로는 일본 식민지통치체제의 과도한 통제중심의 관료조직을 전수시켰으며, 다른 한편으로는 총독부시대의 가치와 행태를 이어받았던 것이다. 식민지민

---

8) 김대환, “1950년대의 한국경제의 연구”, 진덕규 외, 『1950년대의 인식』(서울: 한길사, 1981), pp. 157-161.

9) 한일합방 4년 전인 1906년에 3,359명의 경찰관 수가 1919년 3·1운동 이후 1923년에는 20,758명으로 증가하였다. 한승주, “제1공화국의 유산”, 진덕규 외, 앞의 책, p. 30.

을 통치하기 위한 총독부체제는 당연히 권위적이고 억압적이었다. 이 시대 말단직 관리로 일했고 후일 제1공화국에서 재임용된 관리들은 그러한 일본인 상사들의 태도를 한편 미워하면서도 오랜 시일이 지나면서 그와 동일한 가치와 행태를 취하게 되었다. 게다가 그당시 고도로 법규만능적인 일본관료제의 속성이 관료의 경직성을 심화시켰다. 일본관료제는 '프로이센'을 모방한 것으로 특히 20세기에 접어들면서 심히 관료적이며 법규만능적인 관료제를 확립시켰다. 일본의 식민지가 된 한국도 이와 같은 '프로이센 모형'을 도입하게 되었다.[10)]

물론 법규만능적 관료제라 하더라도 법과 질서를 유지하는 데 어느 정도 기여한다는 점을 부인할 수는 없지만 안정되지 못한 상황에서 법규에 대한 경직된 입장의 고수는 긍정적인 것만은 아니었다. 즉 법이 지배권력자의 견제라는 의미보다 지배자의 권력강화에 이용되었고, 따라서 법규만능적 관료제는 총독부 관리들이 물러간 뒤에도 진정한 국민의 이익을 고려하지 않고 권위적이고 경직된 태도를 보였으며 심지어 법을 악용하여 관료계층의 이익을 극대화하기도 하였다.

일제의 식민통치구조는 미군정기를 거쳐 제1공화국 국가구조로 연계되었다. 미군정청은 사회통치를 위해 고도로 발달된 조선총독부의 기구를 거의 그대로 이양받았으며, 미군정청활동 자체도 국가통치구조 강화에 긍정적인 역할을 담당하였다. 해방 이후 국가 수립에 이르는 3년 간의 통치를 담당한 미군정청은 일본으로부터 탈식민지화되는 시점에서 미국을 중심으로 하는 세계질서에 한국을 편입시키는 업무를 수행하게 되었다. 해방 후 남한에 주둔한 미국이 한반도에서 갖는 중요한 의미는 경제적인 면에 있기보다는 세계적 차원에서 소련에 대한 방어권이라는 정치적·군사적인 역할에 있었다. 물론 그러한 정치적·군사적 목적이 강하다고 해서 경제적인 목적이 전혀 없었다는 것은 아니다. 즉 한편으로는 자본주의 주변으로서의 경제구조화가 진행되면

10) 이한빈, 『국가발전의 이론과 전략』(서울: 박영사, 1969), p. 118.

서 정치적·군사적 목적도 강조되었다. 그러한 목적을 수행하기 위해서는 무엇보다도 체제의 안정과 질서유지가 요구되었다.

1945년 9월 한국을 점령한 미 군사정권은 해방 이후 사회적 혼란을 처리하는 데 있어 그 통치성격을 드러내었다. 미군정은 8월 15일부터 31일까지 일본 항복 이후 국내치안을 유지하기 위해 여운형을 중심으로 남한의 각 도·시에 145개에 이르는 인민위원회를 조직했던 인공을 부인하고 일본 식민시대의 통치조직을 거의 그대로 존속시켰고 일본인 관리들을 계속 집무케 하였다. 당시 일본 식민통치의 최고책임자였던 총독 아베(阿部信行)로 하여금 형식상 미군정을 보좌하도록 했을 뿐 아니라 해임된 총독부의 정무총감 및 각 국장을 행정고문으로 임명하여 그대로 남겨두었다. 그뒤 미군정청은 전국적인 치안권 확립을 위해 9월 14일 군정장관의 성명으로 일본인 경찰관을 포함한 이전의 모든 경찰관을 그대로 존속시켜 치안유지의 책임을 맡겼고, 그때까지 자생적으로 치안을 담당했던 각종 단체의 경찰권 행사를 금지시켰다.[11)]

미군정의 통치형태는 그당시 한반도에서 미국의 목적, 한국의 실상에 대한 미국의 이해부족, 그리고 한국 내 자생적인 민족적 세력기반의 허약에 의해 특징지어진다. 일본 항복 당시 미군에는 한국에서 점령행정을 담당할 만한 지식과 경험을 지닌 사람이 없었다. 사령관으로 부임한 하지 장군 역시 마찬가지였다. 그는 한국상륙시 일본군의 무장해제 외에 한국의 정치·경제에 대한 구체적인 계획도 가지고 있지 않았다. 단지 해방 이후 오랜 억압으로부터 벗어난 식민지 국가의 치안부재상태를 우려하여 질서와 안정을 최우선적인 정책목표로 하였다. 미군정은 질서유지를 위해 식민지하에서 관료나 경찰에서 일했던 사람들을 활용하고자 하였고, 이는 미군정에 대한 한국인들의 부정적 이미지를 형성케 했다.

---

11) 진덕규, "미군정의 정치사적 인식", 송건호 외, 『해방전후의 인식』(서울: 한길사, 1980), pp. 39-40.

하지 장군은 한국으로 부임하기 직전 “행정기구는 현상대로 잔치(殘置)하되 일본인 관리들은 모두 파면하라”는 지시를 받았음에도 불구하고 즉각적인 한국의 독립은 어려우며 혼란상태를 진정시킬 때까지는 일본인 관리를 당분간 잔류케 할 것이라고 선언하였다.[12] 총독부 체제와 일본인 관리를 계속 이용하는 것이 한국인의 저항감을 불러일으키자 미군정 당국자들은 서서히 일본인 관리들을 면직시켜면서 한국인으로 대치시켰다. 그러나 이 역시도 한국의 사회세력을 올바로 대변하지 못했다. 그들은 지난날 식민통치에 협력했던 친일파도 관리로 임명하였다. 또한 민중의 입장을 대변하는 사람들보다는 지배계급적 속성의 인물을 선택하였다. 1945년 10월 5일부터 미군정청 행정고문으로 임명된 11인의 성분을 볼 때 몇몇 인사를 제외하고는 민족독립운동에 소극적이었으며, 비록 일본통치시기에 일제에 협조하지 않았더라도 비교적 부유한 그 시대 한국사회의 지배계층적 세습성을 지닌 사람들이었다.[13]

1946년 3월 군정법령 제46호로 행정체제를 정비하고 임명한 주요 인사들 역시 한국의 광범위한 사회적 기반을 대변할 수 없었다. 이같은 미군정의 통치는 일제시대 핍박받았던 민족세력을 위축시키는 것이었으며 민족주의 세력의 결집을 약화시켰다.

사실 미군정은 자신들의 전략적 목표를 수행해줄 지원세력을 지배세력으로 하는 국가를 형성하고자 하였다. 따라서 미군정청은 자신들의 지원세력으로 정치적으로는 우파이면서 미국에 거주했거나 영어에 능통한 온건보수세력을 요직에 앉히고, 이들이 결여하고 있는 행정효율성을 증대시키기 위해 식민지 관리로서의 경험을 가진 사람들을 행정관료로 선택하게 되었다. 이렇듯 일정한 방향성 없이 표류한 미군정의 성격은 한국사회에 부정적 영향을 미쳤던 것이다. 특히 민족부르주아지의

12) 리처드 E. 라우더백, 국제신문사 출판부 역, 『한국미군정사』(서울: 돌베개, 1984), p. 38.

13) 진덕규, 앞의 글, pp. 49-50.

형성, 그들을 중심으로 한 시민세력의 결집과 정치적 이해관계를 대변할 대표체계의 형성기반을 촉진하기보다는 이를 무력화시켰다.

이 시기에 이러한 반사회적 통치구조가 형성되었다는 사실은 일제시대의 경제·사회구조의 왜곡으로 인한 민족적 지배집단이 성장하지 못했음에 기인된 것임을 주목해야 한다. 해방 당시 한국 총재산의 80%에 달하는 일본인 소유재산이 미군정에 귀속되었다. 민족자본가 세력은 충분히 성장되지 못하고 국가 총재산의 처분권이 통치권에 주어져 있는 상황에서 미군정이 사회발전에 역작용을 할 수 있는 범위는 매우 넓었다. 사회 내 지배집단이 불분명했던 해방직후 한국사회에서 미군정청은 경제의 중심인 귀속재산 처분권과 원조물자의 배분과 관리를 맡게 되었고, 이는 곧 사회로부터 자율적인 지배를 보장하는 것이었다. 미군정청의 권한은 대단한 것이었고 그들의 업무를 수행하는 관료들의 지위는 보다 공고화되었으며 민족부르주아지의 성장은 더욱 어렵게 되었다. 결국 한국사회에서 미군정기는 통치구조로서 국가기구를 보다 강화시켰다.

미군정의 경험은 제1공화국 국가성격에 그대로 반영되었다. 즉 제1공화국은 중심부 국가인 미국에 대해서는 철저히 종속된 반면 국내에서는 강력하고도 중앙집권적인 행정조직을 중심으로 사회의 어떠한 세력에 대해서도 자율적인 국가조직를 형성하게 되었다. 제1공화국의 관료제도는 이러한 구조적 기반 위에서 성립되었다. 더욱이 사회에 대한 통제적 성격을 강하게 지닌 관료제는 제1공화국의 정치체제와 그 형태가 민주화되지 못함으로써 통제적 성격이 보다 심화되었다. 이승만 정권은 사회를 진정으로 대변해줄 정당조직도 갖추고 있지 못했고, 이승만을 중심으로 한 절대적 세력에 도전할 한민당 세력마저 토지개혁으로 인해 토착지주계급으로서의 경제적 기반을 상실하였다. 반면 미군정으로부터 귀속재산 처분권과 원조물자 배분권을 이양받은 이승만 정권은 사회에 대해 자율적인 관료중심의 국가체계를 수립할 수 있었다.

물적 기반을 확보한 이승만은 남한만의 단독정부 수립과 그에 따른 계속된 정치권에서의 폭력사태와 불안정, 좌익세력의 처리라는 면에서 국가강권력 부문까지도 강화시켰다. 이어진 한국전쟁은 경제기반을 다시 한번 원조체제로 종속시키는 한편 군의 비대화와 강권적 관료주의화를 심화시켰다. 결과적으로 제1공화국의 관료기구는 꿈틀대기 시작한 시민사회의 여러 세력들의 이해관계를 조정하기보다는 지배자의 절대권에 종속된 통제기구로 모습을 드러냈다.

3. 사회 · 정치 변화와 관료제

사회 내적 발전의 귀결로서가 아니라 식민지체제와 미군정을 거쳐 억압적 통치체제의 유지를 위해 기능했던 제도가 신속히 정치적 중심으로 형성된 제1공화국의 정치체제는 피지배층의 분출된 욕구를 수용할 수 없었다. 일반적 탈식민사회에서 식민지 경험이라는 특수성에 근거한 계급들의 재제휴에 의해 형성된 과대성장국가 성격과는 달리 제1공화국에서는 미군정과 전쟁으로 이어진 분단구조로 말미암아 계급들이 등장할 환경적 여건이 마련되지 못했다. 따라서 국가는 대외적으로는 일방적으로 미국에 의존하는 비자율적 구조를 지니고 있었으나 국내의 계급세력으로부터는 자율성을 확보하고 있었고, 국민들의 요구를 반영하려 하기보다는 억제하는 역할을 담당하였다. 제1공화국은 이러한 구조적 한계성으로 인해 사회관리 기능에서도 점차 그 효율성을 상실해 가게 되었다.

한국사회는 1공화국 수립 당시까지도 전통적인 구조로 남아 있었다. 산업구조별 취업인구에 있어서 1차 산업부분이 약 80%를 차지하고 2차 산업부문은 5·4%에 불과한 산업화 이전 단계에 있었다.[14] 대도시 지역을 제외하면 사회는 미분화 상태로 혈연이나 지연을 중심으

14) 안해균, 『한국행정체제론』(서울: 서울대출판부, 1986), p. 45.

로 한 전통적 가치관이 지배적인 상태였다. 해방을 맞이한 국민 대다수는 그동안 억눌려왔던 요구를 표출하였으나 그것을 정치영역으로 집약시킬 수 있는 정치적 조직력을 갖추지 못한 비조직적이고 비정치적인 세력에 불과했다.

사회는 자신들의 이해관계를 정치영역으로 집약시킬 만큼 조직화되지 못한 반면 미군정에게서 이양받은 국가는 발달된 통치구조를 지니고 있었다. 더욱이 식민지로부터 벗어난 한국사회가 자본주의 체제로 이행하면서 국가는 자본주의 경제에 의해 요구되는 기본적인 기능까지 담당하게 되었다. 그로 인해 제1공화국의 정치와 사회영역은 심하게 대립된 형태로 구조화되었다.

사회·정치구조의 변화는 필연적으로 관료제의 구조와 성격에 영향을 미친다. 제1공화국 전기간을 통해 볼 때 그 기본적 동맹구조나 성격이 크게 변화되지는 않았을지라도 정치·사회의 계기적 변화과정 속에서 관료제 역시 변화를 겪었다.

대내외적인 환경과 정치상황의 변동에 따르면 제1공화국을 편의상 대략 3단계로 구분해 살펴볼 수 있다.[15] 즉 1948년 국가 수립 이후 한국전쟁이 종결되는 1953년까지의 국가형성기(1948-53년), 1953년부터 초대대통령에 대한 중임제한 철폐 개헌 후 이승만의 세번째 집권시기인 1958년까지 전후 경제복구에 주력했던 경제부흥기(1953-58년), 1958년 후기에서 1960년 이승만 하야시까지 자유당 과두체제가 형성되어 맹위를 떨치던 자유당 말기(1958-60년)로 나눌 수 있다.

1) 국가형성기(1948-1953년)

1948년 정부 수립과 함께 시작된 이 기간은 한국 관료제의 구조와

15) 이러한 시기구분은 이한빈의 시기분류에 따랐다. 이한빈, 『사회변동과 행정』(서울: 박영사, 1968)

성격을 규정하고 있다는 점에서 매우 중요하다. 사실 이 시기의 관료제는 일제시대와 미군정에 뿌리를 두고 있다. 형태적인 면에서 볼 때 제1공화국의 관료조직은 미군정청의 행정구조를 이양받았으며, 미군정청은 1945년 9월 일본 총독부 통치구조를 그대로 답습하였다. 더욱이 미군정에 의해 도입된 얼마간 새로운 구조마저도 제1공화국 아래에서 행정간소화라는 취지하에 과거 총독부의 것으로 회귀하였다.[16] 외형적 조직뿐 아니라 그 구성원에 있어서도 마찬가지였다. 한국의 상황에 대해 지식이나 준비 없이 남한에 주둔한 미군정은 통치에 있어 일본인 관리 및 부일한국인을 이용하였다. 이로써 한국은 일본 식민통치로부터 해방되었으나 그것이 지닌 통치성격은 그대로 이양받았던 것이다.

원래 총독부체제는 한국에서의 일본 제국주의의 이익을 보장하는 핵심기구로 한국 민중의 지배·수탈·억압을 위해서 창출된 체제였다. 따라서 총독부 관료제는 그 본질상 착취적이고 강압적이었으며, 경제적 토대에 비해 지나치게 발달된 것이었다. 미군정은 이렇게 한국인에게 부정적인 이미지를 지니고 있던 총독부 행정기구를 해체시키지 않고 그대로 유지시켰다. 왜냐하면 한국 자본주의가 세계 자본주의 체제로 재편되는 상황에서 사회는 분열되었고 미군정은 보수세력과 이해관계의 맥을 같이 했기 때문이었다.

해방직후 좌익성향의 인공조직에 의한 치안유지와 노동단체들의 노동쟁의는 미국이나 토착지주계급을 중심으로 하는 정치질서에 위협적인 것이었다.[17] 더욱이 미군정하의 노동쟁의는 순수한 노동과 자본 간의 쟁의로 소속기업이나 산업에 한정된 것이 아니었고, 좌우익 간의 투쟁적 성격을 지니고 있었다. 따라서 미군정청은 자신들의 이익에 위

---

16) 조석준, "미군정 및 제1공화국의 중앙부처기구의 변천에 관한 연구", 『행정논총』, Vol. 5, No. 1(1967), p. 135.

17) 1945년 8월 15일부터 1947년 3월 31일까지 발생한 노동쟁의는 2,388건에 이르며, 참가인원은 58만 6,786명에 이른다. 조선통신사, 『조선연감』(서울: 1948), p. 260; 조석준, 앞의 글, p. 124에서 재인용.

배되는 그들의 활동에 대해 불법적인 것으로 규정짓고 구속·처벌 등의 방법으로 억압했다.[18)]

미군정을 거치면서 경제는 대미의존적인 것으로 성격지어졌다. 남북분단에 따른 절대적인 경제기반의 축소와 산업 간의 분리, 미군정기의 농업정책에 의한 재생산기반의 취약화를 바탕으로 한 귀속사업체의 관리와 불하 및 원조중심의 경제구조는 대미의존적 성격을 지닐 수밖에 없었으며 이는 관료자본의 형성에 결정적인 역할을 하였다.[19)]

초대 대통령에 취임한 이승만은 그해 9월 미군정청의 통치조직을 이양받았다. 그것이 지닌 구조적 한계가 있음에도 불구하고 제1공화국의 출범은 독자적인 국가기구의 구조와 성격을 형성시킬 수 있는 기반을 마련한 것이었다. 그러나 이승만 정권의 통치내용은 그러한 독자성을 결하고 있었으며 이승만의 개인적 권력욕에 의해 강력한 관료독점구조는 보다 심화되었다.

1948년 8월 15일 이승만 대통령은 취임사에서 국가목표로서 국가건설(nation-building)을 표방하고 이같은 목표의 구체적인 내용을 구미식 민주주의의 건설과 이를 뒷받침해 주는 경제목표로 외국인 원조에 의한 자본주의 경제체제 건설을 제시했다.[20)] 그러나 이승만은 그러한 정치적 과제를 효과적으로 달성하기 위한 통치수단으로서 한편으로는 민주주의 논리와는 동떨어진 일민주의(一民主義)를 제창하였고 다른 한편 식민통치의 잔재인 관료조직을 이용하였다.[21)] 결과적으로 이것은 이승만 정권을 관료중심의 통제체제로 규정짓게 했다.

미군정의 행정조직을 이양받은 제1공화국은 1948년 7월에 공포한

---

18) 위의 글, p. 124.

19) 박현채, "한국 자본주의 전개의 제단계와 그 구조적 특징", 『한국사회의 재인식1』(서울: 한울, 1984), pp. 26-27

20) 유영준, "한국 역대정권의 국가목표 설정과 그 정치적 과제", 『한국정치학회보』 제14집(1980), p. 50.

21) 위의 글.

정부조직법을 통해 새로운 형태를 산출해내지 못했다. 이 정부조직법에 따른 행정구조의 변화로는 첫째, 외교·국방의 기능강화, 둘째, 보건후생부와 노동부가 사회부로 통합·축소, 토목부와 경무부가 신설 내무부의 1개국으로 축소되는 행정기구의 간소화 조치, 셋째, 재무부의 예산국이 국급(局級)에서 탈락되고, 세관업무가 국급으로 승격되는 변화가 있었다.[22] 그러나 이러한 정부조직의 변화는 외무·국방을 제외하고는 군정의 행정기구를 그대로 인수하면서 단지 행정간소화를 이루겠다는 소극적 태도에 불과했다. 따라서 일제식민기와 미군정기를 통해 과도히 발달된 관료조직을 축소시키고 역할을 한정시키려는 시도는 보이지 않았다.

경제면에서 그러한 문제는 보다 심각한 것이었다. 이승만의 권력획득은 귀속재산의 처리라는 경제적 기반까지 미군정으로부터 이양받은 것이었다. 더욱이 이승만은 외국의 원조획득이라는 경제목표하에 미국으로부터 막대한 원조를 얻어오는 데 성공하였다.[23] 그러나 이것은 정치발전에 기여하기보다는 역작용을 하였다. 이 시기에 경제를 다루는 핵심집단은 이승만과 개인적인 친분관계를 맺고 있는 소수의 각료나 관료조직이었다. 자본주의화 과정에서 자생적 부르주아지가 지배집단화되지 못하는 가운데 핵심적 경제기반이 국가에 주어졌고, 경제관리의 관료독점은 부정·부패로 이어졌다.

그와 더불어 관료조직이 강화된 원인으로는 이승만 개인의 정략에서도 기인한다. 정부수립시부터 이승만은 정권경쟁을 원치 않았다. 더욱이 당시 전국적인 영향력을 지닌 유일한 조직체인 경찰과 행정조직을 장악한 이승만은 정치적 과제까지도 자신의 측근을 중심으로 한 관료조직을 통해서 해결하고자 하였다. 더욱이 이승만은 원외 권력강화를 위해 결성한 자유당에서도 이범석을 비롯해 자신의 잠재적 적수

---

22) 조석준, 앞의 글, pp. 134-142.
23) 유영준, 앞의 글, p. 51.

가 될 만한 인물을 모두 몰아내었다. 따라서 자유당의 최고위직까지도 대통령비서들과 전직 관리들이 차지하게 되었다.[24] 결국 이 시기의 관료기구의 강화가 제1공화국 전기간을 통해 관료 과두정치체제의 기반을 형성하였다.

2) 경제부흥기(1953-1958년)

정부수립 후 정치적 안정이 채 확보되지도 않은 혼란상황 속에서 발발한 한국전쟁은 정치·사회·경제 전 분야에 걸쳐 큰 변화를 유발시켰다. 수많은 인명피해와 재산상의 손실 외에도 전쟁 전부터 점차 심화되어가던 인플레이션 현상은 전쟁 중인 1952년에는 그 절정에 달해 1947년 도매물가를 기준으로 해서 무려 557%나 되었다.[25] 또한 전쟁은 급속한 도시화와 이농화 현상을 초래했다. 1952년 남한인구의 17.7%가 도시지역에 거주했는데 비해 1955년에 이르면 도시지역 인구는 24.5%, 약 530만 명에 달했다.[26] 이러한 사회적 변화는 필히 정치의식의 수준을 향상시켰다. 따라서 정치적 비민주화와 경제적 빈곤은 이승만 정권에 위협적인 요소로 등장하였다. 이러한 상황하에서 이승만 정권이 취할 수 있는 방법은 선거를 통한 정권의 정당화와 경제부흥책에 있었다.

이승만 대통령은 전후 정책연설에서 “우리가 당면한 가장 시급한 문제는 두 가지인데, 그 하나는 남북통일이고, 다른 하나는 경제안정”이라고 역설하면서 경제 내부구성의 재건과 인플레 억제정책을 주창하기에 이른다.[27] 건국 초기 민주주의에 입각한 국가건설에서 경제안정으로 정책목표가 변화됨에 따라 관료기구는 반민족성이 보다 강화

---

24) 이한빈, 『국가발전의 이론과 전략』, p. 122.
25) 유영준, 앞의 글, p. 52.
26) 한승주, “제1공화국의 유산”, 진덕규 외, 『1950년대의 인식』, p. 49.
27) 유영준, 앞의 글, pp. 52-53.

되는 한편 전후 경제의 자원배분에 보다 깊숙이 개입하게 되었다.

전쟁은 지난날 친일세력이었던 관리들을 관료조직에 대거 유입하는 기회를 제공했다. 전쟁은 징병사무, 징세, 국내 치안유지 등 행정적 업무의 급증을 가져왔고 이를 처리하기 위해서는 지난날 행정경험을 지닌 사람이 필요하였다. 따라서 이 시기의 관리등용은 과거의 경력을 문제삼기보다는 행정업무 처리능력이 우선시되었다. 〈표 1〉에서 보듯이 건국초기 행정고위직을 담당하던 사람들은 대부분 일제시대 독립운동가・교육자・의사 등으로 행정경험이 없었다. 특히 실무를 담당하는 하위직 외에 장・차관급에 해당하는 고위직에는 비전문적인 정치가들이 대거 진출했다. 그러나 전쟁 이후에는 관료 출신, 법률가, 은행인사 등 일제시대에 활동했던 직업관료의 진출이 증가했다.

이러한 관료적 직업배경을 지닌 자들의 충원은 관료조직의 반민족성으로 드러났다. 즉 관료경험이란 식민지시대에 얻은 것으로 이들

〈표 1〉 제1공화국의 각료의 직업배경 비율(%)

	국가형성기 (1948-1953)	경제부흥기 (1953-1958)	과두정치기 (1958-1960)	제1공화국 전기간
공무원	6	21	25	13
법조계	9	15	8	12
은 행	6	5	25	8
경찰	2	3	–	2
(소계)	(23)	(44)	(58)	(35)
교육계	21	10	–	14
의사	6	10	17	8
정객	34	21	–	25
실업계	8	7	8	8
(소계)	(69)	(46)	(25)	(55)
군부	8	10	17	10
합계(인원수)	100(52명)	100(39명)	100(12명)	100(103명)

출처: 이한빈, 『사회변동과 행정』(서울: 박영사, 1968), p. 146.

의 가치성향은 법규만능적이고, 지배집단의 특권의식을 온존시켜 국민에게 봉사하지 않고 국민의 통치자로 군림하였다. 제1공화국 12년간의 각료들이 어느 정도 친일성향을 갖는가 하는 것은 다음의 〈표 2〉에서 볼 수 있다.

제1공화국 전 기간동안 각료는 국무총리 이하 115명이었고 이중 재임 또는 2회 이상 역임한 19명을 제외하면 실질 연인원은 96명이고, 이 중 부일협력의 전력자는 36.5%이고, 직계혈족이 현저한 친일행위를 했던 사람들도 친일계로 상정하면 39.6%에 달한다.[28] 이렇듯 지난날

〈표 2〉 제1공화국 각료들의 친일세력

부처	연인원	부일협력층	친일권 출신	친일계 출신 비율(%)
총리	5	2	1	60
내무부	19	7	1	42.1
재무부	8	4		50
법무부	9	5		55.6
국방부	7	2		28
문교부	6	1		16.6
농수산부	15	4		26.7
상공부	10	5	1	60
부흥부	4	2		50
사회부	5	1		20
체신부	8	2		20
합계	96	35	3	39.6

출처: 임종국, "제1공화국과 친일세력", 『해방전후사의 인식 2』(서울: 한길사, 1985)에 의거해 작성.

28) 임종국, "제1공화국과 친일세력", 강만길 외, 『해방전후사의 인식』(서울: 한길사, 1985), p. 147. 필자는 부일협력의 전력자는 31.3%이고, 직계혈족이 친일행위를 한 친일권을 포함시킨 비율을 34.4%로 기술하고 있으나 계산에 따르면 각각 36.5%, 39.6%이다.

일제에 부역했던 인물들이 최고위 관료직까지 진출하게 됨으로써 일제 식민통치적 관료성격이 두드러지게 증대하였다.

전쟁은 국민방위군사건이나 거창학살사건 등 이승만 정부의 부정적인 측면을 노출시켰으나 이승만에게는 권력을 유지·확고화할 수 있는 새로운 계기가 되기도 하였다. 즉 우익보수주의자들을 비롯해 이승만이 표방한 '반공' 이념이 정통성을 확보했을 뿐 아니라 미국의 한국에 대한 부흥·군사원조를 자신의 정권유지를 위한 물적 기반으로 이용할 수 있는 기회를 맞이했던 것이다. 한국경제는 전쟁에 직면해서 자체적으로 복구할 만한 능력을 지니고 있지 못했다. 따라서 미국원조에 의존할 수밖에 없었다.

휴전성립 후 미국은 FOA 원조, UNKRA 원조, PL480에 의한 미잉여농산물 도입, ICA원조 등 한국에 많은 양의 원조를 제공했다. 원조를 받은 이승만 정부는 냉전구조에서 미국의 이익을 대변했으며 그 대가로 미국에게서 받은 경제·군사원조의 '전유자'의 권한을 수행할 수 있었다. 외부에서 이식된 자본주의의 발전은 관료기구의 철저한 통제하에서 기능할 수밖에 없었고, 따라서 관료조직은 전후 경제의 자원분배에서 보다 광범위한 권한을 소유하게 되었다. 귀속재산 불하와 더불어 미국의 원조가 한국 자본주의의 원시적 축적의 주요한 원천으로 등장하여, 이것이 정치권력과 결탁된 특정인에게 특혜 배분되는 정치권력과의 밀착, 즉 관료독점적 산업발전이 이루어졌다.

3) 자유당 과두체제기(1958-1960년)

1956년 5월 대통령선거에서 민주당 대통령후보인 신익희의 급작스런 서거로 이승만이 3대 대통령이 되었으나 이승만 정권의 정치행태에 있어서는 큰 전환점이 되었다. 1954년 헌법개정으로 3선금지조항에서 벗어난 이승만은 자유당에서 만장일치로 3대 대통령후보로 지명받았다. 반면 새로 창설된 민주당은 이승만의 경찰·관료조직의 동원,

정치자금의 장악 등 어려움에 직면하면서도 자유당 정권에서 돌아선 국민들로부터 상당한 지지를 받았다. 1948년 제헌국회에서 196명의 의원 중 180명의 지지를 받았고, 1952년 선거에서도 80% 이상의 지지를 확보했던 이승만은 1956년 선거에서 단지 56%의 지지로 대통령에 당선되었던 것이다. 게다가 득표내용에 있어서도 이승만은 서울을 비롯한 대도시에서는 오히려 다른 후보들에 비해 뒤지는 참담한 상황이었다. 또한 부통령 경쟁에서는 민주당의 장면이 자유당의 이기붕을 누르고 당선되었다.

1956년 선거결과는 유권자들이 자유당과 이승만 정권으로부터 멀어졌음을 반영하는 것이었다. 유권자로부터 멀어진 자유당이 정상적인 득표조직으로 선거에서 이길 가능성은 거의 없었다. 더욱이 완전한 선거조작이 아닌 다소간의 선거개입으로는 자유당이 살아남기 힘들 것으로 보였다. 따라서 자유당은 탄압적 조치에 의한 정권유지의 길을 선택하였다. 자유당은 선거직후인 1956년 6월 당대표자회의를 개최하여 부통령 선거에서 패배한 사후대책을 협의하였다. 여기에서 이승만과 이기붕은 야당 탄압의 필요성을 느끼고 있었으므로 강경파가 득세하게 되었다. 자유당 말기 세력을 휘두르던 강경파로는 국회 내에 있는 장경근·한희석·이익홍·임철호·김의준 의원과 내각에 있던 최인규였다. 관료출신의 당간부로 이기붕 과두체제의 골격을 갖춘 자유당은 관료제의 구성과 행태 일반에 커다란 영향을 미쳤다.

1958년 경찰의 간섭에도 불구하고 10석 이상의 의석을 상실한 자유당은 강경파의 통제를 더욱 증대시켰다.[29] 보안법 파동을 비롯해서 경향신문 폐간으로 이어지는 탄압의 심화는 국민들로부터 더 한층 괴리되었다. 이승만 장기집권 추진의 여파로 유발된 일련의 정치사태로 뚜렷한 정책목표도 없이 정권유지 기반의 극대화에 급급하였던 자유당은 정권유지와 정치권력 강화를 위해서 국가관료기구와 급속히 긴

29) 선거결과는 자유당 126석, 민주당 79석, 통일당 1석, 무소속 27석이었다.

밀해졌다.

자유당 통치 후반기에 접어들면서 관료기구는 극심한 정치화의 양상을 드러내었다. 관료경력을 지닌 사람들이 자유당 내 강경파로 실권을 장악하였다. 이러한 관료출신 정치인들은 실권을 장악하자 정권 유지와 정치권력의 강화를 위해서 관료기구에 대한 영향력을 확대시키고 정책결정에도 참여하고자 하였다. 후반기에 권력을 강화시킨 자유당은 상공장관직을 맡고 있던 김일환을 내무부장관으로, 재무부장관 김현철을 해임하는 등 고위관료의 임면에 대한 권한까지도 지니고 있었다.[30] 관료조직에 대한 자유당의 영향력 행사는 국민에게 정치참여의 폭을 넓혀주는 것은 아니었다. 자유당의 권력구조는 국민을 바탕으로 하기보다는 관료조직과 경찰 위주의 국가기구를 중심으로 짜여졌다. 또한 새로 대두한 실권자들은 일제시대의 관료적·법규만능적인 경향을 지닌 사람들로서 그 의식과 행태에 있어 국민에게 봉사하기보다는 국민의 통치자로 군림하였다. 따라서 행정부에 대한 입법부의 사실적 지배가 국민의 이익을 대변한 것이 아니었고, 사회에 대한 관료기구의 상대적 자율성은 쇠퇴하지 않았다.

4. 관료기구의 정치적 역할

1) 관료기구의 재정적 역할

해방 후 한국경제는 대미의존적 주변부 자본주의 체제로 이행하는 양상을 보였다. 일제의 한국에 대한 식민지 지배 결과는 (1) 공업구조의 파행성, (2) 산업에 있어 전근대적 성격의 온존으로 인한 국민경제의 이중구조, (3) 일제 자본의 수탈에 따른 민족경제적 기반의 와해

30) 이한빈, 『사회변동과 행정』, p. 142.

로 요약된다.[31] 이러한 경제구조의 왜곡이 민족주체적인 경제발전 가능성을 완전히 배제시켜 민족경제는 극도로 위축되었다. 해방과 함께 일본과의 경제관계가 단절된 이후 남한에 주둔한 미군정은 한국경제를 일본경제의 예속으로부터 미국경제의 재생산구조로 편입시켰다. 1945년 9월부터 1948년 말까지의 GARIOA 원조와 OFLC 차관에 의해 도입된 미국상품은 주로 식료품·피복·의료품·직물 등의 최종소비재가 반 이상이었고, 공업용 보조원료가 30% 정도의 압도적인 것이었다.[32] 이처럼 미국의 대한원조는 당장 필요한 생활필수품의 공급과 기존 생산시설의 보수 및 가동을 위해 제공된 것으로 한국경제의 건전한 재건을 위한 기반은 마련되지 못했다.

1948년 8월 제1공화국의 수립에 의해 처음으로 한국의 주체적인 사회·경제발전을 추진할 수 있는 계기가 마련되었으나 그것은 외형적인 것에 불과했다. 사실 제1공화국은 출발 당시 일제의 철저한 민족자본의 소멸로 국가의 경제적 기반을 형성할 만큼 충분히 성장한 세력이 없었다. 국가경제 전체적으로도 몇몇 소수의 지주나 부일협력자를 제외하면 거의 모든 국민이 '생계경제'를 꾸려나가는 데 불과했으므로 경제부흥을 위한 자체적 자원을 소유하지 못했다. 더욱이 국가수립 이후 이어진 3년간의 전쟁은 국민의 재산과 국가설비를 파괴시켰으며, 국민경제에 심각한 인플레이션을 유발시켰다.

이러한 상황에서 제1공화국의 경제적 기반은 미군정으로부터 이양받은 귀속재산과 해방 후의 원조가 될 수밖에 없었다. 미군정은 1945년 9월 남한을 점령하자 군정청 포고 제2호를 내고 전전(戰前) 일본인이 소유하고 있던 일체의 공식자산을 접수하였고 1946년 1월에는

31) 조용범, 『한국경제론』(서울: 동양경제신문사, 1974), pp. 49-50 참조; 김대환, 앞의 글에서 재인용.

32) 김양화, "미국의 대한원조와 한국의 경제구조", 송건호 외, 『해방 40년의 재인식 I』(서울: 돌베개, 1985), pp. 241-242.

군정청 관재령 제8호 '각 귀속사업체의 운영에 관한 건'으로 접수자산의 관리 및 감독권을 미군정청에 소속시켰다.[33] 미군정청은 1947년부터 귀속재산을 불하하였고 1948년에는 귀속재산의 잔여재산 29만 1천 835건을 이승만 정부에 이양하였다.[34] 이것은 당시 남한소재 자산에서 큰 비중을 차지하고 있었으며 남한에서 주요 기업으로 되는 대규모 공업을 포괄하는 것이었다. 따라서 정부는 한편으로 이러한 귀속재산 처리와 공장의 운영, 그리고 1960년까지 약 29억 달러에 이르는 원조수입과 운용으로 국민경제의 재생산에 직접적으로 개입하게 된다. 이것이 제1공화국이 국가자본주의의 역할을 제기케 하는 근거가 되었다. 결국 1950년대의 경제상황이 관료적 자본주의 경제운영 메커니즘을 형성시켰으며 정치권력과 연계를 지닌 정치와 결탁한 자본가를 만들었다.

이승만 정권의 관료자본주의 경제를 유지시키는 가장 중요한 재정정책은 금융정책이었다. 이승만 정권은 귀속재산이었던 은행주식들을 정부관리하에 둠으로써 은행을 통제할 수 있었다. 해방 후 한국의 은행은 거의가 귀속재산으로 되어 있었다. 정부의 귀속주 및 은행상호주식 등 정부가 차지하고 있는 주식은 전체 일반은행 주식 총수의 약 70%에 상당하였다.[35] 이로써 정부는 산업화 과정에서 금융계에 대한 행정적 통제권을 확보하게 된 것이었다. 정부의 기업에 대한 통제는 금융면에서 두드러지게 나타났는데 이는 외화대부·은행융자·저금리정책 등 여러 측면에서 이루어졌다. 이러한 정부의 금융지원은 자체축적이 결여된 몇몇 특정기업으로부터 정치자금을 헌납받고, 그들을 체제지지세력으로 만드는 정치연합구조를 형성시켰다.

1950년대 한국의 산업은 기계설비에서 원자재에 이르기까지 산업

---

33) 박현채, 앞의 글, p. 27.

34) 위의 글, p. 29.

35) 박현채, "한국 자본주의의 전개과정", 송건호 외, 『해방 40년의 재인식 I』, p. 49.

전반에 걸쳐 외국에 의존하고 있었다. 따라서 외화의 획득은 산업화에 있어 가장 중요하였다. 그런데 당시 무역수지상태로 보아 외화의 수입은 수요를 충족시키기에는 매우 부족했다. 정부는 1952년 12월 중석불과 UN군 대여상환금을 재원으로 하는 외화 대부를 실시하기에 이르렀다. 이에 의해 1953-54년에 외화 대부가 실시되었다. 원료와 소비재 도입을 위한 제1특별외화 대부와 기계등 자본재 도입을 위한 제2 특별외화 대부로 구분되어 실시되었는데, 제1특별외화 대부에는 200 대 1, 제2특별외화 대부에는 180 대 1의 환율이 적용되었다. 이러한 환율은 실세에 훨씬 못 미치는 것으로 외화 대부를 받는 것 자체가 부의 원천이 되었으며, 이러한 외화로 수입된 물자도 국내시장에서 폭리를 취할 수 있었으므로 일부 무역업자에게만 부당한 이익을 주고 있었다.[36)]

정부는 1954년 7월 특별외화 대부를 폐지하고 정부보유 달러와 미군의 달러를 공매하였다. 이 달러 공매를 둘러싼 경쟁 역시 매우 치열했다. 공정환율이 180환인데 비해 제1차 정부달러 공매시 461-693환일 정도였다.[37)] 낙찰가격은 공정환율보다는 높았으나 실세에는 미치지 못하는 수준에서 결정되었으므로 공매에서도 관권과 결탁하는 양상이 나타났다.

외화자금뿐 아니라 기업에 대한 일반대출 역시 기업에 대한 정책적 지원이었다. 기업에 대한 대출은 주로 산업은행을 통해 이루어졌는데 이는 매우 유리한 조건으로 이루어졌다. 산업은행의 대출금리 체계는 복잡하지만 대체로 10% 이내였다.[38)] 이러한 저금리정책은 기업에게 있어서는 명백한 이권이었다. 1950년대 사채금리가 20-25%에 이르고 금융통화위원회가 결정한 일반자금 최고이율이 18.25%였으며 인플레가 극심했던 당시 상황으로서는 큰 혜택이었던 것이다. 더욱이 자

---

36) 김대환, 앞의 글, pp. 192-193.

37) 위의 글, p. 194.

38) 위의 글, p. 197.

금이 부족한 상태에서 산은의 대출은 그 자체가 정치적 특혜였으며, 기업은 그것을 위해서 관권과 결탁할 수밖에 없었다..

1957년 국정감사에서 드러난 산업은행의 대출상황을 검토해볼 때 특혜적 성격은 명백히 나타난다. 산업은행은 연간 대출액 중 1개 회사에 9억 9,000만 환을 한은지불보증으로, 14억 환을 8개 회사에 정부지불보증으로 대출하였으며 그것도 한국통화가 아닌 정부보유 달러화를 500대 1의 공정환율로 대부해 주었다. 여기에서 정부는 국회의 동의 없이 지불보증해 주었으며, 현실적 환율이 800-1,000 대 1인데 비해 공정환율로 대부해 주었다는 사실은 엄청난 혜택이 아닐 수 없었다.[39] 이러한 권력과의 유착에 의한 자금대출에 대한 반대급부로서 정치자금 헌납이 있었음은 물론이다. 그 예로 국회에서 특별조사가 실시되었던 산업은행 연계자금 방출사건이 있었다. 1958년 5월 2일 4대 국회의원 선거를 앞두고 자유당 정권은 선거에서 패배할 것이 명백해지자 선거자금을 마련하기 위해 시중은행에 압력을 가해 앞으로 발행될 산업금융채권을 담보로 동립산업, 금성방직, 중앙산업 등 12개 업체에 자금을 융자해주고 20% 내외의 커미션을 정치자금으로 염출하였다. 또한 1960년 정·부통령 선거시에는 산업금융채권 50억 환을 기업체에 대부해주고 대신 기부금을 받은 사건이 있었다.

정치연합구조를 지탱시킨 또 하나의 중요한 방법은 세금정책이었다. 기업과 관료의 긴밀한 연계관계는 세금조작에서 극명하게 드러난다. 세금조작은 특별세정책과 보호관세제도를 통해 이루어졌으며, 당시 대기업에 있어서 탈세는 지배적인 양태였다.[40]

1950년대 한국공업의 주도적인 성장부문인 삼백공업(三白工業)의 하나인 제당공업의 경우 원료인 원당은 전량이 수입되고 있었는데,

---

39) 『동아일보 사설선집 3』(서울: 동아일보사, 1984), pp. 376-378.

40) Kyong-Dong Kim, "Political Factor in the Formation of the Entrepreneurial Elite in South Korea," *Asian Survey*, Vol. 16, No. 5 (1976), p. 466.

원당의 구입에 대해서는 수입대체산업이라고 하는 이유로 특별우대가 주어졌다.[41] 더욱이 설탕세율의 책정시에는 정제된 설탕세율을 수입원당에 부과하여 실세율보다 낮은 세금을 적용했다. 특별세정책과 더불어 품목에 따라 보호관세정책이 실시되었다. 시멘트 공업의 경우, 전후 복구작업에 필요하다는 이유로 보호관세대상이 되었다. 보호관세정책 아래 수입시멘트의 가격은 실제 수입가격보다 3%나 높게 책정되었다. 더욱이 시멘트 생산회사는 시멘트 수입쿼터를 부여받고, 자신들의 국내생산 시멘트 가격을 수입 시멘트 수준과 같게 책정하였다.[42] 이러한 세금정책은 일부 기업에게는 엄청난 혜택이었다.

이승만 정권 전 기간을 통해서 유지된 평가절상정책도 관료자본주의적 정치연합구조를 연계시켜 주는 중요한 것이었다. 제1공화국에서 달러의 수요는 공급을 초과하였으며 환율은 과대평가되어 있었다. 1948년 10월 암시장환율은 공정환율의 약 1.7배였으며, 한국전쟁이 끝난 1953년 8월에는 4.4배에 달하였다. 이같이 암시장환율의 프리미엄이 공정환율의 200-300%가 될 정도로 환율이 과대평가되어 있었다. 그럼에도 불구하고 한국정부는 평가절하에 반대하고 평가절상정책을 유지했다. 평가절상정책은 대미의존적 경제구조 내에서 최대한의 이익을 확보하고, 국내의 정치·경제세력에 대해 통제력을 행사할 수 있도록 하였기 때문이다. 즉 평가절상정책은 대충자금 사용에 있어 한국정부의 재량권을 확대시켰고, 한국정부의 주요한 달러 수입원인 유엔군 대여 한화의 상환에 있어 유리한 조건을 확보할 수 있도록 했다. 또한 평가절상정책에 따르면 수입업자들이 막대한 초과이윤을 얻을 수 있었기 때문에 정부의 수입허가권이 큰 이권이 될 수 있었다. 공정환율이 과대평가되는 상황에서 수입업자에 대한 정부의 외환 경매입찰도

41) 谷浦孝雄, "해방후 한국 상업자본의 형성과 발전", 진덕규 외, 『1950년대의 인식』, p. 312.

42) Kyong-Dong Kim, *op. cit.*, p. 469.

중요한 이권이었다.[43] 정부는 평가절상정책에 의해서 기업에 영향력을 행사할 수 있었고, 수혜자로서의 기업가는 권력에 예속되는 정치연합구조를 형성할 수 있었다. 국가가 발주하는 건설정책에서도 정부는 대규모 정부프로젝트를 일부 특정인과 계약하였고, 이러한 특혜를 받은 기업들이 자유당 지배자나 고위관료에게 일정한 부분을 헌납하는 정치와 기업의 유착현상이 나타났다.

이렇듯 1950년대 기업의 경제적 기반은 정치와 연계되어 있었다. 국가의 조세, 금융. 원조자금의 배정 등의 정책적 배려가 기업의 유지와 확대에 절대적인 것이었다. 재벌을 형성케 한 뿌리는 1950년대 정치경제체제에 있었다. 개별자본은 귀속재산 불하와 원조자금이 경제기반을 형성한 대미의존적 경제구조에서 경제력의 증대를 모색했고, 이를 최대한으로 이용하기 위해서는 정치와 연계되어야만 했다. 1950년대 경제에서는 누가 얼마 만큼을 국가로부터 분배받을 수 있는가 하는 것이 기업에게는 결정적인 것이었다.[44] 더욱이 인플레가 극심한 상황에서 기업가들은 매점매석, 가격인상, 탈세 등과 같은 비합법적 과정을 통해 자본을 축적해갔다. 국가기구는 경제적 이권에 거의 모두 개입할 수 있었고 기업을 언제든지 파멸시킬 수 있는 힘을 지니고 있었다. 따라서 정부로부터 특혜를 받아 살아나가는 정치에 유착한 자본가(political capitalist)는 이승만 정권의 수혜자로서 정권을 유지하는 주체세력이었던 것이다. 이렇게 정치자금의 헌납과 경제적 특혜가 상호의존적인 관료, 자유당 과두지배자, 기업가의 정치연합구조를 형성시켰다. 이러한 정치연합구조를 유지시키는 중요한 경제적 지렛대가 재정정책이었으며, 그것의 성격은 반사회적일 수밖에 없었다.

---

43) 박종철, 『한국의 산업화정책과 국가의 역할, 1948-1972』(고려대 정치외교학과 박사학위논문, 1988), pp. 100-107.

44) 조동성, 『한국 재벌 연구』(서울: 매일경제신문사, 1990), pp. 106-172.

2) 억압기구로서의 역할

제1공화국의 관료와 경찰은 식민지시대의 통치속성에서 벗어나지 못했다. 그러한 성격을 지니게 된 원인은 미군정의 통치와 남한단독정부의 수립, 이어진 이승만 정권의 비민주적 통치라는 구조적 한계성에 기인한다. 미군정은 수탈과 억압을 위해 과도히 발달시킨 식민지 관료통치 체제를 숙련된 관리능력의 보유를 위해 다시 이용하였다. 2차 대전 이후 명백히 반공적 입장을 지녔던 미국에게 한반도는 공산권에 대한 보루로 인식되었다. 그래서 미군정은 처음부터 여운형 중심의 인공을 부인했다. 그러나 남한에 주둔한 미군정은 정치세력 간의 권력투쟁, 공산주의자들의 비타협성과 폭력적인 미군점령 반대활동, 일본의 통치체계 붕괴에 따른 혼란한 사회의 치안유지 등의 어려움에 직면했다. 인공조직을 부정한 미군정은 이러한 여러 가지 문제를 처리하기 위해서 일제시대 부역했던 관료조직 및 경찰조직과 결탁했다. 좌우익의 대립상황 속에서 한민당은 이들 식민지 관료기구와 경찰에서 활동했던 세력을 지원하였다. 미군정은 한반도에서의 자신들의 이해관계를 대변하기 위해서, 그리고 한민당은 국내 정치세력 확보라는 이익을 위해서 관료·경찰조직을 이용한 공산주의 세력의 탄압에 가담했다. 결과적으로 일본경찰에서 복무했던 대다수의 한국인들은 다시 경찰에 가담하여 공권력으로 행세하였으며 힘을 강화시켜 나갔다.

남한 내 공산주의자들의 비타협적인 태도와 폭력적 수단의 사용도 경찰력의 강화를 가져온 주요한 요인이었다. 1948년 정부수립 이전에 공산주의자들은 미군점령에 대한 불신 때문에 남한에서 폭력적 방법으로 대항하였다. 이들의 폭력은 우익이나 경찰력의 기반을 상대적으로 강화시키는 계기가 되었다. 이들의 폭력에 대해 미군정은 경찰을 통한 탄압을 사용하였던 것이다. 1948년 남한 단독 국회의원선거를 위해 국회의원 후보등록이 시작된 3월 20일에서 선거일인 5월 10일 사이에 348동의 정부건물이 불타거나, 파괴되었고, 후보자나 유세자, 정부

관리와 그 가족을 포함하여 147명의 우익계 인사들이 살해되었으며 그외 600여 명이 부상을 입었다.[45] 이러한 상황 속에서 경찰력은 힘을 강화시켰다.

공산주의 세력에 대한 탄압뿐 아니라 국내 정치상황의 혼란이 또한 경찰력 강화를 유도하였다. 1945년 10월 미군정청이 총독부 경무국을 대체한 이후 일반 국가행정에서 경찰행정이 분리되고, 1946년 기구와 직제개혁에 의해 일경의 잔재요소를 제거한다는 입장이 취해졌음[46]에도 불구하고 좌우익 대결이라는 구조적 문제로 인해 경찰의 탄압적 성격이 강화되었다. 이승만 정권은 이렇게 강화된 관료·경찰조직을 이양받았으며 정치력 확대를 위해서 이들 조직을 이용하였다. 관료나 경찰의 통제력은 무엇보다도 선거시에 대대적으로 동원되었다. 이승만 정권은 서구식 민주주의의 실현이라는 정책과제 앞에서 대중의 지지를 필요로 했고, 그 결과를 산출시킬 가장 좋은 제도가 선거였다. 그러나 이승만 정권에 대한 초기의 지지와는 달리 계속된 부정부패, 정치폭력, 대중들의 극심한 빈곤, 독재체제에 대한 거부감은 정부에 대한 지지를 철회하고 민심이 이반되는 양상으로 점차 바뀌어갔다.

이러한 상황에서 선거를 통한 지지기반의 확보는 쉬운 일이 아니었다. 이를 극복하기 위해 이승만은 경찰력과 관료를 동원하였다. 선거에서 정당에 비해 관료나 경찰이 월등히 우세하다는 사실은 이미 1952년 선거에서 명백히 드러났다. 1952년 선거에서는 헌법개정시 혁혁한 공을 세웠던 자유당 내의 족청계 세력인 이범석을 배제시키고 국무총리 장택상이 이승만의 추종자인 김태선 내무장관과 협조하여 각 지방의 도지사 및 도·군의 경찰수뇌들을 동원하여 선거에서 승리하였다.[47] 뿐만 아니라 1953년 후반 이범석을 위시한 족청계를 제거하

---

45) 한승주, 앞의 글, pp. 37-38.
46) 이규섭, "한국경찰에 관한 행태학적 연구", 『행정논총』, Vol. 5, No. 1(1967), p. 202.

고 이기붕 중심의 당체제를 확립한 자유당은 관료조직 및 경찰조직과 더욱 긴밀한 관계를 유지하고자 하였다. 자체적 지지기반이나 권력기반을 갖추지 못하고 있던 자유당은 정부 내의 관료·경찰조직에 밀착하게 되었다. 사실 족청계까지도 제거된 자유당은 전혀 조직기반을 갖추고 있지 못했고 따라서 내무부장관 지시하에 움직이는 경찰과 지방의 각 행정조직에 의존할 수밖에 없었다. 그리고 선거에서 그들의 역할은 보다 중요해졌다. 좌우익의 대립, 1950년의 전쟁, 1953년 이후의 공비토벌에서 억압적이고 전투적인 역할을 담당했던 관료·경찰조직은 이승만 정권의 유지를 위해 각종 국가정책을 관장하는 억압적 권력부대가 되었다.

이렇듯 관료·경찰조직은 정치적 중립성을 지니지 못하고 정치적 지지세력의 동원을 위한 억압적 기능을 담당하였다. 이러한 성격을 보다 심화시켰던 요인은 관료나 경찰을 구성하는 핵심인물들이 일제시대에 교육을 받았으며 식민지 관료나 경찰의 경력을 가졌다는 점이다. 이들은 권력자에게 맹목적으로 추종하는 성향을 지니며, 이들이 알고 있는 유일한 권력 추구 방법은 통제나 억압이었다. 따라서 이들은 사회·경제개혁을 요구하는 요소들과 정치에의 참여증대라는 문제가 제기되는 긴장관계 속에서 기득권자로서 행세했다. 이승만 정권의 수혜층으로서 관료집단은 강제와 억압에 의지하여 정권을 유지시키는 역할을 담당하면서 권력의존적이며, 여당과 정부를 지지하고 대중에게 봉사하는 것이 아니라 그들을 무시하고 그들 위에 군림하는 성향을 지니게 되었다.

3) 정통성 유지의 역할

이승만 정권은 국가수립 직후 새로운 체제의 정통성 확립이라는

47) 한승주, 앞의 글, pp. 42-43.

어려운 과제에 직면하게 되었다. 지난날 일본은 식민지 통치의 지배정당성을 조선의 왕조지배체제를 불신케 하는 역사왜곡작업과 근대화에서 확보하고자 하였다. 그러나 이승만 정권은 지난 식민지시대의 부정이라는 단순한 방법으로 정통성을 확보할 수 없었다. 즉 조선왕조라는 전통적 군주제의 정통성을 상실한 새로운 국가체계의 도입은 새로운 정통성의 틀을 필요로 하였다.

남북이 분단된 상태로 국가가 성립된 제1공화국의 지배자들은 자신들의 정통성 근거로서 서구식 자유민주주의 제도와 반공이념을 제시하였다. 서구의 정치규범이나 전통에 익숙하지 않은 상황에서 서구식 민주주의를 표방한 이승만 정권은 이를 실현시키는 데 있어 상당한 어려움에 직면하였다. 전반적으로 서구와는 다른 정치문화를 유지해왔던 국민들의 참여적인 정치의식의 결핍과 민주주의를 수행할 조직기반의 결여라는 문제도 있었지만 중요한 난제는 이승만 자신에게 있었다.

이승만 대통령은 자유민주주의를 표방했으나 다른 한편으로 일민주의(一民主義)를 제창했다. 민주주의의 기본원리는 반대의견이나 상이한 견해를 관용하고 타협·절충하려는 것인 반면 일민주의의 주요 내용은 "민족의 하나됨"이라는 미명하에 이견을 관용치 않으려 하는 것이었다.[48]

정당과 의회의 기능을 무시하고 있었던 이승만은 자칭 '국부'라 칭하며, 자신의 카리스마에 기반한 권위적 체제를 유지하고자 하였다. 따라서 이승만은 정당이나 의회보다는 자신의 측근이나 관료를 정치적 기반으로 보았다. 군정으로부터 고도로 발달된 통치조직을 이양받은 이승만은 관료와 경찰이 중앙에서 지방에 이르기까지 체계적으로 가장 강력한 구조를 이루고 있음에 착안해 이를 바탕으로 국가기구를 형성했다. 보수적 이념정향을 지닌 이승만은 정부관료, 토지·재산소

48) 유영준, 앞의 글, p. 51.

유자와 동맹을 형성하고 정당이 아닌 관료를 통해 지지세력을 확보하고 체제를 유지하고자 하였다. 이러한 상황에서 입법부와 행정부의 관계는 지극히 비민주적인 양태를 드러내었다. 즉 이익표출이나 집약이 의회나 정당차원에서 수행되지 못하고 정부의 비호 아래서만 허용되었다. 특히 선거에 있어서 유세·투표·정보추구·항의행위에 이르기까지 관주도적이라고 표현할 수 있을 만큼 관료의 역할은 절대적이었고, 이는 국민의 자유로운 의사반영에 역작용을 하였다. 이처럼 관료들은 자유민주체제의 확립을 저해하는 데 기여하고 있었다. 그러나 그들은 자유민주체제의 다른 한 측면인 '법의 지배'를 내세웠다. 따라서 관료들은 민주체제의 기본적 운영메커니즘을 대중참여가 아니라 법률만능주의로 대치하게 되었다. 이는 규제와 억압에 의한 정통성 유지행태로 드러났다. 결과적으로 제1공화국은 민주주의를 지향한다고 표방했지만 정치사회가 지닌 특수성으로 말미암아 민주주의적 정통성 수립에는 실패하였다.

이러한 민주주의적 제도화라는 정통성 형성에 있어서는 역행적 행태를 취했던 관료기구는 정권유지의 또 다른 외피로서의 반공이데올로기 구축이라는 정통성 수립 작업에서는 능동적인 행태를 보였다. 해방 후 이승만은 일본의 재식민지화의 위협은 존재하지 않는다고 보고 공산주의 세력을 한국에서 가장 큰 위협으로 간주했다.[49] 미군정기에서부터 보수집단과 대결해왔던 공산주의 세력은 한국전쟁을 통해서 명백히 국가 전체의 적대세력이 되었다. 3년 간의 전쟁은 남한의 반공이념에 확고한 정통성을 부여하였다. 반공이념은 거대한 군부를 유지케 하였으며, 좌익궤멸의 차원에서 '연좌제'를 비롯, 보안법 등 일단의 법규제정으로 국가기구를 보다 중앙집권적이고 사회통제적으로 만들었다.

---

49) Han Sung-Joo, "Syngman Rhee: The Political Entrepreneurship of a Conservative Nationalism," 『아세아연구』, Vol. 22, No. 1 (1979), pp. 105-107.

5. 맺음말

제1공화국은 일본 식민지통치, 미군정 및 단정수립과 한국전쟁으로 이어지는 시기에 팽창된 강력한 관료조직을 지니게 되었다. '과대성장국가'라는 표현이 어울리는 국가기구의 비대화로 인해 당시의 사회·정치체계는 한편에서는 정치세력을 대변하고 사회의 통치를 담당하는 이승만을 정점으로 하는 관료와 자유당 과두지배자, 다른 한편으로는 분화수준이 낮고 이익을 대변할 조직을 갖추지 못했으나 식민지하에서 억눌려왔던 욕구가 분출되는 사회가 공존하고 있었다. 이렇듯 정치부문과 사회부문은 명백히 구분되어 있었으나 그 사이를 중개시켜 줄 조직은 거의 없었다.

이승만 정권하에서 정치세력은 고전적 자본주의 유형과는 달리 경제적 기반을 갖춘 지배계급이 정치권력을 장악하는 식의 국가를 형성시키지 못했다. 오히려 제1공화국의 지배계급은 국가기구의 산물로 등장하였다. 이러한 국가기구를 통한 지배세력의 형성과정에서 관료집단은 권력집행자로서 가장 큰 혜택을 받을 수 있었고 통치권력의 전면에 부상할 수 있었다. 따라서 제1공화국을 통해 볼 때 국가기구의 비대화에 있어 큰 역할을 맡았던 관료제의 발전은 사회 내적 발전 메커니즘에 근거한 것이 아님으로 해서 베버적 의미의 근대화의 최고형태로 파악될 수는 없는 것이었다. 관료 자체가 절대권력자인 대통령에 대해 지니는 권위는 극히 미약한 것이었다. 이는 이승만 정권시 잦은 각부 장관의 경질빈도나 정책결정구조에서 대통령의 관료에 대한 입장에서 드러난다.[50] 그러나 사회에 대한 권력대행기구로서의 관료는

50) 김운태·오석홍, 『한국행정사』(서울: 한국방송대학교 출판부, 1996), pp. 273-277.

극도로 비대화되었고 이들은 소수지배세력과 밀착해서 정상적인 정치발전을 지연시키는 역효과를 산출해 냈으며 사회세력을 억제하는 역할을 강화시켰던 것이다.

제1공화국의 국가는 대외적인 면에서는 일방적 대미의존성을 지니고 있었다. 해방과 그 이후 미국의 영향력으로 인해 국가는 냉전구조 속에서 미국의 안보이익을 수행하게 되었고, 그에 따른 미국의 경제적·군사적 원조자원을 전유함으로써 국내적으로는 보다 강화되었다. 이러한 구조는 국민의 정치적·사회적 욕구를 충족시킬 수 없었다. 더욱이 한국전쟁과 경제개혁이라는 사회변화는 국민들의 요구를 증대시켰으며 정치구조의 변화를 재촉했다. 사회 전반에서는 변화가 추진되고 있음에도 불구하고 관료, 기업가, 자유당 과두지배자의 세력제휴관계에 있어서는 기본적이고 명백한 변화가 이루어지지 못했다. 이러한 상황은 정치구조로부터 국민들을 점차 소외시켰다. 사회변화에 대응해야 할 정치조직이 국민의 요구를 결과로 산출해낼 수행능력을 확대시키기보다는 경찰·군 등을 포함한 관료제의 통치구조적 성격을 팽창시켰으며, 정치권력은 관료와 결탁하는 과정에서 많은 고위관료를 정치적 지배계층으로 만들었다. 그로 인해 국가와 사회 간의 괴리현상은 점차 심화되었고, 관료는 시민의 요구를 정치에 투영시켜 수행하려하기보다는 정치권력집단과 밀착해서 사회발전에 역작용을 하였다.

이러한 상황은 대중의 정치적 반발을 불러일으켰고 이것이 제1공화국의 정치불안으로 이어졌다. 국민은 이승만을 중심으로 한 권위주의적 정부와 그들의 부패와 무능을 비판하였다. 사회는 전반적으로 무력화되었으며, 교육받은 계층과 혜택받지 못한 계층을 중심으로 패배주의와 좌절감, 무력감이 만연되었다. 이러한 좌절과 소외는 구체적 정치문제가 촉발했을 때 정부에 반대하는 집단행동으로 나타났다. 이러한 사태는 정부의 부정부패·무능에 대한 감정을 대중적 감정(populist sentiment)으로 확대시켜 정치체제의 정당성, 즉 정권에 대한 정통성에 도전하게 되었다.

서구식 민주주의를 표방하고 대중의 지지여부를 묻는 선거에 정통성의 기반을 두고 있었던 이승만 정부로서는 이러한 사태의 진전은 우려의 대상이 아닐 수 없었다. 정치에 대한 국민들의 좌절과 소외, 정책결정에 대한 참여욕구의 증대는 점차적으로 불만으로 누적되었지만 제1공화국에서는 이를 해소할 수 있는 정치기구가 없었다. 대중의 지지를 동원할 수 있는 정치기구로서 정당 간의 실질적인 권력투쟁이 이루어지지 못했고 자유당 과두지배자와 관료기구는 부정선거의 방식을 택해 정통성을 유지하고자 하였다.

사회·경제체제의 구조와 속성은 반사회적(反社會的)이었던 반면 그 외형은 미국의 영향으로 민주주의적 형태를 띠고 있었다. 민주주의라는 피상적인 외형적 유사성은 정치권력의 지탱을 위협했고 이것은 제1공화국의 구조적 문제점으로 표출되었다.

국내적으로 볼 때 제1공화국은 민간에서 활용할 수 있는 자원을 독점함으로써 대(對)사회관계에 있어 영향력을 지니고 있었음에도 불구하고 정권의 정통성 기반을 확립하는 데는 실패하였다. 따라서 강력한 지배체제를 유지하고 있었음에도 불구하고 제1공화국은 파멸로 치달았다. 제1공화국의 관료, 기업, 자유당 과두지배자의 제휴관계는 변화되지 않고, 오히려 후반기에 들어서면서 강화되었던 반면 그러한 구조의 문제해결능력은 점차 쇠퇴되어갔다. 따라서 체제의 기본적 재구조화에 대한 요구는 전국민의 지지를 받을 수 있었다.

第7장

군부의 제도적 성장과 정치적 행동주의

한 용 원

1. 머리말

해방정국에서 건준세력이나 임정세력이 자생적인 건국운동을 주도했듯이 일본군 및 만주군 출신과 광복군 출신 군사경력자들도 건국과 건군을 표방하고 연고관계에 따라 30여 개의 군사단체를 조직하여 자생적인 건국운동과 건군운동을 병행 전개하였다. 그러나 미군정은 남한에 대소 방파제를 구축하고 친미적 정권을 수립하기 위해 반혁명 전략을 수행하면서 자생적인 건국운동단체와 건군운동단체를 해체시키고 그들의 에너지를 신설한 미군정기구에 흡수시켰다.

그러므로 해방공간에서 자생적으로 태동한 건군운동단체들은 미군정법령 제28호에 의해 1946년 1월 21일 해체되고 일부 세력은 신설된 미군정의 경비대에 입대하였다. 따라서 한국군은 건군운동의 전개과정과 경비대의 창설과정을 거쳐 1948년 8월 대한민국정부 수립과 동시에 창설되었다고 보아야 할 것이다. 국방부훈령 제1호(1948. 8. 16)에 의해 대한민국 국군에 편입된 경비대의 규모는 5개 여단 15개 연대(5만여 명)에 불과했으나 1950년 한국전쟁 직전에 8개 사단(10만 여 명)으로 증강되었고, 전쟁중에는 최대로 80만 명선에 육박하였으며, 종전시에 70만 명선에 달해 한국군은 한국전쟁으로 인해 급성장한 것임을 엿볼 수 있다.

그러나 이같은 군부의 양적 · 질적 급성장은 이승만(李承晩) 대통령이 전시에 정치적 목적을 위해 부산정치파동을 일으키자 군부 내에 정치적 행동주의가 대두되는 계기를 조성하였다. 부산정치파동을 계기로 군부에 대두된 정치적 행동주의는 이 대통령에 대한 실망과 불신으로 인해 군사력의 정치적 이용에 반대하는 행동주의였으며, 이는 주한미군의 리더십에 의해 보호될 수 있었다. 하지만 군부의 일부 소장층에서는 정치인들의 부정부패와 부정선거 지령에 대한 불만이 점증되어 급성장한 군사력을 이용하여 부패한 정치인들을 몰아내려는 행동주의가 성숙되어 갔다.

2. 경찰예비대 발족

해방이 되자 광복군은 물론 일본군 · 만주군에서 군대생활을 하던 청년들이 귀국하여 군사경력과 연고관계를 중심으로 건군운동단체를 조직하여 해방직후의 정치적 혼란과 공백을 수습하고 사회질서와 치안의 유지를 자처하고 나섰는데,[1] 당시 민족의 정치적 구심점을 제시할 만한 뚜렷한 주도세력이 없었기 때문에 단체가 난립되어 1945년 11월 군정청에 등록된 군사단체의 수는 무려 30여 개에 달했으며, 1946년 1월 21일 해산될 때까지 이합집산을 거듭했다.[2]

---

1) 李應俊, 『回顧90年: 1890~1981』(汕耘紀念事業會, 1982), p. 229.

송진우·김성수 등 온건한 토착보수세력이 연합군이 진주하고 임정이 귀국하여 정권을 담당해주기를 기다리는 동안, 여운형을 중심으로 한 사회주의 세력은 공산주의자들과 제휴하여 연합군이 진주하기 이전에 민족대표기관으로서의 건국준비위원회를 조직하였고, 치안유지를 위해 건군운동단체를 건준에 끌어들였다. 좌익계 건군운동단체들은 건준에 연계되어 '조선국군준비대'(대표 이혁기)는 각도에 지부를 설치하고 6만여 명의 대원을 포용하여 치안대로 활동하였고, '육군사관예비학교'(대표 오정방)는 건국청년회 회원에게 군사훈련을 실시했으며, '학병동맹'(대표 왕익권)은 찬탁운동에 앞장서 반탁학생연맹본부를 습격했다. 그러나 우익계 건군운동단체들은 건준에 참여하지 않았는데 '조선임시군사위원회'(대표 이응준)는 여운형이 흡수하려 했으나 영관급에서 반대하였고, '해사대'(海事隊, 대표 손원일)는 자금난 관계로 가입했다가 1개월도 못되어 탈퇴하였다.[3]

건준이 인공(人共)으로 바뀐 후에도 인민위원회와 좌익계 건군운동단체는 연계되어 한국경찰 및 미 진주군과 충돌하는 사태가 번번히 발생하자 미군정측에서는 건군운동단체의 에너지를 적절히 흡수하기 위한 상비부대가 필요하다고 느끼게 되었고,[4] 당시의 상황이 경찰병력만으로는 치안유지가 어렵다고 판단되자 경찰예비대(police constabulary)의 창설을 서두르는 한편, 5만 명의 국군창설 계획도 미국방성에 건의하였다.[5] 미국의 3성조정위원회(The State-War-Navy

---

2) 陸軍士官學校, 『大韓民國 陸軍士官學校 三十年史』(1977), p. 60.

3) 韓鎔源, 『創軍』(서울: 博英社, 1984), pp. 27-29.

4) Bruce Cumings, *The Origins of the Korean War : Liberation and the Emergence of Separate Regime, 1945~1947*(Princeton University Press, 1981), pp. 169-170.

5) Robert K. Sawyer, *Military Advisors in Korea : KMAG in Peace and War* (Washington D.C. : Office of the Chief of Military History, Department of the Army, 1962), p. 10.

Coordinating Committee)가 1945년 12월 말 "미소공동위원회가 개최되고 있는 시점에서 소련의 오해를 받지 않도록 동 회의가 끝날 때까지 한국군 창설 결정을 연기한다"고 통고해옴에 따라 뱀부(Bamboo)계획으로 알려진 경찰예비대 편성계획이 추진되었다.

뱀부계획은 1945년 11월 13일 설치된 국방사령부의 주관으로 남한의 8개 도에 각각 1개 연대씩을 창설하되, 1946년 1월부터 도별로 대원모집에 착수하여 우선 1개 중대(장교 6명, 사병 225명)씩 창설 후 이를 단시일 내에 연대규모로 확대시켜 25,000명을 확보하는 것이었으며, 창설요원은 미 제40사단이 해체(1946. 1. 24)되면서 전입된 위관장교 18명을 활용하여 각도 단위에 장교 2명, 사병 4명으로 구성된 '부대편성 및 훈련조'를 파견했다.[6] 그러나 부대편성은 서울을 제외하고 모병을 위한 홍보활동에도 불구하고 대대규모의 충원이 어려웠는데, 이는 경찰예비대라는 애매모호한 성격과 정식군대는 추후에 모집할 것이라는 낭설 때문이기도 하지만 신탁통치에 대한 찬·반 대립과 입대 전 소속 건군운동단체 또는 군 출신별 간의 상호 대립·갈등으로 탈영자가 속출했기 때문이었다. 서울의 제1연대는 1946년 9월 18일 연대편성이 완료되었고, 기타 연대도 1947년 초까지 편성을 마쳤으나 제6연대(대구)는 1948년 6월 15일에 가서야 연대편성을 완료했다.

경비대는 처음에 '조선국방경비대'로 호칭했으나 미소공동위의 소련대표가 국방부 설치에 항의를 제기함으로써 1946년 6월 15일 국방부가 국내경비부(통위부)로 개칭되면서 '조선경비대'로 개칭되었는데, 그 성격이 향토경비대였기 때문에 치안대원 등으로 활약한 지방 건군운동단체 요원들이 많이 응모했으며, 따라서 지방색이 농후하였다. 그리고 경비대의 지휘권이 한국인 장교와 미군장교로 이원화되어 있고, 미군과의 언어장벽은 물론 일정한 훈련교범이 없어 혼란과 잡음이 야기되자 군사영어학교 출신 기간장교들을 소집하여 미식 보수교육을

6) *Ibid*, pp. 15-16.

실시하고, 1946년 9월 11일 지휘권을 한국인 장교로 일원화시켰다. 제주도가 1946년 7월 2일 도로 승격되자 1개 도에 1개 연대를 창설한다는 뱀부계획의 기본원칙에 따라 1946년 11월 16일 제주도에 제9연대를 창설했으며, 한국문제의 유엔총회 상정과 주한미군의 철수에 대비하여 1947년 12월 1일 3개 여단을 창설하였고, 뒤이어 미합참이 경비대의 증강을 승인함으로써 1948년 4월 25일 2개 여단이 증설되자 경비대의 성격은 경찰예비대보다는 군대로서의 면모를 갖추게 되었으며,[7] 정부수립 당시까지 5개 여단, 15개 연대의 병력(장교 1,403명, 사병 49,087명, 계 50,490명)을 보유케 되었으나[8] 경찰예비대의 성격으로 인해 자부심이 결여되었으며, 장교들의 빈번한 교체로 많은 부대의 업무질서가 하사관에 의해 좌우되었고, 교육훈련이 제식훈련 및 집총훈련과 폭동진압훈련으로 제한됨으로써 내실있는 성장을 하지 못했다.

한편 해안경비대인 해방병단(coast guard)은 한국해안의 경비와 밀수출입방지 및 조난선의 구조를 목적으로 1945년 11월 11일 미군정청 교통국 해사과 산하단체로 발족했다가[9] 1946년 1월 14일 국방사령부에 편입되었으며, 1946년 1월 15일 총사령부(사령관 손원일)를 진해기지에 설치했고,[10] 1946년 4월 15일 예하부대로서 인천기지가 창설되었으며, 1946년 6월 1일부터 미해군과 더불어 해상경비업무를 담당하게 되었는데, '조선해안경비대'로 개칭(1946. 6. 15)되면서 "조선 연해상의 근해안 및 도서 순찰"의 임무가 부여되었고, 그후 목포, 묵호, 군산 및 부산에 각각 기지가 설치되자 1948년 5월 25일 임무도 "직무와 관련 해상 및 해안경비에 필요한 경찰권 행사"로 확대되었다.

---

7) *Ibid*, pp. 29-30.
8) 軍史監室, 『陸軍歷史日誌: 1945~1950』(1954), p. 187.
9) 國史編纂委員會, 『資料大韓民國史 I』(서울: 探求堂, 1970), p. 401.
10) 海軍敎材廠, 『海軍編制史』 第1券(1971), p. 1.

3. 장교단의 배경과 정통성 시비

경비대 창설시 장교의 배경은 4개의 범주로 대별되는데,[11] (1) 1910년 한일합방 이후 만주와 중국에서 중국군과 같이 또는 독립된 게릴라군으로 일본군과 싸웠던 한국인 장교와 애국투사, (2) 일본제국 군대에서 장교 또는 하사관으로 복무했던 한국인, (3) 만주에서 일본에 의해 창설된 만주군에 복무했던 한국인과 (4) 북한 공산주의자에 의해 숙청된 후 월남한 북한 피난민이 그것이며, 이들은 1945년 12월 5일 설치된 군사영어학교와 1946년 5월 1일 설치된 조선경비사관학교에서 양성·배출되었다.

미군정에서는 기초적인 군사영어를 교육시켜 미군 지휘관의 통역관을 양성할 목적으로 군사영어학교를 설립키로 방침을 결정하자 아놀드(A.V. Arnold) 장관은 1945년 11월 20일 군정청 회의실에 30여 개의 건군운동단체 간부 120여 명을 초대하여 경비대 창설을 위해 군사영어를 가르치겠으니 참여해 달라고 호소했다.[12] 실무책임자 아고(Ago) 대령은 당초에 일본군·만주군·광복군 출신 각각 20명씩을 선발, 60명을 입교시킴으로써 출신별 균형을 유지하고, 20-30세의 소장 경력자에 한해 선발함으로써 파벌조성을 방지하며, 입학자격을 중등학교 이상을 졸업하고 영어에 대한 약간의 지식을 구비한 장교 및 준사관으로 제한하여 우수자원을 선발하고자 했다.

그러나 군사영어학교의 설립과 동시에 경비대의 창설이 진행되어 장교소요가 급증됨으로써 당초 계획과는 달리 1946년 4월 30일 동교가

11) Se-Jin Kim, *The Politics of Military Revolution in Korea*(The University of North Carolina Press, 1971), p. 43.

12) 陸軍本部, 『創軍前史, 兵書研究』, 第11輯(1980), p. 303.

폐교될 때까지 200명이 입교했으며, 적격자 추천을 의뢰받은 중국군 출신 조개옥(趙介玉)은 2명만을 추천했고, 만주군 출신 원용덕(元容德)과 일본군 출신 이응준(李應俊)이 대부분을 추천할 수밖에 없어[13] 출신 간 균형이 유지될 수가 없었다. 이는 광복군 출신들이 "광복군을 주류로 국군을 건설해야 한다"는 정통의식을 노골화시켜 응시를 기피했기 때문이기도 하지만, 일본군 출신자원은 24만여 명(39만 명 중 전사 및 행방불명자 15만여명 제외)에 달하는데 반해 광복군 출신자원은 3만여 명에 불과했고,[14] 미군정측이 경비대의 비이념적 육성과 군사기술자(technocrat)의 중시 정책을 추진함으로써[15] 임정과 연계되어 이념적일 뿐만 아니라 일본군 출신에 비해 현대적 전술전기가 부족한 광복군 출신이 상대적으로 외면될 수밖에 없었기 때문이었다.

군사영어학교에도 찬·반탁운동이 휘몰아쳐 반탁지지 학생들은 찬탁지지 학생들을 강제로 학교에서 몰아내었으며,[16] 장래의 신분을 걱정하여 퇴교자가 발생했을 뿐만 아니라 임관을 포기하고 군정청 관리로 전향한 자도 있어[17] 200명 입교자 중 110명만이 임관되었다. 임관자 110명을 출신별로 보면 일본군 출신 87명, 만주군 출신 21명, 중국군 출신 2명으로서 일본군 출신은 일본육사 출신 13명, 학병 출신 68명, 지원병 출신 6명이며, 만주군 출신 중 일본육사에 편입자는 5명이고, 이들의 연령은 20-30세가 104명으로 대종을 이루었다.[18]

군사영어학교가 해체되자 미군정은 1946년 5월 1일 태능에 '조선

---

13) 李應俊, 앞의 책, p. 235.
14) 李瑄根, 『大韓民國 10』(서울: 新太陽社, 1973), p. 335.
15) Sung Joo Han, *The Failure of Democracy in South Korea*(University of California Press, 1974), pp. 47-48.
16) 國防部戰史編纂委, 『韓國戰爭史』 第1劵(1967), pp. 259-260.
17) 佐佐木春隆 著, 姜昶求 譯, 『韓國戰爭史』 上劵 (『建國과 試鍊』)(서울: 兵學社, 1977), p. 95.
18) 韓鎔源, 앞의 책, pp. 75-81.

경비대훈련소'를 설치하고 본격적으로 경비대 간부를 양성하게 되었는데, 한국측에서는 이를 '경비사관학교' 또는 '육군사관학교'로 호칭했다.[19] '조선경비대훈련소'는 1948년 9월 1일 조선경비대가 대한민국 국군으로 편입되면서 육군사관학교로 개칭될 때까지 제1기생으로부터 제6기생에 이르기까지 1,254명의 간부를 배출했는데,[20] 제1기로부터 제4기까지는 환국이 늦었거나 응모를 안해서 군사영어학교에 입학하지 못한 군사경력자들이 대종을 이루었으며, 제5기는 순수 민간인을 대상으로 모집했는데도 이북 출신이 2/3를 점했으며(서울은 15 대 1의 경쟁), 제6기는 각 연대 우수 하사관 및 사병을 대상으로 모집했는데도 대부분이 이북에서 월남한 자들이었다. 정부수립 이전에 입교한 제7기와 제8기도 민간인을 공개모집(제8기는 3/4만 민간인)했는데 절반은 이북 출신이고 절반은 남한의 우익전위단체 요원들이었다.

그러나 유동열(柳東說)의 통위부장 취임(1946. 9. 12)과 제7기 특별반 및 제8기 특별반의 입교로 인해 장교단의 배경에 변동이 야기되었을 뿐만 아니라 군내의 대립·갈등과 파벌형성의 계기를 조성하게 되었다. 광복군 출신은 경비대 창설시 경비대를 "미군의 용병"이라고 혹평하면서 외면했지만 광복군 출신이 통위부장에 취임하자 경비대훈련소에 입교하게 되었으며, 정부수립과 국군창설을 계기로 하여 연령과 영향력 면에서 군을 지도할 자원이면서도 그동안 정통의식이 강해 외면했던 광복군 출신 고급장교들과 근신을 해왔던 일본군 출신 고급장교들이 특별반에 입교하자 경비대에 새로운 파문을 던졌다. 초창기의 경비대는 인적 자원이 풍부한 일본군 출신이 주류를 형성하였고, 이때에는 찬탁파와 반탁파 간의 대립, 학병 출신과 지원병 출신 간의 대립이 발생했으나 1947년에 광복군 출신이 다수 입대하자 일본군 출신과 반목하게 되었고(예: 김종석의 부정불온사건 군법회의에서 일

19) 陸軍士官學校, 앞의 책, p. 67.
20) 韓鎔源, 앞의 책, pp. 82-83.

본군 출신과 광복군 출신의 대립),[21] 1948년에 일본군 출신 김석원(金錫源), 광복군 출신 오광선(吳光鮮) 등 원로들이 입대하자 경비대 창설시부터 입대했던 자들과 마찰을 일으켰으며(예: 남북교역사건을 위요하고 김석원 장군과 채병덕 장군의 대립),[22] 1948-1949년간 채병덕·정일권 등 이북 출신자가 출세가도를 달리자 이남 출신들의 시기심이 발동되기도 했다.

이는 그 당시 경비대의 리더십을 장악했던 30대 미만의 젊고 혈기있는 소장층이 한편으로는 군내에 유포된 '중일전쟁', '남북전쟁' 등 파벌론을 거뜬히 소화할 수 있을 정도로 성숙하지 못했을 뿐만 아니라,[23] 다른 한편으로는 원로들의 리더십 도전에 대해 위협을 느꼈기 때문에 야기된 것이었다. 그러나 이러한 파벌론에 대해 핸더슨(G. Henderson)은 "이승만 대통령이 출신별·지역별로 형성된 군내의 그룹들로 하여금 상호 반목케 하고 투쟁을 조장하려는 노력을 했기 때문에 한국군 내의 파벌 간 분열이 더욱 악화된 것"이라고 진단하기도 했다.[24]

한편 해안경비대에서도 간부양성을 위해 해방병학교[25]를 1946년 1월 17일 진해기지에 설치하고 1년간 교육시켜 1947년 2월 7일 제1기생 61명을 임관시킨 이래 한국전쟁 발발시까지 3개 기에 163명의 간부를 배출했으며, 정부수립을 목전에 두고 해군의 확장이 요구되자 1948년 6월 29일 사관후보생 과정인 특교대(特敎隊)를 설치하여 하사관을 포함한 군사경력자와 항해 유경험자를 단기교육시켜 임관시켰는데 한국전

21) 國防部戰史編纂委員會, 앞의 책, p. 416.
22) 佐佐木春隆, 앞의 책, pp. 479-489.
23) 高貞勳, 『秘錄 軍』 上卷(東方書苑, 1967), p. 102.
24) Gregory Henderson, *Korea : The Politics of the Vortex* (Cambridge: Harvard University Press, 1968), p. 345.
25) 해방병학교는 1946. 6. 15, '조선해안경비사관학교' 1946. 8. 10, '해안경비대학' 1946. 8. 14, '해사대학' 1948. 11. 16, '해군대학' 1949. 1. 15, '해군사관학교'로 각각 명칭을 변경하였음.

쟁 직전까지 9개 기 415명의 사관을 배출했다.[26] 육군 항공부대에서는 1948년 7월 12일 항공계 종사 유경험자 78명을 항공병 제1기생으로 입대케 하여 부대창설을 서두르는 한편, 1949년 1월 14일 김포에 육군항공사관학교(초대교장 중령 김정렬)를 설치하여 간부를 양성했다.

그런데 경비대의 창설과정에서 결정적인 역할을 수행한 것은 미군이며, 그들은 경비대를 친미적이며 비이념적인 직업군대로 육성시키려고 경비대 장교들로 하여금 영어지식과 미군장교들과의 긴밀한 관계유지가 군사경력을 성공적으로 쌓는 데 필수적인 요소라고 인식하게끔 작용했으며, 군사지원을 무기로 하여 무능하고 유해한 인물을 제거하도록 인사정책에 간여했다.[27] 그러므로 경비대의 간부는 정규사관학교 출신이 주류를 형성하게 되었고, 영어실력을 겸비한 학도병 출신이 우대를 받게 되었다. 그리고 좌익과 우익의 사상적 대결 속에서도 신원조사를 배제하고 '불편부당'(不偏不黨)을 모토로 삼게 했으며, 국군창설 후에도 이념교육을 반대하여 국방장관이 정치교육국의 설치를 제의하자 미 군사고문단장은 "군부 내에 정치적 임무를 띤 부서를 창설하는 것은 히틀러 체제나 공산 전체주의를 제외하고는 생각할 수 없는 일이다"라고 주장하며 반대했다.[28]

이상에서 살펴본 바와같이 경비대 시절의 장교들은 대부분 30대 미만으로 경륜과 철학이 부족하였고, 대체적으로 친미적이며 비이념적이라 군내의 파벌적 요인을 해소시킬 수가 없었으며, 국군창설과 함께 일본군 및 광복군 출신 원로들이 대거 입대함으로써 군내에 출신별 파벌이 형성된 위에 사상주입이 결여되어 고급장교들 간에는 물론 상하급 장교들 간에도 결속력이 결여되었다.[29] 그러므로 군부는 정치바람에 취약할 수밖에 없었다. 경비대 창설시 좌익계 건군운동단체는 경비

---

26) 韓鎔源, 앞의 책, p. 89.
27) Robert K. Sawyer, *op. cit.*, pp. 60-66.
28) 高貞勳, 앞의 책, pp. 72-77.
29) Sung Joo Han, *op. cit.*, pp. 47-51.

대가 국민의 자유를 억압한다고 정통성 시비를 하였으며, 광복군 출신은 경비대를 미군의 용병이라고 하면서 국군은 광복군을 주류로 하여 건설해야 한다고 정통성 시비를 하였다. 좌익계 건군운동단체 요원들은 군부 밖에서는 "경비대는 정식군대가 아니고 정식군대는 추후에 모집할 것"이라는 낭설을 퍼뜨렸고, '추수폭동'으로 경찰에 쫓기는 신세가 되자 경비대에 대거 입대하여 중대장 구타·축출 사건, 생도대장 폭행사건 등 부대 내 소요사건을 유발시키고,[30] 경비대를 직업군대가 아니라 혁명군대로 만들어 군경충돌사건과 군부반란사건을 야기하였다. 광복군 출신도 정통의식을 노골화시켜 경비대를 "민족반역자 집단" 또는 "미군의 용병"이라고 비난하면서 청년운동을 전개하여 오광선의 '광복청년회'(1946. 1. 21), 이범석(李範奭)의 '조선민족청년단'(1946. 10. 11), 이청천(李青天)의 '대동청년단'(1947)이 각각 조직되자 이에 많이 흡수되었고, 정부수립 후에는 정계로 진출하여 '반민특위' 위원 등으로 활동하면서 군부가 일본군 출신이 주류를 형성했다고 하여 "민족반역자의 대피호"라고 비난했다.[31]

4. 국군창설과 반란 및 숙군

1948년 8월 15일 대한민국 정부수립선포와 더불어 미군정이 종식되고 정부조직법에 의거 국방부가 설치되었으나, 한·미 간 '잠정적 군사안전에 관한 행정협정' 체결과 '국군조직법'의 제정 및 공포절차를 거쳐 1948년 12월 15일부로 조선경비대와 조선해안경비대가 각각 대한민국 육군과 해군으로 정식 편입·법제화되었다. 그러므로 창군이라고 하면 마땅히 독립된 주권국가의 국군창설이기 때문에 그 시기를

30) 韓鎔源, 앞의 책, pp. 125-126.
31) 高貞勳, 앞의 책, pp. 99-100.

1948년 8월 15일 대한민국정부가 수립되고 국군조직법이 공포된 1948년 11월 30일 이후로 잡아야 하겠으나 이는 형식과 절차상의 문제일 뿐이고, 사실상 경비대가 1948년 8월 16일 그대로 국군에 편입되었기 때문에 창군요원은 경비대 시절 군에 입대한 자들로 거슬러올라가야 할 것이다. 경비대 시절에 입대했던 자들은 "비록 현재는 경찰의 예비대이지만 정부가 수립되면 국군이 된다"는 신념을 가졌고, 정부가 수립되고 국군이 탄생하자 입대했던 자들도 "건군의 초석이 된다"는 신념에는 변함이 없었기 때문에 육군의 경우 창군요원의 범위는 군사영어학교 출신으로부터 육사 제8기(입대일: 1948. 12. 7) 출신까지로 보아야 할 것이다.[32)]

그 당시 정세는 주한미군이 1948년 9월 15일 제1진의 철수를 개시하여 군사고문단 500여 명만을 남기고 1949년 6월 29일까지 철수를 완료함으로써 '힘의 공백' 상태가 야기되었고, 1948년 10월 여순반란사건이 일어나고 뒤이어 북한의 게릴라(유격대)가 태백산맥으로 침투(10차에 걸쳐 2,345명)함으로써 국가안보가 위협받게 되었다. 이러한 가운데서도 국군은 부대증편과 교육훈련에 박차를 가했으나 한국전쟁 전까지 육군은 8개 사단을 편성완료(1949. 6. 20)했을 뿐 장비는 미군이 철수시 이양받은 6개 사단분에 불과하였고, 1949년 후반기에는 하루 평균 3회에 해당하는 총 542회에 걸친 게릴라 소탕작전에 39개 대대가 투입됨으로써 훈련할 시간이 없어 16개 대대는 대대훈련, 30개 대대는 중대훈련, 17개 대대는 소대훈련만을 끝낸 상태에서 한국전쟁을 맞아야만 했다.[33)] 해군도 진해에 통제부(統制府)를 설치(1949. 6. 1)하고, 기지를 경비부(警備府)로 승격(1949-1951)시켰으나 함정은 어선을 포함 105척을 보유(지상병력 5,879명, 해상병력 1,077명)했을 뿐이고 그것도 58척만 이용가능한 상태에 있었으며,[34)] 1949년 5월 5일 설치된

32) 韓鎔源, 앞의 책, p. 48.

33) Robert K. Sawyer, *op. cit.*, p. 78.

해병대는 한국전쟁시 병력이 1,000여 명에 불과했다. 공군은 1949년 1월 14일 육군으로부터 독립하여 기지편성을 서둘렀지만 14대의 연락기(병력은 장교 242명, 병 1,655명)만을 보유한 채 한국전쟁을 맞았다.

국군창설시 군부의 내부적 시련 중에 가장 큰 사건은 여순반란사건이었다. 북한에 진주한 소련군 사령부는 1946년까지 서울주재 소련총영사 폴리안스키(Andrei Polyanskii)를 통하여 조선공산당을 배후 조정하여 인민위원회의 조직과 대군침투공작을 전개토록 했다.[35] 공산주의자들이 대군공작을 전개한 것은 결정적 시기에 무장부대로서 반란을 봉기케 하고 남한의 군사정책이 우경화되는 것을 방지 또는 무력화시키기 위한 것이었으며, 대군공작은 북로당 남반부 정치위원회 책임자 성시백(成始伯: 경비대 사령관 송호성과 중국 '하남군관학교' 동기생)과 남로당 대군부공작 책임자 이재복(李在福)에 의해 추진되었다.[36] 특히 군부에는 해방 전이나 직후에 만주 또는 북한에서 공산당에 가입하고 월남하여 경비대에 입대한 자들(최남근·조병건 등)이 있어, 이들은 부대 내에 좌익사상을 전파하고 공산당 세포조직 역할을 했으며, 더욱이 추수폭동을 계기로 경찰이 좌익인사들을 검거하자 노출된 좌익계 인사들이 경비대에 대거 입대함으로써 1947년 초부터 1948년 10월 사이에 부대 내에 공산당 조직은 확대·강화되었다.[37]

이러한 가운데 한국문제가 유엔에 상정되어 총선거를 결의함으로써 남한 단독정부 수립이 확실시되자 무장봉기의 결정적 시기가 도래했다고 판단한 북로당은 남로당에게 '5·10선거' 저지를 위한 제주도 반란사건을 비롯하여 여순반란사건과 대구반란사건을 지령했다. 남로

34) *Ibid*, p. 106.

35) C. Leonard Hoag, *American Military Government in Korea War Policy and the First Year of Occupation 1914~1946*(Histories Division Office of the Chief of Military History Department of Army, 1970), p. 181.

36) 國軍保安司令部, 『對共三十年史』(1978), pp. 36-37.

37) 金點坤, 『韓國戰爭과 勞動黨戰略』(서울: 博英社, 1973), p. 190.

당 제주도당 군사부책 김달삼(金達三)은 제9연대 조직책 문상길(文相吉) 중위와 협의하여 5·10선거를 저지할 목적으로 1948년 4월 3일 제주도 전역에 폭동을 일으켜 살인, 방화, 관공서 습격 및 강탈 등 잔악한 행위를 자행했으며, 제주도 폭동진압차 제14연대가 출동하게 되자 연대인사계 지창수(池昌洙) 상사와 김지회(金智會) 중위 주도로 반란을 일으켜 여수·순천·구례 등지에 적색행정을 실시하고 우익계 인사들을 인민재판에 회부하여 총살했다.[38] 또한 대구에 주둔한 제6연대에서도 여순반란사건에 호응하여 봉기하려다 발각되어 좌익분자의 연행사태가 야기되자 노동당 중앙당부에서 연대정보과 선임하사 이정택(李正澤)에게 봉기를 지령함으로써 1948년 11월 2일 및 12월 6일과 1949년 1월에 연속적으로 반란사건이 발생했다.

이처럼 군부의 반란사태가 심각해지자 정부에서는 국가보안법을 제정하여 1948년 12월 1일 시행케 되었으며, 육군정보국에서는 특별수사과를 설치하고 1949년 1월 2일 예하에 15개 파견대를 설치(개성, 인천, 주문진, 부평, 대전, 청주, 부산, 진주, 대구, 포항, 춘천, 양양, 광주, 여수, 목포 등)하여 본격적으로 숙군작업에 착수했으며,[39] 또한 정부에서는 1949년 10월 19일 남로당 등 좌익계의 133개 정당 및 단체의 등록을 취소하고 공산당을 불법화시켰다. 군내의 공산분자 색출작업은 정보국 특별수사과가 특무대·방첩대·육군특무부대(초대 부대장 대령 김형일)로 기구를 확대·독립시켜 가면서 추진하였고, 1949년 10월까지 7차에 걸쳐 단행(한국전쟁 전까지 4차에 걸쳐 실시)되었는데, 총 5,000여 명이 숙청되었고, 국가보안법에 의거 처리된 자만 해도 1,667명에 달했다. 여순반란사건 발생직후 제4연대, 제14연대, 제6연대, 제15연대를 주대상으로하여 1948년 10월부터 1949년 3월까지 5개월간 수사하여 공산주의자 364명을 색출했는데, 이 중에는 군사영어학교 및 경

38) 軍史監室, 앞의 책, pp. 206-208.

39) 國軍保安司令部, 앞의 책, p. 34.

비사관학교 1·2·3기 출신장교만 해도 80명에 달했으며, 주요인물은 최남근(제15연대장), 김종석(여단장 대리), 오일균(대대장), 조병건(육사교수부장) 등이었다. 이를 경비사관학교 출신 각 기별 임관자에 대한 비율로 보면 10-15% 수준에 달하는데,[40] 이는 일부 장교들이 시대상을 반영하여 감상적인 민족주의로 흘렀기 때문에 야기된 것이 아니라 공산당원으로서 의도적으로 군부에 침투한 경비사관학교 생도대장 오일균, 교수부장 조병건 등이 후배장교들에게 좌익사상을 전파하고, 이에 영향을 받은 좌경 교관들(김확림·황택림 등)이 후배들을 오염시킨 데서 야기된 것이었다.

숙군작업은 남로당 대군부공작 책임자 이재복, 북한 정치보위부 요원 최영추, 북로당 남반부 정치위원회 책임자 성시백 등이 체포(1948. 12-1950. 1)됨으로써 군부의 좌익 세포조직의 명단이 입수되어 활기를 띠게 되었고 성과도 커서 국군이 한국전쟁을 치를 수 있게 했다. 그러나 때로는 특수부대가 군내의 반대파벌을 약화시키기 위해, 그리고 좌익분자가 상대방이나 군조직을 와해시키기 위해 의도적으로 날조한 정보나 정당의 대군 포섭공작을 담당한 정치인이 공명심으로 포섭자를 과장하거나 사렴으로 모함한 정보에 의해 조사가 행해지기도 했기 때문에[41] 특무부대에 대한 불만은 물론 군내에 이간질이 횡행하였다.

5. 군부의 정치적 불만 대두

로벨(John P. Lovell)이 지적했듯이 미군정 기간에 한국의 경제적 현실은 가혹했고 국민은 좌절감에 빠졌으며, 무질서가 판을 치고 있었기 때문에 다른 신생국 같았으면 군부의 엘리트가 정부의 통치권력을

40) 韓鎔源, 앞의 책, pp. 85-86.

41) 張昌國, 『陸士卒業生』(서울: 中央日報社, 1984), pp. 219-221.

장악하기 위해 군사력을 동원하게끔 자극했던 상황이었지만[42] 민군관계는 극히 정상적인 상태로 전개되었다. 이는 경비대의 리더십을 30세 미만의 장교들이 장악하여 정치적 성향이 없었을 뿐만 아니라 군의 장비 및 예산의 통제권을 가진 미군이 친미적·비이념적 또는 반정치적·친직업주의적 군대를 육성하였으며, 경비대의 편성 및 교육훈련과 공비토벌에 에너지를 집중함으로써 정치에 개입할 여력이 없었고,[43] 더욱이 당시 경비대는 병력에 있어 경찰보다 우월한 입장에 있지 못했기 때문이었다.

그러나 국군창설을 계기로 일본군 및 광복군 출신 원로들이 입대함으로써 군의 리더십에 변동을 가져왔음은 물론 군내에 파벌이 형성되자 군부에 새로운 문제점이 발생했다. 군부의 원로들은 정치인들이 군을 정쟁(政爭)의 도구로 삼을 뿐만 아니라 이 대통령이 정치적 목적을 위해 군을 이용하고 민간인 출신 국방장관이 군을 정치도구화하는 데 대해 불만이 점증되었다. 반민특위 위원들이 군을 "민족반역자의 대피호"라고 지칭하고 군인의 신병을 인도해 주도록 압력을 가한 데 대해 일본군 출신 간부들이 불만을 나타냈으며, 이 대통령이 미국으로 하여금 방위비용을 전담하도록 정책방향을 설정하고 있었음에도 일부 의원들은 민족의식을 내세우고 인민군의 피복을 빙자하여 군복의 국산화를 요구함으로써 간부들의 빈축을 샀다. 그리고 1948년 이 대통령의 총애를 둘러싼 여권 내의 정쟁으로 '내각 전면개편과 동시 군수뇌부 전면개편론'이 대두되어 참모총장이 이범석 국방장관과 대립관계에 있던 허정 교통부장관을 면담했으며, 로버츠(Roberts) 미 군사고문단장도 이 대통령에게 "정치적 필요에 의해 장관이 갈리는 것은 불가피한 일

42) John P. Lovell, "The Military and Politics in Postwar Korea," in Edward Reynolds Wright, ed., *Korean Politics in Transition*(Washington University Press, 1975), pp. 158-160.

43) Stanislav Andreski는 *Military Organization and Society*(1968)에서 군의 에너지는 전쟁, 건설 및 훈련, 정치개입에 방출된다고 지적하였음.

이겠지만 직업군인의 인사문제는 정쟁과는 별도로 초연한 입장에서 다루어져야 하며, 따라서 군이 엄정중립을 지켜야 한다는 원칙은 인사문제에서 존중되어야 한다"고 역설하기도 했다.[44] 한편 원로들은 임관되자 대부분 호국군(護國軍)의 간부로 부임하여 18개 연대를 편성했음에도 이 대통령은 이범석의 족청(族靑)세력을 약화시키기 위해 우익 5개 단체를 통합하여 대한청년단을 창설케 하고, 이 대한청년단을 군사훈련시킨다는 정치적 고려 때문에 호국군을 해산시키고 '청년방위대'를 결성했으나 조직을 제대로 갖추지 못해 전시에 쓸모가 없게 되었다.[45] 그로 인해 17-40세의 제2국민병으로 '국민방위군'을 편성·활용해야 했으며, 중공군의 개입으로 1951년 1월 이들을 부산으로 이동시키는 과정에서 군으로서는 불명예스러운 국민방위군사건이 발생한 데 대해 불만이 컸다.

또한 이 대통령은 군을 통수함에 있어 헌병대와 특무대를 정치도구화하고, 출신별·지역별로 형성된 군내의 파벌이 상호 반목하도록 조장함으로써 점차 신망을 잃어갔다. 헌병대는 반민특위활동에 쫓겨 입대한 이익홍·전봉덕·노덕술 등의 경찰간부들로 인해 정치개입 성향이 증대되어[46] 부산정치파동을 지원하게 되었으며, 특무부대장 김창룡은 이 대통령의 총애를 믿고 방자할 뿐만 아니라 고문을 심하게 하여 원성을 사다가 1956년 1월 30일 암살되었다. 동 사건과 관련 강문봉(姜文奉) 장군이 최후진술에서 특무대의 체질개선과 정일권·백선엽·이형근 등 3대장 간의 화목을 요구한 것으로 보아[47] 특무대의 고문행위와 군내의 이간질이 심했음을 짐작할 수 있다.

그리고 이범석 장군의 후임으로 군대 경험이 없는 신성모(申性

44) 高貞勳, 앞의 책, pp. 117-118.

45) 陸本軍史監室, 『陸軍發展史』 第1卷(1955), pp. 49-50.

46) 韓國政治問題硏究所, 『政風: 정치1번지 청와대 비서실』(서울: 創民社, 1986), p. 31; 吉眞鉉, 『歷史에 다시 묻는다』 참조.

47) 위의 책, pp. 68-70.

模)씨가 1949년 국방장관이 되자 군지휘관과 불화가 계속되었고, 신 장관이 군을 정치도구화하자 군지휘관들의 불만이 심화되었다. 신 장관은 한편으로 군지휘관과 낙루(落淚)악수하지만 다른 한편으로 청탁이나 부당지시를 거부하면 지휘결함 등을 빙자하여 대기발령이나 좌천조치를 취했기 때문에 많은 지휘관들이 피해를 입었다.[48] 전시에 예비역 노장들까지 참석하여 부산에서 거행된 김백일(金白一) 장군 장례식 조사에서 신 장관이 "늙은 사람들이 군을 지휘했더라면 우리들은 벌써 부산 앞바다로 들어갔을 것이다"라고 노장들을 비방하자 김홍일·이응준·신태영 등 노장들이 연서로 장관에게 경고문을 보내는 사태가 야기되기도 했다.[49] 1949년 2월부터 1951년 5월까지 신 장관이 재직하는 동안에 한국전쟁이 발발했을 뿐만 아니라 군으로서는 불명예스러운 국민방위군사건과 거창양민학살사건이 발생하였다. 국민방위군사건은 중공군의 개입으로 '1·4후퇴' 과정에서 국민방위군 사령관 김윤근 준장 등이 국민방위군의 수송비와 식비를 횡령하여 신정동지회 김종회(金從會) 의원 등 20여명의 의원들에게 제공함으로써 방위군은 혹한기에 굶주리면서 후퇴했기 때문에 기아 및 동상으로 1,000여명이 희생된 사건이다.[50] 거창양민학살사건은 1951년 여름 지리산 공비 토벌과정에서 9연대 3대대가 주민이 공비와 내통했다 하여 신원면(新院面) 주민 500여 명을 남녀노소 불문하고 학살했을 뿐만 아니라 재산까지 약탈한 사건이었다.

국민방위군사건이 발생하자 이시영 부통령이 국민 앞에 면목이 없다고 사퇴까지 했는 데도 진정 책임을 통감해야 할 장관이 자리에 연연하여 거창양민학살사건 진상조사차 국회조사단이 파견되자 김종원(金宗元) 대령에게 지시하여 조사활동을 방해하는 위협사격(1951. 7.

48) 李應俊, 앞의 책, pp. 270-276.
49) 위의 책, pp. 297-298.
50) 姜聲才, 『참軍人 李鍾贊 장군』(서울: 東亞日報社, 1986), pp. 63-66.

17)을 가하도록 했다. 공비를 가장한 국군의 이같은 방해활동에 대해 군부지도층에서는 불만이 팽배되어 "장관이 퇴진해야 한다"는 주장이 나오게 되었다. 이상에서 살펴본 바와 같이 군부지도층에서는 이 대통령을 포함한 정치인들의 행위에 대해 불만이 축적되어갔으며, 이는 점차 정치인에 대한 심정적인 반대를 낳게 되었을 뿐만 아니라 급기야는 군의 정치도구화에 대한 반항적 행동주의를 나타내게 되었다.

6. 두 갈래의 정치적 행동주의

군부 내의 정치적 행동주의는 전쟁을 치르면서 점차로 증대되어 갔는데, 결정적인 계기는 1952년 '부산정치파동' 때 군사력의 정치적 이용과 관련하여 이 대통령과 군부지도층 간의 갈등에서 비롯되었다. 이 대통령이 의회에서 간선제로 대통령에 재선될 가망이 없자 1951년 11월 30일 직선제 개헌안을 국회에 제출했는데, 국회에서는 1952년 1월 18일 이를 19 대 143으로 부결시켰다. 이에 이 대통령은 "국회의원이 잘못하면 국민의 투표로서 소환한다"는 협박성명을 내고 민의대(民意隊)를 동원하여 '반민족국회의원 성토대회'를 개최하였다. 국회에서도 오위영(吳緯泳) 의원 등 123명의 서명으로 1952년 4월 17일 내각책임제 개헌안을 제출하여 이에 맞서자 일부 원내자유당(이갑성 등)과 원외자유당(양우정 등)이 합작하여 직선제를 골자로 하는 '발췌개헌안'을 1952년 5월 14일 제출함으로써 국회에서는 양안에 대해 1952년 5월 26일 표결하기로 예정됨에 따라 부산정치파동이 발생하였다.[51)]

이 대통령은 금정산(金正山)에 무장공비가 출현하여 미군 2명, 한국군 3명을 사살하고 도주한 사건이 발생하자 1952년 5월 25일 계엄령

51) 吳緯泳, "自由黨독재와 어떻게 싸웠나", 『정치증언』 (權五琦 政界秘話對談) (서울: 東亞日報社, 1986), pp. 235-244.

을 선포하고, 영남지구 계엄사령관에 정치장교 원용덕 장군을 임명했는데, 원용덕은 헌병대를 동원하여 5월 26일 개헌표결차 집합하여 등원하는 국회의원 버스를 견인차로 헌병대로 끌고가 서범석, 임홍순, 곽상훈, 권중돈 의원 등을 구속시키고 이들이 국제공산당활동을 전개했다고 발표하자 국회에서는 비상계엄령을 해제하고 국회의원을 전원 석방하라고 의결했으며, 김성수 부통령은 의원구속에 항의하여 사퇴하였다.

이와같이 정치적 목적을 위해 비상계엄령을 선포하고 전쟁수행에 필요한 전투부대 2개 대대를 차출하여 계엄업무를 지원토록 하라는 신태영 국방장관의 병력투입 지시가 국방부에서 육군본부로 하달되자, 대구 소재 육군본부(참모총장 이종찬)에서는 참모회의의 결정으로 병력의 차출을 거부하고, 각 부대에 "군은 본분을 망각하고 정사에 간여하는 경거망동을 하지 말라"는 요지의 '육군장병에게 고함'이라는 훈령안(육군훈령 제217호)을 하달하였다.[52)]

이렇게 사태가 진전되자 이 대통령은 1952년 5월 28일 이 총장을 부산으로 소환했으며, 병력차출 문제를 놓고 이 대통령, 신 국방장관, 밴프리트 장군, 이 총장, 원용덕 사령관 등이 4시간에 걸친 설전을 벌였는데, 작전지휘권을 가진 밴프리트 장군과 병력을 차출해야 할 육군총장이 반대하자 이 대통령은 뜻을 이룰 수가 없었다. 그러므로 원용덕 계엄사령관은 헌병·공병·의무대 등 비전투부대 2개 중대만으로 계엄업무를 수행해야만 했다. 군부에서는 전시에 반민의 국회의원의 소환을 요구하는 관제데모로 정정이 혼란해지자 이 정권에 대한 불신과 실망으로 동요하였다. 특히 소장파 장교들은 "헌법과 계엄법을 위배한 계엄령의 즉각해제"를 요구한 언커크 성명(1952. 5. 28)과 "정치적 위기를 완화하는 조치를 취하지 않으면 한국은 위험한 정세에 부닥칠 것"이라는 트루먼 대통령 성명(1952. 6. 3)에 대해 이 대통령이

---

52) 姜聲才, 앞의 책, pp. 76-77.

"계엄령은 순수한 군사적 이유에서 선포된 것"이라고 발표하자 분노를 터트리기도 했다.

그러므로 부산정치파동을 계기로 하여 군부의 이 대통령에 대한 실망과 불신은 군부로 하여금 군사력의 정치적 이용에 반항하는 행동주의를 낳게 하였고, 이같은 정치적 행동주의는 점차 ①이종찬 장군의 경우처럼 정치인이 군을 정치적 도구로 이용하기 위해 정치의 장(場)으로 끌어들이려는 데 대해 반대하는 정치적 행동주의(반정치적 행동주의)와, ②박정희 장군의 경우처럼 군사력을 이용하여 부패한 정치인을 몰아내고 군부가 정권을 장악해야 한다는 정치적 행동주의(친정치적 행동주의) 등 두 갈래의 정치적 행동주의로 발전되어 갔다.[53]

제1공화국 당시 군부의 주류를 형성했던 반정치적 행동주의는 "군이 정치에 개입하면 군의 사병화(私兵化)를 촉진하고 파벌을 형성한다"는 이종찬 장군의 지론에 따라 "군이 정치에 간여하지 않고, 정치도 군을 끌어들여서는 안 된다"는 다분히 고전적인 민군관계론에 그 바탕을 두었고, 이를 구체화한 것이 육군훈령 제217호라고 볼 수 있다. 그러므로 부산정치파동시 육군본부에서는 군이 정치에 개입하거나 정치의 장으로 끌려들어갈 소지(素地)가 있는 부산으로 가지 못하게 하기 위해 장병은 공사를 막론하고 대구 이남지역으로 가지 말도록 병력통제를 철저히 했다. 육본법무감실(법무감 손성겸 준장)의 경우 국방장관의 계엄업무 지원을 위한 법무관 파견지시를 받고 "비상계엄 자체가 헌법과 계엄법에 위배되는 만큼 불법행위에 의해 설치한 군법회의도 불법이며, 따라서 법무관을 파견할 수 없다"고 거부하였다. 일부에서 원용덕 장군 견제를 위한 파병론이 제기되었지만 "군의 정치불개입을 선언한 5·27입장에는 변함이 없다"는 결론을 내려 계엄업무 수행을 견제하기 위한 파병문제도 부결시켰다.[54] 이러한 반정

53) 韓鎔源, "文民우위원칙 지켜야", 『月刊朝鮮』(朝鮮日報社, 1988. 1), pp. 358-359.

치적 행동주의 정신은 그후에도 지속되어 1954년에 사사오입 정치파동이 일어났고, 1956년 및 1960년에 공공연한 부정선거 지령이 하달되었으며, 심지어 군부를 자극한 콜론 보고서가 발표되었음에도 불구하고[55] 4·19혁명 때에 군이 정치적으로 엄정중립을 유지했다.

한편 부산정치파동을 계기로 하여 군부 소장층에서는 친정치적 행동주의가 점증되어 갔다. 부산정치파동시 육본작전 교육국차장이며 육군훈령 제217호를 기초한 박정희 대령은 이 대통령에 대한 군부의 불신과 실망을 배경으로 쿠데타를 기도하여 작전국장 이용문 준장, 제15연대장 유원식 대령과 모의하고 장면(張勉) 총리(1952년 4월 20일 사임)의 비서실장 선우종원(鮮于宗源)을 찾아가 "장면 박사를 추대, 무력혁명을 하자"고 제의했다.[56] 그러나 선우종원의 완곡한 거절로 쿠데타의 기도가 실패하자 박정희는 원용덕 장군을 견제하기 위한 파병을 제의했는데, 이는 계엄업무 수행의 견제를 위장하여 2개 대대의 병력으로 쿠데타를 추진하기 위한 파병제의였다. 이러한 제의도 육본참모회의의 대세에 의해 부결되자 박정희는 도미유학하는 이종찬 장군에게 혁명에의 미련을 편지에 담아 전하고 때를 기다리면서 유원식 등과 쿠데타 모의를 진행시켜 나갔다.

휴전협정을 둘러싸고 미국과 사이가 벌어지기 시작한 이 대통령이 부산정치파동까지 일으키자 미군 수뇌부에서는 한국군을 이용한 유엔군 주도의 쿠데타를 감행하여 이 대통령을 감금시켜 놓고 휴전협정을 체결하는 방안을 계획하였으며(이 계획은 덜레스 국무장관에 의해 철회되었음) 이러한 정보를 흘려 한국측의 반응을 타진한 바 있다.[57]

54) 姜聲才, 앞의 책, pp. 91-93.

55) 金潤根, 『해병대와 5·16』(서울: 汎潮社, 1987), pp. 21-24.

56) 姜聲才, 앞의 책, p. 91.

57) 韓培浩, "韓美軍事同盟의 政治 : 그 思想과 現實", 『韓國과 美國』(서울: 博英社, 1983), p. 167; "Summary Notes of JCS State Meeting," May 29 and 30, 1953, JCS File Copy, Kotch, *United States Policy Toward Korea*, pp. 425-429.

이는 친정치적 행동주의를 지향하는 소장파 장교들을 자극시켰으며, 이 대통령의 3선에 대비 "초대대통령에 한해 무제한의 중임을 허용" 한 헌법개정안이 1954년 11월 27일 국회에서 한 표 차이로 부결되었음에도 이틀 후 여당 단독의결로 재통과시킨 '사사오입' 파동과 개정헌법에 의해 1956년 5월 15일에 실시된 정부통령 선거에서 공공연히 군내에 부정선거를 지령하자 불만이 심화되었다. 동 선거에서 진보당의 조봉암(曺奉岩)이 이 대통령의 라이벌로 클로즈업되자 1958년 1월 '진보당사건'을 조작하여 1959년 7월 31일 조봉암을 사형에 처했으며, 이에 박정희 장군은 쿠데타를 재차 모색하게 되었다.[58] 1960년 3·15부정선거로 민심이 이 대통령을 떠나게 되자 박정희는 쿠데타 계획을 구체화시켰다.

그런데 이러한 친정치적 행동주의는 군내의 부정 및 인사정체와 결부되어 확산되었다. 경비대 시절 소령급의 봉급은 쌀 한 말 값에 지나지 않았으며, 전쟁 동안에도 10달러 수준이어서 군부의 불만이 축적되어 갔는데, 전쟁 직후에 고급장교들이 고철수집과 벌목 등 후생사업을 통해 치부하고, 각 부대의 간부들이 사병의 몫을 횡령·착복함으로써 훈련소 같은 곳에서는 훈련병의 사망률이 높아[59] 원성의 대상이 되었다. 그런데도 군내 부정은 심화되어 1955년은 군내 부정의 대표적인 해로 일컬어지게 됨으로써 뜻있는 소장파 장교들의 불만은 점증되어 갔다. 더욱이 경비사관학교 1기로부터 8기에 이르기까지 입교시 평균연령은 22-23세인데 3년 사이에 모두 배출되었기 때문에 군영출신과 8기생의 평균연령 차이는 3-4세에 불과함에도 군에서의 진출속도는 천양지차로 벌어지게 되었다. 인사정체가 심화되어 5기생은 대령을 7-8년간 달아야 했고, 8기생은 소위에서 소령까지 승진하는 데 4년이 걸린 반면, 소령에서 중령 진급하는 데 그 두 배인 8년간이 소요되었

58) 村常男, "韓國軍政의 系譜", 『韓國現代軍政史』(서울: 三民社, 1987), pp. 45-53.
59) 李應俊, 앞의 책, p. 321.

으며,[60] 장군의 승진비율도 군영 출신이 71%인데 반해, 1기생 48%, 2기생 40%, 3기생 21%, 4기생 15%로 점차 줄어들게 되어[61] 시간이 경과할수록 불만이 축적되어 갔다. 이렇게 해서 축적된 불만은 1960년에 중장급 이상 장군의 퇴진을 요구하는 8기생 중심의 정군운동으로 비화되었다.[62]

박정희 장군은 이 대통령이 영구집권을 위해 사사오입 파동과 부정선거를 지령할 뿐만 아니라 진보당사건을 조작했다고 보고 유원식 등과 모의하여 1959년 11월 20일 쿠데타를 기도했으나 군수기지 사령관으로 전출됨으로 인해 좌절되었다. 그러나 스칼라피노 교수 등이 방한하여 작성한 '콜론 보고서'에 한국의 정치체제를 여당 하나에 야당은 반쪽인 일점반당(一點半黨)체제로 규정하고, 한국군에는 커다란 정치적 신망이나 조직력을 가진 군인은 없으나 언젠가 한번은 군부지배가 출현하리라는 것은 확실히 가능하다는 요지의 내용이 1960년 1월호 『사상계』에 실려 젊은 장교들을 자극하였다. 이런 상황에서 3·15부정선거가 지령되지 박정희 장군을 비롯한 친정치적 행동주의를 추구하는 장교들은 쿠데타 계획을 구체화하기에 이르렀다. 박정희 장군은 3·15부정선거 직후인 1960년 3월 20일 육군대학 총장 이종찬 장군에게 밀사를 파견하여 민주주의를 실현하기 위해 군사쿠데타가 요청되니 협조언질을 달라고 요구했다가 거절당하자[63] 김종필 중령 등과 모의하여 1960년 5월 8일 쿠데타를 단행할 계획을 수립했으나 4·19혁명이 일어남으로써 일단 중지했다.[64] 그러나 박정희 장군은 정군운동

---

60) 張昌國, 앞의 책, pp. 133-150, 227-296.

61) 韓鎔源, 『創軍』, p. 208 및 부록 '각군장성출신 현황' 참조.

62) 金炯旭·朴思越, 『金炯旭회고록』 제1부 (『5·16秘史』)(서울: 아침, 1985), pp. 28-43.

63) 姜聲才, 앞의 책, pp. 145-149.

64) 姜仁燮, 『4·19 그 이후 軍·政界·미국의 장막』(서울: 東亞日報社, 1984), p. 129.

을 통해 서클을 확대시켜 정군운동 세력을 쿠데타 주체세력으로 전환시킬 계획을 추진해나갔다.[65)]

7. 맺음말

제1공화국은 미군정의 경비대기구를 전수하여 한국군을 창설했으나 경비대의 사상문제와 리더십문제는 심각하였다. 그러므로 군부에서는 민족청년단, 서북청년회 등 우익청년단원들과 광복군 및 일본군 출신 중진 군사경력자들을 충원하여 사상문제와 리더십문제를 극복하고자 하였다. 그러나 1948년 9월 15일 주한미군이 철수를 개시하자 여수와 대구 주둔 연대의 좌익분자들이 반란을 일으키고 인민유격대까지 침투함으로써 군부는 진압 및 토벌작전의 전개와 병행, 숙군작업을 추진하여 군영 출신 및 경비사 출신 장교의 7% 수준을 정화시켜야만 했다.

1950년 6월부터 1953년 7월까지 3년간에 걸친 한국전쟁은 한국군의 규모를 6배로 늘렸을 뿐 아니라 장교 및 하사관 1만여 명에게 1950년대에 해외유학을 경험케 함으로써 군부는 양적으로나 질적으로 급성장하였다. 그러므로 제1공화국 내의 제도적 집단 가운데 군부는 가장 막강한 힘을 보유한 근대화된 조직이 되었고, 따라서 군부에 대한 정치적 통제문제는 중요한 과제로 부각되었다.

이 대통령은 부산정치파동시 군사력을 정치적으로 이용하고자 했으나 실패하자 군부에 대해 채찍과 당근을 가미한 분리지배통치술을

65) 김종필의 "5·16 군사혁명과 나"에 의하면 정군운동을 추진하다가 헌병대에 발각되자 박정희 장군이 혐의받을까 두려워 사표를 내었다고 증언한 것으로 미루어 정군운동은 쿠데타 계획과 관련되어 추진되었음을 알 수 있다. 權五琦 政界秘話對談 『정치증언』, p. 21.

구사하였고, 자유당은 군부를 정치자금의 출처로 인식했을 뿐 아니라 부정선거의 지령대상으로 간주함으로써 군부 내에서는 이 대통령과 자유당 간부에 대한 불만이 점증되어 갔다. 이러한 분위기에 편승하여 군부의 일부 소장층에서는 경비대 시절에 미군이 강조했던 문민우위(Civilian Control)원칙과 정치적 중립원칙을 버리고 군부의 정치개입마저 불사하는 정치적 행동주의를 성숙시켜 나갔다.

결국 군부의 정치적 행동주의는 이 대통령을 비롯한 정치인들이 헌팅턴이 말한 객관적 문관통제[66]를 보장하지 않음으로써 야기되었다. 그러나 제1공화국 당시 대부분의 장교들은 정치인들이 군을 정치도구로 이용하는 데 반대하여 구직업주의관[67]에 입각, 군부의 정치적 불개입원칙을 고수하고자 했으나 일부 소장층 장교들의 정치인들에 대한 불신이 심화되어 신직업주의관[68]에 입각하여 군사력을 이용, 정치에 개입하고자 했다.

---

66) 헌팅턴은 문관통제의 방식을 민간권력을 최대한으로 증진시킴으로써 달성하는 주관적 문관통제와 군부의 직업주의를 최대한으로 증대시킴으로써 달성하는 객관적 문관통제로 구분하고, 후자를 바람직한 것으로 지적했음. Samuel P. Huntington, *The Soldier and the State*(Cambridge: Harvard University Press, 1959), p. 80.

67) 헌팅턴이 말한 (전통적) 직업주의를 구직업주의라고 보며, 이는 군부의 비정치화와 문민통치에 기여할 수 있음. *Ibid*.

68) 스테판이 말한 신직업주의는 군사적·정치적 관리주의와 군의 정치역할 확장에 기여할 수 있음. Alfred Stepan, *The State and Society: Peru in Comparative Perspective*(Princetion University Press, 1978).

제8장

자유당의 기구와 역할

윤 용 희

1. 머리말

제1공화국에 있어서 자유당의 기반과 정치적 역할은 다양한 측면에서 분석할 수 있다. 자유당의 기반만 하더라도 자유당원 전원의 사회적 기반을 분석하거나 아니면 실질적으로 자유당을 이끌고 있는 자유당의 고위당직자나 국회의원들의 사회적 배경을 분석해서 자유당의 중요한 기반을 알아볼 수도 있다.

또한 자유당의 정치적 역할도 고유한 정당기능에 비추어 어떠한 역할을 하여야 하였는가 아니면 현실적으로 자유당은 제1공화국 정치체계에서 어떤 역할을 하고 있었는가 하는 측면에서도 분석할 수 있다. 그리고 자유당은 역기능적인 역할을 하였는가 아니면 순기능적인 역할을 하였는가에 대해서는 한 측면을 분석할 수도 있고 양 측면을 동시에 분석할 수도 있을 것이다. 그리고 정치체계에 있어서 정당의 투입기능을 중심으로 분석할 것인가, 아니면 통합기능을 중심으로 분석할 것인가에 따라서 자유당의 역할이 다양하게 나타날 수 있을 것이다.

따라서 여기에서는 주로 기존 저서와 연구자료를 분석·종합하고, 우선 자유당의 기반을 살펴봄에 있어 자유당원 전원을 분석할 수 없기 때문에 자유당의 창당 및 붕괴와 운명을 같이 한 이 박사의 정치적 행태 그리고 자유당의 고위당직자 그리고 자유당 국회의원과 국회의원후보 공천자들의 배경을 중심으로 분석하고자 한다. 다음으로 자유당의 기반과 역할을 개괄적으로 알 수 있는 자유당의 조직과 기구의 운영실태를 분석하고자 한다. 마지막으로 자유당의 역할로 제1공화국 정치체계에 있어서 투입기능과 통합기능 면에서 주로 그 역기능을 중심으로 분석하는 것으로 이 글의 맺음을 하고자 한다.

2. 자유당의 기반

제1공화국의 정치체계는 1인 권위주의 정치체계이며 정치제도화의 수준이 아주 낮은 실정에 있었다. 그러므로 정치체계의 하위구조인 자유당은 그 기반과 구조가 취약할 수밖에 없었다. 따라서 자유당은 국민 속에 뿌리를 내리지 못하고 이 대통령이라는 특정인물을 중심으로 운명을 같이 한 명사정당의 속성을 벗어나지 못하였다. 제1공화국의 정당구조는 여·야를 막론하고 정치이념을 동감하는 사람들이 그들의 정치이념을 실현시키기 위해서 만든 정당이 아니고 특정인물을 중심으로 그들의 이해타산에 따라 이합집산하는 도당에 불과했기 때문에 여당의 구조 및 기능과 야당의 구조 및 기능이 큰 차이점이 없고 거의 대동소이하였다.

이 대통령이 자유당을 조직하기 시작한 것은 제2대 국회 초에 한민당에 의한 조직적인 도전에 시달림을 받은 후부터였다. 따라서 자유당은 민의의 소재를 파악하기 위한 민의의 탐지기구로서의 정당이 아니라 집권자의 명령과 지시에 의해 집권자의 장기집권을 위한 도구로서 또는 반대당을 조직의 힘으로 타도하려는 의도에서 조직되었던 것이다.

자유당은 한국사회에서 정치적·경제적·사회적 안정과 민주적 전통과 자발적인 이익집단들이 미처 제도화되지 못하고 한국전쟁이라는 전시환경 속에서 출발하였다. 또한 최고집권자인 이 대통령의 지시에 의해서 그의 재선을 확보하기 위한 개인적 정치목적 때문에 결성되었다. 따라서 자유당은 관권을 이용하여 원외 사회집단을 정권안정과 연장을 위해 동원하는 방식으로 조직되었다. 그리고 자유당의 조직은 민주적 절차와 사회세력에 기초한 결과에 의해 아래로부터 이루어진 대중적 기반을 갖지 못하고 기존의 관변 사회조직 기반을 흡수, 동원하여 만든 관제정당적 성격을 지니고 있었다. 자유당은 개헌안 통과라는 급박한 정치일정에 쫓기면서 창당되었고 그 조직은 원외 민의를 관제동원하기 위한 행동대로서 출발하였다.[1]

자유당 창당의 대임을 이범석에게 맡긴 것 역시 이 박사의 정치적 계산에서 나왔다고 할 수 있다. 이유는 무엇보다도 시간에 쫓기고, 대통령의 임기가 불과 반년밖에 남지 않았으므로 그 안에 개헌안을 통과시켜야 했던 것이다. 그러자면 비록 여당을 조직한다고 할지라도 이 짧은 기간 내에 민의를 동원하고 포섭할 수 있을 정도의 정당조직을 키우는 것은 불가능했으며 이 대통령은 이를 누구보다도 잘 알고 있었다. 따라서 그는 이범석의 기존 족청세력과 조직기반을 이용하기로 했던 것이다. 그리고 노총을 비롯해 5개 사회단체를 자유당 산하기간단체로 편입시킨 것 역시 이들이 거느리고 있던 전국적인 조직망과 그들이 보유하고 있던 수백만 회원의 힘을 이용하고자 한 것이다.[2]

---

1) 손봉숙, “한국자유당의 정당정치연구”, 『한국정치학회보』 제19집 (1985), p. 102.

2) 위의 글, p. 100.

따라서 자유당은 창당하자마자 전국적으로 지방당부까지 조직하는 데 성공하였다. 자유당의 조직기반상의 특징은 첫째, 이범석의 족청의 기본조직을 이용하였다는 점이다. 창당과업에 중책을 맡은 이범석은 기존의 족청조직을 동원하여 일거에 자유당 조직으로 전환해 갔다. 따라서 자유당은 위로는 부당수에서부터 아래로는 최말단 당부에 이르기까지 족청의 이념과 강령에 따라 잘 훈련된 청년계 인사들로 충원되었다. 이렇게 보면 자유당원은 자유당이 추구하는 이념이나 정강정책을 좇아 입당한 당원들이라기보다는 기존의 족청조직을 흡수·동원한 것이다.[3] 따라서 초기의 자유당은 자유당원의 자유당이 아니라 족청파의 자유당이었던 것이다.

1951년 12월에서 1954년 3월까지 초기 자유당 구조는 이 대통령의 카리스마적 영향하에 있었지만 이범석의 족청세력이 치밀한 조직력과 내부적인 단결로 당내의 경쟁에서 절대적 지위를 갖는 가운데 어느 정도의 자율성을 갖고 있었다. 따라서 자유당 내의 족청은 절대적이었던 이 대통령의 지위에 어느 정도의 견제기능을 함으로써 정당이 하나의 제도로서 독립성과 자율성을 갖는 데 순기능을 했다고 할 수 있다.[4] 그러나 초기의 자유당 조직을 사실상 장악하고 있었던 이범석의 족청도 이 대통령의 족청득세의 경계심으로 와해될 수밖에 없었던 것이다. 이범석과 족청세력을 제거함으로써 이원화되어 있었던 자유당의 조직은 이승만 단독체제로 일원화되어 갔다. 자유당 조직은 보다 중앙집권화된 1인 집권의 단일권력체제로 바뀌어갔다. 이승만의 이러한 정치형태와 리더십 스타일은 이후 한국정치에서 민주적인 정당이 제도화할 수 있는 기반을 극도로 위축시키는 결과를 초래하고 말았다.[5]

두번째 조직기반상의 특성은 노총을 비롯한 5개 사회단체가 자유

3) 위의 글, p. 89.
4) 양무목, 『한국정당정치론』 (서울: 법문사, 1983), p. 106.
5) 손봉숙, "제일공화국과 자유당", 안청시 외 공저, 『현대한국정치론』 (서울: 법문사, 1986), p. 162.

당 창당과업에 적극적으로 가담한 사실이다. 이른바 자유당의 기간단체로 불리는 이들 단체는 대한국민회, 대한청년단, 대한노동조합총연맹, 농민조합총연맹, 대한부인회 등이다. 국민운동을 전담하는 국민회나 청년운동을 담당하는 대한청년단이 특정정당에 소속된 것은 정당을 위해서나 이익단체를 위해서나 결코 바람직한 일이 아니었다. 더구나 근로대중의 권익을 옹호·대변한다는 노총이나 농민의 이익을 대표한다는 농총, 부인의 지위향상을 도모한다는 부인회가 자유당으로 편입됨으로써 자유당의 노동부, 농민부와 같은 일개 부서로 전락하고 말았다.[6] 노총 자체가 정부와 여당의 기간단체로 편입되어 최고위원은 자동적으로 자유당의 중앙위원이 되었고 그들의 총재가 이 대통령이었다.[7] 국민회를 비롯한 5개 사회단체를 자유당 산하 기간단체로 편입시킨 것도 이들이 거느리고 있던 전국적인 조직망과 수백만에 달하는 회원을 흡수하여 자유당의 하부조직으로 이용하기 위해서였다.

노동단체를 정치도구화한다는 것은 공산국가 및 기타 독재국가 아니면 생각할 수 없는 일이다. 노동조합운동의 무기력 내지 부패 원인은 바로 노동조합의 정치도구화에 있었던 것이었다. 이러한 분쟁의 와중에서 피해를 입는 것은 바로 노동자 자신이었으니 다수의 희생이 소수의 출세에 이용되는 것도 분통한 일이었지만 노동운동의 원동력이 되는 단결력을 상실한 것은 더욱 분통한 일이었다.[8]

1960년 정·부통령선거를 대비한 자유당은 조직확대의 일환으로 자유당 산하에 있던 단체들의 통합을 추진하였다. 1959년 1월 22일 총재에 이승만, 부총재에 이기붕을 선임하고 김용우를 단장으로 하는 대한반공청년단을 발족시켜 이들을 차기 선거의 행동전위대로 삼고자 하였다. 동 단체는 8월 12일에 신도환이 단장으로 취임하여 대한멸공

6) 손봉숙, “한국자유당의 정당정치연구”, p. 89.
7) 김운태, 『한국현대정치사 2』 (서울: 성문각, 1986), p. 189.
8) 위의 책, p. 191.

단, 반공통일청년회, 계몽회 등 9개 청년단체를 해체시키고 반공청년단으로 통합하여 전국에 걸쳐 지방조직 결성에 나섰다. 또한 자유당은 지방행정조직을 완전히 장악하기 위하여 비자유당계의 시·읍·면장을 자유당계 인사로 교체하거나 포섭하고자 하였다. 1959년 3월 21일 선거에 대비한 개각과 5월 13일에 실시된 7개도 지방장관 경질에서 자유당은 자당 인사를 대거 진출시키는 데 성공하였다.

또한 1960년 2월 9일 자유당의 선거대책 중앙기획위원회는 학계를 총망라하여 137명의 정책자문위원 및 과학기술특별위원을 선정하여 자유당 선거대책에 강제동원시켰으며, 폭력단을 조직·훈련시키고 반공예술인단(단장 임화수: 본명 권중각)을 조직케 하여 문화인을 선거선전의 도구로 만드는 한편 민주당원에 압력을 가하여 경향 각 신문지상에 매일 같이 민주당원의 탈당기사를 게재하여 야당세력 뿌리뽑기에 전력을 다하였다.[9] 대한민국의 주요 압력단체를 모두 산하 기간단체로 삼은 자유당은 정당과 압력단체를 합한 초정치적인 특수조직을 기반으로 출발하였던바, 그 여파는 정당으로서 출범한 자유당만의 문제가 아니라 압력단체로 출범한 사회단체의 경우에도 매우 중요한 의의를 갖게 되었다. 겉으로는 압력단체의 이름을 내걸었으나 이들은 공직에 후보자를 추천하여 권력추구에 급급하거나 정권의 도구가 되어갔다.[10]

셋째 조직기반상의 특징은 과거의 친일파와 관료조직을 최대한 활용하였다. 원내파와 원외파 간에 투쟁이 전개되는 동안 원내파의 지도자들은 원외파의 전력이 공산주의자 내지 친일분자 인사들이라는 사실을 종종 항의하였지만, 그때마다 이 대통령의 답변요지는 자유당이 조속한 시일 내에 넓은 기초 위에서 조직되는 일이 그의 최대관심사이며, 이러한 목표가 달성된 후에 그러한 문제를 취급·처리할 시

---

9) 김민하, 『한국정당정치론』 (서울: 교문사, 1978), p. 105.
10) 손봉숙, "한국자유당의 정당정치연구", p. 90.

기가 도래하리라는 것이었으며, 그들을 최대한 활용하였던 것이다.[11] 자유당의 구성원은 반탁투쟁과정에서 막강한 조직력을 과시해온 좌익세력에 대항하기 위하여 식민지시대에 일제와 타협관계를 갖고 있었던 보수적인 유산층, 유식층 및 완강한 반공세력, 심지어 세상이 다아는 친일·부일 인사와 총독부의 고등계 형사까지 자유당의 세력기반으로 끌어들였다. 이들 친일파 인사들은 이승만에게 충성을 다함으로써 그들의 안정과 재기를 보장받게 되었다.[12] 자유당시대 한국 관청에는 일제 때의 군수·검사·경찰관·면장·서기·군인들이 많았다. 모두가 서대문 이기붕 저택이나 다른 여당요인들에게 찾아가 뇌물과 아첨으로써 통과된 모사들이 많았던 것이다.[13]

넷째, 자유당 공천 국회의원후보들과 자유당 말기의 고위당직자들의 사회적 배경, 즉 1954년 제3대 국회의원선거와 1958년 제4대 국회의원선거에 자유당 공천 국회의원후보들의 사회적 배경은 〈표 1〉과 같다.

자유당 국회의원 공천후보자의 학력은 전체 478명 중 대졸은 184명으로 36.4%를 차지하고 있으며, 중졸은 153명으로 32%이며 대졸과 중졸을 합하면 68.4%나 되었다. 나이는 478명 중 40대가 208명으로 43.5%나 되었다. 그 다음으로는 50대가 90명이었다.

직업은 478명 중 전직 의원이 159명으로서 33.4%이며, 그다음이 농업종사자 87명으로서 18.4%나 되었다. 경력으로는 전·현직 의원이 478명 중 165명이나 되어 34.5%나 되었으며 실업가가 53명으로서 상당히 많아졌다.

자유당 후기에 당조직과 정책결정에 주요한 영향을 끼친 자유당 고위당직자들의 사회적 배경은 〈표 2〉와 같다.

---

11) 김종훈, 『한국정당정치사』 (서울: 고시학회, 1969), p. 65.
12) 김우태, "한국민족주의연구" (부산대학교 대학원 박사학위논문, 1983), p. 119.
13) 한승인, 『독재자 이승만』 (서울: 일월서각, 1984), p. 162.

〈표 1〉 자유당 공천 국회의원후보자들의 사회적 배경

학력	3대	4대	계	나이	3대	4대	계
한문수학	3	3	6	25-29	3	2	5
소학졸업	16	16	32	30-34	16	10	26
중학중퇴	2	6	8	35-39	55	31	86
중학졸업	85	68	153	40-44	55	37	92
전문중퇴	4	2	6	45-49	50	66	116
전문졸업	31	26	57	50-54	38	52	90
대학중퇴	14	8	22	55-59	14	25	39
대학이상졸	82	102	184	60-	9	14	23
기 타	4(고시합격)	4(고시합격) 1(미상)	9	미 상	1	1	2
계	241	237	478	계	241	237	478

경력	3대	4대	계
민 의 원	55	104	159
전 의 원	4	6	10
시·도의원 및 시·읍·면장	36	19	55
실 업 가	30	23	53
조 합 장	7	3	10
법 조 인	6	7	13
관료	12	18	30
공무원	24	17	41
교육계	12	5	17
양조업	8	2	10
의사	7	6	13
언론	9	6	15
군인	4	7	11
기타	27	14	41
계	241	237	478

직업	3대	4대	계
민의원	55	104	159
농업종사자	60	27	87
실업가	25	16	41
회사원	30	29	59
법조인	13	7	20
의사	7	6	13
언론·출판	9	6	15
상업 및 운수업	9	8	17
무직	21	25	46
기타	12	9	21
계	241	237	478

출처: 『역대국회의원 선거상황 분석』(『중앙선거관리위원회 및 대한민국 선거사』 제1집)(중앙선관위, 1963, 1973).

자유당 조직과 정책결정에 큰 영향력을 끼친 고위당직자들의 사회적 배경을 보면, 같은 기간의 행정관료의 배경과 거의 비슷함을 보여주고 있다. 사실상 행정관료와 당간부 또는 의회엘리트는 동일 집단이었으며, 그 속에서 상호 끊임없이 이동하는 경향을 보여왔다. 연령층으로 볼 때, 그들은 대부분 40대와 50대였고, 그들 대부분이 고등교육을 한국이나 일본에서 받았으며, 또한 대부분이 비교적 부유한 계층에 속하는 가정 출신들이었다. 그리고 전후의 행정관료와 같이 일제치하에서 훈련받고 경험한 행정기술엘리트의 경력배경을 가지고 있었다.

〈표 2〉 자유당 고위당직자의 사회적 배경

성명	출생	출생지	전직	교육정도	교육받은지역	부친의 직업	생활수준	주요 당직
이기붕	1896	경기도	이승만 비서	대학	미국	소농	중	중앙의원장
이재학	1904	강원도	관료	대학	한국	지주	중	원내총무, 중앙위부의장
한희석	1910	충남	관료	사범학교	한국	소농	하	정책위장, 중앙위부의장
임철호	1905	충남	이승만 비서	대학	일본	지주	중	조직부장, 국회부의장
장경근	1911	평북	판사	대학	일본	지주	중	정책위장, 사회부장
이중재	1905	서울	사업가	대학	한국	상인	중	조직부장
이재화	1914	전북	언론인	전문교	만주	지주	중	조직부장
조순	1914	전남	사업가	중학	한국	지주	상	선전부장
박만원	1912	경북	은행원	대학	한국	지주	상	원내총무
박용익	1905	강원	관리	대학	한국	지주	중	총무부장
정재수	1910	경기	판사	전문교	한국	지주	중	감찰부장
정문흠	1894	경북	독립운동	중학	한국	지주	중	감찰부장
김의준	1909	경기	판사	대학	한국	지주	중	선전부장
안태식	1902	충남	관리	대학	일본	지주	상	총무부장
황성수	1907	전남	변호사	대학	미국	지주	중	선전부장
조경규	1904	경남	의사국 회의원	대학	일본	지주	상	

출처: 양무목, 『한국정당정치론』 (서울: 법문사, 1983), p. 59.

이와같이 자유당 고위당직자들의 사회적 배경에 관한 구성비율을 보면[14] 연령면에서 볼 때, 40대 미만은 없고, 50대 이상이 31.2%를 차지한 데 비해 40대가 68.8%로 압도적으로 많다. 이것은 해방 후 인적 자원의 부족 때문에 일제하의 관료 출신들이 자유당에 입당했기 때문이다. 그래서 전직을 살펴보면, 다양한 직종 중에서 관료 및 사법부 관리가 50%를 차지하고 있다. 고위당직자들의 대다수 가정은 부유하고(부친 직업 80.2%가 지주)생활수준이 높았다(상·중 93.8%). 부유한 배경 때문인지 68.8%가 대학교육을 받았고 교육장소도 한국이 56.3%, 외국이 43.7%로 나타났다. 이들의 출생지는 비교적 고르게 분포되어 있다.

자유당은 창당선언에서 내우외환의 국난을 극복하고 국토통일과 민족의 번영을 도모하며 만민이 공존공생할 수 있는 협동사회를 건설하기 위하여 조직되었다고 강조하고 있으나 실제 자유당은 이 박사라는 인격체에게 맹목적인 충성을 일삼으면서 개인의 영달과 번영을 추구하던 집단이었다.[15]

노농대중을 기반으로 조직한다던 자유당은 출발부터 대중을 외면한 채 족청의 조직을 이용하는 쉬운 길을 택했고, 족청이 빠져나간 뒤에도 자유당은 국민 전체에 기반을 둔 대중조직을 만드는 대신에 각종 기간단체, 경찰 및 친일파, 관료조직, 지방행정조직 등을 동원함으로써 민주정당과는 거리가 먼 동원화의 방식을 택했다.[16] 이와 같은 속성을 띤 정당은 정당성을 상실함은 물론 오로지 관권으로만 그 조직의 지탱이 가능해졌던 것이다.

이 대통령은 자유당을 세워서 그의 카리스마적 힘과 그의 국민에 대한 매력을 이용하여 당을 이끌어올렸다. 그리 고상하지 못한 방법으로 세운 이러한 토대 위에서 자유당은 어느 정도 찬연한 성공을 거두

---

14) 양무목, 앞의 책, p. 60.
15) 위의 책, p. 142.
16) 손봉숙, "제일공화국과 자유당", pp. 163-164.

었다. 그러나 자유당은 처음부터 그 창당자보다 힘이 크지 못했으며, 근본적인 비극은 그 당의 지주인 이 대통령의 힘이 시간의 흐름에 따라 점점 부식되어가는 데에도 불구하고 그것을 지탱할 만한 견고한 기초를 세울 아무런 조치도 취하지 않았다는 사실이다.[17] 따라서 자유당의 조직기반은 이 박사를 중심으로 한 권력지향적인 인물이나 집단에 두었고, 처음에는 이범석을 중심으로 한 족청과 일제시대 관료 출신에 그 기반을 두고 있었고 후기에는 이기붕을 중심으로 한 신진관료에 기반을 두고 있었다고 할 수 있다. 그러므로 자유당은 국민 사회계층에 제대로 뿌리를 내리지 못하고 이 박사와 그를 추종하는 관료들의 힘으로 지탱해 오다가 3·15부정선거를 계기로 국민의 항거에 견디지 못하고 그 조직이 붕괴되었던 전형적인 인물중심의 명사정당이었다.

3. 자유당의 조직과 기구

자유당의 기구는 당의 필요에 의해서 구성·변천되어온 것이 아니라 이 박사의 필요성에 의해서 구성·개편되어 왔던 것이다. 자유당의 전기 정당기구는 이 대통령의 카리스마적인 영향하에 있었지만 이범석의 족청계의 치밀한 조직력과 내부적인 결속력으로 운영되고 있었다. 따라서 초기의 자유당은 당 공식기구 못지 않게 이범석을 중심으로 한 족청계라는 파벌조직이 중요한 역할을 하였다고 할 수 있다.

자유당의 공식기구는 당료적 체계로 이루어져 있으며 전문적 업무를 분담하는 각 부서를 병렬적으로 설치해 합의체적 성격을 띠는 각종 위원회를 기본적인 골격으로 하고 있었다.[18] 자유당의 초기 기구

17) 김종훈, 『한국정당사』, pp. 118-119.
18) 양무목, 앞의 책, p. 107.

표와 초대임원 명단은 〈표 3〉, 〈표 4〉[19]와 같다.

〈표 3〉 자유당 초기 기구표

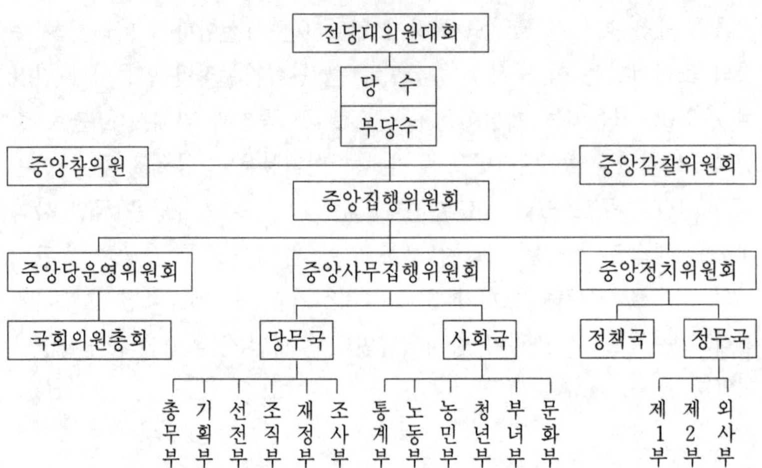

출처: 양무목, 『한국정당정치론』 p. 107.

〈표 4〉 자유당 초대임원

당수	이승만	부당수	이범석
당무국장	정현모	부국장	홍범희
사무국장	이활	부국장	조용기
정무국장	양우정	부국장	문봉제
총무국장	유화청	재무국장	안준상
선전부장	진승옥	조직부장	원상남
문화부장	박순석	조사부장	김영기
의사부장	김철수	제1부장	김인선
제2부장	김철	외무부장	강석천
농민부장	최상석	부녀부장	조현경
노동부장	최용수	통계부장	황호현
감찰위원회위원장	안호상		

19) 한태수, 『한국정당사』 (서울: 신태양사, 1961), p. 190.

자유당은 중앙당부를 수도 서울에 설치하고 각 지방에 지방당부를 두었는데 지역별 조직체계로서 서울특별시, 각도, 시·군, 구, 읍, 면, 동급리, 동에까지 각급 지방당부를 두고 최하급 리동당부에는 9인조, 6인조 및 3인조의 조반을 형성하여 조장이 세포조직의 전위대로서 일선지휘하는 체계로 구성되어 있었다. 말단부로부터 최상급층까지 당원들은 남녀를 불문하여 20세 이상의 성인은 소정의 절차에 의해 가입되며 정당원과 비밀당원으로 구성되어 있었다.[20] 그외에도 특수조직체로서 산하에 많은 보조단체를 조직하였다.

자유당 초기의 중앙기구는 다음과 같은 골격으로 되어 있었다.[21] 자유당은 전국의 지방당부로부터 일정한 비율로 선출된 대의원으로 구성된 전당대의원대회를 최고기관으로 하고 여기에서 당수 및 부당수를 선임하도록 하고, 중앙집행위원 및 중앙감찰위원의 위원장 수 결정 및 선임, 예산 및 결산의 심의결정, 중앙집행위원회, 중앙감찰위원회의 제의사항의 심의·결정, 선언·강령·정책의 결정 및 당헌의 개정, 기타 중요한 사항의 의결 등을 하였다. 전당대의원대회는 당헌상에는 최고기관이지만 실질적으로는 당수가 당내의 명실상부한 최종적인 결정자였다.[22] 중앙집행위원회는 당무집행의 최고기관이다. 중앙감찰위원회와 함께 전당대회의 직속기관이며 중앙집행위원회 산하에는 당료로 이루어진 일선 집행기관인 국·부를 직접 지휘하는 중앙상무집행위원회와 중앙당운영위원회, 중앙정치위원회 등의 기관을 두고 있었다. 또한 중앙집행위원회는 전당대의원대회에서 위임한 사항의 의결, 대의원대회와 대의원대회 간에 있어서 직능대행 등을 하였고, 중앙감찰위원회는 당원의 자격심사, 감찰위원장·부위원장 선임, 당원의

---

20) 이기하, 『한국정당발달사』 (서울: 의회정치사, 1961), p. 233.

21) 중앙선거관리위원회, 『정당의 기구기능과 정강정책 당헌 등』 (중앙선관위, 1965), p. 130.

22) 양무목, 앞의 책, p. 108.

위헌 및 기타 비행의 심사결정, 재정출납 및 결산검사 등을 하였다.[23] 중앙상무집행위원회에서는 각 부서 결정, 중앙집행위원회에서 의결한 사항의 집행, 중앙정치위원회에서 제출된 사항의 의결 및 집행, 기타 중요한 사항 등을 처리하였다.

의원총회의 역할은 당의 정강정책을 국회에 제출 및 실현할 것, 행동을 통일할 것, 국회에 제출된 안건을 본당 각 분과위원회에 제출할 것 등을 규정하고 있다. 그러나 당내에서 의원총회의 지위는 단순히 당이 결정한 정강정책을 제출・실현하기 위한 행동대에 불과했던 것이다.

자유당에는 정책담당기구가 있었지만 1954년까지도 정책담당책임자가 임명되어 있지 않았다.[24] 정당이 제시하는 모든 정강정책은 정책전담기구에서 합리적인 정책결정과정을 거쳐 형성되고 입안되어야 한다. 이렇게 하기 위해서는 정책전담기구의 책임자나 구성원은 각 분야의 전문가로 구성하여 그들의 전문지식과 경험을 활용하여야 하는데, 자유당은 이 대통령과 그들의 측근이 모든 정책결정권을 갖고 있었기 때문에 그만큼 정책기구는 유명무실하였던 것이다. 그러므로 자유당의 정책담당기구는 그 당의 정강정책 결정에 전혀 참여하지 못했던 것이다.[25] 따라서 자유당은 처음부터 정책정당의 지향을 포기하고 이 박사의 사당화의 길을 택했던 것이다. 이것은 한국 정당이 지금까지 정책정당으로 발전하지 못한 선례를 남기게 한 중요한 계기가 되었다.

지방당의 조직방식 및 중앙당과 지방당의 관계를 보면 자유당은 중앙당에 모든 권한을 집중시키고 중앙당을 정점으로 하여 하향식으로 가지를 뻗어가는 '문어발식'의 조직형태를 취하고 있었다. 그리고 또 하나의 특징적인 것은 세포조직방식을 취하고 있다는 것이다.

---

23) 중앙선거관리위원회, 앞의 책, p. 130.
24) 양무목, 앞의 책, p. 196.
25) 위의 책, p. 109.

후기의 자유당 조직은 이범석의 족청계 조직이 무너지고 이기붕을 중심으로 한 전직 관료 출신이 당조직의 실권자로 등장하는 1954년 3월의 전당대회로부터 1960년 4월 자유당이 무너질 때까지를 말한다. 이 대통령은 자유당 조직에서 이범석의 정치적 영향력이 강화되자 이범석을 국가원수 내지 당수인 자신의 위치에 도전할 가능성이 있는 위험인물로 간주하고 위험의 근원을 사전에 뿌리 뽑아야 된다고 생각한 것 같다. 따라서 이범석과 족청계를 제거하고자 하였던 바, 제1단계 조치로서 ①당시 부당수였던 이범석 제거를 위해 정・부당수제를 폐지 총재제로 전환하고, ②족청에 의해 독점되고 있던 중앙집행위원회와 중앙감찰위원회를 폐지, 단순한 소집행부서를 설치하고, ③예하 중앙위원회는 자유당의 중요한 5개 기간단체로부터 각 3명씩으로 구성할 것 등을 선언하였다.[26] 이 선언으로 인하여 부당수 이범석은 평당원으로 내려앉게 되었고, 5개 기간단체로부터 각각 선발된 12인으로 중앙위원회를 구성하였다. 그런데 1953년 8월 20일 전당대회에서 족청계는 당의 중진간부의 재편성과 7인의 중앙위원을 선출하고 당조직을 족청계 일색으로 개편한 후 5개 단체에 대한 포섭공작을 계속함으로써 이 중앙위원들은 족청의 영향권에서 완전히 벗어나지 못하여 이 대통령으로 하여금 불만을 사게 되었다.[27] 따라서 이 대통령은 제2단계 조치로서 1953년 9월 21일 자유당에서 족청파를 축출하고 당을 정화, 재건하라는 요지의 특별선언문을 발표하여 당의 일체의 기능을 정지시키고 중앙간부를 위시하여 모든 것을 백지로 환원시키고 말았다. 그리고 1953년 11월 2일에 이 대통령은 새로운 9인 부장의 당간부를 임명하고 그 간부로 하여금 중앙으로부터 지방당부의 세포조직에 이르기까지 족청파를 축출하고 당내조직을 정비하도록 하였던 것이다.[28]

---

26) 중앙선거관리위원회, 『대한민국정당사』 제1집 (중앙선관위, 1983), p. 218.
27) 김종훈, 『한국정당사』, p. 54.
28) 양무목, 앞의 책, p. 112.

1954년 총선에 이르러 총재 1인, 중앙위원회 정·부의장 각 1인, 중앙위원 약간 명을 두는 한편, 12부를 설치하여 조직을 정비·강화하여 위원회 부·차장제로 당을 운영하였다.[29] 이승만은 각 부장을 자신이 직접 임명하였으며 이기붕을 총무부장으로 기용하였다. 이로 인하여 자유당은 당 운영상 이중성과 산만성을 극복하게 되었던 것이다.[30] 새로 구성된 부장회의는 1954년 1월 30일 이범석을 비롯하여 족청계의 지도급 인사 16명을 제명처분하는 것을 필두로 당내의 족청계를 완전히 일소하고 당조직을 재건하는 직업에 착수하였다.[31] 이 박사와 이범석 중심의 초기 자유당은 중앙집행위원회 중심으로 운영되었으며, 1953년 이 박사의 족청계 제거지시가 내려진 후 곧 5개 기간단체로부터 선출된 12명의 중앙위원 중심으로 잠시 운영되다가 자유당 중기라고 할 수 있는 1953년 9월부터 1957년 3월까지 당총재인 이승만 대통령에 의한 당집권화가 이루어진 기간에는 형식상으로 보면 당은 부·차장회의 중심으로 운영되는 듯했다. 그러나 사실상 총재가 부·차장을 직접 임명함은 물론 국회의원후보 공천에 대한 최종결정권까지 직접 행사하는 등 당무에 깊이 관여하였다. 이기붕은 자유당의 제2인자의 위치인 중앙위원회 위원장의 자리에 앉아 있었다. 그러나 그는 이승만에게 절대충성과 순종으로 일관하여 자신에게 공식적으로 부여된 권력조차도 제대로 행사하지 못하였다. 그결과 이기붕을 중심으로 새로 당의 주류로 등장한 신진관료 출신 의원들은 이 시기 동안 큰 영향력을 행사하지 못했다.[32] 그러나 1957년에 이르러서는 지금까지 부·차장 중심으로 운영되던 당조직이 소수의 당무위원이 운영하는 당무회로 개편되었고, 이기붕을 정점으로 해서 원내 인사 중심으로 선

29) 중앙선거관리위원회, 『대한민국정당사』 제1집(중앙선관위, 1983), p. 219.
30) 한태수, 앞의 책, p. 200.
31) 손봉숙, "제일공화국과 자유당", p. 150.
32) 위의 글, p. 155.

임된 당무회는 3·15부정선거까지 자유당의 실질적인 권력기관으로 막강한 권한을 행사하였다.[33]

당헌에 의하면 당무회의는 당무집행상 최고방침을 책정하고 상임위원회 및 의원총회의 업무를 통합·조정하며 당규의 제정과 개정을 담당한다고 규정되어 있다. 당무회는 중앙위원회 의장·부의장, 6개 상임위원회의 위원장, 의원총회의 총무 등 9명으로 구성되고 무임소 당무위원을 3명 이내로 두도록 하였다. 9차 전당대회 후 새 당무위원은 종전의 9명과 3명의 무임소 당무위원을 합하여 12명으로 보강되었다.[34] 신 당무위원은 중앙위의장 이기붕, 중앙위부의장 한희석, 총무위원장 박용익, 조직위원장 이재화, 정책위원장 장경근, 선전위원장 조순, 감찰위원장 정재수, 선거대책위원장 정기섭, 원내총무 박용익, 무임소 1, 2, 3 당무위원 등이었다. 이와 같은 '멤버'는 대회의장단 도당위원장으로 구성된 전형위원회에서 투표로 추천한 것을 이기붕 의장이 참작하여 결정한 것이었다.

1957년 자유당이 소수의 당무회제도로 조직을 개편한 것과 때를 같이 하여 이승만 대통령이 당무에 직접 관여하는 정도는 서서히 줄어들기 시작했다. 당무뿐만 아니라 국정 전반에 걸쳐 이승만 대통령의 직접 관여가 줄어든 것도 이때를 전후해서였다.[35] 따라서 자유당은 지금까지 유지되어오던 이 대통령의 개인정당적 성격에서 서서히 이기붕을 중심으로 새로 등장한 신진관료 출신 의원들을 핵심인사로 하는 간부정당제와 과두화 과정을 밟게 되었다.

우리는 지금까지 자유당의 기구운영이 초기에는 이승만-이범석의 이원체제에서 중기에 이승만 1인 체제를 거쳐 후기에는 이승만을 정점으로 하되 사실상 이기붕을 중심으로 한 소수 당간부들에 의한 과

33) 위의 글, p. 156.
34) 김운태, 『한국현대정치사 2』, p. 166.
35) 손봉숙, "제일공화국과 자유당", p. 162.

두체제로 변화되어 왔음을 보았다.[36] 그러나 전기에서 후기에 이르는 이러한 조직상의 변화에도 불구하고 한 가지 공통된 사실은 당의 실권은 이 대통령을 중심으로 한 소수 엘리트들에게 집중되어 있었던 점이다.

4. 자유당의 역할

정치체계에 있어서 정당의 역할은 크게 두 가지로 생각될 수 있다. 첫째는 정치체계에 국민의 정치참여, 즉 요구참여와 지지참여를 촉진시키는 투입역할이고, 둘째는 정치체계에 투입된 정치참여를 의회에서 국민의 의사로 통합시키는 역할이라고 할 수 있다. 따라서 자유당의 역할도 이 두 가지를 중심으로 설명하고자 한다.

1) 투입역할

(1) 국민의 요구참여를 위한 역할

자유당은 국민의 요구참여를 개발·촉진시키는 역할을 하지 못하고 오히려 억제·통제함으로써 국민의 참여를 위축시키는 역할을 하였다고 할 수 있다. 자유당은 그들의 조직을 통해 국민의 요구를 수렴하여 정치체계에 투입시키는 역할을 하기 위해서 활동한 정당이 아니라 자유당을 창당한 이 대통령과 그들의 추종세력의 장기집권의 정치목적과 이익을 신장·발전시키기 위해서 그들의 명령과 지시를 국민에게 하달하고 또한 그들이 필요하다고 생각할 때는 국민을 동원하기 위한 도구로서의 기능을 하여왔을 뿐이었다. 따라서 자유당은 국민에 대해 일방통행적인 상명하달을 위한 기구였지 국민의 요구를 정치체

36) 위의 글, p. 159.

계에 전달하는 하의상달 기구로서의 기능을 하지 못했던 것이다 그리고 자유당은 민의를 계발·전달하는 전도관의 역할을 하지 못하고 관료행정기관과 같은 강제적인 성격을 갖고 국민에게 군림하는 자세를 갖게 되었던 것이다. 따라서 자유당은 국민의 외형적인 지지가 필요할 때는 자유당과 행정조직을 통해 강제적으로 동원하고 그들에게 불리한 국민여론에 대해서는 자유당의 말단세포조직과 행정조직, 경찰을 통해 국민을 억압·통제하였던 것이다.

투입구조인 정당이 조직화된 민의의 전도관적 기능을 다하지 못할 때 정당은 이미 정당이 아니며 정치체계의 투입구조로서 배제되는 것이다. 투입기능을 담당하는 정당이 본래의 제기능을 하지 못할 때 정치참여에 문제가 발생하는 것이다. 특히 집권당의 의사가 국가의사로 고정될 때 다양한 국민의 의사가 다양한 정당을 통해 상호작용을 거치는 조정과 타협이라고 하는 통합과정은 불필요하게 되는 것이다. 이러한 과정이 불필요하게 될 때 의회의 존립은 무의미하게 된다. 또한 의회의 존립이 무의미해질 때 정부에 대한 투입기능을 도맡고 있는 의회 내의 집권당의 기능은 상명하달을 도맡은 행정부의 보조기관으로 전락하고 만다.

자유당은 이 대통령의 의사가 곧 자유당의 의사이고 자유당의 의사는 곧 국가의 의사라는 등식을 고정화하였던 것이다. 국가의 의사에는 이 대통령과 자유당의 의사만이 있을 뿐이고 여기에 반대되는 다른 개인이나 정당의 의사는 반동적인 행위라 하여 공격 대상이 되었던 것이다.[37] 또한 자유당은 의회에서 여·야간 상호작용을 통한 조정과 타협이라고 하는 통합과정을 무시하고 일방적·강제적인 통과과정만을 능사로 생각했던 것이다.

따라서 자유당은 국가의 행정기구와 동일시되어 자유당이 필요할 때는 행정기관에 바로 명령하는 관계에 있을 때도 있었고, 때로는 상

37) 박문옥, 『신한국정부론』 (서울: 신천사, 1979), p. 405.

명하달을 도맡고 있는 행정부의 보조기관으로 전락할 때도 있었다. 그러므로 자유당은 이 대통령과 행정부를 위해서 정성을 다하고 때로는 들러리와 거수기 노릇도 해주었던 것이다.

의회의 존립이 무의미해지고 정당들이 정치과정에서 소외되어 기능상 퇴화를 면치 못할 때 정치체계에 대한 투입기능은 마비되는 것이다. 국민의 정치참여는 정치체계에 대한 투입기능을 통해서 이루어진다는 전제하에서 볼 때 이것은 곧 정치참여의 실질적인 단절을 의미하는 것이다.[38] 요구참여의 과소한 투입으로 인한 요구의 기아상태는 정치체계의 계속적인 작용에 필요한 양적·질적 투입흐름이 감소내지 정지되는 상태를 말한다.

(2) 국민의 지지참여를 위한 역할

정치체계나 정당이 계속해서 작동하려면 국민들의 자발적인 지지를 계속 창출해 내어야 한다. 특히 정치적으로 영향력있는 국민들로부터 지지를 유인해 내지 못하면 정당은 정책결정이나 집행에 있어서 심각한 위기에 직면하게 되는 것이다. 따라서 정치체계가 계속해서 작동하고 능력을 발휘하기 위해서는 우선 정치체계에 대한 특정지지(specific support)와 확산지지(diffuse support)를 함께 창출해 내어야 한다. 특정지지라는 것은 정부 여당이 특정한 업적을 이룩함으로써 정치체계에 대해 국민이 지지하는 것을 의미하며 그 반면에 보편적 지지라는 것은 정부 여당의 특정한 업적에 관련되지는 않지만 정부 여당의 정통성에 관하여 국민들이 지지적인 태도를 보여주는 것을 말한다.

정치체계, 즉 정부 여당이 성원들의 제 요구를 들어줄 수 없거나 또는 충족시킬 용의가 없는 경우에 높은 불만상태가 조성되는 것이다. 정치체계가 성원의 제 요구를 충족시킬 의도가 없거나 또는 무능력의 결과로서 나타난 산출실패는 정치체계에 대한 지지를 약화시키는 요

38) 장을병, 『한국정치론』 (서울: 범우사, 1980), p. 180.

인이 되는 것이다. 정치체계에 대한 성원들의 지지가 한계점 이하로 내려갈 때 이것은 정치체계에 대한 위험신호이며, 그 지지가 더욱 하락되는 것을 방지하기 위한 제반조치를 취하지 않으면 안 된다. 그러나 자유당은 국민들의 자발적인 지지를 창출하는 데는 소홀히 하고 오히려 강제적인 지지를 동원하는 데 당력을 집중해 왔던 것이다. 자유당의 총재인 이 박사가 제헌국회에서 대통령에 당선된 이래 계속해서 그에 대한 인기와 지지가 약화됨으로써 그의 지시에 의해서 자유당이 조직되었다는 것은 이미 지적한 바와 같다. 자유당을 창당한 이후에도 자유당과 이 대통령에 대한 국민의 실질적인 지지는 높아지지 않았고 오히려 지지가 약화됨으로써 강제적인 지지로 1960년 3·15부정선거까지 지속해 왔던 것이다.

자유당이 국민의 자발적인 지지를 창출하지 못하고 강제적인 지지를 동원한 전형적인 사례는 국민의 지지가 약화되어가는 이 대통령의 재임, 나아가서는 영구집권을 위한 민의동원에서 잘 나타나고 있다. 초대 대통령으로서 이 박사는 점점 국민으로부터 신뢰를 상실해가고 있었다. 자기의 재임을 위해 헌법을 개정했다는 것은 천하가 다 아는 사실인데도 불구하고 재임의 의사가 없는 것처럼 위장하기 위해서 민의를 동원하기 시작하였다.

1952년 발췌개헌안이 통과되자 정부는 동년 8월 5일을 정·부통령 선거일로 공포하고, 자유당은 7월19일 대전에서 전당대회를 개최하여 정·부통령후보에 이승만과 이범석을 각각 공천하였다. 그러나 이 박사는 동 대회에 메시지를 보내 후보지명을 하지 말 것과 자유당에서 당수·부당수 이름을 제거해 줄 것을 요청하였다. 그러나 발췌개헌안 자체가 이 박사의 연임과 직선을 위한 것이 분명하였다는 것을 인식한다면 또 하나의 흉계와 민의동원계획이 있음을 시사하는 언명이었다.[39]

따라서 이 박사는 직선제개헌파동을 전후하여 내외에 대하여 차

39) 손봉숙, "제일공화국과 자유당", p. 148.

기에는 출마할 의사가 없음을 수차 성명한 바 있음에도 불구하고 이 박사의 결정을 번의할 것을 요구하는 민의를 전국적으로 일으켜 그의 재추대운동을 거족적으로 전개하였던 것이다. 자유당의 발표로는 이 박사의 재출마를 요구하는 탄원서가 350만 명에 의해 서명되었다고 하였다. 이리하여 이 박사는 1952년 7월 24일 자신의 입후보 등록을 허락한다면 이는 극히 본의 아닌 행동이며 민의의 압력에 양보한 것이라고 설명하였다.[40)]

이 박사의 개헌안에 대한 제안이 제기되었을 때 이러한 음모는 이미 계획되어 있었다. 이 박사의 제의가 발단이 되어 새로운 일련의 데모사태가 일어나자 이 박사는 재임의 의사는 없으나 국민의 의사에 순응할 심적 준비가 되어 있다고 선언하였다.[41)] 따라서 외형적으로 재출마의 의사가 없는 듯이 표현했으나 국민이 원한다면 하겠다는 식으로 국민의 의사에 순응하는 척하면서 자유당을 통해 관제민의를 동원하였던 것이다. 한국의 정치지도자가 국민의 의사를 빙자하여 정치권력에 연연하는 것은 예나 지금이나 변함없는 것 같다.

또한 1954년 사사오입 개헌안이 이승만의 종신 대통령을 명백히 시사하는 것이었음에도 불구하고 이 대통령은 1956년 3월 자유당 전당대회에 보낸 메시지를 통하여 자신의 대통령 불출마 의사를 다음과 같이 표시했다.

①본인은 대통령 임기를 제한하는 외국의 민주헌정을 따를 것을 원한다. ②본인의 노구는 건강으로 보아 중임수행에 부적당하며, 이는 곧 통일사업 성취에 차질을 초래할 우려가 있다. ③본인의 대통령 중임을 요구하는 국민의 의사에 대하여는 고맙게 생각하나 본인은 일개 시민으로 돌아갈 것을 결심했다.[42)]

---

40) 김운태, 앞의 책, p. 91.
41) 김종훈, 『한국정당사』, p. 71.
42) 『한국일보』 (1956. 3. 6.).

그러나 자유당은 1956년 3월 5일 전국대의원대회에서 대통령에 이승만, 부통령에 이기붕을 각각 지명하였다. 그런데 이 박사는 동일 하오 "삼선은 민주주의에 배치되니 다른 인물을 내세우라"는 요지의 메시지를 공표하여 불출마 의사를 표명하였다. 이에 자유당이 관민을 총동원하여 전국적으로 재출마를 지지하는 관제 시위운동을 전개하자 이 박사는 3월 27일에 이르러 "민의에 의해 재출마한다"는 내용의 특별담화를 발표하고 재출마 태도를 명백히 하였다.[43] 그리고 3월28일 이 박사는 부통령에 이기붕이 적격자이며 함께 출마하는 것에 만족한다는 담화를 발표하여 처음으로 이기붕의 부통령 후보지명을 시인하였다.[44]

이 대통령이 시사한 불출마 의사표시는 1952년 선거시 나타났던 일련의 조작행위를 반복케 하는 결과를 초래하였던바, 대통령 중임수락을 요구하는 민의시위, 단식투쟁 및 혈서소동 등이 빚어졌다.[45] 3월 19일에 행한 치안국의 집계에 의하면 이 박사의 재출마를 요구하는 '데모' 횟수 1,004회, '데모' 연인원 450만 5,890명, '메시지' 2,152통, 전보 7,300통이었다. 이와같이 400만의 민의지지라는 명목 아래 이승만은 3월 23일에 마침내 예정대로 민의에 못이겨 재출마를 한다는 담화를 발표하고 재출마 의사를 분명히 하였다.[46] 경무대 앞에서 관제 민의데모에 참가한 사람들의 대부분이 자유당 산하 각종 애국단체의 회원이었다고 한다. 이때에 우마차까지 동원한 데모가 경무대 연변을 메워 '민의'가 아니라 '우의', '마의'라는 정치신조어가 생겨나기도 하였다.[47]

1959년 3월 19일 자유당은 1960년 4대 정·부통령선거에 대비하여

---

43) 김운태, 앞의 책, p. 140.
44) 손봉숙, "제일공화국과 자유당", p. 153.
45) 김종훈, 『한국정당사』, pp. 83-84.
46) 국가재건최고회의·한국군사혁명사편찬위원회, 『한국군사혁명사』 제1집(상권) (한국군사혁명편찬위원회, 1963), p. 82.
47) 손봉숙, "제일공화국과 자유당", p. 53.

우선 개각을 단행하고 자기 의중의 인물로 조각을 마친 이 박사는 이제 눈가림의 관제 민의를 발동할 필요도 없이 자진하여 1959년 4월19일 제4대 대통령선거에 출마할 것을 표명하였다. 이에 따라 자유당은 6월 29일 제9차 전당대회를 소집하고 대통령후보에 이승만 총재를, 부통령후보에는 이기붕 국회의장을 각각 지명함으로써 타당에 비해 기선을 제하는 한편, '민의의 소재를 정확히 파악하여 민의에 입각한 민주정당정치를 확립하고 서정쇄신과 민주창달을 기한다' 등의 선언문을 채택하고 당조직을 개편·강화하였다.[48]

1960년 민주당의 대통령후보였던 조병옥은 병이 악화되어 도미를 결심하고 도미 직전에 이 대통령을 방문하였을 때 이 박사는 조병옥이 돌아오지 않는 한 선거를 하지 않을 것을 확신시킴으로써 조병옥은 안심하고 1960년 1월 29일 신병치료를 위해 도미하였다.[49] 그러나 자유당 정부는 국민여론과 정치도의를 무시하고 조기선거를 결정하였고, 신병악화와 선거압박감으로 결국 조병옥은 서거하고 자유당의 이 박사는 대결자 없이 단독 독주하는 지도자로서 의리를 상실하였고 또한 3·15부정선거를 감행하면서 당선되었던 것이다. 이로써 이 대통령과 자유당은 자멸을 초래하였던 것이다.

2) 통합역할

정치체계에 있어서 정치참여를 통합하는 기능은 주로 의회에서 여·야 정당들이 하는 것이다. 다양한 국민들의 요구가 얼마나 만족하게 수렴되어 합의된 요구사항인 훌륭한 법률이나 정책이 만들어지느냐 하는 것은 의회능력, 즉 여·야 정당들의 능력에 달려 있는 것이다. 특히 신생국에서 국민의 의견을 통합·승화시키는 데는 여당의 기능

---

48) 김민하, 앞의 책, p. 105.
49) 위의 책, p. 107.

이 막대하다고 할 수 있다. 의회가 제 기능을 발휘하지 못해 의회에 들어온 다양한 정치집단의 요구, 즉 국민의 정치참여를 의회라는 용광로에서 녹여 여당의 의견도, 야당의 의견도 아닌 여·야의 의견보다 더 승화된 제3의 국민의사를 창출해내지 못하고 집권당의 의사가 곧 국민의 의사로 고정될 때, 의회 내에서 행해지는 각 정당 간의 상호작용을 통한 조정과 타협이라고 하는 토의와 통합과정은 무의미하게 되고 의회 내의 집권당의 기능은 행정부의 보조기관으로 전락되며 결국 정당들은 의회활동에서 소외되게 마련이다. 따라서 의회의 참된 기능은 국민의 다양한 의견들이 몇 갈래로 정리되어 그것들이 의회 내에서 여·야당 간의 상호작용을 통해 조정과 타협을 함으로써 국민의사가 통합되는 과정에서 발휘된다. 그러므로 의회를 일컬어 국민의사를 통합하는 용광로에 비유하는 이유도 여기에 있다. 용광로가 좋아야 잡다한 쇠를 잘 녹여 질좋은 철강을 뽑아낼 수 있는 것과 같다.

샤트슈나이더(E.E. Schattschneider)가 그의 저서 『정당정치론』(*Party Government*)에서 "정당은 민주정치를 만들고 근대민주정치는 당연히 정당에 의하여 만들어지지 않으면 안 된다"는 점을 강조하면서 "정당은 근대정치의 부속물이 아니라 핵심적 요소로서 근대정치에 있어서 결정적이고 창조적인 역할을 하고 있다"고 역설한 바와같이 오늘날의 정당은 선거나 의회 내에서의 활동을 통하여 정치에 여론을 전달하는 매개체로서 또는 그 처분을 기다리던 피동적 기관의 성격으로부터 탈피, 주체적으로 국민의 정치의사를 형성함으로써 현대 국가의 불가결한 통합기능을 담당하기에 이르렀다.[50)]

그러나 제1공화국의 정치체계에 있어서 의회의 여·야관계에서 여당인 자유당은 국민의 다양한 요구참여를 의회에서 조정과 타협을 통해 합의된 전체 국민의 의사형태인 법률이나 정책을 만들어내지 못하고 자유당의 의사가 곧 국민과 국가의 의사라는 등식을 고정시켜

50) 위의 책, p. 70.

놓고 의회에서 여·야 간의 토의를 통한 타협과 조정은 불필요하고 성가신 것으로 생각했던 것이다.

따라서 이 박사와 자유당의 의사는 곧 의회의 의사가 되고 그것이 곧 국가의 의사라는 등식을 고정시켜 놓았던 것이다. 여기에 반대되는 어떤 의견도 인정되지 않았으며 자유당은 수단과 방법을 가리지 않고 반대되는 의사를 이승만과 자유당의 힘으로 강제 통합시켰던 것이다. 이러한 실례는 자유당 정권기간 동안에 여러 가지 유형으로 수없이 많이 있었지만 다만 여기서는 헌법개정과 보안법파동을 계기로 국민의사의 강제통합과정만을 보고자 한다. 이로써 우리의 의정사에서 토론과 타협을 통한 정당 상호간의 자유스러운 경쟁에 의한 합리적인 정당정치의 운용은 부정일관의 극한 투쟁현상이 노정되었다.

(1) 개헌과 부산정치파동

1950년 5월 30일의 2대 국회의원선거 당시 이승만은 정당불신 내지 정당무용론자로서 그가 당적을 가지고 있지 않은 입장을 이용하여 총선거에 대한 교서에서 "민국정부를 파괴하고 부인하는 분자와 당파를 위주로 하는 정객들의 등장을 방지하라"고 호소하는 동시에 자기 스스로 영·호남지방을 순회하면서 "민국당은 개헌파이므로 반정부분자이니 이들에게 투표해서는 안 된다"고 주장하여 그의 반대당인 민국당원의 당선을 방지하고자 직접 나서서 방해연설까지 하였다.[51]

정·부통령선거가 박두함에 따라 당시의 국내 정국은 극도로 긴장되었고 점차로 혼란이 야기될 무렵에 민주국민당을 중심으로 하는 원내 야당적 정파의 지지에 의하여 내각책임제 개헌안이 국회에 제안되었다. 자유당은 원내 합동파(세칭 삼우장파)와 합작하여 이것을 중심으로 전국정당 및 사회단체와 내각책임제 개헌반대투쟁위원회를 구성하여 원외 활동을 전개하고 원내에서는 삼우장 소속의원의 의석으

51) 위의 책, pp. 80-81.

로 여·야 간의 치열한 투쟁을 전개하였다. 자유당이 이와 같은 원내의 투쟁을 하여오는 동안에 정부는 자유당 지지하에 대통령중심제, 정·부통령직선제, 상하양원제를 골자로 하는 또 하나의 헌법개정안을 국회에 회부하고 자유당과 민국당의 양대 진영의 대결이 격심해 짐에 따라 정계에는 정치파동이 야기되었다.[52]

자유당이 제1차 제안한 대통령직선제 개헌안이 국회의 개표결과 부결되자 이 대통령은 국회가 국민이 바라는 바 소원을 무시하였다고 선언하였다. 한편 자유당의 전위조직을 중심으로 이루어진 데모대는 국회가 이른바 배신자와 같은 행동을 한 데 대하여 국회를 비난·공격하였으나 의회 내의 야당 진영은 4월에 123명의 연서로 내각책임제 개헌안을 새로 제안함으로써 이에 응수하였다.[53] 국회 표결결과와 국민당의 도전에 대해 자신의 권력기반을 크게 도전한 것으로 판단하고 이에 위협을 느낀 이승만은 원외 자유당과 산하 기간단체를 동원하여 대대적인 민의동원을 획책하였다. 이승만은 민의를 배반한 국회의원의 자격을 박탈하라는 이른바 국회의원 소환운동을 전개함으로써 부산정치파동의 서막을 열었다.[54]

이 박사의 직선제개헌 반대세력은 원내 자유당과 민주국민당 및 민우회에서 참가한 123명의 의원들로 구성되었다. 국회는 이어서 이 대통령의 독재를 규탄하고 대정부 불신임안을 통과시킨 외에 데모를 통해 국회를 모욕한 일련의 처사에 대하여 정부에 그 책임을 물었다.[55] 데모대까지 동원한 정부의 강력한 행동은 이 대통령의 재선을 보장하기 위하여 원외 자유당파가 조직한 정략이었던 것이다.

이 대통령과 의원들 간의 본격적인 개헌투쟁은 1952년 5월부터

52) 한태수, 앞의 책, pp. 195-196.
53) 김종훈, 『한국정당사』, p. 67.
54) 손봉숙, "한국자유당의 정당정치연구", 앞의 책, p. 90.
55) 김종훈, 『한국정당사』, pp. 67-70.

시작되었다. 동년 5월 21일 당시 헌병사령관 원용덕 장군은 부산시내 범일동에 나타난 공산 게릴라들이 5명의 미군과 한국인을 살해하였다고 발표하였다. 이러한 발표는 한국인들에게 위기의식을 주기에 충분한 역할을 다하였다. 동년 5월 25일에는 표면상으로 게릴라 소탕책이라는 명목으로 전라북도와 경상남도 일원 및 부산시내에 계엄령이 선포되었고, 그 전날인 5월 24일에는 이 대통령의 오른팔격인 이범석이 이미 내무부장관에 임명되었다. 이제 바야흐로 이 대통령 반대자에 대한 탄압을 위한 모든 필요한 수단이 갖추어졌다. 임시수도 부산 및 중요 지역에 선포된 계엄령과 더불어 반정부세력을 억압하기 위한노골적인 수단이 각종 편리한 구실하에 취해질 수 있었다.

이러한 가운데 자유당의 압력에 못이겨 의원들은 타협의 실마리를 시사하지 않을 수 없었다. 따라서 1952년 6월 20일에 신라회를 중심으로 준비해오던 세칭 발췌개헌안이 제출되었다. 이는 신라회와 삼우장파와의 타협으로 정부와 국회에서 각각 제출한 양 개헌안을 발췌종합한 것으로 골자는 대통령직선제, 상하 양원제(단 관선의원 삭제), 국무총리의 요청에 의한 국무위원의 임명과 면직, 국무위원에 대한 국회의 불신임결의의 4원칙을 토대로 기초한 것이었다.[56)]

이제 이 박사의 대통령직 임기만료시까지의 기간은 얼마 남지 않게 되었지만, 반대파 의원들은 국회 개회를 거절하고 또한 그들 대부분이 도피해 있었기 때문에 국회의 의안을 처리하는 데 필요한 정족수를 얻기란 불가능하였다.

드디어 6월 23일 대통령으로서 이승만의 임기가 만료되었을 때 막다른 궁지가 해소될 때까지 그의 임기를 무한정 연장시킨다는 내용의 법안이 국회에서 가결되었다. 물론 개표결과 가 61, 부 0표로서 확실히 유효정족수에 훨씬 미달하였다. 따라서 반대자들은 개헌과 투표에 의한 대통령 재선을 요구하면서 이 대통령의 임기연장안에 반대하

56) 김운태, 앞의 책, p. 87.

였지만 이러한 항의는 반응 없는 메아리가 되고 말았을 뿐이었다.[57]

개헌안의 의결정족수에 필요한 의원의 수는 123명이었지만 6월 20일에는 단지 86명의 의원만이 출석하였을 뿐이었다. 따라서 내무장관 이범석과 원용덕 장군은 7월 5일까지는 여하한 수단을 써서라도 실종의원 전원을 국회에 등원케 한다는 내용의 포고문을 7월 3일 발표하였다. 이와 동시에 경찰과 계엄군을 동원한 끊임없는 수색이 시작되었고, 마침내 거의 모든 의원들이 국회에 등원하지 않을 수 없게 되었다.

당시의 상황을 살피건대 심지어 여기에는 구속중인 의원들도 보석출감하여 국회에 호송됨으로써 구속의원들도 등원하게 되었다. 국회 내외에 삼엄한 경찰의 경계배치는 말할 것 없고 더욱이 의원들의 탈출방지와 반대의원들에게 체념감을 주기 위한 목적으로 국회는 이 대통령의 전위조직단체에 의하여 완전 포위되었다.[58] 이러한 분위기하에 7월 4일 국회에서 개헌안에 대한 투표결과 가 163, 부 0표 및 기권 3표라는 표결에 의하여 대통령직선제와 참의원의 설치를 골자로 하는 개헌안이 통과되었다.

이 개헌안에 따라 정·부통령선거법이 제정되고, 이에 의한 선거결과 이 박사가 재선되었다. 이때부터 여·야 간의 대립은 폭력투쟁에 의한 극렬한 방법으로 옮겨지게 되었으며, 정권교체의 평화적 방법은 찾아보기 어려운 풍토가 조성되었다. 나아가 영구집권의 수단과 방법이 그로부터 되풀이되어 나타나게 되었다.[59] 이와같이 이 대통령은 온갖 강권을 동원하거나 민의조작을 통해 국민의 사이비 지지를 받으려고 했지만 도리어 정권의 신뢰성만 상실되어갔던 것이다.

---

57) 김종훈, 『한국정당사』, p. 72.
58) 위의 책, pp. 72-73.
59) 김운태, 앞의 책, p. 87.

(2) 사사오입 개헌파동

이 대통령이 재선된 다음에 자유당은 이 대통령의 영구집권을 위한 획책을 구상하였다. 즉 초대 대통령의 중임제한 철폐 개헌을 통해 이 박사가 영구적으로 대통령이 될 수 있는 길을 마련하기 시작하였다. 따라서 1954년 3대 국회의원 총선에서 자유당은 개헌선을 확보하는 것이 급선무였다. 그러나 5월 20일 총선결과 개헌선을 확보하지 못한 자유당은 114석으로는 개헌선이 부족하므로 개헌선을 확보하려고 노력하였다. 자유당은 무소속 의원들을 매수하기 위해 음모나 중상모략, 협박과 돈, 감투로 매수하는 상투수단을 사용하였다. 무소속의원들을 매수하는 데는 막대한 정치자금이 필요하였다. 그러나 자유당은 이러한 거대한 정치자금도 매관매직으로써 넉넉히 충당할 수 있었다. 그래서 무소속의원이 많으면 대가가 싸고 그 수가 적으면 값이 올라간다는 말이 나돌았다.[60]

무소속의원 포섭공작을 전개한 결과 개헌통과에 필요한 3분의 2선인 136석을 확보한 자유당은 마침내 대통령중심제, 국무총리제 폐지, 국민투표제의 채택, 초대 대통령의 중임제한 철폐 등을 골자로 하는 개헌안을 제출하였다. 이 박사는 개헌안 제출과 더불어 "개헌에 반대하는 자는 국가시책에 대한 파괴행위자 내지 반역행위자로 간주할 수밖에 없다. 정부에 반대하는 어떠한 정당이나 단체라도 개헌안의 국민투표 조항에 이의를 제기할 수 없다"는 내용의 성명을 발표하였다.[61]

동 개헌안이 공고되자 특히 야당계는 강력한 기세로 거국적 반대운동을 전개하는 한편 자유당 소장파 의원들을 상대로 개별적인 반대투표공작에 진력하는 가운데 이루어진 동년 11월 27일 투표결과 최순주 국회부의장은 재적 203명 중 가 135표, 부 60표, 기권 6표, 무효 1표, 결석 1표로서 부결되었다고 선포하였다.[62] 그러나 그 다음날 이 박

60) 한승인, 앞의 책, p. 167.
61) 김종훈, 『한국정당사』, p. 76.

사로부터 명을 받은 공보처장 갈홍기는 개표결과 발표시 착오가 발생했다고 선언하고 자유당식 계산방법인 사사오입론을 내세워 11월 29일 제27차 회의를 속개하여 개헌안 가결을 선포하였던 것이다. 의사당은 격돌과 난투가 난무하는 일대 수라장으로 변하였고,[63] 야당의 국회부의장인 곽상훈 의원이 단상에 뛰어올라가 개헌안이 가결되었다고 하는 것은 불법이며 무효이기 때문에 개헌안이 부결되었다는 것을 국민 앞에 선포한다 하고 하단하였다.[64]

개헌안 표결 때 부표를 찍은 의원석은 물론이고 방청석에서도 "옳소"하는 찬동의 환성과 박수갈채가 굉장하였다. 신성하고 참된 민의 그대로의 표현이었다. 그러나 자유당이 정당 간부의 과두지배에 의하여 당소속의원에 대한 강력한 통제력을 구사할 수 있었음은 개헌안의 표결결과에서 완전히 입증되었다. 또한 정당소속 의원이 이른바 거수기로서 행동통일체제를 완성하였다는 사실 또한 증명해 주었다.[65] 이 대통령이 정말 양심적인 지도자라고 하면 이런 때에 "한 표라도 부족하면 부결이지 사사오입이란 무엇이냐"고 어른답게 헌법을 공정하게 수호하였어야 자손만대에 사표가 되었을 것이다. 그러나 그가 그럴 만한 인물이 되지 못함은 유감스러운 일이었다.[66] 재적의원 303명의 3분의 2가 135라는 것은 세상에서 볼 수 없는 수학이었다. 따라서 사사오입 개헌안은 한국의정사에 하나의 큰 오점을 남기게 되었다.

(3) 신국가보안법파동

1958년 6월 7일 제4대 국회 개원 당일의 세력분포는 총선 직후부터 무소속 포섭공작에 주력한 자유당이 137석, 민주당 79석, 무소속 17

62) 김민하, 앞의 책, p. 91.
63) 김종훈, 『한국정당사』, p. 77.
64) 한승인, 앞의 책, p. 170.
65) 김민하, 앞의 책, p. 92.
66) 한승인, 앞의 책, p. 170.

석으로 나타났다. 그리하여 다수당이 된 자유당의 중요전략은 장기집권의 가능성을 법제화하고자 하는 것으로 기울어졌다. 자유당은 1958년 11월 18일 국가보안법의 강화를 위한 개정안을 국회에 제출하고 이어서 동년 12월에는 지방자치단체의 장을 임명함을 골자로 하는 지방자치법의 개정을 기도하는 등 이미 대중으로부터 유리되었음이 확실해진 자유당의 영구집권체제의 구축에 열중하기 시작하였다.[67)]

민주당과 무소속 85명 의원은 11월 27일 국가보안법 개정반대투쟁위원회를 구성하고 위원장에 백남훈, 지도위원에 조병옥·곽상훈·장택상 의원을 추천했으며, 이에 대비하여 자유당은 12월 2일 반공투쟁위원회를 구성하여 국가보안법 개정반대투쟁위원회 지도위원인 장택상 의원을 위원장에 추대하는 데 성공함으로써 범야 조직체의 붕괴를 기도하는 한편 보안법의 통과를 강행할 태세를 갖추게 되었다.

자유당이 12월 19일 법사위원회에서 동 법안을 단독으로 통과시킴으로써 여·야당의 대립상은 극한적 투쟁으로 돌변하여 민주당의원들은 즉시 법사위 통과의 무효를 주장하면서 19일 하오부터 의사당 내에서 단식농성투쟁에 들어갔다. 그러나 동월 24일 자유당은 농성중이던 80여 명의 야당의원들을 경위권을 발동, 무술경위를 출동시켜 지하실에 강제로 퇴장, 연금시킨 채 자유당의원만으로 신국가보안법안을 비롯하여 지방자치법 개정안, 신년도 예산안 및 12개 세법개정안 등 야당의 저지로 통과시킬 수 없었던 27개 의안을 불과 몇시간 내에 일사천리로 무더기 처리함으로써 자유당은 의정사상 또 한번 일대오점을 남기고 2·4파동의 막을 내리게 되었다. 국내외의 비평을 도외시한 채 마침내 강행통과된 이 사건은 1952년 경찰력을 동원하여 헌법개정을 단행했던 전례를 전세계에 다시 한번 상기시켰고, 그때까지 이승만 독재정권을 회의적인 태도로 관망해 오던 국민들의 감정을 한층 더 악화시키는 결과를 초래하였던 것이다.[68)]

---

67) 김민하, 앞의 책, pp. 102-103.

이들 강행통과된 법안 중에 특히 보안법 개정안과 지방자치법 개정안은 장기집권을 준비하려는 정치입법이었고, 지방자치법 개정안은 차기 정·부통령선거를 앞두고 지방자치단체의 장을 선거제에서 임명제로 개정하여 관에서 임명한 각급 자치단체장을 선거운동에 동원함으로써 선거준비에 만전을 기하였던 것이다.[69] 그런데 강제통과된 법안에 대해 야당의원들은 '2·4결의 무효확인'을 부르짖으며 제31회 임시국회 소집을 요구하였다. 그러나 자유당은 야당의 요구를 들어주기는커녕 그들 의사대로 강행해 나갔다. 제4, 5대 정·부통령선거가 임박해옴에 따라 정부 여당은 1959년 5월 1일 군정법령 제88호를 적용하여 당시 유력한 야당지인 『경향신문』을 폐간시키고 진보당계의 월간지 『중앙정치』 11월호에 대해 발매금지처분을 내리면서 야당 탄압, 민중 우롱, 국민주권 박탈, 부정수단에 의한 정권유지를 자의대로 감행하게 되었다.[70] 1960년 내무부장관 최인규는 강제통과된 개정지방자치법에 의하여 도지사·군수·면장·동장 등 말단직원까지 자유당원만으로 임명하여 자유당 일색천하로 만들어 놓았다.[71] 이것은 다가오는 정·부통령선거에 지방공무원을 자유당이 완전 장악·이용하기 위한 수단임에 틀림없었다.

1952년 제1 부산정치파동, 1954년의 제2 사사오입파동, 1958년 제3 보안법 및 지방자치법 개정파동 등 3파동은 파동 중의 대파동인 제4 파동, 즉 4·19혁명을 일으킨 역사적 과정이라고 할 수 있다. 조병옥은 그의 저서 『민주주의와 나』에서 위의 3파동을 계절풍에 비유했다. 정·부통령선거가 가까워올 적마다 습격하는 파동이란 뜻이다.[72]

---

68) 김종훈, 『한국정당사』, p. 102.
69) 김운태, 앞의 책, p. 163.
70) 김민하, 앞의 책, p. 104.
71) 한승인, 앞의 책, p. 195.
72) 위의 책, p. 189.

5. 맺음말

지금까지 분석을 종합해 볼 때 자유당은 국민 속에 기반을 두고 뿌리를 내린 정당도 아니고 수많은 자유당원의 기반에 의해서 지탱되고 운영된 정당도 아니었으며, 오직 이승만과 그의 추종세력에 의해서 조직되고 운영된 이승만의 개인화된 기관(personalized institution)과 같았다. 자유당은 이승만이라는 개인 인물에 의해서 창당되고 조직·운영되다가 그와 운명을 함께 한 전형적인 인물중심의 명사정당이었다.

자유당은 정치참여의 촉진과 통합을 위해 국민의 필요성에 의해서 자발적으로 창당된 것이 아니라 현직 대통령인 이승만의 장기집권과 영구집권화를 위해 국민의 정치참여를 억제하거나 동원할 목적으로 이승만의 지시에 의해서 창당되었기 때문에 정치체계의 투입기능과 통합기능을 하지 못하였다. 여당인 자유당이 제대로 정당기능을 수행하지 못한 이유로는 여러 가지가 있겠지만 외생정당적 성격을 지적하는 경우가 많다.[73] 외생정당이란 집권자의 요구나 필요에 따라 그 비호 밑에 형성된 정당으로서 민의의 상달이 아니라 집권자의 상명하달을 위한 기구를 말한다. 이러한 외생정당들은 각계각층의 이익이나 요구를 정책대안으로 전환하는 이익통합기능보다는 권력추종에 몰입함으로써 정치과정에서 적극적인 독립변수 내지 매개변수적 입장에 서지 못하고 한낱 종속변수로서의 역할을 할 수밖에 없었다. 권력에 대한 자유당의 시녀적·예속적인 출발은 그후 한국 여당의 계속적인 약점이며 하나의 특성으로 지속되어오고 있다.

제1공화국의 정당구조와 기능에 관해 다양한 측면에서 문제점을 도출해 낼 수 있겠으나 중요한 특징 중의 하나가 인물중심의 명사정

---

73) 장을병, 앞의 책, p. 110.

당의 속성을 벗어나지 못했다는 것이다. 명사정당의 속성에는 다음과 같은 특성이 있다.

첫째, 조직적이고 제도화된 정당이 되지 못하고 파벌정당이 되었다. 정당이 이념이나 정책을 중심으로 형성되는 것이 아니라, 인물을 중심으로 이합집산하기 때문에 중심인물들의 이해관계의 대립에 따라 당내에는 많은 파벌을 낳게 되었고, 당원은 당에 대한 충성에 앞서 파벌의 보스에게 충성하고 추종하지 않으면 안 되었다.

둘째, 정당생명이 단명으로 끝나게 되었다. 명사정당은 중심인물의 퇴진이나 사망 등 그 인물과 운명을 같이 하는 관계에 있기 때문에 단명할 수밖에 없다. 그러나 현대 정당은 다른 집단과 달리 지속적인 생명력이 있어야 한다. 정당이 중심인물의 변경과 운명을 같이 하는 관계에 있다면 이것은 공당인 정당이 아니라 붕당인 사당에 불과하고 노이만이 말한 바와 같은 민주주의의 생명선이 될 수 없는 것이다. 우리 정당사를 보면, 중심인물의 퇴진이나 사망과 함께 정당은 운명을 같이 하였고, 특히 여당에게는 이 원리가 철저히 적용되어 오고 있는 실정이다.

셋째, 인물중심의 명사정당은 활력성있는 정당이 되지 못한다. 아무리 1인의 인물이 훌륭하고 건장하다 하더라도 자연인에게는 능력과 활력에 한계가 있게 마련이다. 따라서 특정인물에 의존하고 있는 정당은 자연인의 능력과 힘의 부침에 따라 정당활동의 기복이 많게 되고 불안정하게 된다. 그리고 제도화된 정당에서와 같이 전천후로 가동되지 못하고 특정인물이 움직일 때만 정당도 움직이게 되는 경직된 정당이 되었다.

넷째, 정책정당이 되지 못했다. 중심인물의 말과 행동이 곧 그 정당의 정책이 되고 방향이 되는 결과를 초래하기 때문에, 정당의 정강정책이 국민의 의사를 수렴하지 못하고 요식적인 형식에 불과한 미사여구였던 것이다.

다섯째, 정당의 중심인물의 교체인 당권교체가 불가능하였다. 중심인물 1인의 힘으로 정당이 형성·발전·소멸하는 정당이기 때문에 당내에 처음의 중심인물을 대체할 만한 인물이 있다고 인식하지 못하고, 오직 자기만이 당을 위해서 신명을 바칠 수 있고 당의 운명을 좌우할 수 있다고 과신하게 되는 것이다. 따라서 중심인물은 신명이 다할 때까지 장기집권을 하게 되며, 독선적이고 권위주의적인 정치를 하였던 것이다.

여섯째, 정권교체가 불가능하였다. 자기 당 내에서의 당권교체도 불가능한데 정당 간의 정권교체는 더욱 어려운 것이다. 당권교체의 경험도 없는데 하물며 상대당에게 대권을 넘겨주는 정권교체는 죽음을 택하는 것과 같은 것으로 생각하는 경향이 강하였다.

일곱째, 정치권력을 담당하고 있는 지도자의 위치에 있는 자는 '나' 아니면 안 된다는 생각이 지배적이고 국민은 '누구' 아니면 지도자가 될 수 없다는 사고가 지배적이다. 따라서 지도자나 국민 모두가 특정인물이 아니면 한국에서는 지도자가 될 수 없다는 데 대해서 동감을 하고 있다.

제9장

민주당의 성격과 역할

김 태 일

1. 머리말

제1공화국 정당정치에서 민주당은 어떤 역할을 하였고, 그것의 내부적 조직구조, 인적 구성, 지지기반, 정책 및 이념, 리더십 등의 성격은 어떠하였는가?

정당정치 현상을 연구하는 데 있어서 우리는 일반적으로 다음과 같은 세가지 측면을 고려한다.[1] (1) 정당정치가 이루어지는 차원(dimensions), (2) 활동의 장(arena), (3) 활동의 맥락(context)이 그것이다. 첫째, 정당들의 활동차원은 정당 간(inter-party) 경쟁과 정당 내부

1) Young Whan Kihl, "Research on Party Politics: Some Conceptual and Methodological Considerations," C. I. Eugene Kim and Young Whan Kihl, eds., *Party Politics and Elections in Korea*(Silver Spring, Maryland: The Research Institute on Korean Affairs, 1976), pp. 137-151 참조.

(intra-party)의 경쟁이라는 두 가지 차원으로 구별할 수 있다. 둘째, 정당정치의 활동의 장은 의회의 장(legislative arena)과 사회의 장(societal arena)으로 나눌 수 있다. 셋째, 정당정치가 이루어지는 맥락으로 특정 쟁점(issues)이나 사건(events)을 생각해 볼 수 있다.

이러한 세 가지 측면을 서로 교차함으로써 우리는 정당정치 연구의 몇 가지 문제영역을 도출하고자 한다. 우선 정당정치가 이루어지는 '차원'과 '활동의 장'에 따라 다음과 같은 정당정치, 즉 정당과 관련된 갈등의 유형을 발견할 수 있다(〈그림 1〉 참조).

〈그림 1〉 정당과 관련된 갈등의 유형

활동의 장	차원: 정당 간 갈등	차원: 정당 내부 갈등
의회의 장	A	B
사회의 장	C	D

출처: Young Whan Kihl(1976), *op. cit.*, p. 140에서 인용.

A유형은 2개 이상의 정당이 의회 내에서 갈등하는 것이다. 대립의 정치(politics of opposition)라고 할 수 있다. B유형은 정당 내부의 갈등이 의회 내에서 이루어지는 경우로서, 정당규율 혹은 정당결속의 정치(politics of party discipline or unity)라고 할 수 있다. C유형은 의회 밖 사회의 장에서 이루어지는 정당 간의 갈등이다. 경쟁의 정치(politics of contestation)라고 할 수 있다. D유형은 의회 밖 사회의 장에서 이루어지는 정당 내부의 갈등이다. 파벌의 정치(politics of factionalism)라고 할 수 있다.

이런 유형의 갈등은 여러 가지 쟁점과 사건을 중심으로 다양한 동학(dynamics)을 보이게 될 것이다(〈그림 2〉 참조). 여기에서 A는 '정치적 대립', B는 '정당규율', C는 '정치적 경쟁', D는 '파벌주의'이다.

〈그림 2〉 정당정치의 분석틀

		정당정치가 이루어지는 맥락	
		쟁점	사건
정당정치 유형	A		
	B		
	C		
	D		

출처: Young Whan Kihl(1976), *op. cit.*, p. 141에서 인용. 원래의 글에는 개성(personalitics)이 검토해야 할 맥락의 하나로 지적되고 있다.

이와 같은 정당정치에 영향을 주는 변수들은 무엇인가? 정당정치를 설명하기 위해서 우리는 먼저 '국가-정당-사회'라는 관계의 틀을 인식하는 것이 필요하다. 왜냐하면 정당이란 시민사회의 다양한 이익과 요구의 실현을 위하여 국가의 행위에 영향을 미치는 동시에 국가에 의해서 만들어진 생활의 조직과 관념을 사회에 부과하는 매개자이기 때문이다. 정당정치 연구의 선구적 학자인 노이만(Sigmund Neumann)은 정당의 기능을 ①사회집단의 이념과 세력을 정치활동으로 전환케 하며, 국민의 의사를 정부에 전달하는 통로의 역할, ②정부지도자의 권위와 의사를 대중에게 전달하며, 또 정책의 집행을 촉진하는 기능, ③정치지도자를 선출·훈련하며, 그들이 활동하는 데 필요한 정치적 지지세력을 조직하는 기능, ④국민대중을 정치체제에 적응·통합케 하기 위하여 정치교육과 훈련을 하며 정치에 참여하게 하는 기능 등이라고 지적하였다.[2] 라팔롬바라(Lapalombara)와 웨이너(Weiner)가 말하는 신생국 정당의 주요기능도 이와 유사하다. 그들은 ①정치참여, ②정통성 형성, ③국민통합, ④사회갈등과 집단대립의 관리 및 해소, ⑤대중의 정치교육과 훈련 등을 들고 있다.[3] 한편 알몬드

---

2) Sigmund Neumann, *Modern Political Parties* (Chicago: University of Chicago, 1956), p. 387.

(G. Almond)도 정당은 ①이익표명과 이익취합, ②정치적 의사소통, ③국민의 정치교육과 훈련, ④정치지도자의 양성과 충원 등의 투입기능을 수행한다고 하였다.[4] '국가-정당-사회'의 관계를 잘 보여주는 지적들이라고 하겠다.

'국가-정당-사회'의 관계를 인식의 출발점으로 하여 우리는 다음과 같은 몇 가지 역사적·구조적·행위론적 변수를 정당정치의 설명변수로 생각해 보려고 한다.

첫째는 역사적 변수이다. 국가-정당-사회 관계의 역사적 경로는 정당정치의 성격에 영향을 미치는 주요한 요인이다. 이것은 우리가 흔히 말하는 '정당의 성립과 기원'이라는 문제를 포함하고 있다.[5]

둘째는 사회의 성격이다. 정당은 근대사회의 산물이다. 따라서 한 사회의 경제적 발전, 구조적 분화, 문화적 특질, 위기의 성격, 사회조직의 동태와 그들 사이의 힘의 분포상황 등은 정당정치의 성격에 큰 영향을 준다.

셋째는 국가의 성격이다. 국가는 다 아는 바와 같이 특정 영토의 안과 밖에서 권력의 배타적 독점권을 소유한 가장 포괄적이고 우월한 조직적 실체이다. 그래서 국가는 다른 사회 정치조직을 자신에게 복속시키려고 한다. 따라서 국가의 성격은 정당정치에 영향을 주는 가장 유력한 변수가 된다.[6]

---

3) Lapalombara & Weiner, *Political Parties and Political Development* (N.J.: Princeton University Press, 1966), pp. 399-432. 이 책은 한글로 번역. 소개되었다. 라팔롬바라·웨이너 저, 윤용희 역, 『정당과 정치발전』(서울: 법문사, 1989) 참조.

4) Almond & Coleman, *The Politics of Developing Areas* (Princeton: Princeton University Press, 1960), p. 17.

5) Maurice Duverger, *Political Parties: Their Organization and Activity in Modern State* (London: Mulhein & Co., 1959), p. xxiii.

6) 국가의 유형에 대해서는 듀베르제 저, 배영동 역, 『정치란 무엇인가』(서울: 나남, 1981), pp. 113-121.

넷째는 정당체계(party system)의 영향이다. 정당체계는 정당들 상호관계의 정형화된 구조이다. 그러나 이것은 개별정당들의 단순한 산술적 집합은 아니다. 정당체계는 개별정당들의 행위에 의해 이루어지지만 그것이 형성된 이후에는 하나의 독립된 구조로서 정당정치에 일정한 규정력을 가지게 된다. 정당체계에 대해서는 듀베르제(M. Duverger)가 정당의 수를 기준으로, 사르토리(G. Sartori)가 정당의 수와 함께 새로운 기준으로서 이념(ideology)을 가미하여 유형화를 한 바 있다.[7)]

다섯째는 개별정당 자신의 생존을 위한 전략전술의 선택이다. 앞에서 지적한 변수들이 역사·구조적 변수라고 한다면 이것은 '행위론적 변수'이다. 구조적 변수와 행위론적 변수는 사회과학의 영역에서 언제나 긴장관계에 놓여 있는 경우가 대부분이다. 구조적 변수의 규정력을 강조하는 쪽은 정치사회현상이 개별 행동자의 의사와는 상관없는 객관적 구조에 의해 만들어진다고 본다. 우리가 구조적 결정론(structural determinism)이라 부르는 것은 이것의 극단적 경향을 말한다. 이와 반대로 행위론적 변수의 힘을 강조하는 쪽은 개별행위자의 사려와 선택이 정치사회의 현상을 만들어내는 가장 중요한 요인이라고 주장한다. 정치적 주의주의(political voluntarism)라고 불리는 극단적인 경향이 그것이다.

그러나 구조(structure)와 행위자(agent)의 관계는 상호침투적이다. 구조는 행위자들의 정형화된 상호관계로 이루어지며, 동시에 행위자들을 규정한다. 행위자들은 구조에 의해 제약을 받지만, 그들 자신의 의지에 의한 선택을 할 수 있고 그 결과 구조의 변화에 영향을 주기도 한다. 마키아벨리가 말하는 운명의 여신(fortuna)과 용기(virtu)의

7) G. 사르토리, 『현대정당론』(서울: 동녘, 1986), p. 178. 여기에서 이데올로기란 이데올로기적 거리(ideological distance)와 이데올로기적 강도(ideological intensity)를 말한다.

관계는 바로 구조와 행위자의 관계에 비견될 수 있다. 운명의 여신이란 개인의 의지 밖에서 주어지는 조건이라는 점에서 구조를 말하는 것이고, 용기란 주어진 조건 속에서도 자신의 뜻을 관철시킬 수 있는 지혜·판단력·의식·추진력 등을 가리킨다는 점에서 행위자의 의지를 말하는 것이다. 정당정치는 여러 가지 구조적 조건의 규정에 의하여 그 성격이 만들어지기도 하지만 그러한 제약 가운데서도 개별정당들이 취하는 행위론적 변수가 미치는 영향도 중요하다.[8)]

이와같이 우리는 제1공화국 시기의 정당정치에 있어서 민주당의 역할과 성격을 파악하는 데, 우선 역사적 변수로서 정당의 기원과 성립을, 구조적 변수로서 국가·사회·정당체계의 성격을, 그리고 행위론적 변수로서 민주당 자신의 정치적 전략과 전술의 선택을 주요하게 고려할 것이다(〈그림 3〉 참조).

〈그림 3〉 몇 가지 설명변수

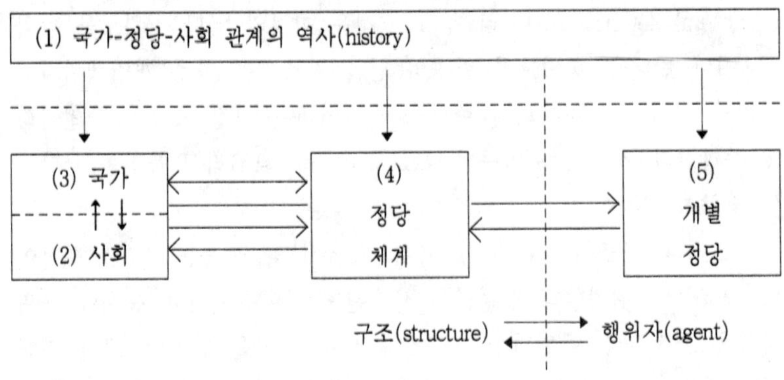

---

8) '구조'와 '행위'의 문제에 관한 하나의 논의로 F.H. Cardoso & E. Faletto, *Dependency and Development in Latin America* (Berkeley and Los Angeles, Univ. of California Press, 1979) 참조. 여기에서는 외적 종속의 '구조'와 인간의 정치적 행위인 내부적 '과정'의 의미를 동시적으로 파악하고 있다.

2. 민주당의 기원

민주당의 기원은 한국민주당(이하 한민당)에서 시작된다. 다 아는 바와 같이 한민당은 미군정 초기인 1945년 4월 16일에 결성되어 대한민국 정부수립 후까지 존속하다가 1949년 2월 10일에 발전적으로 해체, 민주국민당(이하 민국당)으로 개편되었고, 민국당은 그 이후부터 원내야당으로 활동하다가 역시 발전적으로 해체, 1955년 9월 28일 민주당으로 개편되었다.[9)]

이 기간은 우리가 민주당의 성격을 이해하는 데 대단히 중요하다. 그것은 듀베르제(Maurice Duverger)가 지적하는 것처럼 "인간이 어린 아이 때의 성격을 일생동안 지니고 사는 것과 마찬가지로 정당들도 그들의 기원에 의해 많은 영향을 받는다"는 점 때문이다. 듀베르제는 "이를테면 영국의 노동당과 프랑스의 사회당 간의 구조적인 차이를 이해하기 위해서는 그들 정당의 기원에 있어서 서로 다른 상황을 알아야 한다"고 하며 역사적 요인을 강조하였다.[10)]

한민당에서 민국당, 민주당으로 이어지는 정당의 등장·소멸 과정은 정치적 '위기'에 대한 일련의 대응과정이었다.

우선 한민당의 등장은 해방된 정치공간을 기민하게 장악하려는 조선건국준비위원회(1945. 8. 15)와 조선인민공화국(1945. 9. 6) 등 좌익세력의 결집에 위기를 느낀 우익진영의 조직적 대응으로 나타났다. 우익진영 인사들은 좌익세력을 견제하기 위해서는 강력한 단일조직

---

9) 이 기간 동안의 정당정치의 동향을 가장 잘 서술하고 있는 책은 이기하, 『한국정당발달사』(서울: 의회정치사, 1961); 이기하·심지연·한정일·손봉숙, 『한국의 정당』(서울: 한국일보사, 1987) 참조.

10) Maurice Duverger, *Political Parties: Their Organization and Activity in Modern State*, p. xxiii.

으로 결집해야 한다고 생각하였다.[11] 그리하여 한민당은 미군정, 이승만과 제휴하여 좌익세력은 물론 김구·김규식과 같은 남북협상파들까지도 정치적으로 배제하였다. 왜냐하면 한민당을 구성하고 있는 "지주, 자본가, 해외에서 유학한 지식인, 상인, 금융가, 기독교세력의 일부, 동아일보를 중심으로 한 언론계 출신, 일제하 관료와 고등관리"[12]들에게 있어서 좌익세력들이 주장하는 '반제반봉건 개혁'의 요구나 남북협상파들이 주장하는 '좌파와의 대화' 요구는 그들의 사활적 이해를 건드리는 '위기'였기 때문이었다. 한민당이 남한만의 단독정부 수립을 통한 분단국가의 형성에 앞장선 것도 그런 이유에서였을 것이다.

한민당의 후신인 민국당의 결성도 이와 다를 바 없다. 민국당의 결성은 이승만과의 권력투쟁에서 패배하여 권력으로부터 소외된 한민당의 정치적 위기로부터 나왔다. 미군정하에서 제휴관계에 있던 이승만과 한민당은 좌파와 남북협상파가 배제된 제헌의회 구성과 뒤이은 정부수립과정에서 정국의 주도권을 둘러싸고 이해의 균열을 보였다.[13] 헌법을 기초하는 데 있어서 한민당은 내각책임제를 통하여 실질적인 주도권을 장악하려고 했고, 그런 사태를 원치 않은 이승만은 대통령중

11) 심지연, 『한국현대정당론』(서울: 창작과 비평사, 1984), p. 14.

12) 위의 책, pp. 98-109; 최장집, 『한국현대정치의 구조와 변화』(서울: 까치, 1989), pp. 82-84.

13) 한민당은 제헌의회선거에서 좋은 성적을 거두지 못했다. 투표결과는 대한독립 촉성국민회가 제1세력으로 부각하여 총의석의 27.5%인 55석을 얻었고, 선거 전에 막강한 위세를 자랑하던 한민당은 당 중진을 포함한 입후보자들이 대거 탈락하고 91명의 후보 중 29명만이 당선되어 총의석 비율 14.5%에 이르렀을 뿐이었다. 그외에는 대동청년단 등의 군소정당이 30석 이상의 당선자를 내었고 무소속이 무려 42.5%인 85석이 되었는데 이것은 이후 원내세력권의 이합집산을 예견케 하는 것이었다. 한민당은 미군정 기간 동안에 확보한 현실적 힘을 바탕으로 무소속의원들을 대거 끌어들이고 나서야 비로서 제헌의회를 주도할 수 있었다.

심제를 요구했다. 결국 정부형태는 양자를 절충한 형식이 되었지만 이들의 결별은 필연적이었다. 곧이어 국회에서 대통령으로 선출된 이승만은 자신이 대통령으로 선출되는 데 도움을 준 한민당을 내각구성에서 소외시켜 버렸다. 이승만이 등을 돌려버리자 정부 수립과 함께 한민당의 정치적 역량은 급격히 위축되기 시작했다. 이러한 정치적 '위기'에 대응하여 한민당은 스스로를 해체하고, 반이승만세력을 결집, 민국당을 결성하였다.

민국당의 뒤를 이은 민주당의 등장 역시 이승만 정권하에서 파탄에 직면한 민국당의 정치적 위기로부터 나타났다. 민국당의 정치적 위기는 일차적으로 이승만의 공격에 의한 것이었다. 이승만은 민국당이 중심이 되어 국회로부터 제기되는 정치적 위협을 성공적으로 막아내면서 오히려 민국당의 권력기반을 무너뜨리는 강렬한 정치공세를 가하였다. 이를테면 이승만은 국회의 결의로 구성된 '반민특위'를 결국 무력화시켰으며,[14] 자신을 정점으로 한 권력구조를 변경시키려는 내각책임제 개헌안을 부결시키는 데 성공하였다.[15] 이승만은 더 나아가 민국당의 권력기반을 파괴하는 반격에 나섰다. 농지개혁은 그 주요한 수단의 하나였다. 농지의 분배는 민국당의 경제기반을 축소시킬 뿐만 아니라 농촌지역에서의 민국당의 정치기반도 파괴하는 효과를 가지게 될 것이었다.

이승만의 공세는 거기에서 끝나지 않았다. 1950년 5월 30일 실시된 제2대 국회의원선거에서 전국유세를 통하여 민국당을 공격했다.[16] 그 결과 민국당의 원내세력은 현저히 약화되었다. 그후 민국당은 원내세력을 다시 수습, 국회의장과 부통령 직을 차지하면서 이승만이 집권

---

14) 오익환, "반민특위의 활동과 와해", 『해방전후사의 인식』(서울: 한길사, 1979), pp. 101-171; 김정원, 『분단한국사』(서울: 동녘, 1985), p. 152.

15) 김정원, 앞의 책, p. 153.

16) 이호진 · 강인섭, 『이것이 국회다』(서울: 삼성출판사, 1988), p. 152.

연장을 위하여 제출한 대통령직선제 개헌안을 부결시키는 등 이승만의 공세에 대응하였다.

그러자 이승만은 비상계엄을 선포하고 국회의원을 체포·투옥·감금·테러·위협하는 등 갖은 수단과 방법을 동원하여 결국 정·부통령 직선을 주요 내용으로 하는 개헌안을 국회에서 '강제로' 통과시켰다. 1952년 7월 4일에 통과된 이른바 '발췌개헌안'이 그것이다. 발췌개헌안의 통과에는 이미 1951년 11월 이승만에 의해 여당으로 조직되었던 자유당의 역할이 컸다.[17)]

자유당과 이승만은 이어서 1952년 8월 제2대 대통령선거와 1954년 5월 제3대 국회의원선거에서 압도적으로 승리하였다. 야당인 민국당은 이 선거에서 참패하였는데, 이는 농지개혁으로 인한 지주의 몰락과도 관계가 있지만 근본적으로는 각종 행정기관을 이용한 자유당의 선거공작에 의한 것이었다.

자유당과 이승만의 공세는 계속되었다. 자유당은 '초대대통령 3선제한 철폐'를 골자로 하는 개헌안을 국회에 제출하고 야당의 반대를 위협적으로 억누르는 공포분위기 속에서 1954년 11월 이른바 '사사오입'방식으로 그것을 통과시켰다. 원내 15석의 군소정당으로 전락한 민국당은 이러한 정치적 '위기'에 대응하는 방안으로 발전적 해체를 통한 신당 결성을 위해 범야권 대동단결을 촉진하지 않을 수 없는 상황에 처하게 되었다. 개헌안이 통과된 후 민국당을 중심으로 한 '호헌동지회'가 결성되었고, 이것이 민주당의 모태가 되었다.

이처럼 한민당-민국당-민주당으로 이어지는 민주당의 기원은 특정 사회, 정치세력이 역사적으로 직면한 '위기'에 대한 조직적 대응이었다. 위기의 내용은 정치적 생존의 위기였으며, 그것에 대한 대응으로 공통의 이해를 가진 세력들을 조직화하고 주변의 광범위한 지지를 호소하였다. 이러한 조직적 대응은 최초의 한민당의 경우 의회제도와

---

17) 자유당에 관해서는 이 책 8장 참조.

는 무관하게 나타난 것이었으나 선거를 포함한 의회정치가 시작되자 정당의 조직화는 원내에서 촉진되어 다시 원외로 확산되는 경로로 나아갔다. 따라서 우리는 정당의 기원을 설명하는 이론인 제도론, 역사적 상황론, 발전론의 가설들이 민주당의 기원을 이해하는 데 각기 '선택적으로' 유용하다는 것을 알 수 있다. 이 가운데 어느 하나의 이론만으로는 적합성이 없는 것 같다.

다 아는 바와 같이 라팔롬바라와 웨이너는 정당의 기원을 설명하는 이론을 (1) 제도론(institutional theories), (2) 역사적 상황론(historical situational theories), (3) 발전론(developmental theories)으로 구분한 바 있다.[18]

(1) 제도론은 주로 19세기 서구에서 볼 수 있듯이 의회제도의 도입과 참정권의 확대가 필연적으로 대중을 동원할 수 있는 조직을 필요로 하며 이를 위하여 정당이 창설되었다는 설명이다. (2) 역사적 상황론은 개발도상국의 발전과정에서 직면하는 위기를 극복하기 위한 노력으로부터 정당의 기원을 설명한다. 이를테면 정통성, 통합, 참여의 위기가 그것이다. (3) 발전론은 정치권력을 추구하거나 유지하기 위하여 다수의 국민들로부터 지지가 필요한 정치체제에서 정당이 결성된다는 설명이다.

민주당의 기원인 한민당의 등장은 좌파세력의 결집, 민국당의 등장은 이승만에 의한 권력구조로부터의 소외, 민주당의 등장은 이승만의 전횡적인 정치공세라는 위기에 대한 대응으로 나타났다. 이런 점에서 역사 상황론의 '위기'는 민주당의 기원을 설명하는 기본개념이다. 그리고 이러한 위기에 대한 대응으로서의 정치적 조직화가 의회정치가 시작되면서부터 한층 고무되었다는 점에서 제도론의 '의회' 역시 주요한 설명개념이 된다 하겠다. 또한 의회정치가 계속되는 과정에서

18) Lapalombara & Weiner(1966), *op. cit.* 참조. 이들이 말하는 세 가지 이론이 그대로 적용된다는 것은 결코 아니다.

의회정치나 정당에 대한 국민들의 의식이 높아져 정당은 대중들의 지지와 동원을 유용한 정치적 자원으로 필요로 하게 되고, 그것이 조직화를 촉진하였다. 따라서 발전론의 '국민들로부터 지지가 필요한 조건' 역시 민주당의 기원을 설명하는 변수가 될 수 있을 것 같다. 사실 초기에는 의회정치나 정당에 대한 국민들의 관심은 아주 낮았으며 지식도 없었다. 정당도 대중들의 지지나 동원에 그다지 많은 관심을 쏟지 않는 명사들의 정당이었다. 그러나 의회정치가 진행되면서 조금씩 국민들의 인식수준도 높아졌으며 정당의 간부들도 국민들의 지지가 권력추구와 유지에 중요한 정치적 자원이라고 깨닫기 시작하였다.

이제 우리는 이러한 역사적 기원에서 형성된 성격이 민주당에 어떤 유산으로 작용하는가를 염두에 두면서 민주당의 내부 조직구조, 리더십, 인적 구성, 지지기반, 이념 및 정책의 성격과 정당정치에서의 역할 등을 살펴보도록 하겠다.

3. 민주당의 조직구조

1955년 9월 18일, 이승만의 장기집권을 기도하는 자유당의 '사사오입' 개헌안이 통과되자 이에 위기를 느낀 야당세력들이 민주당을 결성하였다는 사실을 앞에서 살펴보았다. 우리는 먼저 이렇게 출범하여 이승만·자유당과 정치적 경쟁을 벌이게 될 민주당의 내부 조직구조적 특징을 분석하고자 한다. 왜냐하면 한 정당의 조직구조적 특징은 그 정당의 권력투쟁을 위한 행동목표의 설정, 방법 및 수단의 선택과 영향을 주고 받는 주요한 요인일 뿐만 아니라 궁극적으로는 경쟁에서의 승패를 좌우하는 요인이기 때문이다. 여기에서 말하는 조직구조의 특징이란 정당 내부의 권력배분 양상, 인적 구성, 결속과 분열의 정도, 리더십의 특징 등 포괄적인 요소를 지칭하는 것이다.

1) 파벌의 결합

'파벌집단의 결합'은 민주당의 조직구조를 표현하는 가장 대표적인 개념이다. 그것은 정당의 조직구성이나 의사결정, 리더십의 형성에 제도화된 보편적 절차나 형식보다는 분열된 소수의 지도자를 중심으로 한 파당적 집단이 더 중요한 역할을 하게 되는 현실을 가리킨다.

민주당의 파벌은 크게 둘로 나누어진다. 하나는 한민당·민국당의 계열을 승계한 '구파'이다. 구파는 신익희·조병옥·김준연·윤보선·유진산을 주축으로 한, 정치인 출신들로서 재산과 학식이 있는 지주집안을 배경으로 일본과 미국 등 해외에서 교육을 받은 사람들이 많았다. 다른 하나의 파벌은 이승만으로부터 소외된 전(前)자유당 인사들, 흥사단, 조선민주당계 인사들의 연합세력인 '신파'이다. 신파는 장면·오위영·조재천·엄상섭 등을 핵심인물로 하여 관료 또는 법조인 출신이 주류를 이루고 그외 언론인과 정치인으로 구성되어 있었으며, 이들은 대부분 국내에서 교육을 받고 고등문관시험에 합격하여 일제 치하에서는 법관 또는 관료로 일하였다. 지역적으로도 구파는 한반도의 서남부 지방 출신이 많았고, 신파는 북서부 또는 남동부 출신이 많았다.[19]

이들 파벌은 이념적 지향이나 경제·사회적 정책쟁점에 대해 서로 의견이 달라서 생겨난 것이 아니었다. 파벌정치는 민주당의 성립기원에 뿌리를 두고 있는 것이었으며, 독특한 정치문화적 성격에 기인하는 것이었다. 이런 점에서 민주당의 파벌은 일본 사회당에서 볼 수 있는 이념적 파벌의 성격은 아니었다. 다만 구성인물의 상위성, 성분적 이질성이 파벌의 기초를 이루고 있었다. 그리고 일본 자민당 내부의

---

19) 민주당의 파벌정치에 관해서는 이윤기, "한국야당의 파벌에 관한 연구—민주당을 중심으로(1955-1961)"(한양대학교 대학원 정치외교학과 박사학위논문, 1987)를 참조.

파벌처럼 정치자금이 파벌의 결속에 크게 작용한 것 같지도 않았다.[20] 민주당 파벌의 결속은 인간적·정적(情的) 유대의식이라는 문화적 성격에 강하게 기초하고 있었던 것 같다.

이 파벌들에게 약간의 성향의 차이는 있었다. 대체로 구파는 정치적·고답적(高踏的)·비조직적·풍류적·지사적(志士的) 기풍인 데 비하여 신파는 관료적·진취적·계획적·실제적 및 재사적(才士的)인 기질을 지녔다고 평가할 수 있다. 이와 같은 두 파벌의 성격은 파쟁의 양상에서 엿볼 수 있다.[21]

파벌의 결합이라는 조직구조적 성격은 민주당이 이승만·자유당과 경쟁하는 데 하나의 걸림돌이 되었다. 신·구파 간의 정당 내부의 권력투쟁은 의회의 장(legislative arena)이나 사회의 장(societal arena)에서 진행된 정당 간의 투쟁에서 민주당의 경쟁력을 약화시킨 사례가 많다. 특히 1956년 대통령선거 도중 신익희 후보가 사망한 이후 고개를 들기 시작한 신·구파의 대립은 잇달아서 시행된 지방의회선거, 1958년 5월 제4대 국회의원선거, 1960년 3월 제4대 대통령선거 과정에서 당 내부의 주도권을 장악하기 위한 치열한 경합으로 나타났다.

2) 당내 의사결정구조

그러나 이러한 파벌의 분열에도 불구하고 민주당은 창당에서부터 1961년 2월 신·구파의 협력체제가 완전히 무너진 시점까지 비교적 안정된 합의에 기초한 당내 의사결정 내지는 조정구조를 유지하고 있었다. 그것은 이승만과의 투쟁이라는 각 파벌의 공통된 현실적 이해에 기초하는 것이었다.

민주당이 규정하고 있는 "누가 참여하고 어떤 권한을 얼마나 가

---

20) 이윤기, 앞의 글, p. 229.

21) 위의 글, p. 35.

지는가"라는 의사결정구조는 우선 민주당의 기구를 보면 알 수 있다. 민주당의 중앙당 조직기구는 의결기관적인 성격을 가진 각종 위원회를 조직의 상층부에 올려 놓고 그 밑에 당관료기관적 성격을 가진 각종 집행부서들을 병렬적으로 설치하고 있다. 주목할 것은 당을 대표하는 기능을 가진 최고위원회이다. 이것은 다른 정당 당수의 기능과 역할을 가지고 있는 것으로서, 민주당이 집단지도체제를 취하고 있다는 사실을 의미한다. 이 최고위원회에는 각 파벌지도자들이 모여 있고, 이들에 의해 민주당의 의사결정이 주도되었다. 이 때문에 우리는 민주당의 구조적 특질의 하나로 '명망가 정당'이라는 점을 지적한다.

민주당의 중앙당과 지방지부의 관계를 보면, 그것은 지방분권적이라기보다는 중앙집권적인 구조라고 할 수 있으며 수평적 조직이라기보다는 중앙당부가 예하에 지부를 종속시키는 수직적 수직으로 이루어진 결합관계였다.[22] 이런 점에서 민주당은 '간부정당'이었다.

물론, 이러한 의사결정구조의 제도화의 수준은 대단히 낮았다. 합의체적 집단지도체제라고 하는 리더십은 파벌의 일탈적 행동을 막는데는 일정한 한계가 있었고, 지방지부에 대한 중앙당부의 통제력도 대단히 느슨하였다. 민주당의 지방지부는 조직 자체가 없거나 불분명한 곳이 많았다. 따라서 대중들과의 접촉의 정도도 낮았다. 특히 자유당과 비교하면 이 점은 두드러진다. 자유당은 이승만의 카리스마적 지도력이 강하게 당조직에 작용하였을 뿐만 아니라 그것을 제외하더라도 정당의 조직과 절차가 보다 안정된 구속력을 가지고 있었다.

이러한 조직구조적 특질은 민주당이 이승만과 싸우는 데 큰 취약점이 되었다. 다만 우리가 여기에서 지적하고 싶은 것은 이런 성격이 과거 민주당의 전신인 한민당이나 민국당에 비교할 때 많은 발전을 하고 있다는 점이다. 정당발전의 단계에 관하여 헌팅턴(Samuel P.

---

22) 양무목, "민주당의 결정구조 및 과정", 『한국정당정치론』(서울: 법문사, 1983), pp. 117-123 참조.

Huntington)은 ① 파벌(factionalism)의 단계, ② 양극화(polarization)의 단계, ③ 확장(expansion)의 단계, ④ 제도화(institutionalization)의 단계로 구분한 바 있다.[23)]

첫째, 파벌의 단계에 있어서는 정치참여와 제도화의 수준이 낮다. 개인이나 집단은 전통적 정치행위의 유형은 탈피하였으나, 아직 근대적 조직으로까지 발전하지는 못했다. 정치는 소수 세력가들이 엉성하고도 간헐적인 집단을 이루며 경쟁하는 가운데 이루어진다. 이러한 정치집단에는 지속성도 없고, 확고한 구조도 없다. 그 조직체는 개인적 야심의 산물이며, 정당이라고 불리기는 해도 정당에 필수적인 사회적 지지나 지속적인 조직을 결여하고 있다.

둘째, 양극화의 단계는 사회세력을 흡수·결탁함으로써 나타난다. 두 개의 파벌은 경합을 벌이면서 다른 파벌의 동조와 합세를 얻고자 경쟁하게 된다. 그러는 가운데 파벌과 사회세력 간의 일시적인 양극화적 대립으로 발전한다. 여기서 파벌정치는 정당정치로 전환하는 계기를 얻게 된다.

셋째, 확장의 단계에서 각 정당은 대중의 지지와 동의를 넓게 구하고 이들을 효과적으로 조직화함으로써 자기 당의 세력기반으로 삼으려 한다. 이와같이 확장된 정치참여를 바탕으로 대중지지의 조직을 확대하는 것이 이 단계의 과제이다.

넷째, 제도화의 단계는 정당정치의 제도와 절차가 가치와 안정을 획득하는 단계이다. 여기에서는 정치참여가 확대되는 유형에 따라 발생하는 정치체제가 다르다. 정치참여가 반체제적 혁명운동으로 확대되었으면 일당체제 내지 일당우위체제로 제도화된다. 정치참여가 성장하고 체제 내부에서부터 확대되었으면 양당체제가 발생한다. 그리고 이

---

23) Samuel P. Huntington, *Political Order in Changing Societies* (N.J.: Princeton Univ. Press, 1968); 한승조, 『한국민주주의와 정치발전』(서울: 법문사, 1976), pp. 245-246 참조.

것이 체제 외부로부터 유입하여 왔을 때는 다수당체제가 출현한다는 것이다.

이러한 단계론을 참고해 볼 때 한민당에서 민국당을 거쳐 민주당으로 발전해 가는 과정은 곧 파벌의 단계에서 양극화 단계를 지나 확장의 단계로 접어들고 있는 상태인 것 같다. 민주당은 이 확장의 단계에서 그리 높은 수준의 발전을 하고 있었던 것은 아닌 듯하다. 민주당은 이승만과 자유당에 대항하면서 나름대로의 지속성있는 조직체계를 갖추고, 비교적 안정된 의사결정의 규범을 갖추면서 대중들에게 지지를 호소하고 있었지만, 아직도 내부적으로는 파벌이 정당의 제도적 규정을 넘어 행동하기도 하고 정당규율, 혹은 통합(political discipline or unity)의 정도가 느슨하며, 대중들의 참여보다는 소수 간부의 중앙집중적 결정에 의해 정당이 운영되는 상태였다. 그럼에도 불구하고 민주당은 이승만 자유당과의 대립관계 속에서 나름대로 내부적으로는 과거에 비해서 안정된 조직구조와 운영 절차·규범을 가지게 되었으며 외부적으로도 도시지역을 중심으로 한 정당조직의 확장을 도모할 수 있었다.

4. 민주당의 가치구조

다음으로 민주당의 가치구조를 살펴 보고자 한다. 가치구조는 민주당이 추구하는 목표가치의 내용, 그것의 우선순위 등을 지칭하는 것인데, 이것을 민주당의 이념이라고 볼 수 있다. 이 가치구조는 조직구조를 비롯한 다른 여러 요인들에 의해 형성되는 것인 동시에 거꾸로 그러한 것들에 영향을 준다.

민주당의 활동을 살펴보면, 그들이 추구했던 중요한 가치 중의 하나는 '반공주의'였음이 분명하다. 민주당의 반공주의는 좌파 헤게모니의 위협을 첨예하게 의식한 우익진영의 조직적 대응으로 나타난 한민당의 결성에 그 뿌리를 두는 것이었다. 한민당은 창당 이후 미군정과 함께 좌파세력의 척결에 앞장섰고, 반탁운동을 통해서 가장 유력한 반공주의 세력으로 등장하면서 좌우합작, 남북협상파들조차도 공산주의로 몰아 제거하려고 했다. 한민당의 반공주의는 좌파와 남북협상파의 공식적인 불참하에 구성된 제헌의회에서도 계속되었다. 제헌의회에서 김약수 부의장을 중심으로 한 진보적인 소장파들이 미군철수 요청, 반민족행위자 처벌, 토지개혁 문제를 강력하게 요구하고 나왔을 때 한민당은 그들과 맞섰다. 이는 한민당을 이은 민국당에도 계승되었다. 1949년 5월, 개혁주의적 소장파들이 이른바 '국회프락치' 사건으로 체포되었을 때, 당시의 민국당은 국가보안법에 의한 소장파 의원 체포에 반대하지 않았다.

이것은 한민당이나 민국당의 뒤를 이은 민주당의 이념적 한계를 규정하였다. 반이승만을 위한 범야세력의 결집체인 민주당은 창당과정에서 조봉암을 중심으로 한 혁신세력의 참가여부를 놓고 논란을 벌였다. 결과는 이념적 차이를 수용할 수 없다는 이유로 배제하자는 것이었다.

1956년 5월에 실시된 제3대 대통령선거에서 민주당 대통령후보였던 신익희가 선거유세 도중 급서하게 되자 민주당은 "용공적 노선을 지지하는 대통령후보에 대해서는 한 표라도 고 신익희 씨를 지지하던 유권자가 투표하는 것을 희망하지 않는다"[24]고 하여 당시 진보당 후보였던 조봉암보다는 이승만의 당선을 지지하는 자세를 보였다. 이러한 민주당의 태도는 1958년 제4대 국회를 구성하기 위한 5·2총선을 불과 3개월 남짓 앞두고, 이른바 혁신세력을 규합하여 평화통일을 표방하였던 진보당의 당수 조봉암을 비롯한 당간부 20여 명이 국가보안법 위반혐의로 구속되었을 때에도 마찬가지였다. 사실 조봉암의 체포는 이미 지난 제3대 대통령선거에서 조봉암이 획득한 지지표에 충격을 받

---

24) 『동아일보』(1956. 5. 11), 1면; 백운선, "민주당과 자유당의 이념논쟁", 진덕규 외, 『1950년대의 인식』(서울: 한길사, 1981), p. 110 참조.

은 민주당을 포함한 보수진영에 의해서 예비된 것이었다고 볼 수 있다. 조봉암 사건이 발생하기 전인 1957년 10월 자유당의 이기붕, 민주당의 조병옥, 무소속의 장택상은 서로 회동하여 선거법의 국회처리를 두고 3파가 서로 협조하기로 합의했는데, 이 자리에서 "진보당에 대해서 어떤 조치를 강구할 필요가 있으며 최소한 1958년의 선거에는 참가하지 못하게 해야 한다는 데 일치했다"[25]고 한다. 민주당은 혁신세력을 제거하는, 이를테면 반공보수연합에 참가하고 있었던 것이다. 민주당의 역사에 있어서 반공주의는 항상 중요한 가치목표로 존재하여 왔고, 그것은 좌파는 물론 중간파 및 온건한 혁신세력까지도 정치의 장에 허용하지 않았다. 이러한 점은 민주당의 역사적 기원과 민주당 구성원의 사회적 성격에 기인하는 것이었으며, 이 점에 있어서 민주당의 가치목표는 자유당의 그것과 그다지 다를 바 없었다.

다만, 민주당은 자유당과의 권력투쟁과정에서 '자유민주주의'를 강조함으로써 반공과 자유와의 관계에 관해 자유당과 다른 견해를 가지고 있었던 점은 사실이다.[26] 1958년 12월 국회에서 국가보안법 개정을 둘러싼 여야 사이의 대립과정에서 이러한 점을 발견할 수 있다. 자유당의 주장은 "보안법안의 처벌조항은 일면 가혹한 점이 불무하나 반공태세를 강화하는 견지로 보아 불가피한 것이다"(김원태)[27]라는 것이었던 데 비해 민주당은 "공안을 명분으로 기본적 자유와 권리를 박탈할 수 없다. 소수의 간첩과 동조자들을 단속하기 위하여 전국민의 기본적 자유와 권리가 유린되는 것은 넌센스이다"(윤제술)라는 입장을 표명하였다.[28] 그리고 민주당인사는 "자유를 찾기 위해서 반공을

---

25) 박기출, 『한국정치사』(서울: 민족통일연구원, 1971), pp. 174-175; 유근일, "1950년대 후반의 국가와 헤게모니"(서울대학교 대학원 정치학과 석사학위논문, 1987), p. 62 참조.

26) 백운선, 앞의 글 참조.

27) 『조선일보』(1958. 11. 30 조간), 1면; 백운선, 앞의 글, p. 120에서 재인용.

28) 『조선일보』(1958. 12. 18 조간), 1면; 백운선, 앞의 글, p. 121에서 재인용.

하고 있는 것이며 반공을 하기 위해서 자유를 말살할 수는 없다"(이종남)[29]라고 주장하였다.

사실상 '자유민주주의'는 민주당이 가지고 있었던 또 하나의 주요한 가치목표이자 이승만·자유당을 공격하는 데 유효한 정치적 슬로건이었다. 민주당이 인식하고 있는 자유민주주의 개념의 내용은 주권재민, 국민의 복리증진과 개인주의 보장, 법치주의, 언론과 비판의 자유, 대의정치 등이었으며, 민주당은 이러한 가치에 준거하여 자유당의 독재, 위헌적 행동, 관료 특권계급의 부정부패 등을 공격하였다. 그리고 이에 대한 현실적 대안으로서 ①내각책임제에 의한 책임정치, ②입법부 중심의 대의정치, ③민의반영의 의회기능, ④언론의 자유·비판의 권리, ⑤민의우선, ⑥소수의견의 존중 등을 내세웠다. 이것은 역시 자유민주주의를 자기 정당화의 상징체계로 내세우면서 자유당이 주장한 ①대통령중심제에 의한 정국의 안정, ②민의중심의 정치, ③정치적 견해 통합의 의회기능, ④안보우선의 언론·헌법기관의 보호, ⑤다수결의 원리 등과는 대조적인 것이었다.[30]

민주당은 이러한 민주주의 이념과 그것에 근거한 현실비판을 도구로 하여 이승만 정권을 공격하였다. 물론 민주당의 민주주의 이념에 대한 인식은 체계적이지도 않았고 깊지도 않았다. 민주주의에 관한 정치현실, 민주주의 실현의 발전방안 등에 대한 민주당의 숱한 주장은 결국 '내각책임제 실시'라는 수단에 단선적으로 집약되어 폭넓게 심화되지 못하고, 공유하는 이념으로서의 충분한 구체성을 결여함으로써 카리스마적 권위구조를 무너뜨리기에는 미흡하였던 것이다.

그러나 민주주의 실현을 요구하는 민주당의 부단한 주장과 이를 통한 지지기반 확대가 이승만 정권을 위협하는 큰 힘이 되었던 것은 분명하다. 민주당은 그들의 정책을 민주주의 실현에 집중시키고 계속

---

29) 『국회속기록』, 30회, 29차, p. 32; 백운선, 앞의 글, p. 121에서 재인용.

30) 백운선, 앞의 글, p. 123.

구체적인 사건과 정치현상에 관련시켜 언급함으로써 초기에 추상적이고 가공적이던 민주주의 개념이 차츰 일반국민에게 구체적인 의미를 지닌 채 이해되기 시작하였고, 이로써 민주당은 안정되고 제도화된 권력행사를 요구하는 도시중산층을 그 지지기반으로 삼고 이를 차츰 확대해 나감으로써 성장을 도모할 수 있었다.[31)]

결론적으로 말하자면 민주당이 추구한 목표가치인 반공주의와 자유민주주의 가운데에서 반공주의는 좌파와 중간파, 온건혁신세력과 경쟁하는 데 주요한 원칙으로 작용하였으며, 그들이 배제된 조건에서 이승만·자유당과의 투쟁에서는 자유민주주의가 주요한 원칙이었다. 이때 반공과 자유와의 관계에 대해서는 앞서도 지적한 바와 같이 반공은 자유를 실현하기 위한 수단이라고 말한다. 이러한 민주당의 가치구조와 이것을 실현하기 위한 정책적 대안, 정치적 슬로건 등은 이승만·자유당과의 투쟁에서 대단히 유용하였다.

이제 민주당이 구체적인 정치과정에서 취한 행동양식을 살펴보기로 한다. 특히 민주당이 자유당을 위기로 몰아넣는 데 어떤 요인들이 작용했는가 하는 것이 이 논지의 초점이다.

5. 민주당과 이승만의 현실정치

1) 1950년대 정당정치의 균열양상

민주당이 활동한 1950년대 한국 정당정치의 균열양상은 〈그림 4〉와 같다.

하나의 균열은 좌·우 이데올로기를 축으로 한 대립이고, 다른 하

31) 민주당의 이념 내용과 성격에 대한 지적과 평가는 백운선이 가장 잘 정리하고 있다. 백운선, 앞의 글 참조.

나는 민주·반민주를 축으로 한 대립이다.

이러한 대립의 축은 이미 미군정에 의한 외삽적 분단국가의 형성 과정에서 단계적으로 나타난 것이었다.

해방직후부터 단독정부가 수립되는 과정에서 좌파와 남북협상파 세력의 궤멸은 생산의 사회적 관계로서의 자본주의체제와 공산주의에 반대하는 반공체제의 원리를 사회에 구축하는 과정이었으며, 이것은 제1의 정치균열이었다. 제2의 정치균열은 좌파와 남북협상파가 탈정치화된 제1의 정치균열이 끝나갈 무렵부터 보수엘리트 간의 제도권 내에서 민주주의를 둘러싸고 일어났다.[32] 제2의 정치균열은 제1공화국을 수립하면서 수용한 서구 민주주의의 규범과 군대·경찰 등 폭넓은 강권력 사용을 포함하는 전제적(專制的) 실제 사이의, 즉 정치적 규범과 절차적 비합법성 사이의 깊은 괴리를 둘러싼 균열이었다.

이러한 균열의 성격은 한국전쟁 이후 1950년대에도 착종(錯綜)된

〈그림 4〉 1950년대 정당정치의 균열양상

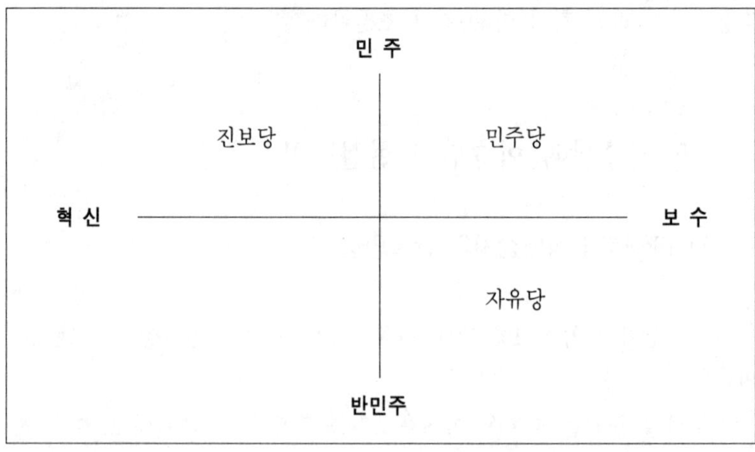

32) 최장집, "과대성장국가의 형성과 정치균열의 전개", 『한국현대정치의 구조와 변화』(서울: 까치, 1989), pp. 81-113 참조할 것.

상태로 계속되었다. 한국전쟁은 분단국가에 반공이념이 확고하게 자리 잡도록 했지만, 제1의 정치균열은 조봉암이 출마한 1956년 대통령선거와 1958년 진보당사건 때에 진보당을 배제하는 자유당과 민주당의 태도에서 발견할 수 있었다. 한편 민주주의라는 절차적 합법성의 준수를 축으로 한 제2의 정치균열은 이승만의 강권적 독재와 그것에 대항하는 민주당의 대응에서 찾아볼 수 있다. 물론 공격적 좌파세력들이 조직적으로나 이념적으로 배제된 1950년대의 정치공간에서 전개된 주요한 정치적 균열은 제2의 균열이었다.

한국전쟁 이후 시기의 한국 정치발전의 중요한 발전양상은 다양한 정치인들이 서로 경쟁적인 양대 정당으로 재편성되었다는 점이다. 그리고 양대 정당의 발전과 함께 주목해야 할 두 가지 경향이 전후의 한국정치에 나타났다.[33] 첫째는 자유당 '강경파'가 점차 자유당을 주도하였다는 사실이다. 자유당 강경파는 진정한 국민의 지지를 받지 못하는 한이 있어도 정치권력을 유지하기 위해서는 경찰력에 의존해야 한다고 역설하였다. 경찰과 행정조직은 일찍부터 이승만의 가장 중요한 권력기반이었다. 이 두 조직은 전국적인 영향력을 가진 유일한 조직이었으며, 고도의 중앙집권적 조직이었다. 또 하나의 경향은 자유당이나 이승만 정부의 통치에 대해 국민들의 원성이 높아지고, 이승만 정부의 정통성이 약화되고 있었다는 것이다. 그것은 이승만에 의해 파탄된 의회정치의 현실이, 제1공화국이 자기 정당성의 근거로 내세운 자유민주주의 정치이념과는 거리가 먼 것이었기 때문이었다. 이승만은 자신이 권력 수립을 위해 동원했던 바로 그 정치이념에 의해 권력의 기반을 침식당하기 시작했다.

강권력의 강화와 정통성의 약화, 이는 곧 이승만 정권과 반대 세력의 정면격돌에 이은 이 정권의 파국을 예고하는 것이었다.

---

33) 한승주, "제1공화국의 유산", 『1950년대의 인식』(서울: 한길사, 1981), p. 45.

2) 장면 부통령의 당선요인

자유당과 민주당의 최초의 정치적 대결은 1956년 제3대 정·부통령선거였다. 그런데 대통령은 민주당의 신익희 후보가 유세 도중에 사망하였기 때문에 이승만의 당선이 확실시되었다. 따라서 양당의 관심은 부통령후보의 당선에 모였다. 부통령경쟁에서는 민주당의 장면 후보가 투표자 수의 41.7%를 획득하여 39.6%를 얻은 자유당의 이기붕 후보를 앞지르고 당선되었다.

민주당은 이 선거에서 이승만 정권의 독재와 부정부패를 지적하면서 "못살겠다 갈아보자"는 구호로 유권자의 폭넓은 지지를 획득할 수 있었다. 그러나 민주당의 승리에는 이보다 더 중요한 요인들이 있었다.

장면을 부통령에 당선시킨 중요한 요인은 우선 몇 가지 근대화 지표와 관련된 변수였다.

첫째는 도시화(urbanization)이다. 1950년대의 급속한 도시화는 한국전쟁으로 인한 인구이동과 교육의 확대, 퇴역군인의 증대, 사회의 상업화, 농촌생활의 피폐 등에 의해 형성된 것이었다. 1955년 현재, 전국민 가운데 인구 2만 이상의 도시에 사는 사람은 전체의 43.2%였는데, 이는 1949년 현재 2만 명 이상의 도시에 살던 인구비율 27.5% 보다 크게 늘어난 것이다. 같은 기간중 인구 5만 명 이상의 도시에 사는 인구의 비율은 18.3%에서 34.5%로 늘어났고 10만 명 이상의 도시에 사는 인구의 비율도 14.7%에서 28.8%로 크게 늘어났다.[34]

둘째는 교육이다. 교육면에서 국민학생 수는 별로 크게 늘어나지 않았지만 중등학교 학생수는 1947년의 22만 7,400명에서 1956년에는 73만 3,185명으로 3배가 늘어났고, 전문학교 및 대학교 학생수도 같은 기간중 1만 300명에서 9만 104명으로 크게 늘어났다.[35]

---

34) 동아일보사, 『동아연감』(1969), p. 963; 김정원, 앞의 책, p. 178 참조.

셋째는 매스커뮤니케이션의 확대이다. 일간신문의 발행부수가 특히 도시지역에서 크게 늘어났는데, 1946년 총 38만 1,300부였던 신문 발행부수는 1955년에는 198만 부로 늘어났다. 이같은 신문 발행부수의 격증은 도시의 성장과 교육의 확대에서 비롯된 것이었다.[36]

이같은 폭발적인 도시화와 교육의 확대 및 언론의 성장은 1956년 정·부통령선거에서 큰 영향력을 발휘했다. 장면으로 하여금 이승만이 지명한 부통령 후보 이기붕을 결정적으로 물리칠 수 있도록 해준 것은 바로 이 도시지역에서 나온 장면에 대한 압도적 지지표였다.[37]

특히 전쟁 이후의 경제위기가 도시주민 생활에 큰 타격을 주었기 때문에 이승만 정권에 대한 그들의 불만이 컸고, 이것은 민주당에 대한 지지로 나타났다. 전쟁 이후 한국경제는 국민총생산(GNP)의 성장률이 급격히 저하되고 있었고, 인플레가 심각하게 나타났다. 한국의 물가상승률은 1948년에 33.3%, 1949년에는 62.5%가 되었고 전쟁중에는 더욱 치솟아 1950년 184.6%, 1951년 213.5%, 1952년 101.7%나 되었다. 휴전 이후에도 인플레는 여전히 극성을 떨쳐 휴전 이후 4년 동안 물가상승률이 26.4%, 51.0%, 42.9%, 37.8% 등을 각각 기록했다.[38]

'외부로부터의 압력'도 이승만의 권력기반을 약화시키고 민주당에 유리한 환경을 제공하였다. 미국은 미군정, 한국전쟁, 전후 원조 등을 통하여 1950년대 한국정치에서 중요한 비중을 차지하고 있었다. 미국으로부터의 군사지원과 군사원조물자 제공은 전후 한국에서 과잉비

35) 『대학연감, 1952』(서울, 1952), pp. 402-403의 1947년 통계; 『대한민국통계연감, 1960』(서울, 1960), pp. 414-415의 1956년 통계; 김정원, 앞의 책, p. 178 참조.

36) 김원수, "신문통신 기업경영 실태 조사보고", 『서울대학교 신문연구소 회보』(서울, 1965), pp. 123-134.

37) 김정원, 앞의 책, p. 179.

38) 한국은행, 『국민소득연감, 1968』(서울, 1968); 『한국은행조사월보』(1961. 12); 김정원, 앞의 책, p. 180.

대해진 국가기구를 운영하는 직접적인 재원이었으며, 이승만의 정치자금 확보의 출처이기도 했다. 뿐만 아니라 이승만이 내세운 정치이념은 미국의 교과서에서 빌려온 것으로 인식되고 있었다. 이런 입장에 있는 미국이 이승만의 정치를 비민주적이라고 비판하였을 때 그 영향은 대단히 컸다. 한국의 야당도 이승만 정부에 대한 미국 언론의 비판을 한국의 야당지들에 다시 전재함으로써 이승만 정부의 정책에 대한 미국측의 모든 비판을 십분 활용하였다. 그리고 이와 같은 야당지의 기사는 도시주민들에게 이승만에 대한 부정적 여론을 형성시켰다.[39]

대체로 이러한 요인들이 1956년 선거에서 민주당의 장면을 부통령으로 당선시키는 데 기여하였다.

3) 제4대 국회의원선거와 민주당의 성장

자유당과 민주당의 또 한 번의 격돌은 1956년 8월 지방선거와 1958년 5월 제4대 국회의원선거에서 있었다. 이 선거에서 민주당은 자유당을 앞서지는 못했으나 그 이전에 비해 훨씬 많은 규모의 지지를 확인할 수 있었다. 제4대 국회의원선거의 경우 자유당은 126석을 얻고 민주당은 79석을 얻었는데, 이것은 제3대 국회의원선거에서 민주당이 15석을 얻은 것과 비교하면 획기적인 기록이었다. 민주당은 호헌선을 확보하고 있었다.

이승만은 이 선거에서 역시 폭력배를 동원한 테러 및 선거운동 방해를 자행하였고, 경찰과 행정관료를 선거에 개입시켜 선거운동, 투개표 조작 등 부정선거를 시도했다. 그럼에도 불구하고 민주당은 이승만의 전횡적 권력행사와 장기집권, 경찰관료들의 부정부패를 고발하면서 광범위한 지지를 획득하는 데 성공하였다.

그런데 여기에서도 도시화를 중심으로 한 사회구조의 변화가 민주

39) 김정원, 앞의 책, p. 181.

당의 정치적 성장에 주요한 요인이었음을 확인할 수 있다. 도시화의 과정은 일반민중의 민주적 사회화와 밀접하게 관련되어 있었다.

교육받은 젊은 층 역시 민주적 정치교육이 가져온 결과로 노년층에 비해서 더 민주적인 지향을 가지고 있었고, 이들은 민주당의 주요한 지지기반이 되었다.

정치세력이 친정부적인 자유당과 반정부적인 민주당으로 양극화되자 유권자들은 정치의식수준의 발전에 따라 누구에게 표를 던지고 누구에게 반대해야 할 것인가를 쉽게 가려낼 수 있게 되었다. 정치의식이 상당한 수준에 도달한 국민들이 자신들이 새롭게 습득한 민주적 가치관을 가지고 택할 수 있는 손쉽고도 뻔한 유일한 길은 비민주적으로 움직이는 여당 후보를 반대하고, 정부에 반대하는 야당 후보에게 투표하는 길이었다.[40]

자유당이 비도시지역에서 지지를 얻고 도시지역에서 약세를 보이게 된 주된 원인은 대도시 지역에서 선거부정을 완벽하게 실행할 수 없었다는 데 있었다. 자유당의 정치적 기반은 한 정치학자가 지적한 대로 비도시지역에서의 '준봉투표'(conformity votes)에 의한 것이었다.[41] 하지만 도시화와 교육의 확대로 '준봉투표'의 수는 급속히 줄어들었다. 이로 인해 자유당은 더욱 비민주적인 수단을 동원하지 않을 수 없게 되었다. 자유당이 점차 탄압적인 조치를 더해 가게 되자 정직하게 실시된 선거에서 자유당이 국민의 표를 얻을 수 있는 기회는 그만큼 줄어들었다.

여기에 신문의 역할을 다시 한번 지적하지 않을 수 없다. 이승만 정권의 경찰이 선거에 개입하면 할수록 급속히 성장한 신문들도 그에 대해 더욱 비판적이 되었다.

---

40) 한승주, 앞의 글, p. 50.

41) 윤천주, 『한국정치체계』(서울: 서울대학교 출판부, 1978); 『우리나라의 선거실태』(서울: 서울대학교 출판부, 1981) 참조. 여기에서의 주된 관심은 도시화와 투표형태의 관계를 밝히는 것이다.

자유당 치하의 중요 신문들은 한결같이 정부와 여당에 대해서 공격의 화살을 퍼부었다. 한 조사가 보여주는 바에 의하면,[42] 당시 4대 신문인 동아·경향·조선·한국일보의 사설내용의 압도적인 다수가 정부에 대한 반대·비난·부정으로 일관하였다는 것을 알 수 있다. 그 가운데서도 경향신문의 경우 91개 사설문 가운데 62개(68.1%)가 반대 내용이요, 28개(30.8%)가 희망·기대 또는 회피를 내용으로 한, 이른바 중립적 입장을 취한 것이요, 단 1건만이 찬의를 표시한 내용의 사설로 나타나고 있다.

이 가운데 당시 가장 많은 발행부수를 가지고 있던 동아일보와 그 다음으로 많은 발행부수를 발행하던 경향신문은 가장 야당적 성격을 가지고 있었는데, 동아일보는 민주당 구파의 대변자 구실을 했고, 경향신문은 민주당 신파의 지도자이며, 가톨릭 신자인 장면 부통령을 드러내 놓고 지지했다.

이렇게 해서 '자유당에 편향적인 경찰은 농촌을 장악했고, 민주당에 편향적인 신문은 도시를 장악하는' 사태가 나타났다.[43] 자유당과 민주당은 이미 1958년 선거 직전에 이른바 신문의 편향보도와 경찰의 선거개입을 모두 금지하는 '협상선거법'을 통과시킨 바 있었지만 어느 쪽도 그것을 지키지는 않았다. 어쨌든 신문의 야당지지는 그 영향력이 대단히 컸다. 1959년 경향신문 폐간결정은 그것을 막으려는 이승만 정권의 정치적 공격의 하나였다.[44]

이러한 점에서 한 사회과학자가 이승만을 몰락케 했던 4·19혁명의 중심세력을 '대학-언론연합'[45]이라고 한 까닭을 이해할 수 있게 된다.

---

42) 서울대학교 신문연구소 학보, "신문사설 조사분석"; 최준 교수의 "해바라기 신문론", 『신동아』(1959. 9)에 인용된 자료 일부; 한배호 "경향신문 폐간결정에 대한 연구", 『1950년대의 인식』(서울: 한길사, 1981), p. 134 참조.

43) 김정원, 앞의 책, p. 192.

44) 경향신문 폐간결정에 관해서는 한배호, 앞의 글 참조.

4) 3·15부정선거와 이 정권의 붕괴

1960년 3월 15일에 실시된 정·부통령선거는 그때까지 의회를 중심으로 자유당과 민주당 사이에 벌어진 민주-반민주라는 정치적 갈등의 장(arena)을 원외로 확장시킨 결과를 초래했다.

선거의 양상은 1956년 선거 때와 유사하게 민주당의 대통령후보 조병옥이 급서함으로써 처음부터 자유·민주 양당의 부통령후보인 이기붕과 장면의 재대전으로 되었다. 자유당은 1956년의 패배를 설욕하고 이 대통령 사후의 후계권 확보를 위해서도 결사적인 선거전을 치러야 했다. 그 까닭에 말단조직으로 3인조·5인조·9인조 등을 편성하여 투표공작에 임했다. 자유당의 투표공작의 핵심은 자유당 후보에의 투표를 피차 확인 감시하는 일종의 공개적인 투표방식이었다. 자유당은 이러한 부정득표작전만으로는 안심할 수 없었다. 그리하여 조직적인 부정선거가 경찰에 의해 계획적으로 이루어졌다. 사전투표, 환표 등이 그것이다. 3·15선거는 계획대로 부정선거로 진행되어 이승만과 이기붕은 엄청난 득표를 하였다.[46] 개표과정에서 자유당 표가 너무 많이 나와서 조정·처리하기가 어려울 정도였다.

3·15부정선거의 결과는 정치적 투쟁의 장을 의회의 바깥으로 옮기는 데 기여하였다. 이승만·자유당·행정관료들을 한편으로 한 보수적 정치세력과 자유민주주의 수호를 목표로 하는 민주당·대학생·언론·지식인·도시중산층의 충돌은 의회의 제도적 절차가 조정할 수 있는 범위를 넘어서는 것이었다. 그들의 싸움은 가두(街頭)에서 바리케이드를 사이에 두고 진행되었다.

부정선거를 규탄하는 데모는 마산에서 시작하여 4월 18일 고려대

---

45) Lee Hahn-Been, *Korea: Time, Change, Administration* (Hawaii Univ. Press, 1968), p. 126.

46) 김운태 외, 『한국정치론』(서울: 박영사, 1989), p. 330.

학교 학생데모를 매개로 4월 19일 2만 명 이상의 학생이 데모에 참가하여 전국적으로 확대되었다. 같은 날 서울을 비롯한 5개 도시에는 비상계엄령이 선포되었다. 급기야 4월 25일에는 이승만의 하야를 요구하는 대학교수단의 시위가 있었고, 매카나기 주한미대사가 청와대를 드나들었다. 그리하여 4월 27일 마침내 이 대통령은 자신의 지위와 모든 권리를 포기하게 되고 허정 과도정부가 성립됐다.

이러한 변화를 추진한 세력은 사회 저변층에 기반을 둔 어떤 직업적·지역적·부분적 또는 계급적 이해를 대변하거나 정치조직으로 그에 연결되어 있지도 않았다. 이 도전세력은 어디까지나 소수의 엘리트집단이었으며, 따라서 정치적 균열은 사회 상층부의 엘리트집단 사이에 협소하게 국한된 것이었다. 이것은 우리가 앞에서 보았듯이 '권위주의적 국가'와 '특정 정권의 정통성의 기반을 의회민주주의라는 절차적 합법성에 두려 하였던 제도권 내 엘리트집단' 사이의 제2의 정치균열이라 부를 균열의 성격을 강하게 띠고 있었다.[47]

이승만의 반대 세력들 가운데서 민주당이 어떤 위치를 차지하고 있었는지는 분명하지 않다. 다만 민주당과 여타 비판적 저항세력 사이에는 그렇게 단단한 조직적 연계가 존재하지 않았으며, 민주당은 그렇게 할 만한 능력도 갖고 있지 않았던 것은 사실이다. 민주당이 의회정치 또는 선거를 통해서 이승만과 자유당 세력의 정치적 선택폭을 좁히고, 그들을 궁지에 빠뜨리는 데 중요한 공헌을 하였지만, 이승만과 자유당의 붕괴과정의 가장 중요한 시기에 반대세력을 지도할 위치에 있지 않았다. 이러한 사실은 이후 집권세력으로서의 민주당의 정치적 곤경을 예고하는 것이기도 했다.

47) 최장집, 앞의 책, p. 92.

6. 요약 및 결론

제1공화국 시기의 보수야당인 민주당의 기원은 한민당에서부터 시작되었다. 한민당은 해방공간에서 좌익세력의 조직적 진출에 대한 '위기적 대응'으로 나타났고, 미군정기간 동안 군정의 보호와 이승만과의 제휴 속에서 성장하였다. 그러나 정부수립을 전후하여 그동안 제휴관계에 있던 이승만과의 갈등이 노정되고 결국 이승만 정권의 권력구조로부터 소외되어 버렸다. 이와 같은 '위기'에 대한 대응으로 한민당이 발전적으로 해체되고 야권의 일부 세력을 받아들인 가운데 이루어진 민국당이 결성되었다. 민국당은 이승만 정권과 대립하는 원내 야당으로 활동하다가 계속되는 이승만의 정치적 공세로 인한 '위기'에 대응하기 위해서 범야권을 결집하여 민주당을 결성하기에 이른다. 이런 점에서 정당발생을 설명하는 이론 가운데 역사적 상황론의 '위기' 개념은 민주당의 등장을 설명하는 데 일단 유용하다. 그러나 이러한 정당의 조직화가 의회제도의 등장에 의하여 한층 고무되었다는 점에서 제도론의 '의회' 역시 민주당의 기원을 설명하는 데 유용한 개념이다. 뿐만 아니라 정당정치에 대한 국민들의 이해가 조금씩 성장함에 따라 정치인들은 국민들에게 지지를 호소할 효율적인 조직을 더욱 필요로 하였으므로 근대화론이 정당의 기원을 설명하는 개념으로 제시하는 '국민들의 지지를 필요로 하는 정치체제' 역시 민주당의 기원을 이해하는 데 요긴하다고 하겠다.

이렇게 하여 성립된 민주당의 조직구조적 특징으로는 '파벌의 결합', '명망가 정당', '간부정당', '집단지도체제' 등을 지적할 수 있으며, 이는 자유당에 비하여 취약한 것이었으나 그 이전과 비교하면 상당히 발전된 것으로 미흡하지만 나름대로의 의사결정의 규범과 절차를 가지게 되었다. 민주당도 자유당과의 경쟁과정에서 헌팅턴이 말하는 '파벌의 단계'로부터 '양극화의 단계'를 거쳐 '확장의 단계'로 나아가고 있었다고 볼 수 있다.

한편 민주당의 가치구조는 그 자신의 기원에서 비롯되는 '반공주의'를 기저로 하고 있었고, 이승만 자유당과의 정치적 투쟁과정에서 '자유민주주의'를 자기 이념으로 표방하게 되었다. 민주당이 제시하는 자유민주주의 이념의 내용과 형식은 체계적이지도 않았고, 피상적인 것이었지만 민주당은 부단히 이승만의 구체적 현실정치를 민주주의 이념과 관련시켜 고발함으로써 보다 안정되고 제도화된 권력행사를 요구하는 국민들로부터 지지를 획득할 수 있었다.

1950년대 후반의 정치과정에서 민주당은 이승만 자유당의 몰락에 대응하는 대안적 정치세력으로 성장하였다. 이러한 민주당의 성장이 가능하였던 데는 몇 가지 요인이 있었다.

첫째는 이승만·자유당의 헤게모니의 상실이다. 제1공화국의 헤게모니는 반공을 전제로 한, 생산의 사회적 관계로서의 자본주의와 정치제도적 규범과 절차로서의 의회민주주의에 기초하고 있었다. 이는 한국을 세계전략의 주요기지로 건설하려고 한 미국에 의해 세시된 프로그램이었던 동시에 이승만의 자기 정당화를 위한 이데올로기였다.

이승만 정권의 딜레마는 이 자유민주주의라는 목표가치의 실현을 비민주적 수단에 의해 이루려고 한 목적과 수단의 괴리에서 출발하였다. 국가형성과정에서 자유민주주의에 반대하는 공산주의 세력을 강제적 힘에 의하여 배제할 수밖에 없었던 정치현실은 이러한 괴리의 필연적 조건이었다. 특히 해방공간에서의 혁명적 상황과 한국전쟁은 국가권력의 유지수단으로서의 억압적 국가기구와 폭력전문가의 지위를 비대하게 하였으며, 상대적으로 토론과 조정을 통해서 정치공동체의 목표에 대한 합의를 도출해 가는 의회와 같은 국가기구의 위치는 위축되었다. 이처럼 자유민주주의라는 이념을 공동체의 목표가치로 설정하는 과정이나 그것을 실현하는 과정을 비민주적 수단과 절차에 의존하는 성격은 공산주의 세력이 배제된 정치적 조건에서도 계속 유지되었다. 1950년대 이승만과 자유당은 그들이 권력행사의 원칙으로 표방한 자유민주주의 이념과는 달리 실제 내용은 강권력의 행사를 핵심으로 하는 전제적인 것이었다. 이는 이승만·자유당의 지배가 헤게모니를 상실하였다는 것에 다름 아니었다. 헤게모니를 상실해 갈수록 이승만·자유당의 권력행사는 점점 더 강권력에 의존하지 않을 수 없었으며 그럼으로써 그들 자신이 표방한 자유민주주의 목표가치와의 괴리는 커졌고, 정권의 정통성은 점점 더 훼손되었다.

둘째는, 사회구조의 변화이다. 1950년대 후반의 한국사회는 급격한 구조적 변화를 경험하고 있었다. 하나는 한국전쟁으로 인한 인구유동과 귀향군인의 급격한 증대, 상업화의 확대, 그리고 농촌생활의 피폐에 따른 인구유입 등으로 도시화가 빠른 속도로 이루어졌다는 점이다. 다른 하나는 교육의 확대이고, 또 다른 하나는 매스커뮤니케이션의 성장이다. 이와 같은 사회구조의 변화는 필연적으로 정치의식의 고양을 가져왔다. 도시에 거주하며 교육을 많이 받고, 매스미디어에 노출정도가 높은 주민들을 중심으로 이승만 정권에 비판적인 세력들이 형성되었고 이들이 선거에서 민주당을 지지하였다. 특별히 대학생과 언론은 이승만 정권을 붕괴시키는 데 결정적인 힘이 되었다.

셋째는 정당체계이다. 1950년 후반에 오면 정당체계는 자유당과 민주당이라는 양당체계가 형성되었다. 진보당은 있었으나 이승만의 탄압과 반공이데올로기의 내면화로 인하여 그다지 폭넓은 지지기반을 가지지 못하였다. 더구나 사회의 계급구조가 뚜렷한 계급적 분화를 이루지 못하고 혈연·지연·학연과 같은 1차적 사회연줄망을 기초로 한 공동체집단(communal group)이 근간을 이룬 조건은 혁신정당이 활동하기에 불리한 투쟁의 지형이었다. 따라서 정치적 경쟁은 자유당과 민주당이라는 보수진영 내부의 권력경쟁으로 진행되었다. 이런 정당체계에서 이승만 자유당에 반대하는 사람들의 유일한 대안은 불가피하게 민주당이 될 수밖에 없었다. 사실 민주당 자신은 자유당과 다를 바 없는 보수적 엘리트 내부의 소외된 분파일 뿐이었으나 양당체계하에서 반독재세력의 유일한 대안으로 존재함으로써 급속한 성장을 할 수 있었다.

넷째는 민주당 자신의 전략전술이다. 위에서 지적한 유리한 구조적 조건의 변화에 민주당은 잘 대응했다. 우선 내부조직적인 측면에서 파벌의 결합이라는 취약성을 가지고 있음으로 인해 약간의 일탈은 있었지만 적어도 민주당의 승리가 확실시된 1960년의 시점까지는 비교적 안정된 내부의 조정절차를 가짐으로써 이승만과 잘 경쟁할 수 있었고, 도시를 중심으로 하부조직을 확장하였다. 그리고 이승만 정권의 정치행태를 자유민주주의 이념과 연관시켜 고발함으로써 반대세력들의 결집을 도모하였다.

다섯째는 외적 변수로서 미국의 역할이다. 주요한 국면에서 이승만 정권의 부당성을 지적하는 미국의 직·간접적 개입은 이승만의 반대세력을 고무하였다.

이러한 조건에서 민주당은 이승만 정권의 붕괴에 큰 역할을 하였다. 그러나 민주당의 내외부적 조건은 이 정권 이후 민주당이 집권정당으로서의 주도능력을 발휘하는 데 많은 문제를 가지게 하였다. 민주당의 기원에서 비롯된 정당 내부의 파벌은 제2공화국의 집권당이 된 후에 그 대립이 격화되어 리더십의 혼란을 가져왔고, 이승만 정권의 붕괴과정에 민주당이 조직적인 지도력을 갖지 못했다는 사실은 제2공화국 시기에 시민사회의 폭발적인 요구와 정치화를 조정하는 데 많은 한계를 보였다. 그러나 보다 중요한 문제는 민주당이 의회와 집행권력을 장악했으나 국가기구 내에서 이미 가장 비대한 부문으로 성장하고 있었으며 또 그에 상응하는 정치적 지위를 요구하게 될 군부를 통제하지 못하였다는 것이다.

제10장

진보당의 이상과 한계

고 성 국

1. 정치지형과 정당운동

어떠한 정치적 실천이나 사회·정치운동이라도 시·공을 초월한 순수 공간에서 전개될 수는 없다. 다양한 정치적 실천과 운동을 보편적으로 관통하는 실천과 운동의 일반원칙은 존재하지만, 그것은 어디까지나 그러한 실천과 운동이 '바로 그러한 형태'로 전개되게 하는 구체성과 특수성의 영역을 매개로 하여 존재할 뿐이다.

그러므로 어떠한 정치적 실천이나 사회·정치 운동을 분석할 때 그것이 정치현실로서 전개되었던 해당시기의 구체적인 사회·경제적 조건과 정치적 조건을 살펴보는 것은 불가결한 사전적 전제가 된다. 여기서 정치적 조건은 특히 중요하다. 왜냐하면 정치적 조건이야말로 정치적 실천이나 사회·정치운동에 대해 직접적으로 영향력을 발휘하기 때문이다.[1)]

물론 정치적 조건이란 사회·경제적 조건과 절대적으로 분리되지 않는다. 또한 정치적 조건과 사회·경제적 조건이 느슨한 연관을 갖는 병렬적 형태로 나열되어 있는 것도 아니다. 굳이 '정치가 경제의 집약적 표현'이라는 정치경제학의 입장을 빌리지 않더라도 사회·경제적 조건과 정치적 조건 간의 긴밀한 내적 상호연관성은 엄연한 현실로서 존재한다.[2] 그리고 어떤 상황에서는 정치적 조건 못지않게 사회·경제적 조건이 정치적 실천과 사회·정치운동에 보다 직접적이고 구체적인 영향을 미치기도 한다.

그러나 우리가 정치적 실천 및 사회·정치운동을 분석의 대상으로 할 때 역시 중요하게 고려하지 않으면 안 될 것이 정치적 조건이라는 점은 분명하다. 그것은 여러 다양한 정치적 실천과 사회·정치운동이 해당시기의 정치역학에 의해 직접적으로 규정받을 뿐만 아니라, 그러한 실천과 운동의 직접적 목표가 정치적 조건의 총화인 정치역학의 변화로 모아지기 때문이다.

여기서 말하는 정치적 조건은 일시적으로 조성된 정치상황을 의미하기도 하지만, 일반적으로는 그러한 일시적 정치상황까지를 포괄하는 보다 구조화된 정치구조적 상황을 지칭하는 것이다.

그람시(Antonio Gramsci)는 이를 정치지형(political terrain)으로 개념화하였다.[3] 정치지형은 역사적으로 형성되어 해당시기에 주요한 규정력을 발휘하는 구조화된 정치상황이라고 할 수 있다. 그러므로 정치지형은 상당한 안정성을 가지며, 그것이 발휘하는 영향력 또한 매우 심도있는 것이라고 할 수 있다. 또한 그렇기 때문에 정치지형은 장기

---

1) 고성국, "현대정치사 연구방법론 서설" (제1장), 『민족지평』 제2호(민족지평사, 1990) 참조.

2) 정치와 계급사회와의 관계에 대해서는 한국정치연구회 편, 『현대자본주의 정치이론』(서울: 백산서당, 1989) 중에서 1부 1장 참조.

3) Antonio Gramsci, *Selection from the Prison Notebooks* (ed. and trans. by Q. Hoare and G.N. Smith) (New York: International Publishers, 1971).

적 관점에서 보면 상당한 변화를 보이지만 단기적으로는 거의 변하지 않는 구조적 조건으로 작용한다고 할 수 있다.

정치지형은 그 하위영역으로서 이데올로기 지형을 포괄한다.[4] 그러므로 일반적으로 정치지형 개념을 이데올로기 지형과 구분하지 않고 사용할 때는 당연히 이데올로기 지형을 그 내용으로 포괄하는 것이다. 그러나 정치적 실천과 운동을 분석할 때, 이데올로기 지형은 일상적으로 통용되는 광의의 정치지형과는 구별되는 영역으로서 보다 엄밀하게 검토되지 않으면 안된다. 왜냐하면 정치적 실천과 사회·정치운동의 전개과정에 대한 이데올로기 지형의 규정력은 정치지형으로 통칭되는 정치적 조건의 한 부분으로 해소되기에는 너무나 큰 영향을 미치기 때문이다.

특히 한국과 같이 이데올로기 지형의 특수성이 대단히 중요한 정치적 조건의 하나로서 존재하는 경우에는 더욱 그러하다. 그러므로 아래에서는 정치지형의 문제를 협의의 정치지형과 이데올로기 지형의 두 부분으로 나누어 검토하기로 하겠다.

본론에 들어가기 전에 한 가지 더 지적해 둘 것은 정당운동의 특수성에 대한 것이다. 이 장의 연구대상인 진보당은 정당이라는 특수한 조직형식을 갖는 정치운동체이다. 정당 역시 정치적 실천과 사회·정치 운동의 한 구체영역이기 때문에 정당연구 역시 실천과 운동에 대한 연구방법과 동일한 연구방법이 적용되는 대상임에는 틀림없다. 그러나 정당은 이 정치적 실천과 사회·정치운동의 가장 높은 수준의 조직적 존재형태이다. 이와 같은 이유로 인하여 정당적 존재형식에 대한 일반이론적 정리가 사전적으로 필요할 뿐만 아니라, 그것이 한국적 정치상황에서 존재할 때 부가되는 특수성의 문제를 과학적으로 해명하지 않으면 안되는 것이다.

---

4) 이데올로기 지형에 대한 자세한 설명은 한국정치연구회 편, 『한국정치론』 (서울: 백산서당, 1990) 중 2부 7장 참조.

일반적으로 정당은 동일한 이념과 정치적 목표를 갖는 여러 집단, 사람들의 자발적인 정치적 결사체로서 그 내부 응집력이 가장 강력하고, 그런 만큼 그것의 정치적 영향력과 그에 상응하는 정치적 책임성이 보다 큰 조직형태라고 할 수 있다.[5)]

이 장의 연구는 그런 의미에서 (1) 진보당이 존재했던 '1950년대 한국'이라는 객관적 조건, 특히 이 시기 정치지형을 구조적으로 해명하고, (2) 정당적 조직형태로 운동했던 진보당의 정치적 성격과 위상 및 정치활동에 대한 검토와 평가를 수행할 뿐만 아니라, (3) 진보당운동의 실패 이후 어떻게 그 성과와 한계가 비판적으로 수용·계승되었는지를 해명하는 순서로 연구되어야 할 것이다.

2. 1950년대 한국의 정치지형

1950년대는 정치사적으로 대단히 중요한 여러 가지 계기들이 중첩적으로 작용했던 역사적 결절점이었다고 하겠다. 1950년대의 이러한 특징은 주로 3년 간에 걸친 한국전쟁에 의한 규정력으로부터 주어졌다.

한국전쟁의 종결까지를 포함하는 해방 8년사는 국가건설의 정치적 지향과 궁극적 전망을 분명하게 달리 하는 여러 정치세력들 간의 전면적인 대립·갈등의 시기로 규정할 수 있다. 그러나 이러한 전면적 대립·갈등의 구조는 한국전쟁의 종결과 더불어 한국사회의 정치구조에 다음과 같은 결정적인 부정적 영향을 미쳤다. 그것은 정치지형의 협소화와 이데올로기 지형의 협소화로 요약된다.[6)]

---

5) 김민하, 『한국정당정치론: 정치과정과 과제연구』 (서울: 교문사, 1978).
6) 한국정치연구회 편, "역사의 전진을 위하여", 『한국정치사』 (서울: 백산서당, 1990).

1) 1950년대의 한국사회 정치지형의 특징

한국전쟁은 해방 3년사의 역동적 균형상태라는 정치구조를 전면적인 물리적·군사적 대결이라는 과정을 통하여 일방적으로 정리하였다. 그리하여 1950년대 이래 한국사회의 정치구조는 '자유민주주의'를 표방하는 우익 정치세력의 압도적 우세와 모든 진보적 정치세력의 원천적 부재라는 일방적 구조로 고착되었다.

이와 같은 과도하게 불균형적인 정치지형은 그 논리적 귀결로서 정치활동공간의 축소와 사실상의 부재라는 상황을 연출하였다. 그리하여 결과적으로 '자유민주주의'의 실현을 위한 최소한의 정치공간마저도 부정하게 됨으로써 '자유민주주의'의 핵심원리이자 기본단위인 의회정치의 파행적 구성과 대의적 대표권의 심각한 훼손이라는 상황으로까지 확대되었던 것이다.[7)]

의회를 대신하여 국가 집행권력이 보다 전면적으로 정치를 담당하였으며, 모든 것이 과정과 절차의 합법성과 민주성의 관점에서가 아니라 성과와 결과의 양화된 산출을 위한 기술합리성의 관점에서 처리되었다. 이러한 상황에서 의회정치가 정치안정과 급속한 경제성장을 위해 언제든지 유보되어도 좋은 것으로 치부되었던 것은 결코 놀랄 만한 일이 아니었다.[8)]

이 장의 문제영역인 진보당은 바로 위와 같은 정치지형의 구조적 특질과의 관련하에서야 비로소 그 생성에서 소멸까지에 이르는 전과

---

7) 1950년대에 수차에 걸쳐 발생한 정치파동은 그 대표적인 사례이다. 그러나 이러한 상황이 5·16쿠데타와 유신, 5공화국을 거치면서 보다 일상화되고 구조화됨으로써 의회정치의 부재는 한국정치의 고유한 특성으로까지 여겨지게 되었던 데에 더 큰 문제의 심각성이 있다.

8) 이른바 "정치발전론"의 한국적 변용인 "선성장 후분배론"적 개발독재론이 그러한 정치과정에 대한 지배세력의 논리로 제시되었던바, 이것이 유신민주주의, 새마을민주주의 등의 정치이념으로 체계화되었던 것은 주지의 사실이다.

정이 온전하게 밝혀질 수 있을 것이다.

2) 1950년대 한국사회 이데올로기 지형의 특징

일반적으로 패권적 지배구조란 사회구성의 발전단계에 정합적으로 조응하는 이데올로기에 의한 효과적이고 합리적인 지배구조를 지칭한다. 그런 면에서 이데올로기 지형이란 정치지형의 한 하위영역임에도 불구하고 그것이 독자적으로 갖는 정치적 의미가 각별할 수 있다.

자본주의 사회구성에 있어 그것에 정합적으로 조응하는 이데올로기는 자유경쟁과 자유경쟁에 의한 결과적인 사회적 조화(이는 본질적으로 다윈주의적인 적자생존의 원리를 생래적으로 내포한다), 그리고 그러한 자유경쟁을 위한 경쟁원리로서의 개인주의와 세속화된 타산적 인간형 등으로 구성된다. 그러나 물론 현실적으로는 위와 같은 내용구성을 갖는 부르주아이데올로기만으로 자본주의 사회구성의 이데올로기가 완결되는 것은 아니다. 여기에는 자본주의 사회구성으로 발전하는 과정에서 미처 해소·청산되지 못한 봉건적 이데올로기가 유제의 형태로 남아 있을 수 있으며, 또한 해당 사회의 과도한 이데올로기적 변형이 존재하는 것이다.

1950년대 한국사회는 이러한 과도한 이데올로기적 변형이 지배한 시기였다. 물론 이러한 이데올로기 상황은 비단 50년대에만 국한되는 것은 아니며, 1990년대인 현재에 이르기까지도 기본적으로 지속되고 있다. 이데올로기의 과도한 변형으로 인한 이데올로기 지형의 편향적 왜곡과 불균형 및 불건전한 협소함은 주로 한국전쟁으로부터 연유하였다.

한국전쟁은 백만 명 이상의 사상자를 내면서 전 국토에 걸쳐 몇 번의 진퇴를 경과한 3년여에 걸친 전쟁이었으며, 이 땅의 어느 지점도 권외로 남겨놓지 않은 전면적인 이데올로기 전쟁이었다. 한국전쟁은 전쟁시기에 이 땅에 존재하였던 모든 사람, 모든 세력에게 어떤 형태로든지 이데올로기적 편향을 강요하였으며, 그러한 이데올로기적 강제가 급변하는 정치상황에서 자기 생존의 문제와 직결됨으로써 일면 대단히 수세적이면서 다른 한편으로는 극단적으로 공격적인 형태로 자리잡게 되었던 것이다. 그리하여 어떠한 이데올로기적 개방과 관용도 허용되지 않는 상태에서 제한적으로만 선택된 극단화된 이데올로기가 구축한 협소한 이데올로기 지형이 1950년대 이래 한국사회가 감당하지 않으면 안 되었던 이데올로기 상황이었던 것이다.

따라서 만약 자유경쟁을 기본원리로 하는 자본주의 사회구성의 이데올로기 구조가 최소한의 이데올로기적 개방성을 고유한 속성으로 함으로써 사회변화와 정치변동에 자발적이고 주체적으로 적응해 나가는 것을 의미한다면, 그리고 바로 그러한 이데올로기적 속성이 '국민의 기본권'의 전면적 보장이라는 최소한의 시민적 영역으로 확보되고 있는 것이라면, 1950년대 한국사회의 이데올로기 지형은 자본주의 사회구성의 일반적인 이데올로기 구조와는 판이한 양상으로 구축되어 있었다고 하지 않을 수 없는 것이다.

1950년대 한국사회는 오히려 반공이데올로기가 부르주아이데올로기의 올바른 실현을 저지하면서 매우 조야한 형태로 그 지배력을 관철시켰던 역전된 구조였으며, 여기에 식민지 시기에 대폭 강화된 봉건적 이데올로기의 전체주의적 변형이 부차적으로 결합됨으로써 어떠한 이데올로기적 개방과 관용도 그리고 그것의 정치현실로의 전화도 가능하지 않은 폐쇄적 이데올로기 지형을 구축하였다.

위에서 논의한 1950년대 한국사회의 정치·이데올로기 지형의 특징은 다음과 같이 요약된다.

첫째, 한국전쟁을 통하여 1940년대의 다양한 정치세력들의 구성과 분포가 우익의 주도하에 일방적으로 정리되었다는 점이다. 그리고 이러한 일방적 정리는 정치지형의 과도한 협소화를 가져옴으로써 자본주의 사회의 고유한 정치공간과 정치기제들마저 심각하게 훼손시켰다. 그리하여 어떠한 정치적 반대도 정권안보적 차원에서 재단됨으로써 결국에는 정치적 반대가 정당적 정치조직으로 외화되는 과정 자체를 봉쇄하고, 결과적으로 의회정치공간의 정치적 능력 자체를 스스로 감퇴시켜 버리는 잘못을 거듭 범하였던 것이다.

둘째, 한국전쟁은 이데올로기 지형을 지극히 협소하고 공격적인 것으로 조형함으로써 정치발전의 필수적 전제인 사상적 개방성과 이념적 포괄성을 근본적으로 부정하는 결과를 가져왔다는 점이다. 또한 전쟁의 결과 형성된 분단체제는 휴전선을 사이에 둔 두 적대세력 간의 전면적 대립과 항상적 긴장을 조성함으로써 한국전쟁을 통해 형성된 적대적 이데올로기 대립구도를 계속 강화하여 일방적이고 편협하게 구축된 이데올로기 지형의 정당성을 지속적으로 충원하게 되었다. 그리하여 자주적인 통일민주국가의 건설을 지향하는 모든 정치세력은 그 존재가 확인되는 순간 일차적으로 난폭한 이데올로기 공세에 직면하지 않을 수 없게 되었던 것이다. 뿐만 아니라 이렇듯 협소하게 고착된 이데올로기 지형은 자본주의 사회의 고유한 사회운영원리인 제계급·계층의 자율적이고 다원적인 조직과 운동마저도 편향된 이데올로기적 프리즘을 통해 굴절시킴으로써 한국사회의 분화·발전을 원천적으로 제약하였던 것이다.[9)]

진보당이 출현하여 소멸하기까지 2년여의 시기는 바로 이러한 1950년대의 정치·이데올로기 지형이 매우 조야한 형태로 그러나 대단히 강력한 힘을 갖고 있던 시기였다.

3. 1950년대 정당정치와 진보당

1950년대 한국 정치구조는 이승만의 압도적 영향력과 그것을 뒷받침하는 군부·경찰 등 물리적 국가기구의 막강한 영향력이 정치의

9) 한국정치연구회 편, 『한국정치론』 제2부 7장 참조.

전면을 장악한 상황에서 이승만 정권의 정치적 외피로서 의회공간에서의 여당의 지위를 누리고 있는 자유당과 의회라는 틀에 제한된 채 상징적인 차원의 정치적 반대를 표시하는 것으로 자족하고 있었던 민주당으로 구성된 보수양당제로 구조화되어 있었다. 이러한 정치상황은 이승만 정권에게는 모든 것이 가능한 상황이었으며, 민주당에게는 자유당에 대한 견제를 위한 국민대중의 지지를 통해 자신의 최소한의 정치적 입지가 항상적으로 보장되는 상대적으로 안정된 정치상황이었다. 이러한 보수양당제 구조는 50년대 전체를 통해 1956년 대통령선거를 제외하면 모든 선거양상에서 드러난다. 또한 50년대 정치사를 장식하는 발췌개헌[10]과 부산정치파동,[11] 사사오입 개헌[12] 등의 정치적 파행이 그러한 파행적 정치구조의 현실을 역설적으로 반영하고 있다.

자유당이나 민주당 모두에게 상대적으로 안정적인 정치구도였던 보수양당제에 심각한 위협을 던진 것은 1956년의 대통령선거였다. 이미 1952년 대통령선거의 출마경험을 갖고 있었던 조봉암은 56년 진보당이 채 창당되지도 못한 창당준비위 차원에서 후보로 출마하여 216만여 표를 득표함으로써 비록 당선은 되지 못했지만, 자유당은 물론 민주당에게도 커다란 정치적 도전이자 위협으로 부상하기 시작하였다.

그리하여 비록 2년이 채 안 되는 기간이기는 하였지만 1956년에서 1958년 사이의 한국 정치구조는 자유당이라는 거대 보수여당과 민주당이라는 보수야당 및 진보당이라는 진보적 야당[13]으로 구성되는 3당구

10) 자유당 정권은 1952년 이승만의 재선을 위한 방법으로 정부개헌안과 내각제 개헌안을 절충한 '발췌개헌안'을 제출하여, 경찰의 안내로 의사당에 출석한 국회의원 166명 가운데 찬성 162표로 대통력직선제 개헌안을 통과시켰다.

11) 김도현 외, 『1950년대의 인식』(서울: 한길사, 1981) 참조.

12) 자유당 정권은 1956년 이승만의 3선 개헌을 위한 개정안을 제출하여 재적의원 203명에서 찬성 135, 반대 60, 무효 1, 결석 1의 결과로 가결 정족수인 2/3에 못 미치자 사사오입이라는 숫자원리에 따라 135명을 203명의 2/3로 간주하여 개헌안을 통과시켰다.

13) 진보당 창당 후 소멸 때까지 어떠한 선거도 없었으므로 진보당은 사실상

조를 갖게 되었다. 이러한 상황은 분명 한국전쟁 이래 현재에 이르기까지의 한국정치사에서 유례를 찾을 수 없는 특수한 정치구조였다.

이러한 3당구조에서 자유당과 민주당은 본질적으로 동일한 문제의식을 느끼는 일방 각각의 특수한 입장으로부터 도출되는 특수한 이해관계를 진보당과 맺지 않을 수 없었다. 먼저 자유당·민주당의 본질적으로 동일한 문제의식을 검토해 보자.

비록 자유당이 신흥매판자본과 관료층의 이해를 반영하는 반면 민주당이 구래의 지주계층의 이해를 반영하는 차별성을 갖고는 있었지만, 양자 모두 당시 한국사회의 기득권층의 이해를 반영하는 점에서는 별다른 차별성을 찾아보기 어려울 만큼 근본적인 동일성을 갖고 있었다. 따라서 자유당과 민주당의 정치적 대립은 허용된 정치공간에서의 제한적 정치투쟁으로 시종되었으며, 그 정치투쟁의 주요한 쟁점은 권력의 배분방식과 기득권의 확대·유지 및 대권에의 접근통로를 둘러싼, 본질적으로 당리당략적인 것이었다.[14]

그러므로 이들에게 있어 진보당은 여·야라는 위치에 관계없이 자신들의 이해관심과 근본적으로 상치되는 정치세력으로 규정될 수밖에 없었다. 이러한 공동의 이해관심은 1956년 대통령선거에서 민주당 후보인 신익희가 급서한 직후 진보당이 제안한 '정·부통령 후보단일화와 반자유당연합전선의 구축'에 대한 민주당의 거부로 일차 나타났으며, 1958년 진보당의 해체와 조봉암의 사형에 이르는 와해과정에서 보다 극적인 형태로 나타났다.

원외당으로 존재하였지만, 원내 의석 여부에 관계없이 진보당이 갖는 정치적 영향력은 진보당을 민주당에 필적하는 야당으로 부각시켰으며, 그런 의미에서 3당구조라는 규정은 일정하게 기능할 것으로 판단된다.

14) 이 시기 정강정책이 선언적 수준의 의미밖에 없었던 것이기는 하지만 자유당과 민주당의 강령적 차이가 거의 보이지 않는다는 점도 이러한 점을 반증하는 한 사례가 될 것이다. 두 당의 정강에 대해서는 『한국의 주요정당사회단체 강령정책』 (서울: 시인사) 참조.

한편 진보당에 대한 자유당·민주당의 차별적인 특수한 이해관계는 보다 복잡미묘한 형태로 나타난다.

조봉암은 이승만 정권의 초대 농림부장관과 자유당정권하에서의 두 번에 걸친 국회부의장으로서 자유당과의 관계를 맺고 있다. 특히 조봉암은 초대 농림부장관으로 있으면서 토지개혁 등 이승만 정권이 그나마 내세울 수 있는 개혁실적에서 핵심적인 역할을 수행하였던 것으로 평가된다. 그러나 1952년 2대 대통령선거에서의 이승만과의 경쟁과 그에 대한 자유당 정권의 견제가 1954년 국회의원선거에서의 후보자격 박탈로 나타나면서 조봉암과 이승만 정권과의 관계는 결정적으로 대립되게 되었다.

그리하여 1956년이 되면, 이미 양상은 일변하여 조봉암은 1952년 대통령선거에서의 득표와는 비교할 수 없을 만큼의 성장세를 보이게 되며, 비록 몇몇 지역에 국한되기는 하였지만 부분적으로 이승만을 압도하는 지지를 획득하게까지 되는 것이다. 그러므로 1956년 선거를 전후로 하여 조봉암과 진보당은 자유당 정권에 대한 이전의 상징적 반대와 적정 수준의 타협이라는 정도를 넘어서 가장 강력하고도 위협적인 정치적 반대 세력으로 성장했던 것이다.

특히 진보당이 진보적 대중정당의 성격과 위상을 분명히 하게 되면서 자유당은 이중적 부담을 안지 않으면 안 되게 되었다고 할 수 있다. 첫째는 압도적인 물리력과 강고한 이데올로기 지형에 근거하여 '승공, 북진통일'을 실제 행동으로 주장하였던 자유당으로서는 초대 농림부장관과 두 번의 국회부의장의 경력을 가진 조봉암의 진보당이 평화통일을 당 강령으로 내세운 것을 (1) 국시에 대한 전면 도전이자, (2) 자유당에 대한 정면 도전으로 받아들이지 않을 수 없었기 때문이다. 그리하여 진보당의 존재는 그것이 대중적으로 인식된다는 사실 자체가 자유당의 정치적 입지에 대한 심각한 도전을 의미하게 되었으며, 그렇기 때문에 자유당은 진보당에 대한 물리적 배제에 적극적으로 나서지 않으면 안 되었던 것이다.

자유당에 대한 진보당의 정치적 위협수준이 1956년 대통령선거를 통해 훨씬 높아졌다는 사실은 이미 지적한 바 있다. 그러나 이 정치적 위협은 단순한 득표수나 진보당의 양적인 정치적 성장에 의해서만 측정된 것은 아니다. 1956년 대통령선거의 지역별 득표상황이 보여주는 것은 조봉암의 우세지역이 일제시기나 40년대의 전면적 정치대립의 시기에 기층대중의 운동이 활발하였거나 우익이 매우 열세에 처했던 지역과 상당히 중첩된다는 사실이다.[15] 이는 1956년 대통령선거를 통해 나타난 국민대중의 정치동향이 40년대 정치투쟁과정과 한국전쟁을 경과했음에도 불구하고 진보적 정치성향을 뿌리깊게 갖고 있다는 사실을 상징적으로 보여주는 것으로서 자유당에 대한 진보당의 정치적 위협의 수준을 대단히 높인 하나의 요인이 되었던 것이다.

둘째는 진보당이 진보적 대중정당을 지향하면서 기존의 보수정당들과는 달리 사회 각 부문, 영역의 대중조직에 대한 관심을 지속적으로 표방하였다는 점이다. 물론 1950년대 한국사회의 계급구조와 정치상황 및 사회적 분화의 정도가 다양한 형태와 수준의 대중조직의 존

15) 조봉암의 지역별 득표현황에 대해서는 다음을 참조하기 바람.

시도별/구분	선거인 수	이 승 만	조 봉 암	무 효
서 울	703,799	205,253	119,129	284,359
경 기	1,119,859	607,757	180,150	271,064
충 북	521,061	353,201	57,026	89,517
충 남	961,871	530,531	157,973	212,067
전 북	910,566	424,674	281,068	169,468
전 남	1,330,447	741,623	286,787	257,768
경 북	1,492,013	621,530	501,917	205,338
경 남	1,646,398	830,492	502,507	275,275
강 원	804,325	644,693	65,270	79,710
제 주	116,501	86,683	11,981	12,252
합 계	9,606,870	5,048,437	2,163,808	1,856,818

출처: 중앙선거위원회, 『대한민국 선거사』.

재를 허용하지 않았던 것은 주지의 사실이다. 그럼에도 불구하고 1940년대 이래 전국노동조합평의회와의 정치투쟁을 통해 외형적으로 커다란 영향력을 갖는 것으로 성장한 대한노총 등 대중조직의 존재가 전무했던 것은 아니다.

문제는 이들 대부분의 대중조직이 1940년대 이래의 정치변동과정에서 정권과의 밀접한 유착관계를 유지하면서 존재해왔으며, 이들 대부분이 이승만을 정점으로 하는 정치 사조직의 성격을 갖고 있었다는 점이다.[16] 이러한 상황에서 대중조직에 대한 관심을 지속적으로 표방하는 진보적 대중정당의 출현은 자유당으로 하여금 자신의 하부조직들인 이들 대중조직에 대한 관리와 통제를 가일층 강화하지 않으면 안 되게끔 강요하게 되었던 것이다.

진보당의 대중조직에 대한 관심은 결국 진보당의 와해과정에서 '특수당부'라는 조직형태로 드러나면서 진보당에게 치명적인 타격을 주게 되지만, 1956년의 시점에서 진보당의 이러한 도전은 자유당으로 하여금 자신의 정치적 입지보존을 위한 보다 근본적인 대책을 강구하지 않으면 안되는 매우 긴급한 정치적 위기로 받아들여지게 되었던 것이다.

그러므로 '완강한 수구와 진보의 도전'이라는 매우 단순한 도식에는 자유당과 진보당 간의 이러한 다중적 이해대립이 개재되어 있었으며, 그 이해대립의 최종적 귀결이 진보당의 완전한 부정으로 되었던 것이 1950년대 정치상황이었던 것이다.

한편 진보당이 민주당과 갖는 이해관련은 보다 복합적인 것이었다. 자유당 정권의 일방적 독재정치 아래에서 같은 야당으로서 활동하였던 진보당과 민주당은 많은 부분에서 자유당에 대한 공동대응을 요구받고 있었으며, 또한 그러한 공동대응을 다양한 계기를 통해 모색하기도 하였다. 물론 진보당이 창당되어 붕괴할 때까지의 1년 남짓 동안

---

16) 서중석, "1950년대 이후의 혁신정당론", 민족과 세계연구소, 『혁신정당 자료모음집』(송건호 선생 회갑논문집, 1989) 참조.

국회의원선거가 없었기 때문에 원내활동을 통한 진보당과 민주당의 관련은 찾아볼 수 없다. 그러나 두 당 간의 이해관련을 상징적으로 보여주는 몇 가지 사례를 통해 이 문제에 대한 기본 관점을 갖는 것은 그렇게 어려운 일이 아니다.

앞에서도 잠깐 지적하였지만 민주당은 시종일관 진보당을 견제하였다. '반자유당 공동투쟁' 보다는 '반진보당 보수연합'이 민주당의 이해에 근본적으로 부합하는 것이었다는 점은 여러 사례를 통해 확인된다. 1954년 국회의원선거에서 자유당 정권에 의해 조봉암이 후보등록을 못하게 되었을 때 민주당에 대한 조봉암의 지원요청은 민주당에 의해 거부되었다. 또한 이 시기에 조봉암이 제안한 대규모 '보수-혁신' 연합에 의한 반자유당 연합전선 제의 역시 민주당에 의해 거부되었다.[17] 뿐만 아니라 1956년 대통령선거시 신익희 사건 후 보여진 조병옥·김준연 등의 '반조봉암, 반진보당' 의로의 명백한 선회는 진보당에 대한 민주당의 일관된 정치적 입장을 잘 보여주고 있다. 진보당사건의 사법적 처리가 1심 5년의 선고를 깨고 2, 3심에서 조봉암의 사형을 확정지을 때까지 수사·재판 과정상의 무수히 많은 문제점에도 불구하고[18] 민주당이 내내 침묵을 지킴으로써 진보당의 붕괴와 조봉암의 죽음에 소극적인 형태이기는 하지만 분명한 동의를 나타냈던 것은 민주당의 이러한 반진보당 입장의 연장선에서의 논리적 귀결로 설명될 수 있는 것이다.

진보당에 대한 민주당의 이러한 배타적 입장은 역설적이게도 4월혁명에 의한 정세의 일대 변전상황에서 보다 전면적으로 나타났다. 4월혁명의 와중에서 별다른 역할도 하지 못한 채 권력의 공백상태에서 정권을 장악한 민주당 정부는 진보당 및 이른바 '혁신계' 출신 정치

---

17) 권대복 편, 『진보당』(지양전서 17, 1985).

18) 수사·재판상의 문제점에 대해서는 김춘봉, "진보당 사건의 법률적 해부", 『인물계』 1958년 9월호 참조.

인들의 정당들인 사회대중당 등 '혁신정당'들과 지속적인 대립구도를 형성하였다. 7·29총선에서 승리한 민주당은 이후 2·8한미경협 반대투쟁과 2대 악법 반대투쟁 및 민자통을 중심으로 한 4월혁명 주도세력의 통일운동과 맞서 기존 정치질서와 기득권층의 이해를 옹호하기 위해 사력을 다해 투쟁하였다.[19] 그리하여 민주당 정부는 보다 강력하게 조직된 물리력을 직접 동원한 5·16쿠데타 주도세력에게 자신의 역할을 넘겨주기까지 4월혁명의 전과정을 통하여 '반진보적 보수'의 성격을 일관되게 견지하였던 것이다.

이렇게 볼 때 1950년대 한국사회의 정치적 조건은 진보당이 자신의 운동을 전개해 나가는 데 이중·삼중의 어려움을 가중시키고 있었다고 할 수 있다. 정치·이데올로기 지형의 협소함이 정당적 형태의 운동을 원천적으로 제한하였을 뿐만 아니라 특히 진보적 이념을 표방하는 정당운동의 입지는 애초부터 상정하기 어려운 조건이었다. 그나마 존재하였던 의회정치공간 역시 자유당과 민주당 간의 타협적 양당구조에 불과하였으며 진보당의 출현은 이들 타협적 양당구조에 익숙해 있던 양당 모두에게 정치적 위협을 가중시킴으로써 결과적으로 반진보당 보수연합을 형성케 하였던 것이다.

그럼에도 불구하고 진보당은 그 존재만으로도 대단히 많은 정치적 함의와 역사적 함축을 던져주고 있다. 그것은 진보적 대중정당운동이 그 당시와 별반 다르지 않은, 근본적으로 동일한 정치상황에 처해 있는 현재의 한국 정치구조가 지향하는 정치발전의 한 전형일 수도 있다는 점에서 그러할 뿐만 아니라, 특히 진보당의 와해와 보수정당들의 그에 대한 입장과 정치형태가 현재의 정치상황에 대한 반면교사로서 시사해 주는 실천적 의미가 또한 그러하기 때문이다. 이러한 문제의식에 근거하여 이제 진보당의 성격과 구성·운영 및 활동에 대한

---

19) 정기영, "4월혁명의 주도세력", 4월혁명 연구소 편, 『4월혁명 30주년 기념 논문집』(서울: 한길사, 1990); 고성국, "4월혁명의 이념", 같은 책 참조.

보다 구체적인 검토를 시도하기로 하겠다.

4. 진보당에 대한 평가

1) 진보당의 구성과 성격

진보당은 1956년 1월 26일 서상일·조봉암·박기출·김성숙 등 12인으로 진보당 창당준비위원회를 구성하고 1956년 3월 31일 전국대표자회의를 통해 정강정책을 채택한 후 5·15 정·부통령선거의 후보로서 대통령후보 조봉암, 부통령후보 박기출을 지명하였다.[20]

그리고 5·15선거 후인 1956년 11월 10일 진보당 창당대회를 개최하여 위원장에 조봉암, 부위원장에 박기출·김달호, 간사장에 윤달중을 선출하여 본격적인 정당활동에 돌입하였다. 그러나 1958년 5월의 제4대 국회의원 총선거를 앞둔 시점인 1958년 1월 11일 조봉암·박기출·김달호·윤길중 등 주요 간부 10여 명이 국가보안법 위반혐의로 일제히 검거되고 1958년 2월 25일 정당등록이 취소되어 당이 해체되었으며[21] 7월31일 조봉암에 대한 사형이 집행됨으로써 완전히 와해되었다. 그러므로 정당으로서의 진보당의 활동시기는 엄밀히 말하자면 1년 3개월에 불과하지만 창당준비위원회 시기까지를 포함하면 2년 남짓된다고 할 수 있다.

창당에서 와해에 이르는 전과정에서 주요하게 활동하였던 진보당 관계자들의 정치경력은 대체로 일제시기부터 시작되는 독립운동과 좌익운동에서 출발하고 있다. 이들은 그후 40년대 정치변동과정에서 좌파와 민족주의좌파로서 활동하면서 대부분 대중정당 수준의 활동경험

---

20) 권대복 편, 앞의 책.
21) 위의 책.

을 가진 후 한국전쟁의 과정에서 활동을 중지하다 진보당으로 결집하게 된다. 따라서 '진보적' 정치지향에서는 광범위한 합의가 경향적으로 존재하였지만, 이들 각각의 구체적인 정치적 입장이나 대안적 정치체제에 대한 구체화된 수준의 견해에는 상당한 편차를 보일 수도 있는 상대적으로 느슨한 결합이었다고 할 수 있다. 물론 상황의 격변에 의해 많은 부분이 설명되어야 하겠지만 진보당 관계자들의 그후의 정치행로에 대단히 많은 차별성이 드러나는 것은 이들의 이러한 애초부터의 주체적 조건에서 연유하는 바가 크다고도 할 수 있을 것이다.

진보당은 창당선언문에서 자신의 정치적 성격을 '진보적이며 혁신적인 민주주의적 정당'으로 규정하고 있다.[22] 이러한 성격규정의 구체적 내용은 다음과 같은 진보당 강령에서 비교적 상세하게 제시되고 있다.

강령은[23]

(1) 세계평화와 인류복지의 달성에 복무

(2) 공산독재는 물론 자본가와 부패분자의 독재도 배격하고 진정한 민주주의 체제를 확립하여 책임있는 혁신정치의 실현

(3) 생산분배의 합리적 계획을 통해 민족자본의 육성과 농민, 노동자, 모든 문화인 및 봉급생활자의 생활권 확보

(4) 안으로 민주세력의 대동단결을 추진하고 밖으로 민주우방과 긴밀히 제휴하여 민주세력이 결정적 승리를 얻을 수 있는 평화적 방식에 의한 조국통일의 실현

(5) 교육체제를 혁신하여 점진적으로 국가보장제를 수립할 것 등을 제시하고 있다

22) 권희경, 『한국혁신정당과 사회주의 인터내셔널』(서울: 태양, 1989).

23) 권대복 편, 앞의 책.

그리고 이를 뒷받침하기 위하여 각론적 정책대안으로,[24)]

(1) 대한민국 주권하에 유엔을 통한 민주적이고 평화적인 조국통일을 내용으로 하는 통일문제

(2) 국방외교정책

(3) 정치제도(책임있는 의원내각제)

(4) 행정정책

(5) 경제정책

(6) 광업정책

(7) 재정정책 등을 제시하였다

위의 강령과 정책에서 특히 지적될 수 있는 것은 다음의 세 가지이다. 첫째는 창당선언문에서 당시 '한국사회의 어려운 정치상황'이 '스탈린의 명령에 따라 동족상잔적 6·25의 참변을 일으킨 저 공산도배들의 침략 때문'[25)]이라고 표현하고 있는 것과 같이 반공과 반북한의 입장을 분명하고도 구체적인 형태로 제시하고 있다는 점이다. 이러한 문제는 진보당의 이념이 '진보'라는 점 때문에 특히 중요하게 해석되어야 할 것이다. 당시의 한국 정치구조에서 '진보'가 '혁신'으로 그리고 '혁신'이 '용공'으로, 그리하여 마침내 '용공'이 '친북'으로 일방적으로 규정·매도당할 가능성이 상존하였으며, 그러한 상황에서 '진보'를 자신의 정치지향으로 내세우기 위해서는 '진보'가 '용공 및 친북'을 어떤 형태로든 분명히 단절하고 정리하지 않으면 안 되었을 것이라는 점은 쉽게 짐작할 수 있다.[26)]

물론 여기에 더하여 앞에서 검토했던 대로 진보당 관계자들의 정

---

24) 위의 책.

25) 위의 책.

26) 한국사회연구소 편, 『대중정당』(서울: 백산서당, 1989) 중에서 제2장 참조.

치적 경험과 정치지향이 창당선언문의 위 대목에 일정정도 반영되고 있다는 측면도 지적될 수 있을 것이다. 그러나 진보당의 이렇듯 명백하게 표명된 '반북과 반공'이라는 성격규정과 정치적 입장에도 불구하고 진보당의 와해가 바로 그 대목을 약한 고리로 하여 이루어졌다는 점은 역설적으로 진보당의 첨예한 현실인식과 그럼에도 불구하고 그것을 강제한 당시 정치권력의 일방적 우세를 그대로 보여주고 있는 것이다.

둘째는 진보당의 강령과 정책에서 통일정책이 여타 정당들의 그것에 비해 특히 두드러진다는 점이다. 진보당이 정강 및 정책의 여타 부분에서 자유당 및 민주당에 비해 상대적으로 진보적이기는 하지만 그렇게 뚜렷한 차별성을 갖지는 못하는 데 비해(물론 이는 진보당이 '반공·반북'의 입장표명에서 보이는 것처럼 대단히 신중한 정치적 입장을 견지했기 때문이기도 하지만, 또한 그와 더불어 당시 자유당이나 민주당의 정강·정책이 적어도 선언적 수준에서는 매우 진보적인 것이었기 때문이기도 하다)[27] 통일정책에 있어서는 매우 뚜렷한 차이를 보일 뿐만 아니라 그것이 대단히 구체화된 형태로 제시되고 있다는 점이다.

'북한당국의 평화공세에 대한 진보당의 선언문'[28]에서 진보당의 통일정책은 다음과 같이 제시되고 있다. "조국의 조속한 평화적 통일을 진정코 갈망하는 피해대중을 대표하여… (1) 통일되는 독립된 민주적 한국의 국회형성을 위하여 자유선거를 시행한다! … 자유선거의 준비와 실시를 감독·감시할, 국제연합의 동의하에 선출된 국제감시위원회는 인도·스위스·스웨덴·폴란드·체코슬로바키아 대표로 구성되어야 하며, 인도대표는 의장으로 취임할 것"이라고 규정하고 있어 적어도 통일정책에 있어서 진보당의 입장은 매우 적극적이며 구체적

---

27) 『한국의 주요정당 사회단체 강령정책』(시인사).
28) 권대복, 앞의 책 (부록1: '한국공산주의 운동 비판').

인 것이었음이 분명하게 확인될 수 있는 것이다. 그리고 이러한 상황은 4월혁명의 중반부 이후 결성된 민자통을 중심으로 하는 통일운동의 과정에서 그대로 계승되고 있다.[29]

통일정책에서 두드러지는 진보당의 이러한 진보성은 두 가지 측면에서 이해될 수 있을 듯하다. 하나는 당시와 같은 협소한 정치·이데올로기 지형에서 진보성이란(북한에 대한 비판을 분명한 전제로 하면서) 이 시기의 절대적 금기이자 성역이었던 남·북한문제에 대한 보다 적극적인 입장의 개진을 불가피한 것으로 하였다는 점이다. 다른 하나는 진보당의 구성이 상당부분 민족주의좌파[30]를 포괄함으로 인하여 1940년대 이래의 좌우합작운동과 남북협상 등을 통해 표출되었던 민족주의적 정치정향이 통일문제에 대한 보다 적극적인 입장의 표명으로 외화되었다는 점이다.

셋째는 '한국사회의 어려운 정치상황'이 "8·15 이후 지주자본가로서 미군정에 중용되었던 한국민주당 중심의 고루한 보수적 정치세력"과 "민주주의의 이름 밑에 반(半)전제적 정치를 수행하여 온 특권관료적·매판자본적 정치세력의 과오에 기인"[31]한다고 함으로써 반민족적·빈민주적 세력에 대한 비판을 정면으로 제기하고 있다는 점이다.

위와 같은 성격에 근거하여 진보당은 '반공과 반북' 및 '반민족적 세력에 대한 반대'라는 정치적 입장을 견지하는 모든 세력에 대해 문호를 개방하였다.

그리하여 진보당의 구성을 "어떤 일부 소수인이나 어떤 소수집단의 정치적 조직체도 아니고 광활한 근로민중의 이익실현을 위하여 노력하고 투쟁하는 근로대중 자신"[32]이라고 규정함으로써 직업혁명가로

29) 고성국, "4월혁명의 이념", 『4월혁명 30주년 기념논문집』(서울: 한길사, 1980).

30) 권대복, 앞의 책(부록1: '진보당 간부명단 및 간부약력') 참조.

31) 위의 책.

32) 위의 책, pp. 37-55 참조.

구성되는 '전위당적 조직'과는 명백히 다른 대중정당으로서의 성격을 분명히 하였다.

2) 진보당의 조직문제에 대하여

진보당의 조직적 성격은 대중정당으로 집약된다.[33] 앞에서 인용한 창당선언문에서도 밝혀져 있지만, 진보당의 대중정당적 성격은 그 조직구성에서도 일정하게 관철되고 있다. 이와 관련하여 우선 창당발기인의 구성이 매우 복합적인 성격을 보이고 있다는 점이 지적될 수 있을 것이다. 동아일보계 및 한민당계의 서상일·여운형, 우파인 이동화, 민족자주연맹과 남북협상에 참가한 김성숙 등이 남로당을 거쳐 전향한 조봉암을 중심으로 결집함으로써 어떤 면에서 진보당은 그 자체로서 느슨한 정치적 상층 통일전선적 성격도 띠고 있었다고 할 수 있다. 더구나 이들의 정치적 기반과 경력 및 정치정향의 다양성을 감안한다면[34] 이들에게서 이념적 통일성과 강고한 당적 결집을 특징으로 하는 전위정당적 성격을 찾아보기는 애초부터 불가능한 일일 뿐만 아니라 불필요한 일이기조차 한 것이다.

그러므로 이러한 진보당 지도부의 느슨한 조직체제는 조봉암의 정치력을 통해서만 당적 형태를 유지할 수 있었을 뿐이며, 그런 의미에서 올바른 의미의 대중정당이라고 할 수 없는 매우 낮은 수준의 조직강도를 갖고 있었다고 평가하지 않을 수 없다.

두번째로 지적할 것은 진보당 조직에서의 조봉암의 압도적 지위와 역할의 문제이다. 진보당의 대부분의 활동과 역할이 조봉암 개인의

---

33) 대중정당과 전위정당의 차이에 대해서는 박상훈, "정당운동의 이론적 기초", 『대중정당』(서울: 백산서당, 1989) 참조.

34) 핵심간부인 김달호·윤길중이 일제시대 판사·군수 출신이었다는 사실은 진보당 지도부의 다양한 구성을 보여주는 한 사례에 지나지 않는다.

정치활동의 결과이거나 그것에 종속되었다는 사실은 진보당의 대중정당으로서의 성격을 대단히 제한적인 것으로 하는 동시에 비록 진보당이 '진보적 대중정당'의 기치를 내세웠음에도 불구하고 여전히 조직구조와 운영이 보수정당들의 인물중심적 조직수준을 벗어나지 못했다는 측면을 반증하는 것이다. 그 결과 분명 진보당은 몇몇 명망가나 정치인들의 선거용 정당이 아니어야 했음에도 불구하고 결과적으로 조봉암의 피체와 더불어 급속히 와해된 데에서도 드러나듯이 '조봉암의 사당'이라는 측면을 극복하지 못하였던 것이다.

이러한 대중정당으로서의 진보당의 조직적 한계는 4월혁명의 와중에서 다시 활동을 재개할 수 있었던 '혁신정당'들에게서 보다 악화된 양상으로 재현되었으며 그후 80년대 중반에 이르기까지 지속되어왔던 것이다. 물론 가장 대중적이어야 할 진보적 대중정당이 선거용 정당이나 상징적 수준의 명망가적 정당으로밖에 존재할 수밖에 없었던 것이 진보적 대중정당운동을 했던 운동주체들만의 책임으로 돌려질 수 있는 것이 아님은 분명하다. 그것은 이미 이 장에서 누차 지적된 바 있는 한국 정치구조의 특수성에 더하여 정치적 패배주의와 허무주의가 방어적 이데올로기 상황과 겹쳐지면서 조성된 대중들의 탈정치화 현상에도 상당정도의 책임이 물어져야 할 것은 당연하다. 그럼에도 불구하고 진보당을 비판적으로 검토할 때 자신들의 조직위상으로 표방한 대중정당의 조직수준을 채워내지 못한 채 사당적 수준으로 전락했던 부분에 대한 비판은 여전히 유효한 실천적 의미를 가질 것이다.

세번째로 지적할 것은 진보당과 대중 및 대중조직과의 관계문제이다. 이 시기에 정치적으로 유의미한 대중조직이 거의 존재하지 않았을 뿐만 아니라, 그나마 존재했던 대한노총 등 대중조직의 거의 대부분이 진보당이 아니라 오히려 자유당의 외곽조직으로 활동하였다는 점은 이미 지적한 대로이다. 그리고 이 또한 이 시기 대중조직의 역사성과 정치적 성격 및 이들을 규정하는 당시 정치역학구조에 비추어 볼 때 정황적으로 이해될 수 있는 대목이라고 할 수 있다.

그러나 그럼에도 불구하고 진보당이 대중조직을 표방하는 한 이들에 대한 대중조직사업의 영역은 여전히 엄밀한 비판적 검토의 대상이 될 수밖에 없다. 대중조직에 대한 진보당의 선언적인 정치적 입장은 대단히 분명하다. 진보당은 창당선언문과 여타 공식문건에서 끊임없이 대중과의 결합, 대중조직과의 유기적 연관에 대해 강조하고 있다.[35] 그러나 이러한 선언적 강조에도 불구하고 대중조직사업을 위한 진보당의 구체적 작업과 성과를 어디에서도 찾아볼 수 없는 것 또한 엄연한 사실이다. 그것은 아마도 진보당 자체의 활동기간이 워낙 짧았었기 때문이기도 할 것이며, 진보당의 실제적인 정치역량의 수준이 대중조직사업을 정치현실로 전환시켜내기에는 절대적으로 부족한 역량상의 문제 때문이기도 할 것이다. 그러나 이러한 정황적 평가와 이해를 가로막는 진보당 내의 심각한 조직노선상의 혼선이 발견되는 것 또한 간과할 수 없는 사실이다.

그것은 이른바 '특수당부' 문제이다.[36] 특수당부조직이 실제로 얼마나 그 내용을 채웠는지에 관계없이(아마도 거의 그 내용을 채워내지 못했을 것이 분명하다) 대중정당을 표방한 진보당이 당조직에서 이중구조를 채택하였다는 점 자체는 분명히 대중정당이라는 조직위상과는 상반된 조직구조라고 하지 않을 수 없다.

특수당부에 대한 진보당의 규정은 다음과 같은 것이었다. 특수조직은 청소년, 학생, 문화계, 교육계, 종교단체, 상이군경, 사회단체, 후생단체, 보건단체, 농민, 노동자, 어민, 경찰, 군, 각종 직장, 여성계 등 각 분야에 설치하며[37] 부칙 1조에 "단 공작상 필요에 의하여 비공표 당원을 둔다"[38]고 규정함으로써 당의 이중구조적 규정을 공식화하고

35) 권대복, 앞의 책, pp. 13-36 참조.
36) 위의 책, "진보당의 정책과 특수조직활동" 제2장 참조.
37) 위의 책.
38) 위의 책.

있는 것이다. 이에 더하여 특수당부조직 준칙에서 특수조직에 대한 규정을 매우 엄격히 설정함으로써 대중정당의 조직원칙과 수준을 벗어난 과도한 규정을 하고 있다.[39)]

결국 진보당은 광범위한 대중 및 대중조직을 자신의 하부 및 외곽으로 배치하는 데 실패하였을 뿐만 아니라 대중조직사업의 어려움을 특수당부조직이라는 형태로 해소하려 함으로써 결과적으로 대중정당의 위상과 수준을 심각하게 훼손하는 이중적 조직구조를 공식화하였다는 비판을 면할 수 없을 것이다. 더구나 이중적 조직구조인 특수당부에 대한 제반 규정과 준칙이 전위정당적 수준의 규율과 원칙차원으로 제시됨으로써 대중정당으로서의 진보당에 대한 결정적인 조직노선 상의 혼란과 훼손을 가져오게 되었던 것이다. 이러한 점은 결국 진보당 와해과정에서 특수당부조직이 자유당 정권에 의해 집중적으로 공격받음으로써[40)] 결과적으로 진보당이 가질 수 있었던 정치적 방어력의 상당부분을 스스로 훼손시키게 되어 조직노선상의 오류에 대한 엄중한 책임을 스스로 감당하지 않으면 안 되는 결과까지 낳게 되었던 것이다.

이상과 같이 볼 때 진보당의 조직문제는 전반적으로 비판되지 않으면 안 될 것이다. 즉 자신들의 조직원칙이나 조직노선상의 공식적 입장에 관계없이 결과적으로 진보적 대중정당으로서의 대중성과 민주성을 확보하지 못한 채,[41)] 한편으로는 보수정당들의 구습을 그대로 답습하면서 다른 한편으로는 불필요하게 과도한 조직운영을 수행하는 이중의 잘못을 범함으로써 정당적 형태의 운동이 갖추어야 할 조직적 내용과 형식 모두를 확보하지 못한 결과가 되었다고 할 수 있다.[42)]

---

39) 위의 책.

40) 『동아일보』, 1959년 2월 27일-3월 7일.

41) 고명우, 『정치학 입문』 (서울: 백산서당, 1987).

42) 한국사회연구소 편, 앞의 책.

3) 진보당의 정치활동에 대하여

진보당의 활동은 창당 이후에는 거의 보이지 않는다. 1956년 11월부터 1958년 2월 사이에 한국정치 자체가 커다란 정치적 사건이나 격변을 겪지 않았기 때문이기도 하겠지만, 1년 3개월의 시기 동안 진보당은 실제로 당적 차원에서의 어떠한 유의미한 대중적 정치활동도 전개하지 못했기 때문이다. 이것은 주요하게는 원내 의석을 전혀 갖지 못한 정당의 정치활동이 갖는 한계의 표출이라고 이해할 수도 있을 것이다. 그런 의미에서 진보당의 와해가 1958년 국회의원 총선거를 4개월 가량 앞둔 시점에서 이루어졌다는 사실 또한 역설적으로 이러한 진보당의 정치활동의 한계를 설명하는 반증이 되기도 할 것이다.

그러나 대중적 정치활동 부재의 보다 근본적인 이유는 아무래도 진보당 자체의 대중적 정치활동역량의 문제로 귀착될 수밖에 없다. 1950년대 말의 한국사회는 진보당의 와해 2년 후에 일어난 4월혁명의 대중적 열기가 그대로 보여주듯이 한국사회의 구조적 모순이 이승만 자유당 독재정권의 전횡에 의해 증폭되면서 가히 폭풍전야와 같은 전사회적 위기상황을 조성하였던 시기였다. 그러므로 진보당은 자신의 정치활동 여하에 따라 비록 대단히 어렵기는 했겠지만 상당정도의 대중적 정치실천을 조직할 수 있는 객관적 조건을 확보하고 있었다.

그러므로 그러한 객관적 정세에서의 진보당의 대중정치활동의 부재에 대한 비판은 다시 한번 진보당 내부로 돌려질 수밖에 없다. 즉 확고한 이념적 동질성을 확보하지 못한 상층 정치활동가 중심의 느슨한 조직이었던 진보당은 당면 정치상황에 대한 과학적 분석과 그에 근거한 장·단기적 사업을 기획·추진할 수 없었을 뿐만 아니라 대중과 결합할 수 있는 대안적 정책이나 정치지향 역시 체계화시키지 못했으며 투쟁과 조직의 역동적 결합에 의한 조직의 강화라는 조직의 일반원칙조차 수미일관하게 관철시키지 못하였던 것이다.

그러므로 오히려 진보당 활동에 대한 평가에서 검토할 것은 1956

년 대통령선거 및 조봉암의 활동이다. 1956년 대통령선거에서 조봉암은 총투표수 906만 8,204표 중 216만 3,808표를 획득하였다.[43)]

그러나 여기에는 (1) 두 번에 걸친 국회부의장이라는 조봉암의 개인적 정치경력과 명망성 및 제2대 대통령선거에서의 2위 득표, 그리고 초대 농림부장관으로서 수행한 토지개혁 등의 정치적 실적 등 조봉암 개인에 대한 국민적 지지와 조봉암의 탁월한 정치능력의 결과라는 측면이 있으며, (2) 조봉암의 득표분포에 있어 지역적 편중이 두드러진다는 점이 지적될 수 있다. 특히 득표의 지역적 편중은 편중된 지역의 정치적 속성으로 인해 양면적 의미를 갖는 것으로 평가된다.

첫째는 앞에서도 지적했듯이 조봉암에 대한 지지가 타지역에 비해 우세하거나 이승만을 앞선 지역들이 식민지 시기 및 1940년대 정치변동과정에서 기층 대중운동이 상대적으로 활발했던 지역이라는 점이다. 이러한 점은 한국 정치구조에 압도적인 영향을 끼쳤던 한국전쟁이 끝난 지 3년밖에 안 된 시점에서 더구나 우익편향의 일방적인 정치·이데올로기 지형이 난폭하게 자리잡고 있었던 시점에서도 여전히 국민대중의 정치성향과 정치의식이 상당한 지속성과 탄력성을 지닌 채 존재하고 있다는 것을 반증하는 것이었다.

그러므로 1956년 선거결과는 보수정당들에게는 이러한 대중적 정서와 정치동향에 대한 보다 적극적인 대응 및 그러한 진보적 정치동향을 대변함으로써 그 정치적 영향력을 극대화할 가능성이 매우 높은 것으로 확인된 진보당에 대한 보다 적극적인 대응을 촉발시키게 되었다. 다른 한편 이것은 진보적 정치세력들에게는 자신들의 정치활동의 객관적 근거를 분명하게 확인하게 함으로써 창당작업에 박차를 가하게 하는 계기가 되었을 뿐만 아니라 그러한 대중적 정치동향을 여하히 조직하여 정치세력화할 수 있을 것인가에 대한 고민을 촉발시켰다고 할 수 있다.

---

43) 주15 참조.

둘째는 그럼에도 불구하고 지역적 편중과, 전반적으로 드러나는 여촌야도의 현상을 어떻게 극복할 것인가의 과제를 던져주었다는 점이다. 현재와 같이 보수정당들의 지역정당화가 구조화되어 있는 열악한 상황은 아니었지만, 진보적 대중정당이 '진보성'을 매개로 하여 국민대중의 지지를 전국적으로 확인하지 못할 때 당면하게 되는 정치활동상의 어려움은 1956년 선거에서 진보당 역시 동일하게 직면하였다고 할 수 있다. 이러한 '진보성'과 국민대중의 지지 간의 긴장과 간극의 문제는 결국 '진보성'의 내용을 여하히 구체화할 것인가 그리고 '구체성을 담보한 진보성'을 국민대중의 구체적 생활과 활동에 어떻게 결합시켜 낼 것인가의 문제로 되는 것이며, 바로 이 지점에서 진보당의 일상적 대중활동의 부재가 다시 한 번 비판적으로 제기될 수밖에 없는 것이다.

활동평가에서 마지막으로 검토할 것은 정치적 연합문제와 진보당의 와해과정이다. 진보당의 와해가 자유당과 민주당 간의 보수연합에 의한 정치공세의 결과라는 점은 이미 앞에서 지적한 바 있다. 또한 그에 대응, 진보당과 조봉암이 민주당에 대하여 어떻게 민주연합 건설을 제안하고 촉구했던가에 대해서도 사실적으로 서술을 하였다.

그러나 조봉암과 진보당이 끊임없이 민주당에 대해 '반자유당 민주연합'을 제안하고 후보단일화를 제안하였다 하더라도 그것이 자족적 선언 이상의 구체적인 정치적 의미를 갖기 위해서는 적어도 연합론이 가져야 할 내용으로서의 주도성과 그것을 뒷받침할 대중적 정치력 및 정치기술의 문제가 먼저 확보되지 않으면 안 되었을 것이다. 1954년 조봉암이 제안한 '보수-혁신' 연합구도의 제안은 진보당 창당 전에 조봉암이 개인적 차원에서 제안한 것으로서 거의 아무런 정치적 구속력을 갖지 못했을 것이라는 점은 이해할 수 있다. 그러나 1956년의 상황은 분명히 다르다.

이미 창당준비위원회가 구성된 상태에서 신익희 민주당 대통령후보의 급서로 인해 진보당은 '후보단일화와 반자유당 민주연합'을 정치현실로 전화시켜 낼 수 있는 매우 유리한 주·객관적 조건을 확보하고 있었던 것이다. 그러나 이 시기의 후보단일화 제안은 여전히 구태를 벗지 못한 채 상층 정치가들 간의 타협과 절충, 그리고 무산이라는 형식으로 진행되었다. 어디에도 '후보단일화와 반자유당 민주연합'을 결성하기 위한 대중적 정치실천이 보이지 않았으며 진보당 역시 그러한 대중적 정치실천을 조직하려 하지 않았다. 따라서 진보당의 제안은 그에 대한 민주당의 정치적 타산 이외에는 민주당을 견인할 어떠한 유인도 갖지 못했을 뿐만 아니라 민주당을 강제할 어떠한 수단도 갖지 못한 정치적 제의와 수사로 전락할 수밖에 없었던 것이다.

그리하여 진보당은 민주연합 구축의 절호의 기회를 놓친 채 오히려 1956년 대통령선거 결과에 대한 공동의 대응을 결심하게 된 자유당과 민주당 간의 보수연합에 의한 역공세에 직면하게 되었던 것이다. 그리고 그 결과가 파국적인 것이었다는 점은 다시 논의할 필요가 없을 만큼 분명한 것이었다.

진보당의 와해과정은 위에서 지적한 진보당의 조직노선상의 문제점과 활동상의 문제점이 집약적으로 드러나는 대목이다.

1958년 1월 12일 진보당 지도부의 일제검거, 1958년 2월25일 등록취소와 당 해체라는 한 달 반만의 와해는 그러한 상황을 잘 보여준다. 진보당 와해과정에서 진보당은 어떠한 유의미한 정치적 저항과 항의도 조직해내지 못하였다. 216만의 조봉암 지지대중 역시 진보당의 와해와 조봉암의 사형집행에 대해 침묵하였다. 1심의 형량이 2, 3심에서 극단적으로 상향조정되었음에도 불구하고 적어도 그 시기에 그러한 파행적 사법처리는 아무런 문제제기를 받지 않았다. 진보당의 와해과정에서 보여지는 이러한 무기력과 취약한 방어력은 216만 표의 지지와 와해 전의 진보당이 부여받았던 정치적 지위와는 극단적인 대비를 이룬다.

그러므로 우리는 위에서 지적한 진보당의 한계와 문제점들이 와해과정에서 집약적으로 그리고 극단적인 형태로 중첩·표출되었다는 결론을 내리지 않을 수 없다. 그리고 이러한 평가는 4월혁명시 속출했던 이른바 '혁신정당'들이 5·16 쿠데타에 의해 폭력적으로 부정되는 과정에서 다시 한 번 그 적실성이 확인될 수 있을 것이다.[44]

5. 총괄 및 평가

이 장은 정당활동이 그것의 객관적 조건, 즉 정치·이데올로기 지형에 의해 매우 강력한 영향을 받는다는 전제 위에서 서술되었다. 진보당에 대한 이 장의 검토는 이러한 전제의 상당부분을 사실로서 확인시켜주었다고 판단된다. 그럼에도 불구하고 정당활동에 대한 보다 구체적인 평가는 여전히 정당의 성격과 내부구성 및 조직운영원칙과 활동의 수준 그리고 그 정당이 처해 있는 정치역학구조에서의 다양한 정치실천과 그것을 감당할 정치력 및 정당지도부의 역량에 대한 검토를 통해서만 비로소 가능하다는 사실 또한 확인할 수 있었다.

진보당이 처했던 객관적 정치상황은 진보당이 정치활동을 전개하는 데 있어 대단히 불리한 조건으로 작용하였으며, 결국에는 진보당의 와해를 구조적으로 강제하는 규정력으로 작용하였다. 그럼에도 불구하고 진보당의 나름의 성과와 실패의 대부분은 진보당 자체의 책임의 몫으로 평가될 수밖에 없다.

진보당의 정치적 성과는 무엇보다 먼저 한국적 정치구조에서 비록 2년 남짓한 매우 짧은 시기이기는 하지만, 진보적 대중정당이 존재하고 활동할 수 있었다는 사실 자체로부터 주어진다고 할 수 있을 것이다. 진보당의 존재는 그 자체로서 한국사회의 발전과 정치발전을 위한 매우 훌륭한 사례연구의 대상이자 정치실천의 검토영역이기 때문

---

44) 고성국 "4월혁명의 역사적 부정으로서의 5·16 쿠데타", 『50년대 한국사회론』 참조.

이다.

진보당이 획득한 두번째 성과는 1950년대 후반이라는 시기적 제약에도 불구하고 통일문제 등에 있어 매우 진보적인 정치지향을 대중적으로 공표하고 선언했다는 점이다. 이는 1990년대 한국사회가 도달한 정치발전의 수준에 비추어 볼 때 매우 저급하고 초보적인 정치수준이라고 평가될 수도 있다. 그러나 1990년대 한국정치의 발전을 위한 역사적 근거로서 해석될 때 진보당의 '시대적 진보성'에 대한 올바른 평가와 역사적 계승의 문제를 우리에게 던져주고 있는 것이기도 하다.

성과의 세번째는 진보당의 신속한 와해에도 불구하고 그것의 영향력과 자원이 4월혁명의 이른바 '혁신정당'으로 직접 계승되었으며, 4월혁명의 확대발전과 정치지향의 확산에 직·간접적으로 영향을 줌으로써 그 역사적 계승의 상당부분을 한국정치사의 역사적 현실로서 각인시켰다는 점이다.

성과의 네번째는 1956년 대통령선거의 결과가 상징적으로 보여준 국민대중의 정치동향과 정치정향에 대한 확인이다. 그리고 그러한 정치적 확인이 갖는 역사적 의미가 현재적 계승의 문제로 우리에게 다가오고 있다는 점이야말로 진보당의 성과를 진보당만의 성과로 제한하지 않는 또 하나의 역사적 근거인 것이다.

이러한 성과에도 불구하고 진보당은 보다 많은 한계와 문제점을 노정시켰으며 오히려 그러한 한계와 문제점이 갖는 반면교사로서의 의미야말로 진보당에 대한 역사적 평가의 주요한 측면을 이룬다고 할 수 있을 것이다.

진보당의 한계는 첫째, 진보적 대중정당으로서의 '진보성의 구체화'가 실현되지 못했을 뿐만 아니라 '진보성의 대안적 체계화' 역시 이루어지지 못함으로써 진보당의 '진보성'을 결과적으로 정치적 수사와 정서적 경향으로 남아 있게 하였다는 점이다.

둘째, 진보적 대중정당으로서의 '대중성'을 확보하지 못했다는 점이다. 당지도부 중심의 활동양태나 대중조직사업의 부재 및 그에 대한 과도한 반사적 조직사업으로서의 '특수당부조직' 등 진보당 조직의 모든 면에서 '대중성'의 결여는 정당활동의 치명적 결함으로 남아 있었으며, 그러한 문제점은 진보당을 모태로 하여 족출했던 여타의 이른바 '혁신정당'들에게서 그대로 재현되었던 것이다.

셋째, 대중적 정치실천을 조직하지 못해다는 점이다. 상층 정치활동가 중심의 활동양태를 벗어나지 못했음은 물론 조직과 실천의 역동적 결합에 대한 문제의식과 그에 근거한 조직사업 및 실천을 위한 어떠한 시도도 발견되지 않는다는 점이 이 문제의 심각성을 보여주고 있으며, 결국 이러한 한계는 당의 와해과정에서 극단적인 형태로 드러났던 것이다.

넷째, 해당시기 정치국면에서의 유효적절한 전략·전술과 그것을 실현시킬 유용한 도구를 전혀 갖고 있지 못했다는 점이다. 수차례에 걸친 '반자유당 민주연합'의 결성시도가 번번이 실패로 돌아갔음에도 불구하고 그에 대한 어떠한 적극적 대응과 고민의 흔적을 찾아보기 어려움은 물론 당시 정치상황에 대한 구체적 분석과 그에 근거한 실천방침 또한 찾아보기 어려운 것이 단순한 자료상의 제한을 넘어 진보당의 전반에 걸친 구조적 문제로서 제기될 수 있을 것이다.

다섯째, 조직운영 및 활동방식에 있어 민주적 운영과 운동적 활동의 모습을 찾아보기 어렵다는 점이다. 조봉암에 대한 과도한 의존과 상층 중심의 활동방식이 갖는 즉각적인 정치적 효과에도 불구하고 정당적 정치활동의 중·장기적 전망에서도 이러한 문제들은 시급히 극복되지 않으면 안 되는 것이었다. 그럼에도 불구하고 진보당 이후의 '혁신정당'들의 무수한 이합집산과 분파적 분열상이 보여주는 것은 진보당의 이러한 한계가 조봉암의 죽음으로 인하여 보다 악화되었다는 사실이다. 그러므로 이러한 문제점에 대한 진보당의 '결과적 책임'의 문제는 비록 결과론적이기는 하지만 여전히 유효하다 하지 않을 수 없다.

이상의 평가에 더하여 마지막으로 지적할 것은 진보당이 진보당

이후의 '혁신정당'에 의해 어떻게 계승되었는가의 문제이다. 보다 본격적인 논의의 영역이기 때문에 여기서의 평가는 불가피하게 잠정적인 것일 수밖에 없겠지만, 일견하면 진보당의 성과는 사상된 채 진보당의 한계와 문제점들이 보다 증폭되고 악화된 상태로 계승되었다는 지적을 할 수 있을 듯하다.[45]

물론 이 장의 일관된 문제의식인 정당과 정치지형과의 유기적 관련성이란 점에서 본다면 진보당 이후의 '혁신정당'들에 대한 이러한 무차별적 평가는 분명 성급한 재단일 수 있다. 그럼에도 불구하고 진보당에 대한 평가의 연장선에서 이들 '혁신정당'들과 1980년대 중반 이래의 '진보적 대중정당' 운동이 갖는 역사적 차별성에 대한 지적이 적어도 현시점에서는 꼭 필요할 것으로 판단되기 때문이다. 그러나 이 문제 또한 전혀 다른 논의수준을 요구하는 것이기 때문에 이 장에서는 문제제기 수준에서 논의를 줄이고자 한다.[46]

45) 이에 대한 시론적 평가에 대해서는 고성국, "한국의 민족민주 대중정당 운동사", 『대중정당』(서울: 백산서당, 1989); 서중석, 앞의 글 참조.
46) 이 문제에 대한 하나의 문제제기로서 고성국, "한국의 민족민주 대중정당 운동사", 참조.

제11장

선거의 권위주의적 운용과 역기능

유 숙 란

1. 머리말

고전적 민주주의의 핵심은 정치적 결정과정에의 모든 시민의 참여, 즉 민(民)에 의한 통치(government by the people)이다. 이러한 것이 20세기에 와서 참여의 확대에 의한 회의가 나타나면서 점차 엘리트가 민(民)의 득표를 획득하기 위해 경쟁하는 제도에 관심이 옮겨지게 되고 민주주의는 점차 민을 위한 통치(government for the people)로 간주되게 되었다.[1)]

이와같이 선거는 크게 두 가지 기능을 수행한다. 선거를 국민주체 차원에서 보면 참여에 의한 직접민주주의의 실현이며, 정권차원에

1) Walter Korpi, *The Democratic Class Struggle* (London:Routledge Kegan Paul, 1983), p. 80.

서 보면 정통성을 확보하는 수단인 동시에, 대의민주주의의 실현을 위한 절차적 과정이 된다.

본 장은 제1공화국에서 실시된 선거가 이 두 가지의 기능을 어느 정도 수행하였는지를 살펴보려 하며, 특히 후자에 초점을 맞추어 선거가 어떻게 운용되었는지를 알아보려 한다. 1공화국기간에 정기적인 선거로서 대통령선거 4회, 국회의원선거 4회, 지방의회의원선거가 2회 실시되었는데 이러한 선거의 기능과 의미를 밝혀보는 것이 연구의 목적이다.

첫째, 자유당 정권은 왜 선거를 정기적으로 실시했는가의 문제이다. 제도로서의 선거를 정기적으로 실시할 수밖에 없었던 점을 제1공화국의 성격에서, 즉 미국의 원조는 반공의 보루로서 자유민주주의 국가를 수호한다는 명분에 있었으며, 미국의 군사·경제원조에 의존하고 있었던 제1공화국은 자유민주주의의 이데올로기를 더욱 강조해야 하는 상황에서 주어진 한계로 설명해보려 한다.

둘째, 정기적인 선거를 실시할 수밖에 없는 상황에서 자유당 정권은 선거를 어떻게 조종해 나갔는가를 살펴보려 한다. 자유당정권은 선거과정을 통하여 점차 야당의 참여폭을 축소시키고 자신의 세력을 확고히 구축하였는데, 그 수단적 조치로서 헌법·선거법·지방자치단체법·반공법 등 관련법을 제정·개정하면서 자유당과 이에 연결된 사회집단, 족청 등을 동원하여 민의의 창출을 시도했다. 또한 국회의원선거도 그 경쟁의 장이 축소된 가운데 대다수 농촌의 동원투표가 가능한 상태에서 1950년대 중반까지 자유당이 압도적 지지율을 획득하게 되었음을 밝혀보려 한다.

셋째, 이러한 선거가 기능적인 면에서 자유당 정권의 정통성 유지에 어느정도 순기능적 역할을 하였는가를 밝혀보려 하는데, 여기에는 권위주의적 선거운용방식이 중요한 설명변수이다. 자유당 정권은 지속적인 선거조종을 통하여 초기에는 선거가 어느 정도 자유당 정권의 안정화에 기여하였으나, 시간이 지남에 따라 점차 야당세력이 하나로 결집되고 자유당 정권에 대한 정책수행능력의 평가와 선거의 권위주의적 통제, 선거부정 등에 대한 회의가 나타남으로써 점차 선거결과가 자유당의 승리임에도 불구하고 역으로 정통성이 상실되어져 나가는 추이를 살펴보려 한다.

넷째, 대중의 참여형태로서 선거를 설명해 보려 하는데, 대중의 정치참여에는 소요와 합법적 참여라는 두 형태가 있으며 대중은 이들 중 하나를 참여의 형태로 선택하게 된다.[2)]

자유당 정권의 초기에는 경험도 없는 상태에서 선거가 실시되었으므로 이 시기의 대중의 참여란 원자화된 개인의 합리적 판단에 입각한 선택의 측면보다는 동원된 참여에 의한 준봉투표(conformity vote)의 성격이 강하였다. 그러나 시간이 지날수록 점차 야당세의 결집과 유권자의 정치의식 등이 성숙되어 갔으며, 사회세력이 양극화되면서 도시의 야당강세가 투표결과로 나타났으며, 3·15부정선거시 대중이 대응형태로서 반정부 데모라는 참여를 선택하게 됨을 살펴보려 한다.

따라서 분석의 초점은 투표결과의 수치 그 자체보다는 선거과정에서 나타난 각종 사건들을 중심으로 자유당 정권이 선거를 조종해 나가는 과정에 두려 한다. 이는 자유당 정권이 고도의 권위주의적 속성을 지녔음에도 불구하고 제도로서의 자유민주주의적 절차를 고수해야 하는 딜레마에서 나온 결과라고 볼 수 있다. 왜냐하면 국회의원과 관련된 선거법의 개정에서도 보면 선거구나 대표방법에서의 근본적인 변화는 없었고 야당세력의 참여의 제한이나 운용방식에서의 변화 등 지엽적인 것에 국한되고 있기 때문이다. 따라서 서구에서처럼 선거법의 변화가 정권의 변화에 영향을 미치고 정권이나 정치체계의 변화가 선거법의 변화를 가져오는 것이 아니라, 제1공화국의 경우 정권의 유지를 위하여 선거법이 변화되고 이에 관련된 법의 개정이 수반되었음이 특징이라 할 수 있다.

---

2) G. Bingham Powell, Ir., *Contemporary Democracies* (Cambridge:Harvard University Press, 1982), pp. 123-124.

다섯째, 자유당 정권의 선거에 대한 지속적인 통제에도 불구하고 1956년의 대통령선거와 1958년의 국회의원선거는 자유당 정권이 와해의 국면으로 들어가는 전환점으로서 중대선거가 되었음을 밝혀보려 한다. 왜냐하면 1956년의 정·부통령선거에서 민주당의 장면 부통령의 당선은 그당시 사사오입 개헌으로 인하여 대통령 유고시 자동적으로 부통령이 권력을 승계할 수 있었으므로, 민주당의 신익희 대통령후보의 급서와 관련시켜 볼 때, 정권교체적 의미의 선거라 할 수 있다. 또한 1958년 국회의원선거에서의 민주당 확보 의석의 증대는 다수대표제하에서 자유당이 과다대표되고 있음과 관련시켜 볼 때 자유당에 대한 치명적 선거였다. 이 선거결과 자유당은 더욱 탄압조치를 강화하여 차기 정·부통령선거에 대비하였으며, 이러한 탄압조치의 동원자체가 자유당 정권의 정통성을 더욱 와해시키는 데 공헌하였다. 결과적으로 자유당 정권은 1960년 3·15 정·부통령선거를 대대적인 관권과 경찰력을 동원하여 실시함으로써 선거에 의해 종말을 맞이하게 됨을 살펴보려 한다.

2. 제도로서의 선거와 미국의 영향

제1공화국 기간 동안에 두 차례의 개헌, 4회의 국회의원선거, 4회의 대통령선거 및 2회의 지방의회의원선거가 실시되었다. 선거 자체는 자유민주주의의 핵심임에도 불구하고 선거과정은 고도의 권위주의적 방법으로 이루어졌는데, 이러한 상황이 전개될 수밖에 없었던 이유를 그당시 제1공화국이 위치한 상황에서 찾을 수 있다.

제1공화국이 정기적인 선거라는 절차를 무시할 수 없었던 이유는 자유민주주의와 반공이라는 이데올로기를 채택하였고 미국의 경제·군사원조를 받는 상황에서 기인한다. 이 대통령의 반공이데올로기의 채택은 한국전쟁을 겪은 후 강화되었으며, 미국은 경제원조와 군사원조를 지렛대로 국내정치에 개입하였는데, 특히 선거의 정상적인 실시와 관련하여 압력을 행사하였다. 이러한 두 가지 이유 때문에 제1공화국은 정권의 지속을 자유민주주의의 핵심인 선거를 통해 할 수밖에 없었으며 그 결과 빈번한 선거제도상의 변화가 선행되었다.

군사안보 면에서 미국에 대한 의존관계를 보면, 이 당시 한반도는 극동에서 반공의 보루로서의 전략적 위치에 놓여 있었으며 특히 미국의 대아시아 지역에서의 자유주의의 수호라는 이익과 연결되었다. 그 결과 한국전쟁시 전쟁비용이 미 국방예산으로부터 직접 충당되었으며, 전쟁 중 체결된 '마이어협정'(1925년 5월)에 따른 1953년 합동경제위원회의 설치와 더불어 원조물자 사용에서 한국 재정안정계획, 투자계획, 외환수급 및 대외수출입계획에 이르기까지 경제 전반의 사전통제 및 조정이 이루어지게 되었다.[3] 경제원조는 1953-1958년 동안 년간 평균 2억 7,000만 달러였으며, 이는 당시 GNP의 15%였고 군사원조는 이의 두 배였다.[4]

이와 같은 두 가지 요인은 상호연결되어 제1공화국이 정상적·지속적인 선거를 실시할 수밖에 없었던 원인이 된다. 여기서 한 가지 부언한다면 위와 같은 두 가지 요인으로 인해 미국은 선거 실시여부에 지속적인 개입을 하게 되었다.

맥도널드(Donald MacDonald)는 미국이 한국정치에 개입한 예는 1950년 선거를 예정대로 실시할 것을 요구하였고, 1952년 헌법위기시 이승만 대통령이 재선을 목적으로 유엔의 클라크(Mark Clark) 장군에게 계엄령 집행을 위해 그의 휘하 한국군을 파견할 것을 요구하였을 때 클라크 장군이 이를 거부하여 이 대통령이 독자적으로 계엄군을 조

3) 이대근, 『국가이론과 분단한국』(열린글 32, 1985), pp. 120-121.

4) Hagen Koo, "The Interplay of State, Social Class & World System in East Asian Development: The Cases of South Korea & Taiwan," in Deyo, Frederic C., ed, *The Political Economy of the New Asian Industrialism* (Ithaca: Cornell Univ., 1987), pp. 165-179.

직하게 되었으며, 1960년 선거부정에 항의하는 대중시위를 지지하는 성명을 발표한 것과 1963년 민정이양 압력을 가한 네 가지 경우라고 설명하였다.[5)]

그뿐 아니라 1950년 제2대 국회의원선거를 예정대로 실시케 하기 위하여 3월 1일 기념식에서의 무초 대사의 연설이나 애치슨 미 국무장관이 주미대사 장면에게 보낸 외교각서에 "인플레이션 억제와 예정대로의 선거를 실시하지 않을 경우 대한 원조계획을 재고하겠다는 위협, 그리고 이 대통령에게 한국에 대한 미군의 군사·경제 원조는 한국 내 민주적 제도의 수립과 발전에 입각한 것"이라는 사실을 명기함으로써[6)] 결국 선거가 5월 30일 예정대로 실시되는 데 영향을 미친 것도 미국이 한국정치에 개입한 사례다.

또한 한국전쟁 후 1951년 11월 직선제 개헌을 국회가 거부하였을 때 이 대통령이 계엄령을 선포하자 트루먼이 국회해산을 하지 말 것을 권고하였으며, 1952년 6월 23일 국회가 개헌이 해결될 때까지 이 대통령의 임기를 연장한다는 안을 60 대 0으로 통과시키고 7월 헌법개정을 통과시켰을 때도 미 국무성은 항의표명을 하였다. 여기서 항의표명에 그친 것은 미국이 조기휴전을 원했기 때문이었다.

아울러 1958년부터 미국의 무역수지의 악화로 인하여 '달러방위정책'을 실시한 결과 1957년까지 절정을 이루었던 대한원조가 격감되기 시작하였고 한국경제의 불황국면이 가속화되게 된다. 이는 1958년 국회의원선거에서 민주당의 높은 의석률 확보에도 영향을 주었다고 할 수 있다.

그리고 1960년 3·15부정선거와 관련해서 미국무성은 3월 14일 선거준비 때 폭력발생의 우려를 나타내고 선거가 자유롭게 실시되어야

---

5) Donald MacDonald, "American Imperialism: Myth or Reality?" *Korea & World Affairs*(Fall, 1986).

6) 구영록, 『한미관계 1882~1982』(미국학 모노그래프시리즈, 미국학연구소, 1982), p. 48.

한다고 표명하였으며, 선거결과에 대하여 미국의 아이젠하워 대통령과 허터 국무장관은 유감을 표명하였으며 매카나기 주한미국대사도 학생과 시민의 항의표명을 지지함으로써 결국 이승만 정권의 와해에 기여하게 된다.

다음 절에서는 이러한 상황적 한계 속에서 자유당 정권이 선거를 어떻게 조종해 나갔는가를 살펴보려 한다.

3. 자유당 정권의 선거조종과정

자유당 정권은 선거를 통하여 야당과의 관계에서는 경쟁의 축소, 야당세력의 참여의 폭을 제한시켜 나갔으며, 대중과의 관계에서는 관제민의 창출과 동원투표를 실시해 나갔다.

1948년 5월 10일 최초로 제헌의회 선거가 실시되었는데 북한측 100석을 제외한 198석의 의석 중 대한독립촉성국민회 55석, 대동청년단 12석, 대한노총 12석, 대한국립당 3석, 한민당 29석, 민족청년단 6석, 조선민주당 5석, 기타 11석, 무소속 85석으로 난립상을 보였다.[7] 제헌국회에서 초대 대통령으로 이승만 박사가 선출됨으로써 제1공화국은 출범하게 되었다.

이 시기에 이 대통령의 주요 활동은 발췌개헌과 원내세력 구축과정이었다. 1950년 1월 27일 민주당과 무소속 일부가 제휴하여 79명의 연서로 내각책임제 개헌안을 제출하자, 이 대통령은 대한국민당을 결성하여 개헌반대여론을 주도한 결과 179명 중 부(否) 33, 기권 66, 무효 1, 민주당 가(可) 77로서 개헌안을 부결시켰다. 초대국회의 임기가 1950년 5월 31일 만료될 예정이었는데, 이 대통령은 야권 주도의 국회가 출현될 우려가 있다는 판단하에 선거를 11월로 연기시키려 하였으

---

7) 중앙선거관리위원회, 『대한민국선거사』 제1집(서울: 1973), pp. 339-340.

나 미국의 압력으로 선거는 정상적으로 실시되었다.

한편, 1948년 선거법이 한시법이었기 때문에 1950년 제2대 국회의원선거를 위하여 동년 4월 12일 '국회의원선거법'이 공포되었는데 내용면에서는 별 차이가 없었다. 선출방법은 직선제, 선거구는 소선거구, 선출방식은 단순다수대표제, 후보등록은 선거인 추천제였다. 1948년 선거법에서는 제헌국회의 임기가 2년임에 반하여 제정된 선거법에서 국회의원의 임기는 4년이었다.[8)]

그러나 선거과정에서 야당후보와 운동원, 지지자들은 국가보안법 위반 혹은 선거법위반으로 체포되었으며 후보등록 방해 등 여러 가지 장해하에서 선거가 실시되었다. 선거결과 무소속이 대거 당선되었는데, 총의석 210석 중 126석이 무소속이며, 여당적인 대한국민당 24석, 국민회 14석, 대한청년단 10석, 일민구락부 3석, 대한노총 3석, 여자국민당 1석, 대한부인회 1석, 중앙불교위원회 1석(계57석)이며, 야당적인 민주국민당 24석, 사회당 2석, 민족자주연맹 1석(계27석)이었다. 여기서 무소속의 성격은 6월 19일 국회의장에 신익희가 당선되고, 국무총리에 장면이 인준됨으로써 야당세력으로 나타났다. 게다가 1951년 1·4후퇴 당시 일어난 국민방위군사건과 거창사건으로 인해 동년 4월 국정감사가 실시되고, 5월에 이시영 부통령이 사표를 내고 김성수가 부통령이 되었으므로 이 대통령은 다시 국회에서의 지지기반 확보를 위한 작업에 들어가게 되었다.

이러한 국회의 세력판도하에서 이 대통령은 차기 대통령선거에서의 승리가 불확실하므로 대통령직선을 위한 개헌을 추진하게 되었다. 1951년 11월 30일 대통령직선제와 양원제를 골자로 하는 정부측 개헌안이 제출되었으나, 1952년 1월 18일 국회에서 가(可) 19, 부(否) 143, 기권 1표로 부결되자 5월 14일 대동소이한 개헌안을 제출해 놓고 이의 통과를 위한 일련의 조치들이 취해졌다. 5월 24일 이 대통령은 이

8) 윤형섭, 『한국정치론』(서울: 박영사, 1988), p. 257.

범석을 내무부장관으로 임명하고 5월 26일 '비상계엄령'을 선포하였으며 '반민의(反民意) 국회의원 규탄국민대회' 등으로 부산정치파동을 일으켰다. 그리고 원외 자유당과 사회단체는 '민중자결 전국대표자대회', '현 국회해산선포 전국지방의원 대표자회의', '국회해산 총궐기대회'를 개최하여 국회 즉시 해산 및 총선을 요구하였으며 지방의원들도 국회의사당 앞에서 '국회해산 성토대회', '전국농민대표자대회' 등을 일으키면서 이 대통령에게 국회해산명령을 요구하게끔 하였다. 이처럼 직선제 개헌통과에 앞선 1952년 지방의회선거는 개헌 분위기를 창출하는 데 이용되었다. 이 시기의 지방의원선거는 이 대통령의 '반국회운동'의 일환이었으며 원외 자유당의 기반을 구축하여 국회에 대항하려는 의도였다.

이와 더불어 동년 6월 19일 국가보안법 위반혐의로 국회의원 7명과 민간인 7명이 군사재판에 회부되는 분위기 속에서 7월 1일 13대 임시국회가 야당의원의 불참으로 휴회되자, 7월 3일 야당의원을 강제 소환하여 7월 4일에 개헌안을 166명 중 163 대 0으로 통과시켰다. 부산정치파동을 거친 발췌개헌안은 이 대통령의 차기당선이 국회의 간선으로는 불가능하다는 판단하에 국회의 대통령 선출권한을 국민에 의한 직선으로 개정한 것이었다.

이 개헌안의 통과는 야당과의 경쟁 속에서 이 대통령의 권력확보 과정일 뿐만 아니라 자유당 내의 권력조종작업이기도 했다. 발췌개헌을 위해 족청파 중심의 원외 자유당과 이범석의 세력이 강화되는 과정에서 이승만은 자유당 내 자신의 세력을 재구축하는 작업을 필요로 하였다. 이 과정에서 이범석은 제거되었다.

개정된 헌법에 따라 1952년 대통령직선을 위하여 동년 7월 18일 정·부통령선거법이 공포되고 이에 대한 시행령이 대통령령 제659호로 발표되었다. 이 대통령은 무소속의 함태영 후보를 부통령으로 지지하였으며 자유당은 이범석을 공천하였다. 이에 대항하여 민주국민당은 자당의 대통령후보에 이시영, 부통령후보에 조병옥을 추대하였다.

선거결과 자유당의 이승만과 무소속의 함태영이 각기 정·부통령으로 당선되었으며, 선거에서 완전히 패배한 자유당의 부통령후보 이범석과 족청계는 완전히 축출되었으며, 1953년 9월 12일부터 자유당은 이기붕 체제로 재편되었다.

이 선거에서 자유당 부통령후보인 이범석의 낙선은 당의 조직력보다 이 대통령에 의한 관권의 개입이 우세함을 입증해 준 셈이다. 선거결과에 대한 당시의 'UN 한국위원회'의 보고서에 의하면 "선거에서 나타난 비판은 주로 등록마감일(7월 26일)과 투표일(8월 5일)과의 사이가 짧다는 것이다. 7월 4일에 겨우 국민의 직접선거가 있으리라 결정되었기 때문에 선거운동을 할 수 있는 기간이 짧았다. 따라서 재직자는 아주 유리하였다. 위원단은 특히 벽지에서는 이승만을 제외한 어느 후보자의 인력·경력 혹은 정강도 알려지지 않고 있었다는 사실을 발견하였다. 경찰이 간섭하였다는 비난에 대해서는 의심할 바 없이, 어떤 간섭이 있었으나 대통령의 선출에 관한 한 그다지 중요한 차이를 자아내는 것이 아니었다"라고 작성되었다.[9] 이와같이 야당이 선거운동을 할 시간을 제한시키는 것은 선거과정을 통제하는 주요 수단으로 작용하였다.

제2대 대통령선거 후 야당과의 관계를 보면 1952년 10월 15일 제14회 임시국회에서 이시영 씨의 총리인준이 166명 중 35 대 135로 부결되고 장택상 씨의 신라회(21명)가 교섭단체로 등록을 하였다. 또한 중석불(重石弗)사건으로 국무위원 불신임 결의안이 표결에 부쳐졌고 1953년 1월 29일에는 '국회법개정법률안'이 통과되는 등 국회 내의 반대세력이 강화되자 다시 권력의 개편작업이 진행되었다.[10]

이 대통령은 당시 휴전반대를 위한 국민운동인 '북진통일 국민총궐기대회'를 개최하여 자유당 세력을 통합하였으며, 동원된 대중은 야

9) 중앙선거관리위원회, 앞의 책.
10) 윤천주, 『한국정치체계』(서울: 고대출판부, 1963), pp. 151-152.

당세력을 민족반역자로 몰았으며, 민국당 사무총장은 국가보안법 및 국방경비법 위반혐의로 구속되었고 민국당 본부도 북진통일을 행진하는 시위군중에게 습격당하였다. 이러한 과정에서 원내 자유당의 족청계는 완전히 제거되고 합동파(삼우장파)가 당주도권을 장악하였으며, 야당계의 민주국민당의 원내 의석을 20석으로 감소시킴으로써 당내에서의 권력통합만이 아니라 야당세력의 참여의 폭을 제한시킴으로써 차기 국회의원 선거에 대비하였다.

국회의원 입후보의 정당공천제가 처음으로 실시된 1954년 5월 20일 제3대 민의원선거에 앞서서도 선거일정문제를 위시하여 논란이 제기되었다. 그러나 여·야가 동 선거법의 새로운 제정이나 개정 없이 기존법률로 선거를 실시하기로 타협함으로써 자유당 정권은 1954년 4월 7일에 5월 20일로 선거일을 공고하였다. 따라서 선거일 공고 전까지 자유당은 203개 시·군 당부를 개편 완료하였음에 반하여, 민국당은 불과 30개 혹은 40개의 시·군부를 재조직하는 데 그침으로써 조직력에서 자유당이 압도적 우세를 보였다. 자유당은 공인후보제를 처음 채택하여 당의 조직력과 지도력의 발휘태세를 갖추게 되었다. 또한 자유당은 선거강령으로 이 대통령의 종신집권이 가능한 개헌안을 채택하였다. 또한 자유당은 서민을 위한 정당임을 강조하고 노동자·농민의 이익을 옹호하기 위하여 창립되었다고 강조한 데 반하여, 민국당은 도시의 지식층과 소시민·중소기업자들의 지지를 호소하였다.[11)]

선거결과 자유당 114, 민국당 15, 대한국민당 3, 국민회 3, 무소속 67석으로서 자유당은 36.8%의 득표로써 114석을 확보하였으며, 무소속은 47.9%의 득표로써 67석을 차지함으로써 소선거구 다수대표제의 과다대표 및 과소대표의 현상이 나타났다.

비록 자유당이 압도적 다수를 확보하였으나 개헌선을 확보하지는 못했다. 따라서 자유당은 개헌선의 확보를 위하여 무소속계 의원의 포

---

11) 중앙선거관리위원회, 앞의 책.

섭작업을 벌여 6월 15일 교섭단체 등록시 개헌선 136석을 확보하게 되었다. 그리고 국회의장에는 이기붕이 신익희를 누르고 당선되어서 차기 대통령선거를 위한 개헌작업이 시작되었다.

자유당은 1954년 9월 6일 대통령중심제, 국무총리제 폐지, 대통령궐위시 부통령의 자동승계제, 사회주의 국가적인 경제조항을 자유주의 경제체제로 전환할 것 등을 골자로 하는 개헌안을 제출하였다. 이러한 상황에서 자유당은 원외에서 국민회를 주동하여 '전국애국사회단체 선전협의회'를 구성하고 개헌추진운동을 전개하였으며, 지방의원들은 "국민전체가 갈망하는 개헌안을 조속히 통과시키라"는 결의문을 전달하였다.

그러나 11월 27일 국회의 표결에서 재적의원 203인 중 가(可) 135, 부(否) 60, 기권 6, 무효 1, 결석 1표로 개헌안이 부결되자, 11월 29일 자연인의 계산에 사사오입 논리를 적용시켜 개헌안의 통과가 선포되었다. 이에 대하여 자유당의 원내 세력은 분열되어 사사오입 개헌의 위헌성을 이유로 14인이 탈당하였다. 그러나 자유당은 무소속을 다시 포섭하여 원내 안정세력을 구축함으로써 원내 세력분포는 다시 자유당 126인, 민주당 33인, 헌전동지회 27인, 무소속 15인으로 되었다. 한편 사사오입 개헌은 범야권 통합의 계기를 만들어줌으로써 야당측은 원내 교섭단체로 '호헌동지회'를 조직하고 1955년 9월 19일 민주당의 결성을 보게 되었다.

이러한 상황하에서 자유당과 민주당은 각기 제3대 대통령선거를 위해 당의 체제개편을 단행하였다. 자유당은 이승만과 이기붕, 민주당은 신익희와 장면, 진보당은 조봉암과 서상일(그후 박기출)을 각각 정·부통령 후보로 지명하였다. 각 당이 치열한 선거운동의 종반전에 들어간 1956년 5월 5일 민주당의 신익희 대통령후보가 호남지방 유세도중 급서함으로써 이승만의 당선은 결정적인 것으로 되었고 선거결과는 대통령에 이승만, 부통령에 장면이 당선되었다. 조봉암 대통령후보와 이 대통령의 표차이는 예상보다 훨씬 적었으며 수도 서울의 경우는 이승만이 29.2%를 득표한 반면, 무효표(신익희에 대한 추모표)가

40.4%가 나왔으며 조봉암의 득표율은 이 대통령의 득표율을 앞질렀다. 따라서 전국 주요도시에서 반정부세력에 대한 지지율이 높아 이른바 투표의 여촌야도 현상이 뚜렷하게 나타났다.[12)]

그 결과 자유당 정권은 장면 부통령과 조봉암의 처리문제에 직면하게 되었다. 당시 헌법에 의하면 대통령유고시 자동적으로 부통령이 권력을 승계하게 되어 있었으므로 장면 부통령의 당선은 자유당에게 큰 위협으로 인식되었다. 또한 민주당 대통령후보가 급서한 상태에서 치른 선거였기 때문에 자유당은 더욱 위기의식을 느끼게 되었다. 또한 조봉암 후보가 수도권지역에서 높은 지지율을 획득하게 되자 여기에는 기존의 보수세력인 자유·민주 양당이 똑같은 위기의식을 가지게 되었다. 따라서 1958년 제4대 국회의원선거와 1960년의 제4대 대통령 선거를 위한 사전 준비작업이 다시 자유당 정권에 의해 추진되게 되면서 가장 권위주의적 방식이 동원되었다.

1958년의 제4대 국회의원선거를 위하여 1월 1일 여야의 협상선거법이 공포되어 민의원 의원선거법과 참의원 선거법이 각기 공포되었다. 전자의 주요내용은 소선거구제의 채택, 선거위원회에의 야당측의 참여, 추천인제, 기탁금제, 운동원 수의 한정 등이었다. 이러한 여야의 협상선거법이 성공할 수 있었던 이유는 진보세력에 대한 보수세력의 결집이었다. 기탁금제의 도입의도는 무소속과 군소정당의 진출을 억제시키고 진보당을 규제하려는 것이었다. 이로써 자유당 정권은 1958년 3월 31일 제4대 민의원선거를 5월 2일에 실시한다고 공고하고 4월 1일부터 10일까지 후보자등록을 실시하였다.

총선전에 대비하여 자유당은 '선거 후 1년 내에 농민과 어민의 일체의 고리대차를 일소·정리'하며, '공무원의 처우개선', '인정과세(認定課稅)를 전폐'한다는 공약을 내세웠다. 이에 반해 민주당은 '내각책임제 구현', '경찰의 정치적 중립화', '특권층의 경제적 독점배제', '인

---

12) 김운태, 『한국정치론』(서울: 박영사, 1988), p. 321.

정과세의 폐지와 토지 소득세의 금납제' 등을 선거공약으로 채택하였다. 선거결과는 자유당 126석, 민주당은 79석, 통일당 1석, 무소속이 27석으로, 민주당의 결성으로 인하여 제1야당이 상당수의 의석을 확보함으로써 양당체계가 구축되었다.

여기서도 자유당은 다수대표제의 이점으로 42.1%의 득표로써 54.1%의 의석을, 민주당은 34.2%의 득표로써 33.9%의 의석을 확보하였고 무소속은 21.5%의 득표로써 11.6%의 의석을 확보하였다. 이 선거는 협상선거법에 의해 입후보자의 수가 종전보다 감소되었으며 진보당이 불법화된 상태에서 보수세력 간의 대결양상을 띤 선거로 특징지어졌다. 총선 후 자유당은 다시 무소속을 포섭하여 자유당 137석, 민주당 79석, 무소속 17석이 되어 원내 안정세력을 확보하였다.

1958년 12월 24일에는 신국가보안법과 시·읍·면장의 주민직선제 조항을 폐지하고 임명제로 바꾸는 지방자치법 개정안이 자유당에 의해 통과되었다. 이는 국회에서의 야권세력의 통제와 언론규제에 목적이 있었으며, 지방의회의원선거에서 점차 민주당계의 인사들이 당선되자 이를 임명제로 바꾸어 지방의회를 자유당의 통제하에 두려는 의도였다. 또한 1959년 4월 30일 자유당 정권은 야당계 일간지인 『경향신문』에 대해 2월 4일자 '여적' 기사를 이유로 폐간결정을 함으로써 1958년 국회의원선거 이래 가장 권위주의적 국면으로 들어서게 되었다. 그리고 자유당은 1960년의 선거에 대비하여 기존의 청년단체들을 해체시켜 대한반공청년단에 통합시킴으로써 조직적 기반을 확대하였다.

위에서 열거한 지방의회의 시·읍·면장의 직선제 법률안과 신국가보안법, 경향신문 폐간조치 등은 1958년의 국회의원 선거결과 자유당 정권이 민주당의 도전에 대하여 느낀 위기의식의 결과로서, 차기대통령선거를 위하여 준비된 수단들이다. 그리하여 1960년 제4대 정·부통령후보로 자유당은 이승만·이기붕을, 민주당은 조병옥·장면을 각기 러닝메이트로 지명하였다. 야당측의 5월선거 실시 주장과는 달리 자유당은 기습적인 조기선거를 실시하였으며, 민주당의 조병옥 후보의 사망으로 자유당의 이승만 대통령후보는 유일한 대통령후보로 남게 되었다. 동 선거는 대통령승계권을 가진 부통령선거로 그 초점이 옮겨져 자유·민주 양당은 자당의 부통령후보 당선에 총력을 기울였다.

선거전이 본격화되자 자유당의 야당선거방해공작이 시작되었으며 일체의 야당선거집회를 봉쇄하고 야당선거운동원에 테러를 가함으로써 공포분위기가 팽배해졌다. 종반전에는 경찰의 간섭과 여당계 반공청년단원들의 테러가 발생하였다. 결국 선거실시 전에 산발적인 부정선거 규탄데모가 있었으며 3월 15일 선거 당일에는 서울시내에서 시위가 발생하여 일대 혼란이 야기되었다. 민주당은 동일 4시 30분, "3·15선거는 선거가 아니라 선거의 이름하에 이루어진 국민주권에 대한 포악한 강도행위"라고 규정, 불법·무효임을 선언하고 전국의 동당 소속인을 철수시켰다. 선거결과는 이승만 대통령이 88.7%, 이기붕 후보가 79%를 득표한 자유당의 압승으로 나타났다.

대통령선거에 있어서는 1956년, 1960년 민주당 대통령후보의 잇달은 불운으로 인하여, 또한 이 대통령 개인의 리더십으로 인해 자유당의 지속적인 압승이 나타났다. 따라서 1956년부터 나타나기 시작한 사회세력의 양극화 현상과 민심 이반현상은 야당 부통령후보의 당선에서 찾아볼 수 있다.

이상에서 살펴본 바와같이 이 대통령은 선거가 제도적·정기적으로 실시되어져야 하는 한계 속에서 선거에 관한 투입요소를 조정함으로써 지속적인 승리, 즉 정통성을 획득하였다.

선거의 선출방식은 소선거구제 다수대표제로서 근본적인 변화가 없었으나 선거에 관련하여 나타난 일련의 사건, 조치들—2차의 개헌, 계엄령의 발표, 2·4파동, 진보당사건, 경향신문 폐간조치, 선거시 경찰의 동원—이 선거의 결과에 큰 영향을 미쳤으며, 각 선거결과에 대응하여 위와 같은 일련의 탄압적 조치가 선택되었다.

1952년의 발췌개헌이나 1954년의 사사오입 개헌은 국회의 기능과 야당세력을 축소시킨 것이다. 발췌개헌으로 국회가 대통령선거권을 상실함으로써 국회의 행정부 및 대통령 견제기능이 크게 위축되었으며, 사사오입 개헌에 의해 이 대통령의 종신집권이 가능하게 되었고 국민투표제의 도입으로 관권민의 조작이 제도적으로 가능하게 되었다. 특히, 농촌에서는 준봉투표가 용이하였고 자유당 정권은 민의를 조작함으로써 선거를 통하여 압도적인 지지율 확보에 성공할 수 있었다. 또한 자유당 정권은 국회의 기능을 축소시키고 진보당을 제거하는 등의 방식으로 야당세력을 제도적으로 축소시켜 정치경쟁의 장을 제한시켰으며, 대중의 참여 또한 위에서 민의를 창출시켜 선거에 투입시킴으로써 투표행태를 조작할 수 있었다.

그러나 결국 이러한 권위주의적 선거운용방식은 선거가 지속되면서 점차 자유당 정권의 정통성 유지에 역기능을 하게 되었다. 이러한 역기능은 1956년 정·부통령선거와 1958년 국회의원선거에서 나타나기 시작하여 1960년에는 궁극적으로 선거에 의해 정통성이 상실되고 자유당 정권은 붕괴되기에 이르렀다.

4. 선거의 결과 분석 및 평가

국회의원선거와 대통령선거는 각기 차기 선거에 영향을 주었으며, 특히 1956년의 정·부통령선거 후 1958년 국회의원선거는 중대 선거로서 정치체제의 변화가 예측된 선거였다. 1956년 정·부통령선거에서 부통령에 민주당의 장면이 당선됨으로써 자유당 정권은 서서히 와해의 국면으로 들어서기 시작했다고 볼 수 있다.

4회의 국회의원선거 결과에 따른 각 정당의 득표율과 이에 따른 의석전환율을 보면 〈표 1〉과 같다. 〈그림 1〉에서와 같이 1954년 국회의원선거는 자유당 출범 이후 첫 선거였다. 따라서 제1당인 자유당은 1950년의 선거에서 여당적인 대한국민당이 차지한 9.7%의 득표율과 비교해 보면 비약적인 증가를 했음을 알 수 있다.

〈표 1〉 정당 · 단체별 당선자비율 및 득표수 비율 비교상황
(1948 – 1958년 국회의원선거)

① 1948년

구 분 / 정당 · 단체	당선자수	당선비율(%)	득표수	득표비율(%)
무소속	85	42.5	2,745,483	38.1
대한독립촉성국민회	55	27.5	1,775,543	24.6
한국민주당	29	14.5	916,322	12.7
대동청년단	12	6.0	655,653	9.1
조선민족청년단	6	3.0	151,043	2.1
대한노동총연맹	1	0.5	106,629	1.5
대한독립촉성농민총연맹	2	1.0	52,512	0.7
기 타	10	5.0	813,757	11.2
합 계	200	100	7,216,942	100

② 1950년

구 분 / 정당 · 단체	당선자수	당선비율(%)	득표수	득표비율(%)
무소속	126	60.0	4,397,287	62.9
대한국민당	24	11.4	677,173	9.7
민주국민당	24	11.4	683,910	9.8
국민회	14	6.7	473,153	6.8
대한청년단	10	4.8	227,537	3.3
대한노동총연맹	3	1.4	117,939	1.7
사회당	2	1.0	89,413	1.3
일민구락부	3	1.4	71,239	1.0
민족자주연맹	1	0.5	33,464	0.5
대한부인회	1	0.5	20,379	0.3
불교	1	0.5	11,025	0.16
여자국민당	1	0.5	10,412	0.14
기 타	–	–	174,109	2.5
합 계	210	100	6,987,040	100

③ 1954년

정당·단체 \ 구분	당선자수	당선비율(%)	득표수	득표비율(%)
무소속	67	33.4	3,591,617	47.9
자유당	114	56.2	2,756,061	36.8
민주국민당	15	7.4	593,499	7.9
국민회	3	1.5	192,109	2.6
대한국민당	3	1.5	72,925	1.0
제헌국회의원동지회	1	–	286,097	3.8
합 계	203	100	7,492,308	100

④ 1958년

정당·단체 \ 구분	당선자수	당선비율(%)	득표수	득표비율(%)
무소속	27	11.6	1,839,884	21.5
자유당	126	54.1	3,607,092	42.1
민주당	79	33.9	2,934,036	34.2
통일당	1	0.4	53,716	0.6
국민회	–	–	51,906	0.6
기타	–	–	90,123	1.1
합 계	233	100	8,576,757	100

출처:중앙선거관리위원회, 『대한민국선거사』 제1집(1973).

〈그림 1〉 제1당, 제2당 득표율

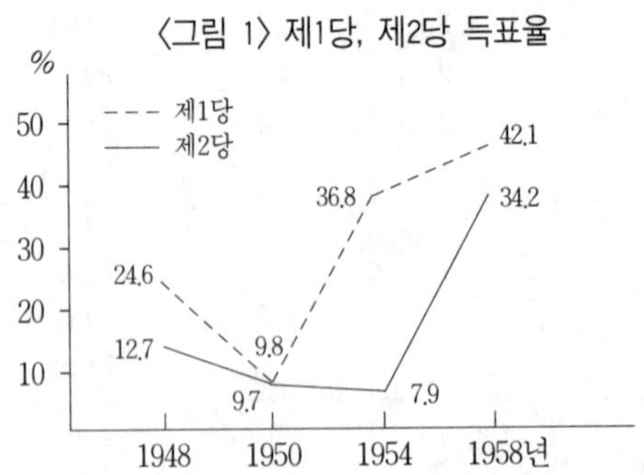

출처:중앙선거관리위원회, 『제12대 국회의원 선거총람』(1985).

1958년의 국회의원선거에서는 1955년 9월 19일에 출범한 민주당으로 인하여 야당세력이 통합되고 사회세력의 양극화가 일어남에 따라 야당은 34.2%라는 득표율을 획득했다. 이에 반하여 42.1%를 득표한 자유당은 위기의식을 느끼게 되었다.

〈표 2〉에서와 같이 집권당인 자유당이 소선거구제 다수대표제의 이점으로 인하여 과다대표되었으며 상대적으로 야당이 과소대표되어 있었다. 그리고 자유당 정권이 선거에 대비하여 사용한 여러 가지 수단에 의한 유리한 위치를 감안해 볼 때 1958년의 선거에서 민심은 자유당 정권에서 이반되어 있었다. 이러한 점에서 1958년 선거는 조만간 정권교체가 예견되는 중대 선거[13]라고 할 수 있다. 따라서 1958년 국회의원선거가 차기 대통령선거에서 자유당 후보에게 결정적으로 불리한 영향을 미칠 것으로 간주한 자유당 정권은 차기 대통령선거를 대비하여 가장 강력한 탄압조치를 실시하게 되었다. 그 구체적인 예가 1958년 2·4보안법파동, 지자제법 개정, 2월 25일 진보당사건, 4월 30일

〈표 2〉 득표율에 대한 의석전환율*

연도	정부당(1954년부터는 자유당)	제1야당	기타 당	무소속
1948	1.05	1.07	0.77	1.05
1950	1.18	1.16	0.98	0.95
1954	1.53	0.94	0.39	0.70
1958	1.29	0.99	0.53	0.20

출처: Chog-Lim Kim, ed, *Political Participation in Korea: Democracy, Mobilization & Stability*(Santa Barbara: Clio Books, 1980), p. 77.

$$* \text{ 의석전환율} = \frac{\text{\%의석률}}{\text{\%득표율}}$$

13) 안병만 교수는 『한국정부론』에서 1958년 선거와 1971년의 선거를 중대 선거로 보고 있다(p. 14).

경향신문 폐간조치 등이었다. 그리고 자유당은 정상적인 선거의 실시로는 당선이 불가능하다는 판단하에 노골적인 부정선거를 감행함으로써 결국 자유당 정권은 와해된다.

이처럼 제1공화국의 선거를 분석함에 있어서 각 선거결과의 득표율의 수치 그 자체보다는 여야 세력분포의 상대적인 변화추이가 중요하다. 그리고 각 선거결과에 따라 차기선거에 대비한 일련의 보조적인 수단이 동원되게 되었고 결국 이 과정 자체가 정권의 정통성에 부(負)의 기능을 하였다.

이러한 선거가 대중참여의 수단으로서는 어떠한 기능을 하였는가? 한국사회는 사회적 균열상황을 볼 때 인종적·문화적·언어적 균열 등도 없는 비교적 동질성이 강한 사회이며, 산업발전단계로 볼 때 공업화 이전, 도시화가 추진되기 전의 상태로서 농업사회라고 볼 수 있다. 따라서 1950년대 한국사회에서는 계층분화도 미비한 상태로 정당의식이나 사회집단의식이 있는 것도 아니었다. 또한 각 유권자가 원자화된 형태로 합리주의적인 판단에 입각하여 정당의 정강·정책을 선택하는 투표형태가 존재하는 것도 아니었다.

이러한 상황에서 투표가 강제적 의무조항이 아니었음에도 불구하고 상당히 높은 투표율과 '여촌야도'의 투표행태가 나타났다. 이는 당시 대중의 참여형태로서의 선거가 동원투표에 의해 이루어졌음을 의미한다. 즉 대중의 정치참여는 자유당 정권에 의해 동원된 참여형태로서 나타나게 되었다.

이러한 동원된 참여로서의 선거는 점차 시간이 지나면서, 특히 사사오입 개헌 후 범야권이 통합되어 민주당이 결성됨에 따라 점차 정치의식과 투표의식이 조성되어지고 정당에의 귀속감도 생기게 됨으로써 동원된 참여로서의 투표가 아닌 선택하는 참여로서의 기능을 하게 되었다. 그러한 영향이 1958년 국회의원선거에서 나타났다고 볼 수 있다. 따라서 선거가 거듭되면서 자유당 정권이 선거에 동원한 권위주의적 운용방식이나 수단 등이 자유당 정권의 정통성에 부(負)의 기능을 하였다고 볼 수 있다.

5. 맺음말

자유당 정권은 자유민주주의의 제도인 선거를 실시하는 과정에서 이를 권위주의적 방법으로 수행함으로써 궁극적으로는 사회세력의 양극화를 가져왔고, 선거를 위한 사전조치가 정통성의 상실을 초래하는 등 정권의 유지에 역기능을 하였다고 볼 수 있다.

자유당 정권이 선거를 통제하기 위하여 채택한 수단적 조치는 다음과 같다. 첫째 반공이데올로기의 활용이다. 이는 한국전쟁 이후 더욱 확고히 구축되었으며, 그후 진보세력의 배제, 보안법의 강화 등에 활용되었다. 둘째, 선거와 관련한 일련의 법을 개정하였다. 자유당은 1952년 발췌개헌과 1954년 사사오입 개헌으로 입법부의 기능을 약화시키고 이 대통령의 종신집권을 도모하였으며, 1958년 여야협상선거법은 진보세력의 출마를 불법화시키고 보수세력의 경쟁으로 참여의 폭을 제도적으로 축소시켰으며, 동년 2월 4일 신국가보안법과 지자제법 개정안을 통과시킴으로써 차기 대통령선거에 대비하였다. 이 대통령은 국회 내에서 야권의 세력을 축소·조정시켜 나가는 동시에 지방의회의 의원을 자신의 통제하에 두기 위하여 다양한 조치를 취하였다. 셋째, 자유당은 빈번한 관제데모를 주도하였는데 여기에는 지방의회의원의 동원과 '민족청년단', '대한반공청년단'의 조직이 활용되었다. 넷째, 선거나 헌법개정과 관련된 일련의 탄압조치의 채택이다. 자유당은 1952년 발췌개헌과 관련한 부산정치파동, 진보당사건, 2·4보안법파동, 경향신문 폐간 등으로 야당세력을 약화시키고 선거에서 유리한 위치를 확보하였다. 다섯째, 자유당은 경찰력을 동원하여 조직적인 부정선거방법, 즉 선거 당일의 환표, 사전투표 등의 방법을 채택하였다.

그러나 이상과 같은 선거에 사용된 수단 자체가 정상적인 선거결과를 산출해 낼 수 없었고 선거제도 자체를 변질시켜버렸다. 야당세력이 탄압 내지는 배제되어 경쟁의 장도 축소되었으며, 대중의 참여로서의 투표행위 그 자체도 자유당 정권의 조직력에 입각한 농촌지역의 준봉투표, 혹은 부정선거에 의하여 투표의 결과는 상당한 정도로 변질되어 나타났다.

자유당 정권은 선거과정을 통제·조작함으로써 선거결과까지 자유당 정권의 승리로 산출시킬 수 있었으며 선거를 정통성 유지의 수단으로 활용하였다. 그러나 이러한 과정이 장기적으로 반복·심화되면서 역으로 정통성의 상실을 가져왔고 결국 자유당 정권은 붕괴되었다.

제3부

정책: 산업화와 노동, 농민

제12장

원조와 수입대체산업, 농업정책

박 종 철

1. 머리말

2차 대전 후 미·소 냉전과 국내 정치세력 간의 이데올로기적 대립이 격화되는 가운데 반공국가로 성립되었던 1공화국의 국가는 방대한 군대를 보유하게 됨으로써 사회부분에 대해서 과대성장한 국가로 자리잡게 되었다. 1공화국의 국가는 전국적인 경찰조직을 장악하고 원조물자를 분배할 수 있게 됨으로써 사회세력에 대해 통제력을 확보하고 영향력을 행사할 수 있었다.

그러나 국가는 재정정책·금융정책·조세정책 등에 있어서 미국의 엄격한 통제하에 있었으며 정책집행과정에서 사회세력들을 완전하게 통제하지 못했고 전문관료의 부족으로 인해 정책집행능력은 상당히 제한되었다. 그럼에도 불구하고 지주계급이나 토착부르주아계급 또는 한국에 대한 미국의 자본계급의 이익이 명확하지 않고 패권적 단일계급이 존재하지 않는 상황에서 국가는 사회조직들에 대해서 상당히 높은 정도의 자율성을 유지할 수 있었다.[1)]

1950년대의 수입대체산업은 원조물자의 최종가공산업의 형태를 띤 것이었으며, 이것은 대미의존도를 심화시키는 것이었다. 그런 중에서도 한국은 높은 관세장벽과 미국원조에 힘입어 섬유산업과 경공업 분야에서 어느 정도의 성장을 기록할 수 있었다. 남미와 비교할 때 한국의 수입대체산업화는 산업화의 정도나 기간에 있어서 훨씬 제한된 성격을 지니고 있었다.

그리고 남미의 수입대체산업화가 민중주의 연합에 의해서 추진된 반면[2)] 한국의 수입대체산업화는 국가와 자유당, 기업가의 연합구조에 의한 민중주의 세력의 배제하에 추진되었다. 이들의 정치연합구조에서 1950년대 중반 이후 자유당이 정치권력의 핵심으로 등장하게 되었다. 기업가들은 자유당을 통해서 자신들의 이익을 부분적으로 표출했으며 국가관료의 자율성은 점차 제한되었다. 이런 맥락에서 정치연합구조의 기본골격을 와해시키게 될 국가주도의 경제개발계획은 제한될 수밖에 없었다.

그리고 국가형성과 함께 실시된 농지개혁에 의해서 지주계급은 정치·경제적 기반을 상실하고 산업자본가로 변신하는 데도 실패했다. 한국의 농지개혁은 농업생산성 향상으로 연결되지 못했으며, 미국의 잉여 농산물 도입에 의한 저곡가정책은 농민으로 하여금 국가재정과 수입 대체산업화의 실질적 부담을 짊어지게 하고 농업잉여가치의 축

---

1) Bae-Ho Hahn, "The State and Culture in Korean development," unpublished mimeographed paper, 1987, pp. 11-12.

2) 남미의 수입대체산업화와 그로 인한 정치체제의 변화에 대해서는 다음을 참조하기 바람. Albert O. Hirschman, "The Political Economy of Import-Substituting Industrialization in Latin America," in Albert O. Hirschman, *A Bias for Hope: Essays on Development and Latin America* (New Haven and London: Yale University Press, 1977).

적을 불가능하게 하였다.

본 논문은 이상과 같은 1950년대의 몇 가지 특징을 염두에 두고 수입대체산업화정책과 농업정책에 나타난 정치·경제적 특징을 분석하고자 한다. 구체적인 관심사항은 다음과 같다.

첫째, 미국의 원조는 1공화국 국가의 재정수요를 충당하고 수입대체산업화와 농업정책의 수행과정에서 어떤 역할을 했는가?

둘째, 수입대체산업화와 농업정책이 실시된 정치적·경제적 메커니즘은 어떤 것이며 이 과정에서 국가와 기업가, 농민들 간의 역학관계는 어떤 형태로 나타났는가?

셋째, 1950년대 말 미국원조의 감소와 수입대체산업의 위기에서 발생한 정치·경제적 문제들은 어떤 것이며, 그 과정에서 경제개발계획이 실시되지 못하고 1공화국의 붕괴로 귀결된 원인은 무엇인가?

2. 미국원조의 성격과 국가재정

1) 미국원조의 성격과 원조기구

중남미의 정치변화에서 국제정치·군사적 요인보다는 세계자본주의 체제의 경제적 요인이 중요한 국제적 요인으로 작용한 데 비해서,[3] 2차 대전 후 동북아시아 지역은 일차적으로 군사전략적인 측면에서 미국의 관심대상이 되었다. 한국은 대만, 일본과 함께 동북아시아에서

---

3) 그러나 콜리에(David Collier)는 중남미의 군부·관료권위주의 체제의 등장에서 쿠바혁명의 확산과 더 큰 맥락에서는 세계 냉전구조의 영향력이 작용했다고 지적했다. David Collier, "The Bureaucratic Authoritarian Model: Synthesis and Priorities for Future Research," in David Collier, ed., *The New Authoritarianism in Latin America* (New Jersey: Princeton University Press, 1979), p. 384.

공산주의 세력을 저지하기 위한 완충지대로 설정되었다. 이같은 맥락에서 한·미관계에서는 다른 제3국가들의 경우에 비해서 신식민주의적 종속관계가 두드러지게 나타나지 않았으며, 한국은 미국의 원조수혜국이 되었다. 따라서 원조의 성격도 경제적인 것보다는 군사적인 측면이 농후했다.[4)]

한국전쟁 후 미국의 대한원조의 주축을 이루었던 FOA원조와 ICA원조도 기본적으로 1951년에 제정된 미국의 상호안전보장법(Mutual Security Act)에 의한 방위원조로서 준군사적 성격을 지니고 있었다. 그리고 경제원조라고 하더라도 실제로 대충자금(counterpart fund) 계정에 의해서 국방비에 충당되는 군사원조의 성격을 지니고 있었다.[5)]

원조의 내용을 살펴보면 원조가 경제개발과는 거리가 멀었으며 군사원조를 목적으로 한 소비재 중심의 성격을 지니고 있었음이 분명하게 나타난다. 1948년 이후 원조물자의 도입내역을 보면 시설재 중심의 계획원조(농림수산업·광공업·전력·교통·사회·후생)는 총원조의 30% 미만에 불과하며, 원자재 중심의 비계획원조(농산물, 원료·반제품, 판매용 원자재)가 70% 이상을 차지하고 있다. 그리고 시설물과 물자를 기준으로 하더라도 물자가 전체의 80% 이상을 차지하고 있다.[6)]

---

4) Hyung Baeg Im, "The Rise of Bureaucratic Authoritarianism in South Korea," *World Politics*, Vol. 39. No. 2(January 1987), pp. 243

5) 1951년 7월에 설립된 MSA(상호안전보장처)가 1953년 7월 FOA(Foreign Operation Administration: 대외활동본부)로 변경되고 이것이 다시 1955년 7월 ICA(International Cooperation Administration: 국제협조처)로 변경되었다. 따라서 MSA원조·FOA원조·ICA원조는 명칭은 다르지만 기본적으로 방위원조 중심의 경제원조라는 점에서는 성격이 동일하다. 홍성유, 『한국경제의 자본적축적과정』(서울: 고대 아세아문제연구소, 1964), pp. 256-261.

6) 박찬일, "미국의 경제원조의 성격과 그 경제적 귀결", 김윤환 외, 『한국경제의 전개과정』(서울: 돌베개, 1981), pp. 82-83.

한·미 간의 원조협상에서 1952년에 체결된 '대한민국과 통합사령부 간의 경제조정에 관한 협정'(마이어협정)과 1953년에 체결된 '경제재건과 재정안정계획에 관한 합동경제위원회협약'(백·우드협약)은 중요한 의미를 지닌다. 1952년 5월 주일미국공사 마이어(C. E. Myer)가 미 대통령 특사로 파견되어 체결된 마이어협정은 대한원조의 내용과 조건을 명시하였으며 이후 대한원조의 기본골격을 결정하였다. 이 협정에서는 특히 미(美) 원조의 효과적인 사용을 위해서 한국정부의 재정정책과 예산제도의 개혁이 논의되었으며, 대충자금을 포함하여 미국의 대한원조는 미 원조 당국의 감독과 통제를 받아야 한다고 주장되었다. 한국의 국회가 동협정의 비준을 거부한 것은 마이어협정의 이같은 조항이 한국정부의 경제적 독립성을 침해한다는 이유에서였다.[7)]

원조를 둘러싼 한·미 간의 대립은 1953년 12월 14일 체결된 백·우드협약에서 다시 조정되었다. 이 협약의 내용은 첫째 재정안정계획과 투자계획의 조정, 둘째 공정환율의 결정, 셋째 인플레이션 방지와 재정안정대책, 넷째 대충자금의 사용방법, 다섯째 은행융자 제한, 여섯째 원조물자의 판매가격 등에 대한 것이었다.[8)]

마이어협정으로 설치된 합동경제위원회(Combined Economic Board)는 원조에 관한 사항을 총괄할 뿐만 아니라 한국정부의 경제정책 전반에 대한 결정권을 지니고 있었다. 합동경제위원회에서 주요쟁점이 되었던 것은 다음과 같은 사항들이었다. 첫째 한국정부의 균형예산편성과 균형재정을 위해서 정부지출 감소, 조세징수 증가, 지방정부 재정에 대한 통제력 확대, 정부기업의 적자 개선 등의 문제가 논의되

---

7) 마이어협정은 1952년 5월 24일 체결되었으나 한국 국회의 비준거부로 1953년 12월 14일이 되어서야 최종적으로 행정결정의 형태로 체결되었다. Roy. W, Shin, *The Politics of Foreign Aid in South Korea, 1945~1966*, unpublished ph. D. Dissertation, University of Minnesota, 1969, pp. 212.

8) 이대근, 『한국전쟁과 1950년대의 자본축적』(서울: 까치, 1987), 부록 2, pp. 283-287.

었다. 둘째 정부재정 적자와 밀접히 관련된 문제로서 인플레이션 방지대책과 은행대부 제한, 환율 재조정 등의 문제가 논의되었다. 셋째 한국의 재정균형과 관련하여 대충자금과 외환 보유고의 사용에 대해서는 합동경제위원회의 엄격한 통제를 받을 것이 요구되었다.[9)]

이상과 같이 원조문제에 대해 한·미는 원조규모, 원조물자의 도입에서 소비재와 자본재의 비율, 재정안정화 우선정책과 산업부흥 우선정책과의 대립, 환율문제, 원조물자의 발주권 및 구매권 등의 문제에 대해 날카롭게 대립했다. 미국의 대한원조가 한국의 정치경제 구조와 관련하여 특별히 중요한 의미를 갖는 것은 재정정책, 환율정책, 원조 물자의 분배, 대충자금의 사용 등의 분야에 있어서였다.[10)]

국가관료와 자유당 간부들은 원조물자의 분배와 환율정책, 정치적 요인에 의한 은행융자 등에 의해서 기업가들에 대해 통제력을 행사하고 그 대가로 정치자금을 제공받았다. 이런 상황에서 미 원조기구측이 은행대부 정책, 외환보유정책, 환율정책, 대충자금의 사용문제 등의 개혁을 요구한 것에 대해서 한국정부측이 소극적 반응을 보였던 것을 이해할 수 있다. 금융정책, 환율정책, 대충자금의 사용 등에 있어서 미 원조기구측의 통제력 증가는 이같은 경제적 자원에 대한 한국측의 영향력 상실을 뜻하는 것이었다.[11)]

미국의 대한원조의 성격과 이것이 한국의 정치·경제구조에 미친 영향을 다음과 같이 요약할 수 있다. 첫째, 미국의 대한원조는 주로 국방비 충당을 위한 군사원조의 목적에서 제공된 것이었다. 이같은 미국의 원조는 한국전쟁 후 반공이념에 의해서 통치구조를 확립한 이승만

---

9) Wan-Hyok Pu, "The History of American Aid to Korea," *Koreana Quarterly*, III(Summer 1961), pp. 91-94

10) 이대근, 앞의 책, pp. 118-122; 박을용, "제2차대전 이후의 한미경제관계", 구영록 외, 『한국과 미국: 과거, 현재, 미래』(서울: 박영사, 1983), pp. 235.

11) Roy W. Shin, *The Politics of Foreign Aid in South Korea, 1945~1966*, pp. 216-219.

정권의 강제적 국가기구를 유지하고 물적 기반을 뒷받침해 주는 역할을 했다. 둘째, 한국의 국가는 원조물자 분배와 대충자금 계정에 의한 재정투융자, 환율정책 등에 의해서 수입대체산업을 추진하고 기업가들에 대한 정치적 통제망을 확립할 수 있었다. 셋째, 미 원조는 실제로 원조물자의 국내 판매대전이 대충자금 계정으로 적립되는 형태로 운영되었다. 그 결과 대충자금 적립에 따르는 경제적 부담은 실질적으로 한국의 노동자와 농민계층이 짊어졌다. 넷째, 원조물자에 의존한 수입대체산업은 삼백산업(제당업·제분업·면방업) 위주의 소비재산업의 발전과 함께 제한적인 형태로나마 생산재공업의 발전을 가져왔다. 그러나 미 잉여농산물 도입에 따른 저곡가정책은 농업생산성을 저하시키고 농촌을 황폐화시켰다.

2) 원조와 국가재정

1공화국은 한국전쟁 후 비대해진 군부를 유지해야 하는 부담을 안게 되었다. 어떻게 보면 1950년대의 한국의 정치·경제적 구조는 국방비 충당이라는 일차적 목적을 위해 기본 골격이 마련되었고 그 부산물로 정치연합 구조와 경제정책들이 취해졌다고까지 할 수 있을 정도다. 1공화국 국가의 조세능력을 상회하는 국방비는 대충자금이라는 형태의 원조로 충당되었다. 이승만 정권은 조세징수를 위해 노력하는 번거로운 방법을 택하기보다는 최대한 많은 대충자금을 확보하는 한편 국채발행과 한국은행 차입금에 의해서 적자재정을 보충하려고 했다. 이같은 재정정책은 1957년 미 원조가 감축될 때까지 지속되었다.

정부의 세입에서 대충자금이 차지하는 비율은 1953년에 11.9%, 1954년에 30.3%로 증가하여 1957년에 52.9%로 최고에 이르렀으나 1957년부터 미 원조의 감소로 대충자금 비율이 감소하기 시작하여 1960년에 34.6%에 이르렀다. 반면 정부세입에서 조세비율은 1953년에 31.3%였다가 1957년에 27.6%로 감소했으나 원조감소를 충당하기 위하여 조세비중이 다시 증가하여 1960년에 그 비율이 51.5%에 이르렀다. 이같이 미 원조가 감소하는 1957년을 기점으로 국가재정의 대충자금 의존도가 감소하는 반면 조세의존도가 높아지는 현상이 나타났다.[12)]

정부세출에서 가장 많은 비중을 차지한 것은 국방비와 재정투융자 비용이었다. 1953-1960년 동안 일반재정부분 세출액 중 국방비가 차지하는 비율은 약 35%였다. 여기에 사법경찰비까지 합치면 이 기간 동안 세출액의 총 42%가 강제적 국가기구 분야에 지출되었다. 일반재정 세출액 중 국방비와 사법경찰비의 합계가 차지하는 비율은 1953년의 62.5%에서 감소하다가 1959년 이후 다시 증가하여 1960년에 42%를 차지하였다. 반면 재정세출에서 재정투융자가 차지하는 비율은 1953년의 18%에서 계속 증가하여 1957년에 42.4%로 최고에 이르렀다가 1958년부터 감소하기 시작하여 1960년에는 24.7%에 이르렀다. 이같은 현상은 1957년 이후 원조감축과 긴축재정정책으로 재정규모가 감축됨에 따라 재정에서 국방비와 사법·경찰비가 차지하는 비율이 늘어나고 재정투융자 부분에 대한 할당이 줄어든 결과다. 이것은 한국의 재정은 일차적으로 군사비를 충당하고 남은 부분이 부차적으로 재정투융자 부분에 할당되었음을 의미한다.[13)]

미국원조의 실질적 내용을 이루고 있는 대충자금은 한국재정에서 특히 중요한 의미를 지니고 있었다. 대충자금은 미 원조물자를 수혜국 내에서 판매하여 수혜국정부가 그 판매대금을 특별계정으로 적립하고 미원조기구와의 합의하에 사용하도록 된 자금이었다. 대충자금의 사용문제에 대해서 한·미 간에 의견이 대립했던 사항은 우선 한·미 간의 대충자금 할당비율 문제였다. 이보다 더 근본적인 문제는 대충자금의 사용에 있어서 한국정부의 재량권문제였다.

12) 김재훈, "한국의 재정과 금융에 있어서 원조의 역할에 관한 연구: 1950년대 국가재정과 한국산업은행을 중심으로" (서울대학교 대학원 사회학과 석사학위논문, 1988), pp. 54-58.

13) 위의 글, pp. 61-64.

미국측은 한국정부가 대충자금의 대부분을 국방비에 충당하기를 원했고, 한국정부측은 대충자금의 많은 부분을 국내 경제건설을 위해서 투자하고자 했다. 그대신 한국정부는 부족한 국방비는 미국의 군사원조 증액에 의해서 보충하고자 했다. 미국측은 조세증가를 건의했으나 한국정부는 경제발전의 초기단계에서 세율인상으로 민간기업 활동을 위축시키는 것은 논리에 맞지 않으며, 또한 한국경제의 실정에서 세금부담 능력이 없다고 주장했다.[14]

1954-1963년 동안의 대충자금 지출내역을 보면 총 147억 환 가운데 국방비가 48%, 경제특별회계와 외자특별회계에 대한 지원이 33%, 융자가 18%, 기타 비용이 1%를 차지하고 있다.[15] 1953-60년 동안 대충자금의 32.5%가 국방비에 투입되었으며, 국방비에서 대충자금 재원이 차지하는 비율은 38.2%였다. 그리고 재정투융자에서 대충자금 재원이 차지하는 비중은 1954년의 43.5%에서 증가하여 1958년에 83.4%에 이르렀다가 이후 감소하여 1960년에는 60.4%에 이르게 되었다.[16]

이같이 대충자금을 통해 국가재정에 적립된 미 원조는 첫째, 국방비 지출에 의해서 강제적 국가기구를 유지시키는 역할을 했다. 둘째, 재정투융자를 통해서 사회간접자본에 투자하고 수입대체산업을 금융지원하는 역할을 했다. 재정투융자의 구성을 보면 1953-1960년 동안 재정투자가 약 62%, 재정융자가 약 38%를 차지했다. 재정투자는 사회간접자본투자, 국영기업 설립, 생산재공업에 대한 투자 등으로 이루어졌다. 1957-1960년 동안 국내총자본 형성에서 재정투융자가 차지하는 비율은 53.4%이며, 그 중에서도 국내 총고정자본 형성에서는 61%를 차지했다. 이것은 정부의 직접투자와 산업은행을 통해 소비재 위주의

---

14) 인태식, 『재계회고 8: 역대경제부처 장관편 II』(서울: 한국일보사, 1981), pp. 37-38; 김현철, 『재계회고 7: 역대경제부처 장관편 I』(서울: 한국일보사, 1981), pp. 365-366.

15) 홍성유, 앞의 책, pp. 148-149.

16) 김재훈, 앞의 글, pp. 65-71.

수입대체산업에 대부된 재정융자가 1950년대의 자본축적에서 중요한 역할을 했음을 의미한다.[17)]

3. 수입대체산업화와 국가, 기업가

1950년대에 원조물자에 의존한 소비재산업 중심의 수입대체산업이 발달했다. 중남미의 수입대체산업이 농업잉여가치와 1차산업 수출에 의한 자본축적에 의해서 이루어진 반면 한국의 수입대체산업은 미원조의 틀 안에서 진행되었다.

1950년대의 한국의 수입대체산업은 2차 대전 후 선진자본주의 국가의 해외진출이 본격화되지 않고 미국의 경제적 이익이 분명하게 나타나지 않은 예외적인 국제경제환경에서 추진되었다. 1950년대 한국의 수입대체산업화는 세계경제체제와의 연계가 밀접하지 않은 형태로 진행되었다.

1953-1960년 동안 무역률(무역/GNP)이 13.3%인데 이것은 일제시대(1936-1940)의 무역률인 60.4%의 1/5정도에 불과한 수준이다. 이같은 국내시장 위주의 1950년대 수입대체산업화는 상당한 정도의 경제성장을 기록하였다. 1950년대 한국의 국내총생산(GDP)의 평균성장률은 5.1%인데 이것은 미국·일본의 평균성장률 4.2%보다 높은 것으로 나타났다.[18)]

1950년대의 수입대체산업은 국가관료와 자유당 엘리트, 기업가들의 정치적 연합구조의 틀 내에서 진행되었으며 중남미의 수입대체산업

---

17) 위의 글, pp. 73-78; 정일용, "6·25 동란후 미국원조의 성격과 그 귀결", 박현채·정윤형 편, 『한국경제론』(서울: 까치, 1987), p. 106.

18) Sonn Hochul, *Towards a Synthetic Approach of Third World Political Economy: The Case of South Korea*, unpublished ph. D. Dissertation at the University of Texas Austin, 1987, pp. 212-220.

화와는 달리 민중주의 세력이 배제되었다. 기업가들은 귀속재산 불하, 원조물자 분배, 세제상의 특혜, 환율정책, 특혜금융 등의 특혜구조 속에서 소비재 위주의 수입대체산업을 발전시켰다. 이같은 정치·경제적 틀 내에서 국가부문의 자율성이 가능할 수 있는 구조적 조건이 생겨났다.

1950년대의 수입대체산업은 면방업·제분업·제당업 등의 3백산업 중심의 소비재산업 위주로 이루어졌다. 미 원조물자에 의존한 소비재 공업화는 대기업을 중심으로 한 산업집중화를 가져오고[19] 원자재의 대미의존을 심화시키는 한편 한국농업의 정체화를 가져왔다.

소비재산업 중에서 가장 대표적인 면방공업은 1952년부터 한국전쟁과정에서 파괴된 면방직 시설의 복구작업이 진행되는 한편 면방직공업 5개년계획이 수립되어 운크라(UNKRA: United Nations Korean Reconstruction Agency) 자금과 정부보유 외화로 새로운 시설도입이 이루어졌다. 제당공업은 1953년 11월 한국 최초의 제당회사인 제일제당이 창립된 이후 1950년대 말에는 7개의 공장이 가동되었다. 제분공업도 ICA자금과 정부의 특별외화 배정에 의해서 시설확장을 도모하여 1950년대 말 약 24개 기업체가 존재하였다.

이외에도 모방산업, 견방공업, 염색가공업, 피혁공업, 페인트공업 등의 소비재공업과 함께 비료공업, 시멘트공업, 판유리공업 등의 생산재의 수입대체산업화도 부분적으로 이루어졌다. 전반적으로 볼 때 이같은 원조물자에 의존한 수입대체산업화는 물자의 도입·가공·수송·보관 등과 관련된 중간 유통부문의 확장과 함께 정부 및 금융기관의 지원활동의 확대, 도시화에 따른 서비스업 등 3차산업의 이상비대화 현상을 가져왔다.[20]

---

19) 1962년 당시 삼백산업의 산업집중도를 보면 제조업의 집중도는 9.9%에 불과하지만 제당업과 면방직공업의 집중도는 90%에 이르고 있다. 변형윤, "한국의 경제발전과 독점자본", 변형윤·박현채 외, 『한국사회의 재인식 I』 (서울: 한울, 1985), p. 213.

20) 이대근, 앞의 책, pp. 162-165.

1950년대의 산업화 성격을 둘러싸고 몇 가지 논쟁이 제기되었다. 첫째는, 1950년대는 소비재 위주의 산업화였다는 시각[21]과 달리 1950년대 전반기에 생산재공업에 대한 투자가 많이 이루어졌으며, 1958년 이후부터는 생산재공업의 성장률이 신장되었다는 주장이 있다.[22] 둘째, 1950년대의 산업화와 1960년대의 산업화를 단절적으로 보는 시각[23]에 대해서 1950년대의 산업화와 1960년대의 급속한 경제성장을 연속성의 차원에서 보려는 시각이 있다.[24] 셋째, 자본축적의 성격과 관련하여 권력과 자본과의 결합관계를 강조하는 시각이 있는가 하면,[25] 자본축적 방식이 상업이윤 획득에 기초했다는 특징을 강조하는 시각이 있고,[26] 산업자본으로서의 기본적 성격을 지니고 있었다는 주장[27]도 있다.

1950년대의 산업화의 성격에 대해서 이상과 같은 여러 가지 시각이 존재하고 있지만 한 가지 분명한 것은 수입대체산업화가 기업가들

21) 김대환, "1950년대 한국경제의 연구", 진덕규·한배호 외, 『1950년대의 인식』(서울: 한길사, 1981), pp. 208-213.

22) 이대근, 앞의 책, pp. 253-255; 김재훈, 앞의 글, pp. 106-109.

23) David C. Cole and Princeton N. Lymon, *Korean Development: The Interplay of Politics and Economics* (Cambridge: Harvard University Press, 1971), p. 26.

24) 이대근, 앞의 책, pp. 262-264; Sonn Hochul, *op. cit.*, pp. 220-224.

25) 이같은 시각은 자본축척에서 국가관료의 역할을 강조하여 1950년대의 산업화를 관료독점자본주의라고 지칭한다. 김대환, 『1950년대 한국경제의 연구』, pp. 237-241; 정윤형, "경제성장과 독점자본", 김윤환 외, 『한국경제의 전개과정』, pp. 147-148; 박찬일, 앞의 글, pp. 89-92.

26) 이같은 시각은 1950년대의 소비재산업이 각종 특혜에 의한 상업이윤 획득에 기반을 두고 있으며 상업이윤이 동산 구입, 고리대금업, 과잉시설투자 등에 소요됨으로써 1950년대의 산업화를 상업자본주의라고 지칭한다. 谷浦孝雄, "해방후 한국상업자본의 형성과 발전", 진덕규 외, 『1950년대의 인식』, pp. 310-316.

27) 이같은 견해는 1950년대의 산업화가 저임금노동력을 기초로 했다는 점에서 산업자본으로서의 성격을 지니고 있으며 국가의 특혜와 지원으로 독점이윤을 획득했다는 점에서 국가독립자본의 성격을 지니고 있다고 주장한다. 정일용, 앞의 글, p. 112.

의 독자적 자본축적에 의해서 이루어진 것이 아니라 미 원조의 구조적 틀과 국가의 각종 특혜와 경제정책에 의해서 추진되었다는 점이다. 국가는 귀속재산 불하, 원조물자 분배, 달러배정, 조세특혜, 금융특혜 등을 통해 기업가들에 대한 정치적 통제망을 구축하고 그 대가로 그들의 정치적 지지와 정치자금을 제공받았다.

첫째, 귀속재산불하과정을 살펴보고자 한다. 한국정부 수립 후 귀속기업체 불하는 3기로 나누어 추진되었는데, 1기(1948. 8-1950)에 총 건수의 33%가 불하되었고, 2기(1951-1953)에 43%가 불하되었으며, 3기(1954-1958)에 24%가 불하된 것으로 지적된다. 이 중에서 3기에 불하된 귀속기업체 가운데 규모가 큰 것이 많았으며 이 기간에 귀속기업체를 불하받은 기업가들은 FOA원조와 ICA원조에 의해 도입되는 시설재와 원자재를 불하받아 자본축적을 할 수 있었다. 귀속기업체 불하과정에서 토지자본가가 산업자본가로 전환할 수 있는 가능성은 매우 적었다.

한 경험적 연구에 의하면 지주의 5%만이 귀속기업체를 불하받아서 산업자본가로 전환할 수 있었던 것으로 나타난다. 그대신 신흥상인과 상인자본가들이 실제 가격의 1/20도 안되는 값으로 지가증권을 구입해서 귀속기업체를 인수하고 산업자본가로 전환할 수 있었던 것으로 지적된다. 그리고 면방직공업의 불하과정에 대한 사례연구에 의하면 귀속기업체의 관리인과 공장장이 귀속기업체를 불하받은 경우가 가장 많았던 것으로 지적된다.[28)]

귀속기업체의 불하과정에서 정부의 사정가격이 실제가격보다 훨씬 낮았고, 불하가격은 정부의 사정가격보다 낮았으며, 지불조건도 유리하였기 때문에 불하 자체가 커다란 이권이었다.

한 연구에 의하면 주요 기업체의 불하가격이 정부 사정가격의 평

28) 김윤수, "8·15이후 귀속업체불하에 관한 일연구" (서울대학교 대학원 경제학과 석사학위논문, 1988), pp. 30-75.

균 62%에 불과했던 것으로 나타난다. 그리고 높은 인플레이션과 최고 15년까지 불하대금이 분할상환되는 조건에서 귀속기업체의 불하는 큰 특혜였다. 이같은 맥락에서 귀속기업체 불하를 둘러싸고 국가관료와 자유당 정치인, 자본가와의 정치적 연계관계는 필연적인 것이었다.[29)]

둘째, 원자물자의 분배도 국가와 기업가가 호혜적 관계를 형성하는 요인으로 작용했다. 원조물자의 구입은 원조기관이나 정부가 직접 구매하여 판매하는 경우와 한국은행이 실수요자를 선정하여 자금배정을 하고 수입하도록하는 경우로 구분되었다. 한국은행의 ICA원조자금의 배정에서 기업가들이 큰 혜택을 받았다. 특히 원조자금 배정에 적용된 환율과 실제 환율과의 격차 때문에 원조물자의 분배 자체가 큰 이권이었다.

면방직공업의 경우를 보면 원면 도입에 적용된 원면환율은 자유시장환율의 50%에도 미치지 못했다.[30)] 그리고 1953-1960년 동안 수입업자들이 환율차이에 의해서 획득한 이익이 13억 400만 달러에 이르는 것으로 추산된다는 지적이 있다.[31)]

셋째, 수입대체산업화 과정에서 조세정책이 국가와 기업가 간의 중요한 정책망의 하나로 작용했다. 한국전쟁 이후 간접세 중심의 세제개편으로 1954-1960년 동안 직접세 비율은 30.6%인 반면 간접세 비율은 68.8%였다. 이같은 간접세 중심의 조세구조는 고소득층과 대기업에게 유리했다. 뿐만 아니라 원조자금과 특혜자금지원 등에 있어서 많은 탈세행위가 있었다.[32)]

---

29) 변형윤, 『한국의 경제발전과 독점자본』, pp. 210-211; 김기원, "미군정기 귀속재산에 과한 연구: 기업체의 처리를 중심으로" (서울대학교 대학원 경제학과 박사학위논문, 1988), p. 186; 김현철, 앞의 책, pp. 371-374.

30) 정일용, 앞의 글, pp. 108-109; 정일용, "원조 경제의 전개", 이대근, 정운영 편, 『한국자본주의론』 (서울: 까치, 1984), p. 151.

31) 김재훈, 『한국의 재정과 금융에 있어서 원조의 역할에 관한 연구』, p. 47.

32) 김명윤, 『한국재정의 구조』(서울: 고대 아세아문제연구소, 1966), pp. 191-196.

넷째, 1950년대의 수입대체산업화 과정에서 국가관료와 자유당 정치인, 기업가들의 정치연합구조를 형성시키고 국가부문의 정치적 통제를 가능하게 한 중요한 정책망은 평가절상정책이었다. 1950년대의 전기간을 통해서 평가절상정책이 고수되었다. 1953년부터 1960년까지 환율정책은 평균 2년 이상 지속되지 않았으며, 암시장환율의 프리미엄이 공정환율의 200-300%가 될 정도로 환율이 과대평가되어 있었다.[33] 이같은 평가절상정책의 구조에서 수입허가권을 얻는 것과 달러배정을 받는 것은 큰 이권이었다. 수입허가권을 얻은 기업들은 국내 시장가격보다 훨씬 낮은 가격으로 물품을 수입해서 그것을 높은 가격으로 팔았다. 예를 들면 제조업자들은 1달러당 650환의 가격으로 원자재를 수입해서 완제품을 1달러당 1200환의 수준에서 판매할 수 있었다.[34]

이같은 맥락에서 국내 가격보다 약 3% 높은 가격으로 판매되었던 수입시멘트의 수입업자들도 막대한 이익을 얻을 수 있었다.[35] 1956년의 국방부 원면사건도 수입물자의 국내판매이윤이 막대했던 것과 관련하여 발생한 사건이었다. 이것은 국군의 월동용 방한복 제작을 위해 도입된 원면의 99.7%가 시중에 부정방출된 사건이었다. 여기서 생겨난 십수억 환에 이르는 부정이익금은 1956년의 대통령선거를 위한 자유당의 선거자금으로 유용된 것으로 추정되었다.[36]

그리고 공정환율과 암시장 달러시세 간에는 엄청난 차이가 있었기 때문에 달러배정을 받는다는 것 자체가 큰 이권이었다. 정부의 달

---

33) A.O. 크루거 저, 전영학 역, 『무역・외원과 경제개발』(서울: 한국개발연구원, 1984), pp. 53-57.

34) Stephan M. Haggard, *Pathways from the Periphery: The Newly Industrializing Countries in the International System*, unpublished ph. D. Dissertation, University of California at Berkeley (1983). p. 118.

35) Kyong-Dong Kim. "Political Factors in the Formation of the Entrepreneurial Elite in South Korea". *Asian Surrey*, Vol. XVI. No. 5(May 1976), p. 469.

36) 『한국혁명재판사 I』(한국혁명재판사 편찬위원회, 1962). pp. 96-97.

러불하가 있을 경우 자유당 엘리트들은 공정환율보다 낮은 환율로 특정 기업인에게 달러를 불하하도록 재무부에 압력을 가했다. 국가관료들은 자유당의 끈질긴 요구 때문에 그들이 추천하는 업자들에게 달러를 불하하지 않을 수 없었다.[37] 달러배분과 관련하여 정치적 사건으로 대두됐던 것이 1952년의 중석불 불하사건이었다. 1952년 자유당 정권은 주석수출로 획득한 400만 달러를 14개 기업에 할당하고 그 대가로 정치자금을 받았는데 자유당은 이 자금으로 1952년의 헌법개정과 대통령선거에 소요되는 자금을 충당한 것으로 추정되었다.[38]

이같은 평가절상정책에 대해서 한·미측은 날카롭게 대립했다. 미국측은 평가절하를 통해서 수입수요를 억제하고 수입허가제와 관련된 부당이득 취득과 부패를 줄이는 동시에 수출을 증진시키고 또한 일정한 원조물자의 판매로부터 더 많은 대충자금을 적립할 것을 요청했다. 한국정부가 평가절하에 반대한 표면적인 이유는 수입중간재와 자본재의 원가를 낮게 유지하기 위해서는 평가절하가 불리하다는 것이었다.[39] 그러나 한국정부가 평가절하를 반대한 근본적인 이유는 좀더 복잡한 것이었다. 첫째, 한국정부는 평가절상정책에 의해서 수입허가와 달러배정의 권한을 보유하고자 했다. 둘째, 대충자금 사용에 있어서 재량권을 높이고자 했다. 셋째, 유엔군 주둔비용으로 유엔군에게 대여한 비용을 유리한 조건의 달러로 상환받고자 했다. 1공화국의 평가절상정책은 미국원조로부터 최대의 이익을 확보하고 획득하기 힘든 달러를 가능한 한 많이 배당받는 한편 경제자원 분배에서 최대한의 재량권을 누리기 위해 필요한 정책수단이었다. 이같은 정책망에 의해서 국가관료와 자유당 정치인, 기업가들이 상호연계되었다. 이 중에서도

---

37) 김현철, 앞의 책, pp. 389-390.

38) 이병도 외, 『해방20년사』(서울: 희망출판사, 1965), pp. 613-617.

39) E. S. 메이슨·김만제·D. H. 퍼킨스, 『한국경제·사회의 근대화』(서울: 한국개발연구원, 1985), p. 212.

자유당 정치인과 기업가가 중심적 세력으로 등장해서 혜택의 수혜자가 되었다.

금융기관에 대한 정부의 통제와 저금리정책도 기업가들에 대한 정부의 영향력을 높이는 수단이었다. 정부의 은행통제가 가능했던 이유는 귀속재산이었던 은행주식들이 정부관리하에 있었기 때문이다. 정부는 은행인사권을 장악하고 대출업무에 영향을 미침으로써 기업가들에 대한 통제력을 확보할 수 있었다. 뿐만 아니라 1950년대의 저금리정책은 기업가들을 의존적으로 만들고 그들에게 대부조건으로 정치자금을 염출할 수 있는 효과적인 정책수단이었다.

정부는 재무부를 통해서 시중은행들에 대해서 직접 영향력을 행사하고자 했고, 한국은행은 금융의 중립성을 내세워 시중은행의 업무를 관장하고자 했다. 시중은행 감독권을 놓고 정부와 한국은행 간에는 대립관계가 지속되었다. 이같은 맥락에서 1956년 당시 김유택 한국은행 총재가 한국은행법과 은행법의 개정을 둘러싸고 한국은행총재에서 해임되는 사건이 발생했다.[40]

1954년 시중은행의 민간불하가 추진되었는데 자유당은 은행불하로 은행에 대한 지배권을 상실하고 그대신 친야당적인 인사들이 은행운영권을 장악하여 자유당의 정치적 영향력을 잠식할 것을 우려하였다. 은행주 불하는 복잡한 과정을 거쳐서 입찰자가 바뀜으로써 여러 가지 의혹을 낳았다.[41]

국가관료와 자유당은 일반은행들의 매각계획을 추진하면서 1954년 4월 재무부의 직접통제하에 산업은행을 신설함으로써 금융대출에 대한 통제권을 계속 장악하고자 했다. 복잡하게 이루어진 산업은행의 평균대출금리는 3-8%였는데, 이것은 당시의 20-30%에 달하는 사채시

---

40) 김유택, 『재계회고 10: 역대금융기관장편』(서울: 한국일보사, 1981), pp. 137.
41) 위의 글, pp. 134-135; 이중재, 『재계회고 7: 역대 경제부처 장관편 I』, pp. 232-233; 인태식, 앞의 책, pp. 50-51; 서병조, 『주권자의 증언: 한국대의 정치사』(서울: 모음출판사, 1963), pp. 289-291.

장 이자는 물론 18.5% 정도의 일반은행 이자보다도 훨씬 낮은 것이었다. 이같은 저금리의 이점에 착안하여 자유당 정치인들은 산업은행 대출에 대해서 영향력을 행사하고자 했다. 산업은행 대출과 관련하여 1958년 산업은행 연계자금사건이 발생한 것은 이같은 맥락에서였다. 1958년 4대 국회의원선거를 앞두고 산업은행 연계자금이 12개 기업에게 방출되고 융자를 받은 기업들이 1할 내지 3할의 자금을 자유당에 기부한 것으로 추정되었다.[42] 또한 1960년 대통령선거를 앞두고 50억 환의 산업금융채권이 12개 기업체에 대부되고 그들로부터 기부금을 받은 것도 이같은 맥락에서 이해될 수 있다.[43]

이처럼 1공화국의 정치연합구조였던 국가관료와 자유당 정치인, 기업가들의 연계관계를 지탱시켜 주는 정책망은 귀속재산 불하, 원조물자 분배, 조세특혜, 달러배정, 금융특혜 등이었다. 이승만 정권은 이같은 정책망에 의해서 재정적 기반을 마련하고 정치적 지지세력을 육성하고 기업가들에 대해 영향력을 행사하는 한편 정치자금을 동원할 수 있었다. 그런데 자유당 과두엘리트가 정치권력의 핵심으로 등장하게 되면서[44] 이들과 기업가들 간의 후원·수혜관계가 형성되고 국가관료들의 정책권한은 축소되었다. 자유당 과두엘리트들은 기업가들의 정치자금에 의존해야 했기 때문에 국가관료는 자유당을 통해서 표출되는 기업가들의 이익을 때때로 충족시켜야 했다. 따라서 자원분배과정에서 국가의 자율성은 위축되었으며 자유당과 연계된 기업가들의 경제적 이익 때문에 국가의 정책집행이 때때로 어려움에 직면했다.[45]

---

42) 이병도 외, 앞의 책, pp. 962-965; 『한국혁명재판사 I』, pp. 139-140; 서병조, 앞의 책, pp. 256-257.

43) 『한국혁명재판사 I』, pp. 140-144.

44) 자유당 과두체제와 국가관료의 관계에 대해서는 다음을 참조하기 바람. 박종철, "1공화국의 국가구조와 수입대체산업의 정치구조", 『한국정치학회보』 22집 1호, 1988, pp. 105-108.

45) Bae-Ho Hahn, *op. cit.*, pp. 18; Dennis L. Mcnamara, "Soft State Interlude in

4. 농업정책

1950년대의 농업정책의 기본골격을 이루는 것은 농지개혁과 정부의 양곡수납정책, 저곡가정책이었다. 농지개혁에 의해서 지주계급은 정치적·경제적 영향력을 상실하였으며 소규모 자작농이 농촌사회의 주요세력이 되었다. 정부는 양곡수납정책과 저곡가정책에 의해서 농업 잉여가치를 수출하고 수입대체산업화를 위한 경제적 여건을 조성하였다.

미군정과 정부수립 후 두 차례에 걸쳐서 실시된 농지개혁이 한국사회에 미친 정치·경제적 결과를 다음과 같이 몇 가지 측면에서 살펴볼 수 있다. 첫째, 농지개혁은 농촌지역의 불평등을 어느 정도 완화하고 소자영농민들의 정치적 지지를 획득하는 데 기여했다. 농지개혁 대상 농지의 약 70%가 실제로 재분배되었으며 전체 200만 정도의 농가 중에서 약 100만 가구 이상의 농가가 농지분배의 혜택을 받은 것으로 지적되었다.[46)]

그러나 한국의 농지개혁은 농업생산성 향상으로 연결되지는 못했다. 농지소유 상한선으로 설정된 3정보는 한 농가가 생존할 수 있는 최소한의 농지면적이었다. 따라서 농지개혁의 결과로 생산성 향상에 의해서 상업적 농업자본이 형성될 가능성은 거의 없었다. 영농설비와 농사자금의 부족, 정부관리의 소홀 등으로 영세자영농들은 농업생산성을 향상시킨다거나 경제적 기반을 확립할 수 없었으며 소작농의 비율이 점차 다시 증가하기 시작했다.[47)]

South Korea, 1948-1960," Annual Meeting of the International Studies Association, April 15-18, 1987, p. 16.

46) David C. Cole and Princeton N. Lyman, *op. cit.*, pp. 21-22.

47) 이 점은 대만이 농지개혁후 소규모 독립 자영농에 대한 계획적 지원 및 관리정책으로 농업생산성 향상을 이룩한 것과는 대조적이다. 이점에 대해

농지개혁이 미친 중요한 정치적 결과 중의 하나는 급진좌파세력이 농촌지역에서 지지기반을 상실하고 정치적 갈등의 초점이 농촌지역에서 도시지역으로 옮겨졌다[48]는 점이다. 물론 농촌지역에서 급진좌파세력이 영향력을 상실한 데에는 1949년부터 1950년 초반까지의 급진좌파세력에 대한 탄압과 한국전쟁으로 인한 남한지역에서의 좌파세력 제거가 근본적 요인으로 작용하였다. 그러나 농지개혁도 급진좌파의 농촌침투를 방지하고 이승만 정권의 정치적 기반을 강화하는 데 도움이 된 것으로 평가된다.

한국의 산업화와 관련하여 농지개혁이 지니고 있는 중요한 의미는 지주계층의 몰락과 이들이 산업자본으로 전환하는 데 성공하지 못했다는 점이다. 이것은 산업화정책에 반대할 만한 대지주층의 몰락과 동시에 자발적으로 산업화를 주도할 만한 자본가계층의 미성장을 뜻하며 결과적으로 국가주도 산업화를 가능하게 한 요인 중의 하나가 되었다. 농지개혁에 의하면 지주들은 3정보 이상의 토지를 매각하고 그 대가로 정부공채를 상환받고 이것을 산업시설에 투자할 수 있도록 되어 있었다. 실제 지주보상액은 시세의 약 1/2 내지 1/3 정도로 책정되었으며, 그것도 인플레이션과 한국전쟁으로 지가증권의 실질가치는 급격하게 하락했다. 중·소지주들은 자신들의 지가증권을 액면가격의 약 10%에 중개인들에게 매각했다. 결과적으로 지주들은 원래 농지가격의 약 1/20도 못되는 가격으로 지가증권을 팔았다고 할 수 있다.[49]

서는 다음을 참조하기 바람. Alice H. Amsden, "The State and Taiwan's Economic Development," in Peter B. Evans, Dietrich Rueschemeyer, and Theda Skocpol, eds., *Bringing the State Back In* (New York: Cambridge University Press, 1985), pp. 78-106.

48) David C, Cole and Princeton N, Lyman, *op. cit.*, p. 21.

49) 송인상, "안정구축과 성장의 모색", 전국경제인연합회 편, 『한국경제정책 30년사』(서울: 사회사상사, 1975), pp. 117-118; 김병태, "농지개혁의 평가와 반성", 김윤환 외, 『한국경제의 전개과정』, p. 57.

그 결과 지주계층은 농촌지역에서 정치·경제적 기반을 상실했으며 극소수를 제외하고는 상업자본가나 산업자본가로 전환하지 못하고 도시 프티부르주아로 전락하였다. 정치가 및 관료들과 유대관계를 맺고 있던 극소수의 지주계층들만이 산업채권의 할당과 투자과정에 참여해서 기업가로 성장할 수 있었다. 그러나 이들은 기본적으로 원조에 의존한 수입대체산업에 기반을 두고 있었으며 국가의존에서 벗어나서 독자적인 산업기반을 마련하지는 못했다.

정부의 농산물 가격정책은 정부의 직접적인 양곡수납정책과 자유시장가격정책으로 구분되었다. 1950년대 중반에 미 잉여농산물이 도입되기 이전까지 정부의 농산물정책의 중점은 직접적 양곡수납정책이었다. 그러던 것이 1950년대 중반 이후 미 잉여농산물의 대량도입에 따라 저곡가정책 중심의 자유시장가격정책으로 주안점이 바뀌었다. 정부의 양곡구입정책은 정부의 일반매입과 쌀과 비료의 교환, 농지분배 대금의 현물상환, 토지수득세 등을 통해서 이루어졌다. 1961년 충주비료공장이 건설되기까지 비료공급은 전적으로 수입에 의존했으며 경지면적당 비료사용량이 적어서 쌀과 비료의 교환정책에 의한 농업가치의 유출은 그다지 크지 않았다.

그럼에도 불구하고 비료의 국내가격이 국제가격보다 비쌌으며 정부의 쌀수매가격이 시장가격보다 낮았기 때문에 비료와 쌀의 교환정책은 농민들에게 큰 부담이 되었다.[50] 정부는 비료가격을 곡물가격의 2-3배로 높게 책정해서 대충자금으로 적립되는 비료의 판매대전을 극대화하고 정부의 양곡수납량을 높이고자 했다.[51]

한국전쟁 기간 동안에 인플레를 억제하고 전쟁소요 군량미 조달을 위해서 피농지분배 농민들의 지가상환을 현물상환으로 하는 정책

50) 김종덕, "한국과 대만의 농업정책 비교연구", 『해방후 한국의 사회변동』 (서울: 문학과 지성사, 1986), pp. 99-100.

51) 장종익, "1950년대의 미잉여농산물 원조가 한국농업에 미친 영향에 관한 연구" (연세대학교 대학원 경제학과 석사학위논문, 1988), pp. 102-103, 105.

이 실시되었다. 이와 함께 1951년 9월 '임시토지수득세법'이 제정되었다. 임시토지수득세법은 주요 곡물에 대한 토지세를 현물로 납부하도록 함으로써 통화팽창을 방지하고 곡물수요를 충당하기 위한 것이었다. 이것은 전시의 인플레 요인을 농민에게 전가시키고 농민의 부담을 가중시키는 결과를 가져왔다. 1951년부터 1953년까지 국내 조세수입에서 임시토지수득세가 차지하는 비중은 정부매상가격을 기준으로 할 때 약 30%수준이었고, 시중 쌀값을 기준으로 하면 대체로 70-90% 수준에 이르렀다.[52)]

정부의 양곡직접관리정책은 1950년대 중반 이후 저곡가정책 중심의 양곡자유시장정책으로 전환되었다. 1953년 미 잉여양곡의 대량도입과 1955년 이후 PL480과 MSA402조에 의한 미 잉여농산물 도입으로 정부는 양곡공급을 직접 통제하지 않고 저곡가정책을 유지할 수 있었다.

1956-1960년 동안의 총양곡도입량은 연평균 60만 톤 이상이었고 이것은 국내 양곡생산량의 15%에 해당하는 것이었다. 잉여농산물은 국내 공급부족량을 초과하여 과잉도입되었는데 1958년의 경우 200만석 이상이 초과도입되었다. 잉여농산물의 과잉도입으로 농산물 가격하락 현상이 나타났다. 쌀값은 1956년을 100으로 했을 때 1958년에는 93.4%, 1959년에는 82.5%로 폭락하였고, 보리쌀값은 1956년을 100으로 했을때 1959년에는 73.3%로 하락하였다.

잉여농산물 도입에 의한 농업위축의 대표적인 사례는 면화생산에서 나타났는데 1968년의 면화재배면적은 해방 전에 비해서 10%에도 미치지 못했다.[53)] 저곡가정책에 따른 이같은 농산물 가격하락과 농업황폐화는 적자영농현상을 초래했다. 1956년 당시 농업소득은 가계비지출의 83%에 불과했다. 그 결과 1953년에 부채농가의 비율이 전체 농가의 92%에 이르렀다.[54)]

52) 이대근, 앞의 책, pp. 169-175, 205.

53) 정일용, 『원조경제의 전개』, pp. 154-155.

전체적으로 볼 때 1953년 잉여농산물 도입 이후 농촌의 잉여가치 추출은 정부의 직접적 곡물구입정책에서 시장가격기구를 통한 저곡가 정책으로 바뀌었다. 농업부문은 저곡가정책에 의해서 도시의 저임금 구조를 가능하게 함으로써 수입대체산업화에 수반되는 부담을 감수했다. 뿐만 아니라 농업부문은 정부의 곡물구입 및 분배정책에 의해서 군대 및 관료의 국가기구를 유지하는 부담을 짊어졌다. 그 결과는 농업의 황폐화와 적자농가의 증가였다.

그리고 농업의 침체로 인한 농촌인구의 도시유입은 저렴한 노동력을 창출함으로써 저임금에 기초한 1960년대 이후의 수출주도 산업화를 가능하게 하는 조건을 마련하였다.[55)]

5. 경제개발계획의 시도

1948년 헌법에 포함되었던 국유화 조항이 1954년 헌법개정에서 삭제됨에 따라 이후의 한국의 경제정책은 시장경제체제의 원칙에 입각해서 실시되었다. 특히 한국전쟁 후 1950년대 말기에 이르기까지 국가계획에 의한 산업화는 사회주의와의 관련성 때문에 기피되었다. 이 같은 경제정책의 방향설정에는 한국에서 자본주의 체제를 발전시키고자 했던 합동경제위원회의 영향력이 크게 작용했던 것으로 지적된다.

한편 1950년대에 자본가계급이 아직 강력하지 않았고 국가가 귀속재산 분배와 원조물자 분배, 금융정책, 조세정책 등을 통해서 수입대체산업화 과정을 주도하고 있었기 때문에 1950년대의 국가는 자본가 계급에 대해서 자율성을 지니고 있었다고 할 수 있다. 그러나 이같은 국가의 자율성이 국가주도산업화로 연결되지 않은 것은 1공화국의

---

54) 장종익, 앞의 글, pp. 138-143.

55) Sonn Hochul, *op. cit.* pp. 231-232.

정책 우선순위가 경제발전이 아니었으며 한국전쟁 이후 계획경제체제에 대한 저항감 때문이었다고 할 수 있다.[56]

이상과 같은 배경 속에서도 1950년대 전반기에 몇 차례 경제개발계획이 마련되었다. 그리고 1957년 미 원조의 감소와 함께 한국경제구조의 재편성과 경제개발계획이 진지하게 논의되었다.

우선 1953년에 타스카(Henry J. Taska)를 단장으로 하는 경제조사단이 파견되어 "타스카보고서"가 작성되었으며,[57] 1953년에 UNKRA와 네이산(Robert R. Nathan) 연구진이 경제개발계획을 작성한 적이 있었다. 그러나 이 계획들은 여건의 미비와 정치적 이유로 실현되지 못했다.[58]

한국의 기획업무는 1948년 이후 기획처가 담당하고 있었으나 기획처장은 장관급보다 하급직이었고 권한도 적었다. 1955년 부흥부가 신설되고 부흥부장관은 경제장관들로 구성된 부흥위원회 위원장이 됨으로써 경제개발계획을 담당할 수 있는 전문국가기구가 마련되었다.[59]

그리고 1958년 9월 송인상 재무부장관이 미국에 가서 허터 국무차관과 협의한 후 부흥부 산하에 장기경제개발계획 수립을 목적으로 하는 산업개발위원회가 신설되었다.[60] 산업개발위원회는 1960년부터 1962년까지의 3개년을 1차기간으로 하는 경제개발계획안을 작성하여

---

56) *Ibid.*, pp. 237-239.

57) Wan-Hyok Pu, *op. cit.*, pp. 89-90

58) Joe Won Lee, "Planning Effort for Economic Development", in Joseph S. Chung, ed., *Patterns of Economic Development: Korea* (Kolamazoo, Michigan: Western Michigan University, 1965), pp. 1-9; David C. Cole and Young Woo Nam, "The Pattern and Signficance of Economic Planning in Korea", Irma Adelman, ed., *Practical Approaches to Development Planning* (Baltimore: Johns Hopkins University Press, 1969), p. 32.

59) 사공일 · L. P. 존스, 『경제발전과 정부 및 기업가의 역할』(서울: 한국개발연구원, 1986), pp. 71-73.

60) 송인상, 『재계회고 8: 역대경제부처장관편 II』, pp. 57-58.

1959년 봄 국무회의에 제출하였다. 이 계획안은 GNP의 연평균 5%성장과 실업감소, 대외의존도 축소 등을 목표로 하였다. 그러나 이 계획안은 국무회의에 상정된지 만 1년이 지나도록 심의조차 유보되고 있었다. 그러다가 1960년 4월 15일에야 국무회의에서 통과되었으나 곧 이어서 이승만 정권의 붕괴를 맞이하게 되었다.[61]

1956년 정·부통령선거에서 민주당의 장면이 승리한 후 자유당 엘리트 간에는 향후 정국운영과 1958년의 국회의원선거, 1960년의 대통령선거에 대비하여 여러 가지 문제에 대한 논의가 있었다. 여기에는 그때까지의 경제복구를 기반으로 하여 본격적으로 경제발전을 추구하느냐 아니면 경제발전문제는 차치하고 우선 정권유지에 보다 몰두하느냐 하는 것에 대한 논의도 포함되어 있었다. 이같은 논의에서 자유당 온건파는 1960년의 선거에 대비해서 일련의 경제개혁을 단행하고 행정관료의 부패를 일소하고 경제발전계획을 수립할 것을 제안했다. 부흥부 내에 산업개발위원회가 설치되고 경제개발계획이 작성될 수 있었던 것은 부분적으로 이같은 제안들이 받아들여진 결과라고 할 수 있다는 지적이 있다. 그러나 자유당은 1960년의 대통령선거를 앞두고 구조적 개혁보다는 강경파의 주장에 따라 경찰력에 의존해서 부정선거로 대처하는 방안을 택했다.[62]

정치구조 내에서의 이같은 일련의 움직임들을 고찰할 때 1958년의 경제개발계획이 실행에 옮겨질 수 없었던 것은 자본과 기술의 부족, 미 원조의 감축 등의 요인보다는 자유당이 임박한 선거에 대비해서 경제개혁조치를 취할 만한 여유가 없었다는 데서 연유하는 측면이 더 큰 것 같다. 경제계획은 1950년대의 수입대체산업정책의 혜택을 받고 있던 국가관료, 자유당 정치인, 기업가들 간의 정치연합구조의 개

61) 이한빈, 『사회변동과 행정』(서울: 박영사, 1968), pp. 138-139.

62) Quee-Young Kim, *The Fall of Syngman Rhee* (University of California at Berkeley, 1983), pp. 25-26. p. 34.

편을 수반하고, 이것은 결국 자유당의 지지기반과 정치자금의 상실을 의미하는 것이었다. 당시의 자유당과 이들이 기반으로 하고 있던 정치·경제구조는 다가오는 선거를 앞두고 근본적인 행정개혁과 경제개혁을 할 만한 여유와 자율성을 결여하고 있었다.

이승만 정권의 보수연합체제가 택할 수 있는 대안 가운데 한 가지는 그때까지 원조를 바탕으로 추진되었던 설탕·제분·면방직 등의 비내구성 소비재 중심의 수평적 수입대체산업화정책을 내구성 소비재 중심의 수직적 수입대체산업화정책으로 전환하는 것이었다. 그런데 미국은 재정안정화 정책에 의해서 물가안정과 균형재정만을 강조했으며 구체적으로 한국의 경제정책의 방향에 대해서 분명한 대안을 지니고 있지 않았다. 한국의 입장에서 볼 때 수직적 수입대체산업화정책을 추진하기 위해서는, 기본적으로 원조가 중단되고 있는 상황에서 조세징수에 의존하거나 차관도입에 의존해야 했다. 그러나 경제성장이 둔화되고 있는 실정에서 더이상의 조세징수도 한계가 있었으며 당시로서는 차관도입이 용이했던 것도 아니었다.

다른 한 가지 대안은 1960년대에 추진된 것과 같은 수출산업화정책으로의 전환이었을 것이다. 그러나 국내자본과 기술의 부족, 해외시장의 미확보 등의 상황에서 당시로서는 수출산업화 정책이 그다지 성공적인 것으로 보이지 않았다고 할 수 있다. 이것은 1960년대 초반에도 처음부터 수출주도산업화정책이 적극적으로 추진되었다기보다는 몇 번의 정책변경과 시행착오에 의해서 이루어졌다는 것으로 미루어 보아도 알 수 있다. 더욱이 이승만 정권의 보수연합체제의 성격을 고려할 때 이들에게는 수출산업화 정책보다는 수직적 수입대체산업화 정책의 채택이 보다 받아들이기 쉬웠을 것이다. 이같이 경제정책의 딜레마, 정통성의 상실, 정권교체의 불안정 등의 요인이 혼재한 가운데 이승만 정권은 붕괴의 길로 다가서고 있었다.

6. 맺음말

본 논문은 1950년대 한국 산업화의 기본골격을 형성한 미 원조의 성격을 밝히고 아울러서 미 원조에 기반한 수입대체산업화 정책과 농업정책의 메커니즘과 그런 과정에서 발생한 국가와 기업가, 농민들 간의 정치적 역학관계를 분석하고자 했다. 그리고 1950년대 말 미 원조 감소와 수입대체산업화의 위기에 대한 한 가지 대응방안으로 마련되었던 경제개발계획의 입안과 그 한계에 대해서 알아보고자 했다.

이상과 같은 문제를 분석하는 데 있어서 다음과 같은 네 가지 사항이 고려대상이 된다.

첫째, 한국의 주변부국가적 성격이다. 한국은 2차 대전 후 미국에 대한 주변부국가로서 미국에게 정치·군사적으로뿐만 아니라 경제적으로 의존하였다. 미국은 원조물자의 판매대금을 대충자금 계정으로 적립하고 합동경제위원회를 통하여 한국의 경제정책 전반에 대해 영향력을 행사했다. 미 원조는 한국의 국방비를 충당하여 1공화국의 국가가 시민사회의 물적 기반으로부터 자율성을 지니고 군부를 존속시킬 수 있도록 하였다. 또한 미 원조는 한국의 수입대체산업화 정책과 저곡가 정책의 기본골격을 형성하는 역할을 했다. 그러나 미 원조는 실질적으로 원조물자의 국내 판매대금이 대충자금으로 적립되는 형태로 운영됨으로써 경제적 부담은 사실상 한국의 민중계층이 짊어졌다. 미국은 전반적으로 한국경제의 재정안정과 인플레이션 억제에 일차적 관심이 있었으며 한국경제가 시장경제원칙에 입각해서 성장하도록 하는 방침을 고수했다.

둘째, 분단구조가 한국의 국가형성과 계급구조, 경제정책에 미친 영향이다. 한국전쟁 이후 군대의 비대화와 이로 이한 과도한 국방비 지출은 한국의 큰 부담이 되었다. 한국전쟁 후 한국은 전략적 가치의 중요성으로 인해 국방비 충당을 위한 군사원조 성격의 원조를 받았으며 이같은 원조의 틀 내에서 강제적으로 국가기구가 유지되고 산업화 정책이 추진되었다. 그리고 한국전쟁은 반공이념에 입각한 이데올로기적 헤게모니를 가능하게 했으며 좌파세력을 배제시키는 결과를 가져왔다. 그 결과 1950년대에 노동자계급과 농민계급은 조직화되지 못하고 탈정치화된 채로 권위주의 통치구조의 동원대상으로 남아 있었다. 아울러서 한국전쟁은 한국경제가 사회주의 경제발전노선을 배격하고 시장경제원칙에 의해서 운영되도록 하는 역할을 했다.[63)]

셋째, 미 원조의 틀 내에서 진행된 수입대체산업화와 농업정책의 성격에 대한 것이다. 1950년대 국가는 귀속재산 불하와 원조물자의 분배, 환율정책, 금융정책, 조세정책 등의 정책망에 의해서 기업가들에 대한 영향력을 행사하고 수입대체산업화의 정치·경제적 틀을 만들어 냈다. 1950년대 중반 이후 자유당 엘리트들이 국가관료 임명과 정책결정, 자원분배 등에 대해서 영향력을 확보함에 따라 이들과 기업가들 간의 정치적 연계구조가 성립되었다. 그리고 정부의 농업정책은 1950년대 초기의 직접양곡수납정책에서 1950년대 중반 이후 미 잉여농산물의 도입에 따라 저곡가정책에 의한 시장관리정책으로 변경되었다. 그 결과 농민의 경제적 부담은 가중되었으며 저임금구조에 의한 수입대체산업화가 가능하게 되었다.

넷째, 산업화의 결과로 생긴 계급구조의 변화와 국가의 정책적 자율성에 관한 것이다. 1960년 현재 계급구성을 보면 자본가계급은 1.2%, 농촌 프티부르주아지가 58.1%, 도시 프티부르주아지가 13.1%, 노동자계급이 26.6%인 것으로 나타난다.[64)]

이같이 자본가계급이 미약한 상황에서 국가는 자본가계급에 대해서 구조적으로 자율성을 지니고 있었다. 그리고 자유당은 농민들의 권

63) Sonn Hochul, *op. cit.*, pp. 208-210.

64) 서관모, 『현대한국사회의 계급구성과 계급분화』(서울: 한울, 1984), p. 36.

위주의적 정치문화와 관권의 개입, 농민들의 준봉적 투표행태에 힘입어 농업적 정치연합의 골격을 유지할 수 있었다.[65] 이같은 정치적 틀 내에서 1950년대 말 미 원조의 감축과 수입대체산업화의 한계, 이승만 정권에 대한 도시부문의 정치적 반발 등에 직면하여 경제개혁이 시도되었으나 정권위기에 직면한 자유당은 구조적 개혁을 실시하지 못하고 붕괴의 길로 접어들었다.

65) 박광주, "산업화와 정치체제의 변화: 도시중산층의 증대와 농업적 정치연합의 쇠퇴를 중심으로", 『한국정치의 현대적 조명』(성남: 한국정신문화연구원, 1987), pp. 502-508.

제13장

노동운동과 노동통제의 성격

원 호 식

1. 머리말

한국 현대사 흐름을 크게 50, 60년대와 80년대 후반의 시점으로 대별시켜 본다면, 그 역사적 시점 사이에는 자본주의적 산업화와 군사적 권위주의화라는 그 양태와 성격을 달리하는 두 개의 정치경제적 구조의 형성이 있어왔음을 부인할 수 없다. 그러나 여기서 분명한 것은 1950년대의 정치경제적 환경과 토대가 이와 같은 두 개의 서로 다른 현상을 결과한 기본모태였다는 사실이다. 이 점에서 오늘의 한국사회에 깊숙이 기본구조로서 자리잡게 된 정치·경제의 제 변수들에 대한 종속변수로서의 성격과 독립변수로서의 성격이 규명되기 이전에, 1950년대에 걸쳐 형성된 정치경제적 기본골격에 대한 세심한 연구와 재평가가 선행되어야만 할 것이다.

그에 대한 문제영역의 설정과 접근방법은 논자에 따라 다양하고 그 연구결과 또한 상이하게 도출될 수 있을 것이다. 이 연구에서는 해방직후의 이데올로기의 극한투쟁과 대립, 그리고 분단, 또한 국토의 물리적 파괴와 문화적 토양의 성숙과 지적 활동이 불가능했던 50년대의 여건을 토대로 한 노동관계를 정치사회사의 한 단면으로 살펴보고자 한다. 즉 노동자를 중심으로 한 당시의 노동운동의 객관적인 정치·경제적 조건들을 투시하면서, 80년대 말 현재 노동자계급 운동의 기본모태로서의 성격과 이념적 지향성, 그리고 그에 대한 국가부문의 정치적 통제의 성격을 간단히 살펴보고자 한다.

그러나 이것은 다음과 같은 하나의 기본 변수를 근간으로 이루어진 예비적 범주로서 이해되어야 할 것으로 본다. 즉 한국의 현대사를 정치·경제적으로 어떻게 설명 묘사하든 그 내부적 역동성의 형성·변이·발전의 테두리는 기본적으로 두 개의 기본적인 편입관계에 의해 규정되고 있다는 점이다. 하나는 자본주의 체제하의 자유기업주의의 테두리 속에서 세계자본주의 체제와 편입관계를 유지했고, 정치적으로는 제2차 세계대전 이후 이념대립의 양상으로서 강화된 자유민주주의의 전면적인 이식, 그리고 군사적으로는 불가피하게 반공의 전초기지화라는 테두리 속에서 이데올로기 대립의 첨예화라는 냉전시대의 논리구조 속에서 제1공화국의 정치경제적 구조가 형성되어졌다는 점이다.

그러면 이같은 상황여건 속에서 노동운동의 객관적인 조건과 성격 그리고 그에 대한 국가통제의 성격은 어떠했는가? 다시 말해서 노동자계급의 내부구성과 의식구조의 양태 그리고 그에 따른 노동운동의 표출양태 더 나아가 국가에 의한 통제의 성격이 어떻게 1950년대의 경제·정치적 여건 속에서 특징적으로 나타나는가를 살펴보고자 한다. 이런 점에서 단순한 사회학적 계급구분과 계급성의 측면만을 살펴보기보다는, 당시의 정치경제적 여건 속에서 어떻게 노동자계급이 구성되고 국가권력과의 상관성 속에서 어떠한 노동운동의 내용을 지니게 되었는가를 정리해보고자 한다.

2. 노동운동의 조건과 전개

1) 운동의 객관적 조건

(1) 노동자계급의 형성

일반적으로 노동자를 하나의 계급범주로 설정하여 설명하고 사회의 주요한 세력으로 간주할 경우, 그와 같은 입장의 사회과학적 범주는 대개 정치경제학적 개념으로 구성되어진다. 다시 말해서 유사속성에 따라 개인과 집단의 지위를 역사상 특정시기에 있는 자본주의 사회의 분석에 연결시키려는 정치사회학적 계층화 분석보다는, 계급을 물적 토대에 연결시킴으로써 자본주의 사회의 변화원인을 연구하고자 하는 분석시각이 사용된다. 이것은 주지하는 바와 같이 두 개의 상반되는 이익 사이의 갈등을 고찰하고자 하는 것으로 자본주의 전개와 연계된 노동자계급의 형성 및 계급적 의식(class consciousness)의 전화정도(轉化程度)를 살피고자 할 때 상당히 유용한 접근이 될 수 있다. 이것은 구체적으로 경제 또는 정치영역에서의 이익갈등의 차원에 존재하는 노동자계급의 구성에 나타나는 객관적인 조건의 변화와 계급의 분파성 정도를 분명하게 연결시켜 볼 수 있다는 점에서 유효하다.[1)]

이러한 점에서 제1공화국 시기의 노동자계급의 형성문제는 그 물적 토대로서 자본주의의 발전단계와 양상에 연결되어 분석될 수밖에

---

1) 이와 같은 접근의 괄목할 만한 저서로서는 E. P. Thompson, *The Making of English Working Class* (New York: Vintage 1963); Ira Katznelson and Aristide Zolberg, eds., *Working-Class Formation* (New Jersey: Princeton University Press, 1986) 등을 들 수 있다.

없다. 그렇다고 해서 한국에서의 자본축적의 계기와 임노동화의 시기에 대한 제반의 이론적 논의가 전혀 필요없는 것은 아니다. 단지 제1공화국, 즉 1948-1960년 사이에 진행된 정치경제적인 골격형성에 더 큰 충격과 심대한 영향력을 미친 것은 불가피하게 일본제국주의가 남겨 놓은 식민지 경제체제의 유산과 그 이후 미군정에 의해 수행된 3년 간의 정책적 결과물에서 비롯된다는 점이 보다 강조되어져야 한다는 것이다.

일본에 의해 진행된 한국에서의 자본주의 전개의 특징을 간단히 짚고 넘어간다면, 그것은 일본경제에 예속된, 일본 독점자본의 이해가 관철되어지는 방향에서 조직화되고 관리되어진 군수경제체제라는 점이다. 그러한 경제구조의 기형적 전개는 무엇보다도 민족자본에 의한 자본가의 형성과 기업체 형성이 기본적으로 불가능했음을 뜻한다. 달리 표현하자면 자본가와 노동자의 형성에 있어 '자본가 없는 노동자의 대두'라는 기형성을 마련하는 계기가 되었던 것이다.[2)]

이와 같은 이유로 해서 해방직후 사업체의 계속적인 운영이 기업의 중지나 단축의 불가피한 사태로 곤란을 겪게 되었던 것이다. 1946년 11월 현재 전매사업장 및 국영사업장을 제외한 조업 중인 사업장 총수는 5,249개소로, 1944년 6월 현재 9,323개소에 비해 무려 43.7%의 감소를 보인 점과, 노동자 총수 또한 1944년 현재 30만 520명에 비해 1946년 11월에는 59.3%밖에 되지 않는 12만 2,159명에 불과했다는[3)] 사실에서도 노동자계급의 형성에 있어 그 취약성과 기형성을 알 수 있다.

특히 남한에 국한시킬 경우, 1947년 3월 현재 5인 이상의 노동자

---

2) 해방직후 좌익 노동단체였던 全評에서의 工場自主管理制의 요구는 그 이념적 배경을 차치한다면 곧 자본가인 日帝의 일시적 붕괴에 따른 대안적 세력의 미비에서 유래했다 하겠다.

3) 조선은행 조사부, 『조선경제연보』(1948년), pp. 1-201.

가 종사하는 사업장의 총수는 4,500개소로 1943년의 10,065개소에 비해 절반 이상인 55.3%가 감소했을 뿐 아니라, 노동자 총수에 있어서도 1943년의 255,393명에서 1947년 3월 현재 133,979명의 47.5%의 대폭 감소현상을 보여주고 있다(〈표 1〉 참조).

이와 더불어 중국·일본 등지로부터의 귀환동포와 38도선 이북으로부터의 월남동포 등은 남한 내의 실업자수를 크게 증가시켜 미군정청 노동부의 조사에 따르면, 1946년 11월 현재 실업 및 무직자수는 총 110만 명에 달하는 것으로 집계되고 있다.[4] 요컨대 일제의 퇴각과 남북분단은 남한에서의 자본주의적 생산력의 급격한 후퇴를 초래하였다.[5]

〈표 1〉 남한의 산업별 사업체 및 노동자수

구분 / 연도별 / 산업별	사업장수			노무자수		
	1943년	1947년 3월	감소율	1943년	1947년 3월	감소율
금속공업	416	262	36.9	12,578	6,118	51.3
기계기구공업	944	874	7.4	27,331	20,510	24.9
화학공업	681	582	14.5	22,869	21,457	61.7
와사·전기급수도업	70	32	52.8	2,864	1,927	33.3
요업·토석공업	1,172	700	40.3	20,616	10,686	48.2
방적공업	1,683	537	68.1	61,210	37,353	39.0
제재·목제품공업	1,359	542	60.1	14,598	11,315	22.5
식료품공업	1,704	643	62.3	19,854	12,506	37.0
인쇄제본업	420	143	65.9	7,370	2,655	64.0
토목건축업	997	90	91.0	53,680	6,297	88.5
기타 공업	619	95	84.6	12,423	3,155	74.6
합계	10,065	4,500	55.3	255,393	133,979	47.5

출처: 조선은행 조사부, 『조선경제연보』(1948년).

4) 위의 책.

이처럼 해방 이후 남농·북공적인 특성을 강하게 지닌 한국의 산업체계는 국토분단에 따른 국내 분업체계의 발전가능성의 박탈과 산업구조의 위축에 따른 국민경제의 혼란을 가져왔다. 미군정 실시 이후 국민경제의 재편성이 시도되고 원조가 도입되었다. 더욱이 곧이은 한국전쟁은 남한의 산업구조를 완전히 파괴시켰던 것이다.

이처럼 제1공화국 시기의 노동자계급의 형성과정은 자주자립적인 구조를 기초로 하는 국민경제의 틀 속에서 노동과 자본 간의 정상적인 관계하에서 노동자 자신의 영역이 확대되었던 선진자본주의 국가와는 전혀 다른 조건에서 이루어질 수밖에 없었다.[6]

따라서 노동자계급의 규모를 살펴볼 때 산업예비군의 압박이란 외적 환경과 더불어 산업 전반에서의 고용수준의 악화라는 퇴행적인 현상은 불가피한 결과물이었음이 드러난다. 즉 생산연령 인구인 14세 이상의 인구는 1949년의 1,177만에서 1,504만 명으로 약 327만 명이 증가한 데 반하여, 취업자수의 증가, 특히 5인 이상의 종업원을 고용하고 있는 사업체의 종업원수는 1949년의 26만 6,000명에서 1955년에는 25만 5,000명, 1957년에는 24만 5,000명, 1960년에는 23만 5,000명으로 감소하는 규모의 축소를 볼 수 있다(〈표 2〉 참조). 반면에 이를 반영하는 실업의 통계는 1957년의 27만 7,000명에서 1960년 43만 4,000명으로 급격한 확대현상을 보여주고 있다.

더구나 실질적으로 노동조합운동의 주체가 될 수 있는 노동자의 규모를 본다면 더욱 적어져, 1958년의 제조업·건설업 및 전기·가스·수도업에서 5인 이상이 종사하는 사업체의 종업원수는 14만 6,779명인데 이것은 일제 말기인 1943년의 25만 5,393명에 비할 때 57.3%에 상당하는 낮은 수준이며, 1947년의 13만 3,979명과 비슷한 수준에 불과

---

5) 안병직, "일제식민지의 경제적 유산과 민족해방의 의의", 『한국경제론』(서울: 까치, 1987), p. 20.

6) 勞資 간의 正常關係의 發展에 대해서는 E. P. Thompson, *The Poverty of Theory and Other Essays* (New York: Monthly Review Press, 1978) 참조.

〈표 2〉 인구 및 고용동태

(인원단위: 천 명)

연도	총인구	14세 이상 인구	취업자	5인 이상 종사사업체		완전 실업자
				사업체수	종업원수	
1949	20,167	11,774	-	7,404	266	-
1955	21,502	12,637	-	4,344	255	-
1956	22,307	-	-	6,536	220	-
1957	22,949	13,919	8,076	6,484	245	277
1958	23,611	14,230	8,784	6,072	236	334
1959	24,291	14,658	8,768	3,421	204	347
1960	24,989	15,049	8,521	6,450	235	434

출처: 경제기획원, 『한국통계연보』(1961, 1965년).

하였다.[7)]

특히 100명 이상의 종업원이 종사하는 사업체의 수는 극히 저조해 100명 이내의 종업원을 지닌 사업체는 1958년의 94.2%, 그리고 종업원수에 있어서는 48.6% 정도에 머물러 실제적으로 노동자로서의 동질감이나 연대의식, 더 나아가 조합운동의 기반마련이 취약했음을 보여준다(〈표 3〉 참조).

(2) 노동시장과 저임금구조

앞에서 지적했듯이 노동자계급의 형성에 있어 객관적 조건이랄 수 있는 산업화의 부진은 노동력 창출의 과잉에 따른 실업자의 범람과 함께 임금구조의 열악성을 가져왔다. 이것은 전체 노동력 가운데 노동계급의 범주가 차지하는 비율로 볼 때, 1960년의 인구주택센서스[8)] 결과 나타난 농민층의 66.2%에 비해 8.7%에 해당하는 노동자계급과

---

7) 조선은행 조사부, 『조선경제연보』(1948년).

8) 『한국인구주택센서스』 2권 (1960년).

〈표 3〉 규모별 사업체 및 노동자수 동태

연도	총수		5-50인		51-100인	
	사업자	근로자	사업장	근로자	사업장	근로자
1952년	4,300	266,429	3,492	25,785	393	27,601
구성비	100	100	81.2	24.6	9.1	10.3
1954년	4,344	254,820	3,440	70,063	470	33,362
구성비	100	100	79.1	27.4	10.8	13.0
1956년	6,584	240,604	5,761	88,199	435	28,715
구성비	100	100	87.5	36.6	6.6	11.9
1958년	6,072	236,401	5,330	86,741	396	27,502
구성비	100	100	87.7	37.0	6.5	11.6

연도	101-150인		151-200인		200인 이상	
	사업자	근로자	사업장	근로자	사업장	근로자
1952년	128	17,074	47	8,523	240	147,446
구성비	2.9	6.4	1.0	3.1	5.5	55.3
1954년	194	21,765	97	17,114	143	112,516
구성비	4.4	8.5	2.2	6.7	3.2	44.1
1956년	133	16,379	89	14,883	169	92,428
구성비	2.0	6.8	1.3	6.1	2.5	38.4
1958년	117	14,334	74	13,284	155	94,540
구성비	1.9	6.0	1.2	5.6	2.5	40.0

출처: 보건사회부, 『보건사회통계연보』(1958년).

10.2%에 해당하는 주변계급의 구성비율과도 상관성을 지니고 있는 것이다.

이러한 점에서 저임금구조의 형성은 한국전쟁 이후 국가의 산업부흥정책과도 밀접하게 연관된 문제이며,[9] 제1공화국이 지향했던 재정투융자정책[10]과 밀접하게 관련된 것이라 하겠다. 즉 저임금구조는 1950년대에 있어서 한국의 산업생산활동뿐만 아니라 국민경제생활을 전반적으로 규정지었던 미국원조의 규모와 내용이 가장 중요한 외적인 제약으로서 작용할 수밖에 없는 상황과 연관되어진 것이다.

1953-1961년 기간에 총 288억 달러의 미국의 대한원조가 이루어졌는데, 그 중 가장 큰 비중을 차지하였던 것은 방위지원적 성격과 산업건설을 동시에 도모키 위한 ICA원조와 PL480호에 의한 잉여농산물원조였다. ICA원조는 크게 시설재와 원자재로 구분되는데, 산업시설의 복구와 건설에 직접 투입되는 시설재 도입은 27.6%에 불과하고 원자재 도입이 대부분을 차지하였다.[11] 한편 PL480호에 의한 잉여농산물에는 소맥을 중심으로 한 양곡 외 원면·유지 등도 포함되었으나 양곡이 60% 이상을 차지하였으며, 특히 1958년과 1960년에는 90%를 상회하였다.

이같은 원조물자의 구성은 도입원자재를 주원료로 하는 소비재공업을 초기 공업화 과정의 주력공업으로 등장시켰다. 따라서 휴전후 재건과정에서 나타난, 이른바 '3백공업'—면방·제당·제분—의 비약적 발전은 국내원료 기반(국내 농업부문)과는 동떨어진 채, 대외의존적인 산업구조의 파행성을 야기시켰다.[12] 이에 따른 각 산업의 성장률을 보면(1960년 불변가격으로 표시), 1954-1961년 사이의 연평균 성장률은 1차산업이 3.95%, 2차산업은 10.7%, 3차산업은 3.5%의 성장결과를 보여주고 있다. 그러나 산업별 구조변동 면에서는 2차산업이 1953년의 9.8%에서 15.1%로 늘어나지만, 제조업의 내부구조는

---

9) 이대근, "6·25의 사회경제사적 인식", 이대근 편, 『한국자본주의론』(서울: 까치, 1984), pp. 101-129.

10) 홍성유, "한국경제의 자본축적 과정", 위의 책, pp. 23-84.

11) 그 증거로서 1960년 영세작업장이 총 1만 2,367개소로 전체 가운데 81.3%에 달하고 있다.

12) 박현채, "미잉여농산물 원조의 경제적 귀결", 『정경연구』(1970), 10월호.

생산재공업이 기간 중 18.3%에서 19.3%로, 소비재공업이 74.4%에서 77.3%로 변동함으로써,[13] 공업화의 자립적 기반인 생산재공업—기계·금속·화학공업—이 답보상태에 있음과 함께 노동시장의 구조적 열악성을 보여준다.

더구나 막대한 규모의 외국 잉여농산물의 도입은 농업의 정체화를 야기시켰고, 토지개혁의 불철저에 따른 소작관계의 존속, 정부의 저곡가정책의 강행, 임시토지수득세를 근간으로 하는 과중한 조세부담 등은 저렴한 농촌노동력의 재편 및 방출을 가져왔다.[14] 이에 따른 방대한 실업자군의 존속하에서 저임금정책의 강행은 노동자계급으로 하여금 더욱 더 빈궁한 노동조건을 감수할 수밖에 없도록 강요하였다.

이와 같은 저임금구조의 열악성을 생계비의 변동추이를 통해서도 엿볼 수 있다. 한국은행에 따르면, 서울특별시 노동자의 총수입 중에서 차입금이 차지하는 비율은 1952년에서 1958년에 이르는 기간동안 약 10% 이상을 유지했으며, 노동자의 본수입이 총수입의 50%에 불과했다는 점에서 임금의 수입비중이 얼마나 열악했는가를 알 수 있다. 더구나 같은 기간 중에 생계비 지출에서 음식물비의 지출이 계속해서 40% 이상을 상회했다는 점에서 적자생활이 불가피했음을 알 수 있다.[15]

이와 같은 사정은 1953년부터 1960년 4·19혁명까지 전기간을 통해 거의 같은 상태가 되풀이되었다. 노동자들이 생계비조차도 되지 못하는 낮은 임금수준을 가지고 아무런 의료·후생시설도 없는 사업장에서 장시간에 걸친 노동을 감내해야 했던 사실은 노동시장의 협소성과 저임금구조의 환경을 엿볼 수 있게 한다.

---

13) 한국산업은행 조사부, 『한국의 산업』(1965), p. 75.

14) 박현채 외, 『한국 농업문제의 새로운 인식』(서울: 돌베개, 1984); 황한식, "한국 농지개혁연구", 『한국현대사 I』(서울: 열음사, 1985).

15) 한국은행 조사부, 『경제연감』(1955, 1959년).

2) 노동운동의 전개

(1) 노동운동의 유산과 성격

제1공화국 통치기간 중의 노동운동의 전개성격을 논하고자 할 때 먼저 언급되어야 할 것은 위에서 살펴본 객관적인 물적 토대의 분석 이외에 전체 노동자계급이 지향했던 운동의 외적조건으로 부과된, 즉 일제하와 미군정기의 노동운동의 성격규명이 앞서 제기되어야 할 것이다.[16] 이것은 제1공화국이 수립되기까지 이데올로기적 대립의 구체적인 양상이 노동운동의 전개와 성격에 결정적인 영향력을 미쳤기 때문이다. 즉 노동운동의 분열상과 그 이후의 이념적 단절, 그리고 그에 대응한 국가권력의 성격이 주요한 변수로 검토되어야 한다.

이런 점에서 제1공화국하의 노동운동의 지향성은 그 성격상 제한적일 수밖에 없다. 대체로 노동운동의 지향방향은 세 가지로 볼 수 있다. 첫째는 자본주의 체제를 하나의 기존체제로 인정한 상태에서 노·자협조노선을 강화하는 길과, 둘째는 혁신이념정당과의 연계 속에서 정치적 권력을 획득해 나가는 방향,[17] 셋째는 계급투쟁에 의한 체제변혁을 시도하고자 하는 극좌적 선택으로서, 사회혁명의 계기를 창출하고자 하는 것으로 요약해볼 수 있다.

여기에서 논할 수 있는 것은 세번째의 체제변혁적 혁명논리는 해방정국 3년 간에 걸쳐 일어났던 좌·우대립의 극단적 편향성으로 소멸의 운명을 겪었다는 사실이다. 그에 대한 상세한 논의는 이 글의 주제와 연관성을 지니나, 그 단절성 또한 크기 때문에 단지 문제점만 지적하고 넘어가는 정도로 그치고자 한다.

---

16) 小林英夫, "해방직후의 한국 노동운동", 『한국현대사의 재조명』(서울: 돌베개, 1982), pp. 431-473.

17) 1951년 7월 2일 프랑크푸르트에서 창건한 민주사회주의 이념을 따르는 유럽사회주의의 목적과 임무.

요컨대 1948년 11월 20일 국회에서 성안되고 12월 1일에 공포된 국가보안법은 남한에서의 좌익정당과 사회단체의 해체와 불법화의 정당성을 확보함으로써, 이후의 이념적 지형에서의 협소성을 원초적으로 제도화시킨 계기가 되었다. 이로써 노동자계급이 지향하는 이념적·정치적 세력화의 여지는 앞의 두번째 방법마저도 봉쇄당하는 한계를 지니게 되었다.[18)]

따라서 1950년대 노동운동의 성격은 불가피하게 한국에서의 전기적인 자본주의 체제의 토대취약성과 더불어, 정치적 이념성의 제약성이란 두 가지의 한계성 속에서 진행될 수밖에 없었다. 한편 일제하에 표출된 정치적 지향성, 즉 항일반제 독립운동의 정치성은 해방직후의 미군정기에 나타난 국가형성 과정과 결부된 운동의 대립과 분열로 귀결되었지만 본질적으로 제1공화국하의 보수·우익적 정치성을 그 잔재로 남기는 특수한 경험을 지니게 된다.[19)]

그것은 무엇보다도 유엔을 통한 남한만의 단정수립은 자유민주주의 체제의 수용과 함께 대내외적인 반공국가의 수립과 연관된 이데올로기적 설득이 필요함으로써 민중부문의 형식적인 참여 내지 동원이 적극적으로 요청되었기 때문이다. 따라서 미군정기의 폭발적인 노동운동을 주도했던 강대한 조직체제를 갖춘 '전평'(조선노동조합 전국평의회)의 불법화에 따라 우익노조로서 탄생한 '대한노총'의 기능은 그 이후의 노동운동의 성격을 제약하는 위치에 설 수밖에 없었다.

대한노총의 출발은 노동조합의 일반적인 필수요건인 경제투쟁의 인식기반 위에 성립한 것이 아니라, 우익정치인과 자본가, 미군정의 지원을 바탕으로 반공투쟁을 목적으로 한 반공단체에 불과하였던 것

---

18) 1949년만해도 국가보안법에 의해 검거, 투옥된 자는 11만 8,621명, 해체된 정당과 사회단체는 132개에 달하고 있다.

19) 中尾美知子 中西洋, "미군정의 노동정책과 노동운동의 전개", 최장집 편, 『한국현대사 I』(서울: 열음사, 1985).

이다.[20] 대한노총은 노동운동계의 지배권을 장악하기까지 유혈투쟁과 미군정·과도정부·각 정당·사회단체 내지 기업주의 적극적인 지원에 의존하였다. 그 결과 첫째, 운동과정에서 체득된 반공의 경험과 사상은 노동운동의 사상적 방향을 보수 내지 무사상으로 고정화 내지 고착화시켰으며 둘째, 정부·정당·기업과의 밀착은 그후에도 당연한 것으로 받아들여져서 1950년대의 운동방향 정립에 기여하지 못하는 한계를 보여주었다.[21] 대한노총의 조합주의 운동은 주체적이고 자주적인 노동자계급의 요구에 부응하면서 정치권력 획득과정에 참여한 것이 아니었다. 그것은 정치단체와 사용주인 자본가와 정치적인 유대관계의 형성이라는 노·자관계의 기형성의 한 표현이었으며, 노동단체의 정치적 예속화 내지는 어용화를 쉽게 가능케 하는 소지를 만들어주었던 것이다.[22]

1950년대 한국의 노동운동은 그 사상적·정치·경제적 체제의 정립에 따라서 노·자 협조노선 내지는 기존체제 내에서 혁신정당과의 연계 속에서 자신의 존재를 정립해야 하는 투쟁의 지형을 마련하게 되었다고 할 수 있다.

(2) 노동운동의 내용

그러면 구체적으로 노동운동의 양상은 어떻게 전개되었는지 살펴보기로 하자. 운동의 양상은 조직적·비조직적 차원 모두에서 거론할 수 있으나, 비조직적 부분의 경우 자료의 부족이나 노동운동의 전체부분에 끼친 영향력 정도로 볼 때 조직적인 조합차원의 운동이 주된 거론대상이 될 수밖에 없다. 한편 노조활동에 관한 제법규의 성격이 문

---

20) 한국노동조합총연맹, 『한국노동조합운동사』(1979), p. 281.
21) 김윤환, "산업화 단계의 노동문제와 노동운동", 변형윤 외, 『한국사회의 재인식 I』(서울: 한울, 1986), p. 358.
22) 신두범, 『한국노동정책론』(서울: 숭의사, 1970), p. 20.

제시되겠으나 제3절에서 살펴보기로 하고, 우선 구체적인 조직상의 규모와 활동내용을 보기로 한다.

앞에서 지적한 바와 같이, 일제치하에서 성장·발전했던 노동운동 세력은 해방정국하에서의 소멸과 한국전쟁을 통한 붕괴로 처음부터 다시 출발하지 않을 수 없었다. 이것은 산업의 부흥과 더불어 나타난 노동자수의 증가추세와 조합의 증가로 인해 더욱 그랬다.

노동조합법의 제정 이후 1953년 4월에서 1960년 4월에 이르는 기간동안, 5인 이상의 종업원을 지닌 사업체의 종업원수의 감소경향에도 불구하고 조합수와 조합원의 수는 증가추세를 보였다. 〈표 4〉에서 보듯이 조합수는 1955년의 562개에서 1958년의 624개로 증가했는데, 1959년의 558개로의 감소현상은 자유당 정권의 투쟁적인 노조의 강제해산 및 조직변경 조치에 따른 것으로 157개의 조합해산과 121개의 조직변경 결과이다.[23] 한편 조합원수는, 1955년 말의 20만 5,511명에서 1959년

〈표 4〉 노동조합 조직동태

연도	조합 및 지부수				조합원수				사무원		노무원	
	설립	변경	해산	연말 현재 조합수	설립	변경	해산	연말현재조합원총수	남	여	남	여
1955	37	12	1	562	5,993	6,572	353	205,511	6,609	1,187	162,861	34,854
1956	98	61	82	578	53,417	28,138	25,024	233,904	7,999	1,492	179,922	44,491
1957	83	46	89	572	23,061	17,296	12,285	241,680	7,853	1,463	188,975	43,389
1958	86	36	24	624	39,996	15,538	33,559	248,507	7,375	1,188	201,081	38,863
1959	81	121	157	558	63,469	75,548	43,508	280,438	9,301	884	229,743	40,550
1960	388	203	32	914	83,761	103,601	43,102	321,097	18,830	5,365	248,962	47,940

출처: 보건사회부, 『보건사회통계연보』(1962년).

23) 이승만 정권에 의한 노동조합의 통제는 제3절에서 구체적으로 다루어 본다.

에는 28만 438명으로 지속적인 증가추세를 보였다. 그런데 여기서 고려해야 할 것은 대한노총의 주도권 다툼에서 자파 대의원수를 많게 하기 위한 증원보고의 허수도 염두에 두어야 하지만 대체적인 조합원 수의 증가를 지적할 수 있다. 이것은 규모면에서 볼 때, 1945년 당시 일제하의 노동자 규모와 비슷한 것으로 노동운동의 기반인 노동자 증가의 규모가 얼마나 취약했는지를 잘 보여준다.

한편 단순한 정치적 도구로서의 노조활동이 진정한 노동자층의 생존권을 확보하기 위한 밑으로부터의 상향조직을 지향하는 질적인 측면을 본다면, 그것은 노동쟁의의 증가라는 형태로 표현될 수 있다. 요컨대 노동운동의 성장과 지향성이 극히 제한적인 범주 안에 머무를 수밖에 없는 상황에서 표현되는 것은 즉자적(an sich)인 요구의 표현인 것이다. 이같은 경향은 1950년대 초반의 경우와 중반에서 보이는 바와 같이 조합연맹체나 중앙조직에서보다는 기업체 내의 단위조합의 경우에 현저하게 나타나고 있다. 〈표 5〉에서 보듯이 조직적인 차원에서의 쟁의투쟁이 1953년에는 불과 9건에 참가인원 2,271명이었던 것이 1959년에는 95건에 4만 9,813명의 참가와, 1960년에는 227건에 6만 4,335명 참가로 쟁의횟수와 규모의 증대 등 점차적인 증가추세를 나타내고 있다. 특히 노동쟁의의 원인별 상황에서는 대부분이 임금문제와 해고반대로서 실질임금 수준의 하락에 따른 생계비 압박과 고용수준의 상대적 감소라는 실업자 범람기의 비참한 생활고의 반영을 보여준다.

그러나 이와 같은 열악한 환경에서의 쟁의투쟁은 보다 구체적이고 권익옹호의 제 권리를 찾으려는 운동양태로 나타났다. 즉 1952년 부산에서 있었던 조선방직쟁의에서의 노동제법의 입법촉구와 1956년의 대구 대한방직쟁의에서의 대한노총의 부패와 어용성을 반대하는 투쟁 등은 노동운동의 민주화 계기를 마련하는 의의를 지니고 있었다.[24] 특히 1953년의 근로기준법에 의한 8시간 노동제의 실제적인 실

24) 경전노조, 『노동』 제6권 2호.

〈표 5〉 노동쟁의 동태 연도

연도	발생상황		쟁 의 원 인									쟁 의 종 별				
	발생건수	참가인원	총수	임금	노동시간	보건후생	감독자배척	조합에의요구	해고반대	공장폐쇄반대	기타	총수	동맹파업	직장폐쇄	태업	기타
1953	9	2,271	9	9	-	-	-	-	-	-	-	9	2	-	1	6
1954	26	26,896	27	18	-	-	-	1	7	-	1	26	10	-	1	15
1956	32	-	-	-	-	-	-	-	-	-	-	-	-	-	-	-
1957	45	9,394	77	38	28	-	1	1	3	2	4	45	-	1	-	44
1958	41	10,031	41	21	-	-	-	1	13	-	6	41	2	-	-	39
1959	95	49,813	113	76	8	4	4	3	11	1	6	91	1	-	-	94
1960	227	64,335	256	127	6	2	10	-	33	4	74	227	44	1	1	180

주: 1954년의 쟁의건수의 원인별 건수는 집계상의 착오로 발생건수와 상치되는 것으로 보임. 1956년은 동년 7-12월의 건수 '자료' 『조선일보』(1957. 3. 10).
출처: 보건사회부, 『보건사회통계연보』(1962년), pp. 470-471.

시는 5년이 지나도록 실현되지 못하다가 1959년 10월의 섬유노조연맹의 노동시간 단축쟁의로 그 실시의 승인을 보게 되었다.

이런 점에서 노동제법의 제정(1953년) 이후에 법률상의 권익을 찾기 위한 투쟁과, 법률상의 권리제한에 대한 철폐투쟁은 중앙조직이 아닌 단위조합의 기층 노동부문에서만 가능했을 뿐, 지도부인 '대한노총'은 자유당 정권의 권력투쟁에 휩쓸려 정권의 하부단체로 변질되는 한계를 보였다. 따라서 어용단체로 전락한 대한노총은 기층 노동자들의 실질적 요구와는 동떨어진 별개의 노동귀족의 입신출세 도구로 변하여, 주도권을 쟁취하여 자유당 중앙위원과 더 나아가 국회의원이 되기 위한 파벌싸움의 대상으로 변화하게 되었다. 구체적으로는 연차 정기대회, 특히 1954년 7차 대회에서 1959년의 12차 대의원대회까지 파벌투쟁의 심화는 폭력과 심지어는 살인행위가 자행되는 난맥상을 보였던 것이다.[25]

이처럼 노동운동의 취약성은 구조적인 면에서 첫째, 노동조합이 조합비만으로 재정적인 독립이 불가능함으로써 기업주측으로부터 원조를 받게 되어 노조간부와 경영주 간의 야합이 쉬웠다. 둘째, 정치권에서 자신의 권력을 유지하고자 하는 외곽세력으로 노조를 위치지음으로써 노총의 간부를 중심으로 한 노조원의 선거운동원화 현상이 나타났다. 셋째, 자주성의 상실로 인해 상하부 조직의 유리에 따른 적대적 현상의 심화 등이 나타났다.[26]

결국 노동운동의 전개상에서 노정된 한계상은 노동운동의 주체가 기층의 노동자들과 연계되기보다는 외적 한계로 주어진 구조적 틀 속에서 안주하려는 운동의 형식과 내용의 불일치에서 유래하였다.

3. 국가의 노동정책과 통제

1) 노동정책의 성격

1950년대의 노동정책을 국가와 관련지어 논할 경우, 국가의 성격에 따라 그 구체적인 정책의 내용이 다르게 특징지어짐을 살펴볼 수 있을 것이다. 특히 제2차 세계대전 이후의 세계재편에 따른 제3세계적 위치를 점하고 있는 제1공화국의 발전패턴, 사회적·정치적 변동의 지배적인 성격을 자본축적 과정과 연관지을 경우, 노동정책의 정치경제학적 성격을 논해볼 수 있다. 주지하다시피 한국 자본주의는 외생적이고 후발적이며 종속적인 전개과정 속에서 일반성의 외연과 특수성의 내포를 구획짓기가 어려울 만큼 이질적이고도 복합적인 성격을 보였다.

노동문제를 이처럼 세계체제, 국가, 자본축적, 계급영역에서 총론

---

25) 김윤환·김낙중 저, 『한국노동운동사』(서울: 청사, 1982), pp. 189-212.

26) 신두범, 앞의 책, p. 21.

화시키고자 하는 것은 생산양식론, 과대성장국가론, 종속적 발전론의 측면에서 국가의 법적·경제적 제도의 확립과 자본축적과정을 이해하고자 하는 것이다. 이 글에서의 논의를 위해서 노동계급과 국가의 기능역할을 한정시킬 경우, 다음과 같이 설명할 수 있다.

기본적으로 한국에서의 국가형성은 세계자본주의 체제로의 편입을 통해 이루어졌지만 그 특징은 경제적이었다기보다는 오히려 정치적이었다고 할 수 있다.[27] 요컨대 그같은 국가의 건설은 소련의 팽창저지를 목적으로 한 미국의 후원을 배경으로 토착공산주의자 및 좌경세력의 분쇄, 그리고 초보수적이고 반공주의적 리더십을 지닌 이승만을 중심으로 한 자본주의 국가의 건설이었다. 이것은 곧 자유시장경제의 기초확립을 뜻하는 것으로 국가권력의 공고화는 국가가 계급적 간섭을 배제하고 충분한 자율성(autonomy)의 확보에 의한 자본축적의 계기를 가질 수 있게 됨을 뜻했다.[28] 즉 강력한 국가부문은 특정집단과는 무관하게 정책목표를 세울 수 있으며 사회구조를 변화시킬 수 있다는 것이다.

이런 점에서 1950년대의 대지주계급의 상대적 파괴, 강력한 매판계급의 부존재, 유교적 관료제의 전통은 국가의 계급적 간섭배제를 가능케 했고, 국가의 이데올로기 장악은 강권적 사회통제를 가능케 하는 이념적 구조화를 완성시켰다. 이는 국가가 공산주의자와의 대치라는 이데올로기 창출기제를 재생산할 수 있는 이념적 수단을 장악했다는 것을 뜻한다. 이 점에서 폴란차스(Nicos Poulantzas)가 이야기하는 상대적 자율성의 개념은 이 경우에 있어 오히려 극히 제한적인 타당성만을 지닐 뿐, 일방적인 국가우위성이 지적되어야 함이 보다 타

27) 임현진·백운선, "한국에서의 국가자율성", 한국정치학회 편, 『현대한국정치와 국가』(서울: 법문사, 1986), pp. 225-246.

28) 이것은 Hamza Alavi의 『과대성장국가론』의 논지에서 제시되는 국가의 이상비대화 현상과 비교될 수 있다. 이성형·임영일 편역, 『국가란 무엇인가』(서울: 까치, 1985).

당하다.[29)]

특히 한국의 국가는 농업관료적인 전통지배체제를 기반으로 공적 이해관계와 사적 이해의 총체적인 상호침투로 이루어진 이른바 관료 자본주의를 형성시켰다. 여기서 노동계급에 대한 실질적인 통제력을 국가가 장악하게 되었고, 1940년대 후반의 극히 짧았던 기간의 민중주의적 동원의 봉쇄는 탈정치화 및 민중주의 이념의 대두를 불가능하게 함으로써 통제의 기교에 있어 정교성을 필요로 하지는 않았다. 더구나 당시의 시민사회는 계급구성상 농어민층이 66.8%로 주축을 이루었을 만큼 자본주의적 분화는 극히 미약했다. 민족자본의 성장이 취약한 가운데 정치권력과 유착된 자본가 계급은 원조물자와 자금의 할당을 둘러싸고 국가에 예속될 수밖에 없었던 것이다.[30)]

요컨대 시민사회에서 계급투쟁의 확산이 미진했고, 헤게모니가 자본가 계급에 의해 마련되지 못한 상태에서 국가의 비대칭적인 자율성은 불가피하게 권위주의적 속성으로 나타났다. 이것은 곧 국가의 노동정책이 노·사 간의 대립적인 이익에 대한 대립투쟁적 합의절차과정인 자주적인 노동3권의 보장으로 나타날 수 없음을 간접적으로 보여주는 것이라 하겠다. 이런 면에서 국가에 의한 노동정책에서의 통제측면은 보다 다면적으로 평가되어야 한다.

2) 노동입법의 내용

그러면 제1공화국의 노동정책의 성격에 따른 구체적인 입법안의 내용은 무엇이고 그 통제양식은 어떠한지 알아보도록 하자. 또한 그에

---

29) Nicos Poulantzas, *Politicl Power and Social Classes* (London: NLB, 1975), Part 4.

30) 서관모, "한국사회 계급구성의 사회통계적 연구", 한국산업사회연구회, 『산업사회연구』(서울: 한울, 1986), p. 103.

대한 노동자측의 대응도 살펴보도록 한다.

대체로 노동기본권 요구에 따른 노동입법은 자본주의 각국의 구체적인 역사적 조건에 따라 다양한 과정을 거쳐 확립되었으나, 그 생성·확립·발전 과정은 자본주의 발전에 따라 3단계로 구분된다. 즉 단결활동 금지 및 억압의 단계, 단결활동 방임의 소극적 용인의 단계, 활동에 대한 노동기본권으로서의 적극적 보장단계가 그것이다.[31]

앞에서 보았듯이 국가권력이 미국의 지원하에 성립된 사실에서 필연적으로 국가의 성격은 이중의 이율배반적인 권력의 속성을 지니게 되었다. 즉 하나는 반공이데올로기의 수용에 따른 자본주의 국가화와 둘째는, 소극적·형식적인 수준에서의 자유민주주의의 수용이 그것이었다. 이같은 국가권력의 이중적 속성은 노동입법의 내용과 실시 간의 괴리를 가져왔다. 이는 곧 제헌헌법상의 사회권적 기본권 조항으로 나타난 노동3권의 보장의 한계로 귀결되었다. 즉 법원리로서 힘의 균형원칙이 노·사 간에 적용됨에도 불구하고[32] 실제의 노동정책의 영역에서는 권위적인 상의하달식의 통제양식으로 일관되었다는 점이다.

제헌헌법상의 제사회권적 기본권 조항은 제17조 근로권, 제18조 노동3권 및 이익균점권으로 근로자의 단결, 단체행동의 자유는 법률의 범위 내에서 보장되도록 되어 있었다. 영리를 목적으로 하는 사기업체에 있어서 근로자는 법률이 정하는 바에 의하여 이익의 분배에 균점할 권리가 있었다. 이것은 제19조 생존권의 보장으로 명시화되었다.[33]

그러나 자주적인 노동3권의 보장은 서구에서와 같은 일반적인 노동자계급의 투쟁의 결과물이었다기보다는 반공이념과 자유민주이념의 양극단 사이에서 피동적으로 규정되어진 시혜적인 면이 강하였다. 특

---

31) 신인령, 『노동기본권 연구』(서울: 미래사, 1985), p. 23.
32) 신인령, 『노동법과 노동운동』(서울: 일월서각, 1987), p. 17.
33) 국회, 『헌정사자료』 제1집(서울: 국회도서관, 1967).

히 현재까지 실현되지 못하고 있는 이익균점권[34]과 같이 장식적이고, 위로부터 부과된 요소가 강하게 가미되어 있었다.

이후 전시중인 1953년 3월 8일에 노동조합법·노동위원회법·노동쟁의 조정법 등 그리고 5월 10일 근로기준법의 제정공포의 이면에는 노동입법을 촉구했던 부산 조선방직쟁의의 격렬한 파업쟁의가 바탕이 되었다. 그러나 헌법 제18조 2항의 이익분배 균점권에 대한 구체적인 법률은 제1공화국 내에서 제정되지 못하고 사문화되어 버렸다.

이처럼 전쟁이 종결되지 못한 상황에서 국가에 의한 노동제법 제정의 불가피성은 크게 보면 두 가지로 요약해 볼 수 있다. 하나는 생존권 보장을 외치는 노동운동의 격화가 1951-1952년에 있었던 조선방직쟁의를 비롯한 광산노동자 파업, 부산 부두노동자 파업 등의 사건으로 확산되었다는 점이다. 둘째는 극한적인 노동쟁의의 표출로 노동입법을 더이상 미룰 수 없게 되었던 것이다. 즉 노동운동의 합법적 한계의 모호성에 의해 노동운동의 격화에 대처할 수 없게 되자 이에 대한 대처필요에서 제정이 서둘러 이루어지게 되었다.

이런 점에서 노동제법의 입법화 과정은 근로자들의 격렬한 쟁의에 대한 급박한 대처로서, 법제정에 필요한 기초연구·조사가 불충분했을 뿐만 아니라, 당시의 일본 노동관계 제법을 거의 그대로 모방하는 졸속성을 노정하였다. 이러한 배경으로 한국의 노동제법의 성격은 제도상 미국의 영향력하에 있던 일본의 법제모방으로 대륙법적 제도인 근로계약 및 단체협약제도, 미국법적 제도인 부당노동행위제도, 노동쟁의 냉각기간제도, 노동위원회에 의한 조정제도 등 혼합적인 법제로 시작하게 되었다.[35]

요컨대 노동입법의 성격은 노동기본권에 대한 적극적 보장보다는

---

34) 이익균점권은 2차 대전 후 선진국의 사회복지적 기본권의 사상적 조류를 넘어서는 입법내용이었다.

35) 김형배, 『노동법』(서울: 박영사, 1981), p. 267.

쟁의에 대한 효율적 대처라는 국가의 요청에 의한 소극적인 대응결과물임을 보여준다.

3) 노동통제의 내용

그렇다면 법리상 영국의 노동조합주의(trade unionism)보다 경제적 이해관계를 도모하는 이른바 미국의 조합주의의 특징인 탈정당 노동조합주의(non-partisan politics)를 내용으로 하는 보수적 입법안에서의 구체적인 노동통제는 어떠한지 알아보도록 하자.

앞에서 지적했듯이 노동관계법은 그 출발부터 서구 선진국과는 달리 정부나 지방정부기관 더 나아가 기업체 수준에서 노동통제를 가능케 하는 여지를 지니고 있었다. 그 특징을 보면, 단체협약의 체결단위를 사업장·직장으로 한정하여 연합체의 단체협약을 인정하지 않는 점과, 행정관청의 노동조합 결의 취소변경권, 조합운영 조사권, 임원개선 및 조합의 해산권리의 보유가 그것이다. 이런 점에서 국가규제와 행정개입의 가입성이 정부기관으로 하여금 '노사관계의 당사자'이기 보다는 명백한 규제자로서의 기능을 가지게 하였다. 특히 기업별 노조형태의 취약성은 자본가측의 일방적 우위를 가져왔다. 그 이유는 노조의 조합원수는 사용자의 고용과 해고에 따라 좌우됨으로써 노조의 독립성 및 노·사의 힘의 균형원칙을 위배하는 것이기 때문이었다.

그같은 노조의 취약성은 곧 대한노총을 정권의 하수인으로 전락시킴으로써, 노동운동과는 전혀 별개의 노동귀족의 입신출세의 수단으로 변모케 하였다. 예를 들면, 정부 수립과 더불어 제4대 노총위원장인 전진한의 사회부장관 겸임사건과 1952년 전시하의 자유당 독재의 개헌안 개정과 관련된 대한노총 내의 파쟁으로 11월에 통합대회 개최와 더불어 선출된 최고위원들이 자유당 중앙위원으로 선출된 사태가 그것이었다.[36]

한편 자유당의 외곽단체로 전락한 대한노총에 대한 지속적인 민주노조운동의 움직임에 대해서 정부당국은 157개 조합해산과 121개의 조직변경으로 조합의 규모를 일방적으로 축소시켰다.[37] 이것은 내용에 있어 자본이 노동에 대한 전제지배권을 회복하고 위계적인 노동통제 체제를 다시 확립하였음을 의미한다.

한편 1950년대 말 대기업을 중심으로 미국식 노무관리기법의 도입이 일부 시도되기는 하였지만, 중소규모의 기업이 거의 전부였던 1960년대 초반까지의 위계적 노동통제는 기본적으로 일제하 식민지적인 병영적 노동통제의 유산을 이어받은 단순통제형식이 지배적이었다고 할 수 있다.[38]

따라서 국가의 노동통제양식은 자유민주이념에 기초한 노동조합운동의 합법적 공간을 분단구조에 의거한 편협한 반공이데올로기의 수단으로써 제약하는 것이었음을 보여준다. 이것은 노동운동에 대한 조합주의적 통제양식과는 다른 양상을 보여준다. 그 이유는 한국의 경우 민중주의적 요구가 잠재해 있더라도 동원화될 수 있는 사회계급 구조의 미분화와 강력한 보수적 반공이데올로기의 재생산이 일방적으로 가능했기 때문이었다. 더구나 노동자계급이 강력한 계급적 의식을 지닌 계급이라기보다는 소시민(petit)적 속성을 지니는 즉자적 계급으로서의 보수적 성향을 지녔기 때문이었다. 다시 말해서 비교적 계급 간의 차이가 분할되지 않고 동시에 푸티부르주아적·상향적 사회이동을 추구하는 열의와 기업가적 정신이 팽배한 계급적 구조를 한국사회의 특징으로 지적할 수 있다.[39]

---

36) 김윤환, 앞의 책, p. 359; 인간사랑 편집부, 『간추린 노동운동사』(서울: 인간사, 1985), pp. 136-144.

37) 민주노조 움직임은 1959년 전국노동조합협의회 결성으로 나타났는데, 당시 전국단위노조 541개 중 311개가 탈퇴 후 가담하였고, 조직근로자 27만 중 14만 명이 이에 속하였다.

38) 김형기, 『한국의 독점자본과 임노동』(서울: 까치, 1988), p. 260.

요컨대 제1공화국의 노동통제에 대한 노동자계급의 저항은 그들의 정형화된 비판적 의식에서보다는 계급적인 성숙도가 낮고 미분화된 상태에서 열악한 생활조건에 대한 즉자적인 반작용에 의해 더욱 크게 규정되었다고 할 수 있다.

4. 맺음말

지금까지 살펴본 바와 같이 한국의 노동자계급의 구성 및 노동운동 그리고 국가의 통제성격은 제1공화국 시기의 기본적인 정치경제적 제약 속에서 전개되어 왔음을 알 수 있다. 그것을 요약해 보면, 1950년대를 거치면서 노동자계급의 형성과정은 원조경제의 관료자본주의 체제와 대외적 종속경제의 구조하에서 마련된 노동시장의 고용으로 형성되어 왔다는 사실이다. 즉 광범위한 실업구조 속에서 노동조합운동의 주축이 될 수 있는 2차산업 제조업 노동자의 증가추세는 극히 낮았다. 이것은 1954-1961년 사이의 산업성장률 중 생산재공업의 증가가 18.3%에서 불과 19.3%에 이를 정도로 낮았던 점에서도 입증된다.

더구나 농촌노동력의 재편 및 방출에 따른 저임금구조의 정착은 노동운동의 급진성을 야기시킬 만한 것이기도 하였다. 그러나 국토분단과 한국전쟁에 의한 이데올로기적 보수성의 벽에 부딪혀 노동계급은 즉자적인 위치에 머물고 말았다. 기업체의 수준에서도 중소기업이 대종을 이룬 상황에서 내부적인 노동통제양식은 아직도 일제 하의 병영적 노동통제의 유산[40]이 온존했었다.

이러한 여건 속에서 합법적인 유일조직인 대한노총의 활동은 경

39) 구해근, “한국과 대만의 경제발전에 대한 정치경제학적 접근”, 『한국사회의 재인식 I』(서울: 한울, 1986), p. 167.

40) 이것은 생산직과 사무직 간의 위계를 신분적 질서로 유지시키면서 위에서부터의 일방적인 통제방식을 취하는 형태를 의미한다.

제투쟁에 인식기반을 두고 있지도 않았으며, 출발시의 우익적 반공투쟁단체의 정치적 색채를 버릴 수 없었다. 특히 대한노총은 사인적(私人的) 권위주의 체제하의 정치적 외곽단체로 활동함으로써 그 조직의 존재당위성이 의문시되었다.

이같은 요인이 겹쳐 노동운동의 제약성으로 (1)반공과 보수성과 무사상성의 고착화를 초래하게 되었고, (2)정부·기업·정당의 밀착은 자주적이고 뚜렷한 운동의 성격을 확립시키지도 못한 채, 정치적 예속화와 어용화를 부르는 자체모순을 배태케 하였고, (3)노동입법안의 성격 또한 노동자들의 투쟁의 결과이기도 했으나, 보다 시혜적이고 장식적인 요소가 강해 기본권익의 확장에 따르는 주체적인 권리의식의 향상이 불가능했다는 점이다.

그러므로 1950년대 제1공화국하에서의 노동운동은 주도세력의 변화는 있었으나, 일제하의 민족해방투쟁 및 사회주의 혁명투쟁의 성격에 이어 해방직후의 반공투쟁에 뒤이은, 후속운동의 성격이 강하였다. 즉 노동운동은 사회경제적 지위향상과 복지사회 구현 및 민주주의를 위한 운동으로 발전하기 위한 가장 초보적인 운동의 성격을 지녔다. 이는 곧 노·자 간의 대등한 관계정립을 위한 예비적 초보단계였다고 할 수 있을 것이다.

제14장

농촌사회의 구조변화와 농민정치

김 태 일

1. 머리말

1945년 8월 15일 제2차 세계대전의 종료 이후 미·소의 분할점령과 미군정, 단독정부의 수립, 분단, 한국전쟁, 1950년대의 정치과정 등에 대한 정치학의 관심이 높아지고 있다. 이처럼 연구의 관심이 증대하는 이유를 가만히 생각해 보면, 결국 오늘날 우리가 직면하고 있는 정치적인 과제들, 이를테면 정치권력의 정당성문제, 민주화문제, 민족주의 문제, 분단문제 등을 논할 때 최소한 이 시기까지는 그 근원을 물어 올라가야 하지 않겠느냐는 인식 때문인 것 같다. 이 기간이 사실상 현대 한국정치의 원형, 즉 정치적 경쟁의 구조와 문화의 기본틀이 주조(鑄造)되는 과정이었다는 것이다.

이 글 역시 그와 같은 문제의식의 일단을 반영하는 것으로서, 특히 제1공화국 시기의 농민정치(peasant politics)를 규명하려는 것이다.

여기에서 말하는 농민정치란 농민들의 정치행태, 농민을 둘러싼 정치적 이해의 갈등양상 등을 말한다. 당시 한국사회는 총인구의 6할 이상이 농업인구로 구성되어 있었던 농촌사회였다는 점을 생각하면[1] 농촌사회의 주 구성원인 농민들의 정치행태를 규명하는 것은 이 시기를 이해하는 데 있어서 대단히 중요한 정치사회학적 과제임에 틀림이 없다.

이 시기에 농민들은 정치적으로 어떻게 행동하였는가? 이러한 문제를 해명함에 있어서 우리는 먼저 '농민정치'가 서로 다른 자기이익을 집단적으로 실현하고자 하는 여러 사회세력들의 복합체(a mélange of social organization),[2] 즉 '사회' 속에서 이루어진다는 사실을 인식해야 한다. 사회에 존재하는 다양한 세력들은 제각기 특수한 사회·경제·정치적인 이해와 그것에 기초한 각자의 목표 및 규범을 가지고 있고, 그것을 실현하기 위해 보다 많은 사회적 통제력을 확보하고자 경쟁한다.

'국가'도 역시 이처럼 서로 '힘의 길항(拮抗)관계'에 있는 여러 조직적 세력들 속에 자리잡고 있다. 근대국가는 우리가 잘 알고 있는 바와같이 (1) 대외적으로는 다른 국가에 대하여 영토에 관한 배타적 통치권을 확보하고, (2) 대내적으로는 권력과 권위를 나누어 갖는 경쟁적인 권위체 내지는 사회집단의 존재를 허용치 않음으로써 강권력을 합법적으로 사용할 권력, 즉 주권(主權)의 획득을 그 핵심적인 구성요인으로 하고 있다. 이같은 성격을 가진 국가의 등장은 다양한 사회세력들이 장기간에 걸쳐 갈등·경쟁·타협하는 가운데 이루어진 '권위

---

1) 朝鮮通信社, 『1948年 朝鮮年鑑』(1947), p. 211에 따르면 총인구에서 농업인구가 차지하는 비율은 72.5%였다. 농어민층은 1955년에 67.9%, 1960년에 64.1%를 기록하고 있다. 1955년, 『간이인구조사보고』; 1960년 『인구주택 국세조사보고』; 공제욱, "1950대 한국사회의 계급구성", 『경제와 사회』(이론과 실천, 1989), p. 234에서 인용.

2) Joel Migdal, "A model of State-Society Relation", *New Directions in Comparative Politics* (Boulder and London: Westview Press, 1985), pp. 41-55.

의 중앙집권화'의 산물이며, 그것이 제도화된 지배양식의 역사적 형성 과정이었다. 이러한 의미에서 국가는 사회의 노동분업, 사회분화 및 사회관계의 파생체라 해도 좋다. 그러나 한편으로 국가는 그 자체가 독자적 기능을 수행하는 독자적 실체로서 존재한다는 점에서 사회의 계급갈등, 요구, 압력으로부터 '상대적 자율성'(relative autonomy)을 갖는 공적 기구(公的 機構)이다.[3] 그와 동시에 국가는 그 자체가 물질적·정치적·이념적·상징적 자원을 사회로부터 끌어내며, 중요 결정을 만드는 행위의 규칙과 규범이 사회세력들 간의 경쟁과 변화하는 힘의 구조를 통하여 결정되기 때문에 국가는 또한 변화하는 사회세력 관계의 응축으로서 "정치적 갈등 및 투쟁의 장(場)"이기도 한 것이다.[4] 우리가 어떤 사회세력들의 갈등과 투쟁의 성격을 이해하고자 할 때 우선 국가의 역할을 주목하는 것은 바로 이러한 이유 때문이다.

이러한 것들의 경쟁, 즉 국가를 포함한 여러 사회세력들의 경쟁에 중요한 규정력을 가지는 변수로서 우리는 '세계체제의 영향력'을 생각할 수 있다. 국제적 노동분업의 유기적 관련으로 이루어지는 세계경제체제[5]와 군사안보적 교환관계로 이루어지는 국가 간 체제는[6] 한 사

---

3) 국가는 사회세력들의 경쟁과 무관하거나 단순한 중립적 조정자가 아니다. 국가는 그 자신의 목표와 규범을 가지고 그것을 강제하기 위해 노력한다. 그리고 그것에 따라 특정 사회세력들의 이익을 반영하여 그들을 응집·강화시키기도 하고, 약화·해체시키기도 한다. 이를테면, 자본주의 국가는 자본주의적 생산관계를 통합적으로 유지하는 응집인자로서 상대적 자율성을 가지고 지배계급에 대해서는 그들의 헤게모니를 확립시켜주기 위해 파워블록(power bloc)을 형성케 하고, 피지배계급에 대해서는 그들의 조직화를 방지하기 위한 일정한 기능을 수행한다. Poulantzars, *Political Power and Social Classes* (London: NLB, 1975).

4) 최장집, "한국의 초기국가형성의 성격과 구조", 『산업사회연구』 제2집 (1987), p. 93.

5) Wallerstein, *The Modern World System* (New York: Academic Press, 1974).

6) Theda Skocpol, *States and Social Revolutions* (Cambridge and New York: Cambridge University Press, 1979).

회의 경쟁구조에 일정한 영향력을 미친다.[7)]

그리고 그 사회의 '역사적 경험'(historical path), 그것으로부터 만들어지는 그 사회의 '구조와 문화' 등도 여러 사회세력의 대립과 갈등의 성격을 제약하고 굴절시키는 '갈등의 지형'(terrain)을 형성하는 요인들이다(〈그림 1〉 참조).

이와같은 일련의 개념적 틀을 중심으로 제1공화국 시기의 농촌사회의 구조변화와 농민정치를 살펴보기로 한다. 여기에서 우리가 가장 큰 질문으로 제기하는 것은 해방직후 변혁의 열기로 끓어오르던 한국의 농촌사회가 어떻게 하여 1950년대 한국전쟁 이후에는 보수화되어 집권여당의 지지기반으로 변화하기까지 하였는가, 그리고 한국전쟁 이후 1950년대에 농민을 둘러싼 이해의 갈등은 무엇이었나 라는 것이다.

〈그림 1〉 개념의 틀: 갈등의 지형을 형성하는 요인들

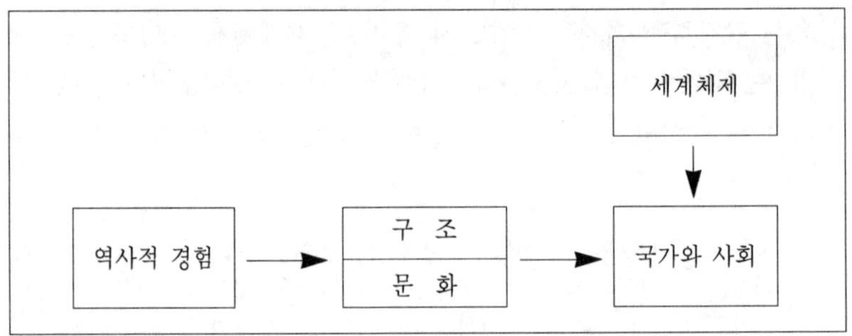

7) Skocpol은 Wallerstein의 경제결정론을 극복하고 정치적 변인을 중요시하였다. 한편 Chase-Dunn은 세계체제의 정치와 경제의 상호역동성을 강조하였다. "자본주의는 세계경제를 일체로 통합하여 운용하는 경제과정과 국제체계를 하나의 정치적 실체로 통합시켜 움직이게 하는 정치과정에 두 과정을 종합시키고 있는 역사적 실체"라는 것이다. Christopher Chase-Dunn, "Core-Periphery Relations: The Effects of Core Competition", in Babara Kaplan, ed., *Social Change in the Capitalist World Economy*(Beverly Hills: Sage, 1978), pp. 159-175.

2. 분단국가의 형성과 농민정치

1) 자주적 농민조직의 건설

해방공간에서 우리나라 농민들이 보여주었던 정치적 행동은 무어(Barrington Moore)가 20세기 거대한 혁명과정에 참여한 농민의 정치적 잠재력을 묘사한 바로 그것이었다.

> 농민은 '역사의 한 객체'(an object of history)라는 견해, 즉 농민은 역사적 변동이 그를 스쳐지나가기는 하지만 이 변동의 추진력에 아무 것도 기여하지 못하는 사회적 존재의 한 형태라는 견해를 진지하게 받아들이는 것은 이제 불가능해졌다.[8]

해방공간에서 한국 농민들의 정치적 조직화의 속도와 범위는 대단히 빠르고 넓었다. 한 보고에 따르면,[9] 해방 후 불과 몇 달이 지나지 않은 1945년 11월 현재 농민들은 전국 각지에서 농민조합을 조직하였는데, 도(道)연맹이 13개, 부(府)·군(郡)·도(島)지부가 188개, 면(面)지부가 1,745개, 리·부락·반(班)이 2만 5,288개, 조합원이 총 332만 2,937명에 달하였다고 한다. 이러한 규모는 실로 놀라운 것이다. 당시 남북한 총 인구가 약 2,550만 명, 총 가구수가 459만 호였고 이 가운데 농업인구가 1,740만 명, 299만 호였다는 점에 비추어 볼 때 조합원 300만 명이란 농가 1호당 1명 이상이 농민조합에 참여한 셈이

---

8) 베링턴 무어·진덕규 옮김, 『독재와 민주주의 사회적 기원』(서울:까치, 1985), p. 454.

9) 민주주의 민족전선, 『조선해방연보』(1946), p. 167.

된다.[10)]

한국의 농민들은 이외에도 각종 청년 및 여성조직 활동에 참가하였으며, 지역자치권력으로서의 인민위원회를 거의 모든 지역에서 건설하였다. 인민위원회는 상당히 많은 지역에서 실질적인 행정기능을 수행하는 통치력을 행사하였다고 한다.[11)] 다음의 〈표 1〉은 1945년 11월 현재의 지방인민위원회 조직현황이다.

어떻게 이처럼 대규모의 농민조직 활동이 급속히 이루어질 수 있었는가? 『한국공산주의 운동사』를 쓴 이정식과 스칼라피노는 이들 농민조직들이 "열성적 공산주의자에 의해 조직되었다"고 지적한다.[12)] 농민조직의 많은 부분이 조선공산당의 영향하에 조직된 것은 사실이다. 우선 1945년 8월테제가 농민조직화에 큰 영향을 미쳤고, 보다 직접적으로 조선공산당의 훈련된 조직요원이 여러 지역에 파견되기도 했다.

〈표 1〉 지방인민위원회 조직현황(1945. 11. 현재)

전국 총수		38도 이남			38도 이북		
		총수	기조직	미조직	총수	기조직	미조직
면	2,244	1,680	1,667	13	564	564	-
읍	103	75	75	-	28	28	-
도(島)	2	2	2	-	-	-	-
군	218	148	145	3	70	70	-
시	22	12	12	-	9	9	-
도	13	9	7	2	7	6	1

출처: 김남식, 『남로당연구』(서울: 돌베개, 1984), p. 127.

10) 이경숙, "한국 농지개혁 결정과정에 관한 재검토", 『한국 자본주의와 농업문제』(서울: 아침, 1986), p. 104.

11) 자세한 내용은 이정식 · 스칼라피노, "美軍政期의 한국 공산주의", 『韓國現代史의 재조명』(서울: 돌베개, 1982), pp. 212-296; 부르스 커밍스, 김자동 역, 『한국전쟁의 기원』(서울: 일월서각, 1986) 참조.

12) 이정식 · 스칼라피노(1982), 앞의 글, pp. 237-254.

그러나 농민조직의 결성은 이밖에도 더 다양한 경로를 가지고 있었던 것 같다. 이를테면 일제하에서 정치·사상범으로 투옥되었다가 석방된 사람들, 일제 말기까지 지하에 잠복해 있던 농민운동 조직과 활동가들, 일본의 노동력 동원정책과 궁핍으로 일본이나 북부만주 공업지대에서 노동자로 종사하다가 해방과 함께 귀국한 귀환동포들 등에 의하여 농민조직화가 진행되었다. 특히 외지에서 노동자로서의 경험을 쌓고 귀국한 동포들의 역할은 주목할 만하였다. 이들은 토지와 농촌에서 분리되어 외부세계에서 노동자의 경험을 가짐으로써 불충분하지만 일정한 수준의 발전된 정치의식을 가질 수 있게 되었다. 노동자도 농민도 아닌 중간의식을 지닌 농민이라는 의미에서 한 논자는 이들은 '노동자적 농민'(worker-peasant)이라고 한 바 있다.[13] 이들은 해방 직후 전개된 농민조직화에 중심적인 역할을 하였다. 그밖에도 일본인 재산을 관리하는 자치위원회와 같이 순수한 농민의 자발적인 조직이 건준 등의 활동과 연결되면서 체계적인 농민조직의 형태로 발전해 간 경우도 많았다. "8·15 이후 전국적으로 각 지방에서 자연발생적으로 올라온"(『서울신문』 1945. 12. 9) 농민의 자발적 성격은 주목할 필요가 있다.

결국 이 시기의 농민조직은 크게 보면 농민의 자발적 역량에 의한 밑으로부터의 다양한 경로와 조선공산당과 같은 전위적 외부 정치조직과 이데올로기에 의한 위로부터의 경로가 있었다는 것이다. 우리는 여기에서 농민의 자발성이 더 중요했는가? 아니면 전위적 조직과 이념이 더 중요했는가? 라는 농민정치 연구에서 흔히 제기되는 테마와 만났다. 페이지(Jeffery M. Paige)나 스코트(James C. Scott)가 전자를 강조하는 경우라면 미그달(Joel S. Migdal)은 후자를 강조하는 경우이다.[14] 그러나 어느 쪽이 더 중요했는가 라는 양분법적 선택논리는 농민

---

13) 커밍스, 김자동 역, 앞의 책, p. 346.

14) Jeffery M. Paige, *Agrarian Revolution: Social Movements and Export*

정치를 이해하는 데 그다지 도움을 주지 않는 것 같다. 중요한 것은 이들 양자가 어떻게 서로 결합했는가 라는 점이다. 즉, 농민이 제도화된 변혁운동에 참여하여 정치적 조직에 지지를 보내고 그것으로부터 농민적 가치실현이라는 보상을 받는 양자의 결합, 즉 양자 사이의 '사회적 교환'(social exchange)을 규명하는 것이 보다 의미있는 논의라고 생각한다.

해방공간에서 전위적 정치조직과 농민들 사이에 이루어진 사회적 교환의 매개물은 '반제반봉건' 민주변혁이라는 과제의 수행이었다. 구체적으로는 토지개혁의 요구, 식량요구, 양곡수집 반대, 친일잔재 청산, 미군정과 미군정의 관료기구에 대한 저항 등이 있었다. 그리고 이들은 1946년 모스크바 3상협정 지지운동, 1946년 10월항쟁, 1948년 2·7구국단정수립 반대투쟁, 1948년 4·3제주도 항쟁, 정부 수립 후 한국전쟁 때까지 계속된 무장유격투쟁 등 잘 알려진 사건 외에도 전국 경향각지에서 크고 작은 투쟁을 전개하였다.

2) 농민정치의 실패

그러나 이 글에서 관심을 두고자 하는 것은 이들의 투쟁활약상이 아니라 이들의 활동이 어떻게 실패하였으며, 그 실패의 결과가 농민의 정치행태에 미친 영향이 무엇이냐는 것이다.

주지하다시피 위에서 지적한 농민들의 정치적 행동을 가능하게 하였던 해방공간이란 곧 일제의 지배로부터 미국을 중심으로 한 세계적 지배질서로의 재편성 과정에 다름 아니었다. 그것은 미·소의 무장

Agriculture in the Underdeveloped World (New York: Free Press, 1975); James C. Scott, *The Moral Economy of the Peasant* (New Haven and London: Yale University Press, 1976); Joel S. Migdal, *Peasants, Politics, and Revolution: Pressures Toward Political and Social Change in the Third World* (Princeton: Princeton University Press, 1974).

병력이 한반도의 남과 북을 점령하는 것으로부터 시작되었다. 남한의 경우 미군이 9월 초에 진입하여 서울을 장악하고 중앙집권적 통제체제의 확립을 위하여 농촌지역을 점령해 갔다. 점령은 3단계로 이루어졌다. 1단계는 장교들로 구성된 정찰팀을 전국의 요충지에 보내 미군 진주를 알리고 현지의 사정을 파악하는 것이었다. 2단계는 전국의 도 단위 지역을 장악하는 전술부대를 파견하는 일이었다. 3단계는 군정을 수행할 수 있도록 훈련되고 준비를 갖춘 군정중대가 진출하는 것이었다. 군정중대는 미리 점령하고 있던 전술부대를 대체했다. 이러한 미군의 진출은 앞에서 말한 자주적 농민조직의 전개만큼이나 신속한 것이었다. 1단계가 1945년 9월 중순까지, 2단계는 10월까지, 3단계는 11월까지 완료되었다.[15]

미국이 38도선을 왜 분할했고, 왜 한반도를 점령했는가에 관해서는 여러 가지 논란이 있지만, 미군이 한반도의 남쪽을 점령하면서 '하고자 했던 바'는 분명하였다. 그것은 한반도에서 분출하고 있던 변혁세력을 제거하고 적어도 한반도의 남쪽 절반에서 현상유지를 확보하자는 것이었다.

서울과 지방 농촌지역에서 미점령군과 변혁운동 세력과의 충돌은 필연적이었고, 그 결과는 예측이 가능한 것이었다. 물리적으로 압도적인 힘을 갖춘 미점령군이 만들어진 지 불과 몇 달 되지 않은 변혁운동의 조직을 쉽게 파괴할 수 있었던 것은 당연한 일이었는지 모른다. 그러나 서울에서와는 달리 농촌지역의 경우는 미점령군에게 손쉬운 승리가 주어지지는 않았다. 미점령군은 1945년 말까지 도(道) 수준을 장악하였지만, 군(郡) 수준을 완전히 점령·장악한 것은 1946년 말에 가서였다. 지방 농민들의 저항은 지역에 따라 격렬한 것이어서 군 수준이 장악된 이후에도 1947년까지 부락수준에서의 저항은 계속되었다. 하지만 이것도 단독정부 수립 전인 1948년 봄에 이르러 모두 무력화되고

15) 커밍스, 김자동 역, 앞의 책, pp. 369-372.

미군정은 자신의 의지를 농촌부락 수준에까지 침투시킬 수 있었다.

미점령군이 지방 농촌지역을 장악하기 위해 동원했던 수단은 그들 자신의 압도적인 무장력과 함께, 식민지 총독부의 관료 및 경찰기구를 부활시키고 식민지 시대에 활동했던 관료나 경찰들을 등용하는 것이었다. 그리고 각종 우익보수세력의 조직을 고무하는 것이었다. 그럼으로써 변혁세력의 전위적 정치조직을 해체시키고, 농민대중들에 대해서는 적극적인 회유를 하여 양자를 분리시키려고 했다.

이러한 과정을 통하여 변혁운동의 전위적 정치조직은 1948년 2·7 단정수립 반대투쟁, 4·3제주도투쟁, 5·10선거 반대투쟁, 10월 여순사건을 거쳐 1949년에는 폭력일변도의 유격투쟁으로 넘어가면서 점차 농민대중과 유리되고 미군정의 공격으로부터 조직조차 보존하지 못하는 결과를 가져왔다. 전위적 정치조직들이 농민들로부터 열렬한 지지를 획득하고서도 혁명에 성공하지 못한 이유는 무엇인가? 이 문제에 대한 일반적인 대답의 하나는 전위적 정치조직들이 일찍이 미국을 제국주의 국가로 인식하지 못하였으며 국제민주주의에 대한 환상을 가지고 있었다는 것이다. 그리고 농민들의 토지에 대한 요구 등을 적극적으로 수용하여 농민들에게 보다 급진적인 비전을 제시함으로써 혁명적 열기를 고양시키는 데 미흡하였다는 것이다. 한 마디로 미국의 본질을 모르고 타협적 자세를 가지고 있다가 농민들의 지지를 점차 상실하고 결국 미군정의 탄압이 시작되었을 때 그것에 굴복하게 되었다는 것이다.

그러나 이러한 설명은 당시 농민들의 정치적 역량을 지나치게 확대해석하는 데서 나온 것 같다. 당시의 농민들은 여러 가지 점에서 심각한 불만을 가지고 그것을 집단행동으로 표현함과 동시에 그들의 요구에 뜻을 같이 하는 전위적 정치조직에 기초하고 있었다고는 말할 수 없을 것 같다. 농민들의 집단행동이 분명한 계급적 전망 위에 서기에는 해방공간이란 너무나 짧은 기간이었다. 그리고 농민들의 집단행동에서 가장 가난한 농민이 가장 급진적인 것도 아니었다. 뚜렷한 계급의식에 근거한 집단행동은 대부분이 단기적이었고 일회적이었다. 집단행동에 있어서 부락공동체나 씨족집단(clan)이 의미있는 단위가 되는 경우도 많았다. 한국의 농민들은 일제의 폭력적 탄압하에서 조직적으로나 의식적으로 전혀 훈련될 기회를 갖지 못하다가 해방공간이라는 권력의 진공상태에서 빠른 속도이기는 하지만 이제 막 새로운 조직적 경험과 의식의 성장을 '시작하고' 있었던 것이다. 그것은 미군정, 단독정부 수립이라는 분단국가의 형성과정에서 가해진 지배세력의 공격에 쉽게 좌절될 수밖에 없는 것이었다. 바로 이 점이 그토록 급속히 결성된 농민조직이 그토록 급속히 궤멸하게 된 까닭을 설명한다.

3) 분단국가의 형성과 농민정치의 단절

여기에서 말하는 분단국가의 형성이란 미군정, 단독정부의 수립, 한국전쟁 등을 거치는 동안 권력의 배타적 독점권이 한반도의 남쪽부분에서만 이루어지고, 또 하나의 경쟁적인 권력이 배타적으로 한반도의 북쪽을 차지하고 서로에게 위협적인 상태로 대치하게 되는 과정을 말한다. 여기에는 단순한 남쪽과 북쪽 권력 사이의 문제만이 아니라 미국과 소련의 양대 진영 간의 모순, 대국주의적 두 열강과 한국민족 간의 모순 등 다양한 문제들이 착종(錯綜)되어 있다.

서구사회의 국가형성이 시민사회의 형성과 함께 사회로부터 분화된 실체로 나타난 데 비하여, 한국의 근대국가 형성은 시민사회로부터 나온 것이 아니라, 외부세력의 힘에 의하여 국가가 형성되었을 뿐만아니라 시민사회의 형성도 오히려 강력한 관료국가정책의 부산물로 나타났다. 그런 의미에서 한국의 근대국가 형성은 외삽적(外插的, transplanted)국가형성이라고 할 수 있을지 모르겠다.

중요한 것은 이렇게 다양한 모순들이 서로 착종된 외삽적 분단국가의 형성과정이 농민들의 비참한 희생 위에서 진행되었다고 하는 점이다.

농민과 결합한 변혁운동의 전위적 정치조직과 농민 자신들의 희생은 한국전쟁이 끝날 때까지 여러 차례 되풀이되었다. 최근의 한 연구는 한국전쟁 기간 동안 인민군의 점령지역에서 발생한 일들을 보여주고 있는데,[16] 이 가운데 주목할 만한 것은 전쟁 전에 지하로 잠복했거나 파괴되었던 과거의 농민 조직들과 활동가들이 인민군의 점령과 함께 다시 급속하게 원상복귀되었다는 사실이다. 그들은 지역별 권력체를 형성하고 전쟁동원과 토지개혁 등 '혁명사업'을 수행하였다. 그러나 이들의 운명은 겨우 몇 달 내에 이루어진 인민군의 퇴각과 함께 비극적 종말을 맞이하였다. 인민군 점령시에 만들어졌던 조직들은 그 뿌리에서부터 완전히 파헤쳐져 분쇄되었고, 조직에 적극적으로 참가했거나 혹은 동조했던 사람조차 체포·사살되었다. 처벌을 피할 수 있었던 사람은 퇴각하는 인민군의 뒤를 따라 월북한 이들뿐이었다.

한국전쟁은 농민정치에 큰 영향을 남겼다. 첫째, 한국정쟁으로 자주적 농민조직은 완전히 황폐화되었다. 둘째, 한국전쟁으로 자주적 농민조직에 참가했던 활동인물들은 모두 죽었거나, 체포·구금되었거나 월북하였으며 그렇지 않은 사람들은 지하로 깊이 잠적하여 전혀 활동을 할 수 없게 되었다. 전향을 한 사람들도 많았다. 셋째, 한국전쟁으로 이념적인 면에서 반공이데올로기가 효능성을 가짐으로써 농민들이 반공이데올로기를 자기 행동의 검열기준으로 내면화하도록 했다. 그것은 그 이후 농민들 사이에서 어떠한 대안적 이데올로기도 등장할 수 없도록 막았다. 넷째, 한국전쟁은 농민들에게 '권력니힐리즘' 혹은 '정치적 냉소주의'를 심었다. 한국전쟁 기간 동안 민간인과 군인을 합하여 약 40만 3,000여 명의 사상자가 났고, 납치와 포로·실종 등으로 북한으로 강요된 유출인구(물론 여기에는 순수 월북자도 포함되어 있겠지만)가 약 55만 9,000여 명에 이르렀다.[17] 이러한 것들을 포함한 전쟁

16) 권영진, "북한의 남한 점령정책", 『역사비평』(1989 여름), pp. 78-95.

17) 한국은행 조사부, 『경제연감』 (통계편, 1955년), p. 17; 공제욱, "1950년대 한국사회의 계급구성", 『경제와 사회』(1989 여름·가을 합본호), p. 233에서 재인용.

의 참혹함과 파괴성은 농민들로 하여금 정치나 이데올로기는 어느 쪽이든 멀리하는 것이 좋다는 생각을 가지게 만들었다. 오늘날까지도 당시의 상황을 경험한 연령층의 농민들은 심각한 '좌익 콤플렉스'를 가지고 있고, 정부가 하는 일은 "그저 묵묵히 따르는 것이 제일 좋다"는 생각을 하고 있다.

한국의 농민들이 미군정으로부터 한국전쟁이 끝나는 분단국가의 형성과정에서 격렬한 정치투쟁을 겪으며 가지게 된 정치적 패배의 상처는 우리가 상상할 수 없을 정도로 컸다. 그래서 한국의 농민들은 "우리가 나선다고 뭐가 되는 일이 있나"라는 식으로 자신들의 정치적 효능(efficacy)에 회의적인 태도를 가지고 있다.

이와 같은 분단국가의 형성이라는 역사적 경로는 구조적으로는 국가와 농민 사이의 힘의 비대칭적 관계를 낳았고, 문화적으로는 농민들의 정치의식 발전에 걸림돌을 만들었다. 제1공화국 시기에 있어서 농촌사회로부터 어떤 심각한 정치적 갈등도 제기되지 않았던 가장 중요한 이유는 바로 이것이라고 할 수 있다.

3. 농지개혁의 정치적 결과

제1공화국 시기의 농민정치의 성격을 살펴보는 데 또하나 중요한 것은 농지개혁과 그것의 정치적 결과이다.

1) 농지개혁의 실시

앞에서도 말한 해방공간의 역사적 맥락에서 두 차례에 걸친 농지분배가 있었다. 첫번째는 1948년 3월 22일 미군정법령 제173호의 공포로 시작된 신한공사 소유토지의 분배였다. 1946년 2월 21일 미군정법령 제52호에 의해 설치된 신한공사는 당시 일제하 동양척식주식회사가 소유했던 전재산과 일본인 소유의 전재산을 관리하였다. 그 중 토지재산만을 보면 일반농지 28만 2,480정보, 과수원과 뽕나무밭의 특수농지 4,287정보, 산림 3만 7,697정보였다. 신한공사 관리 총 면적은 남한 총 경지면적의 13.4%에 달했고 그 토지를 경작하는 소작농가의 호수는 남한 전체 농가호수의 27%나 되었다.18)

분배계획의 주요 내용은 신한공사 관리토지 중 논과 밭만을 매호당 총 경작지 2정보 이내에서 분배하되 그 매각순위는 해당토지의 소작인, 기타 농민, 농업노동자 등으로 하고, 농지가격은 해당토지나 주산물의 연간 생산량의 3배의 현물로 하고 그 지불방식은 연간 생산량의 20%씩을 15년 간 연부로 상환한다는 것이었다.

귀속농지 불하의 진행에 관해서는 정확히 알 수 없지만 1948년 4월 1일에 착수되어 1948년 6월 초에는 44만여 소작농이 적산농토를 불하받았다고 한다. 또 8월 15일까지 분배대상 농지 가운데 85%가 불하되었다는 기록도 있다. 그 결과 1948년 말에는 귀속농지 중 분배대상 농지의 95%인 26만 8,000여 정보가 분배되었다.19)

이와 같은 귀속농지의 분배와 더불어 농지개혁법이 통과되기까지에는 농지개혁을 예상한 지주의 소작지 방매 및 자작농화 등으로 인해 지주-소작제도가 해체되기 시작하였다.

그래서 1945년에 전 경지의 65%에 달하던 소작지 면적이 귀속농지 분배 이후의 시점인 1949년에 오면 29%로 줄어들고, 자작지는 이와 반대로 1945년 35%이던 것이 1949년에 71%가 된다(〈표 2〉 참조).

소작제의 해체경향은 농지 소유형태별 농가구성비에서도 확인할 수 있다. 다음의 〈표 3〉을 보면 1945년에 자작농이 14.1%, 자소작 혹은 소자작농이 40.1%, 순수 소작이 45.8%이던 것이 1949년에 오면 현저한 변화가 일어난다.

---

18) 이경숙(1986), 앞의 글, p. 140.
19) 이경숙(1986), 앞의 글, p. 142.

자작농의 비율이 37.4%로 늘어나고, 자소작 혹은 소자작농이 41.4%가 되고, 순수 소작농은 21.2%로 줄어들었다.

두번째의 농지분배는 정부가 수립된 후 공포된 농지개혁법에 의해 이루어졌다. 1949년 4월 법안통과, 6월 공포, 1950년 3월 개정법안 공포 등 우여곡절 끝에 실시된 농지개혁은 그 결과 농촌사회 구조에 큰 변화를 낳았다.

〈표 2〉와 〈표 3〉에서 볼 수 있듯이 우선 소작지 면적이 1950년 6월 농지개혁 실시 이후에 5.1%로 크게 낮아진 반면, 자작지는 94.9%로 늘어났다. 그리고 소유형태별 농가구성비에 있어서도 1959년의 통

〈표 2〉 농지개혁 전후의 소작면적 추이

(단위: 1000정보)

	계	자작지	소작지			비고
			소계	소작지	귀속농지	
1945[1)]	2,226	779	1,447	1,160	287[5)]	
	(100.0)	(35.0)	(65.0)	(52.1)	(12.9)	
1947[2)]	2,193	868	1,325	1,038	287	
	(100.0)	(39.6)	(60.4)	(47.3)	(13.1)	
1949[3)]	2,071	1,470	601	601	-	귀속농지 분배
	(100.0)	(71.0)	(29.0)	(29.0)		
1950[4)]	1,970	1,870	100	100[6)]	-	농지개혁 실시
⋮	(10.0)	(94.0)	(5.1)	(5.1)		
1959	2,033	1,877	156	156[7)]	-	
	(100.0)	(92.3)	(7.7)	(7.7)		

주: 1) 한국산업은행조사부, 『한국산업은행 10년사』(1955년) 참조.
2), 3) 농림부, 『농지개혁 기본참고자료』(1949년) 참조.
4) 농림부, 『농림통계연보』(1955년) 참조.
5) 농림부, 『농지개혁 기본참고자료』(1949년) 참조.
6) 추정치.
7) 농업은행, 『농가경제조사결과 보고』(1960년) 참조.

출처: 김성호 외, 『농지제도 및 농지보전에 관한 조사연구』(농경연, 1984), p. 69에서 재인용; 김홍상, "8·15이후 한국농업의 전개과정과 소작제", 『한국자본주의와 농업문제』(서울: 아침, 1986), p. 171 참조.

〈표 3〉 농지개혁 전후의 농지 소유형태별 농가구성비 변화

연도	자작	자소작	소자작	소작	계
	··············· 천호(千戶) ···········				
1945[1]	285	…… 810 ……		924	2,019
1947[2]	385	402	432	914	2,106
1949[3]	925	…… 1,023 ……		526	2,474
1959[4]	1,816	279	129	43	2,267
	················· % ···············				
1945	14.1	…… 40.1 ……		45.8	100.0
1947	17.0	19.1	20.5	43.4	100.0
1949	37.4	…… 41.4 ……		21.2	100.0
1959	80.1	12.3	5.7	1.9	100.0

주: 1) 조선은행, 『조선경제연보』(1948년) 참조.
2), 3) 농림부, 『농지개혁 통계요람』(1951년) 참조.
4) 농림은행, 『농가경제조사결과보고』(1960년) 참조.
출처: 김성호 외(1984), p. 73에서 재인용; 김홍삼(1986), 앞의 책, p. 171 참조.

계를 참조하면, 자작농이 80.1%로 늘어난 반면 자소작농이 12.3%, 소자작농이 5.7%, 순수소작농이 1.9%로 줄어들었다.

두 차례의 농지분배는 그 결정과정이나 실시과정에 있어서 많은 파란이 있었고,[20] 불철저한 것이었지만 어쨌든 그 결과는 지주-소작관계를 일단 해소시켰다고 할 수 있다. 농지개혁 이후 한국의 농촌사회에서 지주는 사실상 소멸하여갔다.

20) 미군정에 의한 농지개혁의 결정에 대해서는 신병식, "토지개혁을 통해 본 미군정의 국가성격", 『역사비평』(1988년 여름), pp. 179-205; 제1공화국하의 농지개혁 결정과정에 대해서는 박종철, "제1공화국의 국가형성과 농지개혁", 『한국과 국제정치』, 제4권 1호(1988 봄), pp. 25-54 참조

2) 농지개혁과 농민정치의 보수화

이러한 농지개혁의 정치적 의미는 무엇인가? 그리고 이것이 농민정치에 미친 영향은 무엇인가? 미군정에 의한 귀속농지의 분배와 제1공화국 정부에 의한 농지개혁은 지주-소작관계의 모순 속에서 분출하는 한국농민의 변혁요구를 체제 내로 수렴, 개량화하려는 것이었다. 그것은 해방공간에서 농민들의 지지를 확대해가던 혁명적 정치조직들을 강제력으로 제거하는 한편 농민대중들은 동의의 체계로 순치함으로써 정치권력의 정당성(legitimacy)을 획득하고자 하는 국가엘리트들의 헤게모니 전략의 표현이었다.[21)]

미군정에 의한 농지분배를 국가론적 접근을 통해 분석한 논문은 단독정부 수립을 앞둔 1948년 3월이라는 시점에서 왜 미군정이 농지분배를 시행하였느냐는 문제를 다음과 같이 정리하고 있다.[22)] 2차 대전 이후 미·소의 첨예한 대립으로 토지개혁은 국제정치의 영역에서 중요한 문제로 다루어지기 시작했다. 그것은 토지개혁을 혁명공약으로 내건 공산당들이 집권하게 되는 상황이 속출함에 따라 미국이 반혁명·반공의 한 수단으로서 토지개혁을 공산화의 위험이 있는 국가들에게 권유하였기 때문이었다.

그 대표적인 예가 아시아의 일본·한국·대만 등이었다. 미군정에 있어서 토지개혁은 국내적으로 일제하로부터 지속된 극단적인 토지소유의 불평등을 어느 정도 해소하여 가열된 일반대중의 토지소유욕을

---

21) 안토니오 그람시는 국가를 "강제력의 갑옷에 의해 보호되는 헤게모니"(hegemony armoured by coercion)라고 표현한다. 헤게모니는 지배를 정당화하고 유지할 뿐 아니라 그들이 통치하는 하위계급의 능동적 동의를 확보하는 실천적 및 이론적 복합체라는 것이다. Q. Hoare and G. Nowell Smith, eds. and trans., *Selections From the Prison Notebooks*(London: Lawrence and Wishart, 1971), p. 263.

22) 신병식(1988), 앞의 글, pp. 200-203.

완화시킴으로써 일면 농민을 보수화시켜 좌익세력의 대중동원 능력을 치명적으로 약화시킬 수 있고, 다른 일면으로 정당성이 결여된 미군정 지배를 합리화시켜 줄 수 있는 훌륭한 정책수단이었다.

그런데 그것은 국가엘리트와 지주계급의 계급적 연계의 절연(separatedness), 그리고 국가에 의한 일정한 사회통제력 및 지주계급의 영향력에서 어느 정도 자율적인 행정기구의 존재 등이 전제되어야 가능하다. 하지만 미군정에게 있어서 토지개혁은 지주계급을 포함한 보수연합의 중심체로 자기 이익에 반하는 것이었을 뿐만 아니라 용이한 것도 아니었다. 미군정 지배의 최종 순간까지 미 국무성의 토지개혁 정책이 실행에 옮겨지지 못하고 연기된 점이나 토지개혁의 대상이 지주계급의 직접적 이익과 거리가 있는 구일본인 소유 토지에 한정된 점도 바로 그런 이유 때문이다. 그리고 토지개혁이 미군정 지배의 최종 순간에 임박하여 급속히 강행된 것은 미군정에 의한 토지개혁이 "소련과 경쟁하는 미국의 체제우월성을 입증키 위해서"였다는 유추도 가능하게 한다는 것이다.

한편 제1공화국에 의한 농지개혁을 역시 정치학적 시각에서 연구한 한 논문은 농지개혁의 정치적 결과를 다음과 같이 지적한다.[23] 농지개혁은 농촌지역의 불평등을 어느 정도 완화하고 소자영농민들의 정치적 지지를 획득하는 데 기여했다. 그리고 급진파 세력이 농촌지역에서 지지기반을 상실하고 정치적 갈등의 초점이 농촌지역에서 도시지역으로 옮겨졌다. 지주계급이 농촌지역에서 정치·경제적 기반을 상실했다. 이승만 정권은 적자재정과 인플레이션, 미국의 경제원조 감축, 주한미군의 철수, 내란상황의 지속, 국회에서 야당과의 대립 등으로 불안한 정치상황에 놓여 있었는데, 이같은 상황에서 이승만 정권은 농지개혁을 통해서 어느 정도 정통성을 획득하고 지주계급과 한민당으로부터 자율성을 획득하는 한편 재정적자를 해결하는 데도 도움을 받

23) 박종철(1988), 앞의 글, pp. 51-54.

았다는 것이다.

위의 두 논문에서 제시된 명제는 두 차례의 농지개혁에 대한 성격규정으로서 일반적인 합의를 얻고 있는 사항들인 것 같다. 여기에서는 이 명제들에 대해 약간의 논의를 덧붙이고자 한다.

농지개혁이 농민정치에 미친 영향은 앞에서의 지적처럼 농민들의 고양되었던 변혁요구를 위로부터의 개혁을 통하여 체제내화함으로써 농민들을 정치적으로 보수화시키고 농민의 조직화를 어렵게 하는 조건을 만들었다. 미군정과 제1공화국 정부가 체제의 수호를 위해서는 지주계급과의 보수적 지배연합을 절연하더라도 농민들의 토지요구를 수용하여 그들을 혁명적 정치세력으로부터 떼어내고자 한 정책은 농지개혁을 통하여 대체로 성공하였다. 그것은 지주의 해체와 광범한 소농경영 양식을 창출하였기 때문이었다.

소농이란 '토지라는 일정한 생산수단을 가지고 자기 노동으로 농업경영을 도모하는 소생산자'이다. 이들은 생산수단을 작은 규모이지만 일정하게 소유하고 있기 때문에 생산수단을 소유하고 있지 않은 소작농이나 노동자에 비해 정치적으로 더 보수적이 될 가능성이 많다. 그리고 낙후되고 분산적인 개인경영에 기초하고 있어서 노동계급에 비해 조직성이 부족할 수밖에 없고 선진사상에 민감하지 못하다는 것이 일반적인 견해이다.

마르크스는 나폴레옹 정치의 등장에 대한 분석에서 프랑스의 소농민층에 관하여 다음과 같이 이야기한 바 있다.

> 소농들은 거대한 대중을 이루고 있다. 이 대중 속의 구성원들은 서로 비슷한 조건 속에서 생활하고 있지만 서로 다면적인 관계를 갖지 않는다. 그들의 생산양식 때문에 그들은 서로 교섭을 갖지 못한 채 격리되어 있다. … 마치 감자덩이들을 한 포대에 담아 놓은 것과 같다. … 따라서 이들도 의회를 통해서건 집회를 통해서건 자기네 명의로 자기네 계급의 이익을 강력하게 추진시킬 능력이 없

다. 이들은 자기네 스스로 대표자를 내세우지 못한다. 누군가가 이들의 대표자 노릇을 해주지 않으면 안 된다.[24]

프랑스의 소농들이 그들의 개인주의 때문에 명백한 계급의식을 가진 계급으로서 연합되지 못했다는 주장이다.

소농은 분명히 소소유자(*petty-proprietor*)로서의 정치적 보수성 및 개인주의적 성향을 가지고 있다. 소농은 자본가적 속성과 경영자적 속성, 노동자적 속성을 동시에 체화하고 있다. 따라서 생계유지가 가능한 한 체제순응적인 것이 사실이다.

소농은 또한 경영과 노동과정의 고립분산성 때문에 집단의식 내지는 계급의식을 형성하기 힘들다. 같은 시간에 출근하여, 밀집된 공간과 생산라인에서 작업을 하고, 함께 점심식사를 하며, 같은 시간에 퇴근하는 공장노동자와 비교할 때 독립적 소농경영을 하는 농민들의 의식이 비조직적이 될 수밖에 없는 것은 어쩌면 당연한 일인지도 모르겠다.

소농은 이러한 연유로 가족 이기주의에 젖어 있고, 개인적 이익의 추구 및 경쟁을 하려는 경향이 있다고 한다. 인류학자 밴필드(Banfield)는 남부 이탈리아에 대한 연구에서, 농민의 사회구조는 '도덕을 벗어난 가족주의'의 형태, 개인의 유일한 충성심은 가족에 대한 것이라는 신념, 그리고 가족 이외의 사람들에 대한 전반적인 불신으로 충만해 있다고 주장하였다. 한편 포스터(G. Foster)도 멕시코의 친춘찬(Zintzuntzan) 지역에 대한 연구에서, 농민들의 행위가 '제한된 선(limited good)의 이미지'에 의해 지배받는 것처럼 행동한다고 주장하였다. 즉 농민들은 마을주민들에게 유용한 행복·행운·부유·건강 등의 총량이 고정되어 있다고 믿는다는 것이다. 그래서 그들은 누군가에

---

24) Karl Marx, *The Eighteenth Brumaire of Louis Bonaparte*(New York: International Publishers, 1957), p. 109.

게 선이 증대되는 것은 어딘가에서 이에 대응되는 손실이 있기 때문이라고 믿는다고 한다.[25)]

"도덕을 초월한 가족주의와 제한된 선의 이미지의 귀결은 적대감과 불신의 분위기를 가져오기 때문에 상호협동의 방법으로 함께 일하는 데는 전반적으로 무능력하다"는 것이 이들의 주장이다.

농지개혁이 농민들의 정치형태에 미친 영향은 단순한 요구수용을 통한 체제의 정통성 획득이란 정도를 넘어서서 장기지속적 내지는 구조적인 결과를 낳았다. 그것은 농지개혁으로 광범하게 창출된 소농의 정치적 보수성을 말한다. 이것은 제1공화국 시기에 농촌으로부터 어떤 심각한 정치적 도전도 제기되지 않았던 또 하나의 이유가 된다.

정치체제 구성원들의 심리적 요인이 정치행동을 결정한다는 전제에서 출발하는 정치문화이론은 제1공화국 시기 한국 농민의 정치적 보수성을 농민 자신에 내재된 수동적·권위주의적 정치문화에 기인한다고 말한다. 제1공화국의 전기간 동안 한국의 농민들은 한번도 자주적 조직을 만들어보지도 않았고, 국가권력에 저항하지도 않았다. 그런 점에서 농민들의 정치행태는 수동적이고 보수적이었다. 그런데 앞에서 말한 분단국가의 형성과 농민정치의 단절, 농지개혁을 통한 소농경영의 창출 등은 바로 그 수동적이고 보수적인 정치문화를 농촌사회에 재생산하게 한 역사·구조적 조건인 것이다.

분단국가의 형성은 물리적으로 농민들로부터 전위적 정치조직과 활동가들을 제거했으며, 그 과정에서 정치적 패배주의의 문화적 유산을 농민들에게 남겼다. 그리고 농지개혁은 일단 지주-소작관계를 해체하고 광범한 영세소농을 만들어내었는데, 이것은 농촌사회의 불만을 해소하고 정치권력의 정통성을 강화했으며, 장기지속적으로 농민의 정치형태를 보수화시키는 요인이 되었다.

---

25) 럭스브로우 지음, 박종수 옮김, 『종속이론이란 무엇인가』(서울: 청아출판사, 1980), pp. 135-136.

4. 1950년대 이승만 정권의 농민통제

앞에서 지적한 몇 가지 요인들에 의하여 '강력한 국가와 허약한 농민' (strong state and weak peasant)이라는 국가와 농민 간의 비대칭적 힘의 관계가 역사적으로 구조화되었고, 1950년대의 이승만 정권은 이러한 힘의 지형(terrain) 위에서 손쉽게 자신의 의도대로 농촌사회를 통제할 수 있었다. 이 기간 동안에 한국의 농민들이 국가의 통제에 대하여 집단적 저항을 제기하였다는 보고는 어떤 곳에서도 발견할 수 없다.

이승만 정권에 의한 농촌사회 통제의 목표와 방법은 크게 두 가지 측면에서 살펴볼 수 있다. 경제적 동원(economic mobilization)과 정치적 탈동원(political demobilization)이 그것이다.

1) 경제적 동원과 농민

1950년대에 이승만 정권이 농민에 대해 가지고 있었던 가장 중요한 이해는 농지개혁을 통하여 지주-소작관계를 해체하고 농촌으로부터 제기되는 정치사회적 갈등을 체제 내로 흡수하는 것이었다. 이 문제에 대해서는 앞부분에서 설명한 바 있다. 이와 함께 당시의 경제·사회·정치적 안정에 긴요했던 "값싼 식량을 충분히 확보하기 위해서 농민을 경제적으로 동원"하는 것도 이승만 정권에 있어서 중요한 일이었다. 식량문제는 전후의 한국경제가 직면했던 최대로 곤란한 과제였는데, 그것은 해방직후는 물론 1950년대 전기간에 걸쳐서 그러하였다. 따라서 농업정책에 우선적으로 요구되었던 것은 식량위기를 어떻게 극복할 것인가 라는 것이었다.[26)]

식량문제에 대한 접근은 크게 두 가지 방식으로 행해졌다. 하나는 양곡의 강제적 매입, 과중한 농지세의 현물납부, 농지개혁 분배농지의 현물상환 등과 같은 '현물형태의 수탈'이었다. 당시의 농가경제의 중심은 자급자족적 현물경제였고, 상품생산은 어떤 의미에서는 부차적이었으므로, 시장메커니즘에 의해서는 정부의 필요양곡을 확보할 수 없었다. 따라서 필요양곡의 확보에 있어서 현물형태의 직접적 수탈은 불가피한 방법이었다. 또 하나의 수탈방식은 '저농산물가격정책'이었다. 앞의 양곡매입도 저곡가정책의 일환이었으나, 여기에는 미국의 잉여농산물의 도입이 주요한 기능을 수행했다. 잉여농산물의 도입에 의해 농산물 수급구조는 부족국면에서 만성적 과잉공급으로 전화하였다. 잉여농산물의 도입은 한편에서는 '농산물수입→저농산물가격→저노임→자본축적'이라는 형태로, 다른 한편에서는 '잉여농산물의 도입과 처분=정부의 재정수입과 자본의 축적기반'이라는 형태로 자본의 요구를 충족시켜 주었다.[27] 이러한 정책들을 차례로 살펴보기로 한다.

먼저, '양곡의 강제매입정책'은 일제 말기의 식량공출에서 시작되었던 것으로서 미군정 초기에 잠시 중단되었다가 1946년 1월의 '미곡수집령'에 의해서, 정부 수립 이후에는 1948년 10월의 '양곡매입법'에 의해 계속되었다. 양곡매입법은 "양곡생산자와 지주는 식량과 종자용 곡물을 제외하고 그 나머지는 전량을 정부에 팔아야 한다"는, 강제매입에 의한 식량의 전면통제를 그 내용으로 하는 것이었다. 그러나 이것이 농민들의 저항으로 성공을 거두지 못하자, 정부는 1949년 7월에 '식량임시긴급조치법'을 제정하여 양곡의 자유시장을 허용하였고, 1950년 2월에는 앞서의 양곡매입법을 전면수정하여 일면 자유, 일면 관리라는 부분통제로 전환하였다. 하지만 이것도 미곡의 매입가격이 시장가격은 물론 평균생산비에도 크게 미치지 못하는 강제적인 미곡

26) 박진도, "8·15 이후 한국농업정책의 전개과정", 한국농어촌사회연구소 편, 『한국농업·농민문제연구 I』(서울: 연구사, 1988), p. 226.
27) 위의 글, p. 229.

수탈정책이었다.

'농지세의 현물납부'는 1951년의 '임시토지수득세법'에 의하여 농지에서 얻는 순수익에 대한 세금을 모두 현물로 납부하도록 하는 것이었다. 이것은 한국전쟁의 발발로 인하여 전쟁수행을 위한 군량미의 증량과 공무원·경찰·영세민 분배를 위한 양곡이 분배농지의 상환곡만으로는 충당될 수 없었고, 또 전시재정(戰時財政)이 양곡매입자금 방출을 어렵게 하는 상황에서 나온 이승만 정권의 양곡확보정책이었다. 이승만 정권은 분배농지 상환곡보다 그 대상이 넓은, 전농민을 대상으로 토지수익에 대한 조세(직세·소득세·호별세·교육세 등)를 물납제로 통합단일화하여 농가양곡 생산량의 5-25%에 해당하는 양곡을 농가로부터 시가의 40%(1951-1955)의 가격으로 현물징수하였다.[28] 이 제도에 의하면 농민들은 불가피하게 시장가격에 훨씬 밑도는 정부수매가를 기준으로 산정한 현물을 농지세로 내었기 때문에 현금으로 납부할 경우에 비해 훨씬 많은 피해를 보았다. 뿐만 아니라 그 농지세의 부담이 과중함으로써 농민들의 희생이 컸다.

'분배농지의 현물상환'정책은 이승만 정권이 농지개혁 당시 농지를 분배받았던 농가가 농지대금을 쌀로 정부에 지불하도록 하였던 정책을 말한다. 당시 농지의 보상액은 해당 농지의 주산물 평균작의 150%로서 매년 30%씩 5년 동안 갚도록 되어 있었다. 이때 귀속농지대금으로 납부된 농지의 쌀은 정부의 재정수입으로 포함되었고 일반농지의 대금으로 납부된 쌀은 정부가 관리하고 지주에게는 금액으로 환산하여 지불하였다. 이 환산에 적용된 쌀값은 시장가격보다 낮았기 때문에 원래 지주수입의 일부가 정부로 들어간 셈이 되었다. 이러한 분배농지의 현물상환은 정부의 식량확보와 재정조달의 주요한 원천이었으나 이것으로 인하여 농가경제는 파탄에 이르렀다. 급속한 인플레

28) 장종익, "1950년대 미 잉여농산물원조가 한국농업에 미친 영향에 관한 연구" (연세대학교 대학원 경제학과 석사학위논문, 1988), pp. 129-130.

이션하에서 분배농지의 현물상환은 농지를 분배받은 농가는 물론이고 지주에게도 너무나 불리한 조건이었다. 지가(地價)상환의 부담 때문에 농지를 분배받은 농가가 그것을 전매(轉賣)하는 현상이 나타나기까지 했다.

식량위기에 대한 또 하나의 중요한 대책은 '외국양곡의 도입'이었다. 외곡의 도입은 처음에는 미국의 구호원조로 시작되었으나 1950년대 이후에는 미국의 농업공황 해결을 위한 잉여농산물 수출정책과 결합되어 대량의 외곡이 과잉 도입되었다. 미국의 구호원조는 해방직후부터의 점령지역행정구호계획(GARIOA) 원조, 1949년부터의 경제협조회(ECA) 원조, 한국전쟁 중의 민간구호계획(CRIK) 원조 및 UN 한국부흥단(UNKRA) 원조 등으로 행해졌는데, 식료품·의류·농업용품 등 긴급구호적 성격을 지닌 것이 대부분을 차지하고 있었다. 그러나 1955년 이후 상호안전보장법(MSA) 402조와 미공법(PL) 480호에 의한 양곡도입은 급격히 그 양이 증가하여 국방비의 조달과 식량부족의 완화에는 결정적인 역할을 하였으나, 곡가의 하락으로 인해 농가경제에 치명적인 타격을 주었다. 또 1950년대의 공업화를 주도하였던 삼백공업(三白工業)의 발전에서 보듯이, 잉여농산물은 국내농업으로부터 공업원료의 공급원으로서의 역할을 박탈해 버렸다.[29]

이상에서 살펴본 이승만 정권의 주요 농업정책의 내용을 통해서 알 수 있는 것은 이 시기의 농업정책이 전후 어느 시기에 비해서도 가장 농업수탈적이었다는 사실이다.[30] 1950년대 이승만 정권의 농민에 대한 경제적 동원은, 최대한의 양곡확보와 가격억제, 재정수입의 증대, 값싼 원료농산물의 공급 등 자본의 요구에는 충실한 것이었지만, 농가

29) 박진도, "8·15 이후 한국농업정책의 전개과정", pp. 227-228.

30) 1950년대 농업정책의 수탈적 성격에 대한 또 하나의 논문으로 김종덕, "한국의 1950년대 정치경제와 농업부문 배제", 『사회연구』 제2집(경남대학교 사회학과, 1986. 12), pp. 61-95 참조.

경제에는 심각한 타격을 준 수탈적인 것이었다[31]는 것이다. 그 결과, 당시의 많은 농가는 자기 집에서 필요한 식량도 충족시키지 못하는 춘궁기(보릿고개)의 절량농가였다. 또 농가 1호당 평균수지(총수입-총지출)는 1958년까지 매년 적자였다. 이러한 경제적 빈궁하에서 농가부채의 누적은 피할 수 없었다. 당시는 농업관계의 금융기관도 정비되어 있지 않았기 때문에 농가부채의 대부분은 고리의 사채에 의존했다. 농지개혁과정에서 창출된 '가난한 자작농' 가운데 많은 농민이 농지를 팔고 몰락해 갔다.[32] 이에 따라 농촌사회의 경제적 곤궁과 그에 기인한 농민들의 불만은 계속 깊어져갔다. 5·16 직후 군사정부가 농어촌 고리채 정리를 실시한 것은 미봉적인 것이긴 하지만 바로 이와 같은 농촌사회의 갈등요인을 수렴하고자 한 것이었다고 하겠다.

2) 농민의 정치적 탈동원화

우리는 여기에서 "정치는 경제의 집약적 표현이며, 경제상태의 지속적인 악화는 필연적으로 정치적 집단행동을 불러일으킨다"는 식으로 정치현상을 경제적 요인에 기계적으로 결합시킴으로써 설명하려고 하는 경제적 환원주의(economic reductionism)가 현실이해에 일정한 한계가 있음을 확인할 수 있다. 당시 한국의 농촌사회는 봄이면 식량이 바닥날 정도로 생활이 궁핍한 상태에 있던 농가가 많았고, 정치·사회적 불만이 농민들 사이에 팽배해 있었다. 그러나 이러한 것들이 농민들을 정치적 집단행동으로 나아가게 하지는 않았다. 즉 경제적 요소 혹은 경제적 모순이 정치현상을 규정하는 유력한 변수일 수는 있지만 그렇다고 경제적 요인이 무조건·무매개적으로 정치현상을 규정하는 것은 아니라는 것이다. 양자 사이에는 다양한 복합매개적 요인들이 존

31) 박진도, 앞의 글, p. 229.
32) 위의 글, p. 230.

재하고, 이들은 중층적으로 서로를 규정한다.

예를 들면, 경제상태의 악화에도 불구하고 특정 행위주체의 낮은 정치의식, 리더십의 결여, 분열 등 때문에 그것이 정치적 집단행동으로 나아가지 못할 경우가 있고, 특정 행위주체의 정치적 행동이 그것을 저지하고자 하는 세력의 계획된 노력에 의해서 억제당하기도 한다. 우리가 정치현상을 이해하는 데 있어서 정치적 행위가 전적으로 행위자의 주관적 의지에 의해 결정된다고 하는 정치적 주의주의(political voluntarism)도 문제가 있지만, 정치적 행위가 전적으로 행위자의 의지와 무관한 경제적 구조에 의해 결정된다고 하는 경제적 결정론(economic determinism)도 문제가 있다고 본다. 농민들의 정치적 행동은 경제적 이해관계(interest)에 의해 이루어지는 것은 사실이지만, 그것만이 전부는 아니다. 농민들이 그 이해를 대자적으로 파악할 수 있는 인식, 혹은 이념(ideology)의 자각이 있을 때라야 정치적 행동이 가능하다. '경제구조'와 '행위자의 의지' 혹은 '이해'와 '이념' 등 서로 대립되는 개념들 사이의 변증법적 긴장 속에서 농민들의 정치행태를 살펴보아야 할 것이다.

이러한 시각에서 우리는 1950년대 한국의 농민들이 열악한 경제상태에도 불구하고 왜 이렇다 할 정치적 집단행동을 제기하지 않았는가 하는 사실을 이해할 수 있다. 그것은 우선 앞에서도 지적한 바와 같이 국가와 농민의 비대칭적 힘의 관계를 규정한 역사·구조적 요인 때문일 것이다. 분단국가 형성과정에서의 정치적 패배로부터 발생된 권력 니힐리즘, 반공이데올로기에 의한 정치의식 성장의 방해, 농지개혁 이후 창출된 소농의 보수성 등이 농민들의 정치적 집단행동을 어렵게 하였던 것 같다. 그러나 이것에 덧붙여 보다 적극적인 요인이 있었다. 그것은 1950년대 이승만 정권에 의한 '농민의 정치적 탈동원화' 작업이다. 농민의 정치적 탈동원화란 국가의 정책결정과정에 농민들이 접근할 수 있는 통로를 차단하고, 농민들의 조직화를 방지하여 농민을 정치의 영역으로부터 배제하는 것을 말하는 것으로서, 이것은 이승만 정권의 농민통제의 또 하나의 목표였다.

1950년대의 어느 시기에 있어서도 한국의 농민들은 자유롭게 그들의 이익을 조직화하고, 그 조직을 통해서 자신들의 이해를 집단적으로 실현할 수 있는 기회를 갖지 못하였다. 더욱이 그들은 농민적 이익을 대표할 수 있는 정치적 권력을 획득할 기회를 전혀 가질 수 없었다.

농민들이 조직할 수 있었던 농민단체라고 하는 것들은 모두 국가에 의해 조직되었거나, 국가의 지원 및 통제를 받는 비자주적 조직이었다. 1947년 8월 30일에 결성된 '대한독립농민총연맹'은 그 대표적 사례일 것이다. 이 단체는 좌익세력을 타도하기 위해 결성된 대한노동총연맹의 농민국이 분리되어 결성된 전국 조직으로서 그 출발목적이 전농을 파괴하는 데 있었다.[33] 이 단체가 농민권익적 성격의 운동을 전개한 것은 없었고, 농촌계몽운동에 이승만의 선거운동을 결부시켜 전개하기도 했다. 철저한 어용조직이었던 것이다. 그렇기 때문에 농지개혁이 실시되고 전농이 없어지면서 이 단체는 사실상의 주요 활동목표가 없어져버린 셈이 되어 그 존재의미가 유명무실하게 되었다. 때문에 1950년 이후 이 단체의 활동은 농민의 권익신장을 위한 사회운동이 아니고 농업협동조합 결성에 관심을 집중시킨다. 이어 이승만의 자유당이 등장하면서 그것의 산하조직적 성격을 지속하다가, 농협결성문제와 일제시 조선농회의 재산귀속문제를 놓고 채규형 세력과 농림부장관을 지낸 신중목 세력 사이에 싸움이 전개되었고, 1952년 12월 16일에는 대한농민총연맹 제5차 전국대의원대회를 부산에서 개최하여 이름도 '대한농민회'로 바꾸었다. 그 이후 1955년 서울에서 대의원대회를 개최하고는 언제 없어졌는지도 모르게 없어졌다.[34]

이승만 정권 시기에는 이외에도 농업협동조합과 농업은행이 우여

---

33) 이우재, "8·15직후 농민운동 연구", 『한국농업·농민문제연구 Ⅱ』(서울: 연구사, 1988), p. 251.

34) 위의 글, p. 265.

곡절 끝에 조직되었는데(1958년), 이것도 정부의 통제와 조정하에서 만들어진 것이었다. 자유당 정권이 농협을 이렇게라도 만든 것은 자유당의 선거전략으로서 농민들의 환심을 사기 위한 작업에 불과하였다. 더구나 농협은 탄생되자마자 집권당의 예속물로서 정치도구화되었고 경제단체로서의 본래의 업무에는 관심이 없었다.[35]

군사력과 준군사조직, 경찰과 같은 억압적 국가기구는 이승만 정권의 농민통제에 가장 기초가 되는 것이었다.[36] 한국전쟁 기간에 급속히 증강된 군사력은 전쟁 이후에는 전후방의 각 지역에 분산배치되어 체제위협세력 제거에 중요한 역할을 하였는데, 그 중에서도 방첩대와 헌병총사령부 등은 직접적으로 민간영역의 정치·사회적 갈등에 개입하여 비밀사찰과 취체를 함은 물론 이승만의 반대세력에 대한 초법적 탄압을 담당하기도 했다. 준군사조직으로는 1948년 우익청년단원을 중심으로 한 경찰보조기관으로서 '민보단'이 조직되어 있었고, 그 외에도 '대한청년단', 그리고 1950년 4월 말 대한청년단 조직을 근간으로 한 '청년방위대'가 조직되었다. 한국전쟁 중에는 '자위대', '국민방위군', '향토방위대', '의용소방대', '방공단', '북진통일연대'가 조직되었고, 전쟁 후에는 '민병대'가 만들어졌다. 이와같은 조직들은 경찰과 군대의 보조기관으로서 각 지역에 하부조직을 가지고 있으면서 이승만의 권력을 호위하는 세력으로서 반대세력들을 색출·제거하고 탄압·감시하는 효과적인 정치적 수단으로 기능하였다. 한편 경찰력은 전쟁 중에 그 규모가 급격히 팽창하였는데 전쟁이 끝나자 이승만 정권은 전 경찰력을 투입하여 각 기관의 대공사찰을 적극 강화하여 불순분자를 완전봉쇄하고, 민심동향을 정확히 파악하여 멸공의식을 앙양한다는 원칙에 따라 국민들에 대한 감시사찰을 강화하고 체제 도전세

---

35) 장상환, "농업협동조합의 역사와 현실", 『한국경제와 농민현실』(서울: 경세원, 1987), pp. 262-295.

36) 이태섭, "6·25와 이승만의 민중통제 체제의 실상", 『역사비평』(1989 여름), pp. 127-145.

력의 색출·검거 작업에 박차를 가했다. 경찰력은 이승만 정권에게 가장 효과적인 통제의 수단이었다. 왜냐하면 경찰은 전국적으로 잘 짜여진 조직망을 가지고 있었을 뿐 아니라 일사불란하게 중앙에서 지휘할 수 있었던 조직이었기 때문이다.

행정관료조직도 이승만 정권의 농촌사회 통제수단으로 유효하였다. 행정관료조직은 정부수립 후 지방자치로 운영되도록 제도적으로 규정되어 있었으나 실시되지 못하고 있다가, 전쟁 중인 1952년에 처음 지방자치 선거가 있었다. 그러나 이것은 올바른 지방자치제의 의미를 실현하려는 의도에서 실시된 것이 아니라 이승만이 국회 내에서의 약세를 지방의회를 통해서 발전시켜 보려는 정치적 책략에 의한 것이었다. 지방자치선거에서 점차 야당이 대거 진출하여 이승만의 의도가 뜻하지 않는 방향으로 흘러가자 이승만과 자유당 정권은 수차례의 법률 개정을 통해서 다시 지역사회를 권위주의적 중앙통제하에 두려고 했다.[37] 이승만 정권은 중앙권력의 의지를 효과적으로 침투시키기 위해서 리·동 밑에 지방통치의 최말단기구로서 '국민반'을 조직하여 운영하였다. 이것은 일제의 '애국반'과 같은 것으로서 중앙집권적 정치권력의 최말단 통제기구이자 감시기구였으며, 선거시에는 선거운동기구화되어 유권자 협박, 야당지지자 색출 및 협박 등에 이용되었다.[38] 그리고 다양한 경로를 통하여 반공이데올로기를 중심으로 한 사상통제체제를 강화하였다.[39]

이러한 것들이 농민들로 하여금 자기 이익실현에 대한 자각, 조직화, 정치적 세력화를 가로막았다. 이러한 구조에서 진행된 선거과정은 억압적 국가기구와 관료행정기구에 의한 위협과 "사적 이익과 충성심을 교환하는 후원-피후원자관계(patron-client relationship)의 형성을 통

---

37) 김경동·안청시, 『한국의 지방자치와 지역사회 발전』(서울: 서울대학교 출판부, 1985)의 지방자치역사 참조.

38) 이태섭, "6·25와 이승만의 민중통제체제의 실상", pp. 140-141.

39) 위의 글, pp, 142-144.

한 포섭"등이 중심이 되었고, 농민들 자신들도 학연·지연·혈연 등과 같은 1차적 사회연줄망(social network), 혹은 공동체집단(communal group)에 기초하여 정치적 지지를 선택하는 권위주의적 정치행태를 보였다. '준봉적'(遵奉的)[40] 이라고도 표현된 이러한 정치행태는 특히 이 시기의 농촌사회의 성격을 단적으로 말해주는 개념인 것 같다.

이와 같은 농민의 정치행태는 농민들이 아직도 전통적 정치문화 속에 있다는 것을 말해주는데, 여기에서 중요한 것은 앞에서 지적한 여러 가지 구조적 제약들이 그러한 전통적 정치문화를 농민사회에서 재생산시키고 있으며 농민들의 정치의식이 근대적인 것으로 성장하는 것을 방해하고 있다는 점이다. 물론 그러한 구조적 제약에 의해 재생산되는 정치문화는 다시 구조를 권위주의적으로 유지하는 조건이 되었다.

5. 맺음말

해방 이후부터 제1공화국 기간 동안 한국의 농촌사회는 급격한 구조적 변동을 경험하였고 그와 함께 농민을 둘러싼 정치·사회적 갈등의 양상도 큰 변화를 보였다.

해방직후에는 일제하에서 심화된 지주-소작관계의 모순과 그것을 유지하는 정치권력의 지배질서에서 한국의 농민들은 자주적 농민조직을 결성하여 반제반봉건을 과제로 정치·경제적 저항을 시도하였다. 이에 미군정과 이승만 정권은 일차적으로 물리적인 힘에 기초하여 농민의 집단행동을 저지하는 한편 농지개혁을 통하여 농촌사회의 분출하는 모순을 위로부터 개량화하였고, 외삽적 분단국가의 형성을 통하여 권력의 배타적 독점권을 확보하였다.

---

40) 윤천주, 『한국정치체계』(서울: 서울대학교 출판부, 1978) 참조.

그 결과는 농민들에게 권력허무주의 및 반공이데올로기의 내면화, 정치적 보수성 등을 심어주었다.

농지개혁 이후 농촌사회의 모순은 일단 지주-소작 간의 대립은 없어진 가운데 농촌사회의 갈등은 다른 양상을 보이게 되었다. 그것은 이승만 정권의 자본축적의 보장을 위한 농업배제정책이었다. 현물형태의 양곡수탈과 저곡가정책을 통한 농업배제, 잉여농산물의 과잉도입 등으로 농민들의 생활은 궁핍해갔다.

그러나 이러한 조건에서도 한국의 농민들은 어떠한 집단적 저항도 제기하지 않았다. 그것은 이승만 정권의 억압적 농민통제에 기초한 정치적 탈동원화 정책의 결과였다. 그럼으로써 이승만 정권은 농촌사회를 권력의 형식적 정통성을 확인하는 지지기반으로 활용하였다.

우리는 지금까지 제1공화국 시기의 농촌사회의 구조변화와 농민정치를 살펴보았다. 여기에 영향을 미치는 변수들은 서론에서 밝힌 것처럼 여러 가지 요소들이 복합적으로 작용하고 있다. 그러나 앞에서 질문의 초점으로 제기했던, 농민의 정치행태, 즉 농민의 집단행동(collective action)을 설명하는 변수는 크게 두 가지로 압축할 수 있을 것 같다. 하나는 농민의 이해관계(interest)이며 또 다른 하나는 이데올로기(idelogy)이다. 이때의 이데올로기는 물론 단순한 관념의 구성물만을 의미하는 것은 아니고 현실적 실체(reality)를 가진 것이다. 그리고 이 양자—이해와 이데올로기—는 객관적 구조와 행위자의 의지의 관계처럼 상호긴장 속에 통일되어 있는 변증법적인 관계에 있다.

결론

준경쟁적 권위주의 지배의 등장과 붕괴

한 배 호

1. 준경쟁적(準競爭的) 권위주의 지배의 등장배경

민주적 헌법과 민주정치제도를 갖추고 출발한 제1공화국은 한국전쟁을 겪고나서 권위주의 지배의 성격을 보다 뚜렷이 나타내게 되었다. 이(李) 정권의 권위주의적 성격은 과두지배엘리트의 전횡적인 정치태도에서 나타났고 민주정치제도의 근간을 이루는 선거과정의 조작에서 나타났으며 민주정치제도의 운영원칙인 삼권분립의 와해로서 나타났으며 야당과 반대세력에 대한 탄압과 언론·집회의 자유제한에서도 나타났다.

권위주의 체제란 소수의 정치엘리트가 배타적이고 중앙집권적인 정치조직을 장악하여 지배하는 정치체제를 말한다. 어떤 정치체제가 언론의 자유를 크게 제약하고 의회민주정치제도를 강제적으로 해체하거나 변형하면서 정치적 반대세력에 대해 탄압을 가하기 시작했다면 그 체제 또는 그 정권은 권위주의 지배의 추세를 밟고 있는 것으로 보아야 한다.

후안 린츠(Juan Linz)는 권위주의 정권의 구조적 요소로서 (1)제한된 정치적 자원주의, (2)정교한 이념 부재, (3)제한된 정치동원능력, (4)단일 또는 소수 지도층이 명시적으로 한정되지 않은 권력을 행사하고 있는 경우 등을 제시한 바 있다. 이러한 권위주의 정권은 근대화 과정을 겪고 있거나 상당한 수준의 근대화를 이룩한 사회에서만 나타나며 특히 도시화 수준이 경제발전 수준보다 앞서거나 교육수준이 경제사회발전 수준보다 높은 사회에서 발생할 가능성이 높으며 반민주·반자유주의·반마르크스주의적 사고방식이나 정치적 태도를 지닌 정치엘리트에 의해 주조(鑄造)될 공산이 높은 정치질서로 보고 있다.

린츠가 근대화 과정과 권위주의 지배 사이에 일정 관계가 있다고 보는 것처럼 필립 슈미터(Philippe C. Schmitter)도 후발개발국가의 사회경제·구조적 조건 및 문화행태적 속성과 권위주의 지배 사이에 선택적 친화성(elective affinity)이 있는 것으로 보고 있다.[1] 제3세계의 대부분 국가가 '후-후발국가'의 범주에 속하고 있으며 19세기 서구에 있어서 자유민주주의의 등장을 가능케 했던 정치·경제적 여건을 제3세계 국가는 갖추지 못하고 있다. 따라서 20세기에 들어와 산업화를 추진하려는 국가는 단순히 서구 국가가 겪은 민주적 발전단계보다 뒤져 있는 상태가 아니라 그들과 다른 발전경로(path)를 밟아가고 있는 경우로 보아야 한다.

이처럼 제3세계 국가가 다른 발전경로를 따라 산업화 과정을 추진할 경우 그 과정에서 형성되는 구조적·문화적 조건도 서구 국가의 그것과 다를 수밖에 없을 것이다. 뿐만 아니라 후-후발국가가 산업화를 추진하는 과정에서 조성된 구조적·문화적 조건은 다양한 형태의

1) Philippe C. Schmitter, "The Portugalization of Brazil," Alfred Stepan, ed., *Authoritarian Brazil* (New Haven: Yale University, 1977), p. 184.

권위주의 지배의 대두를 보다 용이하게 만드는 조건으로 작용할 수 있는 것이다.

제1공화국의 경우 역시 권위주의 지배의 대두를 조장한 맥락적 요인(contextual factors)은 너무나 많았다. 특히 우리의 경우 일제의 식민통치시대에 시작된 군수산업 위주의 공업화 과정과 일제의 농업수탈과정에서 나타난 경제사회적 변질의 결과로 전식민지에서 공통으로 나타난 기형적인 근대화 현상을 겪은 바 있으며 그 근대화 과정의 추진세력이었던 식민지배자가 서구 국가가 아닌 아시아의 후발개발국가인 일본이었다는 특수성을 지니고 있다.

일본은 식민통치기간을 통해서 전반기에는 소수의 일본인 거대지주를 중심으로 한 토지집적을 통해 농민층을 분해시켰고 농산물 수탈을 자행하였으며, 후반기에는 군수공업화 정책을 추진하는 과정에서 일본 독점자본의 한반도 진출을 지원하면서 동시에 그 기간 동안에 강제동원정책을 통해 조선인 노동자를 가장 혹독하게 수탈하기도 했다. 따라서 일본 식민통치기간에 진행된 산업화 과정은 조선총독부의 두터운 비호를 받으면서 값싼 노동력을 이용하여 고수익을 올린 일본 독점자본을 위한 것이었지 한국인이 참여한 산업화 과정은 아니었다. 그나마 산업시설의 대부분이 북한지역에 집중되었기 때문에 해방 후 남한의 산업화 과정에 도움이 되지 못했다.

사회경제적 요인만큼 중요한 것은 일제 식민통치의 정치적 유산이다. 초기에는 헌병대를 이용하다 경찰조직에 전적으로 의존했던 일제 식민통치기구는 철저한 중앙집권제 아래 잘 훈련된 전제주의 지향적인 관료의 뒷받침을 받아 고도의 통제력을 발휘했던 정치조직체였다. 그 조직력의 상당부분이 식민지배에 저항하는 조선인의 감시와 친일세력 형성을 위한 정치공작에 동원되었으며 조선인의 정치활동을 탄압하는 일에 주력하였다. 그처럼 고도로 발달된 억압정치를 수단으로 한 식민지배 아래에서 조선인은 지배층에 대한 철저한 복종만을 강요당했다. 즉 일본 식민지배가 조선인에게 강요하고 터득케 한 것은 철저한 권위주의적 정치문화였다.

이러한 일제 식민지배의 유산은 해방 후의 남한경제 상황은 물론 제1공화국 수립 이후까지도 광범한 영향과 심각한 충격을 던져주었다. 그러나 해방 후와 제1공화국 수립 후의 한국정치의 성격형성에 보다 직접적인 영향을 준 역사적 맥락은 남북분단이라는 특수한 상황이었다. 만일 한국정치가 왜 그 나름의 독특한 성격과 특징을 갖게 되었느냐고 묻는다면 그 대답의 상당부분을 남북분단이라는 특수성에서 찾을 수 있을 것이다. 일제 식민지배가 남겨놓은 유산만큼 중요하게 남북분단도 한국정치를 제3세계의 다른 국가들과 비교해 볼 때 특이한 성격으로 굳혀놓은 맥락적 요인으로 작용한 것으로 생각된다.

제1공화국 수립을 전후해서 한국 정치체제의 성격형성에 큰 영향을 주었다고 할 한국 특유의 발전경로는 19세기 서구 국가가 산업화 과정을 겪으면서 의회민주주의를 확립하는 데 유리하게 작용했던 여건을 전혀 구비하지 못한 상황이라 해도 과언이 아니다. 오히려 의회민주정치가 아니라 권위주의 정치질서를 형성하고 유지하는 데 보다 유리한 상황이었다고 볼 수 있다. 그러한 여건을 몇 가지 지적하면 다음과 같다.

첫째, 국가의 압도적이고 우세한 역할이다. 대한민국 수립 초의 국가기구와 능력은 매우 허약한 것이었다. 정부의 행정능력도 제한된 것이었다. 그러나 한국전쟁을 치르고 나서 휴전 이후 국가기구와 행정권은 급격한 팽창을 했으며 전쟁으로 폐허가 되다시피한 남한사회를 통제할 수 있는 유일한 전국적 조직은 국가기구뿐이었다. 특히 휴전 후부터 실시된 미국의 군사 경제원조를 관할하는 기구로서 국가는 사회 내의 어느 조직보다 막강한 힘을 행사할 수 있었다. 중앙과 지방을 묶어주는 행정조직망과 공권력을 독점한 국가기구는 다른 어느 조직으로부터도 견제와 제약을 받지 않았다. 국가지배엘리트의 결정양식도 자의적이 될 수밖에 없었다. 즉 권위주의적 지배의 여건이 충분히 마련되어 있었다.

둘째, 극히 제한된 정치동원화 수준을 들 수 있다. 이것은 제1공화국 기간의 한국사회가 '시민사회'(civil society)적 여건을 갖추지 못했음을 의미한다. 1950년대의 한국사회는 급속한 도시화 과정을 겪었으나 그것이 산업화와 결부되어 발생한 과정은 아니었으며 따라서 실업자의 도시집중 현상을 초래하였다. 한편 농촌경제는 전쟁 중과 휴전후까지 낮은 생산성과 정체성에서 벗어나지 못했다. 경제체제는 전적으로 원조에 의존하고 있었고 크게 부족했던 식량공급은 미국 잉여농산물의 도입으로 충당되고 있었다. 이러한 전후 한국사회에 있어서는 활발한 정치다이내믹스를 형성할 이해관계나 가치적 균열을 바탕으로 한 정치세력 조직화가 부진할 수밖에 없었다. 또한 이러한 상황 아래에서는 능동적이고 자발적인 운동이나 정치결사체의 형성 유지도 어려웠으며 정당의 사회적 기반도 좁고 허약할 수밖에 없었다.

셋째, 권위주의적 정치문화를 들 수 있다. 앞서 언급한 대로 일제식민통치는 철저한 전제체제를 기반으로 했을 뿐 아니라 한국인에게 통치자에 대한 무조건 복종과 순응을 강요했다. 일본천황에 대한 절대적인 경외와 복종이 곧 충성스러운 신민(臣民)이 되는 소양이며 관(官)의 명령은 지상명령이었다. 또한 일본 특유의 국가지상주의 이데올로기가 한국인의 정치의식 형성에 적지 않은 영향을 미치기도 했다.

이러한 권위주의 정치문화가 엘리트층 내부만 아니라 일반 대중의 정치정향을 형성하는 데 있어서도 지대한 영향을 주었다. 정치엘리트층의 권위주의 정치문화가 이들의 권력독점과 반대자에 대한 배타성과 비관용성으로 나타나고 정치권력의 행사에 있어서 독단성와 자의성으로 구현되는 한편 일반대중의 권위주의 정치문화는 집권층에 대한 맹신과 묵종, 투표행위에 있어서 외부 압력에의 굴복과 준봉적 투표성향으로 나타났으며 관권개입을 당연시하는 이른바 '신민형'의 정치성향으로 나타났다. 권위주의 정치문화가 권위주의 지배의 원인은 아니라 해도 적어도 권위주의 지배를 지탱하는 중요한 요인이 될 수 있음은 부인할 수 없다.

넷째, 수동적이거나 단순히 반작용적 성격의 이익단체의 역할이다. 산업화가 미미한 단계에 있었던 제1공화국 시기에 있어서 서로 상극적이거나 상충되는 이익을 추구하는 이익집단의 발달수준도 낮은 것일 수밖에 없다. 다수의 구성원을 대표하는 이익단체가 소수 있었으나 그것들은 국가기구의 통제 아래 있었거나 국가의 지시에 순응하는 수동적인 이익단체였다.

제1공화국 시기의 한국정치가 지녔던 이러한 여건은 권위주의 지배를 용이하게 강요하기에 충분한 조건들이었고 동시에 권위주의 정치체제를 확고한 기반 아래 구축하기 위한 제도화를 가능케 하는 기반이기도 했다.

제1공화국의 국가기구와 정치권력을 장악했던 지배엘리트는 사실상 이러한 사회경제적 및 정치·문화적 조건을 이용하여 장기집권을 기도했으며 기본적으로 권위주의 정체(政體)를 선거라는 민주정치의 최소한도의 형식적 요건에 적응시키려는 시도에 의해서 정당성을 창출하려 하였다. 그 과정에서 자유당과 민주당을 중심으로 하는 준경쟁적 권위주의 지배가 형태를 갖추게 된 것이다.

2. 권위주의 지배의 정치 다이내믹스

남북분단과 한국전쟁이라는 두 가지 격변을 치른 끝에 자리잡은 한국정치는 보수우익 일변도의 정치엘리트의 독무대로 변화했다. 해방직후 남한에서 전개되었던 좌·우 이념적 대립과 극한 투쟁은 단독정부수립 단계에서 우파의 우세 속에서 일단락을 지었고 한국전쟁을 겪으면서 잔존 좌익세력은 철저하게 제거되었다. 그 결과 비혁명적이고 보수성향을 지닌 일군(一群)의 정치엘리트가 여·야로 분리되어 정치적 경합을 하게 되었다.

이러한 한국의 특수한 역사적 조건 속에서 자유당과 민주당이라는 과두적 정당의 지도층을 형성한 정치엘리트는 기본적으로 이념적 동질성을 갖고 있었으며 근대적이기보다는 전통지향적인 정치성향을 갖고 있었다. 일단 기득권을 차지한 전통지향적 엘리트는 자기들의 위치를 위협하지 않는 범위 내에서 근대적인 신진세력을 포용하기는 했으나 자기들의 위치를 상실하지는 않았다. 특정계급이나 근대적 계층의 이익을 대표하는 새로운 세력이 등장하여 기존엘리트를 완전히 대치하는 혁명적 변화도 일어나지 않았다. 서구사회에서 나타난 근대화 추진세력이나 부르주아지 또는 산업노동계급과 같은 상이한 이익과 계급의식을 바탕으로 한 단일(單一) 엘리트에 의한 기존 엘리트의 교체와 같은 정치변화는 나타나지 않았다.

따라서 여·야 간의 정치적 경합도 보수적 성향의 과두적 지도층이 형성한 사적(私的) 추종세력을 위주로 할 수밖에 없었다. 여당은 정치자금과 정치조직을 독점하여 원천적으로 유리한 위치에서 정치권력의 유지와 연장을 시도하였고 야당 또한 정부와 여당의 부정부패를 폭로함으로써 도시층에서 증가일로에 있었던 정부불신감과 불만을 선거과정에서 이용하고자 했다. 이것은 어느 면으로 보나 여·야 간의 정치경합이 준경쟁적 성격의 테두리를 벗어날 수 없었음을 의미한다. 그것은 기본적으로 정치적 동질성을 공유한 전통지향적이고 권위주의적인 성향을 지닌 여·야 정치엘리트가 편협하고 제한된 규모의 사적 추종세력을 토대로 여당에게 압도적으로 유리한 상황 속에서 전개한 매우 제한적인 정치적 경쟁이었다.

제1공화국의 정치체제가 준경쟁적 권위주의 지배로 뚜렷이 성격을 전환한 것은 한국전쟁 중인 1952년 이후이며 이것은 또한 자유당의 창당과 거의 때를 같이 하였다(자유당은 1951년 12월 창설되었음). 이것은 자유당이 권위주의 지배를 유지하기 위한 정치적 수단으로 필요해졌음을 의미하며, 보다 구체적으로 다가오는 대통령선거에 대비하기 위한 조치이기도 했다.

위로부터의 지시에 의해서 급조된 자유당은 그 이후 비교적 정기적으로 실시된 여러 차례의 대통령 및 국회의원 선거에서 정부의 행정조직, 독점한 정치자금, 인사 및 이권분배를 통한 득표 등 온갖 수단방법을 동원하여 이승만과 자유당 후보를 당선케 함으로써 이 정권유지에 기여했다.

자유당에 못지 않게 준경쟁적 권위주의 지배유지에 기여한 세력은 관료집단이었다. 휴전 이후 빈번히 치러진 대통령 및 국회의원 선거 때마다 관료집단은 선거조작에 깊이 개입하여 야당후보를 곤경에 몰아넣었고 무지한 유권층을 조작·위협하면서 선거의 방향을 결정하는 데 적극적인 역할을 담당했다. 특히 1956년 이후부터 자유당 과두지배세력의 정치적 역할이 증대하면서 고위관료층과 자유당 과두지배층의 결탁이 강화되었고 권위주의 지배강화를 위한 관료집단의 움직임도 보다 현저하게 나타났다.

준경쟁적 권위주의 지배를 지탱했던 또 하나의 세력은 정치권력과 연계를 지닌 자본가 집단이었다. 이들은 귀속재산의 불하과정이나 원조자금에 의한 대미의존적 경제구조 속에서 혜택을 받으려면 관료와 결탁해야 했고 경제력을 증대시키려면 정치와 연계되어야만 했다. 이처럼 정치와 유착한 자본가는 이 정권의 수혜자로서 정권유지에 적극적이었으므로 정치자금 제공의 주원천이기도 했다.

관료, 자유당 과두지배세력, 정치적 자본가의 연합세력에 의해 형성·지탱되었던 준경쟁적 권위주의 지배양식 아래에서 군부는 형식적이나마 문민통치의 원리를 받아들여 정치적 중립주의를 표방하고 있었다. 군부는 관료·당·재벌의 정치연합세력에 종속하지는 않았으나 그들로부터 완전히 독립된 위치에 있었던 것도 아니었다. 사실상 군부 고위층은 이승만의 정치적 조작대상이 되었고 그의 특출한 정치적 기량에 의해 통제를 받고 있었다. 이승만은 전형적인 분리와 지배전술을 이용하여 군 고위층의 파벌경쟁을 조장하면서 군부를 친정부적 조직으로 유지하는 데 주력했다. 그 결과 적어도 군부가 정치적으로 독자적인 세력으로 변질되어 정권을 위협하는 조직이 되는 것을 방지할 수 있었다.

여권(與圈)을 구성했던 당·관료·재벌의 정치연합세력에 맞서 정권교체를 위한 투쟁을 주도했던 민주당은 조직구조적으로 파벌연합체의 성격을 벗어나지 못했으며 민주당이 제시한 이념적 입장도 자유당과 크게 다를 바 없었다. 그것이 구사할 수 있는 물적·조직적 자원도 자유당에 비해 매우 취약한 것이었다. 유권층의 절대다수가 농촌에 집중되어 있는 상황에서 치르는 관통제형 선거에서 민주당이 승리할 가능성은 사실상 봉쇄되어 있었다. 자유당과의 정치적 경쟁 자체가 원천적으로 불공정하고 일방적인 것이었다.

권위주의 정권의 정치다이내믹스를 설명할 때 어떤 권위주의 정권이 지닌 정당의 성격, 특히 정치권력을 확장할 수 있는 정당의 능력이 그 정권의 정치다이내믹스의 성격을 좌우하는 중요 요소가 된다. 공산체제·나치체제·파쇼체제와 같이 고도로 안정되고 제도화된 권위주의 정권과 프랑코의 스페인, 남미의 군부권위주의와 같이 불안정한 권위주의 정권의 정치 다이내믹스에 차이가 있다면 그것은 정당의 역할과 능력의 차이와 밀접한 관계가 있는 것이다.

헌팅턴(Samuel P. Huntington)은 현대 권위주의 정권의 기본 특질이 일당체제에 있다고 보며 강력하거나 약한 권위주의적 정당을 구별해 주는 변수로서 정당의 (1) 체제의 정당성 확보, (2) 정치지도층의 충원, (3) 이익취합과 정책결정을 위한 역할 등을 들고 있다.[2] 이것은 달리 말하면 정치적 동원과 통제의 수단으로서 정당이나 그 외의 보조 정치조직을 얼마나 유용하게 활용할 수 있느냐에 따라 권위주의 정권의 정치다이내믹스가 다를 수 있음을 의미하는 것이다. 권위주의 정권이 지닌 통치구조와 동원구조, 그것을 뒷받침하는 평행·보조구조로서의 정당, 정치경찰, 군부, 선전조직, 청년조직, 기타의 친정권조직

2) Samuel P. Huntington, "Social and Institutional Dynamics of One-Party Systems," Samuel P. Huntington and C. H. Moore, ed., *Authoritarian Politics in Modern Society* (New York: Basic Books, 1970), p. 6.

의 성격은 경제세력과 사회세력 간의 상호작용뿐만 아니라 정당의 정치권력 확장능력에 따라 달라질 수 있는 것이다.

이러한 관점에서 볼 때 제1공화국 시기의 권위주의 지배의 정치 다이내믹스는 주로 관료조직과 경찰이라는 평행구조에 의존한 여당이 권력추구와 유지에 집착하였을 뿐, 정치경제적 동원에 있어서 아무런 역할도 할 수 없는 매우 제한되고 불안정한 성격을 지닌 것이었다고 할 수 있다. 자유당의 준경쟁적 권위주의는 행정조직과 제한된 정치권력에 의존한 지배형태였다. 그것은 취약했던 야당을 견제 또는 통제하기 위한 제한된 정치권력에 의존했을 뿐 여당 이외의 다른 정치세력이나 사회세력에 대해 철저한 배타적 통제를 행사하지 못했다. 사회분화가 미분화상태에 있었고 경제세력도 극히 제한되어 있었던 제1공화국 시기인 만큼 행정조직에 의한 통제가 보다 효율적이었다.

이것은 자유당이 주도한 준경쟁적 권위주의 지배가 매우 낮은 제도화 수준의 것이었을 뿐 아니라 불안정한 권위주의 지배였음을 시사해 준다. 분명히 이 정권의 지배엘리트는 과두지배적인 권력구조를 배타적이고 독점적으로 유지하고 통제하였지만 사회세력을 동원할 능력과 기량을 갖추지는 못했다. 즉 이 정권의 정치엘리트는 권위주의 지배의 안정된 지속을 위해 정치적 동원과 경제적 동원을 추진해가는데 필요한 뛰어난 전문가로 구성되어 있지 않았다. 그들의 유일한 정치적 자산은 최고영도자였던 이승만, 마치 세습적 왕제하에서의 군주처럼 누구도 도전 못할 지도자로 군림한 이승만에 대한 충성심뿐이었고 그 권위의 그늘 아래서 권력행사의 과실과 이득을 얼마만큼 계속 누릴 수 있느냐가 최대 관심사였다.

그러한 과두적 집단에 의한 권위주의적 지배가 제1공화국 정치의 핵심을 이루었다. 그들은 정치적 동원을 강화하기보다 억제하려 했고 주로 가족, 씨족, 촌락, 그리고 혈연적 관계에 바탕을 둔 세습적 기반(patrimonial basis)과 은고(恩顧)관계(patron-client)에 바탕을 둔 정치 지지층에 전적으로 의존하였다.

이와 같이 세습적 관계나 은고관계라는 전통적 유대를 강조하고 반공주의라는 정치적 보수주의와 감정을 고취시키면서 이승만이 해방 이후 또는 한국전쟁을 겪으면서 조성했던 사적 추종세력에 힘입어 기본적으로 전통적 가치를 유지하는 데 주력한 자유당의 과두지배세력은 1950년대 전반, 즉 휴전 직후까지만 해도 심각한 도전과 저항 없이 권위주의 지배를 유지할 수 있었다. 전쟁의 후유증이 만연되어 있었고 첨예한 냉전체제 속에서 세계정치가 고도로 긴장상태에 놓여 있는 상황에서 전통적 규범과 반공감정을 토대로 한 이 정권의 권위주의 지배는 그런대로 상당한 수준의 정당성(legitimacy)을 향유했다. 더구나 사회·경제적 변혁을 추구했던 좌익세력이 무산되고 보수세력 일변도로 탈바꿈한 전후의 정치상황 속에서는 자유당의 전통주의적 지향이 그런대로 지지기반을 형성할 환경이 구비되어 있었다.

그러나 전통적 규범의 유지를 통한 정당성 확보에 의존했던 자유당의 권위주의 지배는 1950년대 후반에 들어서면서 보다 심각하고 큰 규모의 도전세력에 직면하기 시작했다. 주로 도시층을 중심으로 사회 경제 발전과 변화를 요구하는 집단 및 세력이 증가하기 시작하면서 한국 정치세력은 보다 전통적이고 보수적인 성향과 규범을 추구한 여당과, 사회·경제 발전뿐만 아니라 이승만의 집권을 종식시키고 대의 민주정치로의 전환을 주장한 야당세력으로의 양극화(兩極化) 과정을 겪게 된 것이다.

야당인 민주당이 하나의 대안적 세력으로 등장하여 자유당의 권위주의 지배에 위협을 가한 도전세력이 된 데에는 여러 가지 요인이 작용했다.

첫째, 이승만과 자유당의 헤게모니적 지배(hegemonic dominance)의 상실이다. 제1공화국의 헤게모니는 자본주의 그리고 의회제도에 기초한 것이었으나 이 정권이 비민주적이고 탄압적 수단에 의존하여 정권연장을 꾀할수록 헤게모니는 상실되어 갔다.

둘째, 사회구조의 변화로서 도시로의 인구유동, 교육의 확대, 매스

컴의 성장 등이 그 구체적 결과였으며 사회구조의 변화는 정치의식에 도 변화를 촉진하면서 이승만 정권에 비판적이고 권위주의 지배에 도전하려는 현대화된 인구층의 증가를 가져왔다. 이들은 다같은 보수정당이기는 했으나 그래도 반독재투쟁을 표방한 민주당을 대안세력으로 택했고 민주당의 활동을 후원하였다.

셋째, 민주당 자신이 이러한 환경적 변화에 잘 대처했다. 민주당은 내부의 결속을 유지하는 데 주력하면서 도시층을 대상으로 하부조직을 확대해 나갔다.

넷째로, 미국은 대안세력으로서의 민주당을 음양으로 지원하였고 중요한 정치적 국면에서 이 정권에 대한 비판과 한국정치에 대한 직·간접적 개입을 통해서 야당을 고무하고 권위주의 지배의 종식 후에 올 민주화를 위한 주역으로서의 민주당의 역할을 염두에 둔 대한 정책을 전개했다.

이처럼 권위주의 지배세력에 대한 도전이 확대되어 갈수록 자유당 과두지배층은 보다 강경하고 노골적인 탄압으로 대응했다. 그러나 집권세력이 보다 강경한 권위주의적 지배양식을 국민과 야당에게 강요할수록 이 정권의 정당성, 즉 헤게모니적 지배는 약화되는 결과를 가져왔다. 그것은 구체적으로 1956년의 정·부통령선거와 1958년의 4대 국회의원선거에서 보다 명확하게 드러났다. 특히 국회의원선거에서 자유당이 42.1%의 득표율을 얻은 데 비해 민주당은 34.2%의 득표율을 얻음으로써 여당에게 큰 충격을 주었다. 1958년 12월의 국가보안법 개정안의 날치기 통과는 바로 자유당이 느낀 위기의식의 심각성을 그대로 반영한 것이라 하겠다.

권위주의 정권의 과두지배세력은 자신들의 규범과 목표를 강요하면서 지배의 영속을 시도하는 데 있어서 단기적 수단과 장기적 수단을 사용할 수 있었다. 단기적 수단은 강권에 의존하는 경우이고 장기적 수단은 정당구조를 강화하고 그 외곽조직을 확대하면서 장기적인 안목에서 국민을 교화시키고 지지를 확보하는 수단이다. 이 정권의 여당인 자유당은 그러한 장기적 수단으로의 구실을 하지 못했으며 오직 단기적 수단에 의존하여 선거조작과 강권행사에 의한 반대세력의 탄압·제약을 통해 권위주의 지배를 유지했을 뿐이다.

3. 붕괴를 재촉한 부정선거

제1공화국 시기의 전반기부터 그 윤곽이 뚜렷하게 나타나기 시작했던 이승만 정권하의 준경쟁적 권위주의 지배는 의회민주정치의 후퇴를 의미했으며 한국 정치체제에서 나타나기 시작한 변화에 대한 반동적 추세의 반영이기도 했다. 그것은 의회민주정치체제로의 진전이 아니라 오히려 전통주의적이고 보수적인 규범과 정책을 추구한 역행이었으며 그러한 규범과 정책을 강권에 의존하여 강요하려는 지배양식이었다.

이 정권의 권위주의화를 초래한 직접적인 요인은 제헌국회로부터 제2대 국회에 이르기까지 국회의원의 다수를 형성한 반이승만세력의 도전이었다. 이 도전에 대해 이승만은 전형적인 권위주의적 수단으로 맞섰다. 이승만은 폭력과 강권을 동원하여 반대세력을 제압하고 헌법을 강제로 개정하여 장기집권의 길을 터놓았고 여당인 자유당을 급조하여 직선제로 바꾼 대통령선거에 이용하였다.

이렇게 형태를 갖추기 시작한 이 정권하의 준경쟁적 권위주의 지배는 또한 그것을 뒷받침하는 구조적·문화적 조건을 갖추고 있었다고 할 수 있다. 일제 식민통치하에서 이미 고도의 중앙집권적인 조직으로 토대를 형성했던 국가기구가 한국전쟁을 치르면서 팽창하고 지배적인 역할을 담당하고 있었다. 한국사회는 아직도 농업사회의 성격에서 벗어나지 못하고 있었고 사회분화 수준도 낮았다. 공동체적 성격의 집단이 절대다수를 이루었고 이들은 전통지향적 성격이 보다 농후한 집단들이었다. 따라서 정치적 동원화의 수준은 매우 낮은 편이었다.

공산주의로부터의 위협도 하나의 요인이었다. 비록 해방직후의 혼란기와 같은 상황은 아니었지만 북한 공산체제의 존재는 여전히 위협적인 세력으로 인식되고 있었고 그것에 동조하거나 그 추종자로 낙인이 찍힐 때 치러야 할 대가는 컸다. 이에 더하여 국민 사이에 팽배하고 있었던 전통적 정치의식의 연장으로서의 권위주의 정치문화도 이 정권의 권위주의 지배를 조장한 요건이었다.

이러한 구조적·문화적 조건은 한국이 겪어온 일제 식민지배와 파행적 근대화 과정이라는 산업발전 경로의 특수성과 해방 후의 남북 분단, 그리고 한국전쟁이라는 역사적 특수성이 조성한 조건들이었다. 이 정권의 권위주의 지배는 이러한 조건에 의해 뒷받침을 받았지만 또한 이승만이라는 권위주의형 지도자의 대중적 호소력과 지지에도 힘입었다. 해방직후부터 전쟁기간을 통해서 이승만이 창출한 지지세력은 광범한 것이었으며 이승만을 추종한 과두지배세력은 그것을 권위주의 지배를 위한 전통지향적 정당성의 기반으로 활용할 수 있었다.

그러나 이와 같이 개인지도자의 역할이 두드러지고 그 지도자에 의해 정권의 정당성 기반이 좌우될 수 있다는 것은 부정적 측면도 지닌다. 즉 지도자 개인에 대한 지나친 강조 때문에 정권이나 정치체제 유지에 필요한 장기적 수단들이 발달하거나 갖추어질 수 없다는 점이다. 이승만 정권이 자유당이라는 조직을 만들었지만 그것은 단기적인 생존을 보장해 줄 수 있어도 정권의 영속을 가능케 할 장기적 구조가 될 수 없었다.

그런 의미에서 이승만 정권이 만들어놓은 자유당 중심의 과두적 권위주의 지배는 사라지기 위해 존재했다고 볼 수 있다. 그것이 성공하려면 그 지배는 세습제에 바탕을 둔 전통적 보수체제가 되거나 일당독재에 바탕을 둔 철저하고 제도화된 권위주의 체제로 변질하는 길 뿐이었다. 그러나 그 어느 것도 실현가능성은 없는 것이었다. 선거제도라는 최소한의 민주정치 조건을 충족시키면서 권위주의 지배의 정당성을 확보해야 했던 자유당의 과두지배층은 선거제도마저 부정하는 두 개의 극단적인 정치체제의 어느 것도 현실적인 대안으로 고려할 수 없는 처지에 놓여 있었다.

비록 사라지기 위해 존재한 권위주의 지배였지만 제1공화국의 준경쟁적 권위주의 지배는 후반기에 와서 보다 탄압적이고 전횡적인 성격으로 변모해 갔다. 이 정권의 정당성이 급격하게 감소·저하되고, 이승만의 개인적 어필(appeal)이 줄어들기 시작하고, 이 정권을 지탱한 전통지향세력의 영향력이 감소되어 갈수록 권위주의 지배의 미래는 보다 불확실해졌다.

1956년의 정·부통령선거에서 여당의 부통령후보였던 이기붕이 낙선되고 야당후보가 당선되었다는 사실은 자유당의 정치권력 확장 능력이 한계점에 도달해 있었음을 드러낸 것이다. 그러나 보다 더 심각한 사태는 4대 국회의원선거에서 나타났다. 즉 야당후보들의 득표율이 현저한 상승세를 보이면서 야당 지지세력의 증가가능성이 두드러지게 나타났다. 다가올 1960년 정·부통령선거에서 야당후보가 또 다시 부통령에 당선되었을 때 그후에 생길 수 있는 급박사태(exigency)는 자유당의 과두지배세력으로는 감내하기 어려운 정치적 악몽이었다.

선거에 의한 정당성 확보라는 정치적 제약을 완전히 해소할 수도 없었고 경제적 후진성이 조성한 도시층의 불만세력과 사회변화가 가져온 근대화된 계층의 요구를 충족시킬 능력을 갖추지도 못했으며 더구나 정치권력을 확장할 능력이 근본적으로 제한되어 있었던 자유당의 과두지배세력이 당면한 딜레마는 선거를 안 할 수도 없고, 또 선거를 실시해도 그 결과를 보장받을 수 없다는 데 있었다. 그러한 딜레마를 자유당 과두지배세력은 노골적이고 대규모적인 관제 부정선거를 통해 해결하려는 무모한 수단을 택함으로써 준경쟁적인 권위주의 지배의 종식을 가져오는 사태를 자초하였다.

필자소개(논문게재순)

韓培浩
미국 메리빌대학교 졸업. 노스웨스턴대 대학원 졸업(정치학 석사). 프린스턴대 대학원 졸업(정치학 박사). 펜실베니아대학 초빙교수, 위드로우윌슨연구소 초빙연구원, 한국정치학회 회장, 한국사회과학연구협의회 회장, 고려대학교 정책과학대학원장, 고려대학교 대학원장, 세종연구소 소장 역임. 현 경남대학교 북한대학원 객원교수. 주요 저서로는 *Korean Politics in Transition*(공저), *Political Leadership in Korea*(공저), 『이론정치학』, 『비교정치론』, 『정치학방법론』, 『한국의 정치』, 『한국정치변동론』 외 다수.

吳在玩
고려대학교 정치외교학과 및 대학원 졸업(정치학 박사). 고려대학교 EU연구센터 연구교수 역임. 주요 논문으로는 "미국의 대한정책: 1945~ 1948", "해방후 3년사의 재조명", "미국의 대한정책과 미군정의 국내정치적 역할" 외 다수.

具宗書
고려대학교 정치외교학과 및 대학원 졸업(정치학 박사). 중앙일보 논설위원, 삼성경제연구소 이사 역임. 현 문명사연구소 소장. 주요 저서로는 『이성과 함성』, 『민족과 세계』 외 다수.

金容郁
중앙대학교 정치외교학과 졸업. 고려대학교 대학원 졸업(정치학 박사). 미국 버클리대 동아시아연구소 초청연구 교수. 한국정치학회 부회장, 한국정치외교사학회 부회장. 원광대학교 사회과학대학장, 행정대학원장 역임. 현 원광대학교 정치외교학과 교수. 주요 저서로는 『근대한국정치론』, 『민족주의·민주주의』, 『국제환경과 한국정치』, 『조선시대 정치체계』, 『현대 한국정치사』(공저), 『한민족의 평화통일론』 등 다수.

田溶憲
고려대학교 정치외교학과 및 대학원 졸업(정치학 박사). 현 계명대학교 교수. 주요 논저로는 "북한의 정치엘리트 충원에 관한 연구", "북한의 정치사회화에 관한 연구", "북한 공산체제 변화와 통일이데올로기", 『마르크주의와 민족주의』(역서) 외 다수.

李秉錫
고려대학교 및 대학원 정치외교학과 졸업(정치학 박사), 중화민국 국립대만대학 법학원 정치연구소 수학, 미국 인디애나대 객원교수, 대륙연구소 이사 역임. 청와대 정무비서관 역임. 주요 저서로는 "권위주의 정당의 민주화 발전과정 연구", "소련의 동구권 통합정책에 관한 연구", 『제3세계의 토지개혁과 정치발전』, 『혁명적 신념의 기원』(역서) 외 다수.

金京順
고려대학교 노어노문학과 및 대학원 정치외교학과 졸업(정치학 박사). 세종연구소 객원연구위원 역임. 주요 논문으로는 "구소련 민족엘리트의 성장과 정치적 역할", "1996년 옐친대통령 재선과 정치적 함의", "민간주도 방위이론에서 본 90년대 민주화운동의 허와 실" 외 다수.

韓鎔源
서울대학교 사학과 및 동대학원 정치학과 졸업. 고려대학교 대학원 정치외교학과 졸업(정치학 박사). 현 한국교원대학교 교수. 주요 저서로는 『창군』, 『한국의 군부정치』, 『한국정치의 재성찰』, 『한국정치의 민주화』 외 다수.

尹龍熙
경북대학교 정치학과 졸업. 연세대학교 행정대학원 졸업(행정학 석사). 서울대학교 환경대학원 수료. 고려대학교 대학원 정치외교학과 졸업(정치학 박사). 외무고등고시위원, 현 경북대학교 정치외교학과 교수. 주요 저서로는 『한국정치의 체계분석』, 『정당과 정치발전』(역서), 『미국의 환경오염 방지정책』(번역), 『세계의 의회』(역서) 외 다수.

金台鎰
고려대학교 정치외교학과 및 대학원 졸업(정치학 박사). 현 영남대학교 정치외교학과 교수. 주요 저서로는 『자본주의사회와 국가』(공저), 『제3세계와 한국의 사회학』(공저), 『한국농업・농민문제연구II』(공저), 『자본주의와 정치이론』(공역) 외 다수.

高成國
고려대학교 정치외교학과 및 대학원 졸업(정치학 박사). 고려대학교 강사 역임. 주요 저서로는 "1970년대 정치변동에 관한 연구", 『한국정치론』(공저), 『한국정치사』(공저) 외 다수.

劉淑蘭
숙명여자대학교 정치외교학과 및 동대학원 졸업. 고려대학교 대학원 정치외교학과 졸업(정치학 박사). 대통령 자문 정책기획위원회 전문위원 역임. 주요 논문으로는 "선거제도의 정치적 결과", "선거제도가 정당의 득표율과 의석율에 미치는 영향" 외 다수.

朴鍾喆
고려대학교 및 대학원 정치외교학과 졸업(정치학 박사), 미국 하바드대 국제문제연구소 방문학자, 현 통일연구원 선임연구위원. 주요 논문으로는 "제1공화국의 국가구조와 수입대체산업의 정치구조", "한국과 대만의 수출산업화 정책과 국가의 역할", "한국의 중화학공업정책", "남북한의 산업화전략: 냉전과 체제경쟁의 정치경제," 외 다수.

元浩植
고려대학교 정치외교학과 및 대학원 졸업(정치학 박사). 대륙연구소 이사 역임. 주요 논문으로는 "민주주의 체제의 붕괴와 관료적 권위주의 성립에 관한 연구", "사회갈등 현상과 정치적 통제", "중간계급의 구성과 정치적 성격" 외 다수.

【국문 요약】

【개정증보판】

한국현대정치론 I: 제1공화국의 국가형성, 정치과정, 정책

한국 정치체제의 본질규명과 정치과정에 대한 동태적인 분석은 한국의 정치학도의 주요 관심사의 하나이다. 이에 본서는 제1공화국 시기의 정치를 주요 대상으로 하여 1950년대의 한국 정치체제에 대한 다각적인 분석을 주내용으로 다루었다. 해방 이후의 격동기를 거쳐 남북분단의 고착화에 의해 수립된 대한민국 정치체제가 겪어온 변화와 단독정부안이 관철되어 제1공화국이 수립되기까지의 국제정치적 요인과 국내 정치세력에 대한 고찰에서 시작해서 권위주의화한 지배세력의 구성체로서의 정치연합세력의 분석, 자유당과 민주당 양 보수세력 간의 정치적 갈등과 대결, 그 틈바구니 속에서 좌절을 겪은 진보당의 분석, 그리고 제1공화국의 권력지배세력이 사용했던 정책수단에 대한 검토를 주내용으로 다룸으로써 1950년대의 한국정치를 이론적 시각에서 총체적으로 조망했다.

본서는 총3부로 구성되어 있다. 제1부 '국가형성: 국제환경과 국내적 조건'에서는 국제적 냉전체 속에서 해방을 맞은 국내정세와 국가형성에 따른 정치적 추이를 다루었고, 제2부 '정책과정: 관료, 군부, 정당'에서는 1950년대의 관료기구 형성과정과 자유당·민주당의 역할과 군부 및 기타 세력과의 갈등과정을 살펴보았다. 마지막 제3부 '정책: 산업화와 노동, 농민'에서는 이승만 정권의 정치·정책 행적 및 수단을 고찰하였다.

【Abstract】

[rev. and enl. ed.]

On Modern Korean Politics

Editor : HAHN Bae-ho
ORUEM Publishing House, 15,000won, 532pp., 153×224mm, 2000
ISBN 89-7778-100-0 93340

Both an elucidation of the essence of the political regime of Korea and a dynamic analysis of its political process are major concerns for Korean students of political science.

This book mainly analyzes the political regime of Korea from multilateral aspects, centering on the 1st Republic of Korea. This book gives a general overview of Korean politics of the 1950s from a theoretical viewpoint by dealing with and analyzing the following: the process of the changes which the political regime of the 1st Republic of Korea suffered after the consolidation of the division of Korea subsequent to the upheaval after Liberation; factors of the international political science and domestic political forces before the establishment of the Republic of Korea as a single government; political coalition forces as a constituent of the authoritarian ruling forces; political conflicts and confrontations between two conservative forces, the Liberal Party(*Chayu-dang*) and the Democratic Party(*Minju-dang*), and the frustrations of the Progressive Party(*Chinbo-dang*) caught in between the two parties; and political measures adopted by the ruling powers of the 1st Republic of Korea.

This book consists of three parts. Part One "The Formation of the

State: The International Environment and Domestic Conditions" deals with both the domestic situation faced after Liberation in the midst of the Cold War system and the political transition after the establishment of the Republic of Korea.

Part Two "The Political Process: Bureaucrats, Military Authorities and Political Parties" examines the process of the formation of bureaucratic institutions in the 1950s, the roles of the Liberal Party and the Democratic Party, and conflicts between military authorities and other political forces. And Part Three "Policies: Industrialization, Labor and Peasants" looks into the politics and policies of the Syngman Rhee goverment and measures to put them into effect.

【개정증보판】

한국현대정치론 I: 제1공화국의 국가형성, 정치과정, 정책

인　쇄: 2000년 5월 1일
발　행: 2000년 5월 10일

편　자: 한배호
발행인: 부성옥
발행처: 도서출판 오름
등록번호: 제2-1548호 (1993. 5. 11.)

· 서울특별시 서초구 서초동 1420-6 통일시대연구소빌딩 301호
· 전화: (02) 585-9122, 9123 / 팩스: (02) 584-7952
· E-mail: oruem@oruem.co.kr
· URL: http://www.oruem.co.kr

ISBN 89-7778-100-0 93340　　정가 15,000원